Die Friedensbotschaften der Päpste

Die Friedensbotschaften der Päpste

Von Paul VI. bis Franziskus

Herausgegeben von
Alexander Merkl, Patrick Körbs und Bernhard Koch

HERDER
FREIBURG · BASEL · WIEN

MIX
Papier aus verantwortungsvollen Quellen
FSC® C083411
www.fsc.org

www.herder.de
Umschlaggestaltung: Verlag Herder
Umschlagmotiv: © picture alliance / AP Images | John Minchillo
Satz: Barbara Herrmann, Freiburg
Herstellung: CPI books GmbH, Leck
Printed in Germany
ISBN 978-3-451-39217-7

Vorwort

Die Geschichte der Menschheit lässt sich leider auch als eine Gewaltgeschichte schreiben. Auch Tiere derselben Art geraten miteinander in Konflikte, konkurrieren um Futterplätze etc. Aber beim Menschen geht es häufig nicht nur um Konkurrenz oder Konflikte, die sich – eine konstruktive Konfliktkultur vorausgesetzt[1] – geordnet austragen lassen: Es geht oft um Verletzung und Vernichtung. Dieser Drang zur Gewalt, der in die Vernichtung mündet, ist das Verhängnis des Menschen. Die Religionen haben seit jeher versucht, Gewalt zu kanalisieren und zu depotenzieren, also gewissermaßen in zivile Formen zu überführen, aber damit bleibt sie doch noch Gewalt.

Jesus von Nazareth geht aber über die konventionellen Religionen des Altertums hinaus. Er predigt – im Anschluss an Textstellen des Alten Testaments (z. B. Lev 19,18) – nichts weniger als die Feindesliebe und hat den zwar rechtlich kanalisierten, aber dennoch gewaltsamen Tod aus freien Stücken auf sich genommen und damit nicht nur den Frieden verkündigt, sondern auch radikal gelebt. „Er stiftete Frieden und versöhnte Juden und Heiden durch das Kreuz mit Gott in einem einzigen Leib. Er hat in seiner Person die Feindschaft getötet. Er kam und verkündete den Frieden". So schreibt Paulus in Eph 2,16f., mehr noch: Er selbst „ist unser Friede" (Eph 2,14) – ein Frieden, der alle Nationen betrifft, wie Papst Benedikt XVI. im Jahr 2006 in seiner Predigt in Ephesus betont hat.

Die Kirche darf daher in ihrer Verkündigung des Friedens für die ganze Erde nie nachlassen. Diese Verkündigung ist aber nicht nur Aufgabe der Päpste, sondern aller Bischöfe, Priester und Christen überhaupt. Sie ist eine Aufgabe für jeden von uns. Nichtsdestotrotz ist es dennoch zweifellos so, dass die Friedensbotschaften der Päpste in besonderem Maße die Aufmerksamkeit der internationalen Öffentlichkeit und auch der Regierenden selbst auf sich ziehen. Daher ist es gut und richtig, dass Papst Paul VI. den 1. Januar 1968 als „Tag des Friedens" ausgerufen und gleichzeitig darum gebeten hat, die Feier dieses Friedenstages jedes Jahr zu wiederholen. Dadurch wurde eine Institution geschaffen, die das Erfordernis des Friedens Jahr für Jahr in Erinnerung ruft. Paul VI. und seine Nachfolger haben diese Institution gepflegt und seitdem jährlich eine Botschaft zur Feier dieses „Weltfriedenstages" veröffentlicht.

---

[1] Vgl. *F.-J. Overbeck*, Konstruktive Konfliktkultur. Friedensethische Standortbestimmung des Katholischen Militärbischofs für die Deutsche Bundeswehr, Freiburg i. Br. 2019; *F.-J. Overbeck/A. Merkl*, Konstruktive Konfliktkultur, in: IKaZ Communio 49 (2020) 450–459.

Diese Weltfriedenstagsbotschaften sind in ihrer jeweiligen Zeit verfasst worden (z. B. nach den Terroranschlägen vom 11. September 2001, die in der Botschaft für 2002 aufgenommen werden) und nehmen unter anderem auf Zeitgebundenes Bezug oder stellen bestimmte Bezüge zurück, die zu anderen Zeiten wichtiger waren als in der Gegenwart. Aber gerade dadurch sind sie zu Zeitzeugnissen geworden. Schon aus diesem Grund ist es äußerst verdienstreich, dass die hier vorliegende Sammlung diese Botschaften in einem Band verfügbar macht. Diese Edition leistet nicht nur, nicht einmal vorrangig, der kirchenhistorischen Forschung einen Dienst. Die Päpste von Paul VI. bis zu Franziskus haben in ihren Weltfriedenstagsbotschaften stets ein bestimmtes Thema gewählt, sei es die Gewissensfreiheit, die ökologische Situation des Planeten (2010 und 2020), die Religionsfreiheit (2011), die Migration (2001 und 2018) oder die Stellung der Frau im Leben (1995) und zwar immer mit dem Blick auf die Frage nach dem Frieden. Auf diese Weise bietet diese Sammlung geradezu ein Kompendium der kirchlichen Lehre mit besonderen moraltheologischen und sozialethischen Schwerpunkten. Die Leserinnen und Leser werden erstaunt sein, welche Aktualität viele dieser Texte gerade in unseren heutigen Tagen haben und wie früh die Päpste auf sich anbahnende Entwicklungen aufmerksam gemacht haben.

„Friede ist immer ein Geschenk Gottes, doch hängt er auch von uns ab", schreibt Papst Johannes Paul II. in seiner Botschaft für das Jahr 1987. Beide Aspekte sind für uns Christen im Blick auf den Frieden entscheidend: Es ist unser Handeln, das Frieden zerstört oder schafft. Aber wir haben den Frieden dennoch nicht ganz in unserer Hand. Er ist im letzten nicht verfügbar. Er ist kein Produkt unserer Handlungsmacht, sondern immer auch eine Gabe Gottes, um die wir Gott bitten müssen. In meiner Predigt zum Weltfriedenstag 2013 vor Soldatinnen und Soldaten habe ich daher die Rolle des Gebetes um den Frieden – besonders auch als ‚Zeugenschaft' – ausdrücklich betont.[2] Die Botschaften der Päpste zur Feier des Weltfriedenstages können uns also gleich in mehrfacher Weise anregen: Sie stimulieren, orientieren und stärken unser Handeln im Glauben, aber sie vertiefen auch unser Gebet.

Essen/Berlin, den 31.01.2022

Dr. Franz-Josef Overbeck
Bischof von Essen
Katholischer Militärbischof für die Deutsche Bundeswehr

---

[2] *F.-J. Overbeck*, Predigt anlässlich des Weltfriedenstages, 1. Januar 2013, in: Militärseelsorge Dokumentation 51/2013, 9f.

Vorwort der Herausgeber

Im Jahr 1967, dem Jahr der Veröffentlichung der Sozialenzyklika ‚Populorum progressio', hatte Papst Paul VI., wohl auch inspiriert durch die jüngst erschienenen Friedenstexte – die Enzyklika ‚Pacem in terris' (1963) oder die Pastoralkonstitution ‚Gaudium et spes' (1965) –, „mit einer glücklichen pastoral-pädagogischen Eingebung" (Johannes Paul II.) *den Weltfriedenstag am 1. Januar* ins Leben gerufen, der seitdem in jährlichem Turnus begangen wird. Dem geht bereits am 8. Dezember die Veröffentlichung der Papstbotschaft zu diesem Anlass voraus.

Nachdem wir Herausgeber uns in den letzten Jahren in verschiedensten Kontexten mit friedensethischen Themen und damit auch mit der päpstlichen Friedensverkündigung beschäftigt hatten, schien es uns nun an der Zeit und zugleich erforderlich, eine kommentierte Textedition ebendieser, mittlerweile 55 *Botschaften zu den Weltfriedenstagen der Päpste Paul VI., Johannes Paul II., Benedikt XVI. und Franziskus zwischen den Jahren 1968 und 2022* vorzulegen.

Ein Grund hierfür ist, dass diese Texte bislang zumeist nur online, dadurch häufig nur mit einiger Mühe, formal sehr heterogen, nicht immer in deutscher Sprache oder nur in einigen wenigen älteren Sammelwerken einsehbar sind. Darüber hinaus weisen die deutschen Übersetzungen der einzelnen Texte immer wieder sprachliche Mängel und Fehler, insbesondere mit Blick auf die direkte Zitierung auf, dazu mehr im nachfolgenden redaktionellen Vorwort. Eine *geordnete, formal vereinheitlichte und redaktionell bearbeitete, aktuelle, komplett deutschsprachige, darüber hinaus mit einer kommentierenden Einführung versehene und die Botschaften in ein größeres systematisches Gesamt einordnende gedruckte Textsammlung* stellte dagegen bislang ein Desiderat dar, das wir mit vorliegendem Band zu beheben beabsichtigen.

Ebenfalls wollen wir der Tatsache entgegentreten, dass die päpstlichen Friedensbotschaften *in Alltag und Wissenschaft bislang oftmals nur wenig Beachtung* finden. Eine ausreichende theologisch-ethische, mehr noch eine spezifisch friedensethische Rezeption und Aufarbeitung der Texte im Einzelnen wie in ihrem Gesamt und Zueinander ist bislang für den deutschsprachigen Raum und auch darüber hinaus kaum erfolgt. Aktuellste Publikationen im Bereich der Friedensethik beziehen sich, ob bewusst oder unwillentlich sei dahingestellt, kaum bis gar nicht auf die Inhalte der päpstlichen Botschaften. Vielfach als zu unwissenschaftlich erachtet oder lediglich als fromme Appelle zu Beginn des neuen Jahres empfunden, scheinen sie nicht selten ebenso schnell aus dem Alltags- und Forschungsbewusstsein zu entschwinden, wie die stets aufs Neue formulierten Neujahrsvorsätze. Ein Grund hierfür mag sicherlich das etwas ungünstige Datum, der 1. Januar, sein, das noch deutlich von der nicht nur liturgisch sehr dichten Advents- und Weihnachtszeit sowie dem Jahreswechsel geprägt ist.

Derart motiviert verstehen wir die vorgelegte Edition dabei nicht als ein abgeschlossenes Werk, denn vielmehr als eine *wissenschaftliche Einführung, systematische Zusammenschau, Quellensammlung und Arbeitsgrundlage* für all jene, die sich mit den päpstlichen Texten und der katholischen Friedensethik intensiver beschäftigen wollen, sei es im beruflichen, sei es im privaten Kontext. Hierzu wollen wir explizit anregen und motivieren, indem wir erste Hemm- und Hindernisse beiseite räumen und einige Zusammenhänge und Hintergründe erhellen.

Um diesem Anspruch gerecht zu werden, beginnen wir mit einem umfangreichen *Kommentierungsteil* (A). Darin möchten wir zunächst den größeren Gesamtrahmen nachzeichnen, innerhalb dessen die einzelnen Botschaften zu verorten sind: die katholische Friedenslehre und Friedensethik, als deren wissenschaftliche Reflexion. Wir wollen zeigen, was Friedensethik ist und wie sie arbeitet (Beitrag von *Bernhard Koch*), wie sich die katholische Friedenslehre und -ethik insbesondere seit dem Zweiten Vatikanischen Konzil (1962–1965) entwickelten und welche gegenwärtigen Tendenzen wahrzunehmen sind (Beitrag von *Alexander Merkl*). Daran schließt eine Einordnung der päpstlichen Botschaften zu den Weltfriedenstagen an, sowohl im Allgemeinen als auch im Besonderen mit Blick auf einzelne Themen (Beitrag von *Patrick Körbs*). Evident ist hierbei, dass wir nicht alle inhaltlichen Linien aufnehmen können. Es ist daher vielmehr unsere Absicht, einige zentrale und ausgewählte Themen der Päpste Paul VI., Johannes Paul II., Benedikt XVI. und Franziskus herauszugreifen, auf Interdependenzen hinzuweisen, ein Gesamtbild in ersten groben Pinselstrichen nachzuzeichnen und damit vor Augen zu führen, dass es sich keineswegs nur um isolierte und wohlfeile, jedoch weitgehend substanzlose Friedensappelle handelt. Wir verstehen dieses Kapitel daher als eine Art ‚Reiseführer' durch das Gesamtkorpus der bisher erschienenen Botschaftstexte. Um den Übergang von der Kommentierung zur Lektüre zu erleichtern, haben wir einzelne Themen mit Hinweisen auf konkrete Botschaften versehen.

Die eigentlichen *Botschaftstexte*, die wir bewusst nicht sukzessive kommentieren – vor allem um Redundanzen und Wiederholungen zu vermeiden –, bieten wir gesammelt und chronologisch geordnet in einem zweiten großen Teil der Edition (B).

Am Ende des Bandes (C) bieten wir zum einen ein *Verzeichnis friedensethischer Literatur* im Sinne eines Überblicks und einer Auswahl neuerer Werke, die uns als Grundlage für die weitere Auseinandersetzung mit den

Texten sinnvoll und relevant erscheint. Zum anderen haben wir ein *Verzeichnis mit den wichtigsten Abkürzungen* angefertigt, insbesondere für die innerhalb der Weltfriedensbotschaften zitierten lehramtlichen Texte.

Dieses Editionsprojekt wäre nicht gelungen ohne die Mitarbeit und Unterstützung verschiedener Personen und Institutionen. Wir bedanken uns bei Frau *Nicole Pörschmann* für eine erste Zusammenstellung der Botschaftstexte. Frau *Viktoria-Sophie Feldt* danken wir für ihre sehr akribische Redaktionsarbeit, durch die sie uns viele hilfreiche Anregungen geben und manchen Fehler entdecken konnte, der uns ansonsten unter Umständen verborgen geblieben wäre. *Clemens Carl* vom Herder-Verlag danken wir für seine beratende Unterstützung bei der Realisierung dieses Bandes. Sehr dankbar sind wir für die Bereitschaft des Erzbischofs von München und Freising und langjährigen Vorsitzenden der Deutschen Bischofskonferenz, *Reinhard Kardinal Marx*, ein Nachwort zu diesem Band zu verfassen. Unser besonderer Dank gilt dem Militärbischof für die Deutsche Bundeswehr und Bischof von Essen, *Dr. Franz-Josef Overbeck*, für sein Vorwort, seine Ermutigung zu diesem Vorhaben und seine stete Wertschätzung unserer Bemühungen und Arbeiten. Ihm und Militärgeneralvikar *Msgr. Reinhold Bartmann* haben wir auch für die großzügige finanzielle Unterstützung dieses Bandes zu danken.

Die Herausgeber Hamburg – Hildesheim – Rom/Freising im Januar 2022

Redaktionelle Hinweise

Im Folgenden möchten wir als Herausgeber einige Hinweise zu unserem Umgang mit den Botschaftstexten geben. Für die Zusammenstellung aller Texte haben wir uns im Kern dreier Quellen bedient: der Textausgaben von Donato Squicciarini (siehe Literaturverzeichnis), der Textversionen auf der Homepage des Vatikans (www.vatican.va), der Zusammenstellung der Einzeltexte auf der Internetseite der Österreichischen Kommission ‚Iustitia et pax' (www.iupax.at).

Wichtig war es uns in einem nächsten Schritt, die deutschen Textversionen nicht einfach nur ‚blind' und mittels ‚copy paste' zu übernehmen, sondern diese kritisch auf Rechtschreibung, Wortwahl, Formulierungen und verwendete Zitate durchzusehen. Wir folgten dabei dem Grundsatz: *So wenig begriffliche, sprachliche und formale Eingriffe wie möglich, so viele begriffliche, sprachliche und formale Eingriffe wie unbedingt nötig.* Selbstverständlich wurden keine inhaltlichen Veränderungen an den päpstlichen Texten vorgenommen. Unserem wissenschaftlichen Anspruch an eine möglichst gelungene Textedition folgend ging es uns primär um die Korrektur offensichtlicher Fehler und darum, an manchen Stellen für mehr Klarheit zu sorgen. Hierzu war zwischen dem Fußnotenapparat der einzelnen Texte sowie dem eigentlichen Fließtext zu unterscheiden.

Generell waren wir bemüht, den Fußnotenapparat zu vereinheitlichen und zu entschlacken, indem wir Verweise auf Bibelstellen, auf andere Weltfriedensbotschaften (abgekürzt: Wfb) und auch auf Passagen einschlägiger lehramtlicher Texte abgekürzt in den Fließtext integriert und zugleich ein Abkürzungsverzeichnis angelegt haben. So gut es uns möglich war, haben wir versucht, jede der angeführten Quellen zu überprüfen oder diese überhaupt erst ausreichend zu belegen, um eine nachvollziehende Recherche zu ermöglichen. Nicht selten waren Quellen unvollständig oder derart belegt, dass die eigentliche Quelle kaum bis gar nicht ersichtlich wurde. Wir haben die Angaben hier erweitert, soweit es uns möglich war und nötig erschien. Schlichtweg falsche Angaben haben wir verbessert. Bisweilen haben wir uns als Herausgeber ergänzende Anmerkungen erlaubt, die jedoch als solche explizit gekennzeichnet sind. Man muss hier auch deutlich machen, dass sich die Botschaftstexte über die Zeit mit Blick auf die Verwendung von Fußnoten, die Qualität der deutschen Übersetzungen sowie auf Wortwahl, Form und Formulierung bisweilen deutlich unterscheiden und entsprechend unterschiedlich zu behandeln waren.

Im Fließtext stellten die wörtlichen Zitate eine Herausforderung dar. Es erwies sich hier in besonderem Maße als gewinnbringend, alle Texte einer kritischen Durchsicht zu unterziehen und diese nicht nur via ‚copy paste' zu übertragen. Dadurch zeigte sich, dass oftmals wörtliche Zitate aus anderen Quellen (Bibel, lehramtliche Texte, Weltfriedensbotschaften) einfach aus dem Italienischen und zudem nicht immer korrekt übersetzt wurden. Letztlich stimmten viele Zitate nicht mit den offiziellen deutschen Texten und Übersetzungen, z. B. mit der Einheitsübersetzung der Heiligen Schrift überein. Wir haben daher alle Zitate überprüft und vornehmlich, wo es möglich war, entlang der Einheitsübersetzung, der Texte auf vatican.va, des ‚Kleinen Konzilskompendiums' (K. Rahner/H. Vorgrimler) oder des Katechismus der Katholischen Kirche verbessert.

Um die allgemeine Lesbarkeit zu verbessern, haben wir Kursivsetzungen und Anführungszeichen im Fließtext bewusst reduziert. Absätze, Überschriften oder Aufzählungszeichen haben wir unverändert beibehalten. Veraltete, missverständliche oder schlichtweg falsche Begriffe und Formulierungen haben wir nach unserem Ermessen korrigiert. Immer haben wir dabei auch den italienischen Originaltext im Blick behalten, um hinsichtlich einzelner Worte und Formulierungen die bestmögliche Entscheidung treffen zu können.

Inhalt

Papst Johannes Paul II.

Papst Benedikt XVI.

Papst Franziskus

C) Anhang

A)
Kommentierung

Ethik für alle Menschen guten Willens
Zur Friedensethik zwischen theologischem Anspruch und philosophischem Argument

Bernhard Koch

Das Papsttum hat im Laufe seiner zweitausendjährigen Geschichte bedeutende Wandlungen erfahren.[1] Die Nachfolger des heiligen Petrus als Bischöfe von Rom waren zeitweilig Verfolgte und Märtyrer, und zu anderen Zeiten waren sie selbst Herrschende und Verfolger. Der Verlust des Kirchenstaates in der nationalstaatlichen italienischen Einigungsbewegung hat eine wichtige Zäsur mit sich gebracht, die das Papsttum bis in die Gegenwart prägt: Die weltliche Macht ist auf den kleinen Staat der Vatikanstadt und das immer noch vorhandene diplomatische Potential des Heiligen Stuhls zusammengeschrumpft, aber die moralische Autorität ist bis in die zweite Hälfte des 20. Jahrhunderts eher gewachsen. Sie ist natürlich nicht nur eine Sache des Amtes, sondern auch eine Sache der Persönlichkeit, die das Amt bekleidet. Die beiden heiliggesprochenen Päpste Johannes XXIII. und Johannes Paul II. stechen hier sicherlich besonders hervor. Letzterer war seit Jahrhunderten der erste Nicht-Italiener auf dem Stuhl Petri – noch dazu aus einem Land des kommunistischen Ostblocks, in dem die katholische Kirche von staatlicher Seite unter starker Verfolgung litt –, der erstere wurde 1958 im für damalige Verhältnisse hohen Alter von fast 77 Jahren in dieses Amt gewählt und hat dennoch mit dem Zweiten Vatikanischen Konzil die größte Reform des Katholizismus in kirchengeschichtlich jüngerer Zeit angestoßen.

Nun haben die Päpste seit dem 18. Jahrhundert versucht, ihre Autorität vor allem durch das Medium der sogenannten ‚Enzyklika', dem Rundschreiben, in Geltung zu bringen, und wenn es sich um Texte mit ethischem oder sozialethischem Inhalt handelt, geht es dabei dezidiert um ihre *moralische* Autorität – dogmatische Unfehlbarkeit wird für den Inhalt einer Enzyklika nicht beansprucht. Unter den vielen Enzykliken des 20. Jahrhunderts sind berühmte (wie das auf Deutsch abgefasste Schreiben ‚Mit brennender Sorge' von Pius XI. aus dem Jahr 1937) und auch ‚berüchtigte' (wie die umstrittene

---

[1] Einen leicht zugänglichen Einstieg in die Geschichte des Papsttums bietet: *G. Denzler*, Das Papsttum, München 2009; vgl. auch: *V. Reinhardt*, Pontifex. Die Geschichte der Päpste. Von Petrus bis Franziskus, München ^{2}2018.

Enzyklika ‚Humanae Vitae'[2]). Diese Enzykliken nennen zunächst den Adressatenkreis, und das sind – wie bei ‚Mit brennender Sorge' – zumeist die Erzbischöfe und Bischöfe, manchmal auch alle Gläubigen. ‚Humane Vitae' aber nimmt eine Formulierung in der Anrede auf, die schon von Johannes XXIII. in dessen Enzyklika ‚Pacem in terris' 1963 zum ersten Mal gewählt worden ist: Gerichtet ist das Schreiben an „alle Menschen guten Willens" (vgl. Wfb 2003). Das Thema des Friedens geht alle Menschen an. Jene ganz gezielt diesem Thema gewidmete Enzyklika ist nicht zuletzt deshalb so bedeutend geworden, weil sie in einer besonderen historischen Konstellation geschrieben wurde, in der das Schicksal der Menschheit tatsächlich auf dem Spiel zu stehen schien, als sich die gegnerischen Machtblöcke der Vereinigten Staaten von Amerika und der Sowjetunion mit äußerstem nuklearen Vernichtungspotential gegenüberstanden. Die gerade noch einigermaßen gelöste Kubakrise lag erst ein halbes Jahr zurück. Da er wenige Monate nach der Veröffentlichung dieses Rundschreibens verstorben ist, wurde ‚Pacem in terris' als das Vermächtnis von Johannes XXIII. aufgenommen. ‚Pacem in terris' ist dadurch zu einem zentralen Dokument christlicher Friedensethik geworden, das für sich beansprucht, über konfessionelle und religiöse Grenzen hinaus wichtige Argumente und Gesichtspunkte liefern zu können, die „alle Menschen guten Willens" aufnehmen und erwägen sollten. Mit dieser Öffnung über den Raum des Katholischen, ja des Christlichen hinaus ist eine starke Verbindungslinie von der Theologie in die Philosophie gezogen,[3] und diese Verbindungslinie kennzeichnet dann auch die bei Paul VI. aufgenommene Reihe von Botschaften zum Weltfriedenstag.[4] Deshalb ist es angebracht, in einer solchen Sammlung der päpstlichen Weltfriedenstagsbotschaften einige Anmerkungen zur philosophischen Seite der Friedensethik zu machen. Diese Anmerkungen sind hoffentlich auch deshalb hilfreich, weil

---

[2] Zu ‚Humanae Vitae' und ihren Nachwirkungen vgl. *E. Schockenhoff*, Die Kunst zu lieben. Unterwegs zu einer neuen Sexualethik, Freiburg i. Br. 2021, 200–234.

[3] Selbstverständlich liegt in einer derartigen ‚Öffnung' auch eine Ambivalenz: Wer nicht in der Esoterik befangen bleiben will, muss solche Möglichkeiten des Anschlusses offenhalten und die Rückwirkungen, die sich daraus ergeben, aushalten. Andererseits besteht sicher die Gefahr, dass die Öffnung zur Verwischung des Eigenen – und im äußersten Fall auch zur Destruktion desselben – beiträgt. Joseph Ratzinger (Benedikt XVI.) sieht beispielsweise eine „von Gott gänzlich losgelöste[...] Vernunft" als „Pathologie" an (*J. Ratzinger*, Werte in Zeiten des Umbruchs. Die Herausforderungen der Zukunft bestehen, Freiburg i. Br. 2005, 131) und begreift gerade einen solchen Vernunftbegriff als friedensgefährdend.

[4] Der Weltfriedenstag in der römisch-katholischen Kirche wird jeweils am 1. Januar begangen. Er ist nicht identisch mit dem Internationalen Tag des Friedens der Vereinten Nationen, der jährlich für den 21. September ausgerufen wird. Der Ökumenische Rat der Kirchen (ÖRK) ruft für letzteren in besonderer Weise zum Friedensgebet auf (‚International Day of Prayer for Peace').

gerade im katholischen Raum des Christentums immer eine starke Wechselbeziehung zwischen dem philosophischen Argument und der theologischen Erwägung bestanden hat und besteht.

Der heilige Thomas von Aquin beispielsweise hat in der ihm eigenen Pointierung die Beziehung von Philosophie und Theologie in Bezug auf den Frieden in der ‚Summa Theologiae' (IIa IIae, q. 29, a. 1) zum Ausdruck gebracht: Ausgangspunkt ist eine Lehre vom Menschen, die von Aristoteles herkommend auf die unterschiedlichen Strebevermögen zurückgreift, und den Frieden (*pax*) – im Gegensatz zur ‚bloßen' Eintracht (*concordia*; „Einigung des Strebens der Verschiedenen, in denen das Streben wohnt") – in der „Einigung der verschiedenen Strebekräfte in ein und demselben Strebenden" sieht; gleichzeitig wird bei Thomas aber auch der spezifische theologische Gehalt deutlich herausgestellt: Es gibt den „wahren Frieden" (*vera pax*) und den „Scheinfrieden" (*pax apparens*). Ersterer richtet sich auf die wahren Güter, letzterer auf scheinbare Güter. „Weil es nun ein doppeltes wahres Gut gibt, ein vollkommenes und ein unvollkommenes, so gibt es auch einen doppelten wahren Frieden: einen, der vollkommen ist und der in dem vollkommenen Genuss des höchsten Gutes liegt, durch das alles Streben, in einem Einzigen geeint, zur Ruhe kommt. Und das ist das letzte Ziel der vernünftigen Schöpfung." Diesen vollkommenen Frieden schenkt Gott nicht in dieser Welt, in der wir nur den anderen, den unvollkommenen Frieden haben (S. Th. IIa IIae, q. 29, a. 2).[5] Beim vollkommenen Frieden denkt Thomas selbstverständlich an das ewige Leben, aber auch in die säkulare Diskussion lässt sich der Gedanke übertragen, dass ein vollkommener Frieden eben eine ‚Utopie' darstellt. Die Utopie beschreibt keinen physischen Ort (sondern einen ‚Nicht-Ort'), aber sie ist nicht bloße Fiktion, sondern wirkt als Ideal zurück auf die Gestaltungsvorstellungen in der Wirklichkeit. Frieden ist, so hat es der Philosoph Max Müller ausgedrückt, „etwas, was in dieser wirklichen Gesolltheit nicht nur ein unendliches ‚Inzitament', ein immerwährender Stachel ist, ein Etwas, was nur den Horizont einer Hoffnung bildet, ein anfeuerndes Postulat [...], sondern etwas, das ein wirkliches ‚Gebot' darstellt."[6]

Die Theologie des Thomas von Aquin ist bekanntermaßen ohne seine philosophischen Anleihen und Ausführungen gar nicht vorstellbar. Aber die Beziehung zwischen Philosophie und Theologie ist keine Einbahnstraße, sondern eine wechselseitige: Das von der Philosophie angeregte theologische Denken wirkt auf philosophisches Überlegen zurück. Man kann an Augusti-

---

[5] Die Übersetzungen folgen hier der Deutschen Thomas-Ausgabe, Band 17A, ‚Die Liebe', Heidelberg und Graz 1959, 209–216.

[6] *M. Müller*, Der Friede als philosophisches Problem, in: D. Senghaas (Hrsg.), Den Frieden denken. Si vis pacem, para pacem, Frankfurt a. M. 1995, 21–38, 30.

nus' Erörterung der Selbstverteidigung in ‚De libero arbitrio' denken. Der große Kirchenvater stellt dort – aus dem Mund der Figur des Evadius – den Gedanken in den Raum, dass die Verteidigung des Leibes auf Kosten des Todes eines Angreifers moralisch falsch sein könnte, weil sie das falsche Gut rettet. „Wenn der Seele das Leben genommen werden kann, dann ist es gering zu schätzen; wenn es aber nicht genommen werden kann, dann haben wir nichts zu befürchten."[7] Dieser hier vom theologischen Autor vorgebrachte Gedanke geht zurück auf die Stoiker, wirkt aber seinerseits wieder zurück in den philosophischen Pazifismus,[8] in Diskussionen um eine ‚bloodless invasion'[9] und sogar bis hin zu Autorinnen und Autoren des Poststrukturalismus. Bei Judith Butler beispielsweise ist das ‚Selbst' der Selbstverteidigung als solches in Frage gestellt, da sich jedes Selbst nur in Beziehung zu anderen als solches konstituieren kann. Tötung in Selbstverteidigung tötet insofern also auch einen Teil des Selbst.[10]

1. Friedensethik im wissenschaftlichen Kontext

Auch wenn die Alltagssprache häufig zwischen ‚ethisch' und ‚moralisch' keinen Unterschied macht, kann man in einem spezifischeren Sprachgebrauch die beiden Ausdrücke unterschiedlich akzentuieren. In der Philosophie hat es sich durchgesetzt, von Ethik als einer Reflexionswissenschaft, die sich auf die Moral bezieht, zu sprechen.[11] Hierbei wird angenommen, dass Moral im Sinne von gelebter Normativität in jeder menschlichen Gesellschaft vorliegt

[7] *A. Augustinus*, De libero arbitrio – Der freie Wille, übers. u. hrsg. v. Johannes Brachtendorf, Paderborn u. a. (Ferdinand Schöningh), 2006, 37, 88/89.

[8] Vgl. *B. Bleisch/J.-D. Strub* (Hrsg.), Pazifismus. Ideengeschichte, Theorie und Praxis, Bern u. a. 2006.

[9] Von einer ‚bloodless invasion' spricht man dort, wo ein Aggressor (insbesondere ein staatlicher) androht, eine andere politische Gemeinschaft militärisch zu attackieren, wenn sie sich nicht von vorneherein ergibt. Die unterdrückte Gemeinschaft würde zwar ihre Selbstbestimmung verlieren, aber nicht die lebenswichtigen Güter. Einige Denker argumentieren, dass es in einem solchen Fall nicht gerechtfertigt ist, zu kämpfen, weil das Gut der Menschenleben, die im Kampf verloren gingen, um so viel höher zu bewerten ist als das Gut der verlorengegangenen Selbstbestimmung. Vgl. zur Diskussion: *S. Barzagan-Forward*, Dignity, Self-Respect, and Bloodless Invasion, in: B. Jay Strawser/R. Jenkins/M. Robillard (Hrsg.), Who Should Die? The Ethics of Killing in War, Oxford (Oxford University Press) 2018, 142–162.

[10] *J. Butler*, Die Macht der Gewaltlosigkeit. Über das Ethische im Politischen, Berlin 2020, 71ff.

[11] Vgl. nur pars pro toto *F. Ricken*, Allgemeine Ethik (Grundkurs Philosophie Bd. 4), Stuttgart 2013, 16–18, und *A. Merkl/K. Schlögl-Flierl*, Moraltheologie kompakt. Ein theologisch-ethisches Lehrbuch für Schule, Studium und Praxis, Münster 2017, 9.

und nie von Grund auf erst konstruiert oder eingesetzt werden müsste. Insofern liegt der Gegenstand der Reflexion dieser selbst voraus. Aber jede moralische Norm kann auf ihre Berechtigung hin ihrerseits wieder normativ befragt werden, und diese Befragung nennen wir Ethik. Auch im Begriff der Friedensethik sind diese beiden Elemente greifbar: Die Normativität und die Reflexivität. In diesem Sinne sind päpstliche Stellungnahmen nicht einfachhin ethische Texte, denn in ihnen ist neben dem normativen Anspruch auch viel Deskriptives zu finden, was schon darin begründet liegt, dass es für Gläubige und auch Nicht-Gläubige trostreich sein kann, wenn ein Papst zu erkennen gibt, dass er um eine bestimmte, z. B. bedrückende, Situation weiß. Dabei kann weder ein Papst noch das Lehramt der Bischöfe den Anspruch erheben, bessere deskriptive Analysen zu erstellen, wie die dafür einschlägigen (Sozial-)Wissenschaften. Zurecht bleiben daher die Päpste hier in ihren Botschaften zurückhaltend. Auch die Reflexivität ist bei päpstlichen Stellungnahmen notwendigerweise begrenzt. Vom Heiligen Vater erwartet man nicht eine infinite Infragestellung und Problematisierung, sondern vor allen Dingen Führung und Leitung. In diesem Sinne sind also die Botschaften der Päpste nicht selbst schon Friedensethik, sondern der Gegenstand von Friedensethik. Die akademische Ethik bezieht sich in ihrer Reflexionsarbeit hermeneutisch auf diese Texte, die Gehalte christlicher Moral für die Gegenwart auslegen.

Aus fachdisziplinärer Sicht ist der Ausdruck ‚Friedensethik' als solcher strukturell ungewöhnlich. Das weite Feld der Ethik wird oft in vertikaler Hinsicht unterteilt in: 1. deskriptive Ethik, die im eigentlichen Sinne eine Form der Sozialwissenschaft darstellt, weil sie empirisch prüft, welche Normen vorliegen und befolgt werden, 2. Metaethik, die die Moralsprache auf die in ihr enthaltenen normativen Geltungsansprüche hin befragt, 3. normative Ethik, die die grundlegenden Prinzipien herausarbeitet (z. B. das Nutzenprinzip im Utilitarismus) und 4. die ‚angewandte Ethik' oder die ‚Bereichsethiken', in denen die Prinzipien auf konkrete Felder übertragen werden. Die angewandte Ethik versucht bei der Lösung eines konkreten praktischen Problems Anleitung zu geben, also z. B. bei der Frage, ob moderne Streitkräfte bewaffnete Drohnen einsetzen sollten oder nicht.[12] Entsprechend der Felder oder Bereiche werden dann auch Bezeichnungen für diese „Sub-Ethiken" gefunden. Eingeführt sind z. B. ‚Medizinethik', ‚Technikethik', ‚politische Ethik', ‚Militärethik', ‚Bioethik' und ‚Informationsethik'. Die ‚Friedensethik' tanzt da schon semantisch aus der Reihe, denn ‚Frieden' bezeichnet ja nicht

---

[12] Vgl. zu dieser Frage u. a.: *B. Koch*, Die Technik der Befriedung? Normative Grundfragen beim Einsatz von bewaffneten Drohnen und „autonomen" Waffensystemen in den Kriegen der Gegenwart, in: Philosophisches Jahrbuch 126 (2019) 298–319.

einen sozialen Bereich wie ‚Medizin‘ oder ‚Militär‘, sondern ein ‚Woraufhin‘ des ethischen Reflektierens. Insofern Ethik aber ein (reflektierender) Selbstvollzug des Menschen ist, der nicht seinerseits wiederum für anderes instrumentalisiert werden darf, kann auch die Friedensethik nicht einfachhin im Dienst eines außer-ethischen (oder außermoralischen) Ziels stehen – und sei es der Frieden, dessen Begriff ja als allererstes zu klären ist. Es geht in der Friedensethik um die Realisierungsbedingungen von Frieden, aber auch hier ist wieder Vorsicht angesagt: Ethik im eigentlichen Sinne ist keine deskriptive Wissenschaft. Daher wäre es problematisch, Friedensethik mit sozialwissenschaftlichen Studien zu verwechseln, die in der Tat auf empirischen Untersuchungen stützend die Bedingungen für Frieden zu ermitteln suchen. Aber was macht Friedensethik dann?

„Friedensethik wird gemeinhin als ein Zweig der politischen oder Sozialethik, weniger der Individualethik verstanden.“[13] Friedensethik reflektiert vorrangig auf die Fragen, die mit der Legitimation von Gewalt, und dadurch eben auch mit den notwendigen Grenzen von legitimierbarer Gewalt zu tun haben, und stellt eine Perspektive in Aussicht, in der die Rolle von Gewalt im sozialen und politischen Zusammenleben möglichst minimiert werden soll. Der Begriff der ‚Gewalt‘ führt dabei insofern etwas in die Irre, als er uns Gewalt wie einen Sachverhalt, auf den der Begriff referenziert, vorstellen lässt. Gewalt ist aber wohl eher eine Eigenschaft eines Sachverhalts, nämlich von sozialen Interaktionen.[14] Insofern in jeder zwischenmenschlichen (‚intersubjektiven‘) Begegnung ein Potential für Gewalt vorhanden ist, betrifft Friedensethik das ganze Feld des menschlichen Miteinanders. Manche würden sogar sagen, dass die Konstitution des Subjekts, das anderen Subjekten intersubjektiv begegnen soll, selber ein gewaltsamer Prozess ist.[15] Aber in einer so starken Erweiterung würde der Begriff der Friedensethik mit dem der Sozialethik oder der Ethik überhaupt fast gänzlich deckungsgleich – ja vielleicht sogar noch weiter als dieser – was ihm seinen eigenen Gehalt nehmen müsste. Daher werden in der Friedensethik, wie sie faktisch und akademisch be-

---

[13] *B. Koch*, Friedensethik, in: H.-J. Gießmann/B. Rinke (Hrsg.), Handbuch Frieden, zweite, überarbeitete Auflage, Wiesbaden 2019, 147–162, 149. – Mit „weniger der Individualethik“ ist allerdings nicht gemeint, dass Friedensethik in der Individualethik keine Rolle spielen würde, wie ja gerade wichtige friedensethische Arbeiten von Moraltheologinnen und -theologen zeigen (vgl. auch unten Abschnitt 3, bes. zu Johannes Paul II.).

[14] Vgl. *B. Koch*, Die kirchliche Friedensdebatte. Beobachtungen aus philosophischer Sicht, in: Ethik und Gesellschaft. Ökumenische Zeitschrift für Sozialethik 2021/2; https://ethik-und-gesellschaft.de/ojs/public/journals/5/dm/EuG-2-2021/EuG-2-2021-art-3.pdf [Zugriff: 11. Januar 2022].

[15] Vgl. *J. Butler*, Raster des Krieges. Warum wir nicht jedes Leid beklagen, Frankfurt a. M. 2010, 154f.

trieben wird, vorrangig politische Fragen, und auch hier zumeist ‚außenpolitische' Fragen, adressiert. Allerdings vermischen sich in einer globalisierten Welt die außen- und innenpolitischen Probleme – gerade auch bei Gewaltfragen – immer mehr. Hinzu kommen Fragen globaler Gerechtigkeit, und nach wie vor heiß diskutiert werden die Folgen europäischer Kolonialherrschaft und welche Ansprüche sich daraus ableiten lassen oder nicht.

Eine strenge Begrenzung der Friedensethik auf lediglich politische Vorgänge ist aber schon deshalb unangemessen, weil die christliche Soziallehre die einzelne Person stets als Dreh- und Ankerpunkt des Sozialen ansieht. Auch die ‚Urszene' der Gewalt, der Mord Kains an Abel (Gen 4), spielt sich als Gewalt zwischen zwei Menschen ab. Als Freiheitswesen geht niemand nur in sozialen Rollen oder funktionalen Zusammenhängen auf, sondern ist stets selbst letzter Urheber seiner Handlungen. Das bedeutet natürlich nicht, dass psychologische Regelmäßigkeiten oder die materiellen (auch institutionellen) Bedingungen für die Entscheidungen, die eine Person trifft, irrelevant wären; aber es bedeutet doch, dass die materiellen Bedingungen oder psychologische (oder evtl. neurobiologische) Umstände das menschliche Handeln – insofern es eben Handeln ist – nicht determinieren. Wenn beispielsweise gesagt wird, dass es in der globalen Entwicklungspolitik ethisch darauf ankomme, ‚Fluchtursachen zu bekämpfen', so ist eine solche Wendung mindestens missverständlich, aber in einem eigentlichen Sinne sogar falsch. Denn die ‚Ursache' einer Entscheidung dafür, sein Land und seine Heimat zu verlassen, ist jede Person als Person selbst. Allerdings kommt es in der Tat darauf an, mitzuwirken, dass in jeder Weltregion Bedingungen herrschen, die ein würdiges Leben ermöglichen, so dass möglichst wenige Menschen sich durch die Umstände motiviert fühlen (müssen), ihre Heimat zu verlassen. Diejenigen, die aber ihre Heimat verlassen müssen, sollen in den Ländern, in die sie fliehen müssen, respektvoll und barmherzig aufgenommen werden.

Frieden hängt nach christlicher Auffassung nicht nur von institutionellen Arrangements ab, so dass er durch ‚Recht' oder andere Institutionen gewissermaßen technoform erzeugt werden könnte.[16] Wie Papst Franziskus in seiner Botschaft vom 1. Januar 2022 herausstellt, erfordert der Dialog der Generationen – wie jeder „ehrliche Dialog" (Wfb 2022) – „ein Grundvertrauen zwischen den Gesprächspartnern". Aber gerade solches Vertrauen lässt sich nicht

---

[16] „Die Vorstellung jedoch, dass Konflikte eher durch das Recht als durch Gewalt beigelegt werden sollten, setzt voraus, dass das Recht nicht seine eigene Gewalt ausübt und nicht die Gewalt des Verbrechens verdoppelt. Wir können nicht einfach davon ausgehen, dass Gewalt zu überwinden ist, indem wir vom außerrechtlichen gewaltsamen Konflikt zur Herrschaft des Rechts übergehen." (*J. Butler*, s. Anm. 10, 155) – Allenfalls könnte man sagen, dass in einem christlichen Sinne Frieden „durch Liebe" entsteht.

technisch generieren. Auch die gewaltsam ausgetragenen Konflikte zu Beginn dieses 21. Jahrhunderts haben gezeigt, wie wichtig das Gewinnen von ‚Herzen und Köpfen' (hearts and minds) für den Erfolg militärischer Interventionsmaßnahmen ist – und wie wenig militärische oder physische Gewalt überhaupt zu diesem Ziel beitragen kann.[17] Es scheint keinen Königsweg des ‚Peacebuilding' zu geben, der uns zeigen könnte, wie man die Herzen und Köpfe befriedet.[18] Letztendlich ist es auch eine Sache jeder einzelnen Person (auch der Soldatin oder des Soldaten[19]), Tugenden der Friedfertigkeit zu erwerben und zu kultivieren. Insofern sollte man tatsächlich davon sprechen, dass wer Frieden will, zur Tugend erziehen soll: „Si vis pacem, para virtutes."[20] Papst Franziskus hat in ‚Laudato si'' (222–227) herausgestellt, wie wichtig für den sozialen Frieden und das Gemeinwohl der „innere Friede der Menschen" (225) und die Tugenden, die ihn befördern – nämlich Genügsamkeit, Demut und Dankbarkeit – sind. In seinem Apostolischen Schreiben zum 700. Todestags von Dante Alighieri *Candor Lucis Aeternae* greift er das Friedensanliegen von Paul VI. auf, der den inneren und den äußeren Frieden gefährdet sah, weil „Frömmigkeit und Gerechtigkeit verletzt" sind und es zur Wiederherstellung eben beider menschlichen Vermögen, Vernunft und Glauben – in Dantes Sprache ausgedrückt: Vergil und Beatrice – bedarf.[21]

2. Negativer und positiver Frieden

Dieses eben eingebrachte Motto ‚Wenn Du Frieden willst, pflege Deine Tugenden' wandelt ein geläufigeres Bonmot aus dem antiken Rom ab: ‚Si vis pacem, para bellum.' Wer Frieden haben will, solle, so die ‚realpolitische'

---

[17] In diesem Sinne sagt Mahatma Gandhi, dass sich „die Menschheit … ausschließlich durch Gewaltfreiheit von der Gewalt befreien" muss. (*M. Gandhi*, Gewaltfreiheit. Auszüge aus Reden und Schriften, hrsg. v. G. Dharampal-Frick, Stuttgart 2014, 79.) So haben z. B. zwanzig Jahre militärischer Präsenz westlicher Nationen offenkundig den Kollaps der afghanischen Regierung nach dem schnellen Rückzug des Westens im Sommer 2021 nicht verhindern können.

[18] Zum Peacebuilding vgl: *R. J. Schreiter/R. S. Appleby/G. F. Powers*, Peacebuilding. Catholic Theology, Ethics, and Praxis, New York 2010.

[19] So schon Augustinus zum Offizier Bonifatius: „Sei also auch im Kriege friedfertig, so dass du durch deinen Sieg den Besiegten den Vorteil des Friedens verschaffest." (Des Heiligen Kirchenvaters Aurelius Augustinus Ausgewählte Briefe, übers. v. A. Hoffmann, II. Band, Kempten/München 1917, 182.)

[20] Vgl. *A. Merkl*, „Si vis pacem, para virtutes." Ein tugendethischer Beitrag zu einem Ethos der Friedfertigkeit (Studien zur Friedensethik 54), Münster 2015.

[21] Franziskus, Apostolisches Schreiben *Candor Lucis Aeternae*, 25. März 2021, deutsche Version verfügbar unter: https://www.vatican.va/content/francesco/de/apost_letters/documents/papa-francesco-lettera-ap_20210325_centenario-dante.html [Zugriff: 6. Januar 2022].

Auffassung, den anderen signalisieren, dass er zum Kampf ausgerüstet und bereit ist. Nur auf diese Weise, so lautet hier die Annahme, könne man sich vor Angriffen anderer einigermaßen sicher sein. Wie bei Thomas Hobbes besagt die dieser ‚Ethik' unterliegende Anthropologie, dass ein Mensch stets von anderen Menschen bedroht und durch sie gefährdet ist. ‚Homo homini lupus' – Der Mensch sei wie ein Wolf ständig zum Angriff bereit. Für Thomas Hobbes, der in einer Zeit fürchterlicher Gewaltkonflikte gelebt hat, ist Frieden das zentrale politische Anliegen. Der Mensch muss seiner – auch durch die Ursünde – verdunkelten Natur entkommen; dazu nützt ihm ein gewissermaßen technisches Instrument: Durch wechselseitige Beistandsabkommen kann sich ein Mensch vor anderen schützen, denn eine größere Zahl von (vereinten) Menschen kann auch einem sehr starken einzelnen Mann oder wenigen Männern beikommen. Frieden ist in dieser Sicht also eine Sache von Übereinkunft, von ‚Recht'. Die zeitgenössische Friedenswissenschaft nennt einen solchen Frieden, der sich auf Abkommen und den auf diesen Abkommen beruhenden Sanktionsdrohung stützt, einen ‚negativen Frieden'.[22] Baruch de Spinoza hat diesen Friedensbegriff jedoch als unzureichend zurückgewiesen:

> „Von einem Gemeinwesen, dessen Untertanen nicht zu den Waffen greifen, weil sie von Furcht eingeschüchtert sind, lässt sich eher sagen, dass es ohne Krieg ist (quod sine bello sit), als dass es sich in einem Zustand des Friedens befindet."[23] Frieden sei gerade „nicht die Abwesenheit von Krieg, sondern eine Tugend, die einer Stärke des Charakters entspringt."[24]

Auch das kirchliche Lehramt hat einen bloß negativen Friedensbegriff stets zurückgewiesen, so z. B. Johannes Paul II. in seiner päpstlichen Weltfriedenstagsbotschaft für 1993 oder Papst Franziskus in seiner letzten Enzyklika ‚Fratelli tutti', in der er aus einer eigenen Botschaft an die Vereinten Nationen zitiert:

---

[22] Die Unterscheidung von ‚positivem' und ‚negativem' Frieden wird meistens auf Johan Galtung zurückgeführt. Vgl. z. B. *J. Galtung*, Peace, Positive and Negative, in: D. J. Christie (Hrsg.), The Encyclopedia of Peace Psychology, Band 2, Eq-Po. Malden, Mass (Wiley-Blackwell) 2012, 758–762; vgl. auch *E. Schockenhoff*: Kein Ende der Gewalt? Friedensethik für eine globalisierte Welt? Freiburg i. Br. 2018, 503–509. – In ähnlicher Weise ließe sich auch beim Begriff der „Versöhnung" differenzieren; vgl. z. B. *B. Koch*, Guilt – Forgiveness – Reconciliation – and Recognition in Armed Conflict, in: Russian Journal of Philosophical Sciences 64 (2021) (im Erscheinen).

[23] *B. de Spinoza*, Politischer Traktat. Tractatus politicus. Übers. u. hrsg. v. W. Bartuschat, lat.-dt., Hamburg 2010, 64–65.

[24] Ebd.

> „Wir müssen uns auch die Frage stellen, wie nachhaltig eine auf Angst gegründete Stabilität sein kann, insofern sie die Angst noch vergrößert und vertrauensvolle Beziehungen zwischen den Völkern untergräbt. Internationaler Frieden und internationale Stabilität dürfen nicht auf ein falsches Gefühl der Sicherheit gegründet sein, auf die Androhung gegenseitiger Zerstörung oder totaler Auslöschung oder indem man bloß ein Kräftegleichgewicht aufrechterhält." (FT 262; vgl. CA 18)

Die Grundidee des negativen Friedens hatte der reformierte Theologe Hobbes den Texten von Aurelius Augustinus übernommen, aber bei diesem ist der Begriff des Friedens abgestuft; je nach den friedensbeteiligten Entitäten müssen wir zwischen verschiedenen Formen differenzieren:

> „So besteht denn der Friede eines Körpers in dem geordneten Verhältnis seiner Teile, der Friede einer vernunftlosen Seele in der geordneten Ruhelage der Triebe, der Friede einer vernünftigen Seele in der geordneten Übereinstimmung von Denken und Handeln, der Friede zwischen Leib und Seele in dem geordneten Leben und Wohlbefinden des beseelten Wesens, der Friede zwischen dem sterblichen Menschen und Gott in dem geordneten und gläubigen Gehorsam gegen das ewige Gesetz, der Friede unter Menschen in der geordneten Eintracht, der Friede des Hauses in der geordneten Eintracht der Hausbewohner im Befehlen und Gehorchen, der Friede des Staates in der geordneten Eintracht der Bürger im Befehlen und Gehorchen, der Friede des himmlischen Staates in der bestgeordneten, einträchtigsten Gemeinschaft des Gottesgenusses und gegenseitigen Genusses in Gott, der Friede aller Dinge in der Ruhe der Ordnung. Ordnung aber ist die Verteilung gleicher und ungleicher Dinge, die jedem den gebührenden Platz zuweist."[25]

In unserer pluralistischen Wirklichkeit sind wir uns bewusst, dass bei Augustinus und auch bei Thomas von Aquin selbst in Bezug auf den irdischen Frieden ein Anspruch zum Ausdruck gebracht ist, dem die Wirklichkeit sicherlich nicht so schnell entsprechen wird und es vielleicht gar nicht kann. Daher birgt diese Friedensidee (mindestens) zwei Seiten: Vom Anspruch des Friedens kann einerseits eine beständige Friedensgefährdung in der Realität der Menschen ausgehen – nämlich dort, wo eben unterschiedliche (materiale) Friedensvorstellungen kollidieren und die verschiedenen Träger dieser Vorstellungen sich aufgefordert sehen, ihrer jeweiligen Friedensvorstellung zum Durchbruch oder ‚Sieg' zu verhelfen. Die Versuchung, Gewalt einzusetzen, um – letztmalig – den vollkommenen Frieden herbeizuführen, ist groß. Der ‚Krieg, der alle Kriege beenden soll', würde ein totaler Krieg sein. Andererseits liegt aber auch im Anspruch etwas ethisch Wertvolles: Moralische Ideale haben orientierende und motivierende Funktion. Friedensethik muss sich auch mit dieser Ambivalenz des Friedensbegriffs und seinen Auswirkungen

---

[25] *A. Augustinus*, Vom Gottesstaat. Band II, eingel. u. übers. v. W. Thimme, Zürich 1955, 19. Buch, 13. Abschnitt, 556.

auseinandersetzen: Um des Friedens willen sind fürchterliche Gewalttaten begangen worden, aber der Frieden bleibt dennoch beständiger Auftrag, auch wenn Christen wissen, dass sie nicht selbst die ‚Herren' über die Geschichte sind, sondern im Glauben darauf vertrauen dürfen, dass Gott die Zerrissenheit der Welt zusammenführt.[26] Der Frieden Gottes „übersteigt" „alles Verstehen" (*nous*), wie es im Brief des Paulus an die Gemeinde von Philippi heißt (Phil 4,7). Christus hat ihn „gestiftet […] am Kreuz durch sein Blut" (Kol 1,20).

3. Die Frage nach der legitimen Gewalt als Problem der Friedensethik

„Die politische Ethik kennt ein weites Spektrum von Positionen zur Gewalt, die von radikalem Pazifismus bis hin zum Bellizismus (der Position, dass Kriege immer wieder auch ethisch erforderlich sind) reichen können."[27] Zwischen Pazifismus und einem politischen Realismus (der im Grunde besagt, dass die politische Realität ihre eigenen Gesetzmäßigkeiten besitzt, deren ethische Befragung aussichtlos ist) liegt die These, dass Gewalt zwar grundsätzlich zu vermeiden ist, dass es aber Situationen gibt, in denen der Einsatz von Gewalt gerechtfertigt werden kann. Auf politische Gewalt bezogen kann man diese Position als die These, dass bestimmte Kriege ethisch gerechtfertigt werden können, bezeichnen. In weiten Teilen der internationalen akademischen Welt bezieht man sich mit dem Ausdruck ‚Theorie des gerechten Krieges' (‚Just War Theory') auf dieses Fragefeld, das eine Vielzahl von Ansätzen umfasst, so dass der Ausdruck ‚Theorie' (oder auch ‚Lehre') bereits etwas irreführend ist. Was zur Ablehnung dieses ‚Lehrstücks' vor allem im deutschsprachigen Raum beigetragen hat, ist vor allem die Verwendung des Wortes ‚gerecht' in der ‚Theorie des gerechten Krieges': Kriegerische Gewalt trifft so viele unschuldige Menschen mittel- und unmittelbar, so dass es zynisch anmutet, hier ‚*gerechte* Gewalt' am Werk sehen zu können. Diese sprachlichen Einwände sind nur allzu verständlich. Dennoch muss man zur Kenntnis nehmen, dass sich die Frage, ob in bestimmten Situationen Gewaltmittel verwendet werden dürfen, immer wieder stellt. Schon der Ausdruck ‚Gewalt' ist ja nicht eindeutig; in gewisser Weise ist er noch umstrittener als der Begriff des Friedens. Nicht nur physische Gewalt, sondern auch psychische Gewalt ist zu bedenken. Hinzu kommt aber auch die Frage nach der

---

[26] Vgl. *R. Spaemann*, Der Hass des Sarastro, in: R. Spaemann, Grenzen, Stuttgart 2001, 181–193.

[27] *B. Koch*, Friedensethik, in: H-J. Gießmann/B. Rinke (Hrsg.), Handbuch Frieden, zweite, überarbeitete Auflage, Wiesbaden 2019, 147–162, 158.

sogenannten ‚strukturellen Gewalt': Sind Hierarchien bereits ein Ausdruck von Gewalt? Ist vielleicht die Sprache selbst gewaltsam? Vermeidet ‚gendergerechte Sprache' Gewalt, die der Umgangssprache bislang inhärent war, oder zieht gerade durch die Umstellung neue Gewaltsamkeit ein? Wie steht es um die Erziehung: Bedarf nicht auch Pädagogik immer eines bestimmten Anteils von Gewalt, wenn Schülerinnen und Schüler beispielsweise durch Druck veranlasst werden, ihre Hausaufgaben zu erledigen?

Es geht also nicht nur um die Frage, *ob* Gewalt gerechtfertigt werden kann, sondern auch um die sehr weitreichende und komplexe Frage, *welche Art* von Gewalt rechtfertigungsfähig ist. Das Nachdenken über den gerechten Krieg hat sein Augenmerk auf das gelenkt, was Soziologen heute ‚Makrogewalt' nennen, also Gewalt, die unter Zuhilfenahme von militärischen Kampfmitteln erfolgt.[28] Maßgebliche Denker dieser Tradition der ethischen Reflexion entstammen aus der christlichen Theologie (vgl. den Beitrag von Alexander Merkl in diesem Band). An dieser Stelle soll zunächst nur ein zentraler Fragepunkt genannt werden, der in der Tradition unterschiedliche Antworten gefunden hat:[29] Nimmt die Reflexion auf den gerechten Krieg ihren Ausgangspunkt beim einzelnen Individuum und fasst politische Gemeinschaften gewissermaßen als Agglomeration von Individuen auf oder haben Gemeinschaften als solche einen ‚ontologischen' Status, der über die Summe der Individuen hinausgeht? Im ersten Fall sind die Mitglieder der streitenden Parteien selbst diejenigen, die den Krieg tragen. Das betrifft dann insbesondere die Frage, ob Soldatinnen und Soldaten prüfen müssen, ob sie in einem Einsatz tätig sind, der gerechtfertigt werden kann. Im zweiten Fall sind Soldatinnen und Soldaten nur als Repräsentanten ihrer Gemeinschaft kämpfend in Aktion. Sie prüfen nicht selbst das Urteil der Gemeinschaft oder ihres Anführers (z. B. eines Fürsten), denn sie können sich nicht über das Urteil der Gemeinschaft erheben und sind nicht ihr Richter. Im ersten Fall tragen sie moralische (Mit-)Verantwortung für den Waffengang, im zweiten Fall trägt die Gemeinschaft oder der Fürst diese Verantwortung. Wenn die Soldatinnen und Soldaten selbst keine Verantwortung für den Krieg als solchen haben, dann stehen sie sich auf beiden Seiten des militärischen Konflikts als moralisch gleichberechtigt und gleichverpflichtet gegenüber. Sie müssen zwar den Kampf nach den vereinbarten Regeln des Krieges führen und sind für die Einhaltung dieser Regeln (‚ius in bello') zuständig, aber warum sie im Krieg sind (‚ius ad bellum') ist nicht ihre Angelegenheit, sondern die ihrer Gemeinschaft bzw. der Führung dieser

[28] Vgl. zur neueren soziologischen Debatte: *T. Hoebel*/*W. Knöbl*, Gewalt erklären! Plädoyer für eine entdeckende Prozesssoziologie, Hamburg 2019.

[29] Vgl. *G. M. Reichberg*/*H. Syse*/*E. Begby* (Hrsg.), The Ethics of War. Classic and Contemporary Readings, Malden, Mass., 93–97.

Gemeinschaft. Krieg und militärischer Konflikt sind also in dieser Sicht eher wie ein regelgeleiteter Wettkampf aufzufassen. Im ersten Fall jedoch, wenn die Soldatinnen und Soldaten selbst für den Waffenkampf mit ihrem moralischen Selbststand einzustehen haben, haben wir es mit einer ähnlichen Situation wie im Bereich individueller Selbstverteidigung zu tun: Allenfalls eine Konfliktpartei kann mit gerechten Gründen und auf der Basis legitimer Autorität kämpfen. Die Soldatinnen und Soldaten der anderen Konfliktpartei dürften im Grunde gar nicht kämpfen. Zwischen den nicht-gerechtfertigten Angreifern und den (möglicherweise) gerechtfertigten Verteidigern klafft eine moralische Asymmetrie. Beide Fälle kommen aber darin überein, dass das kriegerische Handeln keinen Selbstzweck darstellen darf. Ziel des Krieges muss der Frieden sein, und die Handlungen im Krieg dürfen nicht von der Art sein, dass sie eine Aussöhnung der Konfliktparteien unmöglich machen, wie insbesondere Immanuel Kant betont hat:

> „Es soll sich kein Staat im Kriege mit einem andern solche Feindseligkeiten erlauben, welche das wechselseitige Zutrauen im künftigen Frieden unmöglich mach müssen."[30]

Für die Konflikte der Gegenwart werden wir diesen Imperativ auch auf nichtstaatliche Konfliktparteien ausweiten müssen.

Vom Nachdenken über den gerechten Krieg muss man die Vorstellung eines ‚Heiligen Krieges' unterscheiden. ‚Gerechter Krieg', der eine Vorstellung von Gerechtigkeit und Recht verteidigen soll, und „Heiliger Krieg", der das Heilige schützen soll und in Anspruch nimmt, sind nicht identisch. Während ersterer mit rational ausweisbaren Kriterien begründet werden soll, reicht für den zweiten ein Befehl Gottes. Die christliche Tradition kennt den heiligen Krieg vor allem aus dem Alten Testament, auch wenn die Befunde dazu wissenschaftlich durchaus umstritten sind.[31] Augustinus, der zwar einerseits als der Begründer der vermeintlichen ‚Lehre vom gerechten Krieg' angesehen wird, der aber andererseits in seinen Schriften ein großes Leiden an der Gewaltsamkeit der Menschen erkennen lässt und auf eine Haltung der Friedfertigkeit besonderen Wert legt, hat den Krieg auf Befehl Gottes für die Zeit nach der Zeitenwende, in der das Evangelium geoffenbart worden ist, ausgeschlossen.

Besonderes Interesse verdienen die *Pax-Dei-* und *Treuga-Dei*-Bewegungen des Mittelalters, und dies nicht nur aus historischer Perspektive. Ihnen

---

[30] *I. Kant*, Zum ewigen Frieden, 6. Präliminarartikel (div. Ausgaben). – Kant spricht bewusst von den Staaten, weil nur Staaten gewissermaßen eine moralische Natur gewinnen, nicht aber jedwede Gruppe von Menschen.

[31] Vgl. *H.-G. Stobbe*, Religion, Gewalt und Krieg. Eine Einführung, Stuttgart 2010, 87–175.

zugrunde lagen Beschlüsse und Anordnungen, die gewaltsame Auseinandersetzungen räumlich, temporär und personell begrenzten. So sollten z. B. Geistliche, Arme, Bauern und Frauen bei Kampfhandlungen verschont bleiben, was die moderne Unterscheidung von Kombattanten und Zivilisten mitbegründet haben dürfte. Bestimmte, z. B. heilige, Orte, sind von Kampfhandlungen ausgeschlossen, und Kämpfe sind auch an bestimmten Tagen (z. B. dem Sonntag als Tag des Herrn) verboten. Diese sehr äußerlich wirkenden Begrenzungen der Gewalt sind unabhängig von der Rechtfertigungsfrage der Gewalt. Selbst bei gerechten Kriegsgründen müssen am Sonntag die Kämpfe unterbleiben, was ja die Verfolgung der gerechten Ziele durchaus beeinträchtigen kann. Aber die Begrenzung der Gewalt ist das vorrangige Ziel. Die Logik der Gerechtigkeit wird hier also durchbrochen – und damit auch vor einer Totalisierung geschützt. In der Unterscheidung von Kombattanten und Zivilisten im Humanitären Völkerrecht finden wir auch in der Gegenwart noch einen Widerschein dieser mittelalterlichen Gewaltbegrenzungsstrategie.

4. Friedensethik und Anthropologie

Ethik kann wohl ganz grundsätzlich nicht von einer Vorstellung vom Menschen absehen. Versuche, Ethik anthropologie- und damit ontologiefrei zu begründen, sind nicht besonders aussichtsreich und münden allenfalls in einen irrealen Rationalismus, der die Anbindung an die Lebenswelt und Lebenswirklichkeit der Subjekte der Ethik verloren hat. Für die Friedensethik ist die anthropologische Bindung vermutlich sogar noch entscheidender. Nach wie vor kann man das (vermeintlich) schlichte platonische Modell von Logos, Eros und Thymos als Grundlage heranziehen. Cicero hat in seinem stoisch inspirierten Werk „De officiis" (off. 1,34) sicherlich recht, wenn er betont, dass dem Menschen zum Austragen von Differenzen und Konflikten der gemeinsame Logos, also die Rede und die Vernunft, zur Verfügung steht und er deshalb nicht wie die Tiere auf physische Gewalt zurückgreifen muss. In der Tat ist der Dialog das vorzugswürdige Mittel der Konfliktbearbeitung. Dass im Dialog häufig Einsichten erlangt werden können, die ohne diesen Austausch so nicht möglich gewesen wären,[32] zeigt auch, dass der Konflikt als solcher dem Frieden nicht entgegenstehen muss, sondern es auf

---

32 Dass im Widerstreit auch mit falschen Behauptungen Erkenntnisgewinne („nämlich die deutlichere Wahrnehmung und den lebhafteren Eindruck des Richtigen") erzielt werden können, führt John Stuart Mill als Argument für die Rede- und Meinungsfreiheit an (*J. S. Mill*, On Liberty/Über die Freiheit, übers. v. B. Lemke, Stuttgart 2009, 55).

die Weise des Konfliktaustrags und seine formale Rahmung ankommt.[33] Auf dieser Einsicht baut auch das politische Modell einer deliberativen Demokratie auf. Allerdings wissen wir auch um das Misslingen von Dialog. Das kann viele Gründe haben, die auch mit unterschiedlichen Sprachen und Wortbedeutungen und mit schwer aufklärbaren Missverständnissen zu tun haben. Der Logos ist im Leben der Menschen wohl weniger einheitlich als sich das der stoische Rationalismus gedacht haben mag. Aber häufig hat das Scheitern konstruktiver Konfliktbearbeitung durch Gespräche auch mit den anderen Strebekräften der Seele zu tun, die ebenfalls für ein wirkliches Übereinkommen gewonnen werden müssen. Es reicht meistens aus, dass eine Konfliktpartei gar nicht an einer dialogorientierten Lösung des Konflikts interessiert ist (sondern beispielsweise eine gewisse Überlegenheit oder Macht behalten will), um die Möglichkeit einer dialogischen Lösung auch für die andere Konfliktpartei zu verbauen. Auch hier zeigt sich die oben bereits angesprochene Bedeutung der Tugenden für die Friedensethik: Wenn Konflikte dialogisch und nicht mit Gewalt gelöst werden sollen, setzt dies voraus, dass gegenüber dem Logos (und der Person, der ihn äußert) eine befürwortende und aufgeschlossene Haltung, gegenüber der Gewalt aber eine grundsätzlich abweisende Haltung eingenommen werden muss.

Man kann diese Überlegungen mit der oben schon erwähnten klassischen dreiteiligen Seelenlehre (Logos – Eros – Thymos) weiterführen: Wenn sich das ‚erotische', also gewissermaßen ‚vereinnahmende', Streben von verschiedenen Menschen auf die gleichen Güter richtet, ist distributive Gerechtigkeit nötig, um diese Güter auf die verschiedenen Menschen zu verteilen. Hier geht also Frieden nur über den Weg der Gerechtigkeit. Aber es reicht nicht aus, Güter nur gerecht zu verteilen, wenn thymotischen Anerkennungsbedürfnissen nicht ebenfalls Rechnung getragen wird. Auch in den Wohlstandsgesellschaften des Westens, in denen eine Überfülle von Gütern herrscht, ist es in den vergangenen Jahren immer wieder zu Ausbrüchen des Zorns[34] gekommen, weil sich bei vielen Personen der Eindruck der Nichtanerkennung oder der Entmündigung verfestigt hat. Ganz unabhängig davon, ob dieser Eindruck der Wirklichkeit entspricht – als Friedensbedrohung

---

[33] Vgl. *F-J. Overbeck*, Konstruktive Konfliktkultur. Friedensethische Standortbestimmung des Katholischen Militärbischofs für die Deutsche Bundeswehr, Freiburg i. Br. 2019 und *F.-J. Overbeck/A. Merkl*, Konstruktive Konfliktkultur, in: IKaZ Communio 49 (2020) 450–459.

[34] Zorn ist hier verstanden in einem weiten Sinne als Aufbegehren nach empfundener Nicht-Anerkennung. Unter den ‚politischen Emotionen' kommt dem Zorn sicherlich eine ganz besondere – auch friedensethische – Rolle zu, wie auch neuere Arbeiten zum Thema zeigen; vgl. z. B. *M. Nussbaum*, Zorn und Vergebung. Plädoyer für eine Kultur der Gelassenheit, Darmstadt 2017; *P. Sloterdijk*, Zorn und Zeit, Berlin 2008.

muss er wahrgenommen und auch politisch bearbeitet werden. Da Menschen dazu neigen, sich mit ihren eigenen Leistungen und dem, was sie sich über Leistungen selbst verdienen konnten, mehr zu identifizieren als mit Gütern, die ihnen nur von außen zufallen (sei es durch Zufall, sei es als Geschenke und dergleichen) ist es wohl auch für eine Friedensethik notwendig, Menschen immer wieder Perspektiven zu geben, wie sie sich in einer erfüllten Tätigkeit selber stützen und ‚verwirklichen' können.

Als ein liberaler philosophischer Ansatz, der hier hilfreich sein kann, soll nur äußerst knapp auf Martha Nussbaums und Amartya Sens ‚Capability Approach' hingewiesen werden: Er setzt nicht auf die gleiche Güterverteilung unter den verschiedenen Menschen, sondern auf die Verwirklichungschancen von Fähigkeiten, die eine politische Ethik bieten soll.[35] Gegenüber einem Utilitarismus, der davon ausgeht, dass man Güterverteilungen auf ein einziges Ziel hin beziehen kann, bezieht der Fähigkeitenansatz viele Dimensionen des menschlichen Lebens mit ein, die schlussendlich nicht mehr klar gegeneinander verrechnet werden können. Es ist also darauf zu achten, dass alle Dimensionen ausreichend Berücksichtigung finden.

5. Frieden braucht Inhalt

Jedenfalls zeigt sich, dass allein aufgrund der menschlichen Natur als aktives und schöpferisches Wesen Frieden nicht statisch gedacht werden kann. Frieden wird also nicht ein für alle Mal erlangt, so dass er dann endlos weiterbestehen könnte, sondern er muss immer wieder neu errungen und erstritten werden. Da sich der Mensch in sozialer und technologischer Hinsicht weiterentwickelt, ist es unabdingbar, dass auch immer wieder neu auf den Menschen geblickt wird – nicht nur mit einem ontologischen, sondern auch mit einem empirischen Auge. Friedensethik darf also den jeweiligen Stand der Humanwissenschaften nicht unberücksichtigt lassen. Frieden ist *in concreto* ja nicht nur eine formale Größe. Die Päpste haben sich in ihren Weltfriedenstagsbotschaften daher zurecht immer wieder der politischen und sozialen Wirklichkeit, so wie sie vorgefunden werden kann, zugewandt und Probleme identifiziert, die sich auch als Gefahren für den Frieden herausstellen können. Da jedoch eine große Fülle von sozialethischen Fragestellungen, ja wohl die allermeisten, Auswirkungen auf den Frieden haben können, bilden die Botschaften zum Weltfriedenstag fast so etwas wie ein kleines Kompen-

---

[35] *M. Nussbaum*, Fähigkeiten schaffen. Neue Wege zur Verbesserung menschlicher Lebensqualität, Freiburg i. Br. 2019; vgl. *F. Ricken*, Sozialethik (Grundkurs Philosophie 13), Stuttgart 2014, 232–247.

dium der katholischen Soziallehre, das laufend fortgeschrieben wird. Papst Paul VI. hat zum Beispiel in seiner Botschaft für das Jahr 1977 das Ziel des Friedens mit dem Schutz des Lebens verknüpft – ein Anliegen auch für die nachfolgenden Päpste. Papst Benedikt XVI. (für das Jahr 2010) und der derzeitige Papst Franziskus (für das Jahr 2020) haben sich beide den ökologischen Herausforderungen gewidmet und so Umweltethik und Friedensethik verbunden. Aus philosophischer Sicht werden die päpstlichen Aussagen natürlich immer auch wieder für Kritik sorgen, und selbst theologisch sind sie häufig ein Stein des Anstoßes. Entscheidend ist hier aber ein anderer Gedanke: Friedensethik kann dort, wo sie material-normativ reflektiert und Imperative setzt, nicht völlig für sich alleine stehen, sondern ist immer auf Aspekte der sozialen Wirklichkeit bezogen. Das betrifft nicht nur das politische Leben, denn Frieden ist eine Anforderung für jeden einzelnen, in den Familien, am Arbeitsplatz und in lokalen und temporären Gemeinschaften. Da – wie oben angesprochen – faktisch Friedensethik häufig nur als ein Bereich der politischen Ethik verstanden wird, können gerade die päpstlichen Botschaften zum Weltfriedenstag hier auch dem akademischen Leben helfen, Verengungen in der eigenen Begriffsbildung und blinde Flecken aufzuspüren. Damit kann der Gefahr, dass Friedensethik selbst Konflikte und sogar Gewaltkonflikte heraufbeschwört, etwas entgegengetreten werden.

6. Friedenserziehung und Friedensgebet

Das soziale Leben der Menschen ist ein vielschichtiges Phänomen: Zwischen Menschen herrscht leider häufig auch Gewalt und damit das Gegenteil von Frieden, und auch der Vorwurf von Gewaltsamkeit kann, wenn er zum Beispiel nicht in der Wirklichkeit begründet ist, gewaltsam sein. Es kann aufrichtiges Streben nach Frieden geben; es kann aber auch den Vorwand des Friedens für Gewalt geben. Es ist häufig ähnlich wie in Joni Mitchells Lied ‚Both Sides now' von 1967, in dem sie schildert, wie sie Wolken, die Liebe und das Leben von zwei verschiedenen Seiten kennenlernt und feststellen muss, dass sie weder Wolken, die Liebe noch das Leben wirklich kennt: „It's life's illusions I recall, I really don't know life at all." Ähnlich könnten wir sagen: „It's peace's illusions we recall, we really don't know peace at all." Aber auch das hat zwei Seiten: Religiöse Menschen sind sich in der Tat bewusst, dass sie hier auf Erden den Frieden, wie er in einem eigentlicheren Sinne Bestand haben könnte, nicht kennen. Christen beten deshalb für den Frieden, um den sie Gott auch als Gabe bitten. Er ist nicht einfachhin ‚machbar' (im Sinne des Herstellens), auch wenn wir ihm viele Hindernisse aus dem Weg räumen können. Vollkommener Friede kann nur Geschenk sein.

„Diesen Frieden, den der göttliche Erlöser uns gebracht hat, müssen wir von ihm in eindringlichem Gebet erbitten“ (PT 91). Das Gebet ist sogar selbst ein Element des Friedens, weil es „das Band [ist], das uns am wirksamsten verbindet“ (Wfb 1992). Andererseits haben wir bereits eine bestimmte Friedenserfahrung, um dieser Vorstellung eines vollkommenen Friedens überhaupt einen gewissen Anspruch beimessen zu können, z. B. Erfahrungen gelingender Zweisamkeit oder Harmonie in einer Familie. Um für die Erfahrung des Friedens und den Wert des Friedens offen zu sein, müssen wir auch bereit sein. Diese Bereitschaft ist nicht zuletzt Sache von Friedenserziehung, weil in ihr die Haltungen zum Frieden eingeübt werden können (vgl. Wfb von 1979 und 2004). Solche friedensförderlichen Haltungen können aber auch durch Kunst, insbesondere Musik und Lyrik, befördert werden – und auch durch Gottesdienst.

Frieden ist nicht nur – ja nicht einmal vorrangig – eine Sache der Theorie. Frieden ist eine Sache des Lebens.[36] Genau darauf zielen auch die päpstlichen Weltfriedenstagsbotschaften der Päpste: dass sie Hilfestellung zum Leben geben. Dass sie jährlich mit großem Interesse erwartet und aufgenommen werden, zeigt, dass ihnen dies offenkundig gut gelingt.

---

[36] Vgl. die Bemerkung des Aristoteles zur Aufgabe der Ethik in EN II 1103b.

Von ‚Pacem in terris' bis ‚Fratelli tutti', vom ‚gerechten Krieg' zum ‚gerechten Frieden'
Eckpunkte des kirchlichen und theologisch-ethischen Nachdenkens über Krieg, Konflikt, Gewalt und Frieden

Alexander Merkl

In diesem zweiten Teilkapitel soll es darum gehen, einige Eckpunkte des größeren Gesamtrahmens kirchlicher Friedenslehre und theologischer Friedensethik zu skizzieren, die als deren wissenschaftliche Reflexion zu begreifen ist. Innerhalb dieses Rahmens nämlich sind auch die einzelnen Texte zum Weltfriedenstag als ein wesentlicher Teil der päpstlichen Friedensverkündigung zu verorten. Dabei greifen die Päpste in ihren Botschaften immer wieder auf Texte wie Enzykliken, also auf Rundschreiben an die gesamte Weltkirche, und andere Verlautbarungen der kirchlichen Friedenslehre gleichwie auf eine Vielzahl weiterer biblischer, traditioneller und kirchenoffizieller Texte zurück. Sie nehmen zeitaktuelle Entwicklungen und dringende Fragestellungen ebenso wie Einsichten und Perspektiven wissenschaftlicher Theologie in meist sehr prinzipieller, appellativer und paränetischer Absicht auf. Die Botschaften wollen so stets aufs Neue eine „brüderliche Aufforderung sein, über das gegenwärtige Geschehen der Menschheit nachzudenken, um es in eine höhere sittlich-religiöse Schau zu erheben", wie Papst Johannes Paul II. in seiner Botschaft zum Weltfriedenstag aus dem Jahr 1992 schreibt. Sie sind theologisch reflektiert, sozialethisch fundiert, zeitgeschichtlich inspiriert und geleitet von der wiederkehrenden Idee: „der Frieden ist geboten, der Friede ist möglich. […] Der Frieden ist kein Traum, weder eine Utopie noch eine Illusion. Und noch weniger ist er eine Sisyphusarbeit" (Wfb 1978).

Dadurch entfaltet sich innerhalb des angedeuteten Rahmens und schließlich auch über diesen hinaus eine Dynamik wechselseitiger Rezeption. Einige zentrale Textquellen, Begriffe und Entwicklungen, insbesondere der Paradigmenwechsel vom ‚gerechten Krieg zum gerechten Frieden' und die damit verbundenen Veränderungen im kirchlichen wie theologisch-ethischen Nachdenken über Krieg, Konflikt, Gewalt und Frieden, die diesen Gesamtrahmen kirchlicher Friedenslehre und theologischer Friedensethik in besonderer Weise und damit auch die Inhalte der Botschaften zur Feier der Weltfriedenstage prägen, gilt es im nun Folgenden vorzustellen.

1. Das traditionelle Lehrstück vom ‚gerechten Krieg'

Ein anfänglicher Blick in die friedensethische Tradition zeigt, dass die Lehre vom ‚gerechten Krieg' (*bellum iustum*) neben der biblisch tradierten Gewaltfreiheit eine von zwei wirkmächtigen moraltheologischen Traditionslinien zu den Fragen von Krieg und Frieden darstellt. Erste Elemente finden sich bereits in antikem Denken bei Cicero. Durch seine Rezeption bei Augustinus und Thomas von Aquin fand das Lehrstück nachhaltig Eingang in die christliche Friedensethik.[1] Intendiert war die *Eindämmung von Krieg und Gewalt.* Bedeutsam sind insbesondere die in seinem Rahmen formulierten, wenngleich nicht bei allen Autoren stets gleichen Kriterien: So kann von einem ‚gerechten Krieg' nur dann gesprochen werden, wenn er durch eine legitime Autorität (*legitima auctoritas*) erklärt, aus gerechtem Grund (*iusta causa*) unternommen, mit der rechten Absicht (*recta intentio*) verfolgt und unter Berücksichtigung der Verhältnismäßigkeit der eingesetzten Mittel (*debitum modum*) lediglich als letztes probates Mittel (*ultima ratio*) geführt wird.

Bis in die Zeit vor dem Zweiten Vatikanischen Konzil prägte und bestimmte dieses Lehrstück die friedensethischen Abhandlungen in der Moraltheologie nahezu vollständig. Genau betrachtet war die Friedensethik mehr eine Kriegsethik, da sie primär vom Krieg in seinen Ausprägungen als Verteidigungs- und Angriffskrieg her dachte. Durch die Erfahrungen zweier Weltkriege und angesichts des enormen Zerstörungspotentials nuklearer Waffen stellte sich jedoch zunehmend die Frage, ob es einen ‚gerechten Krieg' überhaupt noch geben könne. Vor dem Hintergrund einer sich stetig verändernden weltpolitischen Lage setzte Ende des 19., Anfang des 20. Jahrhunderts – beginnend mit den Päpsten Leo XIII., Benedikt XV. und Pius XII. – das kirchliche und moraltheologische Bestreben ein, in der kirchlichen Friedensverkündigung und in der Friedensethik als deren wissenschaftliche Reflexion entschiedener vom und auf den Frieden hin zu denken und sich von der Lehre des ‚gerechten Krieges', allen voran vom Krieg als Mittel der Politik sowie vom Kriegsbegriff an sich zu distanzieren. *Die Perspektive und das Paradigma, das heißt das grundlegende Denkmuster in der Friedensethik, begannen sich zu ändern.*

---

[1] Vgl. ausführlich dazu *E. Schockenhoff*, Kein Ende der Gewalt? Friedensethik für eine globalisierte Welt, Freiburg i. Br. 2018, 104–391 sowie im Einzelnen: *A. Keller*, Cicero und der gerechte Krieg. Eine ethisch-staatsphilosophische Untersuchung (ThFr 43), Stuttgart 2012; *T. Weissenberg*, Die Friedenslehre des Augustinus. Theologische Grundlagen und ethische Entfaltung (ThFr 28), Stuttgart 2005; *J. Rief*, „Bellum" im Denken und in den Gedanken Augustins (Beiträge zur Friedensethik 7), Stuttgart 1990; *G. Beestermöller*, Thomas von Aquin und der gerechte Krieg. Friedensethik im theologischen Kontext der Summa Theologiae (ThFr 4), Stuttgart 1990.

2. Die Enzyklika ‚Pacem in terris' (1963) – Meilenstein moderner katholischer Friedensethik

Die Enzyklika ‚Pacem in terris' (PT) von Papst Johannes XXIII. stellte in Zeiten politischer Spannungen (Kuba-Krise, Kalter Krieg) und innerkirchlichen Aufbruchs (Zweites Vatikanisches Konzil) eine höchst wirkmächtige Neubesinnung auf eine christliche Friedensethik dar. Ihr universaler Anspruch wird dadurch deutlich, dass erstmals eine Enzyklika an einen erweiterten Adressatenkreis gerichtet wurde („an alle Menschen guten Willens") und nicht mehr nur an Bischöfe, Priester und Gläubige. Die Hauptausrichtung des Dokuments ist klar ersichtlich: Der Krieg als Mittel der Politik ist zu ächten. Dazu bedarf es der Konzentration auf das internationale Gemeinwohl (vgl. PT 139), der Beendigung des Rüstungswettlaufs (vgl. PT 112), der Einrichtung einer internationalen Schiedsgerichtsbarkeit (vgl. PT 183) sowie einer politischen, supranationalen Weltautorität (vgl. PT 137).[2] Die *Menschenrechte*, die in der dem Menschen von Natur aus zukommenden Würde gründen und deren Anerkennung in der katholischen Kirche ein langes Ringen vorausgegangen war, sowie die mit ihnen korrespondierenden Pflichten wurden zur normativen Grundlage friedensethischer Überlegungen:

> „Jedem menschlichen Zusammenleben, das gut geordnet und fruchtbar sein soll, muss das Prinzip zugrunde liegen, dass jeder Mensch seinem Wesen nach Person ist. Er hat eine Natur, die mit Vernunft und Willensfreiheit ausgestattet ist; er hat daher aus sich Rechte und Pflichten, die unmittelbar und gleichzeitig aus seiner Natur hervorgehen." (PT 9)

Ein Katalog dieser Menschenrechte findet sich im ersten Abschnitt der Enzyklika. Dieser rekurriert in wesentlichen Teilen auf die Allgemeine Menschenrechtserklärung der Vereinten Nationen aus dem Jahr 1948. Neben deutlichen inhaltlichen Schnittpunkten lassen sich ebenso eigenständige Akzentuierungen wahrnehmen. So werden die Rechte auf aktive Teilhabe am öffentlichen Leben, auf freie Wahl des Lebensstandes und auf ungehinderte Familiengründung (vgl. PT 15/16) gleichwie das Recht auf Asyl (vgl. PT 25) in besonderer Weise betont. Gleiches gilt für die Rechte auf Gewissens- und Religionsfreiheit (vgl. PT 14). Die inhaltliche Verbindung zur konziliaren Erklärung über die Religionsfreiheit ‚Dignitatis humanae' (1965) ist klar ersichtlich.

In ihren Botschaften zu den Weltfriedenstagen beziehen sich die Päpste immer wieder explizit auf diese wegweisende Enzyklika zurück. Zum 40-jährigen Jubiläum veröffentlichte Johannes Paul II. seine Weltfriedensbotschaft gar un-

---

[2] Vgl. *E. Schockenhoff*, Mutiges Lehramt. Die Enzyklika Pacem in terris, in: StZ 231 (2013) 219–231.

ter dem Titel ‚Pacem in terris: Eine bleibende Aufgabe' (2003). Aber auch deren inhaltliche Anliegen im Einzelnen werden immer wieder neu aufgenommen und angesichts veränderter Zeitumstände weitergeführt, wie die Themen der Menschenrechte (1969/1999) oder der Religionsfreiheit (1988/2011) beispielhaft zeigen.

3. Die Pastoralkonstitution ‚Gaudium et spes' (1965) – Konturen eines theologischen Friedensbegriffs

Viele, wenn auch nicht alle Impulse, die von ‚Pacem in terris' ausgingen, wurden in der Pastoralkonstitution ‚Gaudium et spes' nur zwei Jahre später mit Abschluss des Zweiten Vatikanischen Konzils rezipiert. So fand die „Vision einer Überwindung der Institution des Krieges"[3] immer mehr Verbreitung und Zustimmung innerhalb der kirchlichen Friedenslehre. In seiner Rede von einem „wahren Frieden" (GS 77) legt der Konzilstext einige charakteristische Elemente eines theologisch-ethischen Friedensbegriffs dar.

In GS 78 wird zwischen einem *negativen Frieden* und einem *positiven Frieden* unterschieden. Meint ersterer schlichtweg die Abwesenheit von Krieg, so geht ein positives Verständnis von Frieden darüber hinaus. Es betont zusätzlich die zunehmende Abwesenheit unterschiedlicher Formen von Gewalt sowie die vermehrte Verwirklichung von sozialer Gerechtigkeit, Freiheit und Menschenrechten. Weder aber darf im Zuge dieser begrifflichen Gegenüberstellung der Anfangszustand eines Nicht-Krieges geringgeschätzt noch darf davor zurückgeschreckt werden, das komplexe und multidimensionale Konzept eines positiven Friedens zu skizzieren. Konkretem Friedenshandeln muss es um den beständigen Übergang von einem negativen zu einem positiven Frieden gehen. Dadurch wird deutlich, dass der Friede kein endgültiger Zustand[4] sein kann, sondern *ein kontinuierlicher gleichwie dynamischer Prozess zunehmender und gelingender Konfliktbearbeitung ist*, der gewiss nicht immer ohne Brüche verläuft, um den jedoch mit allem Einsatz gerungen werden muss.[5]

---

[3] *M. Vogt*, Friedensethik als Impuls für sozialethische Grundlagenreflexionen, in: V. Bock u. a. (Hrsg.), Christliche Friedensethik vor den Herausforderungen des 21. Jahrhunderts (Studien zur Friedensethik 51), Münster/Baden-Baden 2015, 17–30, 18.

[4] Vgl. dazu: „Doch in Wirklichkeit ist der Frieden nie ganz vollendet und sicher" (Wfb 1977); „Ist etwa der Friede ein Zustand, der das Leben lahmt, wo dieses gleichzeitig seine Vollendung und seinen Tod fände? Das Leben ist Bewegung, ist Wachstum, bedeutet Arbeit, Anstrengung und Eroberung …: Ist nicht auch der Friede von der gleichen Art? Selbstverständlich!" (Wfb 1972)

[5] Auch den vielen Soldatinnen und Soldaten kommt hierbei eine wichtige Aufgabe zu. So hält

Deutlich wird dies auch, wenn zwischen einem *messianischen* und einem *irdischen Frieden* unterschieden wird: „Der irdische Friede [...] ist aber auch Abbild und Wirkung des Friedens, den Christus gebracht hat und der von Gott dem Vater ausgeht" (GS 78). In der eschatologischen Spannung von ‚Schon-Jetzt' und ‚Noch-Nicht' wird der Friede sowohl als bereits empfangenes Geschenk als auch als stets aufzubauendes Werk verstanden. Der Gedanke eines messianischen, endzeitlichen Friedens macht das Friedenshandeln in der Welt dabei nicht hinfällig, sondern fordert als regulative Idee dazu heraus, sich ihm immer mehr anzunähern. Das augenscheinliche Gegenpaar ‚irdisch – messianisch' zeichnet den Frieden zwar als *spannungsvollen Prozess*, es entlastet und motiviert jedoch zugleich das gegenwärtige Friedenshandeln, indem es hilft, mit innerweltlichem Scheitern und Rückschlägen umzugehen.

An diese Einsichten schließt Papst Franziskus in seinem Apostolischen Schreiben ‚Evangelii gaudium'[6] (2013) an. Darin legt er *vier friedensethische Grundorientierungen* vor. Mit dem Prinzip[7] ‚Die Zeit ist mehr wert als der Raum' (vgl. EG 222–225) weist er nachdrücklich auf den Prozesscharakter und die bleibende Offenheit eines gegenwärtig nie vollständig erreichbaren Friedens sowie auf die entsprechende Notwendigkeit eines auf Dauer hin ausgerichteten Einsatzes für den Frieden hin:

> „Dieses Prinzip erlaubt uns, langfristig zu arbeiten, ohne davon besessen zu sein, sofortige Ergebnisse zu erzielen. [...] Dem Raum Vorrang geben bedeutet sich vormachen, alles in der Gegenwart gelöst zu haben [...]. Der Zeit Vorrang zu geben bedeutet sich damit zu befassen, *Prozesse in Gang zu setzen anstatt Räume zu besitzen*" (EG 223).

An eine weitere konziliare Bestimmung des Friedens als *„Werk der Gerechtigkeit"* (GS 78 im Rückgriff auf Jes 32,17) knüpfte in der Folgezeit die deutsch-

---

schon das Zweite Vatikanische Konzil fest: „Wer als Soldat im Dienst des Vaterlandes steht, betrachte sich als Diener der Sicherheit und Freiheit der Völker. Indem er diese Aufgabe recht erfüllt, trägt er wahrhaft zur Festigung des Friedens bei" (GS 79). Papst Benedikt XVI. griff genau dies in seiner Botschaft zum Weltfriedenstag im Jahr 2006 auf und fuhr fort: „An dieser anspruchsvollen Front ist das Wirken der Militärordinariate der katholischen Kirche angesiedelt. Ebenso wie den Militärbischöfen gilt auch den Militärseelsorgern meine Ermutigung, in jeglicher Situation und Umgebung treue Verkünder der Wahrheit des Friedens zu bleiben."

[6] *Franziskus*, Apostolisches Schreiben ‚Evangelii gaudium' an die Bischöfe, an die Priester und Diakone, an die Personen geweihten Lebens und an die christgläubigen Laien über die Verkündigung des Evangeliums in der Welt von heute (VAS 194), hrsg. vom Sekretariat der Deutschen Bischofskonferenz, Bonn 2013.

[7] Ferner führt der Papst folgende drei Prinzipien näher aus: ‚Die Einheit wiegt mehr als der Konflikt' (EG 226–230), ‚Die Wirklichkeit ist wichtiger als die Idee' (EG 231–233), ‚Das Ganze ist dem Teil übergeordnet' (EG 234–237).

sprachige Friedensethik an. Dort hat sich mittlerweile die Rede von einem ‚gerechten Frieden' als Zielperspektive sowohl innerhalb der evangelischen als auch der katholischen Hirtenworte und Theologie etabliert. Der Endpunkt eines bemerkenswerten friedensethischen Paradigmenwechsels wird greifbar.

4. Das Hirtenwort ‚Gerechter Friede' (2000) – vom ‚gerechten Krieg' zum ‚gerechten Frieden'

Der von ‚Pacem in terris' initiierte, durch ‚Gaudium et spes' in weiten Teilen weitergeführte und durch die Enzyklika ‚Populorum progressio' – 1967 von Papst Paul VI. veröffentlicht und getragen von dem Leitsatz: „Entwicklung, der neue Name für Frieden" (PP 76) – vertiefte Paradigmenwandel mündete aus deutschsprachiger Perspektive im Jahr 2000 im Leitbild vom ‚gerechten Frieden'. Das gleichnamige Dokument[8] der deutschen Bischöfe bildet den vorläufigen Schlusspunkt einer friedensethischen Entwicklung, die zumeist knapp auf die Formel *‚vom gerechten Krieg zum gerechten Frieden'* gebracht wird. In Zentrum stehen der Aufbau, die Erhaltung und die Förderung des Friedens, nicht Gewaltanwendung und Kriegsführung. Dies sei in drei Gesichtspunkten weiter verdeutlicht.

(1) Das Leitbild vom ‚gerechten Frieden'
Nachdem die Bischöfe in ihrem Vorgängerdokument ‚Gerechtigkeit schafft Frieden'[9] von 1983 noch mehrere Seiten auf das Thema des ‚gerechten Krieges' verwendet hatten, verzichten sie nun scheinbar vollständig auf eine Behandlung: „Mit der notwendigen Überwindung der Institution des Krieges kommt auch die Lehre vom gerechten Krieg [...] an ein Ende" (GF 1). Die Idee des ‚gerechten Friedens' als Gegenentwurf und *neue Zielperspektive* ist von der Grundeinsicht geleitet, dass,

> „[w]er eine friedlichere Welt will, [...] die tiefliegenden Ursachen des Krieges bekämpfen [muss]. Aus der Perspektive des gerechten Friedens bedeutet das, durch eine Politik der Gewaltvorbeugung Gewaltverhältnisse auszutrocknen, die stets neue Gewalt provozieren und produzieren." (GF 60)

---

[8] *Die deutschen Bischöfe*, Gerechter Friede (Die deutschen Bischöfe 66), hrsg. vom Sekretariat der Deutschen Bischofskonferenz, Bonn ^{4}2013, Erstauflage 2000.

[9] *Die deutschen Bischöfe*, Gerechtigkeit schafft Frieden. Neuauflage erweitert um die Erklärungen zum Golfkonflikt (Die deutschen Bischöfe 48), hrsg. vom Sekretariat der Deutschen Bischofskonferenz, Erstauflage 1983, Bonn 1991.

Zu den Leitlinien des Dokuments wie des darin entfalteten Leitbildes zählt die wiederholte Forderung nach *Gewaltprävention* (vgl. GF 69/198). Der Gewalt ist vorzubeugen, so der moralische Imperativ, wobei die Vieldeutigkeit des Gewaltbegriffs zu berücksichtigen ist: „Gewalt kommt vor als zwischenmenschliche Gewalt, die physisch oder psychisch ausgeübt werden kann, als politische Gewalt, als kulturelle Gewalt, als Aufstand und Aufruhr, als Krieg und vielleicht sogar als epistemische Gewalt [...] oder als strukturelle Gewalt"[10].

Ebenfalls stärken die Bischöfe die Bedeutung eines „Ethos der Gewaltfreiheit" (GF 204), das im ersten Teil des Hirtenwortes ausführlich biblisch begründet und als Hauptmotiv des Dokuments beständig wiederaufgenommen wird. Die Bischöfe, denen es um ein „Mehr an Gewaltlosigkeit" (GF 55) geht, beschreiben die *Gewaltfreiheit* als eine aktive und konstruktive Kraft (vgl. GF 69), die ihr ursprüngliches Exempel in der Person Jesu Christi findet.

Zudem werden zahlreiche Möglichkeiten *praktischen Friedenshandelns* thematisiert: die Friedensarbeit in der Zivilgesellschaft (vgl. GF 122–128), der interreligiöse Dialog (vgl. GF 189), das Gebet um den Frieden (vgl. GF 206), der Schutz der Menschenrechte (vgl. GF 70–82) sowie die vielfältigen Praktiken der Versöhnung (vgl. GF 115/178). Auch diese Themen und Überlegungen finden sich beständig sowie auch als inhaltliche Schwerpunkte innerhalb der päpstlichen Botschaften zum Weltfriedenstag wieder.[11]

Ungeachtet der primären Ausrichtung des Leitbildes vom ‚gerechten Frieden' am Frieden im Sinne entschlossener *Ursachenorientierung* – „Friedensfähigkeit steht im Zentrum, nicht Kriegsbefähigung"[12] –, bleibt, wenn auch allenfalls zweitrangig, die Möglichkeit eines gewaltbewehrten Friedens, das heißt die *Symptomorientierung*, im Blick. Dies wirft die Frage auf: Ist Gewalt als christliche Option auch in einem Leitbild vom ‚gerechten Frieden' denkbar?

(2) Gewalt als (un-)christliche Option?

Eine theologische Friedensethik, die den Krieg grundsätzlich ächtet und vollständig überwinden will, verneint die Frage legitimer Gewaltanwendung

---

[10] *B. Koch*, Friedensethik, in: H. Gießmann/B. Rinke (Hrsg.), Handbuch Frieden, Wiesbaden ^{2}2019, 147–162, 157.

[11] Für das Thema der Versöhnung ließe sich auf folgende Botschaftstexte hinweisen: ‚Erziehung zum Frieden durch Versöhnung' (1970), ‚Versöhnung, der Weg zum Frieden' (1975) oder ‚Der Frieden als Weg der Hoffnung: Dialog, Versöhnung und ökologische Umkehr' (2020); für den Dialog darüber hinaus auf folgende Texte: ‚Der Dialog für den Frieden: eine Forderung an unsere Zeit' (1983) und ‚Dialog zwischen den Kulturen für eine Zivilisation der Liebe und des Friedens' (2001).

[12] *S. Sailer-Pfister*, ‚Schwerter zu Pflugscharen' – Auf dem Weg zu einem gerechten Frieden. Grundlagen der Friedensethik ausgehend von ‚Pacem in terris', ‚Gaudium et spes' und dem Wort der Deutschen Bischöfe ‚Gerechter Friede', in: IKaZ Communio 43 (2014) 51–61, 56.

nicht per se. Dies entspräche einer naiven Sicht auf die gegenwärtig erfahrbaren Wirklichkeiten. Es geht daher keineswegs darum, eine Art absoluten und unbedingten Pazifismus zu proklamieren, den es auch dann einzuhalten gelte, wenn er schlimmste Folgen zeitigte. Vielmehr steht es im Einklang mit der christlichen Friedenslehre, dass Gewalt im äußersten Fall unumgänglich sein kann. Zu betonen bleibt aber, dass Gewalt, gerade auch militärische Gewalt, niemals ein unhinterfragtes Mittel menschlichen und politischen Handelns sein darf.

Allerdings schließt dies nicht die Möglichkeit aus, dass es Situationen geben kann, in denen die Anwendung von Gewalt *begründet* und nicht mehr kategorisch ausgeschlossen werden kann, in denen ein zumindest zeitweiser Friede nicht mehr ohne Waffen geschaffen werden kann und in denen die Gewaltanwendung selbst im *Dienst der Überwindung der Gewalt* steht. Unter diesen Umständen ist es für eine christliche Positionierung kennzeichnend, Gewalt (nur) als *ultima ratio*, als letztes gegebenes Mittel des Handelns zu akzeptieren, sie *auf ein Minimum zu reduzieren* und darauf zu beharren, dass Gewalt – auch wenn offensichtlich unumgänglich – zu jeder Zeit ein erhebliches, manchmal aber ein geringeres *Übel* darstellt. Eine Gewöhnung an die Gewalt als probates Mittel der Friedenssicherung darf niemals erfolgen, denn sie perpetuiert Leid und Unrecht nur, anstatt ihnen nachhaltig entgegenzuwirken. Die primären Zielsetzungen katholischer Friedensethik müssen daher ursachenorientierte Gewaltprävention sowie die strukturelle und institutionelle Überwindung von Gewalt und Krieg durch Versöhnung und Recht sein.

Wiederholt wird daher die rechtsethische Forderung ‚*Frieden durch (internationales) Recht*', dem eine pazifizierende Funktion zugeschrieben wird, stark gemacht: „Ebenso muss an die Achtung des humanitären Rechts erinnert werden, besonders in dieser Zeit unaufhörlich aufeinanderfolgender Konflikte und Kriege" (Wfb 2021). Auf der normativen Basis des Völkerrechts und der Menschenrechte sollen Krieg, Konflikt und Gewalt dem Bereich des Beliebens entzogen werden. Von einer effektiven internationalen Rechtsdurchsetzung kann jedoch bis heute nicht gesprochen werden. Zum einen mangelt es vielfach an der Bereitschaft, auf nationale Souveränität zu verzichten und Partikularinteressen hintanzustellen. Zum anderen fehlt es bislang immer noch an einer durchsetzungsfähigen globalen und öffentlichen Autorität. Globale Organisationen, wie sie Papst Benedikt XV. schon 1917[13] angedacht hatte, und wie sie zunächst im Völkerbund und dann in

[13] Vgl. *B. Aschmann/H.-G. Justenhoven* (Hrsg.), Dès les début. Die Friedensnote Papst Benedikts XV. von 1917 (Veröffentlichungen der Kommission für Zeitgeschichte. Reihe C: Themen der kirchlichen Zeitgeschichte 2), Paderborn 2019.

den Vereinten Nationen verwirklicht wurden, stellen gewiss einen wichtigen Schritt, wenn man so will eine Keimzelle einer global-öffentlichen Autorität dar. Zugleich sind Defizite ihrer Durchsetzungsgewalt unübersehbar. Zu oft werden die Vereinten Nationen übergangen (Irak-Krieg 2003) oder in ihrem Entscheidungsprozess gehemmt (Veto-Praxis im UN-Sicherheitsrat). Im Sinne einer fortgeführten Weiterentwicklung ihrer Friedenslehre betont die katholische Kirche daher mit Nachdruck die Notwendigkeit einer internationalen Gerichtsbarkeit, wie sie im Internationalen Gerichtshof zumindest teilweise vorliegt.

(3) Die Kriterien des ‚gerechten Krieges' als Elemente einer zeitgemäßen Friedensethik

Wie eben gesehen gilt es, den möglichen Einsatz von Gewalt anhand vorgegebener Kriterien zu bemessen und zu begründen. Hierfür greift das Hirtenwort ‚Gerechter Friede' auf ethisches Traditionsgut, nämlich auf die in GF 1 verabschiedete Lehre vom ‚gerechten Krieg' zurück, die damit innerhalb des Hirtenwortes in der Spannung von Überwindung (vgl. GF 1) einerseits und Aufnahme (vgl. GF 153–161) andererseits steht. Obgleich die Begrifflichkeit des ‚gerechten Krieges' offensichtlich vermieden wird und die Denkrichtung eine andere geworden ist, so ist eine *Renaissance wichtiger Theorieelemente des traditionellen Lehrstücks in Form seiner Kriterien* nicht von der Hand zu weisen. Eberhard Schockenhoff erachtet dies sogar als unverzichtbar für eine zeitgemäße Friedensethik: „Die Lehre vom gerechten Krieg soll nicht mehr als Gegensatz, sondern als komplementäre Ergänzung eines erweiterten friedensethischen Paradigmas verstanden werden."[14] Dies zeigt sich beispielhaft in den aktuellen Debatten um die Schutzverantwortung der Staatengemeinschaft (Responsibility to Protect) und in der ethischen Beurteilung humanitärer Interventionen. Dass dies jedoch immer wieder neu Anlass zur Diskussion gibt, wird mit Blick auf die Sozialenzyklika ‚Fratelli tutti' (FT) von Papst Franziskus deutlich.[15]

---

[14] *E. Schockenhoff*, Vom gerechten Krieg zum gerechten Frieden? Zum Paradigmenwechsel in der jüngeren kirchlichen Friedensethik, in: G. M. Hoff (Hrsg.), Konflikte um Ressourcen – Kriege um Wahrheit (Grenzfragen 37), Freiburg i. Br. 2013, 289–345, 345.

[15] Vgl. *A. Merkl*, Das „trügerische Gespenst des Krieges" (FT 260). Ein Umbruch in der kirchlichen Friedenslehre?, in: U. Nothelle-Wildfeuer/L. Schmitt (Hrsg.), Unter Geschwistern? Die Sozialenzyklika *Fratelli tutti*: Perspektiven – Konsequenzen – Kontroversen (Katholizismus im Umbruch 14), Freiburg i. Br. 2021, 193–206.

5. Die Enzyklika ‚Fratelli tutti' (2020) – über das „trügerische Gespenst des Krieges" (FT 260)

Papst Franziskus zeichnet dort in den Nummern 255–262 und entlang des methodischen Dreischritts aus ‚Sehen – Urteilen – Handeln' zunächst ein durchweg negatives Bild des Krieges als „Extremsituation" und „falsche Antwort" (FT 255), als Verstoß gegen die Geschwisterlichkeit (vgl. FT 257) und das „Projekt der Brüderlichkeit" (FT 26), als „Versagen der Politik", als „beschämende Kapitulation" oder „Niederlage gegenüber den Mächten des Bösen" (FT 261). Krieg sei eine Scheinlösung, die lediglich „neue Zerstörungsfaktoren" (FT 255) mit sich bringe, „unkontrollierbare Kräfte" (FT 257) freisetze und unvorhersehbare „Kettenreaktionen" (FT 259) in einer globalisierten Welt auslöse. Hier tritt dann auch die bereits aus anderen Kontexten (vgl. Wfb 2016/2017) von Franziskus bekannte Rede von einem „dritten Weltkrieg in Abschnitten" (FT 25) bzw. von einem „Weltkrieg in Stücken" (FT 259) auf. Mit dieser sehr drastischen Wortwahl beabsichtigt der Papst die *globale Bedeutung der vielen vereinzelten Kriege und Konflikte* an verschiedensten und eben nur vermeintlich voneinander unabhängigen Orten der Welt hervorzuheben. Franziskus will mit diesen sehr eingängigen Beschreibungen für die bleibende Dringlichkeit und Aktualität des vielgestaltigen Krieges, insbesondere der „neuen Kriege"[16] sensibilisieren, die keineswegs Teil einer entfernten Vergangenheit sind (vgl. FT 10), als vielmehr „wieder wachsen" (FT 257).

Sein *programmatischer Anspruch* wird dann insbesondere in der Teilüberschrift ‚Die Ungerechtigkeit des Krieges' greifbar. Die darin zum Ausdruck kommende Stoßrichtung gegen das traditionelle Lehrstück und die Rede von einem ‚gerechten Krieg' (*bellum iustum*) ist evident. So weist Franziskus auf die Vielzahl an nur vermeintlich ‚gerechtfertigten' Kriegen hin, die durch alle „möglichen angeblich humanitären, defensiven oder präventiven Vorwände" (FT 258) zu begründen versucht würden. Hier äußert sich nicht nur Kritik an der Praxis humanitärer Interventionen, an präventiven Militärschlägen und Verteidigungskriegen der jüngeren Weltgeschichte, sondern es wird auch eine zentrale Schwierigkeit in der Anwendung einer Theorie des ‚gerechten Krieges' zur normativen Begründung eigener Gewalt deutlich. Diese besteht in der Unilateralität der Theorie als Rechtfertigungsfigur. „Schließlich dürfte sich derjenige, gegen den diese Gewalt angewendet wird, nicht selbst der gleichen Theorie des ‚Gerechten Krieges' oder zumindest der gleichen Deutung unterworfen sehen."[17]

---

[16] *H. Münkler*, Die neuen Kriege, Hamburg ^{6}2015.

[17] *B. Koch*, Friedensethik (s. Anm. 10), 159.

Zwar weist der Papst im Anschluss hieran auf die entsprechenden Passagen des Katechismus der Katholischen Kirche hin, die von der sittlichen Vertretbarkeit einer legitimen Verteidigung unter strengen Bedingungen handeln (vgl. KKK 2309). Jedoch macht er kaum einen Hehl aus seiner Unzufriedenheit hiermit und warnt vor der Gefahr falscher Auslegung, vor Manipulation, Ausweitung und Umdeutung. Stattdessen markiert Franziskus folgenden ‚springenden Punkt':

> „Der springende Punkt ist, dass durch die Entwicklung nuklearer, chemischer und biologischer Waffen und durch die enormen und wachsenden Möglichkeiten der neuen Technologien der Krieg eine außer Kontrolle geratene Zerstörungskraft erreicht hat, die viele unschuldige Zivilisten trifft." (FT 258)

In dieses Gesamtbild fügt sich dann auch die vermeintliche Randbeobachtung ein, dass Franziskus in der Fußnote 242 und damit abseits des eigentlichen Textes der traditionellen Lehre vom ‚gerechten Krieg' eine explizite, wenn auch knapp gehaltene und lediglich in einem Nebensatz formulierte Absage im Rekurs auf Augustinus erteilt. Dieser habe eine Theorie vom ‚gerechten Krieg' ausgearbeitet, „die wir heute nicht mehr vertreten", so der Papst. Seine emphatisch vorgebrachte Forderung, die sich so schon bei seinen Vorgängern Pius XII., Paul VI. oder auch Johannes Paul II. findet, lautet daher: „Nie wieder Krieg!" (FT 258) Dieses Urteil ist im Zuge von Nr. 258 trotz der gebotenen Kürze stringent entwickelt, steht jedoch in seiner Absolutheit nicht ganz ohne Spannung zu einer Aussage in der Nr. 257. Dort nämlich lässt Franziskus doch einigen Deutungsraum, wenn er zwar dazu auffordert, den Krieg zwischen den Nationen und Völkern zu „vermeiden" (FT 257)[18], nicht aber diesen zu ächten.

Diese Einlassungen zum ‚gerechten Krieg' mögen Widerspruch hervorbringen und regen damit zur Diskussion an. Dabei gilt zunächst: Gewiss ist Krieg zu verurteilen; gewiss sind heute ‚gerechte', zumal nur vermeintlich ‚gerechte Kriege' zu verurteilen; damit aber kann und darf nicht die Verabschiedung eines vernünftigen Nachdenkens über Bedingungen und Kriterien für legitime Gewalt-/Militäreinsätze einhergehen. Aus theologisch-ethischer Sicht muss daher angemerkt werden, dass die zuvor genannten traditionellen Prüfkriterien des Lehrstücks vom ‚gerechten Krieg' als unverzichtbare Beurteilungsmaßstäbe nach wie vor bedeutsam bleiben, wenn es um die beständige und kritische moralische Reflexion des Einsatzes von Gewalt geht. *Denn Gewalt begegnet nicht nur als Krieg.* Es ist daher Vorsicht geboten vor einer allzu

[18] Dies ist nicht auf die deutsche Übersetzung zurückzuführen, insofern sich die Begrifflichkeit auch in anderen Sprachen findet: „evitare la guerra" (IT), „evitar la guerra" (ES), „avoid war" (EN).

pauschalen Bewertung der *bellum-iustum*-Lehre, die vielfachen Wandlungen unterlag, in den einzelnen Phasen ihrer Entwicklung in unterschiedliche Deutungskontexte eingebettet und von einer kriegskritischen Grundintention geprägt war, die auf eine Eindämmung der Kriegslust und auf die Mäßigung der Gewaltanwendung im Krieg gerichtet war.[19] Gleiches gilt für jene Denker, die sich in vielfältiger und differenzierter Weise zum ‚gerechten Krieg' geäußert haben, wobei es ihnen eben keineswegs primär um die Legitimierung von Kriegen ging. Bei aller berechtigten Grundsatzkritik am Krieg muss das klassische Lehrstück im Blick auf seine Kriteriologie daher nach wie vor als unverzichtbar für eine zeitgemäße Friedensethik erachtet werden.

Dazu kommt, dass die in ihrer Absolutheit sehr plakative Forderung ‚Nie wieder Krieg!' nicht neu ist, wenngleich sie im Rahmen einer Enzyklika nochmals neu an Gewicht gewinnt. Sie findet sich im gleichen Wortlaut bereits bei anderen Päpsten. Ob Franziskus damit den Krieg absolut, gleich einer deontologischen, das heißt absolut gültigen Normierung ausschließt, kann im Blick auf Nr. 257 nicht sicher behauptet werden. Ebenso wenig neu ist es, an der faktischen Möglichkeit zu zweifeln oder diese sogar gänzlich zu verneinen, dass ein Krieg angesichts der enormen nuklearen und waffentechnologischen Zerstörungspotentiale noch als ‚gerechter' qualifiziert werden oder überhaupt legitim sein kann. Diese Einsicht trug sich schon durch die lehramtlichen Texte der 1960er-Jahre.

Letztlich finden in der Enzyklika die offensichtliche Unzufriedenheit und das authentische Bemühen des Papstes Ausdruck, den Krieg in seiner negativen gesellschaftlichen und ökologischen Wirkkraft als politische Option und ‚Lösung' möglichst ausnahmslos auszuschließen. Franziskus tritt ein für das *Ideal einer endgültigen Überwindung der Gewalt*, weshalb er im Zuge des dritten methodischen Teilschritts (Handeln) nach anderen Antworten auf Konflikt und Zwietracht sucht. Er findet diese exemplarisch in der ‚Charta der Vereinten Nationen'. In einer Linie mit dieser appelliert er auf eher allgemein-abstrakte Weise, ohne konkrete Politikempfehlungen zu geben, an die Herrschaft des Rechts, gemäß dem friedensethischen Grundsatz ‚Frieden durch Recht'[20], ebenso wie an Verhandlungen und Schiedsverfahren, wobei er auf seine Ansprache vor den Vereinten Nationen (2015) rekurriert. Jedoch spricht er an dieser Stelle nicht die vielfach fehlenden Sanktionsmechanis-

---

[19] Vgl. *E. Schockenhoff*, Kein Ende der Gewalt (s. Anm. 1), 670.

[20] Vgl. *H.-G. Justenhoven*, Frieden durch Recht. Zur ethischen Forderung nach einer umfassenden und obligatorischen Gerichtsbarkeit, in: V. Bock u. a. (Hrsg.), Christliche Friedensethik (s. Anm. 3), 113–129; vgl. auch Wfb 1969: „Friede und Recht sind sich gegenseitig Ursache und Wirkung: Der Friede fördert das Recht, und das Recht seinerseits fördert den Frieden."

men bei etwaigen Rechtsverstößen als ein grundsätzliches Problem inter- und transnationaler Politik an. Zumindest implizit aber klingt dieser Vorbehalt in den an dieser Textstelle mehrfach verwendeten und mit der Subjunktion ‚wenn' eingeleiteten Konditionalsätzen an.

6. Aktuelle Entwicklungen und spezifische Themenfelder

Mit den Entwicklungen und Akzentsetzung von ‚Pacem in terris' hin zu ‚Fratelli tutti' oder vom ‚gerechten Krieg' zum ‚gerechten Frieden' aber ist natürlich weder die kirchliche Friedenslehre noch die theologische Friedensethik an einen Endpunkt gelangt. So wird gegenwärtig versucht, das normative Leitbild katholischer Friedensethik, unter Berücksichtigung der genannten Gesichtspunkte, zu aktualisieren und weiterzudenken. Auf evangelischer Seite ist dies bereits erfolgt. Die EKD hatte das Leitbild vom ‚gerechten Frieden' zwar erst im Jahr 2007 durch ihre Denkschrift ‚Aus Gottes Frieden leben – für gerechten Frieden sorgen' festgeschrieben und den damit verbundenen Perspektivenwechsel vollends vollzogen. Schon im Mai 2016 wurde jedoch ein weiterführender dreijähriger Studien- und Konsultationsprozess unter dem Titel ‚Orientierungswissen zum gerechten Frieden' initiiert. Im Zuge dieses Prozesses sollte das im Jahr 2007 entwickelte friedensethische Leitbild von vier interdisziplinär zusammengesetzten Arbeitsgruppen im Rahmen von insgesamt 23 Konsultationen auf seine Aktualität hin geprüft und weitergedacht werden. Eine kritische (Nicht-)Rezeption der Ergebnisse in interkonfessioneller Verbundenheit dürfte sich für die katholische Friedensethik ebenfalls als fruchtbar erweisen, gerade auch deswegen, weil es innerhalb der Friedensethik, anders als in anderen materialen Ethiken, bislang kaum zu Kontroversen zwischen den Konfessionen kam. Vielmehr zeichnet sich die katholische und die evangelische Position in der Friedensethik durch große Einigkeit aus, im Wissen um wiederum unterschiedliche Positionen im Einzelnen.

Die Herausforderung möglicher Aktualisierungen sowohl auf universal- als auch auf ortskirchlicher Ebene liegt sicherlich darin, die enorme Vielfalt friedensethisch relevanter Themen und deren inhaltliche Breite im Einzelnen zum gegenwärtigen Zeitpunkt systematisch kohärent und nicht nur additiv zusammenzuführen sowie in ein bereits vorhandenes Leitbild zu integrieren. Die jüngst erschienenen Handbücher zur Friedensethik führen diese Schwierigkeit vor Augen.[21] Denn gegenwärtig ist in der friedensethischen Diskussion eine Vielzahl an Themenfeldern wahrzunehmen:

---

[21] Vgl. z. B. *I.-J. Werkner/K. Ebeling* (Hrsg.), Handbuch Friedensethik, Wiesbaden 2017.

Die Gestaltung von Konflikten und damit die Praxis einer „konstruktiven Konfliktkultur“[22], die Herausforderungen der Migrationspolitik, die ethische Bewertung nuklearer Abschreckung oder des gezielten Tötens mithilfe unbemannter Drohnen (‚targeted killing‘), die Folgen des Klimawandels für Krieg und Frieden, der Umgang mit Rüstungsgütern, Ziviler Ungehorsam, Fragen (inter-)nationaler Sicherheit und Resilienz, die Sicherung des Friedens durch rechtliche Vorgaben (Völkerrecht) und durch Institutionalisierungen innerhalb der Vereinten Nationen oder der Europäischen Union, um nur einige wenige zu nennen. Diese Themen und viele mehr werden auch im Rahmen der jährlichen päpstlichen Botschaft zum Weltfriedenstag behandelt und erhalten hiervon wertvolle Impulse.

[22] *F.-J. Overbeck*, Konstruktive Konfliktkultur. Friedensethische Standortbestimmung des Katholischen Militärbischofs für die Deutsche Bundeswehr, Freiburg i. Br. 2019; *F.-J. Overbeck/ A. Merkl*, Konstruktive Konfliktkultur, in: IKaZ Communio 49 (2020) 450–459.

Einordnung der päpstlichen Botschaften zu den Weltfriedenstagen

Patrick Körbs

Die Absicht von Papst Paul VI., den Weltfriedenstag in der katholischen Kirche einzuführen und für dessen jährliche Feier einen Friedensappell in Form einer Botschaft vorzulegen, beschreibt er in der ersten Botschaft für den 1. Januar 1968. Demnach geht es darum, auf eine gerechte und Gemeinwohl stiftende Ausgeglichenheit hinzuwirken, um die geschichtliche Entwicklung der Zukunft zu bestimmen. So wird deutlich, dass der Papst die Zukunft der Menschheit nicht dem Zufall überlassen möchte oder einer machtpolitisch orientierten Ausbalancierung der militärischen Kräfteverhältnisse, die sich möglicherweise auf die Frage eines legitimen bzw. gerechten Krieges fokussiert. Die jährlichen Friedensappelle verfolgen den Anspruch, den Frieden als Möglichkeit neu in Erinnerung zu rufen, für Handlungsoptionen zu werben, die dem Krieg nachhaltig die Legitimation entziehen und so einen Beitrag für eine friedliche Zukunft der Menschheit zu leisten.

Zeiten des Friedens und des Krieges durchziehen die Menschheitsgeschichte. Das Ende des Zweiten Weltkriegs 1945 stellt radikaler als zuvor die vernichtenden Folgen eines Krieges in der Moderne vor Augen. Diese Erfahrung führte zu langanhaltenden weltpolitischen Veränderungen, die in der Charta der Vereinten Nationen vom 26. Juni 1945 oder in der Verkündigung der Allgemeinen Erklärung der Menschenrechte am 10. Dezember 1948 zum Ausdruck kommen. Gewissermaßen entsteht ein neues Bewusstsein für die Notwendigkeit des Friedens und darüber, was in Konfliktfällen leitend sein soll, um humane Lösungen herbeizuführen. Zugleich muss jedoch festgestellt werden, dass die Erfahrungen des Zweiten Weltkriegs zum Teil neue Konfliktpotentiale generierten. Der Frieden erscheint dabei nicht nur als das erwünschte Ideal, sondern auch als eine Zeit zwischen den Kriegen – bis ein neuer Konflikt durch militärische Mittel neu gelöst werden muss. Diesen Eindruck vom Frieden als Zeit zwischen den Kriegen kann man nur als unbefriedigend empfinden, wenn man davon ausgeht, dass Frieden der Idealzustand menschlichen Zusammenlebens ist, der wiederum durch den Krieg zerstört wird und neu errungen werden muss. Mit den Erfahrungen des 20. Jahrhunderts, das der Menschheit wie kaum ein anderes Jahrhundert zuvor die Entfesselung und Folgen von Gewaltspiralen vor Augen geführt hat, wird noch etwas anderes deutlich: In Anbetracht der totalen Zerstörungspotentiale moderner Waffensysteme und einer vernetzten, globalisierten

Welt erscheint Krieg deshalb als zu überwindendes Mittel der Konfliktlösung, da ein solcher die Existenz der Menschheit radikal bedrohen würde. Der Frieden ist demnach nicht nur ein erwünschter Idealzustand, der mit Hilfe politischer Maßnahmen manifestiert wird, sondern er ist die existentielle Bedingung für die Zukunft der Menschheit.

Trotz der Erfahrung militärischer Zerstörungsgewalt, der unterschiedliche Frontstellungen vorausgingen, ist die Bedrohung des Krieges kein Relikt der Vergangenheit, sondern vielmehr ein drohendes Szenario, dem durch (welt-)politisches Agieren entgegengewirkt werden muss. In einer Welt, die von einer unüberschaubaren Konfliktfülle durchzogen ist, gilt es umso mehr, den Frieden als Möglichkeit aller Entscheidungs- und Handlungsmöglichkeiten in Erinnerung zu rufen und dafür die Stimme zu erheben. Denn menschliches Leben entsteht und entfaltet sich im Frieden, wohingegen Krieg die Zerstörung von Leben mit sich bringt. Damit der Frieden erreicht und gesichert wird, bedarf es jedoch mehr als nur des Einsatzes der politischen Akteure. Die Dauerhaftigkeit und Stabilität einer friedlichen Welt hängen nicht exklusiv von ausgeglichenen Bündnissen und Institutionen in den internationalen Beziehungen oder von politischen Programmen ab. Ferner tragen zur Destabilisierung des Friedens auch nicht bloß wirtschaftliche Interessenskonflikte und tiefgreifende Nöte bei. Gesellschaftliches Leben verwirklicht sich durch die Kultur, die im Zusammenleben zum Ausdruck kommt. Sobald die Existenz des Menschen bedroht ist, sei es durch soziale Instabilität, inhumane Lebensbedingungen oder die ungleiche Gewährung von Freiheitsrechten, steht dies im Gegensatz zu einer Kultur des Friedens, die die Würde des Menschen in den Vordergrund stellt.

In diesem Sinne sind die Botschaften zur Feier des Weltfriedenstages der Päpste einzuordnen. Seit dem Jahr 1968 wird jeweils zum 1. Januar der Weltfriedenstag in der katholischen Kirche begangen. Dieser wurde von Papst Paul VI. eingeführt, nachdem er schon in seiner Enzyklika ‚Christi Matri' (1966) zu einem Tag des Friedens eingeladen hatte, wobei dieser mit dem Gedenken an die Gottesmutter Maria verbunden sein sollte.[1] Schließlich unterzeichnete er am 8. Dezember 1967 seine erste Weltfriedensbotschaft, die zur Feier des Weltfriedenstages am 1. Januar 1968 bestimmt war. Beide Daten sind in der katholischen Kirche mit der Marienfrömmigkeit eng verbunden

---

[1] Nachdem Papst Paul VI. am 4. Oktober 1965 vor den Vereinten Nationen gesprochen hatte und hier seinen eindrücklichen Friedensappell an die Vollversammlung richtete, war sein Vorschlag den 4. Oktober als Gedenktag für den Frieden zu verwenden, da der Monat Oktober auch insbesondere dem Rosenkranzgebet und damit auch der Marienverehrung gewidmet ist (vgl. https://www.vatican.va/content/paul-vi/de/encyclicals/documents/hf_p-vi_enc_15091966_christi-matri.html, Nr. 8 [Zugriff: 8. Februar 2022]).

und stellen wiederkehrende Hochfeste im liturgischen Kirchenjahr dar. Der 8. Dezember ist das Hochfest der Empfängnis Mariens und der 1. Januar ist der Oktavtag nach Weihnachten und Hochfest der Gottesmutter Maria. Zugleich ist der 1. Januar im säkularen Sinne ein symbolisches Datum für den Neuanfang, da mit dem Beginn eines neuen Kalenderjahres die volkstümlichen guten Vorsätze für das neue Jahr einhergehen. Papst Paul VI. wünscht ein wiederkehrendes Bemühen um die hoffnungsvolle Möglichkeit einer friedlichen Welt, wonach sich die ganze Menschheit diesem Anliegen immer mehr verschreibt und nicht müde wird, Initiativen zur Friedensförderung zu unternehmen. Offensichtlich ist das Motiv des Neuanfangs dabei zentral, das zum einen theologisch anhand der Marienfeste begründet wird, aber zum anderen auch im Leben aller Menschen durch den Beginn eines neuen Kalenderjahres eine Anknüpfungsmöglichkeit an diese Intention erhält. Hier scheint die Erfahrung im Hintergrund zu stehen, dass Konflikte aus der Vergangenheit als unüberwindbare Hindernisse für ein friedliches Miteinander erscheinen können und Erinnerungen an frühere Frontstellungen und Feindschaften die neuen, notwendigen Initiativen für den Frieden blockieren.

Wenngleich sich in dieser Intention thematische und inhaltliche Wiederholungen ergeben mögen, macht Paul VI. die existentielle Grundlage seines Anliegens in der ersten Weltfriedensbotschaft 1968 deutlich: Der Appell zum Frieden fordert jeden Einzelnen heraus. Deshalb geht es nicht nur um rhetorisch ausgefeilte Texte, sondern er ruft die Säulen des Friedens in Erinnerung, die Papst Johannes XXIII. in seiner Enzyklika ‚Pacem in terris' (1963) vorgelegt hat: Wahrheit, Gerechtigkeit, Freiheit und Liebe. Diese Säulen als friedensethisch-normative Prinzipien sind zugleich auch eine Kritik an einem falschen Pazifismus, der einer einfachen und bequemen Lebensauffassung das Wort reden würde und die Komplexität menschlichen Lebens unbeachtet lässt. Eine Kultur des Friedens und ein wahrhaftiger Pazifismus sind einerseits offen für die Komplexität menschlichen Zusammenlebens unter den Bedingungen von politischen und wirtschaftlichen Interessen einer fortschrittlichen und globalisierten Welt. Andererseits unterliegen in Anbetracht dieser Bedingungen die friedensethisch-normativen Prinzipien einer stetigen Aktualisierung und Konkretisierung, wie Friedensförderung unter dem Einfluss neuer Herausforderungen im Weltgeschehen gelingen kann. Im Mittelpunkt steht dabei der Schutz der Menschenrechte, die in ‚Pacem in terris' durch die päpstliche Sozialverkündigung umfassend gewürdigt und mit dem Anliegen des Weltfriedens verbunden werden. Die Friedensenzyklika ist zudem der Impuls für die Einführung des Weltfriedenstages in der katholischen Kirche durch Paul VI.

Die Weltfriedensbotschaften der Päpste sind Teil der Katholischen Soziallehre. Ihr Verkündigungsmedium ist in erster Linie die Enzyklika, die als lehramtliches Schreiben von hoher Bedeutung und Verbindlichkeit ist. Seit der Veröffentlichung der Enzyklika ‚Rerum novarum' (1891) als erste Sozialenzyklika steht die Entwicklung einer kirchlichen Lehre im sozialen Bereich neu im Vordergrund, die in nachfolgenden Texten weiter entfaltet wird. In ihnen werden unterschiedliche Themen dargelegt, die das Weltgeschehen in Anbetracht tiefgreifender, gesellschaftlicher Veränderungen und sozialer Nöte widerspiegeln. Allerdings wird die Katholische Soziallehre nicht nur mit den Enzykliken weiterentwickelt. Auch ist in diesem Zusammenhang zu erwähnen, dass die Bedeutung des Papstes als mahnende Stimme für die sozialen Nöte von hoher Bedeutung geworden ist, gerade auch in Anbetracht der vielfältigen sozialen Themen, auf die lehramtlich reagiert wurde. In der Zeit der beiden Weltkriege profilierte sich das Papstamt als konsequenter Mahner für Frieden.[2] Die Enzyklika ‚Pacem in terris' lässt sich dabei als eine Systematisierung der bisherigen Friedensappelle verstehen, in welcher die Friedensthematik mit hoher Verbindlichkeit und programmatischer Ausrichtung in der Katholischen Soziallehre gewürdigt wird. Die Rolle der Päpste als Friedensmahner hat in jüngerer Zeit auch dadurch an Bedeutung gewonnen, dass sie seit 1965 in unregelmäßigen zeitlichen Abständen für Ansprachen vor der Generalversammlung der Vereinten Nationen eingeladen werden, ihre Stimme vor den politisch Verantwortlichen einzubringen und Impulse für einen gerechten Frieden in der Welt vorzutragen.[3]

In der Sozialverkündigung der Päpste kommen neben Mahnungen in Predigten und Ansprachen noch weitere Verkündigungsmedien neben den Sozialenzykliken in Betracht, wie beispielsweise die Apostolischen Schreiben. Außerdem ist mit der Pastoralkonstitution ‚Gaudium et spes' (1965) an die lehramtliche Verkündigung des gesamten Bischofskollegiums zu erinnern, in welcher im Zuge des Zweiten Vatikanischen Konzils zu sozialen Fragen Stellung bezogen wird. Des Weiteren zählen zur Katholischen Soziallehre die Dokumente von Bischofssynoden und den nationalen Bischofskonferenzen. In dieser Komplexität und Vielfältigkeit der Sozialverkündigung wird deutlich, dass die Gefahr der Unübersichtlichkeit besteht. Dabei ist aufgrund der hierarchischen Verfasstheit der katholischen Kirche mit dem Papst als deren

---

[2] Siehe hierzu insbesondere die Sammelbände von *B. Aschmann/H.-G. Justenhoven* (Hrsg.), Dès les début. Die Friedensnote Papst Benedikts XV. von 1917 (Veröffentlichungen der Kommission für Zeitgeschichte. Reihe C: Themen der kirchlichen Zeitgeschichte 2), Paderborn 2019; *M. Barbato/S. Heid* (Hrsg.), Macht und Mobilisierung. Der politische Aufstieg des Papsttums seit dem Ausgang des 19. Jahrhunderts, Freiburg i. Br. 2020.

[3] Insgesamt handelt es sich um fünf Reden, nämlich von Papst Paul VI. (1965), Johannes Paul II. (1979 und 1995), Benedikt XVI. (2008) sowie Papst Franziskus (2015). Anlässlich des 75. Gründungstages der Vereinten Nationen wandte sich zudem Papst Franziskus mit einer vielbeachteten Videobotschaft (2020) an die Vollversammlung der UN.

Oberhaupt festzustellen, dass dieser Vielstimmigkeit ein Instrumentarium zur Bündelung zur Verfügung steht und die weltumspannende Gemeinschaft der Kirche sich mit einer Stimme artikuliert. Die Botschaften zur Feier des Weltfriedenstages sind ebenfalls ein Verkündigungsmedium der Katholischen Soziallehre und ein solches Instrumentarium, um die lehramtliche Position zur Friedenslehre zu bündeln. Mit diesem kann der Papst außerdem Aktualisierungen und Konkretisierungen der in den unterschiedlichen Lehrschreiben und Stellungnahmen entfalteten friedensrelevanten Themen vornehmen. In diesem Sinne werden in den Botschaften die lehramtlichen Schreiben in die Zukunft transportiert und zugleich auch vor dem Hintergrund des aktuellen Weltgeschehens als Grundlage für Friedensappelle weiterentwickelt. Sie stehen deshalb auch paradigmatisch dafür, dass das kirchliche Lehramt kein starres Gebilde ist, sondern sich durch Dynamik und Weiterentwicklung auszeichnet.

Diese Verortung der päpstlichen Weltfriedensbotschaften berührt weiterführend die Verhältnisbestimmung von Kirche und Welt. Stehen sich beide als separate Sphären gegenüber? Geht es möglicherweise in den Lehrschreiben und Botschaften um eine kritische Distanzierung von einem unheilvollen Weltgeschehen? Vor allem das Zweite Vatikanische Konzil nahm hierzu, angestoßen von historischen Umbrüchen sowohl innerhalb als auch außerhalb der Kirche, eine entscheidende Veränderung vor. In der Pastoralkonstitution von 1965 wird dazu pointiert festgehalten:

> „Freude und Hoffnung, Trauer und Angst der Menschen von heute, besonders der Armen und Bedrängten aller Art, sind auch Freude und Hoffnung, Trauer und Angst der Jünger Christi. Und es gibt nichts wahrhaft Menschliches, das nicht in ihren Herzen seinen Widerhall fände. Ist doch ihre eigene Gemeinschaft aus Menschen gebildet, die, in Christus geeint, vom Heiligen Geist auf ihrer Pilgerschaft zum Reich des Vaters geleitet werden und eine Heilsbotschaft empfangen haben, die allen auszurichten ist. Darum erfährt diese Gemeinschaft sich mit der Menschheit und ihrer Geschichte wirklich engstens verbunden." (GS 1)

In diesen ersten Zeilen der Pastoralkonstitution wird eine Verhältnisbestimmung von Kirche und Welt vorgenommen, die nicht für kritische Distanz, sondern für eine existenzielle Verbindung steht. Diese Neuakzentuierung ist keineswegs Selbstzweck oder eine lediglich bedeutsame Programmatik für die theologische Fachwelt. Denn diese Positionierung hat weitergehende Folgerungen, die hier einführend in drei Punkten skizziert werden sollen:

1. Die Kirche und insbesondere auch die Theologie geht die Verpflichtung ein, die Welt als Lernort zu begreifen, in welcher die Botschaft des Evangeliums verkündet werden soll. Das bedeutet eine radikale Hinwendung zu den Problemfeldern der jeweiligen Zeit und die Absicht, der Menschheit zu dienen. Darauf wird Bezug genommen, indem erklärt wird: „Die Kirche an-

erkennt weiterhin, was an Gutem in der heutigen gesellschaftlichen Dynamik vorhanden ist, besonders die Entwicklung hin zur Einheit, den Prozess einer gesunden Sozialisation und Vergesellschaftung im bürgerlichen und wirtschaftlichen Bereich“ (GS 42). Damit werden die Fortschrittsentwicklungen gewürdigt, wenngleich die Zielrichtung der kirchlichen Sendung näher bestimmt wird, nämlich als ein Dienst an der Einheit der Menschen als eine Gemeinschaft.

2. Die Hinwendung zu den Armen und Bedrängten aller Art bedeutet, dass die Kirche sich insbesondere an die Seite derer stellt, die sich nicht in Institutionen und politischen Vertretungen artikulieren können, um für ihre Rechte wirksam einzutreten. Die Option für die Armen ist damit nicht nur ein außerordentliches Engagement, dem man sich verpflichtet fühlen soll, sondern sie ist integraler Bestandteil der kirchlichen Sendung in der Welt. Dazu erklären die Konzilsväter: „Dieser Glaube muss seine Fruchtbarkeit bekunden, indem er das gesamte Leben der Gläubigen, auch das profane, durchdringt und sie zu Gerechtigkeit und Liebe, vor allem gegenüber den Armen, bewegt“ (GS 21).

3. Zentrale Ausgangspunkte sind der Mensch und die Menschheit als Gemeinschaft. Insofern gestaltet die Katholische Soziallehre keine politischen Einrichtungen und Strukturen nach tagespolitischer Art und Weise, sondern wendet sich an jeden Menschen, der zum Mitwirken am friedlichen Zusammenleben bewegt werden soll: Dies beginnt in der Familie und findet seinen Ausdruck in der Gestaltung sozialer Strukturen und Einrichtungen, in Politik und Wirtschaft sowie im Dialog zwischen Religionen und Kulturen. Deshalb wird auch die Erziehung zum Frieden als zentrales Anliegen profiliert.

Was hier aus ‚Gaudium et spes‘ skizziert wurde, sind zentrale Orientierungspunkte der Katholischen Soziallehre. Und diese sind grundlegend für die kirchliche Friedenslehre und deren Entwicklung, wie sie im Korpus der Weltfriedensbotschaften greifbar wird. In ihnen werden zentrale Themen und Aspekte herausgearbeitet, die für eine friedensethische Orientierung von Bedeutung sind: das Eintreten für die Menschenrechte und die Überwindung des Krieges. Die Päpste appellieren dabei an Verantwortliche in Politik, Gesellschaft und Religionen und wenden sich ausgehend von der Bedeutsamkeit der Thematik an alle Menschen guten Willens. Neben den theologischen Grundlagen des kirchlichen Lehramtes und den Reflexionen aus der Katholischen Soziallehre stehen dem Papst als ‚Global Player‘ weitere Komponenten zur Verfügung, die für den Einsatz für eine friedliche Welt zur Geltung gebracht werden können: die völkerrechtliche Stellung des Heiligen Stuhls sowie dessen diplomatische Beziehungen und die Autorität des Papstes als moralische Instanz. Auf diese Weise positioniert sich die Kirche als Förderin des Friedens, indem sie die verbindliche Einladung artikuliert, sich diesem

Anliegen anzuschließen und die Notwendigkeit zur aktiven Gestaltung einer friedlichen Welt anzunehmen. In den jährlichen Weltfriedensbotschaften wird diese Programmatik aktualisiert.

Die vorliegenden Weltfriedensbotschaften lassen erkennen, dass jeder Pontifex eigene Akzentsetzungen vorgenommen und so den Friedensappellen eine eigene Prägung verliehen hat. Während die Texte Papst Pauls VI. in diesem Verkündigungsformat noch sehr die Begründung der Weltfriedensbotschaften als solche in den Vordergrund stellen, sind die Texte von Papst Johannes Paul II. rein äußerlich umfangreicher und in ihrer Problembeschreibung komplexer. Und auch die Anreicherung der Appelle durch die behandelten Themen ist keineswegs nur eine Dokumentation zeitgeschichtlicher Trends. So findet sich erst mit den Texten von Papst Benedikt XVI. und Papst Franziskus eine Profilierung der Umweltthematik im Kontext der päpstlichen Friedenslehre.

Dazu sei auf die Entstehung einer Weltfriedensbotschaft verwiesen: Demnach legt der päpstliche Rat für Gerechtigkeit und Frieden nach Absprachen mit der Römischen Kurie jährlich mehrere mögliche Themen vor, aus denen der Papst eines aussucht. Anschließend beginnt die Erarbeitung der Textvorlage zu dem gewählten Leitthema, das im Titel der jeweiligen Botschaft präsent bleibt. Wenngleich angenommen werden darf, dass der jeweilige Papst nicht persönlich den Text ausformuliert, bleibt festzuhalten, dass die Auswahl der Leitthematik und die Endredaktion dem Papst die Möglichkeit bietet, die Essenz seiner Botschaft selbst zu bestimmen und über ihre Erarbeitung die Gestaltungskompetenz zu behalten. Aufgrund der unterschiedlichen Themenschwerpunkte innerhalb eines Pontifikats ist anzunehmen, dass von dieser Möglichkeit Gebrauch gemacht wird.

1. Thematische Schwerpunkte

Die in der päpstlichen Sozialverkündigung entfalteten Friedensappelle in den Botschaften zur Feier des Weltfriedenstages am 1. Januar seit dem Jahr 1968 zeichnen sich dadurch aus, dass sie einen sehr weiten Friedensbegriff zugrunde legen. Dies wird sowohl in der nicht leicht überschaubaren Themenvielfalt als auch in der Entwicklung der Weltfriedensbotschaften als solcher sichtbar. Daher sind sie nicht in erster Linie Dokumente historischer Entwicklungen, sondern in ihnen werden gesellschaftliche Herausforderungen unter dem Anspruch der Katholischen Soziallehre reflektiert, die die Grundvollzüge menschlichen Lebens ebenso berücksichtigen wie auch globale Herausforderungen. Diese Entwicklungslinien sollen im Folgenden chronologisch anhand der Pontifikate und systematisch unter Berücksichtigung der aufgegriffenen Themen dargestellt werden. Wie angedeutet, ergibt sich daraus keine rein historische Reflexion der päpstlichen Friedensappelle, sondern es werden Prinzipien sichtbar, die einer christlichen Friedensethik Kontur verleihen, wie sie in der Ausübung des universalen Lehramtes der Päpste artikuliert wird. Es geht deshalb im Folgenden nicht darum, jede Themennennung aus den Weltfriedensbotschaften wiederzugeben, sondern darum, Grundlinien sichtbar zu machen, die sich als Leitfaden für das vertiefte Studium der Friedensethik vor dem Hintergrund der Katholischen Soziallehre und insbesondere der päpstlichen Friedenslehre verstehen, wie sie in den päpstlichen Weltfriedensbotschaften seit 1968 entfaltet und weiterentwickelt wird.

1.1 Paul VI.

In den elf Botschaften (1968–1978) Pauls VI. gibt es zwei Themen, die aufgrund ihres quantitativen Aufkommens, aber auch aufgrund ihrer argumentativen Darstellung von zentraler Bedeutung sind. Für ihn stehen das Wettrüsten vor dem Hintergrund der Ost-West-Spannungen in den Nachkriegsjahrzehnten und das Erfordernis zur Erziehung zum Frieden im Zentrum seiner Friedensappelle.

1.1.1 Friedenserziehung

Das Erfordernis der Erziehung zum Frieden bedarf einer theologischen Verortung, die für die pädagogische Reflexion und Praxis anschlussfähig wird. Hierin wird der Ausgangspunkt der christlichen Friedensethik im Speziellen und der Katholischen Soziallehre im Allgemeinen angewendet, nämlich die menschliche Person. Mit der Veröffentlichung der Weltfriedensbotschaft (Wfb) des Jahres 1969 wendet sich Paul VI. mit einer erkennbaren Präferenz für die Thematik der Friedenserziehung an Familien im Allgemeinen und die Jugend im Besonderen und sieht in ihnen Partner in der Friedensförderung. Seine Evidenz findet dieses Vorgehen im Gedankengang, dass die Erziehung und Bildung der Jugend einen entscheidenden Beitrag für die Gestaltung der Zukunft darstellen, im Sinne einer sprichwörtlichen Weisung, wonach die Jugend von heute die Gesellschaft der Zukunft verantwortet. Dabei formuliert Paul VI. Einladungen und Bitten, damit sich Jugendliche veranlasst sehen können, im eigenen Leben ihre Verantwortung für das Gemeinwohl zu übernehmen. Diesen Appell verstärkt er schließlich in der Wfb 1970, die als Leitmotiv die Friedenserziehung bereits im Titel aufführt. Ebenso ist die Familie ein entscheidender Verantwortungsträger. Inhaltlich spricht der Papst von der wahrheitsgemäßen Achtung des Menschen und seiner Würde, was wiederum mit der Gerechtigkeit gleichzusetzen ist. Hier deutet sich bereits ein Prinzip in den Friedensappellen Pauls VI. an, wonach er davon überzeugen möchte, dass der Frieden kein lähmender Zustand sei, sondern eines Engagements bedarf, für dessen Umsetzung es nötig ist, Initiativen zu fördern, die diesem Erziehungsziel dienen (vgl. Wfb 1972).

Zum Themenkomplex der Friedenserziehung gehört auch die Reflexion der Rolle der Frau. Es mag für den heutigen Leser als anachronistisch gelten, dass dies in enger Verbindung mit dieser Thematik steht. Ein Urteil dazu soll an dieser Stelle auch nicht vorgenommen werden. Jedoch sei hier erwähnt, dass in diesem Zusammenhang auch eine Perspektive auf die gesellschaftliche Rolle der Frau artikuliert wird, die dem veränderten bzw. modernen Frauenbild durchaus entspricht. So wünscht sich der Papst bessere Möglichkeiten zur Partizipation der Frauen im gesellschaftlichen Leben (vgl. Wfb 1975). Konkretisiert wird dies mit der Erwartung, dass die Frauen als Partnerinnen in dem gemeinsamen Anliegen für ein friedliches Zusammenleben ermutigt werden, ihre spezifischen Möglichkeiten zur Friedensförderung einzubringen. Diese bestehen demnach in der Fähigkeit, zur Stärkung des Bewusstseins für die geschwisterliche Verbindung aller Menschen untereinander und den freundschaftlichen Dialog zur Wiederherstellung der Einheit beizutragen.

Der Papst beschreibt weiterhin die friedensgefährdende Haltung des Egoismus und deutet damit auf eine entscheidende Voraussetzung hin, die für eine Kultur des Friedens zum Tragen kommen muss (vgl. Wfb 1968). Diese Haltung, die sich durch eine Fixierung auf die eigenen Bedürfnisse äußert, führt umgekehrt zu einer Ignorierung der Mitmenschen. Deshalb handelt es sich um eine Gefahr in der sozialen Dimension des menschlichen Zusammenlebens, das immer auch durch einen Blick auf den Nächsten herausgefordert, aber auch bereichert wird. Der Egoismus wird sichtbar im Verhalten und Denken des Einzelnen und kann insofern für das Kollektiv unmittelbar negative, also friedensgefährdende Auswirkungen haben, sofern viele Menschen egoistische Ziele verfolgen oder politische und wirtschaftliche Verantwortungsträger im einseitigen Blick auf sich selbst agieren. Mit dieser Argumentation wird jedoch nicht nur eine Friedensgefährdung oder ein soziologisch einzuordnendes Problem beschrieben. Auf der Grundlage des christlichen Menschenbildes und der christlichen Haltung der Nächstenliebe wird zugleich der Mensch als moralisches Subjekt angesprochen.

Eine genauer zu erarbeitende Friedenserziehung muss sich dem Prinzip verschreiben, den Einzelnen für die Übernahme von Verantwortung für ein friedliches Zusammenleben zu bewegen und vor allem zu befähigen. Dieses Anliegen wird ebenfalls schon in der ersten Wfb von 1968 aufgegriffen. Erziehung und Bildung sind dabei als eine Hilfestellung oder besser als ein Baustein zur Lösung zu verstehen. Dass sich ethisch verantwortbares Handeln nicht als Selbstzweck verstehen kann, ist auch dem weiten und dynamischen Friedensverständnis der Katholischen Soziallehre geschuldet. Einerseits können dem Einzelnen Werte vermittelt werden, die eine Friedensgesinnung fördern, und andererseits bedarf es der Bereitschaft des Einzelnen, diese auch anzunehmen. Konkret bedeutet das, dass die Bereitschaft vorhanden sein soll, sich der Friedensidee zu öffnen und einen Lernprozess zu beginnen, der sich in der Reflexion der individuellen Lebensführung ausdrückt. Der Papst wünscht hierfür konzeptionell eine weltweite Pädagogik des Friedens, im Sinne eines globalen Bemühens und nicht einer paternalistischen Uniformität (vgl. Wfb 1973).

Die Bedeutung und Wichtigkeit dieser thematischen Grundlinie unterstreicht Paul VI. mit der Thematik des Terrorismus, wenngleich noch nicht vom transnationalen Terrorismus die Rede war, sondern terroristische Gewaltakte gemeint waren, die, ideologisch motiviert, Fortschritt und Entwicklung blockieren bzw. Demokratisierungsprozesse verhindern wollten. Dies kann als Resultat einer nicht korrigierten egoistischen Haltung begriffen werden, die durch Hassgefühle und Rachebedürfnisse gesteigert wird und in Gewaltakten zum Ausdruck kommt. Der Papst entzieht dabei dem Terrorismus jedwede Legitimation, indem er unterstreicht, dass diese nie gerecht sein können, sondern ein Verbrechen sind, die das Leben der Menschen und den Frieden in der Welt zerstören. Ferner sieht er die Ursache des Terrorismus durchaus vor dem Hintergrund ungerechter sozialer Strukturen, allerdings betont er die Verantwortung des einzelnen Täters, der sich seinen Mitmenschen verschließt und seine Verantwortung für ein friedliches Zusammenleben missachtet. Darin zeigt sich auch, wie an vielen Stellen in den Weltfriedensbotschaften, dass Problembeschreibungen in einem ausgewogenen Perspektivenwechsel vorgenommen werden, die die Positionierung transparent und verständlich machen.

Die Anstrengungen für eine Kultur des Friedens und die Überwindung globaler Spannungen müssen sich auch in den sozialen Kommunikationsmitteln widerspiegeln. Paul VI. appelliert deshalb auch an die Verantwortlichen der Medien und alle, die Einfluss auf die öffentliche Meinung haben. In der Weitergabe von Informationen und Berichten kommt ihnen ebenfalls die Verantwortung zu, für den Frieden zu werben (vgl. Wfb 1969, 1974, 1975 und 1978). Zugleich haben sie dabei Teil an der Friedenserziehung, die nicht nur auf einen Einzelnen, sondern auf die Gesellschaft ausgerichtet ist. Auf diese Weise werden auch Medienverantwortliche zu moralischen Handlungsakteuren. Dies zeugt einerseits von der Weitsicht und dem Problembewusstsein der Friedensförderung, andererseits treten so unterschiedliche Verantwortungsträger und mitunter komplexe Handlungsfelder hervor, die für eine gerechte Friedensordnung im Zusammenleben der Menschen von Bedeutung sind.

Ein Bereich, in dem sich verantwortetes Handeln ausdrückt, liegt in der Durchsetzung und Wahrung der Menschenrechte. Diese sind nicht bloß als politisches Postulat aufzufassen, sondern sie stellen im Kontext der Katholischen Soziallehre ein normatives Gerüst dar. Um diesem jedoch Wirksamkeit zu verleihen, reicht es nicht aus, die Menschenrechte als schriftlich fixierte Vereinbarung für verbindlich zu erklären. Hinter den Menschenrechten steht vielmehr eine Grundhaltung zum Leben, die im christlichen Glauben grundgelegt ist und in der Erziehung weitergegeben werden muss. Die individuelle Anerkennung der Menschenrechte soll dazu führen, dass Missstände vom Einzelnen erkannt und überwunden werden. Paul VI. belegt dies mit einem aussagekräftigen Bild, wonach der Frieden zuerst in den Herzen der Menschen wohnen muss (vgl. Wfb 1969, 1972, 1973 und 1978). Es lässt sich beobachten, dass die Menschenrechte aus der Perspektive des Individuums reflektiert werden. Dies entspricht der bereits erwähnten Intention des Papstes, mit den Botschaften prinzipiell jeden Menschen erreichen zu wollen. Dazu passt auch, dass Paul VI. nicht einzelne Menschenrechte herausgreift und expressis verbis benennt. Dies kann zweifellos einerseits als Desiderat begriffen werden. Auf diese Weise wird aber auch andererseits die Bedeutung der Menschenrechte im Allgemeinen und damit ihre Anschlussfähigkeit an die Aufgabe einer Friedenserziehung herausgestellt.

Die Jugend betrachtet Paul VI. als einen Partner im Anliegen der Friedensförderung, weshalb er an sie appelliert und sie ermutigt, ihre Talente für das Ziel einer friedlicheren Welt zu entfalten (vgl. Wfb 1970). Die Zukunft, die in den jungen Generationen sichtbar wird, verbindet Paul VI. mit der konkreten Hoffnung, dass mit ihnen die globalen Frontstellungen überwunden werden können (vgl. Wfb 1978). In ihrem Heranwachsen kann sich demnach eine neue Ausrichtung auf ein friedliches Zusammenleben in der Welt entwickeln. Ein Ausdruck der Hoffnung Pauls VI. in die Jugend und ihre Bedeutung für die Zukunft der Menschheit wird mit der thematischen Verbindung zur Friedenserziehung, zur Familie und der Warnung vor der Gefahr des Egoismus hervorgehoben. Diese thematische Herangehensweise findet sich auch in der Sozialenzyklika ‚Populorum progressio' von 1967 wieder, die in keiner Botschaft Pauls VI. zitiert wird, aber bemerkbar den einzelnen Themen zugrunde liegt. Dabei äußert er den Grundsatz, dass der Mensch nur in einer sozialen Umwelt wirklich er selbst ist. In besonderer Weise sind die Familien, dezidiert die natürliche Familie, die auf der Einehe zwischen Mann und Frau beruht, Fundament dieser sozialen Umwelt, welche offen sein muss, um positiv auf die Freiheit des Menschen wirken und zur Entfaltung des Individuums beitragen zu können. Eine solche Argumentation gründet freilich in einem positiven Familienbild, das das Zusammenleben verschiedener Generationen umfasst. Insbesondere die Bereitschaft zur

Versöhnung kann nach Auffassung des Papstes hier weitergegeben und für den Einzelnen konkret erfahrbar werden (vgl. Wfb 1975). Im Leben der Familie sieht der Papst somit die Chance verankert, Werte der Friedensfähigkeit zu vermitteln und so Menschen in ihrer von Natur aus angelegten Friedensgesinnung zu stärken.

1.1.2 Kalter Krieg

Die ideologisch geprägte Frontstellung der Ost- und Westmächte, die sich in einem militärischen Wettrüsten geäußert hat, stellte eine große politische Herausforderung – eine Dilemmasituation – dar. Einerseits galt es gemäß der Abschreckungsstrategie den Kontrahenten durch die vorhandenen und weiterentwickelten Waffenarsenale von einem möglichen Kriegsbeginn abzuhalten. Andererseits entstand so ein Zustand der Überbewaffnung, der das Risiko eines Kriegsausbruchs als möglich, wenn nicht gar als wahrscheinlich wahrnehmbar machte. Mit anderen Worten: Die produzierten Waffen, die den Kriegsausbruch durch die Abschreckungsstrategie tendenziell verhindern sollten, stellten umgekehrt das Risiko eines Krieges von bislang nicht dagewesenem Ausmaß in Aussicht. Dass in einer solchen Situation moralische Appelle nicht ausreichen werden, die das Ende der militärischen Abschreckung einfordern, hat auch Papst Paul VI. erkannt und in den Weltfriedensbotschaften artikuliert. Die Themen, die er vor dem Hintergrund des Kalten Krieges reflektiert, geben davon ein beredtes Zeugnis.

So entwickelt er Grundlinien des wahren Fortschritts und beschreibt die brüderliche Verbindung aller Menschen als anschlussfähige Thematik über die binnenkirchlichen Grenzen – dadurch wird auch die Rechtfertigung dieses lehramtlichen Verkündigungsmediums, der Weltfriedensbotschaften, sichtbar. Die Verurteilung des Rüstungswettlaufs verbindet Paul VI. mit der Mahnung zur Gestaltung der internationalen Beziehungen, vor allem unter der Perspektive eines humanen Wirtschaftens auf globaler Ebene und der Rolle der Sozialen Kommunikationsmittel. Eine deutliche thematische Verbindung wird durch die Ausführungen zu Fortschritt und Rüstungswettlauf sichtbar, wobei dies ein dringendes Problem für Paul VI. im Verlauf seiner Weltfriedensbotschaften bleibt. Unter dem Eindruck des Wettrüstens zwischen Ost und West verweist er auf die Absurdität des Einsatzes von Massenvernichtungswaffen. Zugleich positioniert sich Paul VI. deutlich, indem er sich in anwaltlicher Stellvertretung die Sorgen vieler Menschen zu eigen macht.

Welche weiteren Auswirkungen die Aufrüstungsdoktrin des Kalten Krieges nach sich zieht, wird durch vielfältige thematische Querverbindungen verdeutlicht. Die hohen Geldbeträge beispielsweise, die für die Entwicklung und Produktion in der Waffenindustrie aufgewendet werden müssen, sollten in Anstrengungen zur Bewältigung von globalen Problemfeldern investiert werden. Paul VI. erinnert daran, dass es in den Entwicklungsländern nicht gelingt, die Probleme von Hunger und Armut zu beheben. Die militärische Abrüstung ist deshalb nicht nur eine unumgängliche Maßnahme zur Beseitigung einer unmittelbaren Kriegsbedrohung, die langfristig geplant und kontrolliert umgesetzt werden muss, sondern auch eine Notwendigkeit unter dem Anspruch der Gerechtigkeit und Solidarität. In diesem Zusammenhang würdigt Paul VI. alle Anstrengungen, die für den Zusammenhalt der Menschheit unternommen werden, wie zum Beispiel durch die Erwähnung der KSZE-Schlussakte von Helsinki vom 1. August 1975 (vgl. Wfb 1978). Als strukturelle Veränderung schlägt er außerdem die Errichtung eines internationalen Schiedsgerichtshofes zur Beilegung globaler Konflikte vor und empfiehlt die bisherigen Ausgaben für militärische Aufrüstung in die Entwicklungshilfe umzuleiten (vgl. Wfb 1970). Folglich wirbt er – auch im Sinne seiner Enzyklika über die Entwicklung der Völker ‚Populorum progressio' von 1967 – für die Notwendigkeit zivilen Fortschritts in Gerechtigkeit und Solidarität.

Wenn Paul VI. von der Völkergemeinschaft spricht, dann meint dies nicht ausschließlich die Vereinten Nationen als internationale Organisation, sondern die Gemeinschaft aller Völker der Erde, die Menschheit als Ganzes. Dies lässt sich durch zwei Tatsachen belegen. Zum einen richtet er seine Botschaften an die ganze Welt, um alle Menschen miteinbeziehen zu können und nicht nur einzelne Bündnisse und Gemeinschaften (besonders in den Wfb 1970 und 1971). Zum anderen greift der Papst zusätzlich auch die Charta der Menschenrechte (vgl. Wfb 1977) auf, was wiederum zeigt, dass zwischen allen Völkern und der globalen Bemühung durch institutionelle Strukturen unterschieden wird. Insofern appelliert Paul VI. mit dem Ziel, das Verantwortungsbewusstsein aller Menschen zu stärken und sowohl den einzelnen Menschen als auch die institutionellen Strukturen miteinander zu harmonisieren. Dies wird mit Begriffen wie Brüderlichkeit, Menschheitsfamilie und weltweite Solidarität zum Ausdruck gebracht (siehe hierzu die Wfb von 1968, 1971–1973, 1975, 1976 und 1978). Im Sinne der Sozialprinzipien der Katholischen Soziallehre deckt sich dies mit dem Solidaritätsprinzip. Nur durch eine solche Zusammengehörigkeit aller Menschen lassen sich langfristig die Armut in der Dritten Welt bzw. des globalen Südens und die strukturellen Ungerechtigkeiten überwinden (vgl. Wfb 1970). Dazu müssen internationale Institutionen kooperieren und globale Beziehungen geschaffen und gefestigt werden, was wiederum wirtschaftliche Gebilde, die Finanzmärkte und den Welthandel miteinander verbindet (vgl. Wfb 1971, 1972, 1974 und 1975). Aus dieser Diktion lässt sich das politikwissenschaftliche Konzept einer ‚global governance' herauslesen, die das Wohl des Individuums als Ausgangspunkt politischer Verantwortlichkeit auffasst und die Orientierung des Fortschritts an der Entwicklung humaner Lebensbedingungen als Maßgabe globaler Regulierungen reflektiert.

Ferner setzt sich in den Friedensappellen Pauls VI. die pastorale Neuausrichtung der Kirche erkennbar fort, die vor allem in der Pastoralkonstitution ‚Gaudium et spes' des Zweiten Vatikanischen Konzils entfaltet wurde. Zugleich geht es um die Konkretisierung dessen, was Papst Johannes XXIII. in der Enzyklika ‚Pacem in terris' umgesetzt wissen wollte, nämlich die Förderung des Friedens in der Welt durch das Wirken der Kirche in Verkündigung und sozialem Engagement, sodass die Welt als Menschheitsfamilie zusammenwachsen kann und gewaltfreie Konfliktlösungen gefunden werden können. Die Frage nach dem ethisch legitimen Waffengebrauch im Sinne des friedensethischen Kriteriums der ‚ultima ratio' wird nur in der Wfb von 1976 mit der impliziten Bekräftigung des Verteidigungsrechts berührt. Dies kann als weitere konsequente Weiterentwicklung der kirchlichen Friedenslehre aus dem fünften Kapitel von ‚Gaudium et spes' verstanden werden, wonach die Friedensförderung nicht nur auf die Begrenzung des Waffengebrauchs enggeführt werden darf, sondern auf weitere Handlungsfelder menschlichen Lebens nach Maßgabe der sozialen Gerechtigkeit ausgeweitet werden muss. Offenkundig speist sich diese Argumentation aus den politischen Erfahrungen des Kalten Krieges, wonach der Ausgleich von Waffenpotentialen keinen Frieden zwischen den Nationen bzw. Machtblöcken begründet, sondern die Schwelle zum Kriegsbeginn im politischen Handeln allgegenwärtig bleibt.

1.1.3 Fazit

In den insgesamt elf Weltfriedensbotschaften Pauls VI. lassen sich die Bemühungen für den Aufbau einer Kultur des Friedens erkennen, die vor allem mit einem Erziehungsauftrag in Verbindung gebracht wird. Dabei will der Papst offensichtlich nicht nur Verantwortungsträger, sondern prinzipiell jeden Menschen erreichen. Die Personengruppen die er teils expressis verbis adressiert sind Jugendliche, Familien, Vertreter der Medien und alle, die von Berufs wegen im Erziehungsbereich tätig sind. Auf diese Weise wird konsequent weitergedacht, was theoretisch an die Dokumente des kirchlichen Lehramtes anknüpft: Gerechter Frieden manifestiert sich nicht allein durch politische Anstrengungen, sondern durch eine Wertschätzung des Lebens im Allgemeinen. Ein solches Friedensverständnis erweist sich als dynamisch, da es nicht nur die Sphäre des Politischen oder des Sozialen berührt, sondern auch am Individuum – am Menschen als Person – ansetzt und seine Entfaltungsmöglichkeit zu einer Friedensgesinnung anspricht.

1.2 Johannes Paul II.

Der Nachfolger Pauls VI. war Papst Johannes Paul I., der jedoch knapp einen Monat nach seiner Wahl 1978 verstarb und deshalb keine Weltfriedensbotschaft veröffentlichte. Im Textkorpus der Botschaften Papst Johannes Paul II. findet sich eine Vielfalt von Themen, die einerseits seinem langen Pontifikat (1978–2005) und andererseits seiner Expertise als Moraltheologe geschuldet ist. Quantitativ überwiegen dabei die Ausführungen über die Menschenrechte und das Prinzip der Solidarität. Daraus ergeben sich zahlreiche neue Akzentsetzungen, die die Friedenslehre, wie sie sich in der päpstlichen Sozialverkündigung niederschlägt, weiterentwickeln.

1.2.1 Menschenrechte

Johannes Paul II. reflektiert in fast allen seinen Botschaften die Verantwortung des Individuums und die ihm zukommende Aufgabe, den Frieden zu fördern. Dazu ist es unabdingbar, Strukturen und Möglichkeiten zu schaffen, die eine Friedensgesinnung im Einzelnen, aber auch eine Friedenskultur in der Sphäre des Politischen begünstigen. Der Papst setzt weitgehend bei der Herausforderung an, friedensstiftende Verhaltensweisen in der Gesellschaft vorfinden und leben zu können. Letztlich geht es darum, die Friedensbemühungen vor dem Anspruch der jesuanischen Botschaft, wie sie beispielsweise in den Seligpreisungen der Bergpredigt in Mt 5 zum Ausdruck gebracht wird, weiterzuentwickeln. Kurzum: Die Bemühungen zum Frieden unter dem Anspruch des christlichen Glaubens gehen über die alltäglichen Vorstellungen und oftmals sehr technischen Auffassungen von Gerechtigkeit und ethischem Verantwortungsbewusstsein hinaus (vgl. Wfb 1982 und 1998). Dies führt bisweilen zu dem Eindruck, dass der Einzelne dem nicht gerecht werden kann. Auch nimmt Johannes Paul II. das Dilemma des Friedens in den Blick, der weitgehend als gut erkannt wird, aber in vielen Lebenssituationen – aufgrund des hohen Anspruchs an den Einzelnen – schwer umsetzbar erscheint. Eine verantwortliche Friedensgesinnung muss nicht nur bejaht und durch Bildung und Erziehung angeeignet werden, sondern im Alltag Bestand haben können. Das greift der Papst auf, um die Alternativen aufzuzeigen, wonach jeder Mensch in seinem Handeln und der Wahrnehmung seiner Verantwortung zum Gelingen seines eigenen Lebens und zur guten Entwicklung seines Umfeldes beitragen kann. Diese Überzeugung findet sich prominent in der Wfb 1999, in der expressis verbis für eine Kultur der Achtung der Menschenrechte geworben wird.

Um die Achtung der Menschenrechte zu fördern, knüpft Johannes Paul II. an seinen Vorgänger an, indem er die Friedenserziehung auch zum Thema seiner Botschaften macht. Mit dieser Thematik soll dem Einzelnen in der Wahrnehmung individueller Verantwortung für den Weltfrieden geholfen werden. Die Friedenserziehung wird zwei Mal, nämlich in den Botschaften von 1979 und 2004, als Leitthema aufgegriffen. Dabei finden sich umfangreiche Verbindungen zu weiteren Problem- und Handlungsfeldern wieder, vor allem aber auch das Bemühen, alle Menschen zur Friedensförderung zu motivieren. Die Bedeutung und Wertschätzung dieser inhaltlichen Akzentuierung finden ihren Ausdruck bereits in der ersten Botschaft von 1979, in der auf das Jahr des Kindes – von der UN ausgerufen – aufmerksam gemacht wird. Möglicherweise wurde diese Initiative der Vereinten Nationen von Johannes Paul II. als Bestätigung der Friedensappelle seines Vorgängers aufgefasst, der gleichermaßen die heranwachsenden Generationen in den Blick genommen hat. Zweifellos wird das ‚Agenda-Setting' Johannes Pauls II. in diesem Zusammenhang deutlich, da er der Familie, der Rolle der Frau und auch den Kindern eine besondere Bedeutung in der Förderung einer Kultur des Friedens zumisst und in zeitlich enger Abfolge Botschaften veröffentlicht, die genau diese Personengruppen als Leitthema benennen (vgl. Wfb 1994, 1995 und 1996).

In zahlreichen Botschaften finden sich Appelle an die Jugendlichen, die – so der Papst – ihrem Gefühl der Dankbarkeit, ihrer Lebensfreude und ihrer Solidarität folgen mögen. Im Zusammenhang mit der Familie als Keimzelle der Gesellschaft sowie im Sinne der in ihnen sichtbaren Zukunft nimmt Johannes Paul II. seine Botschaften als Möglichkeit wahr, seinen Beitrag zur Vermittlung einer Friedenskultur zu leisten. Dabei greift er die Sensibilisierung für die Ökologie – im Sinne der menschlichen Verantwortung für die Natur als Gottes Schöpfung und Lebensgrundlage aller Menschen – sowie die Gewissensfreiheit und die Vielfalt von Religionen und Kulturen auf. Die Tatsache, dass dies vor allem an die Jugendlichen adressiert wird, kann auch dahingehend gedeutet werden, dass in diesen Themenbereichen die drängenden Fragen der Zukunft verortet werden. Damit wird ferner die Bedeutung des einzelnen Menschen im Speziellen und der verschiedenen Personengruppen im Allgemeinen konkretisiert. Neben den Familien sind dies alle Frauen und Männer in der Bildungsarbeit, wie beispielsweise Erzieher und Lehrer, aber auch politische Verantwortungsträger und Mitarbeiter in internationalen Organisationen. Eine besondere Bedeutung erhält dabei die Rolle der Frau, die der Papst sehr hochschätzt und mit der Botschaft aus dem Jahr 1995 eigens thematisiert. Allerdings spiegelt sich diese Anerkennung nicht in der Quantität wider, da lediglich in der Botschaft des Jahres 2003 ein weiteres Mal die Rolle der Frau angesprochen wird.

Auch die Religionsgemeinschaften können, wie die Bemühungen von Politikern und das Engagement internationaler Organisationen zeigen, im

Sinne der Friedenserziehung wirken. Hierin wird zweifellos die 1986 begonnene Initiative von interreligiösen Weltgebetstreffen für den Frieden in Assisi aufgegriffen, die sich im Pontifikat Johannes Pauls II. 1993 und 2002 durch weitere Treffen fortsetzte (siehe dazu auch die Wfb 1992). In der Wfb 2004 entwickelt dies der Papst inhaltlich weiter und richtet dabei einen Impuls an die Verantwortlichen der Religionsgemeinschaften. Dieser Impuls gründet in der Erklärung des Aspekts der Legalität, der in die Erziehung einfließen muss. Plausibilisiert wird dies vor dem Hintergrund der Überzeugung, dass das Recht den Frieden begünstigt, wobei ein besonderer Fokus auf das Völkerrecht gelegt wird (vgl. Wfb 1998). Der Achtung einer internationalen Ordnung und der verantwortlichen Autoritäten sowie ihrer legitimen Vertreter müssen erzieherische Bemühungen und eine Wissensvermittlung zur Komplexität des menschlichen Zusammenlebens in einer sich stetig verändernden Welt vorausgehen (vgl. Wfb 2004). Eine solche Akzentuierung findet seitens der Religionsgemeinschaften ihren Ausdruck in der erforderlichen Achtung der Gewissensfreiheit, die in den vorliegenden Weltfriedensbotschaften als eine der Bedingungen für eine Weltfriedensordnung entfaltet wird. Dies kann als Impuls für konzeptionelle Weiterentwicklungen einer ‚global governance' verstanden und als Anknüpfungsmöglichkeit für politikwissenschaftliche Diskurse interpretiert werden. Die Verpflichtung der Religionsgemeinschaften wiederum besteht darin, im Zusammenleben der Menschen eine Kultur zu fördern, die sich der Freiheit des Menschen und der Förderung seiner Entfaltungsmöglichkeiten als Geschöpf Gottes verpflichtet. In diesem Kontext sei an eine weitere Initiative Johannes Pauls II. erinnert, nämlich die Einführung der internationalen Weltjugendtage. Hier begegnen sich Jugendliche der internationalen, kulturübergreifenden Gemeinschaft der katholischen Kirche. Diese Treffen ermöglichen es, für die Gestaltung einer friedlichen Gesellschaft und die nötige Achtung und Sensibilität von fremden Kulturen zu werben.

Hier kann das Prinzip der päpstlichen Friedenslehre, wie sie in den Weltfriedensbotschaften entfaltet wird, nochmals hervorgehoben werden. Denn indem der Papst auf Hindernisse einer Kultur des Friedens hinweist, die er vor allem im Machtstreben, im ungezügelten Konsumverhalten und im Individualismus ausfindig macht, tritt nochmals hervor, von wem der Frieden ausgeht: letztlich von jedem Einzelnen. Die Verantwortung des Individuums für den Weltfrieden ist nicht relativierbar, sondern vielmehr seine Grundlage (vgl. Wfb 1990). Oder kurz: Friedensethik hat eine individualethische Basis. Deshalb ist es wichtig, den Einzelnen für die Achtung des eigenen Lebens zu gewinnen und solche Tendenzen zu überwinden, die dieses relativieren oder der Willkür preisgeben. Um den Menschen in seiner Wahrnehmung von Verantwortung für den Weltfrieden zu fördern bzw. zu sensibilisieren, werden weitere Themen genannt: etwa der Zugang zur Bildung und das Recht auf Arbeit sowie eine humane Ausgestaltung der Wirtschaft, damit die eigenen Fähigkeiten entwickelt und in das gesellschaftliche Zusammenleben eingebracht werden können. Mangelnde Bildung ist für den Papst auch ein Risikofaktor, der soziale Ungleichheit erzeugt und damit das friedliche Zusammenleben einer Gesellschaft bedroht. Bildung trägt zum Informationsaustausch bei und befähigt den Einzelnen, am Leben der einen Menschheitsfamilie zu partizipieren. Dabei muss aber einerseits über den Wissenserwerb hinausgegangen und müssen andererseits Werte wie die Freiheit des Gewissens gestärkt werden. Ein Grund für die vorrangige Stellung der Familien im friedensethischen Diskurs rührt daher, dass diese eine außerordentliche Rolle bei der Gewissensbildung der jungen Menschen einnehmen – es geht bei der Bildung des je eigenen Gewissens darum, das Gute zu suchen und zu fördern (vgl. Wfb 1991). Hierfür ist die religiöse Erziehung von großer Bedeutung, welche in gleicher Weise von religiösen Gemeinschaften geleistet und staatlicherseits in Übereinkunft mit den Verantwortlichen der Religionen zum Wohle des Einzelnen geschützt werden soll. In den Botschaften wird das Diktum erkennbar, wonach Menschen in der Achtung vor dem eigenen Leben befähigt werden, den Frieden in der Welt zu fördern. Zugleich können Traumwelten von der Wahrnehmung der Verantwortung abhalten, worunter der Papst die Alkohol- und Drogenproblematik sowie die Sexualisierung versteht, welche wiederum die Achtung vor dem eigenen Leben und dem der Mitmenschen verdunkeln – dies wird an zahlreichen Stellen aufgegriffen (vgl. Wfb 1985, 1987, 1994 und 1996). In diesem Kontext stellt der Papst auch die Frage nach Gott als wegweisend für die rechte Gewissensbildung heraus, denn der Mensch kann sich als dessen Ebenbild nicht gänzlich von seiner eigenverantwortlichen Entscheidungsfindung für friedensförderndes Verhalten dispensieren und die Willkür unter Inanspruchnahme der Gewissensfreiheit verteidigen. Damit wird explizit das angesprochen, was die Menschenrechte schützt – die Freiheitsrechte des Einzelnen und seine unveräußerliche Würde.

Johannes Paul II. versteht seine Friedensappelle offenkundig als Möglichkeit, die Friedensgesinnung des Einzelnen anzusprechen und an die Vernunft zu appellieren. Sein Blick auf die Kinder und Jugendlichen sowie die Appelle an Personengruppen wie Religionsgemeinschaften zeugen von dem weitblickenden Friedensverständnis der Katholischen Soziallehre, wonach der Frieden nicht nur in politischen Bemühungen, sozialen Strukturen und strategischem Handeln in den internationalen Beziehungen besteht. Dass diese aber zweifellos auch notwendig sind, um eine Kultur des Friedens zu ermöglichen und zu stabilisieren, greift der Papst ebenfalls umfangreich auf.

1.2.2 Internationale Beziehungen

Johannes Paul II. reflektiert soziale Strukturen, wie sie in der Ausgestaltung der internationalen Beziehungen durch Diplomatie und internationale Abkommen und Organisationen sichtbar werden, vor dem Hintergrund seiner Sozialenzyklika ‚Sollicitudo rei socialis' (1987), die neben zahlreichen weiteren kirchenlehramtlichen Dokumenten immer wieder und mit erkennbarer Präferenz in die Weltfriedensbotschaften einfließt. Demnach sollen soziale Mechanismen hinterfragt werden. Gemeint sind wirtschaftliche, finanzielle und soziale Beziehungen und Abhängigkeiten, die die Unterentwicklung in manchen Teilen der Welt verfestigen und einen ganzheitlichen Fortschritt verhindern (vgl. SRS 16). Diese führen schließlich zu Strukturen der Sünde, die das Prinzip der Solidarität untergraben und die Gier nach Macht und Prestige befördern. Mit diesen Mahnungen zu den Strukturen der Sünde fügte Johannes Paul II. der Katholischen Soziallehre einen neuen Gedanken hinzu, mit dessen Hilfe soziale Strukturen analysiert und in einem weitgefassten Verständnis von sozialer Gerechtigkeit betrachtet werden können. Als ethisches Gestaltungsprinzip gilt, dass der Mensch weder in seiner Würde noch in der Entfaltung seiner vor der menschlichen Vernunft verantwortbaren Lebensmöglichkeiten behindert wird. In den Weltfriedensbotschaften ist hierfür die Fragestellung entscheidend, inwieweit strukturell der gerechte Frieden in der Welt gefördert wird, indem der Mensch seiner Sehnsucht nach Frieden folgen und seine Friedensgesinnung bilden kann. Neben den bereits genannten Themen wie dem Rüstungswettlauf, den sozialen Kommunikationsmitteln sowie den Menschenrechten fokussiert sich in dieser Perspektive der sündhaften Strukturen der Papst auf die Entwicklung und Bekämpfung der Armut (insbesondere vgl. Wfb 1987 und 1993), die Ausgestaltung der internationalen Beziehungen und Institutionen, auf die Gefahr des Terrorismus, die Ambivalenz von Globalisierungsprozessen und ihren Auswirkungen sowie auf den Themenbereich von Flucht und Migration.

Die Impulse, die sich in den eben genannten Themen wiederfinden, sprechen den einzelnen Menschen in seiner Verantwortung für das gelingende – also friedliche – Zusammenleben an, welches nach Maßgabe der Gerechtigkeit die Freiheit eines Menschen gemäß seiner Würde als Person gewährleisten soll. Dies wird in den Weltfriedensbotschaften Johannes Pauls II. mit dem Leitbild der Kultur des Lebens ausgeführt und vor allem für die Themenbereiche, die sich mit der Ausgestaltung der internationalen Beziehungen beschäftigen, verbunden. Dabei spricht Johannes Paul II. in Kontinuität zu seinem Vorgänger vor allem die Problematik der Rüstungsproduktion und den damit verbundenen weltweiten Rüstungswettlauf des Kalten Krieges an. Hierin äußert sich am deutlichsten eine entgegengesetzte Kultur, nämlich die des Kampfes, des Misstrauens und der Zerstörung. Daraus leitet der Papst eine moralische Pflicht politischer Akteure und internationaler Institutionen ab und ruft dazu auf, entsprechende Gegenmaßnahmen einzuleiten. Ihre Notwendigkeit besteht dabei in dem Erfordernis einer institutionell und rechtlich ausgestalteten Friedensförderung. Ein leitendes Prinzip ist dabei die Gerechtigkeit. Diese erhält ihr Korrektiv in den Menschenrechten (siehe hierzu insbesondere Wfb 1999), wonach die Politiker und die Verantwortlichen in den nationalen und internationalen Institutionen ihre Entscheidungen an der Achtung vor der Würde jedes Menschen ausrichten müssen. Auf diese Weise können strukturelle Bedingungen in Form von internationalen Institutionen und Organisationen zu Ermöglichungsfaktoren des Weltfriedens werden und eine entsprechende Friedenspolitik begünstigen. Johannes Paul II. zeigt mit dieser Argumentation, dass die durchaus gesinnungsethisch geprägten Appelle der Weltfriedensbotschaften nicht einem antiinstitutionellen Affekt das Wort reden, sondern vielmehr nach Handlungsoptionen gesucht wird, die eine größtmögliche Beteiligung aller Menschen und auch institutionell verfasste Strukturen anstreben.

Vor dem Hintergrund des Wandels der Lehre vom gerechten Krieg hin zum Leitbild des gerechten Friedens (vgl. Kommentar von A. Merkl) verwundert es nicht, mit welcher Deutlichkeit und Ausführlichkeit Johannes Paul II. auf soziale Missstände und Ungerechtigkeiten aufmerksam macht (vgl. insbesondere Wfb 1987, 1989, 1993 und 1998 – wobei hier angefügt sei, dass sich der Blick auf die soziale Gerechtigkeit in Form der Anmahnung dessen, was selbiger im Wege steht, wie ein roter Faden durch die Weltfriedensbotschaften zieht). Mit den Hinweisen auf die Armut in der Welt sowie durch die Warnung vor einem inhumanen Fortschritt, der auf Prestigegewinn beruht, und mit moralischen Appellen, wonach das Elend der Entwicklungsländer nicht hingenommen werden darf, behandelt er ein weites Œuvre an Themen. Mit einem Blick für die Komplexität der globalen Hintergründe zu ungerechten Strukturen und Lebensbedingungen wird plausibel, dass Johannes Paul II. nur selten in seinen Weltfriedensbotschaften die ethische Fragestellung des legitimen Waffengebrauchs im Sinne der ‚ultima ratio', also als Notwehr bzw. Nothilfe, aufwirft (vgl. Wfb 1982 und 2002). Lediglich in der Botschaft des Jahres 2000 finden sich friedensethische Impulse zur Suche nach Kriterien, die eine humanitäre Intervention rechtfertigen, womit ein militärischer Einsatz zur Entwaffnung des Aggressors und die Beendigung von Gewalt und Menschenrechtsverletzungen gemeint sind. Eine friedensethische Engführung, die nur politische und militärische Akteure anspricht, wird dadurch vermieden – dies lässt sich ferner als ein Prinzip dieses Verkündigungsmediums im Allgemeinen verstehen: alle Menschen für die Friedensförderung zu gewinnen und ihre gemeinsame Verantwortung für diese Aufgabe zu betonen.

Für Johannes Paul II. ist eine Grundvoraussetzung für eine dem Weltfrieden verpflichtete Ausgestaltung der internationalen Beziehungen das Wirken der sozialen Kommunikationsmittel und Massenmedien. Ihnen kommt ebenfalls eine Aufgabe zu, indem sie den Dialog und das Bewusstsein der Brüderlichkeit bzw. Solidarität für das Miteinander der Menschheit fördern. Die Waffengewalt, die in der Aufrüstung zum Zweck der gegenseitigen militärischen Abschreckung ihren Anfang nimmt, muss überwunden werden und stattdessen der Dialog in Politik und Gesellschaft als Instrumentarium zur Konfliktbewältigung in das weltweite Bewusstsein gehoben werden. Hierfür sind einerseits nationale und internationale Institutionen, wie etwa Regierungen und Diplomaten sowie rechtliche Rahmenbedingungen, aber auch andererseits weitere sozialethische Akteure notwendig. Deshalb appelliert Johannes Paul II. an Vertreter der Massenmedien, die einen hohen Einfluss auf die öffentliche Meinung haben und auf das Urteilsvermögen der Menschen hinwirken können. Dabei findet er deutliche Worte, wenn er beispielsweise die Macht der Medien beschreibt (vgl. Wfb 1981, 1983, 1993 und 2001) und ihre Einflussmöglichkeiten im Dienst des Friedens in den Blick nimmt. Kurzum: Es geht darum, dass ihre Berichterstattung auch auf den Frieden als Notwendigkeit und Möglichkeit im menschlichen Zusammenleben ausgerichtet und der Wahrheit verpflichtet sein soll. In der Wfb von 2001 wirbt der Papst für eine ‚Zivilisation der Liebe und des Friedens', was als Leitbild aufzufassen ist, an dem sich das Handeln des Menschen orientieren kann.

In Folge zunehmender globaler Interdependenz muss eine öffentliche Gewalt auf internationaler Ebene errichtet bzw. weiter ausgebaut werden, die geeignete Mittel zur Verfügung hat, um das universale Gemeinwohl zu fördern (vgl. Wfb 2003). Dies knüpft inhaltlich an die Friedensenzyklika ‚Pacem in terris' an. Aus Anlass des 40. Jahrestages ihrer Veröffentlichung widmet Johannes Paul II. die Weltfriedensbotschaft von 2003 jenem Lehrschreiben von Papst Johannes XXIII. und profiliert dieses als bleibenden Auftrag. Damit ist gemeint, dass die Weltfriedensbotschaften als Ganzes die Prinzipien des Friedens, wie sie in ‚Pacem in terris' entfaltet werden, aktualisieren. Die insgesamt vier Grundpfeiler des Friedens sind demnach Wahrheit, Gerechtigkeit, Liebe und Freiheit. Ein Symptom der zunehmenden Interdependenz ist die Gefahr des Terrorismus, die nicht nur ein einziges Land betrifft, sondern die ganze Menschheit bedroht. In Forderungen nach globalen Ordnungssystemen, einer Neuausrichtung der Globalisierung und mit Hilfe der Thematik von Flucht und Migration wird die Aktualisierung der vier Grundpfeiler des Friedens vorgenommen. Im Kampf gegen den Terrorismus erinnert Johannes Paul II. an die Notwendigkeit, juridische Prozeduren zu erarbeiten (vgl. Wfb 1997, 2001 und 2002). Eine auf Gewalt basierende Bekämpfung kann sowohl neue Gewalt erzeugen als auch den Eindruck der Ungerechtigkeit verstärken, mit dem Terroristen ihre Taten rechtfertigen. Damit wird der Terrorismus in seiner Entstehung als ein soziales Problem diagnostiziert und zugleich eine Präventionsmaßnahme impliziert, nämlich die Überwindung von sozialer Ungerechtigkeit. In diesem Zusammenhang betont Johannes Paul II. unter dem Eindruck der Terroranschläge vom 11. September 2001 in den USA das Verteidigungsrecht gegen den Terrorismus, wobei in Anlehnung an den Katechismus der Katholischen Kirche das Kriterium im Sinne der ‚ultima ratio' in die Entscheidungsfindung einbezogen werden muss (vgl. KKK 2309), das eine militärische Intervention nur als Notwehr bzw. Nothilfe ethisch legitimiert. Im Kontext der Phänomene von Interdependenz und Globalisierung wird der Terrorismus als Gefahr eingestuft, die einen globalen Gewaltausbruch zur Folge haben kann. Ferner ist das Völkerrecht für den Papst von zentraler Bedeutung in der Förderung des Friedens.

Um weltweit den Frieden zu sichern, müssten deshalb verschiedene Instrumentarien wirksam werden – man kann in dieser argumentativen Linie Spuren der politikwissenschaftlichen Diskurse zur ‚global governance'[4] erkennen. Der Papst fordert, wie schon vor ihm seine Vorgänger, Institutionen zur Förderung der Einheit der Menschheitsfamilie auf nationaler und auf globaler Ebene (vgl. insbesondere Wfb 1979). Dafür müssen Voraussetzungen geschaffen werden, wie etwa eine fundamentale Vergewisserung der Zusammengehörigkeit aller Nationen, auf deren Grundlage die Zusammenarbeit weiter institutionalisiert werden kann. Von besonderem Interesse ist für den Papst dabei der afrikanische Kontinent. Das dort herrschende Leid sollte nicht nur zu Hilfsmaßnahmen animieren, sondern langfristig zu einer positiven Grundeinstellung führen, wonach alle Menschen miteinander verbunden sind und nur gemeinsam für ein weltweit menschenwürdiges Zusammenleben eintreten können. Dies muss auch in den wirtschaftlichen Beziehungen strukturell zum Tragen kommen, wobei es hier um die ganzheitliche Förderung des Menschen geht. In diese Diktion reiht sich auch die Thematik von Flucht und Migration ein, die ein Problem darstellt, das keine Nation alleine lösen kann. Es braucht deshalb neben der Solidarität entsprechende internationale Institutionen und Autoritäten, die sich solcher globalen Probleme annehmen und die Maßnahmen zur Überwindung ihrer Ursachen koordinieren. Dies muss strukturethisch reflektiert werden, damit das Solidaritätsprinzip oder die universale Brüderlichkeit der Menschen nicht nur als friedensethischer Appell vermittelt wird, sondern auch institutionell

---

[4] Zur Vertiefung aus politikwissenschaftlicher Sicht vgl. *K. Glaab/D. Fuchs*, Globalisierung, Global Governance und internationale Politik, in: F. Sauer/C. Masala (Hrsg.), Handbuch Internationale Beziehungen, Wiesbaden ²2017, 1001–1010.

zur Geltung kommt. Insofern müssen Institutionen die Friedensförderung so umsetzen, dass beide Aspekte gleichermaßen berücksichtigt werden – sowohl die Vermittlung friedensethischer Werte und Prinzipien als auch institutionelle Bemühungen (vgl. Wfb 1987 und 2000). Weitere Handlungsfelder, die eine solche globale Ordnung und Autorität benötigen, damit eine friedliche Weltordnung etabliert werden kann, sind die Handelsbeziehungen, die Finanzinstitutionen, die Problematik der ungerechten Güterverteilung und der Umweltschutz. Auf diese Weise kann die ganzheitliche Entwicklung der Menschheit gelingen.

1.2.3 Schöpfungsverantwortung

In seinen Weltfriedensbotschaften nimmt Johannes Paul II. ausdrücklich den Umweltschutz in den Blick, wobei sich auch die damit erkennbare umweltethische Perspektive mit einer Vielzahl weiterer Themen und Problemkreise verbinden lässt. Dies äußert sich beispielsweise in Appellen zum individuellen Konsumverhalten (vgl. Wfb 1981, 1986, 1990, 1994 und 1999). Bereits in seiner ersten Weltfriedensbotschaft erwähnt er den Umweltschutz als Bestandteil der gegenwärtigen Friedensaufgabe, wobei dies im Horizont der ganzen Menschheitsfamilie zu verstehen ist (vgl. Wfb 1979) – diese Perspektive prägt außerdem die Appelle weiterer Botschaften und findet zudem 1990 ihre besondere Würdigung als Leitthema der Weltfriedensbotschaft. Auf der Grundlage der biblisch überlieferten Schöpfungsverantwortung des Menschen ermutigt der Papst zu einer internationalen Zusammenarbeit und sensibilisiert für die gemeinsame Achtung vor der natürlichen Lebensgrundlage. Der weitreichenden und irreversiblen Zerstörung der Umwelt kann nach Ansicht des Papstes nicht durch Einzelmaßnahmen begegnet werden, sondern es bedarf eines Weges der Solidarität und des politischen Dialogs, um ein neues internationales Ordnungssystem zu etablieren, das sich der Herausforderung des Umweltschutzes annimmt und einen gerechten Zugang zu den lebensnotwendigen Ressourcen ermöglicht (vgl. Wfb 1986). Dabei wird auch insbesondere die Dynamik der Globalisierung berücksichtigt und nach Handlungsoptionen gefragt. Es findet sich bei Johannes Paul II. eine erkennbare Präferenz, für die Schaffung sozialer Strukturen zu werben, mit dem Ziel, der Menschheit zu einem verantwortbaren Verhältnis zur natürlichen Umgebung zu verhelfen. In dieser argumentativen Linie wirbt er mehrmals für die Überwindung militärischen Aufrüstens und der Institution des Krieges, da diese ein lebensfeindliches Interesse zum Ausdruck bringen und natürliche Lebensgrundlagen zerstören, wohingegen der Frieden das Leben grundsätzlich bejaht. In diesem Sinne ist Umweltschutz zugleich Schutz menschlichen Lebens und damit eine existentiell ausgerichtete Friedensförderung. Vor dem Horizont des christlichen Glaubens, wonach Mensch und Umwelt als Gottes Schöpfung begriffen werden, wird dies mit dem Wort ‚Schöpfungsverantwortung' begrifflich gefasst.

Insbesondere in den Schlussappellen an die Christen wird die theologische Fundierung der umweltethischen Perspektive als Schöpfungsverantwortung sichtbar. Johannes Paul II. erinnert dabei hinsichtlich der ökologischen Frage – die sich als Neuakzentuierung der sozialen Frage verstehen lässt – an die Verantwortung aller Menschen. Die Gläubigen sieht der Papst dabei besonders in die Pflicht genommen, denn besonders für Christen sollte die Erhaltung der ökologischen Ordnung als ein Bestandteil des Glaubens gelten. Auch die interreligiöse Weitsicht wird in weiteren Botschaften berücksichtigt. Die genuine Verantwortung der katholischen Christen in der ökologischen Frage besteht für Johannes Paul II. in der Achtung des Lebens und der Würde der menschlichen Person, welche ebenso die Achtung der und die Sorge für die Schöpfung beinhaltet (vgl. Wfb 1990). Ein Vorbild aus der Kirchengeschichte wird mit dem hl. Franziskus von Assisi vorgestellt, um auf die Achtung der Integrität der Schöpfung aufmerksam zu machen und das Verständnis des Zusammenhangs von Frieden und Umweltschutz zu stärken. In dieser theologischen Begründung lassen sich – so die Hoffnung des Papstes – interreligiöse Beziehungen festigen, indem gemeinsam die umweltethische Perspektive reflektiert wird, nämlich die Verantwortung des Menschen für seine natürliche Umwelt. Diese hat auch deshalb friedensethische Anknüpfungspunkte, da in diesem Handlungsfeld das Bewusstsein für die eine Menschheitsfamilie vertieft werden kann und religiöse sowie kulturelle Unterschiede im gemeinsamen Anliegen des Umweltschutzes vereint und fruchtbar gemacht werden können.

Auffallend ist, dass Johannes Paul II. ab der Wfb 1999 den Klimawandel als Herausforderung für die Menschheit dem beschriebenen Sachverhalt nach aufgreift. Von der Bewahrung der Schöpfung hängen Gegenwart und Zukunft der Welt ab, wobei der Einzelne zum Wohl der Menschen durch einen verantwortungsvollen Umgang mit natürlichen Ressourcen beitragen kann, denn auch die Erde, das Meer, Flora und Fauna und das Klima nehmen Schaden bei umweltschädlichem Handeln. In diesem Kontext wird das Klima erstmals in einer Weltfriedensbotschaft erwähnt. Erst 2005 kommt dann der Klimawandel expressis verbis in das Blickfeld der päpstlichen Friedensappelle. Diese Problematik hat globalen Charakter und muss von der Völkergemeinschaft angegangen werden. Der Papst schlägt dabei rechtliche Vereinbarungen vor, die etwa zum Klimaschutz, zur Kontrolle der Ausbreitung von Krankheiten und im Kampf gegen Armut helfen. Diese drei Interessen bedürfen der internationalen Aufmerksamkeit und der rechtlichen Reglementierung, wobei sich die Verantwortlichen in den internationalen Beziehungen durch die universalen Grundsätze der Gerechtigkeit und Solidarität zu weiteren Schritten inspirieren lassen sollen. Die Handlungsimpulse aus der umweltethischen Perspektive kommen so einer Querschnittsthematik gleich, da konstitutiv individual- und sozialethische Verantwortungsträger und Handlungsfelder mit eingeschlossen sind. Verstärkt wird auf die Notwendigkeit der Kooperation der ganzen Menschheit für den Umweltschutz hingewiesen. Die friedensethische Relevanz entsteht dabei nicht ausschließlich wegen der möglichen Interessenskonflikte um natürliche Ressourcen, sondern durch den präventiven Schutz der Umwelt als gemeinsamer Lebensgrundlage aller Menschen.

1.2.4 Fazit

Die 27 Botschaften Johannes Pauls II. machen ein weites Spektrum friedensethisch relevanter Themen und Handlungsfelder sichtbar. Dabei finden Themen über die Gefahren sozialer Ungerechtigkeit und Armut als globale Herausforderungen ebenso Erwähnung wie die ökologische Krise, die als sittliches Problem gedeutet wird und in welcher sich eine zu überwindende Ablehnung der menschlichen Verantwortung zum Umweltschutz und der Bewahrung der Schöpfung Bahn bricht. Darin wird auch ein eigenes ‚Agenda-Setting' in der Friedenslehre Johannes Pauls II. erkennbar, das einerseits mit den Appellen zur Beendigung des Rüstungswettlaufs und des Kalten Krieges einen Schwerpunkt setzt und zugleich neue Themen etabliert, in denen von Kindern und Jugendlichen bis hin zu den politisch Verantwortlichen alle Menschen angesprochen werden. Die teils umfangreichen Botschaftstexte geben nicht nur eine Vielzahl von Themen- und Handlungsfeldern wieder, sondern sie weisen auch in ihrer Argumentation und inhaltlichen Stringenz eine Komplexität auf. Einerseits sind sie eine wahre Fundgrube für zeitgeschichtliche Forschung, insbesondere zur sich verändernden Sicherheitsarchitektur der Welt vor dem Hintergrund der Entwicklungen im Kalten Krieg bis 1990. Andererseits geben sie Zeugnis für eine konsequente Fortentwicklung der Friedenslehre, die sich neuen Herausforderungen öffnen und sich einer Vielzahl von Akteuren und Verantwortungsträgern zuwenden muss. In diesem Spannungsfeld von der Komplexität der Sachverhalte und dem Blick auf den einzelnen Menschen in seiner Möglichkeit, sich verantwortungsvoll im Dienste des Friedens zu verhalten, sind im Panorama der hier aufgegriffenen Themenkreise von der Bedeutung der Menschenrechte, der Gestaltung der internationalen Beziehungen und der Schöpfungsverantwortung insbesondere die vorgeschlagenen Leitbilder des Papstes zu würdigen: die ‚Zivilisation der Liebe und des Friedens' (vgl. Wfb 2001 und 2004) sowie die Kultur der Menschenrechte (vgl. Wfb 1999). Sie können dem Einzelnen dabei helfen, die Handlungsoptionen zu reflektieren und dem gerechten Frieden im eigenen Leben zum Ausdruck zu verhelfen. Wenngleich diese Leitbilder der Anzahl nach selten genannt werden, durchziehen sie dennoch dem Inhalt nach die vorliegenden Texte Johannes Pauls II., in denen mit Blick auf die soziale Verfasstheit des Menschen als Individuum seiner Verantwortung für die Umwelt Rechnung getragen wird.

1.3 Benedikt XVI.

Das Pontifikat von Benedikt XVI. (2005–2013) markiert aus Sicht der vorliegenden acht Weltfriedensbotschaften eine Vertiefung zentraler Themen der Katholischen Soziallehre, nämlich der Solidarität der Menschen untereinander und der Verteidigung der Menschenwürde. Für letzteres prägt er den Begriff der Humanökologie. Besonders auffällig sind im Textkorpus weitere neue Analysebegriffe, die der Ausdifferenzierung des Leitbildes vom gerechten Frieden dienen können, wenngleich dieses als Terminus – wie es sich beispielsweise in den Texten der DBK und der deutschsprachigen Friedensethik wiederfindet – weiterhin ungenannt bleibt.

1.3.1 Humanökologie

Benedikt XVI. entfaltet die Wahrheit als Leitmotiv seiner ersten Wfb 2006, wobei dies als ein sehr persönliches Gepräge der Themenwahl zu interpretieren ist – schließlich hat er für sein bischöfliches Wirken seit 1977 eine Textpassage aus 3 Joh 8 gewählt, wonach er seinen Dienst als Mitarbeit für die Wahrheit versteht. Bei der Wahrheit handelt es sich zudem auch um eine der Säulen des Friedens aus der Enzyklika ‚Pacem in terris' (1963). Frieden konkretisiert sich im Individuum als eine nicht zu unterdrückende Sehnsucht, die, wie das allgemeine Sittengesetz auch, in die Herzen der Menschen eingeschrieben ist. Dies wird in der Wfb 2007 weiter erörtert. Somit gilt es sich dafür einzusetzen, dass sich keine Formen der Unwahrheit in den menschlichen Beziehungen manifestieren. Damit wird die Wahrheit als Maxime für ein Friedensethos im Allgemeinen erschlossen, an der sich das Handeln des Einzelnen messen lässt. Den Terminus ‚Grammatik' verwendet der Papst zur Beschreibung dieser urmenschlichen Sehnsucht nach Frieden und einem auf Ordnung beruhenden Leben, wobei er damit auch unmittelbar an seinen Vorgänger anschließt, der in der Wfb 2005 die Grammatik des allgemeinen Sittengesetzes erwähnt. Benedikt XVI. zeigt mit seinen Ausführungen, dass das individuelle Verhalten nicht folgenlos bleibt und friedliches Zusammenleben nachhaltig durch den Einzelnen beeinflusst werden kann (vgl. Wfb 2007, 2008 und 2010). Dies fasst er schließlich in der Wfb 2010 in einer

Definition zusammen und spricht von einer transzendenten Grammatik, worunter die Gesamtheit von Regeln des individuellen Handelns und des Sich-aufeinander-Beziehens der Menschen nach Gerechtigkeit und Solidarität zu verstehen ist.

Die Fähigkeit zum Frieden gründet demnach in der Natur des Menschen, dessen Würde im Zentrum der Friedensbemühungen zu stehen hat. Hierfür greift Benedikt XVI. auf die Metapher des Herzens zurück, die gleichsam seine Weltfriedensbotschaften durchzieht. Der Mensch selbst ist das Herz, gewissermaßen das Zentrum, der Friedensförderung. Alle Maßnahmen und Bedrohungen müssten daher von der Natur des Menschen aus reflektiert werden. Damit wird neben dem Schutz der Menschenwürde der dahinterstehende Verpflichtungscharakter betont, wonach es notwendig ist, gemäß dieser Würde zu handeln. Die Verbindung von der Verantwortung des Einzelnen für das friedliche Zusammenleben in einer Gesellschaft mit ebendieser Verpflichtung wird mit den Begriffen der Human- und Sozialökologie greifbar (vgl. Wfb 2007, 2009 und 2010). Die Humanökologie als Analysebegriff in der päpstlichen Sozialverkündigung wird in der Botschaft von 2007 vom Papst unter Rückgriff auf die Enzyklika seines Vorgängers Johannes Paul II. ‚Centesimus annus' (1991) als Ergänzung zur darin entwickelten Sozialökologie eingeführt. Humanökologie ist nicht einfach ein Synonym für das christliche Menschenbild. Dieser Begriff verdeutlicht eine Respektierung der natürlichen und moralischen Struktur des Menschen, die so gefördert werden muss, dass es dem Einzelnen möglich ist, den Frieden mit sich, mit seinen Mitmenschen und in Verantwortung zum Schutz der Umwelt zu leben. Wenngleich dies – wie zum Schutz der Naturökologie – soziale Veränderungen mit sich bringen muss, wofür vor allem die Politik Verantwortung trägt, betont der Papst hier Handlungsprinzipien für jeden Menschen. Der Rekurs auf die Humanökologie ist dabei über die Grenzen religiöser Bekenntnisse hinweg vermittelbar, da dies an der Natur des Menschen im Allgemeinen anknüpft. Zusammengefasst bedeutet das: Eine gesunde Humanökologie prägt eine Gesellschaft positiv und muss zum Wohle des Individuums und für das Gemeinwohl gefördert werden, wozu der Einzelne durch die Bejahung eines positiven – also den Mitmenschen wertschätzenden – Menschenbildes beitragen kann. In diesem Sinne ist die Humanökologie ein Leitbild, an dem sich individuelles Handeln und Entscheiden orientieren soll.

Neben den Analysebegriffen der Grammatik und der Humanökologie ist auch bei Benedikt XVI. die Friedenserziehung von entscheidender Bedeutung (vgl. insbesondere Wfb 2012), um Lebenshaltungen zu korrigieren, damit der Einzelne dem Frieden dienen kann. In seiner letzten Botschaft wirbt er um eine Pädagogik des Friedens, die die moralisch-ethischen Bezüge, in denen sich der Einzelne bewegt, berücksichtigt (vgl. Wfb 2013). Dabei geht es neben der Vermittlung eines Verhaltens nach klaren und guten moralischen Bezügen auch um einen angemessenen Lebensstil, der offen ist für die Dimensionen der Vergebung und des Verzeihens. In der zugrunde liegenden Diktion wird vom Einzelnen keineswegs eine passive Haltung verlangt, die der Papst als Missverständnis von Vergebung und Versöhnung zurückweist – ein Vorwurf, der im ethischen Diskurs häufig unter dem Begriff der Gesinnungsethik firmiert und christliche Grundhaltungen als zumindest wenig dienlich ausweist. Die Friedenserziehung, wie sie Benedikt XVI. ausdrücklich verstanden wissen möchte, animiert vielmehr zu einem aktiven Handeln für die Friedensförderung, wozu Mitleid, Solidarität, Mut und Ausdauer gehören. Dementsprechend sind Grundhaltungen zu korrigieren, die egoistisches Streben begünstigen und das Wohl der Mitmenschen ignorieren. Solches wird wiederum im Konsumverhalten sichtbar (vgl. Wfb 2008, 2010 und 2013). Mit der Thematik der Erziehung verfolgt Benedikt XVI. eine individualethische Argumentationslinie, die den Menschen in seiner Verantwortung für den Weltfrieden sensibilisiert und zugleich zu einer friedensfördernden Lebenshaltung befähigt. Gefährdungen für den Einzelnen sind ideologische Totalitarismen und Menschenbilder, die die wirtschaftlichen Interessen nach Profitmaximierung hervorheben und so die urmenschliche Sehnsucht nach Frieden behindern (vgl. Wfb 2011). Kurzum: Erziehung muss die Möglichkeit des Friedens zur Geltung bringen und dem Einzelnen helfen können, seine Gesinnung nach den Erfordernissen der Friedensförderung zu bilden, wobei sich dies in alltäglichen Verhaltensformen (wie dem Konsum) ausdrückt. Sie ist dabei bevorzugtes Mittel zur Kultivierung einer Humanökologie, die in der Welt menschenwürdige Lebensbedingungen fördert.

1.3.2 Ganzheitliche Entwicklung

Ein weiterer zentraler Terminus zur Beschreibung einer christlichen Friedenslehre ist die ‚Logik' (vgl. Wfb 2009 und 2010). Benedikt XVI. mahnt z. B. zur Überwindung der Logik des schnellen Profits und wirbt für eine Logik der Mitverantwortung für das Gemeinwohl. Damit werden die zentralen Aspekte aufgegriffen, die für eine friedensfördernde Weiterentwicklung der wirtschaftlichen Beziehungen beachtet werden sollen. Im Gegensatz zur Logik des schnellen Profits steht die ganzheitliche Entwicklung des Menschen, die jedoch vielen Bedrohungen ausgesetzt ist. Zu diesen gehören auch der Rüstungswettlauf bzw. die Problematik der mangelnden politischen Anstrengungen zur militärischen Abrüstung (vgl. Wfb 2006–2010). Außerdem beugt die Zielperspektive der ganzheitlichen Entwicklung der Menschen den verschiedenen Extremismen vor, insbesondere dem Terrorismus. Benedikt XVI. erwähnt den

Terrorismus häufig in Verbindung mit religiösem Fanatismus. Daraus erschließt sich die Bedeutung der Religionen als Verantwortungsträger und Impulsgeber für ein friedliches Zusammenleben, in dem gesellschaftliche, kulturelle und religiöse Unterschiede nicht als Bedrohung gelten müssen, sondern das Zusammenleben bereichern können. Die Religionsgemeinschaften sollten demnach extremistischen Tendenzen entgegenwirken, um damit das religiösmotivierte Aggressionspotential unterbinden zu helfen. In diesem Kontext verwendet der Papst den Begriff der Grammatik des Dialogs (vgl. Wfb 2006). Damit wird die Natur des Menschen als Sozialwesen reflektiert, die wesentlich in der Beziehungsfähigkeit begründet ist. Zur Förderung dieser dialogischen Anlage des Menschen wendet sich Benedikt XVI. an die religiösen Verantwortungsträger, um für die Kooperation aller Religionsgemeinschaften zu werben. Davon können letztlich der internationale Dialog zur Völkerverständigung und der Umgang innerhalb der internationalen Beziehungen profitieren, was wiederum eine ganzheitliche Entwicklung des Miteinanders einer zerklüfteten Weltgesellschaft positiv beeinflussen könnte. Die Herausforderungen, die auf dem Weg des Dialogs angegangen werden müssen, sind die Förderung der Entwicklungs- und Schwellenländer zur Bekämpfung der Armut und für eine gerechte Entwicklung der Völker (vgl. Wfb 2009). Außerdem müssen nicht nur Religionsgemeinschaften untereinander in Dialog treten, sondern auch die zivilen Akteure zur Förderung der Menschenwürde kooperieren.

In diesen Themenfeldern bleiben friedensethische Grundfragen, wie jene nach dem legitimen Waffengebrauch im Sinne des Kriteriums der ‚ultima ratio', nicht unberücksichtigt, wenn Benedikt XVI. etwa zu einer fundierten Diskussion über das Verteidigungsrecht zum Schutz der nationalen Sicherheit aufruft (vgl. Wfb 2007), womit ein Anliegen seines Vorgängers aus der Weltfriedensbotschaft des Jahres 1982 wiederholt wird. In Anbetracht der erlaubten Notwehr gegenüber einer unmittelbaren Gefahr von zerstörerischen Waffensystemen, z. B. atomaren Waffen, und der zunehmenden weltweiten Bedrohung durch den Terrorismus hat diese Fragestellung ein hohes Maß an Brisanz. Ein solcher Diskurs kann aber nicht nur nach politischen Maßstäben verhandelt werden. Er muss auch das Wohl der Menschen und dessen Sehnsucht nach Frieden in das Zentrum stellen. Diese Perspektive hat eine christliche Friedensethik einzubringen, wobei der Papst dies als ‚Global Player' kraftvoll in den Strukturen der internationalen Beziehungen artikulieren kann. Der Einsatz von Waffen ist nur zum Schutz der Sicherheit im Sinne einer Maßnahme zur Notwehr oder Nothilfe ethisch legitimierbar. Wenngleich dies in der päpstlichen Sozialverkündigung seit Jahrzehnten vorgebracht wird, wiederholt Benedikt XVI. dabei die Forderung nach einem schrittweisen Abbau der Nuklearwaffen, wobei deren endgültiger Abbau angestrebt werden müsse.

Schließlich verweisen die vorliegenden Botschaften im Pontifikat Benedikts XVI. häufig auf die notwendige Zunahme an Solidarität, der sich alle Menschen als weltweite Schicksalsgemeinschaft in Anbetracht zunehmender Risiken und Herausforderungen bewusst werden müssen. In diesem Themenbereich nimmt Benedikt XVI. soziale Strukturen in den Blick, im Sinne von Institutionen und Ordnungen, aber auch von gesellschaftlichen Entwicklungen, die den Frieden gefährden. Grundsätzlich müssen soziale Strukturen dahingehend überprüft werden, ob sie rein technokratische Tendenzen fördern und damit die Natur des Menschen relativieren. Deshalb stehen nicht exklusiv lokal eingrenzbare Konflikte oder Konfliktparteien im Vordergrund der Appelle, sondern vielmehr die Gefahren für das Menschsein im Sinne der gegebenen Möglichkeiten oder Bedrohungen für die Entwicklung des friedlichen Zusammenlebens. Leitend sind dabei einerseits die fundamentale Gleichheit aller Menschen und andererseits die Suche des Einzelnen nach einem transzendenten Fundament, von dem her sich wiederum Entscheidungen für das Leben nach den Maßstäben der Gerechtigkeit und der Solidarität ableiten lassen. Diese Faktoren gehören zu einer Ökologie des Friedens, für die der Mensch im Zusammenleben sorgen kann. Dabei reflektiert der Papst im Besonderen die Verantwortung von Familien und macht auf die Rolle der Frau aufmerksam, deren Engagement für eine am Menschen ausgerichtete Friedensförderung unerlässlich ist.

Zwei Themen, die dem Papst besonders am Herzen liegen, sind zum einen die Armut und zum anderen das Eintreten für die Gewissens- und Religionsfreiheit. Beide Themen werden vom Papst in den Weltfriedensbotschaften in Zusammenhang mit weiteren Handlungsfeldern und globalen Entwicklungen gebracht bzw. als Leitthemen ausführlich behandelt (vgl. Wfb 2009 und 2011). Durch die Ungleichheit an Chancen und Lebensmöglichkeiten sowie den ungerechten Zugang zu Lebensmitteln und notwendigen Gütern werden menschenunwürdige Lebenssituationen geschaffen. Eine konkrete Empfehlung formuliert der Papst in der Forderung nach einer Institution zur gerechten Verteilung der Nahrungsmittel und zur Bekämpfung von Kriminalität, insbesondere von Korruption. Viele Faktoren können eine ganze Gesellschaft in die Armut führen, wobei für die Ergreifung effektiver Gegenmaßnahmen meist die tiefer liegenden Probleme ausfindig gemacht werden müssen, wie die Tendenz einer grundsätzlichen Verachtung des Lebens. Die Globalisierung als solche kann und muss so gestaltet und genutzt werden, dass die Dynamiken der globalen Vernetzung zu mehr Teilhabe am Fortschritt für alle Menschen führen und so dem universalen Gemeinwohl dienen (vgl. Wfb 2006, 2008 und 2009). Damit dies gelingt, müssen die Staats- und Regierungschefs in ihrem Handeln für ihre eigene Nation auch das universale Gemeinwohl in den Blick nehmen. Die Partizipation am Welthandel und den internationalen Finanzmärken wäre dazu ein wichtiges Feld. Von diesem Standpunkt aus beschreibt Benedikt XVI. mehrmals die Ambivalenz der Globalisierung und appelliert an die Völkergemeinschaft zur Verstärkung von Bemühungen zur Kooperation und Erneuerung der internationalen Institutionen in Anbetracht veränderter Herausforderungen in einer globalisierten Welt (vgl. insbesondere Wfb 2013). Diese Impulse greifen Überlegungen zu einer zukunftsfähigen ‚global governance' auf, wobei insbesondere die Überwindung sozialer und humaner Not im Zentrum steht. Die Armut einer Gesellschaft äußert sich jedoch nicht ausschließlich durch ökonomische Richtwerte, fehlende gesetzliche Vorgaben und mangelhafte institutionelle Bemühungen, sondern auch im moralischen Verfall. Deshalb mahnt der Papst in diesem Kontext zur Achtung der Menschenwürde, zum Schutz der Familie als Keimzelle der Gesellschaft und zur Gewährleistung der Freiheitsrechte. Dies unterstreicht die Zweckbestimmung sozialer Strukturen, die der Entfaltung des Menschen als Person und seiner ganzheitlichen Entwicklung dienen müssen.

1.3.3 Ökologie als Querschnittsaufgabe

Benedikt XVI. führt in seinen Weltfriedensbotschaften ethische Analysebegriffe ein, mit denen globale Problemfelder unter dem Anspruch der Suche nach humanen Lösungen reflektiert werden. Dazu gehören auch die Begriffe von der Sozial-, Human- und Naturökologie (vgl. Wfb 2007). Hierbei geht es um die Beschreibung der Auswirkungen menschlichen Handelns als Individuum und als Gemeinschaft auf die Natur – drei Verhältnisbestimmungen, in denen sich das Leben des Menschen bewähren muss: sich selbst gegenüber, in Gemeinschaft mit anderen und verbunden mit den natürlichen Ressourcen als tragende Lebensbedingungen. Kennzeichnend für seine Appelle sind drei inhaltliche Stoßrichtungen: Es geht beim Schutz der Umwelt um die Zukunft kommender Generationen, um die Bekämpfung von Armut und um eine Neuausrichtung des technischen Fortschritts an Grundsätzen der ganzheitlichen Entwicklung, die sich in einem weiten Verständnis des Ökologiebegriffs wiederfinden. Dadurch wird zudem deutlich, dass in den Botschaften nicht einzelne Maßnahmen für den Umweltschutz in rein biologischer Perspektive vorgestellt werden, sondern die tiefere Dimension der Umweltzerstörung als Gefährdung friedlichen Zusammenlebens der Menschen im Mittelpunkt steht.

Von den Konsequenzen ausgehend erinnert Papst Benedikt XVI. daran, dass die Notwendigkeit der Sorge für die natürliche Umwelt die Verantwortung für die kommenden Generationen berücksichtigen muss. Es besteht sogar ein Recht auf die Nutzung der natürlichen Ressourcen für alle Menschen (vgl. Wfb 2008). Das Leitthema jener Botschaft war die Menschheitsfamilie.

Es ist evident, dass der Papst die Schaffung der intergenerationellen Gerechtigkeit nicht exklusiv den politisch Verantwortlichen oder einzelnen Institutionen überträgt, sondern vielmehr für die Notwendigkeit solidarischen Miteinanders überhaupt sensibilisiert. Umweltschutz betrifft die Menschheit als solche (vgl. Wfb 2010). Dieses notwendige Handlungsfeld der Völkergemeinschaft wird durch die Ausgaben für Waffenproduktion und Aufrüstung behindert. Innovativ ist die Verbindung des Gebots der Nächstenliebe und des Umweltschutzes als Programmatik zur Erziehung für mehr Umweltbewusstsein. Daraus lässt sich ebenfalls die Bemühung des Papstes ableiten, alle Menschen für die Bewahrung der Schöpfung gewinnen zu wollen, um auf diese Weise die Lebensmöglichkeiten für die kommenden Generationen zu fördern. Dies ist als Leitperspektive wahren Fortschritts zu verstehen, wobei dies eine neue Solidarität der Menschheit erfordert.

Für die Hervorhebung des Zusammenhangs zwischen materieller Armut und der Zerstörung der Umwelt greift Benedikt XVI. ebenfalls auf die Begrifflichkeiten der Human- und Naturökologie zurück. So qualifiziert er die Umweltkrise weiterführend als eine kulturelle und moralische Krise des Menschen (vgl. Wfb 2010). Damit kann mit der Argumentation des Papstes indirekt dem Einwand begegnet werden, dass der Mensch das Klima und die Veränderungen der Umwelt nicht beeinflussen könne, da die Natur ihren eigenen Gesetzen folge. Vielmehr muss man die offensichtlichen, menschengemachten Auswirkungen auf die Natur anerkennen. Die Zerstörung der Umwelt zeigt, dass den technischen Maßnahmen zur Bewahrung der Schöpfung eine Erneuerung des menschlichen Verantwortungsbewusstseins gegenüber der Natur vorausgehen, ihr gewissermaßen eine neue Grammatik verliehen werden muss. Erst wenn zu einer neuen Wertschätzung des Lebens im Allgemeinen sensibilisiert wird, lassen sich Umweltschutzmaßnahmen im Speziellen effektiv umsetzen. Dieser Ansatz firmiert bei Benedikt XVI. unter der Begrifflichkeit von der ganzheitlichen Entwicklung und vermittelt insbesondere die Notwendigkeit eines weiten Ökologieverständnisses. Ein Beispiel für die Konkretisierung dieser Herangehensweise lässt sich aus dem Appell zur Bekämpfung der Kinderarmut ableiten, zu der neben zahlreichen Maßnahmen wie der Förderung der Familien auch der Umweltschutz zur Bewahrung der Lebensgrundlagen zählt (vgl. Wfb 2009). Außerdem sind die Nahrungsmittelkrise und die daraus folgende Problematik des Hungers in armen Ländern in dieser thematischen Verbindung zu verorten (vgl. Wfb 2013). Denn eine intakte Umwelt ist die Grundlage zur Produktion von Nahrungsmitteln. Eine gerechte Verteilung dieser Güter muss wiederum institutionell und global nach dem Kriterium der Gerechtigkeit koordiniert werden. Damit soll das Konfliktpotential, das sich aus dem ungerechten Zugang zu den natürlichen Ressourcen generieren kann, nachhaltig überwunden werden.

1.3.4 Fazit

Benedikt XVI. setzt deutlich auf den Zusammenhang der verschiedenen Beziehungen, in die der Mensch gestellt ist: Die Beziehung zu sich selbst, zu seinen Mitmenschen und zur Umwelt – vor dem Hintergrund dieses Grundverständnisses wird die Relevanz der Umweltthematik für die Friedensförderung plausibilisiert. Seine Appelle zur Förderung des Weltfriedens zielen auf die Achtung der Menschenwürde, die Stärkung weltweiter Solidarität und den Ausbau von Institutionen zur Koordinierung der internationalen Zusammenarbeit. In dieser zuletzt genannten Forderung ist eine Präferenz für die Umweltthematik sichtbar, da der Papst immer wieder zum Engagement zur Bekämpfung der Umweltzerstörung im Sinne von institutionellen Bemühungen aufruft. Benedikt XVI. greift als bislang einziger Papst in einer Weltfriedensbotschaft den Begriff der Friedensethik auf (vgl. Wfb 2013) und animiert dazu, diese als eine Ethik der Gemeinschaft und des Teilens weiterzuentwickeln. Die Aspekte von Gemeinschaft und Teilen betonen die Soziabilität des Menschen. Diese muss gemäß dem appellativen Duktus in den Botschaften Benedikts XVI. deshalb für die christliche Friedensethik von zentraler Bedeutung bleiben, weil sonst das Verständnis von Friedensbemühungen Gefahr laufen könnte, lediglich auf Institutionen oder im Sinne einer Militärethik verengt zu werden. Vielmehr muss die ganze Menschheit mit diesem Anliegen erreicht werden und für eine Kultur des Friedens in der Welt eintreten.

1.4 Franziskus

In den vorliegenden Botschaften von Papst Franziskus (seit 2013) dominieren hinsichtlich ihrer Quantität die Themen der Solidarität bzw. universalen Brüderlichkeit und die Appelle zum Umweltschutz – letzteres ist in Kontinuität zu seinem Vorgänger zu betrachten. Beide Themen werden auch als Leitthemen prominent behandelt, weswegen daraus die naheliegende Vermutung abgeleitet werden kann, dass in diesen Themen für den Papst die zentralen Problemfelder enthalten sind.

1.4.1 Globalisierung der Gleichgültigkeit

Aus den Botschaften wird eine Programmatik sichtbar, die zeigen soll, in welcher Weise sich die Verantwortung des Individuums für den Weltfrieden äußert und was deren Entfaltung im Wege steht. Papst Franziskus warnt dabei vor einer Globalisierung der Gleichgültigkeit (vgl. Wfb 2014–2016 und 2021). Unter diesem Begriff firmiert die Tendenz des Menschen, sich von den Problemen der Gesellschaft und insbesondere von der Not der Mitmenschen abzugrenzen. Mit dem Terminus der Globalisierung wird nicht nur das Phänomen der zunehmenden Interdependenz in politischer, kultureller und wirtschaftlicher Hinsicht erfasst, sondern auch zugleich erweitert und neu akzentuiert. Globalisierung steht auch synonym für den weltweiten Wandel menschlicher Lebenseinstellungen und -haltungen. In diesem Kontext mahnt der Papst zur Brüderlichkeit, die er als Gegenprogramm zur Gleichgültigkeit thematisiert. Insofern geht es mehr um eine Gesinnung und innere Haltung, die für die Friedensförderung grundlegend ist. Mit den Begriffen der Brüderlichkeit und Solidarität werden in den Botschaften von Franziskus überwiegend Akzente gesetzt, die ein Ethos des Friedens stimulieren und ein Leitbild zu entwerfen helfen. Es geht um individuelle Handlungsoptionen, die sich – so die thematischen Beschreibungen und Verbindungen – wieder neu der Friedensförderung öffnen sollen. Die Überwindung der Globalisierung der Gleichgültigkeit beginnt in der individuellen Gesinnung, die sich durch Solidarität mit den leidenden Menschen charakterisiert.

Insbesondere hebt der Papst dabei in seinen Botschaften die Bedeutung des Glaubens bzw. die Verpflichtung des gläubigen Menschen hervor. Wenn der Glaube bzw. die transzendente Dimension des Menschen unberücksichtigt bleibt oder ignoriert wird, nehmen Individualismus, Konsumismus, Egozentrismus und weitere problematische Lebensstile die entstandene Leere ein. Die Gefahr besteht darin, dass der Mangel an Frieden als Normalfall akzeptiert wird und damit konfliktreiche Spannungen nicht mehr erkannt oder zumindest für das Zusammenleben hingenommen werden. Damit betont der Papst den Ausgangspunkt für einen Kontrast zur Globalisierung der Gleichgültigkeit, dem sich jeder Mensch widmen kann, nämlich die Überprüfung des Lebensstils. Deshalb mahnt der Papst etwa das individuelle Konsumverhalten an und stellt dabei globale Auswirkungen heraus. Es gibt demnach Produkte, die in den reichen Industrieländern zum Kauf angeboten werden und aufgrund ihrer günstigen Kaufkonditionen eine hohe Nachfrage aufweisen. Allerdings gibt es darunter Produkte, die offensichtlich zu Lasten der Menschenwürde der betroffenen Arbeiter in armen Ländern entstanden sind. Nicht nur die Verantwortlichen in Politik und Wirtschaft machen sich dabei wegen der prekären Situationen dieser Arbeiter und der in Kauf genommenen Verletzung der Menschenwürde schuldig, sondern auch die Käufer (vgl. Wfb 2014 und 2015). In dieser Verbindung von Produzenten und Konsumenten beschreibt Franziskus sündhafte Strukturen und appelliert an die Verantwortung jedes Einzelnen. Dieser muss sich zu einem verantwortlichen Konsumverhalten erziehen (lassen), das die Kenntnis über die Produktion und den Handel mit einschließt. In Berücksichtigung des reziproken Verhältnisses zwischen individuellem Konsumverhalten und globalen Auswirkungen spricht Papst Franziskus ebenfalls von der sich ausbreitenden Globalisierung der Gleichgültigkeit (siehe dazu auch Wfb 2016 und 2018). Er gibt mit diesen Ausführungen einerseits den ausgebeuteten Arbeitern eine Stimme und erinnert andererseits an die Verantwortung des Einzelnen durch die Offenlegung sündhafter Strukturen im Sinne der Enzyklika ‚Sollicitudo rei socialis' (1987) – diese dürfen nicht geduldet, sondern sie müssen als Gefahr des friedlichen Zusammenlebens benannt und überwunden werden.

Als Gegenüber des negativen Phänomens der Gleichgültigkeit ermutigt Papst Franziskus immer wieder zur Globalisierung der Brüderlichkeit, was insbesondere auch in seiner Auslegung des Gleichnisses vom Barmherzigen Samariter in der Enzyklika ‚Fratelli tutti' (2020) deutlich zum Ausdruck kommt (vgl. FT 56–86). Dabei steht dieses Gegenprogramm nicht nur synonym für eine neue weltweite Solidarität, sondern auch für eine Dimension des Menschseins, nämlich seine Beziehungsfähigkeit. Diese allein sorgt noch nicht dafür, dass das friedliche Zusammenleben gelingt. Es bedarf vielmehr des Engagements und des Einsatzes dieser Haltung als Ausdruck für eine andere Kultur des Miteinanders, in der Menschenrechtsverletzungen keinen Platz haben. Das Wissen um die geschwisterliche Verbundenheit der Menschen kann dazu verhelfen, die Not in der Welt in den Blick zu nehmen und daraus Handlungsimpulse zur Bewältigung von Krisen und Problemfeldern abzuleiten. Davon ausgehend erklären sich die Bestandteile einer Ethik der Brüderlichkeit, die als Ethik der Solidarität und Zusammenarbeit weiter entwickelt werden soll (vgl. Wfb 2017 und 2020). Diese beruht auf der Verantwortung des Einzelnen für das Gemeinwohl, der Achtung vor der Menschenwürde und dem gegenseitigen Vertrauen.

1.4.2 Infragestellungen der Menschlichkeit

Ausgehend von der Annahme, dass der Einzelne durch seine Gesinnung und sein Handeln Ausgangspunkt des Friedens in der Welt ist, bedeutet dies im Umkehrschluss, dass selbiger gefährdet ist, wenn Menschen an ihrer Freiheit und der Entfaltung ihrer Fähigkeiten gehindert werden. Solche Gefährdungen äußern sich strukturell in Missständen wie Korruption, einer rein profitorientierten Wirtschaft, militärischer Aufrüstung, terroristischen Bedrohungen und in Migrationsströmungen, die ein Zeichen dafür sind, dass Menschen nach einer neuen Heimat suchen (vgl. Wfb 2018). Deshalb mahnt Papst Franziskus dazu, dass soziale Strukturen und Systeme am Wohl der Menschheit auszurichten sind, sodass die Freiheit nach Maßgabe der Menschenrechte gewahrt bleibt (vgl. Wfb 2016 und 2020). Dies aktualisiert einerseits ein Grundprinzip der Katholischen Soziallehre seit ‚Pacem in terris', wonach das Eintreten für die Menschenrechte eine Basis für den Weltfrieden ist. Deshalb appelliert er an die Verantwortlichen der Organisationen der Zivilgesellschaft, damit diese zur Schulung des Gewissens beitragen und der Einzelne seine Verantwortung für den Frieden wahrnehmen kann. Andererseits werden so neue Impulse für die Bewältigung globaler Krisen gesetzt. Denn die Friedensförderung realisiert sich auch durch die institutionell gefassten Möglichkeiten zum Dialog und durch soziale Strukturen, die dem Einzelnen ein Leben in Sicherheit gewähren. Eine solche Kultur gilt es in der Politik, in den internationalen Institutionen und Beziehungen und in der Wirtschaft zu implementieren. Papst Franziskus beschreibt auf diese Weise eine Neuausrichtung der globalen Ordnung, ohne dabei einzelne politische Programme zu favorisieren, was der Neutralität der Diplomatie des Heiligen Stuhls entspricht. Diese darf aber nicht mit Passivität oder Gleichgültigkeit verwechselt werden. Die Neutralität des Heiligen Stuhls eröffnet vielmehr Dialogmöglichkeiten in interkultureller und interreligiöser Perspektive. So sind die Appelle der Päpste in den Weltfriedensbotschaften allgemein so zu verstehen, dass sie zu einer neuen internationalen Kooperation animieren wollen. Gewissermaßen lassen sich die umfangreichen Themenkomplexe in den Weltfriedensbotschaften von Papst Franziskus als konzeptionelle Impulse zur ‚global governance' verstehen, die die Humanisierung von Lebensbedingungen und eine stabile Friedensordnung in das Zentrum der Bemühungen stellt.

Die zahlreichen Themen, die Papst Franziskus benennt, zeichnen ein realistisches Bild von der Infragestellung des Menschen in seiner Würde, die durch zahlreiche Problemfelder ihren Ausdruck findet (vgl. Wfb 2014 und 2019). Dazu zählen Armut und Hunger sowie der mangelhafte Schutz des ungeborenen Lebens, Prostitution, Sklaverei und die Situation der Flüchtlinge. Diese dürfen nicht bloß als innerstaatliche Problemfelder begriffen werden, sondern als Bedrohung für den Weltfrieden. Dabei verweist der Papst insbesondere auf die Auswirkungen von Machtmissbrauch in Politik und Wirtschaft, wodurch eine wirtschaftliche und moralische Verelendung in Kauf genommen wird. Dies wird insbesondere in der Flüchtlingskrise sichtbar, denn diese zeigt, wie Menschen durch lebensunwürdige Zustände zur Flucht aus ihrer Heimat gezwungen werden, wenn der Gewalt, dem Terror und der Ausbeutung des Menschen nicht wirksam begegnet wird. Es bedarf daher der Bemühungen von Seiten der Politik und der internationalen Institutionen, um für gesetzliche Vorgaben und die Bekämpfung krimineller Strukturen zu sorgen. Hinsichtlich des Terrorismus findet der Papst erstaunlich deutliche Worte, um hervorzuheben, welche Bedrohung von diesem Phänomen ausgeht. Ohne einzelne Terrorakte zu benennen, spricht er in Anbetracht zahlreicher Terrorakte und damit zusammenhängender Extremismen, die von zahlreichen Tätern als Begründung ihrer Taten propagiert werden, von einem schrittweisen Weltkrieg, in dem sich die gesamte Menschheit befindet (vgl. Wfb 2016 und 2017). Insbesondere ist der zunehmende Nationalismus und Rassismus in der Welt Nährboden für terroristische Gewaltakte (vgl. Wfb 2019 und 2021).

Brüderlichkeit und Solidarität sind in den Botschaften von Papst Franziskus synonym zu verstehen. Sie stehen für den Anspruch, für soziale Gerechtigkeit einzutreten, wobei die gesamte Menschheit in den Blick zu nehmen ist (vgl. Wfb 2014, 2016 und 2019). Dies umfasst nicht nur die Reflexion religiöser, kultureller und politischer Differenzen, sondern auch die umfassende Gleichstellung der Frau in der Mitwirkung an sozialen Strukturen sowie die Sorge um Kranke und in Armut lebende Menschen, kurz: Alle Personengruppen, die nicht durch Lobbyarbeit ihre Stimme in politischen Organisationen einbringen können und deshalb leichtfertig überhört und übersehen werden (vgl. Wfb 2021). Damit wird die Sensibilisierung der Menschen für potentielle Friedensgefährdungen angesprochen, die durch die Benachteiligung von Personengruppen entstehen können. Dabei verweist der Papst auf die Rolle der Massenmedien sowie auf den Beitrag der Religionsgemeinschaften, die in anwaltschaftlicher Stellvertretung ihren Einsatz für Menschen, die am Rande der Gesellschaft stehen, einzubringen haben. Diese können zur Friedensförderung beitragen, indem sie den Wert von Wahrheit und wahrhaftigem Handeln vorleben. So müssen Journalisten aufgrund der Wirksamkeit ihrer Arbeit den moralischen Ansprüchen der Informationsweitergabe genügen. Und die Religionsgemeinschaften sollen glaubwürdige Zeichen und Gesten des Friedens initiieren, etwa durch den interreligiösen Dialog. Schließlich müssen institutionelle Rahmenbedingungen geschaffen werden, um der Komplexität globaler Probleme wirksam zu begegnen. Dies nimmt insbesondere die Politik, die Wirtschaft und die Verantwortlichen des gesellschaftlichen Lebens, wie beispielsweise auch Non-Governmental Organizations (NGOs), in die Pflicht. Diese Weite an möglichen Handlungsakteuren für den Frieden zeigt das Anliegen von Papst Franziskus, der für konstruktive Denk- und Handlungsoptionen und für Veränderungen der Komplexität globaler Zusammenhänge wirbt, die die Verwirklichung eines Lebens in Würde für alle Menschen als Richtschnur haben.

1.4.3 Umweltkrise

Die vorliegenden Botschaften von Papst Franziskus beinhalten vielfältige Reflexionen, die die Beziehung des Menschen zur natürlichen Umwelt beinhalten und deren Schädigung durch rücksichtslosen Gebrauch natürlicher Ressourcen als globales Konfliktpotential qualifizieren (vgl. Wfb 2014, 2017 und 2019). Es geht hierbei einerseits sachlich um den Schutz der Lebensgrundlage der Menschheit und – im theologischen Sinne – um die Verantwortung gegenüber der Schöpfung. Diese Verantwortung des Menschen als Gottes Geschöpf wird durch eine Zunahme an Gleichgültigkeit vernachlässigt. Eine solche fahrlässige Haltung nimmt den Einzelnen, aber auch die Gemeinschaft aller Menschen in die Verantwortung. Zur Überwindung der Problematik der Umweltverschmutzung muss die Völkergemeinschaft Wege der Kooperation finden und entsprechende Gesetze und Institutionen etablieren. Die Enzyklika ‚Laudato si'' (2015) stellt dabei seit deren Veröffentlichung einen immer wiederkehrenden Bezugspunkt der moralischen Appelle des Papstes dar.

In den Appellen für einen sensiblen Umgang mit den natürlichen Ressourcen geht es einerseits um die Plausibilität des Wandels des individuellen Verhaltens und andererseits um die Eindämmung umweltschädlicher Faktoren und Mechanismen – in Politik und Industrie, z. B. durch die Waffenproduktion und durch eine rein am Profit orientierte Wirtschaft. Beides wird argumentativ auf die friedensbedrohliche Situation aufgrund der herrschenden Ressourcenknappheit ausgerichtet. Die Zerstörung der Umwelt zieht unwiederbringliche Verluste für Mensch und Natur nach sich. Auf diese Weise lässt sich die ökologische Krise als eine moralische Krise beschreiben, da sie auf fehlgeleitetes Machtstreben in der Politik, einseitige Interessen ohne Rückbindung an das universale Gemeinwohl und auf den rücksichtslosen Umgang mit der Lebensgrundlage aller Menschen zurückgeführt werden kann. Es bedarf der institutionellen Kontrolle, um die Güter der Erde allen Menschen zur Verfügung zu stellen und umweltschädliches Handeln sanktionierbar zu machen.

Die Problematik der Waffenproduktion stellt in hohem Maße einen umweltschädlichen Faktor dar, wenngleich diese Thematik auch die Beschreibungen des Papstes zur Infragestellung der Menschlichkeit berühren. Sie bedeutet nicht nur eine Verschwendung von knappen Ressourcen, sondern auch die Förderung einer Kultur des Krieges. Gewaltsame Konflikte beschleunigen globale Krisen, wie die Flüchtlings- und die Umweltkrise (vgl. Wfb 2014, 2017 und 2021). Denn sowohl die Ressourcenknappheit und die Folgen des Klimawandels zwingen zur Migration, wenn Menschen in ihrer Heimat nicht mehr die Erde als ihre Lebensgrundlage kultivieren können, als auch das Zerstörungspotential von Waffen, die eine gewaltsame Konfliktlösung plausibler erscheinen lassen, anstatt unter humanen Bedingungen Konflikte konstruktiv zu lösen. Vor dem Hintergrund dieser Faktoren der Umweltkrise, die auch als moralische Krise des Menschen zu begreifen ist, wird plausibel, dass diese Thematik in die Botschaften bzw. in die päpstliche Friedenslehre eingegangen ist. Der Papst wirbt beispielsweise darum, Maßnahmen gegen den Klimawandel zu ergreifen, die freilich für ihre nachhaltige Wirksamkeit einer weltweiten Solidarität bedürfen. Vor allem aber können die knappen Ressourcen eo ipso ein Grund für kriegerische Auseinandersetzungen sein. Durch diese berücksichtigten Zusammenhänge wird deutlich, dass Papst Franziskus in seinen Botschaften die menschliche Verantwortung gegenüber der Umwelt in den Vordergrund seiner Ausführungen stellt und die Umweltkrise nicht als einen Schicksalsschlag der Menschheit auffasst. Dabei wird das Bewusstsein in den päpstlichen Appellen deutlich, dass es sich bei den Maßnahmen für Umweltschutz um eine Frage der sozialen Gerechtigkeit handelt. Denn die entstandene Ressourcenknappheit bewirkt nicht nur Armut und Elend für viele Menschen bzw. ganze Völker in der Gegenwart, sondern auch eine Belastung für die nachkommenden Generationen. Insofern besteht das Erfordernis nachhaltigen Bewirtschaftens und Kultivierens der Natur auch darin, die Bedürfnisse und das Gemeinwohl der Menschheit in der Zukunft und die Dimension der Generationengerechtigkeit zu berücksichtigen.

1.4.4 Zusammenfassung

Papst Franziskus fügt mit seiner klaren Sprache Analysebegriffe in die Katholische Soziallehre ein, die dabei helfen, komplexe Krisenphänomene und globale Handlungsfelder zu beschreiben und Handlungsoptionen zu erarbeiten. Das von ihm beschriebene Grundproblem der Gleichgültigkeit lässt sich dabei auf die soziale Natur des Menschen im Allgemeinen anwenden, der in der Beziehung zu sich selbst, zu seinen Mitmenschen und zur natürlichen Umwelt eingebunden ist – Gleichgültigkeit ist dabei ein analytischer Terminus zur Reflexion von Friedensbedrohungen der Gegenwart. So formuliert der Papst im Jahr 2016: „In diesen und anderen Fällen verursacht die Gleichgültigkeit vor allem Verschlossenheit und Teilnahmslosigkeit und trägt so schließlich zum Fehlen von Frieden mit Gott, mit dem Nächsten und mit der Schöpfung bei." Die Friedensappelle des Papstes beinhalten nicht allein einen Maßnahmenkatalog für die Ausgestaltung internationaler Beziehungen oder ein Programm zur Optimierung internationaler Institutionen, sondern es werden weiterführende Perspektiven zur Überwindung von Gewalt in den Blick genommen, die die komplexen Dimensionen menschlicher Existenz ernst nehmen. Die Warnung vor der Globalisierung der Gleichgültigkeit wirkt in dieses umfassende Verständnis der menschlichen Soziabilität hinein und kann anhand der Weltfriedensbotschaften von Papst Franziskus als ein neuer zentraler Begriff der päpstlichen Sozialverkündigung seit 2014 verstanden werden. Dieser wird zudem in der 2020 veröffentlichten Enzyklika ‚Fratelli tutti' vertieft und als Analysebegriff angewendet.

2. Die Leitthemen der Weltfriedensbotschaften im Kontext des Zeitgeschehens

Aus einigen Überschriften der Weltfriedensbotschaften können Leitthemen abgelesen werden, wohingegen eine Vielzahl weiterer Überschriften mehr als Leitwort im Sinne eines Mottos zu verstehen sind, unter dem verschiedene friedensethisch relevante Problemfelder behandelt werden. Die ablesbaren Leitthemen wiederum sind sowohl offenkundige Indikatoren für die weltpolitische Lage, auf die die Päpste in dem jeweiligen Jahr reagieren, als auch eine Orientierung für die Offenlegung der friedensethischen Programmatik des jeweils amtierenden Papstes im Sinne einer eigenen thematischen Agenda. Beides soll im Folgenden nach dem ersten Gesamtüberblick näher analysiert werden und versteht sich als ein Hilfsmittel, um die päpstlichen Appelle in den historischen Kontext einzuordnen. Für dessen Hintergrund lassen sich bereits drei Phasen aus den großen thematischen Schwerpunkten feststellen, die bereits geschildert geworden sind, jedoch bei der näheren Betrachtung der Leitthemen in ihrer chronologischen Abfolge und ihrer inhaltlichen Prägung nach deutlicher zum Vorschein kommen. Demnach sind die Weltfriedensbotschaften von folgenden Entwicklungen der internationalen Politik beeinflusst:[5]

1. *Kalter Krieg*: Die nukleare Abschreckung und das damit verbundene instabile Sicherheitssystem zwischen zwei rivalisierenden Großmächten, die jeweils nach ihrer weltweiten Vorrangstellung streben, spiegelt sich in den Botschaften von 1968–1990 wider. Wenngleich es keine Weltfriedensbotschaft gibt, die den Rüstungswettlauf oder den Kalten Krieg im Titel trägt, gibt es Leitthemen, die insbesondere als ein Gegenpol zur Doktrin des Kalten Krieges gedeutet werden können. Dies wird mit den Leitthemen der Friedenserziehung und der Jugend (vgl. Wfb 1970, 1979 und 1985) und vielfältigen Bestandteilen der Entwicklungsthematik (vgl. Wfb 1969, 1972, 1977, 1983, 1986 und 1987), wie zum Beispiel der Menschenrechte, der Gerechtigkeit, dem Wert des Lebens, der Kultur des Dialogs, der Problematik globaler Konflikte und der Solidarität entfaltet.

2. *Globalisierung*: Die Botschaften von 1991–2009 greifen verstärkt Chancen und Grenzen der Globalisierungsprozesse auf und verbinden diese mit dem Ziel der weltweiten Friedensförderung. Dabei werden einerseits bisherige Kernthemen der päpstlichen Botschaften vertieft und neu akzentuiert, andererseits werden neue Herausforderungen in die Friedenslehre aufgenommen und analysiert.

---

[5] Diese Zäsuren finden sich ähnlich akzentuiert und unter rein politikwissenschaftlicher Perspektive bei *R. Meyers*, Art. Krieg, in: W. Woyke/J. Varwick (Hrsg.), Handwörterbuch Internationale Politik, Bonn 2016, 260; *W. v. Bredow*, Sicherheit, Sicherheitspolitik und Militär. Deutschland seit der Vereinigung, Wiesbaden 2015, 24–27.

3. *Umweltkrise*: Obwohl der Umweltschutz immer wieder in verschiedenen Botschaften erwähnt und bereits 1990 als Leitthema behandelt wird, lässt sich mit den Botschaften ab 2010 eine quantitative Zunahme in der Erwähnung der Umweltproblematik sowie eine Neuakzentuierung im Sinne einer Profilierung als Thematik der päpstlichen Friedenslehre feststellen.

Die Vielfalt der behandelten Themen in den Weltfriedensbotschaften macht es schwer, scharfe Abgrenzungen und Trennlinien zu ziehen. Deshalb verstehen sich diese drei Zeitabschnitte lediglich als eine inhaltliche Tendenz bzw. als Grundprägung der darin gebündelten Weltfriedensbotschaften. Im Folgenden geht es deshalb darum, schlaglichtartig einen Überblick über diese inhaltlichen und thematischen Tendenzen herauszuarbeiten und diese durch die Argumentationslinien der Päpste vor dem Hintergrund des zeithistorischen Kontextes zu plausibilisieren.

2.1 Friedensappelle in der Zeit des Kalten Krieges (1968–1990)

Wie bereits erwähnt, gibt es keine Überschrift einer Weltfriedensbotschaft, die expressis verbis den Kalten Krieg erwähnt. Deshalb geht es im Folgenden darum, einen Überblick über die inhaltliche Prägung der päpstlichen Friedensappelle und Leitthemen zu erschließen. In einem zweiten Schritt werden dann zwei Weltfriedensbotschaften vorgestellt, die die globalen Frontstellungen reflektieren und auf diese Weise zur Beilegung des Kalten Krieges bewegen wollen.

a) Inhaltliche Stoßrichtung der Weltfriedensbotschaften zur Zeit des Kalten Krieges

Papst Johannes XXIII. vermittelte aus Sorge um die Eskalation der Kubakrise im Oktober 1962 zwischen den Ost- und Westmächten bzw. zwischen dem sowjetischen Präsidenten Nikita Chruschtschow und dem Präsidenten der USA John F. Kennedy. Dies geschah einerseits an einem Höhepunkt der sich anbahnenden Provokationen seit Beginn des Kalten Krieges, aber stellte auch andererseits eine Schlüsselerfahrung des Papstes dar, die ihn zur Veröffentlichung der Friedensenzyklika ‚Pacem in terris' im Folgejahr bewog. Der Nachfolger als Oberhaupt der katholischen Kirche, Papst Paul VI., transportierte gewissermaßen die Impulse der Friedensenzyklika in Form der Weltfriedensbotschaften als eine bleibende Aufgabe und einen stetig neu anzunehmenden Auftrag (wie es später Johannes Paul II. in der Wfb 2003 formulierte). Insofern verwundert es nicht, dass Paul VI. in seinen elf Weltfriedensbotschaften insbesondere einen Kontrast gegen die ideologischen Kämpfe des Kalten Krieges setzen möchte. In den Texten werden Themen stark gemacht, die die Strategie von der Balance des Schreckens, womit die anwachsenden Waffenarsenale im Zuge des Rüstungswettlaufs gemeint sind, mit einer Strategie des gerechten Friedens zu überwinden suchen. So schildert Papst Paul VI. den Frieden als eine Pflicht (vgl. Wfb 1969) und begründet dies theologisch, wonach dies dem Plan der Liebe und Weisheit entspricht, den Gott mit der Menschheit verfolgt. Deshalb gibt es neben der Menschenwürde eine Würde der christlichen Brüderlichkeit, die die Verantwortung des Einzelnen für das Miteinander in einer Gemeinschaft hervorhebt. Die Verpflichtung, die sich daraus für Christen ableitet, besteht im Engagement für die Wahrung der Menschenrechte, die mehr als nur eine humanitäre Formel sein sollen, nämlich auch eine Inspiration, um den Frieden in der Welt nach Prinzipien zu fördern.

Papst Paul VI. schafft mit seinen Leitthemen der Menschenrechte (1969), der Friedenserziehung (1970), dem Leitbild der Brüderlichkeit (1971), dem Wert der Gerechtigkeit (1972) und der Hervorhebung des Lebens als Wert an sich eine Programmatik der Konfliktprävention. Diese ist vor dem Hintergrund des Kalten Krieges zu deuten. Dabei richtete sich die Aufmerksamkeit des Papstes auf die vorhandenen Waffenpotentiale der Ost- und Westmächte, die neben der Produktion basaler Waffensysteme auch in die Entwicklung neuer Waffen investierten. So wurde die Menschheit zum Publikum eines rücksichtslosen Wettrüstens. Für diese Rivalität überstiegen die militärischen Potentiale der Nationen das Erfordernis zur Gewährleistung von Verteidigung und Sicherheit. Vielmehr wurde das beiderseitige totale Zerstörungspotential durch das Vorhandensein von Massenvernichtungswaffen zur Abschreckungsstrategie – einem friedenspolitisch instabilen Konstrukt. Die Gefahr, dass der Gegner dabei zum Erstangriff übergeht und damit einen Weltbrand entfachen könnte, war ein zumindest anzunehmendes Szenario. Paul VI. führt mit den Menschenrechten und der universalen Brüderlichkeit eine naturrechtliche Argumentationslinie ins Feld. In dieser Diktion gibt er Impulse für ein Menschenrechtsethos, das die gemeinsame Sorge in Politik und Gesellschaft für ein menschenwürdiges Zusammenleben in Sicherheit und Frieden betont. Die naturrechtliche Begründung deutet darauf hin, dass er dabei nicht ausschließlich politische Verantwortungsträger erreichen möchte, sondern an weitere Akteure in Erziehungs- und Bildungseinrichtungen sowie Familien zur Friedensförderung appelliert.

Die Stoßrichtungen der Leitthemen Pauls VI. und Johannes Pauls II. richten sich dabei auf die Verantwortung des Individuums, die mit den Themenfeldern der Friedenserziehung und der Jugend (vgl. Wfb 1970, 1979 und 1985) aufgegriffen wird – hier geht es dem Inhalt nach um die Bildung und praktische Konkretisierung der Friedensgesinnung. Besonders anschaulich und in Verbindung mit dem weltweiten Rüstungswettlauf betrachtet dies Johannes Paul II. (vgl. Wfb 1985). Er stellt die Werte des Friedens, der Gerechtigkeit und der Mitwirkung vor, die in Anbetracht vielfältiger Probleme tagtäglich in den Hintergrund geraten, wie beispielsweise durch ungerechte Lebensverhältnisse, Verletzungen der Menschenwürde durch Rassendiskriminierung sowie Hunger und Krankheit. Schließlich werden globale Problemfelder aufgezählt wie soziale Ungerechtigkeit, der Rüstungswettlauf, Unterernährung, Umweltschäden und die Arbeitslosigkeit. Diese werden weltweit durch Ideologien und totalitäre Einstellungen begünstigt. Hier wiederholt sich eine Forderung des Papstes, wonach es immer einer Überprüfung des eigenen Denkens und Verhaltens in den verschiedenen Lebensbereichen bedarf (vgl. Wfb 1984). Dazu ermuntert der Pontifex die heranwachsenden Generationen, die ihrer „tiefen Sehnsucht nach Glück und Wahrheit, nach Schönheit und bleibender Liebe" (Wfb 1985) folgen sollen. In den Forderungen nach Respekt vor der Wahrheit, der Menschenwürde und den Rechten der menschlichen Person werden Beispiele der sichtbaren Umsetzung einer solchen sehnsuchtsvollen Haltung benannt und ein Ethos des Friedens beschrieben. Wenngleich eine solche Haltung vor dem Hintergrund instabiler und prekärer Lebensverhältnisse für die Jugend schwer umsetzbar erscheinen mag, sodass sie vor der damit verbundenen Verantwortung fliehen könnten, nämlich durch die Flucht in die Traumwelt von Alkohol, Drogen und in kurzlebigen sexuellen Beziehungen, ist es doch der Frieden, der dauerhaft Stabilität im Leben des Einzelnen und der Menschheit als Ganzes stiftet. An dieser Stelle sei hervorgehoben, mit welcher Deutlichkeit der Papst auf die Jugendkultur eingeht und Schwierigkeiten benennt. In einer solchen gefahrvollen Zügellosigkeit des Lebens müssen die wahren Werte, welche Grundlagen von lebenswichtigen Entscheidungen sind, wieder neu erschlossen werden – hier richtet sich gewissermaßen der Friedensappell an den Einzelnen, in welchem der Frieden mit sich selbst und dem eigenen Leben für eine neue Kultur des Friedens in der Welt mitentscheidend ist.

Ein Richtmaß für die Werte des Friedens, der Gerechtigkeit und der Mitwirkung des Einzelnen – womit implizit das ethische Leitbild vom Gerechten Frieden berührt wird – besteht in der theologischen Annahme, wonach alle Menschen Abbild Gottes sind (vgl. Gen 1) und deshalb eine Zurückweisung Gottes im Namen des eigenen Menschseins einen – bildlich ausgedrückt – tödlichen Schatten vorauswirft. Kurz: Wenn sich der Mensch nur als ein unbedeutendes Element in der Welt versteht, fällt es schwer, sich für die große Aufgabe des Friedens einzusetzen und die Welt zum Positiven mitgestalten zu wollen. Der Glaube an Gott, der die Menschen als sein Abbild erschaffen hat, verleiht dem Leben eine neue Qualität. Johannes Paul II. verbindet die Gottesfrage mit der Frage nach der unverletzlichen Würde des Menschen, die in der Ebenbildlichkeit Gottes begründet und für eine Friedensordnung konstitutiv ist. Priorität hat der Wert des Friedens, der durch das internationale Wettrüsten gefährdet wird, weshalb neben der Bekehrung des Herzens auch die Verpflichtung zum Dialog im Sinne einer humanen Haltung neu entdeckt werden muss. Die Jugendlichen könnten nach der Überzeugung Johannes Pauls II. ihrerseits friedensfördernd mitwirken, indem sie sich darauf einlassen, menschliches Leben zu gestalten. Die einmal bejahten Werte müssen ein Leben lang immer wieder neu ratifiziert werden, denn der Frieden kann nicht einer instinktiven Sehnsucht gleichen, sondern muss auf festen moralischen Überzeugungen gründen, welche die ganze Weite menschlicher Dilemmata in den Blick nimmt. Insbesondere wird dabei auch von Johannes Paul II. das Dilemma des Rüstungswettlaufs im Zusammenhang mit dem Kalten Krieg reflektiert und immer wieder in den Friedensappellen erwähnt – vor allem mit dem hoffnungsvollen Blick auf die Jugend (vgl. Wfb 1979–1987).

b) Zentrale Impulse von Papst Paul VI. (anhand von Wfb 1976) und Johannes Paul II. (anhand von Wfb 1986) zur Beilegung des Kalten Krieges

Der Kalte Krieg ist einerseits Resultat der weltpolitischen Kräfteverschiebungen nach dem Zweiten Weltkrieg und andererseits Ausdruck eines weltweiten Konkurrenzdenkens und einer zunehmenden Tendenz zum Nationalismus. Letzteres hatte den Rüstungswettlauf und damit einhergehende Waffenarsenale der Ost- und Westmächte zur Folge, wobei mit dem gegenseitigen Gleichgewicht vorhandener Waffenpotentiale das Ziel verfolgt wurde, den Frieden in der Welt zu sichern. Paul VI. möchte demgegenüber die echten Waffen des Friedens aufzeigen und damit den Rüstungswettlauf kritisieren (vgl. Wfb 1976). Bemerkenswert ist dabei die Nennung von Mahatma Gandhi als Beispiel für das Prinzip der Gewaltlosigkeit. Damit wird explizit kein christliches Vorbild gewürdigt, sondern eine international anerkannte Persönlichkeit, die als Ikone des gewaltlosen Widerstandes gilt. Insbesondere wendet sich der Papst an die Staatsmänner, die Vertreter und Förderer der internationalen Institutionen, die Politiker, die Bürger der Welt sowie die Angehörigen der Religionen, wobei für letztere Personengruppe die Christen und Katholiken hervorgehoben werden.

Um seinen Appell und seine Überlegungen zu begründen, charakterisiert sich der Papst als besorgter Beobachter des Weltgeschehens und qualifiziert sich durch seine „unmittelbaren Erfahrungen des geschichtlichen Geschehens, in das wir alle hineingestellt sind“. Das Wettrüsten belastet die internationalen Beziehungen und stellt alle bisherigen Erfolge der Verständigung und Friedensförderung in Frage. Die Analyse der Hintergründe des Kalten Krieges, der nach Meinung des Papstes auch Ausdruck gegenseitigen Misstrauens ist, ist Ausgangspunkt der wahren Waffen des Friedens, die nicht der physischen Schaffenskraft des Menschen entspringen: Der Frieden „bedarf vor allem der moralischen Waffen, die dem internationalen Recht Kraft und Geltung verschaffen“ (Wfb 1976). In dieser Forderung würdigt Paul VI.

die bestehende internationale Ordnung, wobei diese mit dem Erfordernis zur umsichtigen Anstrengung im Bereich der Diplomatie und der Dynamik friedensfördernder Verhandlungen verbunden ist. Daraus lässt sich als Handlungsimpuls die Dialogbereitschaft ableiten, die wiederum vom menschlichen Bemühen abhängt und eine neue Haltung dem Verhandlungspartner gegenüber erfordert, dem nicht durch Abschreckung und Drohung, sondern vielmehr durch Offenheit und dem Bewusstsein der Zusammengehörigkeit bzw. Brüderlichkeit zu begegnen ist.

Insbesondere die Bemühungen um eine umsichtige Abrüstung werden als weitere Waffe des Friedens hervorgehoben und der Vorwurf, dass es sich hier um ein utopisches Vorhaben handeln könnte, entkräftet. Von diesem Bemühen darf aber keiner ausgenommen werden: „Die Abrüstung wird entweder von allen durchgeführt, oder sie wird zu einem schweren Vergehen unterlassener Verteidigung" (Wfb 1976). Hierin wird die Berücksichtigung des Rechts auf erlaubte Verteidigung im Kriegsfall verdeutlicht. Dabei erinnert Paul VI. an den 6. August 1945 in Hiroshima, den Atombombeneinsatz. Er sieht im atomaren Aufrüsten die konkrete Gefahr eines Krieges, dessen Ausmaße an zerstörerischer Kraft kaum zu bemessen sind. In diesem Zusammenhang führt er als Option das Prinzip der Gewaltlosigkeit an und unterstreicht damit die Forderung der Abrüstung. Gezielt kontextualisiert der Papst das Beispiel Gandhis mithilfe der Bergpredigt in die biblische Botschaft über die Friedfertigkeit – eine Waffe des Friedens – und weist diese als mögliche Alternative zur Friedenssicherung durch gegenseitige militärische Abschreckung aus. Die Waffen des Friedens sind für alle Menschen das Prinzip der Gewaltlosigkeit und das Bewusstsein der universalen Brüderlichkeit. Nach ihnen zu handeln ist der Auftrag an alle Menschen, besonders aber der zu Beginn der Weltfriedensbotschaft von 1976 genannten Akteure in Politik und Religionen. Letztere können dabei nach ihren Möglichkeiten auf eine Kultur hinwirken, in welcher die genannten Waffen des Friedens bzw. friedensfördernde Werte im Menschen heranreifen können.

Papst Johannes Paul II. blickt mit seiner Botschaft von 1986 mit einer anderen Akzentuierung auf die Welt, die durch verschiedene Frontstellungen in einem permanenten Bedrohungszustand verharrt, nämlich dem Ausbruch eines Weltkrieges. Er stellt den Frieden als universalen Wert heraus, welcher auf soziale Gerechtigkeit und die Achtung der Würde und Rechte der menschlichen Person beruhen muss. Aus dieser Perspektive sind weltweite Solidarität und Zusammenarbeit mehr als eine Programmatik – sie sind „ethische Forderungen, die sich an das Gewissen der Einzelnen wie auch an die Verantwortung aller Nationen richten" (Wfb 1986). Um das zu plausibilisieren, erinnert der Papst zum einen an den Ost-West-Konflikt und zum anderen an die Nord-Süd-Spannung: Zum Ost-West-Konflikt gehören für Johannes Paul II. das

Wettrüsten, die große moralische und politische Verantwortung der Atommächte und der wachsende Waffenhandel. Die Nord-Süd-Spannungen sind wiederum geprägt von der Situation der Entwicklungsländer, die in der sozialen und wirtschaftlichen Ungerechtigkeit sichtbar wird. Diese beiden Fronstellungen sind gleichermaßen von Ideologien bestimmt, die Machtansprüche zu verteidigen versuchen, ohne die Lage der Armen und Wehrlosen zu berücksichtigen. Hieraus lässt sich die biographische Prägung Johannes Pauls II. herauslesen, der in seiner Heimat unter dem kommunistischen Regime im Untergrund seine Priesterausbildung verfolgen musste und sich als Papst der Ideologie des Kommunismus, wie sie in seinem Heimatland Polen als Staatsdoktrin etabliert war, entgegenstellte.

Eine solche zerklüftete Weltsituation zeigt, dass der Frieden ständig bedroht wird und vielfältige Bemühungen durch unterschiedliche Akteure nötig sind. Der Papst wirbt deshalb für den Aufbau von neuen „Arten von Gesellschaft und internationaler Beziehungen" (Wfb 1986). Damit die Menschheit zum Frieden und einer umfassenden Entwicklung gelangt, muss aber um ein neues internationales Ordnungssystem gerungen werden. Deshalb empfiehlt er ein institutionelles Instrumentarium für die Weltgemeinschaft, das das Gemeinwohl in das Zentrum politischen Handelns rückt und so die „Bereitschaft für Austausch und Zusammenarbeit mit allen im Geiste gegenseitigen Vertrauens" (Wfb 1986) fördert. An dieser Stelle kritisiert der Papst sowohl den Konsumismus als auch den Individualismus – jene menschlichen Grundhaltungen, die eine Gefahr für die Werte des Lebens darstellen. Deshalb sind neben den institutionellen Bemühungen zur Förderung des politischen Dialogs zusätzliche Arten des Austausches, etwa des Tourismus oder der gegenseitigen Unterstützung im Bildungsaustausch notwendig. Außerdem erinnert Johannes Paul II. daran, dass durch die Produktion von Waffen wertvolle natürliche Ressourcen vergeudet werden und damit zugleich die Lebensgrundlage der Menschen bedroht wird. Abschließend appelliert der Papst an verschiedene gesellschaftliche und politische Akteure, nämlich an die Politiker und Staatsmänner, die Geschäftsleute und die Verantwortlichen im Finanz- und Handelsbereich, an die militärischen Planer, Beamten, Wissenschaftler und Technologen. Diese fordert er zu Bemühungen auf, um Menschen im Dialog zusammenzuführen. Bemerkenswert ist der Appell an die Leidenden und die körperlich Behinderten, die durch ihr Gebet und ihr Leben ebenfalls einen Teil zur Überwindung von Spaltungen leisten können. Für alle Menschen ist der Wert des Friedens eine gemeinsame Basis, um in Solidarität und Dialog verbunden zu sein und diese weiter auszubauen. Vor allem können der christliche Glaube und das Zeugnis der Gläubigen ein Zeichen der Hoffnung, für Dialog, für Beziehungen und neue Formen von Solidarität sein.

Die beiden Botschaften von Paul VI. und Johannes Paul II., die insbesondere die friedenspolitische Problematik des Rüstungswettlaufs zur Zeit des Kalten Krieges in den Blick nehmen, orientieren sich einerseits am Aufruf zur Dialogbereitschaft, in welchem das Mittel zur gewaltlosen Konfliktbeilegung verortet wird. Andererseits geht es in beiden Botschaften darum, einer neuen Kultur des Miteinanders in der Welt zum Durchbruch zu verhelfen, die die Absurdität und die Gefahr des Wettrüstens gleichsam selbstredend offenlegt und als Menschheitsgefahr ausweist.

2.2 Globalisierung – Chance oder Stolperstein für den Weltfrieden (1991–2009)

Die Beilegung des Kalten Kriegs durch den Fall des Eisernen Vorhangs und der damit einhergehenden Annäherung zwischen Ost- und Westmächten hat nicht automatisch eine friedliche Welt entstehen lassen. Vielmehr haben sich neue Dynamiken im weltpolitischen Geschehen entwickelt, die in den Weltfriedensbotschaften im Zeitraum von 1991–2009 analysiert werden. Die bisherige Weltordnung, die sich von einer bipolaren zu einer multipolaren Machtverteilung entwickelt hat, steht so vor Chancen und Gefahren für den Weltfrieden. Dabei ist die Friedensförderung und -stabilisierung kein Zufallsprodukt, sondern liegt in entscheidender Weise in der Mitwirkung der Menschen, sei es in politischer Verantwortung oder im Miteinander einer Gesellschaft, das seinen Ausgangspunkt in den kleinsten Einheiten menschlichen Lebens nimmt, nämlich in den Familien (vgl. dazu die programmatische Wfb zur Bedeutung der Familien von 1994). Damit wird die Bedeutung des Einzelnen für die Dynamik der Globalisierungsprozesse in den Blick genommen. Dies wird exemplarisch in drei weiteren Weltfriedensbotschaften nach dem Ende des Kalten Krieges besonders anschaulich ausbuchstabiert, wobei die hier vorgenommene Auswahl der drei Texte vor allem auf dem Leitthema der jeweiligen Botschaft beruht. Zum einen hat Johannes Paul II. mit seinen Friedensappellen von 1998 und 2001 Impulse für eine neue Kultur des Friedens geworben, um die neuen Dynamiken des politischen Weltgeschehens als Chance für eine wirkungsvolle Friedensordnung zu deuten. Zum anderen hat Papst Benedikt XVI. mit seiner Wfb von 2008 neue Risiken der teils unüberschaubaren Globalisierungsprozesse beleuchtet und daraus neue konstruktive Handlungsoptionen abgeleitet.

a) Der Einzelne vor den globalen Problemen

Unter der Überschrift „Aus der Gerechtigkeit des Einzelnen erwächst der Frieden für alle“ scheint Johannes Paul II. auf ein Problem zu reagieren, das indirekt über allen Friedensappellen steht: Was kann der Einzelne durch Friedensgesinnung und Aufrichtigkeit ausrichten, wenn umgekehrt die Welt von scheinbar unüberwindbaren Konflikten durchzogen ist? In der Wfb von 1998 nennt Johannes Paul II. zum ersten Mal expressis verbis den Begriff der Globalisierung in diesem Verkündigungsmedium und stellt eine Reihe von Anforderungen vor. Er wendet sich an verschiedene Personengruppen, nämlich insbesondere an Politiker, Ausgegrenzte, Arme, Lehrer, Familien, Eltern und Jugendliche, wobei die Appelle seiner Botschaft an alle Menschen gerichtet sind, die dafür sorgen müssen, dass alle in gleicher Weise an gerechten und friedlichen Lebensbedingungen teilhaben können. Die geopolitischen Wandlungen seit 1989, die sich in den wirtschaftlichen Beziehungen und der Informatiktechnologie feststellen lassen, sind Anlass und Ausgangspunkt der Botschaft.

Dieser Prozess der Globalisierung erfolgt derart rapide, dass der Papst in diesem Zusammenhang von einem neuen Zeitalter spricht, das einerseits Hoffnungen weckt und andererseits beunruhigende Fragen aufwirft. Fraglich erscheint zum Beispiel, dass das internationale Beziehungsgefüge der Weltwirtschaft einem weltumspannenden Markt gleiche, aus dem jedoch nicht alle ihren Nutzen ziehen könnten. Von dieser Problematik aus wirbt Johannes Paul II. für eine Globalisierung in Solidarität, die sowohl die Personenrechte schützt als auch das Verantwortungsbewusstsein für das Gemeinwohl fördert. Als negative Auswirkungen des globalen Wandels wird die Ungleichheit unter den Nationen angeführt, die nicht überwunden, sondern bisweilen sogar verstärkt wird. Der Papst benennt dabei begründend Unruhen, interne Konflikte wegen des Mangels an sozialen Strukturen, Umweltverschmutzung, Korruption und Kriminalität. Die geforderte Solidarität wird mit der Leitperspektive der *Familie der Nationen* zum Ausdruck gebracht. Eine zentrale Forderung ist dabei auch die Bekämpfung der Auslandsverschuldung, die mit Hilfe internationaler Finanzinstitutionen angegangen werden soll. Daran sind weitere Forderungen geknüpft, nämlich eine Kultur auf dem Boden des Gesetzes, damit dem Gemeinwohl durch die öffentlichen Amtsträger korrekt gedient ist und korrupte bzw. betrügerische Verwendungen von Geld- und Fördermitteln unterbunden werden. Besonders schwere Formen der Ungerechtigkeit sind zum einen der ungerecht verteilte Zugang zum Kredit, weshalb die Initiativen für die Verteilung von Mikrokrediten verstärkt werden sollen. Zum anderen klagt der Papst über eine „Epidemie der Gewalt gegenüber Frauen, Mädchen und Jungen“ (Wfb 1998), worunter weitverbreitete Verletzungen gegen die Menschenrechte aufgefasst werden. Die Würde des Menschen muss mit einem Bewusstsein für die damit zusammenhängenden Pflichten für mehr soziale Gerechtigkeit einhergehen. Johannes Paul II. ist bewusst, dass dies eine Herausforderung darstellt, da beachtliche moralische Implikationen an den Einzelnen herangetragen werden. Hierzu kann mit den Worten aus der Wfb 1998 von einem ethisch-kulturellen Erbe gesprochen werden, dessen sich die Menschheit neu bewusst werden muss.

2001 werden in der Botschaft Papst Johannes Paul II. viele Themen aufgegriffen, die bislang in seinen Botschaften zur Sprache gekommen sind. Dies verleiht dem Text eine doppelte Bedeutung, wonach dieser einerseits als eine thematische Bilanz und andererseits als programmatischer Grundlagentext der päpstlichen Friedenslehre gelesen werden kann. Darin schildert Johannes Paul II. auch, dass er damit der Welt am Beginn des neuen Jahrtausends eine Aktualisierung der Friedensthematik vorlegen möchte. Seine Programmatik fasst er in dem Leitbild von der ‚Zivilisation der Liebe und des Friedens' zusammen. Dabei handelt es sich um eine Leitperspektive, die in den globalen Entwicklungen Orientierung vermitteln kann, weil sie die verbindenden Elemente in der Menschheit zu betonen hilft (vgl. Wfb 2001). Das Internationale Jahr des Dialogs zwischen den Kulturen, das von der UNO ausgerufen wurde, dient als Anlass für die Wahl dieses Leitthemas, das die Werte der Solidarität, des Friedens, des Lebens und der Erziehung stärken will – so die Intention des Papstes. Die Besinnung auf das Verbindende fokussiert der Papst vor dem Hintergrund der Dynamik der Globalisierung an mehreren Stellen seiner Botschaft. Mit dem Wissen um gemeinsame Werte der ganzen Menschheit kann der Dialog ermöglicht werden, der sich dann auf das Wohl der Menschheit und auf den Frieden beziehen lässt.

In der Aufzählung der Werte beginnt Johannes Paul II. mit der Solidarität, die nötig ist, um globale Probleme zu lösen, wie die Verschärfung sozialer Ungleichheit und den verantwortungslosen Gebrauch natürlicher Ressourcen. Weitere Gefahren für den Frieden als Grundwert des Lebens sind die weltweite Rüstungsproduktion, die Verbreitung und Entwicklung von Massenvernichtungswaffen und die Entstehung paramilitärischer sowie terroristischer Gruppierungen. Des Weiteren wird der Wert des Lebens herausgestellt. Manche Gefährdungen sind bei diesem Wert nicht leicht erkennbar, weshalb der Papst eine ausführliche Auflistung vorlegt und dazu Abtreibungen, Euthanasie, Folter, Nötigung, Todesstrafe, Prostitution, Frauen- und Kinderhandel sowie unverantwortliche Praktiken der Gentechnik erwähnt, wie z. B. das Klonen und die Verwertung menschlicher Embryonen. Diese Auflistung spiegelt eine gesellschaftliche Tendenz wider, die das menschliche Leben mehr und mehr zum Objekt herabsetzt. Ferner beobachtet der Pontifex eine säkularisierte Lebensauffassung, die sich in der Verbreitung des Nihilismus und indirekt im Atheismus äußert. Außerdem sei ein radikaler Individualismus feststellbar, der durch die Massenmedien weiter befördert werde. Diese Problemfelder und Themen firmieren schließlich zusammenfassend unter der Beobachtung einer Verarmung des Westens in humanistischer, geistiger und moralischer Hinsicht (vgl. Wfb 2001). Ferner reflektiert der Papst im Hinblick auf die interkulturelle Vermittlung die Herausforderungen neuer Kommunikationstechnologien. Er geht von einem Zeitalter der globalen Kommunikation aus, in dem „die genaue und ständig aktualisierte Information praktisch jedem in jedem Teil der Welt zugänglich“ (Wfb 2001) ist. Darin sieht Johannes Paul II. einen tiefgehenden Wandel der Gesellschaft, denn diese wird durch neue Kulturmodelle beeinflusst, die auf die veränderte Kommunikation zurückgeführt werden können. Damit sind bereits neben den positiven Wirkungen auch die negativen Folgen dynamischer Globalisierungsprozesse berührt, worunter die zunehmende Vernetzung und tendenziell diffundierende Grenzen verstanden werden, wodurch Kulturen und wirtschaftliche Beziehungen engmaschiger werden. Eine praktische Folge hieraus müsste demnach der besondere Schutz von Minderheiten sowie das Intervenieren bei Nationalismus, Rassismus und Fremdenfeindlichkeit sein. Anlass für diese Ausführungen ist die Beschleunigung von Migrationsprozessen in der Welt.

Die zunehmenden Verbindungen und Vernetzungen in der Welt in Bereichen der Wirtschaft, Kultur und Gesellschaft können aber auch positiv als Chance genützt werden. Dafür macht der Papst das Prinzip der Brüderlichkeit stark und bezieht sich dabei auf die Menschenrechtscharta (1948). Es entspricht dem menschlichen Bedürfnis, gemäß seiner Natur und Kultur, den Dialog zu suchen. Eine erzwungene Angleichung oder Vereinheitlichung kann hingegen nicht das Ideal sein. Die Intention des Papstes ist es, der Völkergemeinschaft den Reichtum der Verschiedenheiten vor Augen zu führen und in Zeiten der zunehmenden Globalisierung zu würdigen. Für den Umgang mit der Verschiedenheit kann das Leitbild Papst Pauls VI. von der ‚Zivilisation der Liebe‘ hilfreich sein, um den Frieden in der Welt zu fördern und die Werte der Solidarität, des Lebens und der Erziehung zu stärken. Damit wird zu einem versöhnten Umgang mit der Spannung zwischen Einheit und Verschiedenheit ermutigt, der die Zusammengehörigkeit der Menschheitsfamilie als Bedingung für den Weltfrieden ermöglicht. Gerade dadurch müsse die Friedenserziehung neu verstärkt werden, damit Fremdes für die heranwachsenden Generationen nicht als Bedrohung und Grund zur Abgrenzung verstanden wird, sondern Dialogmöglichkeiten entstehen, die die Identität des Gegenübers respektieren und das Leitbild von der ‚Zivilisation der Liebe‘ erfahrbar wird.

b) Neue friedensrelevante Kernprobleme der Menschheit

Der zentrale Gedanke der Wfb 2008 von Papst Benedikt XVI. ist die Gemeinschaft zwischen Mann und Frau, die – in Liebe verbunden – eine neue Familie gründen. Die Familie beschreibt der Papst als ersten Ort der Humanisierung sowie als Wiege des Lebens und der Liebe. Daraus erwächst ihr eine wichtige Rolle für den Weltfrieden, nämlich als die erste und unersetzliche Erzieherin zum Frieden. Die Ehe zwischen Mann und Frau muss deshalb gefördert werden, wobei hier der Papst an die Notwendigkeit einer konkreten Heimat denkt sowie an Arbeitsmöglichkeiten, die Anerkennung der häuslichen Tätigkeit der Eltern, die Schulbildung für die Kinder und die medizinische Grundversorgung, kurz: Für die Förderung der Familie müssen soziale Strukturen geschaffen werden, die ein Mindestmaß an Sicherung der Lebensbedingungen gewährleisten. Diesen Handlungsfeldern müssen sich Gesellschaft und Politik annehmen, wobei auch die Massenmedien einen Beitrag leisten können, indem sie ihr erzieherisches Potential nutzen und für die Vorzüge der Familie werben. Ferner überträgt der Papst dies auf die Menschheitsfamilie, deren gemeinsames Haus die Erde ist. Allerdings bedarf es auch eines transzendenten Fundaments, damit die Menschheit nicht nur als Ansammlung von Nachbarn missverstanden wird – das ist aus christlicher Perspektive die Rückbesinnung auf Gott als dem Schöpfer allen Lebens. Die Öffnung auf ein transzendentes Erbe an Werten und die kluge Verwaltung materieller Güter sowie zwischenmenschlicher Beziehungen sind Aspekte, die zur Förderung des Weltfriedens beachtet werden müssen. Damit spricht der Papst nicht expressis verbis einzelne Personengruppen und Verantwortungsträger an, sondern wendet sich an alle Menschen.

Wenn das gemeinsame Haus der Menschheit die Erde ist, dann gilt es diese besonders zu schützen, jedoch nicht auf Kosten der Menschen. Das drückt der Papst so aus: „Die Umwelt zu schonen heißt nicht, die Natur oder die Tierwelt wichtiger einzustufen als den Menschen" (Wfb 2008). Umweltschutz im Sinne der Verantwortung gegenüber der Schöpfung bedeutet vor allem, die kommenden Generationen und die Armen zu berücksichtigen, die ihrerseits wiederum ein Recht auf Nutzung der natürlichen Ressourcen haben, um davon leben zu können. Hierfür soll die Völkergemeinschaft ein Entwicklungsmodell vereinbaren und solidarisch umsetzen sowie eine gerechte Verteilung zur Bewältigung der Kosten für den Umweltschutz erarbeiten. Es müssen Abhängigkeiten überwunden und zwei wichtige Aufgaben durch die reichen Länder erfüllt werden: 1. Das aktuelle Entwicklungsmodell muss in Anbetracht der hohen Konsumstandards überdacht werden. 2. Es muss für geeignete Investitionen zur Verbesserung der Energienutzung gesorgt werden. Aus diesem Kontext lässt sich erschließen, dass Benedikt XVI. die Situation der Entwicklungs- und Schwellenländer berücksichtigt und zu einem ganzheitlichen Fortschritt nach dem Prinzip der Gerechtigkeit mahnt – ein Wirtschaften nach Standards, die gleichermaßen ein umweltschonendes Produzieren ermöglichen, humanisiert einerseits die Lebensbedingungen und schützt andererseits natürliche Ressourcen vor wirtschaftlicher Ausbeutung.[6] Für diese grundlegenden Be-

---

[6] Vgl. dazu ausführlich den Kommentar in *H.-J. Höhn*, Die „andere" Globalisierung. Weltrisikogesellschaft, Weltklima und Zwangssolidaritäten, in: Sekretariat der Deutschen Bischofskonferenz (Hrsg.), Die Menschheitsfamilie – Gemeinschaft des Friedens. Welttag des Friedens 1. Januar 2008 (Arbeitshilfen 218), Bonn 2008, 6–8.

mühungen empfiehlt der Papst weiterführend den Weg des Dialogs und sieht ferner die Verwaltung der Energiequellen als ein wichtiges Handlungsfeld, das zum Wohl der Menschheit angegangen werden muss. Dieses Handlungsfeld ist vor dem Hintergrund der Globalisierung als besonders dringlich zu betrachten und auch auf die Wirtschaft anzuwenden, um den Erfordernissen des universalen Gemeinwohls gerecht zu werden. Der Papst führt dabei die Schlagworte der klugen Nutzung der Ressourcen und die gerechte Verteilung der Güter ins Feld. Es soll demnach nicht nur nach der wirtschaftlichen Logik des schnellen Profits, sondern nach moralischen Ansprüchen gehandelt werden, um inhumane Strukturen zu überwinden. Benedikt XVI. sieht dabei die Notwendigkeit für eine gesetzliche Regelung, deren Rahmenbedingungen auf „das natürliche Sittengesetz als Basis der Rechtsnorm zurückgehen, andernfalls ist diese anfälligen und provisorischen Übereinkommen überlassen" (Wfb 2008). Sowohl das Individuum als auch die Völkergemeinschaft müssen hierfür in den Blick genommen werden. Ein solches Erfordernis gewinnt insbesondere dadurch an Brisanz, dass immer mehr Länder in den Besitz von Nuklearwaffen gelangen, die Bürgerkriege in Afrika trotz mancher Fortschritte in Freiheit und Demokratie nicht beendet werden können, die Unruhen im Mittleren Osten andauern und Investitionen in militärische Aufrüstung ansteigen. Deshalb mahnt Benedikt XVI. zu einer wirkungsvollen Entmilitarisierung und ermutigt zu Verhandlungen in der Politik über eine stufenweise Abrüstung der vorhandenen Waffenpotentiale. Mit dieser Diktion wirbt der Papst vor dem Hintergrund der Herausforderungen der Globalisierung für eine kluge Nutzung der natürlichen Ressourcen und eine gerechte Verteilung der Güter. Aus diesen Forderungen lassen sich Impulse für die Umsetzung eines auf Dialog zu vereinbarenden gerechten Friedens ableiten, der auch den Umweltschutz als Grundlage des Weltfriedens hervorhebt.

Anhand dieser drei gewählten Botschaften aus der Zeitspanne zwischen 1991–2009 wird eine Etappe der Leitthemen sichtbar, die sich neuen und teils rapide ändernden Parametern zuwenden muss. Dabei muss kritisch festgehalten werden, dass den päpstlichen Appellen keine klare Definition des Globalisierungsbegriffes zu entnehmen ist, was sich jedoch auch mit dem Status quo im wissenschaftlichen Diskurs deckt, in dem gleichermaßen unterschiedliche Ideen und Prägungen, was Globalisierung bedeutet, vorherrschen. Sowohl Johannes Paul II. als auch Benedikt XVI. benennen mit diesem Terminus vielmehr alles, was die Menschheit, sei es durch negative oder durch positive Auswirkungen, gleichermaßen betrifft. Dabei werden beispielsweise die Problemfelder von Waffenproduktion, einem humanen Wirtschaften und einzelne globale Krisenphänomene in den Blick genommen. Zugleich wird nicht versäumt, die Chancen und damit auch den konstruktiven Umgang mit einem sich verändernden globalen Miteinander auszuloten. Dabei beschreiten die Päpste mit ihren Friedensappellen einerseits einen Weg, der offen ist für alle Menschen, auch über den Rand der kirchlichen Gemeinschaft hinaus, in dem auf das Verbindende der Menschheit rekurriert wird. Andererseits gehen die leitenden Begriffe von der Menschheitsfamilie, der Gerechtigkeit wie auch der Kultur für eine ‚Zivilisation der Liebe und des Friedens' vom christlichen Glauben aus, dessen friedensstiftendes Potential beleuchtet wird. Wenngleich Letzteres als nicht überraschend für eine päpstliche Verlautbarung und als tendenziell triviale Feststellung erscheinen mag, verdeutlicht dies zugleich, dass die Weltfriedensbotschaften nicht als politisches Medium, im Sinne einer abzuarbeitenden Programmatik einseitig interpretiert werden dürfen. Vielmehr eröffnen die Impulse einen Blick auf aktuelles Weltgeschehen und schlagen durch ihre Themen Handlungsfelder vor, die die Friedensgesinnung des Einzelnen ansprechen und inspirieren.

2.3 Umweltkrise als zentrale Bedrohung der Menschheit (2010–2022)

Die Wfb 1990 benennt erstmals zentral als Leitthema die Verantwortung des Menschen gegenüber den natürlichen Lebensbedingungen und stellt die Umweltkrise (vor allem im Sinne der Umweltverschmutzung durch unverantwortliches Wirtschaften) als Friedensbedrohung heraus. Erst 20 Jahre später kommt diese als Leitthema erneut in einer päpstlichen Friedensbotschaft auf, wobei sich eine schon zuvor anbahnende Neuakzentuierung dieser Thematik ablesen lässt. In den Jahren zuvor wurde die Umweltkrise immer wieder in den Botschaften Johannes Pauls II. und Benedikts XVI. erwähnt und mit anderen Leitthemen in Verbindung gebracht, vor allem auch unter dem Aspekt der Globalisierung. Denn kaum ein globales Problemfeld, wie etwa noch das des Terrorismus, fordert die Menschheit als Ganzes so sehr heraus, wie der Rückgang der zur Verfügung stehenden natürlichen Ressourcen. Mit Papst Franziskus wird eine Verstärkung der umweltethischen Perspektive sichtbar, die sich auch in seiner Namenswahl als Papst ausdrückt, da der hl. Franz von Assisi auch durch die Überlieferung des Sonnengesangs bekannt ist, in welchem der Einklang des Menschen mit der Umwelt als Gottes Schöpfung ins Wort gebracht wird. Demnach – so betont der Papst – sind Angriffe und Verluste der natürlichen Umwelt nicht nur eine Bedrohung für die Lebensgrundlage des Menschen, sondern dezidiert auch für die Menschheit. In diesem Zusammenhang ist erwähnenswert, dass erstmals Johannes Paul II. den Klimawandel in einer Botschaft expressis verbis erwähnt (vgl. Wfb 2005) und schließlich Papst Franziskus mit seiner Umweltenzyklika ‚Laudato si'' (2015) und mit der Verlautbarung über Pastorale Orientierungen zu Klimavertriebenen (2021)[7] den weiten Themenkomplex im Hinblick auf seine Relevanz für die Friedensförderung und als Handlungsfeld der Menschheit auslotet. Die Bedrohung der menschlichen Lebensgrundlage verdeutlicht Papst Franziskus mit den komplexen Ursachen der globalen Flucht- und Migrationsströme. Umweltschutz und ein nachhaltiges Konsumverhalten liegen nicht nur in der Verantwortung des Menschen gegenüber der Natur begründet, sondern auch im Erfordernis zum Schutz der Menschheit. Wenngleich diese thematische Fundierung nicht neu ist, wird sie doch erst in ihrer Deutlichkeit von Papst Franziskus im Rahmen der Weltfriedensbotschaften vorgebracht. Die Umweltproblematik ist mit seinem Pontifikat (seit 2013) als ein zentrales Anliegen der Katholischen Soziallehre weiterentwickelt worden. In den Botschaften werden der Mensch und der Schutz des Lebens als Mitte der Friedensförderung ausgewiesen. Außerdem begründet Franziskus den Handlungsbedarf mit dem Erfordernis nach intergenerationeller Gerechtigkeit, wonach den nachfolgenden Generationen der Zugang zum Reichtum der Schöpfung und die darin enthaltenen Lebens- und Entfaltungsmöglichkeiten durch eine Haltung der Missachtung des Lebens entzogen werden. Die theologische Begründung der Verantwortung des Menschen zur Kultivierung der Natur erschließt sich aus dem göttlichen Auftrag gemäß der biblischen Schöpfungsberichte und ist damit ein originäres Thema einer christlichen Friedensethik, die die Komplexität menschlichen Handelns zur Geltung bringt.

In der Enzyklika ‚Laudato si'' von Papst Franziskus finden sich ebenfalls zahlreiche Verweise auf Weltfriedensbotschaften. Für die Umweltthematik werden insbesondere folgende Problemfelder angesprochen: Die Waffentechnologie als Verschwendung natürlicher Ressourcen, die Überwindung eines umweltschädlichen Konsumverhaltens des Einzelnen sowie Haltungen eines kollektiven Egoismus. Daraus wird die Notwendigkeit einer neuen Solidarität und Erziehung zum Umweltschutz verdeutlicht (vgl. Wfb 1977, 1990 und 2010). Bei diesen drei Belegstellen fällt insbesondere die Botschaft von 1977 auf. Diese hat, im Gegensatz zu den beiden anderen, nicht den Umweltschutz als Leitthema. Allerdings wird hier das fundamentale Recht auf Leben thematisiert (vgl. LS 231). Papst Franziskus reflektiert den Wert des Lebens vor dem Hintergrund der Beziehung des Menschen zu seinen natürlichen Fundamenten. Daraus leitet sich die Verpflichtung des Menschen für den Umweltschutz ab. Vom theologischen Standpunkt aus kann dies aus der biblischen Offenbarung, nämlich dem Schöpfungsbericht gem. Gen 1 abgeleitet

---

[7] Vgl. *Sekretariat der Deutschen Bischofskonferenz* (Hrsg.), Dikasterium für den Dienst zugunsten der ganzheitlichen Entwicklung des Menschen – Abteilung für Migranten und Flüchtlinge. Pastorale Orientierungen zu Klimavertriebenen (VAS 231), Bonn 2021.

werden. Umweltschutz bzw. die Bewahrung der Schöpfung ist damit ein Dienst für die Entwicklung und Förderung des menschlichen Lebens.

Die Wfb 2020 stellt gewissermaßen eine vorläufige Summe der Friedensappelle von Papst Franziskus dar, der die Umweltthematik als ein Kernthema seines Lehramtes versteht, wie dies etwa mit der Enzyklika von 2015 evident ist. Für die Wfb 2020 wählt er den Titel: „Der Frieden als Weg der Hoffnung: Dialog, Versöhnung und ökologische Umkehr". Die Begrifflichkeit der ökologischen Umkehr impliziert ein Problembewusstsein in Anbetracht des Umgangs des Menschen mit der natürlichen Umwelt und verbindet dies mit dem spirituell geprägten Begriff der Umkehr, der die Änderung des (sündhaften) menschlichen Verhaltens in Wort und Tat beinhaltet. Der Papst spricht dabei den Atomwaffeneinsatz zur Beendigung des Zweiten Weltkriegs im japanischen Hiroshima und Nagasaki von 1945 an, der als inhumaner Akt verurteilt und als Mahnung gegen die Möglichkeit der bewaffneten Konfliktlösung steht. Die Erinnerung an diesen Angriff könne dazu beitragen, das menschliche Gewissen vor dem Willen zur Vorherrschaft und zur Zerstörung zu bewahren. Außerdem greift der Papst die Amazoniensynode von 2019 auf, in deren Rahmen die versammelten Bischöfe über die ökologische Krise beraten haben. Er prangert ferner die Zerstörungskraft von Kriegen an, die das Leben der Menschheit beeinträchtigen und wiederum Hass und Gewalt erzeugen. Zusätzlich schildert er die Gefahren von Korruption und Ausbeutung sowie der Verletzung der Menschenwürde durch Missachtung der Religionsfreiheit und der Solidarität. Dabei erinnert Franziskus in seiner Botschaft mehrmals daran, dass den Menschen die Berufung zur universalen Brüderlichkeit innewohnt. Im Umkehrschluss bedeutet das, dass durch eine Verkehrung der Beziehungen, etwa durch Machtmissbrauch und Angst vor der Verschiedenartigkeit von Fremden, im Einzelnen wiederum Egoismus, Stolz und Hass entstehen. Deshalb wirbt der Papst für die urmenschlichen Fähigkeiten zu Mitleid und Solidarität, mit deren Hilfe strukturelle Ungerechtigkeiten und zwischenmenschliche Ablehnung überwunden werden können. Deshalb gilt es eine globale Ethik der Solidarität und Zusammenarbeit zu etablieren. Mit dieser Forderung greift der Papst auf eine Predigt im Rahmen seiner Reise nach Japan zurück. Eine so akzentuierte Ethik ist nach seiner Überzeugung das wirksame Gegenprogramm zur nuklearen Abschreckung, das neben der Gleichgültigkeit gegenüber einem solidarischen Miteinander auch eine existentielle Bedrohung für die Schöpfung bedeutet und Ausdruck von gegenseitigem Misstrauen ist. Schon die Ursachen solcher Bedrohungsszenarien müssen im Vorfeld verhindert werden. Hierfür gilt es den politischen und gesellschaftlichen Dialog zur Förderung der internationalen Stabilität zu pflegen. Franziskus geht es darum, einerseits ein Bewusstsein für das Gemeinwohl zu wecken und andererseits für eine konsequente

Haltung der Brüderlichkeit zu werben. Diese Bestandteile sind nötig für „den sozialen Aufbau und […] eine wachsende Ausgestaltung, in der jeder verantwortlich seinen Beitrag auf allen Ebenen der lokalen, nationalen und weltweiten Gemeinschaft beisteuert" (Wfb 2020). Ohne dies expressis verbis zu erwähnen, wird mit dieser Diktion das Phänomen der Globalisierung aufgegriffen, das die zunehmende Interdependenz umfasst.

Schließlich geht der Papst in einem eigenen Abschnitt auf die Notwendigkeit der ökologischen Umkehr ein. Unter dem Eindruck der Ressourcenknappheit, der fehlenden Achtung des Menschen im Umgang mit der Natur als Gottes Schöpfung und dem fehlenden Bewusstsein von der Erde als das gemeinsame Haus der Menschheitsfamilie, bedarf es einer neuen Betrachtung der natürlichen Umwelt. Dabei wird der Aspekt der Generationen- und der Chancengerechtigkeit betont, wonach Bemühungen für eine ganzheitliche Ökologie durch einen veränderten Lebensstil mit Blick auf die nachkommenden Generationen notwendig sind. Es liegt in der Verantwortung jedes Menschen das Gemeinwohl der ganzen Menschheit zu fördern und dabei die absehbaren Auswirkungen bzw. die langfristigen und teilweise unumkehrbaren Konsequenzen zur Kultivierung der natürlichen Ressourcen zu berücksichtigen. Für diese ökologische Umkehr ruft der Papst zur Achtung des Lebens auf. Obwohl in der Botschaft die Aspekte der Ökologie, Ökonomie und des Sozialen sowie deren Vernetzung umfassend thematisch dargestellt werden und damit das Sozialprinzip der *Nachhaltigkeit* beschrieben wird, bleibt dieser Terminus unerwähnt. Dies ist auch deshalb verwunderlich und aus der Perspektive der christlichen Sozialethik als Desiderat zu betrachten, da das Prinzip der Nachhaltigkeit auf breiter Basis Eingang in die Untersuchung der päpstlichen Sozialverkündigung und in die theologisch-ethische Diskussion zur Umweltkrise gefunden hat. Erst in der Botschaft von 2022 wird erstmals der Begriff der Nachhaltigkeit in einer päpstlichen Weltfriedensbotschaft gebraucht, nämlich im Zusammenhang mit der Forderung nach einer Erziehung zur ganzheitlichen Ökologie. Die Notwendigkeit der ökologischen Umkehr erschließt sich zusätzlich durch den Glauben an Gott, der nach christlichem Verständnis als Schöpfer auch Urgrund allen Lebens ist. Ferner muss eine Kultur der Begegnung gefördert werden, worunter Franziskus ein theologisches Erfordernis versteht, das aber auch für den nicht-religiösen Menschen zugänglich ist. Demnach motiviert eine solche Kultur dazu, „die Grenzen unserer engen Horizonte zu überschreiten, um immer bestrebt zu sein, die Brüderlichkeit aller Menschen als Söhne und Töchter des einen himmlischen Vaters zu leben" (Wfb 2020).

2.4 Fazit

Die vorgestellten Phasen von Kaltem Krieg (1968–1990), Globalisierung (1991–2009) und dem wachsenden Umweltbewusstsein als Friedensthema (ab 2010) können inhaltlich herausgestellt, jedoch nicht zeitlich scharf voneinander abgegrenzt werden. So wurde die erste Phase bis 1990 festgelegt, da dieses Jahr den Zerfall der Sowjetunion markiert und die Mahnungen zur Beilegung des Rüstungswettlaufs innerhalb der Weltfriedensbotschaften quantitativ zurückgehen. Die zweite Phase erstreckt sich bis in das Jahr 2009, da mit dem Leitthema des Jahres 2010 das in den folgenden Jahren zunehmende Interesse an umweltethischen Themen sichtbar wird. Die fließenden Übergänge der Phasen resultieren aus den vielen Themen im Sinne von historischen bzw. politischen Erfahrungen, die mit wechselnder Frequenz und unter Berücksichtigung neuer Themenkomplexe vorgebracht werden. Insofern stellen diese drei Phasen eine zeitgeschichtliche Orientierung und den Versuch einer themengeleiteten Zusammenfassung der globalen Entwicklungslinien dar, die in der kirchlichen Friedenslehre bzw. den Weltfriedensbotschaften berücksichtigt wurden. *Sie können aber nicht als in sich abgeschlossene Phasen aufgefasst werden.* Dieser Befund macht deutlich, dass die Weltfriedensbotschaften, obwohl in ihnen Handlungsfelder beschrieben und Forderungen artikuliert werden, keine Kasuistik entfalten oder nur abstrakten Grundlegungsfragen nachgehen. Vielmehr erschließen sie Rahmenbedingungen zwischen dem Ideal des Weltfriedens und seiner realen Bedrohungen sowie realistische Denk- und Handlungsoptionen in Anbetracht globaler Herausforderungen der Menschheit. Zahlreiche Impulse aus der Vergangenheit wirken dabei in neuere Friedensappelle hinein und werden dabei weiterentwickelt bzw. konkretisiert. Dies wird insbesondere in der Umweltthematik deutlich, die in neuerer Zeit gleichsam einen festen Bestandteil im Œuvre der friedensrelevanten Themen darstellt.

3. Die päpstlichen Weltfriedensbotschaften als Ausformulierung eines christlichen Friedensverständnisses

Eine Grundvoraussetzung, die gleichsam die Basis der Friedensappelle der Päpste darstellt, ist die biblische Botschaft. Diese trägt kein einheitliches Friedensverständnis vor. Vielmehr geben beispielsweise die Zeugnisse aus dem Alten Testament eine Hilfe zur Deutung der Welt, die sich immer wieder in kriegerischen Auseinandersetzungen befindet. Aus der Schöpfungsgeschichte in Gen 1 leitet sich ein Menschenbild ab, in welchem der Mensch als Ebenbild Gottes geschaffen und damit menschliches Leben eine neue Qualität erhält, das nicht der Verfügungsgewalt des Menschen unterliegt. Vor allem im Tötungsverbot in Ex 20,13 und Dtn 5,17 (aus den zehn Geboten) wird ferner ein pazifistisches Grunddiktum sichtbar, das aus christlicher Perspektive die Friedensgesinnung des Einzelnen anspricht, wonach das Leben der Mitmenschen geachtet werden muss und schützenswert ist. Die Verkündigung Jesu im Neuen Testament hat den Frieden immer wieder zum Thema, wobei insbesondere die Seligpreisung der Friedensstifter aus der Bergpredigt in Mt 5,9 die menschliche Bemühung um Friedensförderung motivieren kann. Umgekehrt ist in der Verkündigung Jesu auch das Bewusstsein für das Konfliktpotential der selbigen erkennbar, das sich etwa am Unverständnis um sein Wirken und seiner Kritik gegenüber den Pharisäern entzündet (vgl. Lk 12,49 und die Tempelreinigung Mt 21,12–17).

Der Frieden wird in der Bibel nicht nur zwischen Menschen und Völkern verortet, sondern auch zentral in der Beziehung des Menschen zu Gott und in der Beziehung zum Mitmenschen, wobei hierfür insbesondere das Gleichnis vom barmherzigen Samariter genannt sei. Darin wird das Gebot der Nächstenliebe ausbuchstabiert, wodurch jeder Mensch, unabhängig von Herkunft, Religionszugehörigkeit und anderen sozialen Differenzen zum Nächsten wird und die Zuwendung seiner Mitmenschen verdient (Lk 10,25–37). Aus dieser kurzen und keineswegs vollständigen Skizze biblischer Grundlagen wird sichtbar, dass ein christliches Friedensverständnis schillernd ist, in dem Sinne, dass es unterschiedliche Handlungsimpulse an den Menschen heranträgt, die jedoch gleichermaßen den Schutz des menschlichen Lebens aufgrund seiner von Gott vermittelten Würde betonen. Aufbauend auf dieser Basis und vor dem Hintergrund der jeweils aktuellen Friedensbedrohungen ergeben sich auch für die Päpste in ihren Friedensappellen unterschiedliche Akzentuierungen, die in den thematischen Schwerpunkten der jeweiligen Pontifikate vorangehend skizziert und in der Analyse zur historischen Entwicklung der Leitthemen nachgezeichnet wurden. Im Folgenden soll beides gebündelt und die Struktur des grundgelegten Friedensverständnisses in den Weltfriedensbotschaften als eine Kurzfassung der päpstlichen Friedenslehre beschrieben werden. Dabei sind zwei Fragen leitend: Was spiegelt sich aus dem vorliegenden Textkorpus der päpstlichen Botschaften wider? Was leitet sich daraus für die kritische Reflexion der Friedensethik ab?

4. Was uns die päpstlichen Botschaften zu sagen haben

Die Fülle an Themen nimmt von der ersten Weltfriedensbotschaft Pauls VI. bis hin zum Pontifikat von Papst Franziskus zu. Zugleich werden neue Perspektiven eingenommen, die *einerseits alte Probleme neu reflektieren und andererseits neue Bedrohungen des Weltfriedens analysieren.* Dies ist ein Spiegelbild der zunehmenden Komplexität globaler Zusammenhänge und der Gefährdungen des Weltfriedens, die die Päpste mit ihren moralischen Appellen ins Wort bringen. Zugleich wird deutlich, dass sich die Inhalte der Botschaften nicht in gleicher Diktion und Argumentation wiederholen, sondern stetig weiterentwickelt und den zeitgeschichtlichen Herausforderungen angepasst werden, wobei die Päpste dabei auch eine eigene Agenda verfolgen, indem Grundprobleme des Menschen vor dem Hintergrund des christlichen Glaubens und auf der Basis des kirchlichen Lehramtes vorgetragen werden. Dieses zeigt sich insbesondere in neuester Zeit durch den Einsatz von Papst Franziskus zur Umweltproblematik, die er sowohl als Friedensbedrohung als auch als existentielle Gefahr der Menschheit in den Botschaften beschreibt. Auch wenn die Päpste nicht das sozialethische Leitbild des gerechten Friedens, wie es in den Dokumenten der DBK dargelegt wird (vgl. dazu Kommentar von A. Merkl) expressis verbis rezipieren, lassen sich dennoch zahlreiche Konkretisierungen dieses Leitbildes herausstellen. Zunächst anhand des immer wieder entfalteten Zusammenhangs von sozialer Gerechtigkeit und stabilen, friedlichen Lebensbedingungen. Es werden ferner theoriegeleitete Tendenzen des Friedensverständnisses der Päpste sichtbar. In der Friedensforschung unterscheidet man in Anlehnung an Johan Galtung zwischen einem negativen bzw. positiven Friedensverständnis. In den Botschaften wird ein positives Friedensverständnis vertreten, wonach Gewaltfreiheit in einem viel umfassenderen Sinne gewährleistet werden muss. Hierfür stehen die thematischen Schwerpunkte wie beispielsweise der Friedenserziehung (Paul VI.), der Menschenrechte (Johannes Paul II.), die Reflexionen zur ganzheitlichen Entwicklung des Menschen (Benedikt XVI.) und die Problematik der Umweltverschmutzung (Franziskus).

Aus den Schwerpunktthemen wird aber nicht nur die zunehmende Komplexität globaler Krisenphänomene sichtbar, die eine Weltfriedensordnung vor große Herausforderungen stellt, sondern die Komplexität menschlicher Existenz in den Blick genommen. Gewissermaßen wird der Mensch als Person zum zentralen Dreh- und Angelpunkt in der kirchlichen Friedenslehre, dessen Grundsehnsucht über die institutionellen und politischen Bedingungen hinaus einen eigenen Bezugspunkt der Friedensbemühungen darstellt. Kurz: Es darf nicht zentral um wohlfeile politische Bemühungen zur Verteidigung von Nationalprestige und zur Stabilisierung institutioneller Strukturen gehen, wenngleich diese in den Friedensbemühungen ebenfalls ihre Berechtigung haben. Aber der Wert des menschlichen Lebens als Bezugspunkt der Friedensappelle ermöglicht einen weiteren Blick, der die drei Grundbeziehungen des Menschen, nämlich zu sich selbst, zum Mitmenschen und zur natürlichen Umwelt für die Reflexion von Friedensbemühungen betont.

Diese drei Grundbeziehungen des Menschen verdeutlichen, wann sich die Forderungen nach einem gerechten Frieden gemäß der päpstlichen Sozialverkündigung zu konkretisieren haben, nämlich dann, wenn die Würde des Menschen angegriffen wird. Außerdem deutet sich auf der Grundlage dieses Befundes an, dass christliche Friedensethik nicht nur auf die Frage nach dem legitimen Waffengebrauch reduziert werden kann, sondern weitere Strukturen und Lebensrealitäten berücksichtigen muss.

Die offengelegten Themenfelder der Päpste bieten einen Handlungsrahmen an, wonach das Gemeinwohl durch die Gewährleistung der Menschenrechte und durch das Solidaritätsprinzip gefördert und institutionell gestärkt werden soll. Der Einzelne wiederum ist zur Wahrnehmung seiner Verantwortung angehalten, für die er durch eine entsprechende Erziehung befähigt wird. Dies betrifft nicht nur die Akteure in Bildungsinstitutionen, sondern nimmt den Einzelnen in die Pflicht, in seinem sozialen Umfeld den Frieden zu fördern und eine verantwortbare Friedensgesinnung auszubilden. Dabei ist auch der individuelle Lebensstil stets zu hinterfragen, inwiefern dieser Strukturen sozialer Ungerechtigkeit durch einen unreflektierten Konsum unterstützt und eine egoistische Grundhaltung fördert oder das Wohl des Mitmenschen in den Blick nimmt. Insofern kann Umweltschutz nicht nur den Artenschutz in der Tier- und Pflanzenwelt meinen, sondern aus christlicher Sicht ist die Achtung vor dem Leben als Gabe Gottes zentral. Der verantwortungsvolle Umgang mit natürlichen Ressourcen ist somit nicht nur Sache politischer Bemühungen in Form von Beschlüssen und Initiativen, die zweifellos auch nötig sind. Aber um für den Einzelnen einen Reflexionsprozess in Gang setzen zu können, der zum ethisch verantwortbaren Handeln motiviert, bedarf es weiterer Bemühungen, die die Notwendigkeit der Förderung eines gerechten Friedens plausibilisieren. Das Papsttum in seiner aktuellen Gestalt im 21. Jahrhundert genießt weites Ansehen als moralische Instanz. Dabei ist die historische Entwicklung des Papsttums durchaus spannungsreich. Einerseits gab es in der Geschichte kriegerische Verstrickungen und Machtinteressen, andererseits fungierten die Päpste immer wieder vermittelnd und friedensstiftend in Konfliktfällen. Eine andere Ambivalenz wird in der Gegenwart sichtbar, da das Papstamt nicht nur theologisch bzw. religiös relevant ist, sondern durch seine völkerrechtliche Stellung auch in politischen Sphären Anerkennung und Einflussmöglichkeiten besitzt.

Ihre Einflussmöglichkeiten machen die Päpste zunehmend in jenen Bereichen geltend, die die Weltgemeinschaft vor existentielle Bedrohungen stellt – dies wird insbesondere im Textkorpus der Weltfriedensbotschaften sichtbar. Dabei formulieren die Päpste keine friedenspolitische Programmatik, wie dies staatliche Verantwortungsträger tun, sondern sie verweisen auf den Eigenwert des christlichen Glaubens in dem Ringen um eine humanere Gestaltung der Welt, wobei die Perspektive sehr viel weiter geht: So ist den Päpsten in ihrer Sozialverkündigung offenkundig bewusst, auch weitere Argumentationsmuster anzuwenden, um nicht nur ein binnenkirchliches, sondern ein globales Verkündigungsmedium zu sein, das alle Menschen guten Willens erreichen kann. Dies soll beispielhaft nochmals mit einem Blick in eine Weltfriedensbotschaft verdeutlicht werden, nämlich anhand der Wfb 2009, die ein globales Krisenphänomen der Menschenwürde reflektiert und beispielhaft das weite Friedensverständnis in der Katholischen Soziallehre offenlegt:

Papst Benedikt XVI. schildert in seiner Botschaft von 2009, die die Armut als Friedensbedrohung als Leitthema reflektiert, mit deutlichen Worten die perversen Dynamiken der Armut – pervertiert wird die Würde des Menschen durch Armutsphänomene. Der Papst beginnt mit der Schilderung der *demographischen Entwicklung*: Eine Politik der Geburtenreduzierung, die in manchen Teilen der Welt zu einer „Vernichtung von Millionen ungeborener Kinder im Namen der Armutsbekämpfung" rührt, widerspricht dem Lebensrecht des Menschen. Dabei wird in der Botschaft auf die Entwicklung Bezug genommen, wonach 1981 etwa 40 % der Weltbevölkerung unterhalb der Armutsgrenze lebten – dieser Prozentsatz hat sich bis 2009 halbiert. Daraus leitet Benedikt XVI. bestätigend ab, „dass die Bevölkerung ein Reichtum und nicht ein Armutsfaktor ist". Eine solche Argumentation sucht sachlich an die politisch Verantwortlichen zu appellieren bzw. alle zu erreichen, die die Politik der Geburtenreduzierung im Namen der Armutsbekämpfung stark machen wollen. Auch nimmt der Papst die Gefahr *pandemischer Krankheiten* in den Blick: Hierfür benennt er Malaria, Tuberkulose und die Immunschwächekrankheit AIDS, die hier zum ersten Mal in einer päpstlichen Weltfriedensbotschaft benannt wird. Insbesondere in Bezug auf AIDS spricht der Papst über die Ungleichheit im Zugang zur medizinischen Versorgung und deutet pandemische Krankheiten dahingehend als Armutsphänomen, weil ihre dramatische Ursache oft in prekären Lebensbedingungen ihren Anfang nehmen. Ein besonderes Anliegen des Papstes ist außerdem die Bekämpfung der *Armut der Kinder*. Er stellt dabei fest: „Fast die Hälfte derer, die in absoluter Armut leben, sind heute Kinder". Dieser Einsatz erklärt sich inhaltlich auch aus den Weltfriedensbotschaften insgesamt, in welchen die Kinder und Jugendlichen als die neuen Generationen angesprochen werden, die den Weltfrieden als Lebensmöglichkeit vor sich haben und in ihrem Leben ohne die leidvolle Erfahrung kriegerischer Auseinandersetzungen verwirklichen können. Dabei liegt – so der Papst weiter – das Problem der in Armut lebenden Kinder noch viel tiefer in einer Gesellschaft: „Wo die Würde der Frau und der Mutter nicht geschützt wird, bekommen das wiederum in erster Linie die Kinder zu spüren". Schließlich vertieft Benedikt XVI. die *Beziehung zwischen Abrüstung und Entwicklung*: Wenngleich das Ende des Kalten Krieges zeitlich lange zurückliegt, steigen weltweit militärische Ausgaben in einem besorgniserregenden Ausmaß. Dabei werden nicht nur Waffenarsenale geschaffen, die Misstrauen in der Weltgemeinschaft entstehen lassen. Vielmehr zeigen die Bemühungen zur militärischen Aufrüstung eine Kultur, die den Wert des menschlichen Lebens missachtet, das es wiederum vielmehr zu fördern und zu schützen gilt. Deshalb ruft der Papst zu einem Ende der Rüstungsausgaben auf: „Die eingesparten Geldmittel können dann für Entwicklungsprojekte zugunsten der ärmsten und am meisten notleidenden Menschen und Völker bestimmt werden: Ein großzügiges Engagement in diesem Sinne ist ein Engagement für den Frieden innerhalb der Menschheitsfamilie." Schließlich wird die *Nahrungsmittelkrise* benannt: „Diese Krise ist weniger durch einen Mangel an Nahrungsmitteln gekennzeichnet als vielmehr durch Schwierigkeiten des Zugangs zu ihnen und durch Spekulationen, also durch das Fehlen einer Koordination politischer und wirtschaftlicher Institutionen, die in der Lage ist, den Bedürfnissen und Notlagen zu begegnen." Damit nimmt der Papst strukturelle Ungerechtigkeiten in den Blick und prangert zugleich ein politisches und wirtschaftliches Handeln an, das das Gemeinwohl der Menschheit unbeachtet lässt. Für die Bekämpfung der Armut schlägt Benedikt XVI. vor, in die Ausbildung der Menschen zu investieren und ergänzend eine spezifische Kultur der Eigeninitiative zu entwickeln, um ganzheitlich und langfristig der Armut in der Welt zu begegnen und allen Menschen ein Leben in Würde zu ermöglichen. Dieses bedarf einer wirtschaftlichen Logik, einer politischen Logik und einer Logik der Mitverantwortung, die nicht nur an der Lösung einzelner Probleme orientiert ist, sondern ihr Handeln an der Menschenwürde als Ziel und Mittelpunkt ausrichtet.

Dieser kurze Einblick in die Wfb 2009, die ein globales Problem in seiner Relevanz für den Weltfrieden beschreibt, veranschaulicht den Mehrwert dieser päpstlichen Botschaften: Es werden weite Perspektiven eingenommen und den an den gesellschaftlichen Rand Stehenden eine Stimme verliehen. Somit betonen die Friedensappelle immer auch die Notwendigkeit zur Überwindung sozialer Missstände. Die Frage nach dem ethisch legitimen Waffengebrauch tritt dabei erkennbar in den Hintergrund, wodurch konsequent angewendet wird, was das Leitbild vom gerechten Frieden anmahnt. Demnach wird Frieden nicht ausschließlich durch Waffen gesichert. Paul VI., Johannes Paul II. und Benedikt XVI. greifen das militärische Verteidigungsrecht (im Sinne der Notwehr als ‚ultima ratio') nur vereinzelt auf (nämlich in den Wfb von 1976, 1982, 2002 und 2007), vor allem im Kontext des Kampfes gegen den Terrorismus. Aber sie stimmen zugleich für eine Weiterentwicklung dieses Rechts aufgrund des zunehmenden Zerstörungspotentials moderner Waffensysteme und erinnern an die gemeinsame Verantwortung der Völkergemeinschaft, für das universale Gemeinwohl zu sorgen. Die Möglichkeit der humanitären Intervention zur Beendigung von Verbrechen gegen die

Menschlichkeit wird nur in der Weltfriedensbotschaft des Jahres 2000 (mit erkennbarer Anknüpfung an die Konzeption der ‚Responsibility to protect') angeführt, aber nicht als eine zentrale Forderung der kirchlichen Friedenslehre in den nachfolgenden Botschaften wiederholt. Papst Franziskus hingegen spricht in seinen Weltfriedensbotschaften noch konsequenter von der Möglichkeit des Friedens und versteht Friedensethik als eine Ethik der Gemeinschaft und des Teilens in Anlehnung an Benedikt XVI., in der sich als Zielperspektive die Frage nach dem ethisch legitimen Waffengebrauch nicht mehr stellt.[8] Die Neuakzentuierung seiner Programmatik, insbesondere mit deutlicher Schwerpunktsetzung auf die Umweltkrise und die damit verbundene Krise menschlichen Lebens, zeigt, dass es sich hier nicht um eine utopische Vorstellung oder einen frommen Wunsch handelt. Sein Blick auf globale Krisen und sein Drängen auf weltweite Kooperation (vor allem sichtbar durch die Thematik der Brüderlichkeit) plausibilisieren seine Appelle als doppelte Mahnung: 1. Die Option für den Frieden ergreifen. 2. Die Überwindung von Waffengewalt für das Überleben der Menschheit forcieren. Hierfür stehen die Kernthemen aller Weltfriedensbotschaften programmatisch. Insofern bringen die Päpste damit eine Forderung ein, die im ‚Alltagsgeschäft' der internationalen Beziehungen und politischen Absichtserklärungen tendenziell unterrepräsentiert erscheint, nämlich konsequent für das universale Gemeinwohl einzutreten und zu einem neuen Miteinander aufzurufen, das zur gemeinsamen Überwindung globaler Probleme auffordert. Aufgrund der Anerkennung als Völkerrechtssubjekt (sowohl des Vatikans als auch des Hl. Stuhls) ist es dem jeweiligen Papst möglich, über seine rein religiöse Bedeutung hinaus auf staatlich-internationaler und diplomatisch-politischer Ebene zu agieren und Appelle wirksam vorzubringen.

5. Grundprinzipien christlicher Friedensethik

Die Päpste entwickeln in den Weltfriedensbotschaften keine politische Ethik, wonach das Entscheiden und Handeln politisch Verantwortlicher im Mittelpunkt der Reflexion steht und Handlungsoptionen für die gelingende Ausgestaltung politischer Strukturen entwickelt werden, wenngleich sich aus ihnen zahlreiche Referenzpunkte ableiten lassen können (vgl. dazu vor allem

---

[8] Ähnlich beobachtet das Thomas Nauerth, der Wirken und Lehre im Kontext der Friedensförderung der Päpste seit der Friedensenzyklika ‚Pacem in terris' (1963) vergleicht. Er stellt dabei fest, dass Franziskus radikaler als seine Vorgänger von der „Ablehnung tötender Gewalt als Mittel der Politik" (*T. Nauerth*, Gerechtigkeit und Frieden bei Papst Franziskus im Horizont von Zärtlichkeit und Gewaltfreiheit, in: JCSW 59 (2018) 201–223, 215) spricht.

Wfb 2019). Vielmehr reichen die Appelle weiter und reflektieren die Verantwortung des Menschen an sich, der eingebunden ist in soziale Strukturen und die natürliche Umwelt als Lebensgrundlage zum Überleben der Menschheit kultiviert. Insofern lassen sich auch keine Militär- oder Institutionenethik und auch keine Weltfriedenspolitik im Sinne einer politischen Programmatik oder Ideologie aus den päpstlichen Botschaften entnehmen. Ihnen liegt vielmehr ein weites und dynamisches Friedensverständnis zugrunde, das nicht nur die Überwindung von Gewalt, sondern auch den Schutz des friedlichen Zusammenlebens berücksichtigt. Die Päpste inspirieren so ein christliches Friedensethos, das Relevanz hat für die Welt und das Gemeinsame der Menschheit in den Blick nimmt. Auch geht es in den Botschaften nicht um eine Sammlung moralischer Appelle für die binnenkirchliche Sphäre, die dann nur als Sonderlehre betrachtet werden kann. Es werden vielmehr immer wieder Prinzipien in Erinnerung gerufen und auf neue Herausforderungen des Weltfriedens übertragen.

Zur Themenvielfalt der Weltfriedensbotschaften gehören ferner politische Forderungen (z. B. der Ausbau internationaler Ordnungssysteme) und globale Krisenphänomene (z. B. die Umweltkrise). Dabei werden nicht Fehler und Versäumnisse von Handlungsakteuren angeprangert, sondern konstruktive Denk- und Handlungsoptionen eröffnet, um den Frieden trotz kriegerischer Auseinandersetzungen zu ermöglichen. Insofern fließen auch Appelle zu den Dimensionen von Versöhnung, Barmherzigkeit und Brüderlichkeit in die Weltfriedensbotschaften ein – christliche Grundhaltungen, die einerseits den gläubigen Menschen ansprechen wollen, aber andererseits auch übertragbar sind auf alle Menschen, weil sie zur Humanisierung von Lebensbedingungen auffordern. In diesem Zusammenhang kann festgestellt werden, dass sich christliche Friedensethik nicht auf institutionelle Strukturen reduzieren lässt, sondern vielmehr – stellvertretend für die Notleidenden – die Förderung der Humanität im Bemühen um eine friedlichere Welt einfordert. Dies bleibt im Kontext der päpstlichen Botschaften konsequent an die biblische Offenbarung rückgebunden, wodurch der Frieden mit der Gerechtigkeit fundamental einhergeht. Zugleich animiert diese Weite an Forderungen und Themen zu einem Dialogprozess, um nachhaltige Friedensbemühungen zu beschreiten, welche die Menschheit als Schicksalsgemeinschaft wahrnehmen und egoistische Partikularinteressen zu überwinden helfen.

Wie bereits geschildert, behandeln die Päpste in ihren Botschaften nicht explizit und ausführlich die Frage, unter welchen Bedingungen die Anwendung militärischer Gewalt ethisch legitim ist, verweisen jedoch gelegentlich auf das Verteidigungsrecht. Dabei wird deutlich, dass die Päpste mit ihren Appellen vorzugsweise für die hoffnungsvolle Möglichkeit einer friedlichen Welt werben. Hierfür wird vielfältig – z. B. durch Rückbindungen an historische Bezüge und an das aktuelle Zeitgeschehen – für die Plausibilität und Möglichkeit des politischen Dialogs und für die Stärkung der Zusammengehörigkeit der einen Menschheitsfamilie plädiert. Dennoch sollte der von Johannes Paul II. und Benedikt XVI. eingebrachte Impuls zur friedensethischen Weiterentwicklung des Verteidigungsrechts nicht vergessen werden, da die Menschheit immer wieder vor dem Dilemma stehen wird, einerseits den Frieden fördern zu wollen und andererseits durch neue Interessenskonflikte und Aggressionspotentiale (z. B. Terrorismus) gewaltsam bedroht zu werden. Eine solche Weiterentwicklung könnte auch dem Vorwurf entgegentreten, wonach es sich beim Leitbild vom gerechten Frieden nur um eine Leerformel handeln würde, die den ethischen Dilemmata ausweicht oder zu idealisiert Forderungen an den Einzelnen heranträgt. In den Weltfriedensbotschaften sollte auf eine solche Weiterentwicklung verstärkt hingewirkt werden: In Form wiederkehrender Appelle und bisweilen auch mit vertieften Reflexionen. Die Sozialverkündigung der katholischen Kirche, wie sie sich mit Beginn der ersten Sozialenzyklika ‚Rerum novarum' (1891) entwickelt hat, richtet sich dezidiert an der Menschenwürde und der Verbindung von Gerechtigkeit und Frieden aus. Mit der Einführung der päpstlichen Weltfriedensbotschaften seit 1968 durch Papst Paul VI. veröffentlichen die Päpste nicht nur punktuell friedensethische Appelle, sondern begleiten durch deren jährliches Erscheinen das Weltgeschehen mit der stetigen Aufforderung, soziale Strukturen zur Förderung des Friedens zu gestalten. Dabei lassen sich ferner Überlegungen für eine human ausgerichtete ‚global governance' ableiten, die den Zusammenhalt der Menschheitsfamilie zur Basis hat und einseitigen Machtinteressen begegnet. Papst Johannes XXIII. hat mit der Enzyklika ‚Pacem in terris' im Jahre 1963 den Grundstein gelegt, mit welchen Prinzipien die Kirche hilft, den Frieden in der Welt zu fördern. Die darin aufgeführten vier Säulen des Friedens (Wahrheit, Gerechtigkeit, Liebe und Freiheit) können zusammen mit den thematischen Schwerpunkten aus den einzelnen Pontifikaten als ein Grundgerüst christlicher Friedensethik verstanden werden: Papst Paul VI. widmete sich insbesondere den Leitthemen der Friedenserziehung und der Überwindung des Kalten Krieges; Johannes Paul II. stellt insbesondere die Bedeutung der Menschenrechte, die Möglichkeiten zur Ausgestaltung der internationalen Beziehungen und die Schöpfungsverantwortung in ihrer Friedensrelevanz heraus; Benedikt XVI. entwickelt den Begriff der Humanökologie als einen Analysebegriff seiner Friedenslehre und bezieht sich dabei auf die Notwendigkeit der ganzheitlichen Entwicklung des Menschen und der Ökologie als Querschnittsaufgabe; Papst Franziskus warnt vor der Globalisierung der Gleichgültigkeit, analysiert die Bedrohungen des menschlichen Lebens und die Brisanz der Umweltkrise.

Die Stimme der Päpste, die in den jährlichen Weltfriedensbotschaften mit diesem Anliegen mahnt, gewinnt durch ihre inhaltliche Ausrichtung der Friedenslehre, nämlich in Verbindung mit dem Prinzip der Gerechtigkeit und der Verteidigung der Menschenwürde an Bedeutung – nicht nur dann, wenn Gewalt ausbricht, sondern auch im scheinbaren Frieden des Augenblicks. Das zugrundeliegende Friedensverständnis ist nicht auf den theologisch-philosophischen oder sogar nur auf den ethischen Diskurs begrenzt. Die päpstliche Friedenslehre könnte als eine Ethik akzentuiert werden, die eine Kultur des Friedens stark macht, die die menschliche Mentalität und ihre soziale Verfasstheit berücksichtigt und auch die Bedeutung der natürlichen Lebensgrundlage in den Blick nimmt.

6. Resümee

Neben der Themenvielfalt der päpstlichen Botschaften lassen sich aber auch thematische Leerstellen ausfindig machen. Einerseits ist es erstaunlich, mit welcher Themenvielfalt die Päpste einen weiten und dynamischen Friedensbegriff stark machen und für die Möglichkeit einer Weltfriedensordnung zur Überwindung des Krieges werben (wie beispielsweise vor dem Hintergrund der Armut in Wfb 2009), andererseits bleibt aber auch manches unerwähnt, was im wissenschaftlichen Diskurs der Politikwissenschaft und der Friedensethik reflektiert wird.[9] Diese Leerstellen werden als Ergänzungsvorschläge vorgestellt. Abschließend soll ein Ausblick auf die Weltfriedensbotschaften als bleibendes Verkündigungsmedium der päpstlichen Sozialverkündigung vorgestellt werden, der sich als Einladung versteht, die Appelle der Päpste als Inspiration für die Friedensförderung anzunehmen.

a) Impulse für die päpstliche Friedenslehre

Die Kriege haben durch Modernisierung und Technologie neue Ausmaße angenommen und weitere Problemfelder hervorgebracht, die hier nur stichwortartig beschrieben werden können: In der Politikwissenschaft werden Mischformen kriegerischer bzw. gewaltsamer Auseinandersetzungen untersucht, wobei dies sehr weit gefasst wird und nicht nur den militärischen Einsatz gegen nicht-staatliche Aggressoren meint. Zu denken wäre etwa an die Bekämpfung des Terrorismus, in welchem Streitkräfte gegen paramilitärisch

---

[9] Verwiesen sei hier auf folgende Sammelwerke *I.-J. Werkner/K. Ebeling* (Hrsg.), Handbuch Friedensethik, Wiesbaden 2017; *F. Sauer/C. Masala* (Hrsg.), Handbuch Internationale Beziehungen, Wiesbaden ^{2}2017; *H.-J. Gießmann/B. Rinke* (Hrsg.), Handbuch Frieden, Wiesbaden ^{2}2019.

agierende Gruppen kämpfen. Es geht dabei auch um Felder wie den Cyberspace, was insbesondere auf die Digitalisierung und die stetige Weiterentwicklung von Informationstechnologien zurückgeführt werden kann.[10] In der christlichen Friedensethik wird diese Problematik in der neueren Literatur ebenfalls in den Blick genommen.[11] Ferner richtet sich die Aufmerksamkeit auf den ethisch bedenklichen Einsatz autonomer Waffensysteme.[12] Diesen Problembereichen liegt dann nicht nur die Vermischung von staatlichen und nicht-staatlichen Kriegsgegnern zugrunde, sondern ein grundlegender Wandel der Kriegsführung (‚targeted killing', internationaler/transnationaler Terrorismus). Obwohl dies als ein neuer und stetig wachsender Risikofaktor des Weltfriedens diskutiert wird und eine Entwicklung des modernen Informationszeitalters darstellt, findet sich in den Weltfriedensbotschaften bislang keine explizite Mahnung zu dieser Bedrohung, weder als Leitthema noch als Erwähnung in Auflistungen neuer Gefahren. Allerdings kann die Rede von Papst Franziskus vom stufenweisen Weltkrieg als Ausdruck zum Wandel der Kriegsführung interpretiert werden (vgl. Wfb 2016 und 2017), wenngleich trotzdem festgestellt werden muss, dass die explizite Nennung friedensethischer Handlungsfelder in diesem Kontext ausbleibt.

Außerdem wird die Bedeutung der Medien und der sozialen Kommunikationsmittel in ihrer friedensethischen Relevanz in der Wissenschaft vermehrt untersucht, insbesondere auch im Zeitalter des zunehmenden Hinterfragens von bislang etablierten Informationskanälen des Journalismus (Stichtworte: ‚Fake News' und ‚Lügenpresse'). Dies entspringt der Wahrnehmung, dass die mediale Beeinflussung der Menschheit über kriegerische Auseinandersetzungen die Frage nach Gut und Böse wesentlich mitbestimmt. Im wissenschaftlichen Diskurs gibt es deshalb schon den Vorschlag für eine Medienethik als Friedensethik.[13] Ein solcher Ansatz erinnert an die Verantwortung der Medien, für den Frieden zu werben und zu dessen Förderung beitragen zu können. Daran lässt sich mit den Weltfriedensbotschaften anknüpfen, da immer wieder die Bedeutung der Medien und die Weiterentwicklungen der sozialen Kommunikationsmittel von den Päpsten würdigend

---

[10] Siehe dazu als Einstieg in diese Materie *H. Münkler*, Der Wandel des Krieges. Von der Symmetrie zur Asymmetrie, Weilerswist ^{3}2014; *C. Masala*, Weltunordnung. Die globalen Krisen und das Versagen des Westens, München ^{2}2018.

[11] Siehe hierzu *E. Schockenhoff*, Kein Ende der Gewalt? Friedensethik für eine globalisierte Welt, Freiburg i. Br. 2018, 727–731.

[12] Siehe beispielsweise *B. Koch/N. Schörnig*, The Dangers of Lethal Autonomous Weapon Systems. Justitia et Pax Europa Memo 1, Conference of European Justice and Peace Commissions, Brüssel 2015.

[13] Vgl. *A. Heinrich*, Medienethik als Friedensethik. Impulse zur friedensstiftenden Verantwortung der Medien, in: AmosInternational 6 (2012) 18–24.

und mahnend hervorgehoben werden. Allerdings geschieht dies bislang ausschließlich auf der Ebene einer zusätzlichen thematischen Erwähnung bzw. eines Appells an die Medienvertreter. Aufgrund der medialen Einflussmöglichkeiten durch die Informationsweitergabe über Krieg und Frieden muss es jedoch als Leerstelle gewertet werden, dass dieser Handlungsbereich noch nicht als Leitthema in den päpstlichen Weltfriedensbotschaften behandelt worden ist, wenngleich die Päpste dies bei anderen Gelegenheiten durchaus aufgreifen (vgl. die Botschaft von Papst Franziskus zum 52. Welttag der sozialen Kommunikationsmittel 2018 mit dem Titel: „Die Wahrheit wird euch befreien“ (Joh 8,32). Fake News und Journalismus für den Frieden). Der Frieden basiert auch auf dem Vertrauen einer Gesellschaft in das Handeln der Verantwortlichen im öffentlichen Leben (wie den Medien und der Politik). Für die Weltfriedensbotschaften bleibt es ein Desiderat, dass dies noch nicht als Leitthema behandelt worden ist. Außerdem wäre sogar tiefergehend eine eigene (Sozial-)Enzyklika zur virtuellen Kommunikation als fundamentale Veränderung menschlichen Zusammenlebens wünschenswert, die die Bedeutung der Medienarbeit mit Impulsen der ihr zukommenden Aufgabe zur Friedensförderung beleuchtet – gewissermaßen als Summe dessen, was die Päpste bislang immer wieder in ihren Weltfriedensbotschaften dazu zum Ausdruck bringen.

Ein weiteres thematisches Desiderat ist die fehlende Behandlung der Militärseelsorge. Dieses pastorale Einsatzgebiet kann bereits durch die vielen Themen aus den päpstlichen Botschaften profitieren und Impulse für die ethische Sensibilisierung und Schulung von Streitkräften erhalten, etwa zur Frage des legitimen Waffengebrauchs und dem Konzept der ‚Responsibility to protect‘. Jedoch wäre auch hier eine exponierte Behandlung zu ethischen Fragen wünschenswert, wie etwa die Vereinbarkeit des notwendigen militärischen Dienstes mit der von den Päpsten beabsichtigten Friedensförderung, die mit den Leibildern von der ‚Zivilisation der Liebe‘ und der Kultur der Achtsamkeit stark gemacht und weiterentwickelt wird. Auch stehen die Streitkräfte vor dem Hintergrund eines steigenden Frauenanteils und einer zunehmenden Diversität unter Soldatinnen und Soldaten sowie den zivilen Mitarbeiterinnen und Mitarbeitern vor tiefgreifenden Transformationsprozessen, welche durch die Militärseelsorge mitbegleitet werden sollen. Bislang findet sich nur einmal eine Erwähnung der Militärseelsorge in einer Weltfriedensbotschaft (vgl. Wfb 2006).

In den ermittelten Schwerpunktthemen der Friedenslehre aus den päpstlichen Botschaften können mögliche Antworten auf die Fragen nach dem richtigen Handeln für eine friedlichere Welt gefunden werden – auch wenn nicht jede Thematik expressis verbis von den Päpsten artikuliert wird. Die Sicherung und Förderung des Friedens entscheidet sich nicht ausschließlich im militärischen Bereich, sondern im Umgang des Menschen mit komplexen Phänomenen, die die Kompetenzen einer Nation überschreiten, wie etwa zur Notwendigkeit von Initiativen des Umweltschutzes. Es wird in Zukunft entscheidend darauf ankommen, ob es gelingt, eine Kultur des Miteinanders zu entwickeln, die den Weltfrieden als Zielperspektive und hoffnungsvolle Möglichkeit stärkt und das universale Gemeinwohl in den Blick nimmt. Zur Unterstützung der Kooperation und des Zusammenhalts in der Völkergemeinschaft und zur Aufdeckung von Friedensgefährdungen können die päpstlichen Botschaften Existentielles beitragen, sofern es gelingt, den interdisziplinären Austausch zu forcieren. Mit den Worten von Papst Franziskus gesprochen besteht zur Weiterentwicklung der kirchlichen Soziallehre im Allgemeinen und der päpstlichen Friedenslehre im Speziellen sogar Handlungsbedarf, denn weder der Papst noch die Kirche besitzen „das Monopol für die Interpretation der sozialen Wirklichkeit oder für einen Vorschlag zur Lösung der gegenwärtigen Probleme" (EG 184). Insofern kann konstatiert werden, dass christliche Friedensethik auf Interdisziplinarität angewiesen ist, um in Zukunft Friedensbedrohungen adäquat reflektieren und normatives Orientierungswissen vorschlagen zu können, oder kurz: um alle Gefährdungen des Friedens zu analysieren.

Eine grundlegende theologische und sozialethisch akzentuierte Überzeugung wird in diesem Zusammenhang mit der Thematik der Menschheitsfamilie (vgl. Wfb 1994 und 2008) ausgedrückt. Die Weltfriedensbotschaften richten sich nicht nur an Christen bzw. Gläubige, sondern an alle Menschen (guten Willens); sie sind also kein binnenkirchliches oder interreligiöses, sondern vielmehr ein allgemeines bzw. universales Verkündigungsmedium. Ein solcher Anspruch kann als Selbstüberschätzung gewertet werden, aber es liegt eine andere Absicht zugrunde. Wie in einer Familie – so die Sichtweise der Päpste – muss für die Menschheit das Zusammenleben organisiert und strukturiert werden, damit jedes Mitglied und jeder Akteur durch sein Handeln nicht die Freiheit des anderen begrenzt. Dazu sind Bemühungen in Bildung und Erziehung erforderlich, damit der Einzelne zu einer verantwortlichen Friedensgesinnung gelangen und nach ihr handeln kann. Der Ausgangspunkt der Menschheitsfamilie ist dabei der einzelne Mensch und seine Fähigkeit zum konstruktiven Umgang mit Konfliktsituationen durch die Offenheit für den Dialog und weitere Grundhaltungen, die das Engagement für den Frieden motivieren. Diese globale Familie konstituiert sich theologisch durch Gott, als dem Schöpfer und Vater aller Menschen. Ein solches Verständnis macht die Rede von der Menschheitsfamilie zu einer theologischen Kategorie – jedoch mit sozialethischer Bedeutung, wenn das solidarische und an der Gerechtigkeit orientierte Zusammenleben reflektiert wird. Hierfür stehen Leitthemen wie Dialog (vor allem in der Politik), Menschenrechte, Jugend und Familien, Freiheitsrechte, Entwicklung und Armut, die Rolle der Frau sowie die weltweite Problematik von Flucht und Migration. Diese erweisen sich als Kernthemen für die strukturelle und institutionelle Förderung des Weltfriedens durch das konsequente Postulat der Humanisierung gesellschaftlicher Bedingungen. In dieser Themenvielfalt ist auch die Forderung nach einer Weltautorität bzw. nach globalen Ordnungssystemen (wie z. B. für Wirtschaft, Sicherheit und Umwelt) in den päpstlichen Botschaften zu verorten (vgl. Wfb 1979, 2000 und 2009). Eine solche Institution darf nach Auffassung der Päpste nicht die faktische Schaffung eines globalen Superstaats bedeuten. Vielmehr bedarf es einer neuen Organisationsstruktur, an der die gesamte Menschheitsfamilie zur Friedenssicherung mitwirken müsste. Nur mit dem Bewusstsein der Gleichheit und Verbundenheit aller Menschen und deren institutioneller Ausgestaltung, kann die globale Friedenspolitik unter der Beachtung der individuellen Freiheitsrechte dauerhaft gelingen. Inwieweit diese Überlegungen in der Realpolitik als seriöse Handlungsoption anschlussfähig und umsetzbar sind, ist evident. Denn die UN hat beispielsweise im Jahr 2005 im Abschlussdokument des UN-Weltgipfels eine Grundlage zur internationalen Schutzverantwortung (‚Responsibility to Protect') vorgelegt und diese durch eine Resolution im Jahr 2014 konkretisiert. Hierbei handelt es sich um eine Konzeption der globalen Sicherheitspolitik und der Förderung von Humanität. Damit werden auch weiterführende Fragen berührt, wie nach der ethischen Legitimation des Waffengebrauchs, welcher nur im Sinne der militärischen Nothilfe bzw. Notwehr zum Schutz der Menschlichkeit aus Sicht der christlichen Friedenslehre vertretbar ist. Solche Überlegungen können auch in die Diskussion über Kriterien einwirken, die die Legitimation von humanitären Interventionen betreffen.

b) Tendenzen der aktuellen Friedenslehre

Abschließend soll anhand der Wfb 2021 und 2022 ein Blick in die Zukunft gewagt und damit ein Antwortversuch auf die Frage, was wir von den päpstlichen Weltfriedensbotschaften erwarten können, vorgestellt werden.

Unverkennbarer Ausgangspunkt der Botschaft von 2021 ist die Corona-Pandemie, die die Weltpolitik des Jahres 2020 dominiert hat und deren noch nicht absehbare Folgen die Menschheit beschäftigen. Dabei formuliert Papst Franziskus zu Beginn eine Bitte, wonach den Kranken, den Ärmsten und den Schwächsten der Zugang zu Impfstoffen und Technologien zu deren Schutz vor einer möglichen Infektion gewährleistet werden soll. Hieraus lässt sich eine Aktualisierung der Option für die Armen ableiten – einem Fachterminus der Katholischen Soziallehre, nach welchem insbesondere jene Menschen, die in prekären Lebensbedingungen leben, besondere Aufmerksamkeit erfahren müssen. Das nimmt vor allem politische Verantwortungsträger in die Pflicht. Zugleich verweist Papst Franziskus auf die Zunahme von Nationalismus, Rassismus, Fremdenfeindlichkeit sowie die weiterhin anhaltenden Kriege in der Welt. Die globale Krise und die sich verschärfenden Bedrohungen für den Frieden werden schöpfungstheologisch interpretiert, wenn sie als vorherrschende Kultur der Gleichgültigkeit, des Wegwerfens und der Konfrontation identifiziert werden und die Kultur der Achtsamkeit als wirksamer Gegenentwurf profiliert und mit dem Lebensschutz verbunden wird, deren hohe normative Geltung aus der Gottebenbildlichkeit des Menschen erwächst. Hierbei firmiert die Solidarität unter dem Terminus der Geschwisterlichkeit bzw. Brüderlichkeit. Die Achtsamkeit hat, mit den Worten des Papstes gesprochen, eine eigene Grammatik, die in vier Aspekten entfaltet wird. Diese können als Strukturen einer Friedensethik verstanden werden, die die ganzheitliche Förderung einer Kultur der Achtsamkeit betont, die sich demnach in der Förderung der Würde und Rechte der Person zeigt (1.): „Jede menschliche Person ist Selbstzweck, niemals einfach Mittel, das nur seines Nutzens wegen geschätzt wird; sie ist dazu geschaffen, um in der Familie, in der Gemeinschaft und in der Gesellschaft zusammenzuleben, wo alle Mitglieder an Würde gleich sind“ (Wfb 2021). (2.) Es bedarf außerdem einer Achtsamkeit gegenüber dem Gemeinwohl. Die Relevanz dieses Aspekts wird mit den Konsequenzen menschlichen Handelns hervorgehoben, wonach grundsätzlich „Pläne und Bemühungen stets die Auswirkungen auf die gesamte Menschheitsfamilie berücksichtigen und die Folgen für den gegenwärtigen Augenblick und für die künftigen Generationen abwägen“ (Wfb 2021) müssen. (3.) Auch ruft der Papst die Solidarität als handlungsleitendes Prinzip in Erinnerung. Sie hilft dabei, gesellschaftliche Missstände und deren Gefahr für die Menschheitsfamilie als solche ausfindig zu machen. (4.) Ein achtsamer Umgang zeigt sich auch in der Verantwortung des Menschen gegenüber seiner natürlichen Umwelt, die das Fundament menschlichen Lebens ist. Dies stärkt die Zusammengehörigkeit der Menschen, da die Natur allen Menschen gemeinsam ist. Dabei gebraucht der Papst das Bild von der Erde als dem gemeinsamen Haus.

Außerdem legt Papst Franziskus die Gefahren einer Wegwerfkultur offen, die ein Ausdruck der Gleichgültigkeit gegenüber dem Leben zum Ausdruck bringt und den Frieden in der Welt gefährdet, da in einer solchen Haltung und kulturellen Ausprägung die Ungleichheiten verstärkt und die soziale Not vergrößert werden. Franziskus wirbt für die Grammatik der Achtsamkeit, indem er sie als einen Kompass vorschlägt, nach dem sich die Verantwortlichen in Politik und Wirtschaft richten sollten, um im Globalisierungsprozess das Wohl der einen Menschheitsfamilie in den Blick zu nehmen. Damit werden Leitlinien einer am Gemeinwohl orientierten Weltordnung artikuliert. Neben politischen und wirtschaftlichen Verantwortungsträgern und den Akteuren in Wissenschaft, sozialer Kommunikation und den Bildungseinrichtungen thematisiert der Papst auch die Rolle der Frau, die nicht nur in den Familien, sondern „in allen sozialen, politischen und institutionellen Bereichen“ (Wfb 2021) zum Tragen kommen soll. Zusätzlich werden die Einhaltung des Völkerrechts sowie der Schutz und die Förderung der Menschenrechte angemahnt. Dabei wirbt Franziskus auch expressis verbis für die Achtung des humanitären Rechts und hebt dabei das Schicksal der Flüchtlinge hervor, insbesondere der Familien und Kinder. Deren prekäre Lebensbedingungen werden durch die globalen Krisen, wie z. B. die Corona-Pandemie, die Klima-, Ernährungs-, Wirtschafts- und Migrationskrisen verschärft. Hinzu kommt die Vergeudung von Ressourcen durch eine unverhältnismäßig hohe Waffenproduktion, wobei die Atomwaffen explizit genannt und deren Produktion und Besitz kritisiert werden. Statt Waffen zu produzieren, müssten die Ressourcen „für wichtigere Prioritäten zur Gewährleistung der Sicherheit der Menschen eingesetzt werden“ (Wfb 2021).

In Form einer Frage des Papstes lässt sich die zentrale Intention der vorliegenden Botschaft und des Verkündigungsmediums der Weltfriedensbotschaften insgesamt festhalten: „Wie können wir unsere Herzen bekehren und unsere Mentalität ändern, um in Solidarität und Geschwisterlichkeit wirklich Frieden zu suchen?“ (Wfb 2021) Dazu müssen strukturelle Weichenstellungen vollzogen werden, beispielsweise ein Weltfonds, mit dessen Hilfe die Hungersnot überwunden und die Entwicklung von armen Nationen gefördert werden soll. Vor allem lädt Franziskus zu einem Erziehungsprozess ein, den die Familien, die Schulen, die Universitäten und die anderen Bildungseinrichtungen, die soziale Kommunikation, die internationalen Organisationen und die Religionen im Allgemeinen sowie die Religionsführer im Speziellen gestalten sollen. Dabei geht es um die Vermittlung eines Wertesystems, das auf Anerkennung der Würde und Grundrechte jeder Person gründet und durch Dialog, im Rahmen des Globalen Bildungspaktes, fundiert werden muss. So kann eine Kultur der Achtsamkeit entstehen, die „zur Aufgeschlossenheit, zur Aufmerksamkeit, zum Mitgefühl, zur Versöhnung und zur Heilung, zu gegenseitiger Achtung und gegenseitiger Annahme“ (Wfb 2021) animiert und so den Weltfrieden ermöglicht.

Die Weltfriedensbotschaft von 2022 steht unter dem Thema des Miteinanders der Generationen: „Dialog zwischen den Generationen, Erziehung und Arbeit: Werkzeuge, um einen dauerhaften Frieden aufzubauen“. Im Titel wird bereits der thematische Schwerpunkt eines fruchtbaren Dialogs erkennbar, der einerseits in der Erziehung und andererseits in der Teilhabe des Einzelnen an der Entwicklung der Gesellschaft durch Arbeit zum Ausdruck kommt. Die Notwendigkeit dieses Themas begründet Franziskus mit der Beobachtung der sozialen Folgen der andauernden Coronakrise, durch welche soziales Interagieren und mitmenschliche Begegnungen begrenzt werden müssen. Im Einzelnen benennt der Papst insbesondere die Tendenz der Vereinsamung und des Rückzugs ins Private als Abschottung, sowohl unter Jugendlichen als auch Erwachsenen im fortgeschrittenen Alter. Oftmals werde das Miteinander der Generationen als scheinbare Belastung wahrgenommen und folglich nicht mehr als erstrebenswertes Aufgabenfeld entdeckt. Bisweilen herrscht eine beiderseitige Resignation der jungen und alten Generationen vor: „Zur Einsamkeit der älteren Menschen gesellt sich bei den Jugendlichen das Bewusstsein der Ohnmacht und des Fehlens einer gemeinsamen Zukunftsperspektive" (Wfb 2022).

Diese sozialen Folgen verstärken sich auch in dieser Krisenzeit durch die Pandemie mit politischem Misstrauen, dass sich in der zunehmenden Rüstungsproduktion äußert. Die Ausgaben gehen über das Niveau zu Zeiten des Kalten Krieges hinaus. Wichtiger hingegen wären Investitionen im Gesundheitswesen, Bildung, Infrastruktur und Umweltschutz. In diesem Zusammenhang mahnt Franziskus im Anschluss an die Botschaft des Vorjahres an eine Förderung der Kultur der Achtsamkeit. Diese müsse insbesondere bei dem erkennbaren Rückschritt beim Lernen der Kinder und Jugendlichen, durch den zunehmenden Fernunterricht als Schutzmaßnahme zur Eindämmung der pandemischen Lage, zum Tragen kommen. Ebenfalls in Bezug auf die Botschaft des Vorjahres ruft Franziskus dazu auf, „ein neues kulturelles Paradigma zu schmieden" (Wfb 2022), womit das Ziel eines konstruktiven Dialogs verfolgt wird, der die Generationen für das Ringen um den Weltfrieden zueinander führt. Auch im Problemfeld der informellen Wirtschaft bedarf es einer Kultur der Achtsamkeit, die zur Überwindung sozialer Missstände auffordert. Konkret erwähnt hier der Papst die prekären Arbeitsbedingungen, in welchen oftmals Migranten als Arbeiter genötigt sind, für sich und ihre Familien auszuharren, wobei sie dabei wirtschaftlich ausgebeutet werden. Dabei wird auch für die Katholische Soziallehre geworben, die Orientierungspunkte anzubieten hat, um zu einem ausgewogenen Verhältnis zwischen wirtschaftlicher Freiheit und sozialer Gerechtigkeit zu finden, das die Basis für den Frieden einer Gesellschaft darstellt.

Bemerkenswert ist die Bildersprache der Wfb 2022: So spricht der Papst von der Architektur und dem Handwerk des Friedens, um einen Sozialpakt entstehen zu lassen, der auf den Dialog zwischen den Generationen aufbaut sowie die Bildung als Basis der menschlichen Freiheit und die Arbeit als unabdingbaren Baustein zur vollständigen Verwirklichung der Menschenwürde hervorhebt. Die Menschen werden ermutigt, Handwerker des Friedens zu werden. Es bedürfe einer gesunden Politik und einer Kultur des Miteinanders, vor allem auch der Generationen: generationenübergreifend müsse man im Dialog sein, welcher in der Gegenwart verwurzelt, helfe, die Vergangenheit aufzuarbeiten, Träume sprießen und Hoffnung blühen zu lassen: „Wie könnten sonst die Bäume ohne die Wurzeln wachsen und Früchte tragen?“ (Wfb 2022) Erneut betont der Papst die Bedeutung und die drei Dimensionen des menschlichen Beziehungsgefüges, nämlich jene zu sich selbst, den Mitmenschen und der Umwelt. Nur im Bewusstsein der einen Menschheitsfamilie kann der Dialog dauerhaft Kriege überwinden helfen. Gleichfalls gilt dies für die Herausforderungen angesichts von Pandemien, den Auswirkungen des Klimawandels und von Umweltschäden, sowie dem „Drama des Hungers und des Durstes“ (Wfb 2022). Das zentrale Anliegen ist, eine neue und umfassende Entwicklung der Menschheit als Garant für den Frieden anzugehen. Hierfür erinnert Papst Franziskus auch an die Enzyklika ‚Populorum progressio‘ (1967) von Paul VI., wonach Entwicklung der neue Name für Frieden ist, und an ‚Laborem exercens‘ (1981) von Johannes Paul II.

Mit Blick auf diese beiden Weltfriedensbotschaften von Papst Franziskus lässt sich ablesen, dass die Friedensförderung in der neueren päpstlichen Sozialverkündigung soziale Missstände in den Blick nimmt und daraus Prinzipien zur Förderung einer Kultur des Friedens entwickelt. Der Fokus richtet sich keineswegs einseitig auf militärisches Geschehen. Auch erübrigen sich die päpstlichen Appelle nicht in einem Lamento über Gewaltausbrüche. Vielmehr kann würdigend festgehalten werden, dass die Päpste eine weite Perspektive einnehmen und helfen, Gefährdungen des Friedens in einer unübersichtlichen Weltlage ausfindig zu machen. Durch die offensichtliche Orientierung der Sozialverkündigung an den Gefährdungen des Individuums und den Bedrohungen der Menschenwürde werden zudem konstruktive Denk- und Handlungsoptionen vorgeschlagen, die außerdem nicht bloß mahnenden Charakters sind, sondern für die hoffnungsvolle Möglichkeit des Friedens werben. Dabei tritt immer stärker die Verbindung der Umweltkrise mit dem Erfordernis eines kulturellen Modells des Friedens (vgl. Wfb 2022) zum Vorschein, in welchem das Bewusstsein der einen Menschheitsfamilie und des verantwortungsvollen Gebrauchs von natürlichen Ressourcen in den Mittelpunkt rücken.

B)
Botschaften zur Feier der Weltfriedenstage

Botschaft seiner Heiligkeit Papst Paul VI.
zur Feier des 1. Weltfriedenstages
1. Januar 1968

Botschaft zur Feier eines „Tages des Friedens“

Wir wenden uns an alle Menschen guten Willens und rufen sie auf, in aller Welt den Tag des Friedens am ersten Tag des Kalenderjahres, dem 1. Januar 1968, zu begehen. Wir würden es begrüßen, wenn sich dann jedes Jahr diese Feier wiederholen könnte als Wunsch und Gelöbnis, an den Anfang des Jahres, das die Zeit unseres menschlichen Daseins misst und beschreibt, den Frieden zu stellen, um in seiner gerechten und wohltuenden Ausgeglichenheit die geschichtliche Entwicklung der Zukunft zu bestimmen.

Wir meinen, dieser unser Vorschlag entspricht den Bestrebungen der Völker und ihrer Staatsmänner, der internationalen Vereinigungen, die sich um die Erhaltung des Weltfriedens mühen, der religiösen Gemeinschaften, die an der Förderung der Friedensidee arbeiten, der kulturellen, politischen und sozialen Bewegungen, die den Frieden als ihr Ideal propagieren, der Jugend, die mit größerem Scharfblick die neuen Wege der Menschheit sieht, die zu einer friedlichen Entwicklung hinführen sollen, der Weisen, die klar Notwendigkeit wie Bedrohung des Friedens in unseren Tagen erkennen.

Der Vorschlag, den ersten Tag des Jahres dem Frieden zu weihen, soll nicht allein von uns, das heißt von religiöser, katholischer Seite kommen. Er sucht vielmehr die Beteiligung aller, aller, die den Frieden wahrhaft lieben, geradeso, als käme dieser Vorschlag aus ihren Reihen; er möchte sich nicht in bestimmten Formen festlegen, um in besonderer Weise auf jene einzugehen, die davon wissen, wie schön, ja wie wichtig es ist, dass alle Stimmen in der Welt in dem bunten Zusammenspiel der modernen Menschheit zu dem Preislied des einzigartigen Gutes aufklingen, das der Friede ist.

Die katholische Kirche möchte ganz einfach, in der Absicht zu dienen und Beispiel zu geben, diese Idee vor Augen stellen, damit sie nicht nur weltweiten Beifall, sondern auch überall vielfache Unterstützung finde. Ihre Förderer sollen fähig und stark genug sein, dem Tag des Friedens, in seiner Wiederkehr am Anfang jeden neuen Jahres, das unverfälschte und kraftvolle Gepräge von Menschen zu geben, die bewusst und innerlich frei von allem bedauerlichen Kriegsgeschehen der Weltgeschichte eine verheißungsvollere Entwicklung in geordneter Zivilisation zu sichern wissen.

Die katholische Kirche wird ihren Gläubigen die Feier dieses Tages des Friedens immer mahnend ins Gedächtnis rufen mit den religiös sittlichen Grundsätzen des christlichen Glaubens. Sie hält es aber auch für ihre Pflicht, alle jene, die mit ihr zusammen die Feier dieses Tages begehen wollen, an Folgendes zu erinnern, was zum Wesen einer solchen Feier gehört: Zunächst die Notwendigkeit, für den Frieden einzutreten in Anbetracht der Gefahren, die ihm zu allen Zeiten drohen: Nämlich die Gefahr, dass in den Beziehungen der Völker zueinander der Egoismus überhandnimmt; die Gefahr, dass sich die Bevölkerung mancher Länder zu Ausschreitungen hinreißen lässt in der Verzweiflung, nicht anerkannt zu werden und zusehen zu müssen, wie Menschenrecht und Menschenwürde mit Füßen getreten werden; weiterhin die Gefahr, Vernichtungswaffen einzusetzen, die gerade heute erschreckende Ausmaße angenommen hat. Die Großmächte, die darüber verfügen, wenden dafür ungeheure Summen auf. Das aber gäbe gerade in Anbetracht der gravierenden Notlage, in der sich die Entwicklung vieler Völker befindet, Anlass zur Besinnung. Weiterhin endlich die Gefahr anzunehmen, dass die internationalen Konflikte nicht auf dem Weg der Vernunft, das heißt durch Verhandlungen auf der Grundlage des Rechtes, der Gerechtigkeit und der Gleichheit, sondern nur durch gewaltsame Abschreckungsmaßnahmen und mörderische Waffen bereinigt werden können.

Der Friede gründet sich subjektiv auf einen neuen Geist, der das Zusammenleben der Völker beseelen muss, auf eine neue Auffassung vom Menschen, seinen Pflichten und seiner Bestimmung. Ein langer Weg muss noch beschritten werden, damit diese Auffassung Allgemeingut wird und sich auswirken kann. Eine neue Erziehungsweise muss die heranwachsende Generation dazu führen, dass sich die Nationen gegenseitig achten, dass die Völker untereinander Brüder werden und alle Menschen für ihren gemeinsamen Fortschritt zusammenarbeiten. Die internationalen Verbände und Einrichtungen, die dieses Ziel anstreben, verdienen es, besser gekannt zu werden, von allen Unterstützung zu erfahren und mit Autorität und den für ihre hohe Sendung notwendigen Mitteln ausgestattet zu werden. Der Tag des Friedens soll auch eine Ehrung für diese Institutionen sein und ihrem Werk Ansehen und Vertrauen entgegenbringen wie auch jene Erwartung, die ihr Verantwortungsbewusstsein und das Wissen um die anvertrauten Aufgaben wachhält. Eines muss jedoch in Erinnerung gebracht werden: Der Friede kann sich nicht auf die Unechtheit wortreicher Rhetorik gründen. Sie findet zwar immer Anklang, da sie auf die geheimsten und ursprünglichsten menschlichen Bestrebungen Antwort zu geben scheint, sie kann aber auch nur dazu dienen – und in der Vergangenheit hat sie es leider manchmal getan –, gähnende Leere dort zu verbergen, wo echter Geist und wirkliche Bemühungen um den Frieden fehlen, oder um gewalttätige Gedanken und Handlungen und egoistische Interessen zu bemänteln. Man kann nicht legitimer Weise vom Frieden reden, wenn das bewährte Fundament des Friedens nicht anerkannt und geachtet wird, das heißt die Aufrichtigkeit, nämlich die Gerechtigkeit und die Liebe in den Beziehungen zwischen den Staaten beziehungsweise im Bereich jeder Nation: In den Beziehungen der Bürger untereinander und mit ihrer Regierung; ferner die Freiheit des Einzelnen und der Völker in allen ihren Spielarten der bürgerlichen, kulturellen, moralischen und religiösen Freiheit. Andernfalls wird es keinen Frieden geben, auch dann nicht, wenn man auf rein zufällige Weise durch Unterdrückung fähig wäre, den äußeren Anschein von Ordnung und Gesetzmäßigkeit zu erwecken; das stete innere Schwelen von Aufständen und Kriegen würde sich nicht ersticken lassen.

Wir laden die weisen und tapferen Menschen ein, diesen Tag dem wahren, gerechten und ausgleichenden Frieden zu weihen, der sich auf die ehrliche Anerkennung der Rechte der menschlichen Person und auf die Unabhängigkeit der einzelnen Nationen gründet.

So bleibt schließlich zu wünschen, dass die Herausstellung des Friedensideals nicht die Feigheit jener begünstigt, die Angst davor haben, ihr Leben in den Dienst ihres Landes und ihrer Brüder zu stellen, während diese sich für die Verteidigung der Gerechtigkeit und Freiheit aufopfern. Sie suchen sich vielmehr der Verantwortung zu entziehen und schrecken vor dem unvermeidbaren Risiko zurück, das die Erfüllung großer Pflichten und ein hochherziger Einsatz mit sich bringen. Friede ist kein Pazifismus; hinter ihm kann sich keine billige und bequeme Auffassung vom Leben verbergen; er verkündet vielmehr die hohen und allgemeingültigen Werte des Lebens: Wahrheit, Gerechtigkeit, Freiheit und Liebe.

Um diese Werte zu schützen, stellen wir sie unter das Banner des Friedens und laden alle Menschen und Nationen ein, dieses Banner – zu Beginn des neuen Jahres – weithin sichtbar hochzuheben. Es soll das Schiff der Menschheit durch alle unvermeidlichen Stürme der Geschichte hindurch zum Hafen seiner hohen Bestimmung führen.

An euch, geliebte Brüder im Bischofsamte, an euch, geliebte Söhne und Gläubige unserer heiligen katholischen Kirche, richten wir die Einladung, die wir eben verkündet haben: Eine besondere Feierlichkeit dem Gedanken und dem Willen zum Frieden einzuräumen am ersten Tag des bürgerlichen Jahres, am ersten Januar des kommenden Jahres.

Diese Feierlichkeit soll den liturgischen Kalender nicht abändern, der den Neujahrstag der Verehrung der göttlichen Mutterschaft Mariens und des heiligsten Namen Jesu vorbehält. Im Gegenteil! Diese heiligen und schönen Gedenktage sollen vielmehr mit ihrem Lichte aufleuchten lassen, was sie an Güte, an Weisheit und Hoffnung in sich schließen für unser Beten, unsere Betrachtung und unser Ringen um das große und ersehnte Gut des Friedens, dessen die Welt so sehr bedarf.

Es wird euch aufgefallen sein, ehrwürdige Brüder und geliebte Söhne, wie oft unsere Worte Erwägungen und Ermahnungen zum Frieden wiederholen.

Wir tun dies keineswegs, weil wir uns daran gewöhnt haben, oder um lediglich ein aktuelles Thema zu behandeln. Wir tun dies vielmehr in dem Gedanken, dass dies unsere Pflicht als Hirte aller Gläubigen ist. Wir tun es, weil wir den Frieden schwer bedroht sehen und in der Vorausschau schrecklicher Ereignisse, die sich für ganze Länder und vielleicht auch für einen großen Teil der Menschheit katastrophal auswirken können. Wir tun es, weil es sich in den letzten Jahren der Geschichte unseres Jahrhunderts endlich ganz klar gezeigt hat, dass der Friede den einzigen und wahren Weg des menschlichen Fortschrittes darstellt; nicht die Spannungen ehrgeiziger nationaler Bestrebungen, nicht gewalttätige Eroberungen; nicht Unterdrückungen, die eine verfehlte bürgerliche Ordnung zeitigen. Wir tun es, weil der Frieden im Ideenbereich der christlichen Religion gegeben ist; weil für den Christen den Frieden zu proklamieren gleichbedeutend ist mit Christus zu verkündigen. „[E]r ist unser Friede" (Eph 2,14); sein Evangelium ist „das Evangelium des Friedens" (Eph 6,15). Durch sein Kreuzesopfer hat er die Aussöhnung aller Menschen vollzogen, und wir, die wir ihm folgen, sind berufen, „Frieden [zu] stiften" (Mt 5,9); und nur aus dem Evangelium endlich kann tatsächlich der Friede erblühen, nicht um die Menschen schwach und weich zu machen, sondern um in ihrem Gemüte anstelle impulsiver Gewalttätigkeit und Unterdrückungssucht die edlen Tugenden kluger, gereifter Überlegung und herzlichen Menschentums zu setzen. Wir tun es endlich, weil wir nicht möchten, dass jemals von Gott oder der Geschichte gegen uns der Vorwurf erhoben würde, angesichts der Gefahr eines neuen Weltbrandes geschwiegen zu haben, der, wie jeder weiß, unvorhergesehene Formen apokalyptischen Schreckens annehmen könnte.

Man muss immer vom Frieden sprechen. Man muss die Welt dazu erziehen, den Frieden zu lieben, den Frieden aufzubauen, den Frieden zu verteidigen. Und gegen die auflebenden Vorboten des Krieges, nationalistische Bestrebungen, Rüstungen, Herausforderung zum Umsturz, Rassenhass, Rachsucht und so weiter, und gegen die Bedrohung eines taktischen Pazifismus, der den zu vernichtenden Gegner einzuschläfern sucht, oder aber in den Geistern den Sinn für Gerechtigkeit, für Pflicht und Opfer tötet, muss man bei den Menschen unserer Zeit und bei den kommenden Geschlechtern den Sinn und die Liebe für einen Frieden wecken, der in der Wahrheit begründet ist, in der Gerechtigkeit, in der Freiheit und in der Liebe (vgl. allgemein PT).

Die große Idee des Friedens soll vor allem bei uns, die wir Christus folgen, zu Beginn des neuen Jahres 1968 ihren Festtag haben.

Wir, die wir an das Evangelium glauben, können dieser Gedenkfeier einen wunderbaren Schatz von schöpferischen und kraftvollen Gedanken geben: Wie zum Beispiel die unantastbare und universale Bruderschaft aller Menschen, die sich ableitet aus der einzigartigen, erhabenen und liebenswerten Vaterschaft Gottes und die aus der Gemeinschaft kommt, die alle – tatsächlich oder im Wunsche – mit Christus vereint; und die sich auch aus der Berufung beim Propheten ergibt, der das Menschengeschlecht im Heiligen Geist zur Einheit aufruft, und zwar nicht nur im Bewusstsein, sondern auch in Werken und in schicksalhafter Verbundenheit. Wir können, wie sonst niemand, von der Nächstenliebe sprechen. Wir können aus der Vorschrift des Evangeliums, zu verzeihen und Barmherzigkeit zu üben, belebende Ansatzpunkte für das Gesellschaftsleben knüpfen. Wir vor allem, ehrwürdige Brüder und geliebte Söhne, haben eine einzigartige Waffe für den Frieden zu unserer Verfügung: Das Gebet mit seinen wunderbaren Kraftquellen auf moralischer Ebene und der Einwirkung übernatürlicher Faktoren geistlicher und politischer Erneuerung. Das Gebet bietet jedem die Möglichkeit, sich persönlich und aufrichtig nach den tiefsten Gründen des Verletzt-Seins und der Gewalttätigkeit zu fragen, die sich im Herzen eines jeden eventuell finden können.

Wir sehen also der Einweihung des Gnadenjahres 1968 entgegen, dem Jahr des Glaubens wie der Hoffnung, mit einem Gebet für den Frieden, und zwar alle, nach Möglichkeit zusammen in unseren Kirchen und in unseren Heimen. Darum möchten wir euch jetzt bitten. Keine Stimme soll fehlen in dem großen Chor der Kirche und der Welt, die Christus anflehen, der sich für uns geopfert hat: *Dona nobis pacem*, schenk uns den Frieden!

Euch alle begleite unser apostolischer Segen.

Aus dem Vatikan, am 8. Dezember 1967
Paul VI.

Botschaft seiner Heiligkeit Papst Paul VI.
zur Feier des 2. Weltfriedenstages
1. Januar 1969

Menschenrechte, der Weg zum Frieden

Allen Menschen guten Willens, allen, die für den Lauf der Geschichte in der Gegenwart und in der Zukunft verantwortlich sind; all denen also, die im politischen Leben, in der öffentlichen Meinung, in der sozialen Arbeit, im Kulturgeschehen und im Erziehungswesen eine führende Rolle innehaben; allen jungen Menschen, die sich in Angst und Sorge um die Erneuerung der Welt auflehnen, verkünden wir in Demut mit der Stimme der Freiheit, die losgelöst ist von allem irdischen Interesse, noch einmal flehentlich und in feierlichem Ernst das Wort: Friede. Der Friede ist heutzutage zuinnerst mit der ideellen Anerkennung und der wirksamen Wiederherstellung der Menschenrechte verbunden. Diesen fundamentalen Rechten entspricht eine fundamentale Pflicht: Der Friede. Der Friede ist eine Pflicht.

Was man in der Gegenwart sagt zur Entwicklung der internationalen Verbindungen, zur gegenseitigen Abhängigkeit der einzelnen Völker in ihren Interessen, zum Streben der jungen Staaten nach Freiheit und Unabhängigkeit, zu den Anstrengungen der Zivilisation für die Ermöglichung einer einheitlichen und weltweiten Organisation auf rechtlicher Grundlage, zu den unberechenbaren Gefahren und Katastrophen im Falle von erneuten bewaffneten Auseinandersetzungen, zur Psychologie des heutigen Menschen in seiner Sehnsucht nach ungestörtem Glück und weltweiten menschlichen Kontakten, zum Fortschritt der ökumenischen Bewegung und der wechselseitigen Achtung vor persönlicher und sozialer Freiheit: Das alles festigt in uns die Überzeugung: Der Friede ist eines der höchsten Güter des menschlichen Lebens auf Erden und von erstrangiger Bedeutung; ihm gilt das gemeinsame Streben aller Menschen; er ist ein Ideal, das einer Menschheit würdig ist, die Herr ihrer selbst und der Welt ist. Der Friede ist notwendig, um das Erreichte festzuhalten und Neues zu erreichen. Er ist ein fundamentales Gesetz für den Austausch der Gedanken, für den Lauf der Kultur, der Wirtschaft und der Kunst. Ja, der Friede ist eine nicht mehr zu unterdrückende Forderung in der Gesamtsicht des menschlichen Schicksals. Denn der Friede ist Sicherheit, der Friede ist Ordnung. Er ist gerechte und dynamische Ordnung, möchten wir sagen, die in einem ständigen Aufbau begriffen ist. Ohne den Frieden gibt es kein Vertrauen, ohne Vertrauen aber keinen Fortschritt. Ein Vertrauen, möchten wir sagen, das in der Gerechtigkeit und in der Redlichkeit verwurzelt ist. Nur in einer Atmosphäre des Friedens festigt sich das Recht, wächst die Gerechtigkeit, atmet die Freiheit. Wenn dies die Bedeutung des Friedens ist, wenn dies der Wert des Friedens ist, so ist der Friede eine Pflicht.

Er ist die Pflicht der Geschichte in der Gegenwart. Wer über die Lehren nachzudenken weiß, die die Geschichte der Vergangenheit uns gibt, kommt sofort zur notwendigen Schlussfolgerung: Für unsinnig muss eine Rückkehr zum Krieg, zu Kampf und Blutvergießen, ja zum Verderben erklärt werden, das rein psychologisch hervorgerufen wird durch die Waffen und gegnerischen Kräfte, die sich bis hin zur Vernichtung von Menschen bekämpfen, die Bürger dieser Erde sind, der gemeinsamen Heimat unseres zeitlichen Lebens. Wer als Mensch denkt und empfindet, kann sich nur für den Frieden einsetzen. Wer über die Ursachen der Zwistigkeiten der Menschen nachdenkt, muss zugeben, dass sie einen Mangel an menschlichem Empfinden, aber nicht echte Tugend für des Menschen sittliche Größe anzeigen. Die Notwendigkeit eines Krieges konnte nur unter außergewöhnlichen, faktisch und rechtlich nicht abwendbaren Umständen gerechtfertigt werden, die sich jedoch niemals mehr in der heutigen Gesellschaft verwirklichen dürften. Vernunft, nicht Gewalt, soll die Geschicke der Völker entscheiden. Gegenseitiges Verständnis, Verhandlungen sowie Schiedssprüche, aber nicht Feindseligkeiten, Blutvergießen und Sklaverei sollen die schwierigen Beziehungen der Menschen untereinander bestimmen. Kein zeitweiliger Waffenstillstand noch unbeständiges Gleichgewicht der Kräfte noch der Schrecken vor Gegenmaßnahmen und Vergeltungsakten noch erfolgreiche Übergriffe und Gewalttätigkeiten können einen Frieden gewährleisten, der diesen Namen verdient. Man muss den Frieden wollen. Man muss den Frieden lieben. Man muss den Frieden schaffen. Er muss das Ergebnis sittlichen Bemühens sein und dem Geist der Freiheit sowie großmütiger Gesinnung entspringen. Er mag als ein Traum erscheinen; ein Traum, der Wirklichkeit wird kraft einer neuen und höheren Idee vom Menschen.

Ein Traum, möchten wir sagen, weil die Erfahrung der letzten Jahre und das Auftreten neuer Strömungen, die undurchsichtig und fragwürdig sind in ihren Ideen über den radikalen und anarchistischen Kampf, über die Erlaubnis und Notwendigkeit jedweder Gewaltanwendung, über die Politik der Macht und Vorherrschaft, über Wettrüsten und die Bejahung von Hinterlist und Betrug als Methoden, über die unvermeidbare Notwendigkeit der Demonstration der Macht und so weiter, die Hoffnung auf eine friedliche Ordnung der Welt auf rechtlicher Grundlage zu ersticken scheinen. Doch diese Hoffnung bleibt bestehen, weil sie bestehen bleiben muss. Sie ist das Licht des Fortschrittes und der Zivilisation. Die Welt kann nicht auf ihren Traum vom universalen Frieden verzichten. Gerade weil der Friede immer im Werden begriffen ist, weil er stets unvollständig ist, immer zerbrechlich, immer bedroht, immer schwierig, verkünden wir ihn. Als eine Pflicht. Eine Pflicht, der man sich nicht entziehen kann. Eine Pflicht derjenigen, die für das Schicksal der Völker Verantwortung tragen.

Eine Pflicht aller Bewohner dieser Erde. Denn alle müssen den Frieden lieben; alle müssen zusammen helfen, um jene Gesinnung in der Öffentlichkeit, jenes Bewusstsein in der Gemeinschaft zu schaffen, das den Frieden ersehnen lässt und möglich macht. Der Friede muss zuallererst in den Herzen der Menschen wohnen, um dann im äußeren Geschehen Wirklichkeit zu werden.

Ja, der Friede ist eine umfassende, eine dauernde Pflicht. Um diesen Grundsatz der modernen Zivilisation in Erinnerung zu bringen, laden wir die Welt ein, auch im kommenden Jahr 1969 den Tag des Friedens am 1. Januar zu begehen. Es ist ein Wunsch, eine Hoffnung, eine Aufgabe! Die ersten Sonnenstrahlen des neuen Jahres mögen das Licht des Friedens über die Erde hin aufstrahlen lassen!

Wir wagen, der Hoffnung Ausdruck zu verleihen, dass vor allem junge Menschen unsere Einladung aufnehmen als einen Ruf, der imstande ist, deutlich zu machen, was an Neuem, an Lebensnahem, an Großem ihre in Aufruhr geratenen Herzen bewegt, weil der Friede eine Änderung der Missstände verlangt und eins ist mit der Sache der Gerechtigkeit. In diesem Jahr begünstigt ein Umstand unseren Vorschlag an alle: Es wurde der 20. Jahrestag der Verkündigung der Menschenrechte begangen. Dies ist ein Ereignis, das alle Menschen angeht: Den Einzelnen wie die Familie, die Gruppen und Verbände wie die Nationen. Keiner darf es vergessen, keiner darüber hinweggehen, weil alle zur grundsätzlichen Anerkennung einer menschenwürdigen Bürgerschaft im Vollsinn des Wortes aufgerufen sind, die jeder Einzelne auf Erden besitzt. Von dieser Anerkennung her kommt der ursprüngliche Anspruch auf Frieden, und damit das Thema des Weltfriedenstages, welches lautet: *Menschenrechte, der Weg zum Frieden.* Um dem Menschen das Recht auf Leben, Freiheit, Gleichheit, Kultur, auf die Segnungen der Zivilisation, auf die personale und soziale Würde zu gewährleisten, ist der Friede notwendig. Wo er sein Gleichgewicht und seinen Einfluss verliert, dort werden die Menschenrechte unsicher und infrage gestellt. Wo der Friede nicht ist, verliert das Recht sein menschliches Antlitz. Wo die Menschenrechte nicht beachtet, verteidigt und gefördert werden, wo man mit Gewalttätigkeit oder Betrug gegen die unveräußerliche Freiheit des Menschen verstößt, wo seine Persönlichkeit ignoriert oder herabgesetzt wird, wo Diskriminierung, Sklaverei und Intoleranz herrschen, dort kann kein wahrer Friede sein. Friede und Recht sind sich gegenseitig Ursache und Wirkung: Der Friede fördert das Recht, und das Recht seinerseits fördert den Frieden. Wir wollen hoffen, dass diese Gründe für jeden Menschen, für jeden Personenkreis, für jede Nation Gültigkeit besitzen! Wir wollen hoffen, dass die überragende Bedeutung der Sache des Friedens weite Kreise zum Nachdenken bringen und zur Tat aneifern möge! Friede und Menschenrechte sollen nach unserem Wunsch ein Gegenstand sein, auf den die Menschen in der Geburtsstunde des neuen Jahres ihre Gedanken lenken. Unsere Einladung ist aufrichtig; sie kennt kein anderes Ziel als das Wohl der Menschheit. Unsere Stimme ist zwar schwach, aber deutlich. Sie ist die Stimme eines Freundes, der wünscht, dass sie vernommen werde, nicht so sehr wegen der Persönlichkeit dessen, von der sie ausgeht, als vielmehr wegen der Sache, die sie zu sagen hat. Es ist die Welt, an die sie sich wendet, die Welt, die denkt, die Möglichkeiten hat, die wächst, die arbeitet, die leidet, die in Erwartung ausharrt. Möge diese Stimme nicht ungehört verhallen! Der Friede ist eine Pflicht! Unserer Botschaft kann nicht die Kraft fehlen, die sie vom Evangelium erhält, dessen Diener wir sind, dem Evangelium Jesu Christi. An alle Menschen auf der Welt wendet sich unsere Botschaft, genau wie das Evangelium.

Doch noch unmittelbarer euch, ehrwürdige Brüder im Bischofsamt, euch, liebe Söhne und Töchter, Gläubige der katholischen Kirche, wiederholen wir die Einladung zur Feier des Tags des Friedens. Die Einladung wird zum Gebot, nicht unser Gebot, wohl aber das Gebot des Herrn, der in uns überzeugte und eifrige Werkleute für die Sache des Friedens haben will, gleichsam als Bedingung, um zu den Seligen zählen zu dürfen, die mit dem Namen der Kinder Gottes ausgezeichnet sind (vgl. Mt 5,9). An euch richtet sich unsere Stimme: Sie wird zum lauten Ruf, weil für uns Gläubige der Friede eine noch tiefere und geheimnisvollere Bedeutung annimmt, weil er für uns den Wert geistiger Fülle sowie des persönlichen Heils wie jenes der Gemeinschaft und der Gesellschaft hat. Der Friede hier auf Erden und in der Zeit ist Abglanz und Vorspiel zum himmlischen und ewigen Frieden. Der Friede bedeutet für uns Christen nicht nur äußeres Gleichgewicht, rechtliche Ordnung, ein Gesamt an geordneten Beziehungen im öffentlichen Leben, für uns ist Friede in erster Linie das Ergebnis der Verwirklichung des Planes der Liebe und Weisheit, mit dem Gott die übernatürliche Verbindung mit der Menschheit wiederherstellen wollte. Der Friede ist die erste Wirkung dieser neuen göttlichen Heilsordnung, die wir Gnade nennen. Gnade und Friede, schreibt der Apostel wiederholt. Er ist ein Geschenk Gottes, das zum bestimmenden Faktor des christlichen Lebens wird. Er ist eine Erscheinung des messianischen Wirkens, die ihr Licht und ihre Hoffnung auch auf die Stätte unseres Erdenlebens widerstrahlt und Kraft verleiht aus jenen tiefsten Gründen, auf die sie den eigenen Frieden gründet. Der Friede Christi fügt zur Würde, Bürger der Erde zu sein, jene andere der Kindschaft des himmlischen Vaters hinzu, und zur Gleichheit aller Menschen untereinander jene der christlichen Brüderlichkeit. Bei den Auseinandersetzungen der Menschen, die den Frieden gefährden und verletzen, entkräftet der Friede Christi die

Vorurteile und widerlegt die Beweggründe, indem er den Wert einer sittlichen, ideellen und höheren Ordnung aufzeigt und die wunderbare religiöse und bürgerliche Tugend edelmütigen Verzeihens sichtbar werden lässt. Der Unzulänglichkeit menschlicher Bemühungen um einen festgegründeten und dauerhaften Frieden gewährt der Friede Christi die Hilfe seines unerschütterlichen Optimismus. Der Unzuverlässigkeit und dem Trug einer Politik ehrgeizigen Prestiges und materiellen Interesses rät der Friede Christi zur Politik der Liebe. Einer häufig zu feigen und ungeduldigen Gerechtigkeit, die ihre Forderungen mit Waffengewalt aufrechterhält, flößt der Friede Christi die unbesiegte Kraft des Rechtes ein, das sich aus den wesentlichen Grundlagen der menschlichen Natur und der übernatürlichen Bestimmung des Menschen herleitet. Der Friede Christi ist nicht die Angst vor Stärke und Widerstand, er empfängt seinen Geist vom erlösenden Opfer. Der Friede Christi ist nicht Feigheit, die dem Unglück und dem Versagen der Menschen erfolgs- und widerstandslos nachgibt. Der Friede Christi hat Einsicht in Leid und Not der Menschen und weiß helfende Liebe für die Kleinen, die Armen, die Schwachen, die Enterbten, die Leidenden, die Gedemütigten und die Besiegten zu finden. Der Friede Christi ist also mehr als jede andere humanitäre Formel um die Wahrung der Menschenrechte besorgt.

Wir möchten, dass ihr dies, geliebte Brüder und Söhne, am Tag des Friedens in eurem Herzen bedenkt und verkündigt. Im Zeichen des Tags des Friedens beginnt das neue Jahr im Namen Jesu Christi, des Friedenskönigs, der sich zum Anwalt aller wahren Rechte des Menschen macht.

Dazu verhelfe euch unser apostolischer Segen.

Aus dem Vatikan, am 8. Dezember 1968
Paul VI.

Botschaft seiner Heiligkeit Papst Paul VI.
zur Feier des 3. Weltfriedenstages
1. Januar 1970

Erziehung zum Frieden durch Versöhnung

Menschen in aller Welt! Wenn ihr in der Morgenstunde des neuen Jahres 1970 erwacht, verharrt einen Augenblick bei folgendem Gedanken: Wohin führt der Weg der Menschheit?

Eine Gesamtschau ist heute möglich, eine prophetische Vision.

Die Menschheit schreitet voran, das heißt sie macht Fortschritte zu einer immer weiteren Unterwerfung der Welt. Denken, Forschen, und Wissenschaft leiten den Menschen bei dieser Eroberung. Durch die Arbeit, die Werkzeuge und die Technik vollziehen wir diese wunderbare Unterwerfung. Und wozu dient sie der Menschheit? Um besser zu leben, um mehr zu leben. Die Menschheit sucht die Erfüllung des Lebens innerhalb der ihr gegebenen Zeit, und erlangt sie. Aber die Menschheit stellt fest, dass es keine wahre Erfüllung des Lebens sein würde, wäre sie nicht universal, das heißt, wenn sie nicht alle Menschen miteinbeziehen würde. Aus diesem Grunde ist die Menschheit bemüht, die Wohltaten des Fortschrittes auf alle Völker auszudehnen. Sie strebt hin zur Einheit, zur Gerechtigkeit, zu einem Gleichgewicht, zu einer Vollkommenheit, die wir Frieden nennen.

Auch dann, wenn die Menschen dem Frieden zuwiderhandeln, streben sie nach dem Frieden. „Mit dem Blick auf den Frieden, führen sie auch Kriege“[1].

Der Friede ist das folgerichtige Endziel der Welt von heute; er ist das Endziel des Fortschrittes, die Erfüllung der großen Anstrengungen der modernen Kultur (vgl. LG 36).

Darum verkünden wir heute wieder den Frieden als unseren besten Wunsch für die kommende Zeit. Friede sei mit euch, Menschenkinder des Jahres 1970! Wir künden den Frieden als die beherrschende Idee des menschlichen Daseins und des Menschen, der seinen jetzigen und künftigen Lebensweg überschauen will. Erneut verkünden wir den Frieden, denn er ist unter verschiedenen Gesichtspunkten gleichzeitig Anfang und Zielpunkt des normalen und vom Fortschritt diktierten Ablaufs der menschlichen Gesellschaft. Er ist Anfang, das heißt Vorbedingung. Wie eine Maschine nicht gut funktionieren kann, wenn nicht alle ihre Bauteile dem Plane entsprechen, wonach die Maschine erdacht ist, so kann sich auch die Menschheit nicht wirksam

---

[1] *A. von Hippo*, De civitate Dei XIX, c. XII; PL 7, 637.

und harmonisch entwickeln, wenn ihr der Friede nicht sein eigenes Gleichgewicht als Ausgangspunkt verleiht. Der Friede ist die Idee, die dem menschlichen Fortschritt zugrunde liegen muss. Er ist die wahre und fruchtbare Idee, aus der sich das rechte geschichtliche Bild des Menschen ergibt und für uns ein besseres Leben. Der Friede ist Zielpunkt, das heißt Krönung der Anstrengungen, die oft mühevoll und schmerzlich sind, da wir Menschen darauf hinarbeiten, uns die Umwelt dienstbar zu machen und unser gesellschaftliches Leben nach einem Plan aufzubauen, der Gerechtigkeit und Wohlstand widerspiegelt.

Wir bekräftigen es: Der Friede ist die gelebte Wirklichkeit des menschlichen Idealbildes. Wir möchten aber betonen: Der Friede ist nicht etwas Statisches, das ein für alle Mal erworben wird. Er ist nicht etwas, das unbeweglich in Ruhe verharrt. Denn dann wäre die berühmte Definition des heiligen Augustinus falsch verstanden, der den Frieden als „die Ruhe in der Ordnung“[2] bezeichnet. Wir dürfen uns von der Ordnung keinen abstrakten Begriff machen, sondern müssen festhalten, dass die menschliche Ordnung mehr ein Akt ist als ein Zustand. Die Ordnung hängt von Wissen und Willen ab, die sie herstellen und sich ihrer erfreuen. Ordnung hängt auch nicht von der Gunst der Umstände ab. Und da es sich um menschliche Ordnung handelt, kann sie immer mehr ausgebaut werden, das heißt sie wird ständig neu gesetzt und weiterentwickelt. Die Ordnung besteht nämlich in einer fortschreitenden Bewegung, wie das Gleichgewicht beim Flug von einer treibenden Kraft getragen werden muss.

Warum sagen wir dies? Weil sich unsere Rede besonders an die Jugend richtet. Wenn wir vom Frieden sprechen, liebe Freunde, empfehlen wir euch nicht ein System, das jede Initiative lahmt und sich egoistisch abkapselt. Des Friedens kann man sich nicht erfreuen, wenn man ihn nicht schafft. Der Friede ist nicht eine Stufe, die schon erreicht ist. Er ist eine hohe Stufe, zu der wir alle und jeder Einzelne hinstreben müssen. Er ist keineswegs eine lähmende Ideologie, sondern eine seinserfüllte Idee, die uns alle für das Gemeinwohl verantwortlich macht und uns die Verpflichtung auferlegt, unsere ganze Kraft für ihn einzusetzen. Der Friede ist das Anliegen der Menschheit.

Wenn jemand diese Auffassung gründlich durchdenkt, wird er viele Dinge entdecken. Er wird feststellen, dass man die Ideen, die die Welt leiten, von Grund auf richtigstellen muss. Er wird feststellen, dass alle diese Leitideen zum Teil falsch sind, weil sie personengebunden, engherzig und selbstsüchtig sind. Er wird feststellen, dass im Grunde nur eine Idee wahr

---

[2] *A. von Hippo*, De civitate Dei XIX, c. XIII; PL 1, 640.

und gut ist, nämlich jene der allumfassenden Liebe, das heißt des Friedens. Er wird endlich feststellen, dass diese Idee höchst einfach und gleichzeitig sehr schwierig ist. In sich sehr einfach, denn der Mensch ist für die Liebe geschaffen, für den Frieden. Sie ist aber auch schwierig. Wie kann man lieben? Wie kann man die Liebe zur Würde eines allgemeinen Prinzips erheben? Wie kann die Liebe ihren Platz behaupten bei der Geisteshaltung des modernen Menschen, die ganz durchdrungen ist vom Kampf, vom Egoismus und vom Hass? Wer kann von sich sagen, dass er Liebe im Herzen hat? Liebe zur ganzen Menschheit? Liebe zur Menschheit, die da im Kommen ist, zur Menschheit von morgen; zur Menschheit des Fortschrittes, zur wahren Menschheit, die nicht bestehen kann, wenn sie nicht einig ist. Diese Einigung darf freilich nicht durch Gewalt noch durch selbstsüchtige Berechnung herbeigeführt werden, die den Menschen ausnutzt, sondern durch brüderliche Liebe. Dann wird jener, der in diese Schule der großen Friedensidee eintritt feststellen, dass heute, und zwar sofort, eine neue weltanschauliche Erziehung ihren Anfang nehmen muss, eine Erziehung hin zum Frieden. Jawohl, der Friede beginnt im tiefsten Herzen des Menschen. Zuerst muss man den Frieden erkennen, ihn bejahen, ihn wollen, ihn lieben. Dann werden wir ihn erleben und ihn durch eine neue Lebensführung zum Ausdruck bringen: In der Weltanschauung, in der Gesellschaftslehre und in der Politik.

Werden wir uns bewusst, liebe Brüder, wie großartig diese Zukunftsvision ist. Mutig wollen wir das erste Programm in Angriff nehmen: Die Erziehung hin zum Frieden. Wir sind uns bewusst, wie paradox dieses Programm erscheint. Es scheint außerhalb der Wirklichkeit zu stehen. Außerhalb der erfahrbaren, der philosophischen, der sozialen und geschichtlichen Wirklichkeit … Der Kampf ist das Gesetz. Der Kampf ist die Kraft des Erfolges. Und: Der Kampf ist die Gerechtigkeit. Ein unerbittliches Gesetz: Auf jeder Etappe menschlichen Fortschrittes stellt es sich neu. Auch heute, nach den furchtbaren Erlebnissen des letzten Krieges, ist es nicht der Friede, sondern der Kampf, der sich durchsetzt. Selbst brutale Gewalt findet wieder Anhänger und Bewunderer. Jede Forderung nach Gerechtigkeit, jede Erneuerung auf dem Weg des Fortschrittes vollzieht sich unter der Flagge der Revolution. Es ist wie ein Verhängnis: Nur Gewalt öffnet den Weg, der dem Menschen vom Schicksal bestimmt ist. Menschen, Brüder! Ein schwieriges Problem, das es zu bedenken und zu lösen gilt! Wir wollen nicht bestreiten, dass Kampf notwendig sein kann, dass ihn die Gerechtigkeit zuweilen als Waffe braucht, ja, dass er hochherzige, heldenhafte Pflicht werden kann. Keiner darf infrage stellen, dass dem Kampf Erfolg beschieden sein kann. Doch wir sind der Auffassung, dass der Kampf nie zum Leitstern werden kann, den die Menschheit braucht. Ja, wir sind der Auffassung, es ist für unsere Gesellschaft höchste

Zeit, sich von anderen Ideen leiten zu lassen als von Kampf, Gewalt, Krieg und Unterdrückung, um die Welt zu wahrer Gerechtigkeit für alle Menschen zu führen. Wir sind der Überzeugung, der Friede hat nichts mit Feigheit, mit Verzagtheit und Schwäche zu tun. Der Friede muss ganz allmählich, wenn möglich von jetzt an, moralische Stärke an die Stelle brutaler Gewalt setzen. Er muss die verhängnisvolle und allzu oft trügerische Kraft der Waffen und Gewaltmaßnahmen sowie der materiellen und wirtschaftlichen Übermacht durch Vernunft, durch Gespräch und moralische Größe ersetzen. Friede bedeutet, dass der Mensch aufhört, sich als Wolf seinem Mitmenschen gegenüber zu gebärden. Friede ist der Mensch in seiner unbesiegbaren sittlichen Stärke. Diese muss in der heutigen Welt den Ausschlag geben.

Sie gibt den Ausschlag. Voll Bewunderung begrüßen wir die Bemühungen des heutigen Menschen, die der Sicherung des Friedens in der Welt und Geschichte der Gegenwart gelten: Der Friede als Weg, als internationale Einrichtung, als redliche Verhandlungsbasis, als auferlegte Selbstbeherrschung in den Auseinandersetzungen in sozialen und territorialen Fragen, als Anliegen, das weit über Fragen des Prestiges, der Vergeltung und persönlicher Rache steht. Große Fragen stehen bereits auf der Tagesordnung, um den Sieg des Friedens zu sichern: Vor allem die Abrüstung, der Atomwaffensperrvertrag, die Möglichkeit eines internationalen Schiedsgerichtes, die Ablösung des Wettbewerbes durch die Zusammenarbeit, die Ermöglichung eines friedlichen Zusammenlebens trotz Verschiedenheit in Weltanschauung und Regierungssystem, die Hoffnung schließlich, dass ein Teil der Rüstungsbeträge den in der Entwicklung befindlichen Völkern zur Verfügung gestellt wird. Einen Beitrag für den Frieden sehen wir darin, dass die ganze Welt heute Terrorakte, Quälereien von Gefangenen, Vergeltungsmaßnahmen gegen die unschuldige Bevölkerung, Konzentrationslager für Zivilisten, die Ermordung von Geißeln und so weiter zutiefst beklagt. Das Gewissen der Welt wird solche Verbrechen nicht mehr zulassen, deren Unmenschlichkeit jene mit Schande bedeckt, die sie vollbringen.

Es ist nicht unsere Aufgabe, ein Urteil über die augenblicklichen Spannungen unter den Völkern, Rassen, Stämmen und sozialen Schichten abzugeben. Aber es entspricht unserer Sendung, das Wort ‚Frieden' unter jene Menschen zu bringen, die miteinander in Fehde liegen. Es ist unsere Sendung, die Menschen daran zu erinnern, dass sie Brüder sind. Es ist unsere Sendung, die Menschen zu gegenseitiger Liebe und Versöhnung zu führen, sie zum Frieden zu erziehen. Wir haben deshalb für alle, die sich für die Erziehung zum Frieden einsetzen, Worte der Anerkennung, der Ermutigung und der Zuversicht. Auch in diesem Jahr ergeht unsere Einladung an alle Persönlichkeiten des öffentlichen Lebens, an alle verantwortlichen Stellen, an alle öffentlichen Organe, an die Politiker, die Lehrer, die Künstler und vor allem an die Jugend, doch mit aller Entschiedenheit diesen Weg einer echten und weltweiten Zivilisation zu gehen. Es gilt, die Erfüllung der biblischen Verheißung zu erlangen: Gerechtigkeit und Friede werden einander nahekommen und sich küssen.

Ihnen, liebe Brüder und Söhne, des gleichen Glaubens an Christus, möchten wir noch ein Wort über unsere Pflicht hinzufügen, die Menschen, wie wir vorhin sagten, zu gegenseitiger Liebe, Versöhnung und Verständigung zu führen. Wir haben darüber von Lehrmeister Jesus Christus genaue Anweisungen erhalten. Wir haben sein Beispiel, und wir fühlen die Verpflichtung, die Christus aus unserem Munde entgegennimmt, wenn wir die vertrauten Gebetsworte an Gottvater richten: „Und erlass uns unsere Schulden, wie auch wir sie unseren Schuldnern erlassen haben" (Mt 6,12). Dieses ‚Wie' bringt uns zum Zittern. Es legt eine Gleichung fest, die uns, wenn wir ihr entsprechend handeln, zum Segen in der Heilsordnung wird. Handeln wir ihr entgegen, dann wird sie uns zum Gericht (vgl. Mt 18,21–35).

Die Verkündigung der Frohbotschaft der Vergebung erscheint in der menschlichen Politik als etwas Widersinniges, denn in der natürlichen Ordnung lässt die Gerechtigkeit oft kein Verzeihen zu. In der christlichen, das heißt der übernatürlichen Heilsordnung ist das Verzeihen nichts Widersinniges. Es ist schwierig, aber nicht widersinnig. Wie enden die Auseinandersetzungen im weltlichen Bereich? Wie sieht der Friede aus, den man letztlich dabei erreicht? In der verfänglichen und zornigen Auseinandersetzung der Gegenwart, die von Menschen geführt wird, die durch Leidenschaften, Stolz und Groll in ihrem Handel bestimmt werden, erscheint der Friede, der einen Konflikt beschließt, gewöhnlich als eine Auflage, als eine Überwältigung, als ein Joch, das der schwächere und unterlegene Partner einfach hinnehmen muss. Oft ist es nur ein Aufschub bis zu einem neuen Aufstand. Man nimmt ein protokollarisches Statut an, hinter dem man heuchlerisch die immer noch feindselige Gesinnung verbirgt. Diesem Frieden, der unbeständig ist und allzu oft nur vorgetäuscht wird, fehlt einfach die endgültige Lösung des Konfliktes, die Vergebung, der Verzicht des Siegers auf die erlangten Vorteile, die den Besiegten erniedrigen und ihn hoffnungslos unglücklich machen. Dem Besiegten fehlt hingegen die Kraft zur Versöhnung. Kann Friede ohne verzeihende Milde wirklicher Friede sein? Kann Friede wahr sein, wenn er mit dem Gefühl der Vergeltung eingegangen wird? Der eine wie der andere Partner muss sich an jene höhere Gerechtigkeit wenden, die die Vergebung ist. Sie allein löst die unlösbar erscheinenden Prestigefragen und ermöglicht eine neue Freundschaft. Eine schwierige Lehre? Aber ist sie nicht großartig? Ist sie nicht höchst aktuell? Ist sie nicht wahrhaft christlich?

Für diese hohe Schule des Friedens wollen wir, liebe Brüder und Söhne in Christus, zunächst uns selbst vorbereiten. Lesen wieder einmal die Worte der

Bergpredigt (vgl. Mt 5,21–26/38–48/6,12/14–15). Dann wollen wir danach trachten, sie in Wort und Beispiel der Welt zu verkündigen. Dazu unser apostolischer Segen.

Aus dem Vatikan, am 30. November 1969
Paul VI.

Botschaft seiner Heiligkeit Papst Paul VI.
zur Feier des 4. Weltfriedenstages
1. Januar 1971

Jeder Mensch ist mein Bruder

Menschen von 1971!
Auf der Uhr der Weltgeschichte steht der Zeiger der Zeit, unserer Zeit, am Beginn eines neuen Jahres: Wir möchten dieses Jahr, wie auch andere vorhergehende mit unserem herzlichen Glückwunsch einleiten, mit unserer Botschaft vom Frieden: Friede euch allen, Friede der Welt.

Höret Uns. Es lohnt sich. Gewiss, es ist das gewohnte Wort, das wir euch sagen: Friede. Aber es ist das Wort, das die Welt braucht, es dringend braucht, so dass es einen neuen Sinn erhält.

Blicken wir auf dieses herannahende neue Jahr und beobachten wir zwei Ordnungen von allgemeinen Tatsachen, welche die Welt, die Völker, die Familien und die einzelnen Personen angehen. Diese Tatsachen, scheint uns, wirken tief und unmittelbar auf unsere Geschicke ein. Jeder von uns kann das vorausahnen. Betrachtet eine erste Ordnung von Tatsachen. In Wahrheit ist es keine Ordnung, sondern eine Unordnung. Denn die Tatsachen, die wir in diese Kategorie einreihen, bezeichnen alle eine Rückkehr zu Gedanken und Taten, die von der tragischen Erfahrung des Krieges her doch unmöglich scheinen und sein müssten. Am Ende des Krieges hatten alle gesagt: Genug. Genug womit? Genug mit all dem, was dieses Hinmorden von Menschen und die ungeheure Zerstörung verursacht hatte. Sofort nach dem Krieg, am Beginn der heutigen Generation, kam der Menschheit klar zu Bewusstsein: Es genügt nicht, bloß Gräber aufzurichten, Wunden zu heilen, das Zerstörte wiederaufzubauen, der Erde ein neues und schöneres Aussehen zurückzugeben, man muss vielmehr die Ursachen des erfolgten Weltbrandes aus dem Wege räumen. Die Ursachen: sie aufzufinden und zu beseitigen; dies war die weise Einsicht. Die Welt atmete auf. Es schien wirklich, als ob eine neue Epoche beginne, eine Epoche des Weltfriedens.[1] Alle schienen zu durchgreifenden Veränderungen bereit zu sein, um neue Konflikte zu vermeiden. Von den politischen, sozialen und wirtschaftlichen Strukturen begann sich ein Horizont wunderbarer sittlicher und sozialer Erneuerung abzuzeichnen; man sprach von Gerechtigkeit, von Menschenrechten, von der Unterstützung der Schwachen, von geordnetem Zusammenleben, von planvoller Zusam-

[1] Dazu: „magnus ab integro saeclorum nascitur ordo“, in: Vergil, Bucolica IV, 2.

menarbeit, von Einigung auf Weltebene. Große Gesten sind vollzogen worden; die Sieger, zum Beispiel, sind den Besiegten zu Hilfe gekommen; große Institutionen sind gegründet worden; die Welt fing an, sich nach den Grundsätzen der Solidarität und des allgemeinen Wohlstandes zu organisieren. Der Weg hin zum Frieden, als der normalen und satzungsmäßigen Bedingung für das Leben auf der Welt, schien definitiv vorgezeichnet. Was aber sehen wir nach fünfundzwanzig Jahren dieses wirklichen und idyllischen Fortschritts? Wir sehen vor allem, dass die Kriege, hier und dort, immer noch wüten, dass sie als unheilbare Wunden erscheinen, die sich auszuweiten und zu verschlimmern drohen. Wir sehen, dass die sozialen, rassischen und religiösen Diskriminierungen andauern und, hier und dort, sogar zunehmen. Wir sehen, dass die Mentalität von einst wiederkehrt; der Mensch scheint sich, zunächst auf psychologische, dann auf politische Haltungen der Vergangenheit wieder festlegen zu wollen. Die Dämonen von gestern stehen wieder auf. Es kehrt die Vorherrschaft der wirtschaftlichen Interessen zurück[2] und mit ihr die Möglichkeit, sie leicht zur Ausbeutung der Schwachen zu missbrauchen. Die Neigung zu Hass[3] und Klassenkampf kehrt wieder, und es ersteht somit erneut eine krankhafte Anfälligkeit für internationale Konflikte und für Bürgerkriege; es kehrt das Wettrennen um Nationalprestige und politische Macht zurück; ebenso die harte Frontstellung zwischen entgegengesetzten Ambitionen, zwischen engstirnigen und unversöhnlichen Partikularismen der Rassen und der ideologischen Systeme; man bedient sich erneut der Folter und des Terrors sowie des Verbrechens und der Gewalttätigkeit als eines idealen Feuers, ohne jedoch dabei auf den Brand zu achten, der daraus entstehen könnte; man versteht den Frieden wieder als ein reines Gleichgewicht mächtiger Gewalten und erschreckender Rüstungen; man verspürt erneut den Schauder der Angst, dass eine verhängnisvolle Unachtsamkeit unvorstellbare und nicht mehr aufzuhaltende Zusammenstöße heraufbeschwören könnte. Was geschieht? Wo geht es hin? Was ist versäumt worden? Oder was hat gefehlt? Müssen wir resignieren, daran zweifeln, dass der Mensch überhaupt imstande ist, einen gerechten und sicheren Frieden aufzubauen, und so darauf verzichten, die neuen Generationen zu einer Haltung der Hoffnung und des Friedens zu erziehen?[4]

---

[2] Dazu: „en acceptant la primaute de valeurs materielles, nous rendons la guerre inevitable", in: M. Zundel, Le poeme de la sainte liturgie, 76.

[3] Dazu: „ci sono poche cose ehe corrompono tanto un popolo, quanto l'abitudine dell'odio", in: A. Manzoni, Osservazioni sulla morale cattolica, I, VII.

[4] Dazu: Betreffs der Leiden des Krieges: „wer sie ohne seelischen Schmerz erduldet oder betrachtet, der hält sich in unseligem Wahn deshalb für glücklich, weil er es verlernt hat, menschlich zu fühlen: et humanum perdidit sensum", in: A. von Hippo, De civitate Dei, L. XIX, c. 7.

Zum Glück zeichnet sich auch ein anderes Bild von Ideen und Tatsachen vor unseren Augen ab; es ist das eines fortschreitenden Friedens. Denn trotz alledem geht es weiter auf dem Weg des Friedens. Es gibt zwar Unterbrechungen, es gibt Widersprüche und Schwierigkeiten; aber der Friede macht sich dennoch Bahn und bezeugt in der Welt, dass er nicht zu besiegen ist. Alle merken es: Der Friede ist notwendig. Für ihn spricht der sittliche Fortschritt der Menschheit, die entschlossen auf die Einheit hin ausgerichtet ist. Einheit und Friede sind Geschwister, wenn sie in Freiheit miteinander verbunden sind. Der Friede gewinnt durch seine steigende Wertschätzung in der öffentlichen Meinung, die von der Sinnlosigkeit des Krieges überzeugt ist, der um seiner selbst willen geführt und als einziges und verhängnisvolles Mittel angesehen wird, um Streitfälle zwischen Menschen zu schlichten. Dem Frieden kommt auch das immer dichtere Netz von menschlichen Beziehungen zugute: Auf kultureller, wirtschaftlicher, kommerzieller, sportlicher und touristischer Ebene; man muss zusammenleben, und es ist schön, sich zu kennen, sich zu achten, einander zu helfen. Eine grundsätzliche Solidarität entsteht in der Welt; diese begünstigt den Frieden. Die internationalen Beziehungen entwickeln sich immer mehr und schaffen die Voraussetzung und auch die Garantie einer gewissen Eintracht. Die großen internationalen und übernationalen Einrichtungen erweisen sich hier als providentiell, sowohl am Beginn als auch bei der Krönung des friedlichen Zusammenlebens der Menschheit.

Vor diesem doppelten Bild, in dem sich im Hinblick auf den uns so teuren Frieden gegensätzliche Erscheinungen überlagern, scheint uns eine einzige ambivalente Beobachtung angestellt werden zu können. Wir stellen die doppelte Frage, die den beiden Aspekten der zweideutigen Szenerie der heutigen Welt entspricht:

- Wie zerfällt heute der Friede?
- Und wie gibt es heute einen Fortschritt im Frieden?

Was ist es, das sich bei dieser einfachen Analyse, sei es im negativen oder positiven Sinne, besonders hervorhebt? Es ist immer der Mensch. Ein entwerteter Mensch im ersteren Fall, ein aufgewerteter Mensch im zweiten. Wir wagen hier ein Wort zu gebrauchen, das zwar in sich selber zweideutig erscheinen mag, das aber, in seiner tiefen Forderung verstanden, immer noch ein zündendes und sehr erhabenes ist: Die Liebe, die Liebe zum Menschen, die der höchste Wert auf Erden ist. Liebe und Frieden bedingen sich gegenseitig. Der Friede, der wahre, menschliche Friede, ist eine Frucht der Liebe.[5] Der Friede setzt eine gewisse Identität der Wahl voraus, und eben das ist Freundschaft. Wenn wir den Frieden wollen, so müssen wir anerkennen, dass es nötig ist, ihn auf eine festere

---

[5] Vgl. *T. von Aquin*, Summa Theologiae II-II, 29,3.

Grundlage zu bauen, als es der Mangel an Beziehungen – heute sind die Beziehungen zwischen den Menschen unvermeidlich, sie nehmen zu und drängen sich auf –, Beziehungen von selbstsüchtigem Interesse, diese sind unsicher und oft trügerisch, oder auch ein Netz von bloß kulturellen oder beiläufigen Beziehungen sind; letztere können zweischneidig sein, für den Frieden oder den Kampf. Der wahre Friede muss gegründet sein auf Gerechtigkeit, auf der Achtung vor der unverletzlichen Würde des Menschen, auf der Anerkennung einer unauslöschlichen und beglückenden Gleichheit unter den Menschen, auf dem Grundsatz der menschlichen Brüderlichkeit; der Achtung also und der Liebe, die man jedem Menschen schuldet, weil er ein Mensch ist. Ja, es bricht das siegreiche Wort hervor: Weil er Bruder ist. Mein Bruder, unser Bruder.

Auch dieses Bewusstsein einer allgemeinen Brüderlichkeit unter den Menschen bricht glücklicherweise in unserer Welt mehr und mehr durch, wenigstens im Prinzip. Wer sich darum bemüht, die neuen Generationen zur Überzeugung zu erziehen, dass jeder Mensch unser Bruder ist, legt die Fundamente für den Bau des Friedens. Wer in der öffentlichen Meinung das Bewusstsein für eine menschliche Brüderlichkeit formt, die alle Grenzen übersteigt, bereitet den Boden für bessere Zeiten. Wer die Wahrung der politischen Interessen ohne Gefühle des Hasses und des Klassenkampfes als dialektische und organische Notwendigkeit des sozialen Lebens versteht, öffnet dem menschlichen Zusammenleben einen immer wirksamen Fortschritt des Gemeinwohls. Wer dazu verhilft, in jedem Menschen, über die körperlichen, ethnischen und rassischen Merkmale hinaus, ein Wesen zu sehen, das ihm gleich ist, verwandelt die Erde aus einem Epizentrum von Trennungen, Antagonismen, Tücken und Racheakten in ein geordnetes Betätigungsfeld ziviler Zusammenarbeit. Denn wo die Brüderlichkeit unter den Menschen im Grunde verkannt wird, da ist im Grunde auch der Friede zerstört. Der Friede ist hingegen der Spiegel wahrer, authentischer, moderner Menschlichkeit, die über jede anachronistische Manie zur Selbstverstümmelung triumphiert. Der Friede ist jene große Idee, welche die Liebe zwischen den Menschen feiert, die sich als Brüder entdecken und sich entscheiden, als solche zu leben.

Dies ist unsere Botschaft für das Jahr 1971. Sie pflichtet als Stimme, die sich aus dem öffentlichen Gewissen erhebt, der Erklärung der Menschenrechte bei: „Alle Menschen sind frei und gleich an Würde und Rechten geboren. Sie sind mit Vernunft und Gewissen begabt und sollen einander im Geiste der Brüderlichkeit begegnen“[6]. Bis zu dieser Höhe ist die Gesellschaftslehre gekommen. Wir wollen nicht mehr umkehren, nicht die Werte dieser grundsätzlichen Errungen-

---

[6] *Generalversammlung der Vereinten Nationen*, Allgemeine Erklärung der Menschenrechte, Paris 1948, Art. 1.

schaft wieder verlieren. Suchen wir vielmehr, mit Verstand und Mut, diese Formel anzuwenden, die das Ziel des menschlichen Fortschritts ist: Jeder ist mein Bruder. Das ist der Friede, im Sein und im Werden. Und dies gilt für alle!

Es gilt, Glaubensbrüder in Christus, vor allem für uns. Wir Gläubige können der menschlichen Weisheit, die mit ungeheurer Mühe zu solch hoher und schwieriger Einsicht gelangt ist, eine unentbehrliche hilfreiche Unterstützung gewähren. Die vor allem der sicheren Gewissheit, denn Zweifel aller Art können diese Einsicht gefährden, sie schwächen, ja zunichtemachen. Es ist unsere Gewissheit, die im Wort des göttlichen Lehrers Christus gründet, der in seinem Evangelium eindeutig verkündet: „[I]hr alle aber seid Brüder" (Mt 23,8). Ferner können wir die Hilfe anbieten, die es möglich macht, dies in die Tat umzusetzen – denn wie schwer ist es, sich im praktischen Leben jedem gegenüber wirklich als Bruder zu verhalten! –; wir können es, indem wir wie auf eine praktische und gewöhnliche Verhaltensregel auf eine andere grundlegende Lehre Christi zurückkommen: „Alles, was ihr wollt, dass euch die Menschen tun, das tut auch ihnen! Darin besteht das Gesetz und die Propheten" (Mt 7,12). Wie sehr haben Philosophen und Heilige über diesen Grundsatz nachgedacht, der die allgemeingültige Norm der Brüderlichkeit in die einzelne konkrete Handlung der Gesellschaftsmoral einführt! Und schließlich können wir auch noch den tiefsten Grund dafür angeben, nämlich den der göttlichen Vaterschaft, die allen Menschen gemeinsam ist und allen Gläubigen verkündet worden ist. Eine wahre Brüderlichkeit unter den Menschen kann nur authentisch und verpflichtend sein, wenn sie ihre feste Grundlage in einer Vaterschaft hat, die alle Grenzen überschreitet und von einer alles endliche Sein übersteigenden, übernatürlichen Liebe erfüllt ist. Wir können die menschliche Brüderlichkeit, das heißt den Frieden, lehren, indem wir alle dahin führen, unseren Vater im Himmel anzuerkennen, ihn zu lieben und anzurufen. Wir wissen, dass uns der Zugang zum Altare Gottes verwehrt ist, wenn wir nicht zuvor selbst das Hindernis entfernt haben, das einer Wiederversöhnung mit dem Bruder Mensch im Wege steht (vgl. Mt 5, 23–26/6,14–15). Auch wissen wir, dass wir, wenn wir Wegbereiter des Friedens sind, wirklich Kinder Gottes genannt werden können und zu denen gehören, die das Evangelium seligpreist (vgl. Mt 5,9).

Welche Kraft, welche Fruchtbarkeit, welches Vertrauen verleiht die christliche Religion der Gleichsetzung von Frieden und Brüderlichkeit. Und welche Freude für uns, im Zusammenfallen dieser beiden Begriffe den Ort zu finden, wo der Weg unseres Glaubens sich mit dem der menschlichen und gesellschaftlichen Hoffnungen kreuzt.

Aus dem Vatikan, am 14. November 1970
Paul VI.

Botschaft seiner Heiligkeit Papst Paul VI.
zur Feier des 5. Weltfriedenstages
1. Januar 1972

Willst du den Frieden, so arbeite für die Gerechtigkeit

Menschen aus Kultur und Wissenschaft!
Menschen aus der Welt der Arbeit!
Alle Menschen des Jahres 1972!
Hört wiederum unseren Aufruf zur Feier des Weltfriedenstages!

Wir kommen erneut auf das Thema des Friedens zu sprechen, weil wir vom Frieden eine sehr hohe Vorstellung haben, die nämlich, dass er ein wesentliches und grundlegendes Gut der Menschheit in dieser Welt ist, und zwar der Zivilisation, des Fortschritts, der Ordnung und der Brüderlichkeit.

Wir sind der Meinung, dass die Idee des Friedens auf die Ereignisse des menschlichen Lebens noch immer einen beherrschenden Einfluss hat und haben sollte, und dass sie sogar noch an Bedeutung zunimmt, wenn und wo ihr von entgegengesetzten Ideen oder Tatsachen widersprochen wird. Es ist eine notwendige Idee, eine Idee, die fordert und inspiriert. Sie fasst in sich die Sehnsucht, die Anstrengungen und die Hoffnungen der Menschen zusammen. Sie hat den Charakter eines Zieles; und als solches steht sie am Anfang und am Ende unserer individuellen und kollektiven Tätigkeit.

Daher meinen wir, dass es äußerst wichtig ist, vom Frieden eine genaue Idee zu haben, indem man diese von Pseudovorstellungen befreit, die sie nur allzu oft begleiten, sie entstellen und verdrehen. Dieses möchten wir zuerst den Jugendlichen sagen: Ist etwa der Friede ein Zustand, der das Leben lahmt, wo dieses gleichzeitig seine Vollendung und seinen Tod fände? Das Leben ist Bewegung, ist Wachstum, bedeutet Arbeit, Anstrengung und Eroberung …: Ist nicht auch der Friede von der gleichen Art? Selbstverständlich! Aus eben dem Grunde, dass er mit dem höchsten Gut des Menschen auf seiner Pilgerschaft in der Zeit zusammenfällt, und dass dieses Gut niemals vollständig erobert ist, sondern von ihm immer wieder neu und unaufhörlich Besitz ergriffen werden muss, ist der Friede auch die zentrale Idee und der Ansporn des einsatzfreudigen Eifers.

Das aber will nicht besagen, dass der Friede mit der Macht identisch ist. Dies möchten wir vor allem den Menschen sagen, die Verantwortung tragen. Denn für sie, denen die Aufgabe und die Pflicht obliegt, ein geordnetes Verhältnis der Beziehungen zwischen den Mitgliedern einer bestimmten Gruppe zu gewährleisten, der Familie, der Schule, des Betriebes, einer sozialen Schicht, einer Stadt oder des Staates, besteht fortwährend die Versuchung, ein derartiges geordnetes Verhältnis der Beziehungen, das den Anschein des Friedens erhält, mit Gewalt aufzuzwingen. Damit wird die Unbestimmtheit des menschlichen Zusammenlebens für die Menschen zur Qual und zur Ursache der Korruption, eine lebendige Lüge, eine Atmosphäre, wie sie sich mitunter aus einem unrühmlichen Sieg ergibt, ein andermal aus sinnloser Gewaltherrschaft, aus gewaltsamer Unterdrückung und auch aus einem Gleichgewicht sich ständig widerstreitender Kräfte, die sich gewöhnlich zur drohenden Gefahr eines gewaltsamen Konflikts ausweiten, der durch seine vielfältigen Zerstörungen deutlich zeigt, wie trügerisch der Friede gewesen ist, der einzig und allein durch das Übergewicht der Macht und der Gewalt aufgezwungen worden war.

Der Friede ist kein Hinterhalt (vgl. Ijob 15,21). Der Friede ist keine Lüge, die sich in einem Regime konstitutionalisiert hat (vgl. Jer 6,14). Noch weniger ist er eine totalitäre und erbarmungslose Tyrannei und auch nie mehr Anwendung von Gewalt; wenigstens sollte es jedoch die Gewalttätigkeit nicht wagen, sich selbst den erhabenen Namen des Friedens zu geben.

Es ist schwer, aber unerlässlich, sich vom Frieden einen richtigen Begriff zu machen. Schwer für denjenigen, der vor seiner ursprünglichen Einsicht die Augen schließt, die uns sagt, dass der Friede zu den allermenschlichsten Dingen gehört. Das ist der richtige Weg, um zur wahren Entdeckung des Friedens zu gelangen. Wenn wir uns fragen, von wo er sich herleitet, werden wir uns dessen bewusst, dass seine Wurzeln in der Aufrichtigkeit des Menschen liegen. Ein Friede, der nicht auf einer wahrheitsgemäßen Achtung des Menschen gründet, ist selbst kein wahrheitsgemäßer Friede. Und wie nennen wir diese Aufrichtigkeit des Menschen? Wir nennen sie Gerechtigkeit.

Und die Gerechtigkeit, ist sie nicht eine unwandelbare Göttin? Ja, sie ist es in ihren Ausdrucksformen, die wir Rechte und Pflichten nennen, und die wir in unseren berühmten Rechtsbüchern niederlegen, das heißt in den Gesetzen und Verträgen, die in den sozialen, kulturellen und wirtschaftlichen Beziehungen die Ursache für jene Stabilität sind, die nicht verletzt werden darf. Es ist die Ordnung, der Friede. Wenn aber die Gerechtigkeit, nämlich das, was sie ist und was sie sein muss, andere bessere Ausdrucksformen hervorbringen würde als jene, die bereits in Geltung sind, was würde geschehen?

Bevor wir jedoch hierauf antworten, müssen wir die Frage stellen, ob diese Hypothese, nämlich die Annahme einer Entwicklung des Bewusstseins für Gerechtigkeit, annehmbar, wahrscheinlich und wünschenswert sei? Selbstverständlich!

Das ist die Tatsache, die die moderne Welt besonders kennzeichnet und sie von der antiken unterscheidet. Das Bewusstsein für Gerechtigkeit nimmt heute allgemein zu. Keiner, so glauben wir, stellt dieses Phänomen in Abrede. Wir wollen jetzt nicht dabei verweilen, um den tieferen Ursachen dieser Tatsache nachzugehen. Wir alle aber wissen, dass heute der Mensch, jeder Mensch, durch die Ausweitung der Bildung ein neues Bewusstsein von sich selbst besitzt. Jeder Mensch weiß heute, dass er Mensch ist, und er fühlt sich als Mensch; nämlich, dass er unverletzbar und den anderen gleichberechtigt ist, dass er frei ist und Verantwortung trägt. Fügen wir auch hinzu: Dass er etwas Heiliges ist. Auf diese Weise erfüllt eine andere und bessere, nämlich umfassendere und anspruchsvollere Erkenntnis der beiden Sphären seiner Persönlichkeit – wir meinen seiner doppelten moralischen Inanspruchnahme durch Rechte und Pflichten – das Bewusstsein des Menschen, und geht eine Gerechtigkeit, die nicht mehr in sich ruhend, sondern voller Dynamik ist, in seinem Herzen auf. Hierbei handelt es sich um ein Phänomen, das nicht einfachhin individuellen Charakter trägt, noch einigen auserlesenen und besonderen Gruppen vorbehalten bleibt. Es ist ein Phänomen, das nunmehr die ganze Gemeinschaft betrifft und weltweit geworden ist. Die Entwicklungsländer rufen es mit lauter Stimme aus. Es ist die Stimme der Völker, die Stimme der Menschheit; sie fordert eine neue Ausdrucksform der Gerechtigkeit, eine neue Grundlage für den Frieden.

Warum zögern wir noch, nachdem wir alle von dieser unwiderstehlichen Forderung überzeugt sind, dem Frieden die Gerechtigkeit als Grundlage zu geben?

Bleibt nicht, wie von der letzten Bischofssynode hervorgehoben worden ist, sowohl innerhalb der nationalen Gemeinschaften als auch auf internationaler Ebene noch eine weit größere Gerechtigkeit zu verwirklichen?

Ist es zum Beispiel gerecht, dass es noch ganze Völker gibt, denen die freie und rechtmäßige Ausübung des vom menschlichen Geist am sorgsamsten gehüteten Rechts verwehrt wird, nämlich der Religion?

Welche Autorität, welche Ideologie, welche geschichtliche oder bürgerliche Interessensphäre kann sich anmaßen, das religiöse Empfinden in seiner berechtigten und menschlichen Ausdrucksweise – wir sprechen nicht von abergläubischen, fanatischen oder ungestümen Formen – zu unterdrücken und zu ersticken? Und welche Namen sollen wir einem Frieden geben, der sich aufdrängen will, indem er diesen grundlegenden Gerechtigkeitsanspruch mit Füßen tritt? Und wo andere unbestrittene Formen der Gerechtigkeit auf nationaler Ebene, im sozialen, kulturellen und wirtschaftlichen Bereich angegriffen und missachtet werden, könnten wir da sicher sein, dass das der wahre Friede ist, der sich von einem ähnlich gewalttätigen Vorgang herleitet, dass das ein dauerhafter Friede ist, ein gerechter und menschlicher Friede?

Ist nicht auch die Pflicht, jedes Land in die Lage zu versetzen, im Rahmen einer von jeglicher Absicht oder Berechnung wirtschaftlicher oder politischer Macht freien Zusammenarbeit seine eigene Entwicklung zu fördern, ebenso ein Bestandteil der Gerechtigkeit?

Das Problem wird äußerst ernst und differenziert. Es ist nicht unsere Aufgabe, es noch zuzuspitzen oder nach einer praktischen Lösung zu suchen. Es ist nicht die Zuständigkeit dessen, der von dieser Stelle aus spricht.

Aber gerade von dieser Stelle aus klingt unsere Einladung, den Frieden zu verwirklichen, wie ein Aufruf zur Übung der Gerechtigkeit. „Das Werk der Gerechtigkeit wird Friede sein“ (Jes 32,17). Wir wiederholen dies heute mit einer noch einprägsameren und dynamischeren Formel: Wenn du den Frieden willst, setze dich ein für die Gerechtigkeit.

Unsere Einladung verkennt nicht die Schwierigkeiten bei der praktischen Übung der Gerechtigkeit, bei ihrer Begriffsbestimmung zunächst und dann bei ihrer Verwirklichung. Niemals geht es dabei ohne die Preisgabe des eigenen Prestiges und die Aufgabe persönlicher Interessen. Vielleicht braucht es mehr Hochherzigkeit, sich den Vernunftgründen der Gerechtigkeit und des Friedens zu stellen, als für das eigene echte oder nur vorgetäuschte Recht zu kämpfen und es dem Gegner aufzuzwingen. Wir haben großes Vertrauen, dass die vereinten Ideale von Gerechtigkeit und Frieden aus eigener Kraft im heutigen Menschen die moralischen Energien zu ihrer Verwirklichung hervorbringen können, und hoffen auf ihren fortschreitenden Sieg. Ja, wir bauen noch mehr auf die Tatsache, dass der heutige Mensch von sich aus bereits die Einsicht in die Wege des Friedens hat, um sich selbst zum Bahnbrecher jener Gerechtigkeit zu machen, die diese Wege auftut und sie mutig in verheißungsvoller Hoffnung beschreiten lässt.

Daher wagen wir es, von neuem unsere Einladung zum Weltfriedenstag auszusprechen und zu diesem Jahr 1972 unter dem ernsten und Zuversicht gewährenden Zeichen der Gerechtigkeit, und zwar mit dem sehnlichsten Wunsch, dadurch Initiativen ins Leben zu rufen, die den Willen zur Gerechtigkeit und den Willen zum Frieden gemeinsam zum Ausdruck bringen.

Unseren Brüdern und Söhnen der katholischen Kirche legen wir unsere Einladung ans Herz. Es ist notwendig, den Menschen unserer Zeit eine Botschaft der Hoffnung zu bringen, die sich im Geist der Brüderlichkeit und einem aufrichtigen und beständigen Einsatz für eine größtmögliche wahre Gerechtigkeit verwirklicht. Sie steht im logischen Zusammenhang mit dem Wort, das die Bischofssynode über die ‚Gerechtigkeit in der Welt‘ verkündet hat; sie schöpft Kraft aus der Sicherheit, dass er, Christus, „unser Friede“ (Eph 2,14) ist.

Aus dem Vatikan, am 8. Dezember 1971
Paul VI.

Botschaft seiner Heiligkeit Papst Paul VI.
zur Feier des 6. Weltfriedenstages
1. Januar 1973

Der Friede ist möglich

An euch, die ihr für die höchsten Interessen der Menschheit Verantwortung tragt, Regierende, Diplomaten, Vertreter der Nationen, Politiker, Philosophen und Wissenschaftler, Publizisten, Industrielle, Gewerkschaftler, Soldaten, Künstler und alle, die sich um die Geschicke der Beziehungen zwischen den Völkern, den Staaten, zwischen den Volksstämmen, den Klassen und den menschlichen Familien bemühen, an euch, Bürger der Welt, an euch, Jugendliche der heranwachsenden Generation, Studenten, Lehrer, Arbeiter, Männer und Frauen; an euch, die ihr euch besinnt, die ihr hofft, verzweifelt und leidet; an euch, Arme und Waisen und Opfer des Hasses, des Egoismus und der Ungerechtigkeit, die noch immer herrscht, an euch alle wagen wir wiederum unsere demütige und zuversichtliche Stimme zu richten als der prophetische Künder eines Wortes, das uns überragt und gleichzeitig in seinen Dienst nimmt, als euer Fürsprecher, dem jedes eigennützige Interesse fernliegt, als Bruder jedes Menschen guten Willens, als Samariter, der sich zu jedem niederbeugt, der weint und auf Hilfe wartet, als Diener der Diener Gottes, wie wir uns zu nennen pflegen, als Diener der Wahrheit, der Freiheit, der Gerechtigkeit, des Fortschritts und der Hoffnung, an euch richten wir unser Wort, um zu euch auch in diesem Jahr 1973 wiederum vom Frieden zu sprechen. In der Tat, vom Frieden! Weigert euch nicht, uns anzuhören, auch wenn ihr dieses Thema schon zur Genüge kennt oder zu kennen glaubt!

Unsere Botschaft ist einfach wie ein Axiom: Der Frieden ist möglich. Ein Chor von Stimmen bestürmt uns: Das ist uns bereits bekannt; ja, er bedrängt und erdrückt uns gleichsam: Der Friede ist nicht nur möglich, er ist bereits Wirklichkeit. Der Friede ist schon hergestellt, antwortet man uns. Wir empfinden noch die Trauer über die unzähligen Opfer der Kriege, die dieses Jahrhundert, das den Höhepunkt des Fortschritts darstellt, mehr noch als die vergangenen Jahrhunderte mit Blut befleckt haben; noch sehen wir auf dem Antlitz unserer älteren Generation die furchtbaren Narben der letzten kriegerischen und bürgerlichen Konflikte eingezeichnet; und die letzten offengebliebenen Wunden erneuern noch in den Gliedern des neuen Volkes den Schauer des Entsetzens, sobald man die übliche Hypothese eines neuen Krieges stellt. Die Vernunft hat endlich gesiegt: Die Waffen schweigen und verrosten in den Lagerräumen als bereits unbrauchbare Werkzeuge des überwundenen Wahnsinns; hohe und weltweit anerkannte Institutionen garantieren allen Unversehrtheit und Unabhängigkeit; das internationale Leben ist durch Dokumente geregelt, deren Gültigkeit inzwischen nicht mehr infrage gestellt wird, und durch Einrichtungen, die unverzüglich tätig werden, um nach den aufgestellten Maßstäben des Rechts und der Gerechtigkeit jede mögliche Kontroverse zu lösen; der Dialog zwischen den Völkern gehört bereits zu den alltäglichen Erscheinungen und ist aufrichtig; darüber hinaus macht ein großartiges Geflecht gemeinsamer Interessen die Völker untereinander solidarisch. Der Frieden ist bereits ein fester Bestandteil der Zivilisation. Stört den Frieden also nicht, antwortet, man uns, indem ihr ihn wieder neu zur Diskussion stellt. Wir haben andere, neue und originelle Fragen zu behandeln; der Frieden ist bereits wirklich, der Frieden ist sicher; er ist nunmehr außer Diskussion!

Ist das wahr? Wenn es nur so wäre!

Dann aber wird die Stimme dieser Verfechter des Friedens, die ihn als siegreich über alle entgegengesetzten Verhältnisse erklären, etwas bescheidener und unsicherer und gibt zu, dass es in der Tat leider hier und da noch schmerzliche Situationen gibt, wo der Krieg noch immer grausam wütet. Leider! Es handelt sich dabei nicht um Konflikte, die in den Annalen der Geschichte begraben sind, sondern die hier und jetzt ausgetragen werden; es sind keine vorübergehenden Episoden, da es sich um Konflikte handelt, die schon Jahre andauern; sie berühren nicht nur die Oberfläche, da sie in die Reihen der schwerbewaffneten Heere und in die wehrlosen Menschenmassen der Zivilbevölkerung tief einschneiden; sie sind nicht leicht beizulegen, da sich alle Verhandlungs- und Vermittlungskünste als unfähig erwiesen haben; sie dienen nicht dem allgemeinen Ausgleich in der Welt, denn sie nähren ein wachsendes Potential eines verletzten Prestiges, der unerbittlichen Rache, einer endemischen und organisierten Unordnung; sie dürfen nicht vernachlässigt werden, als ob die Zeit ihr natürliches Heilmittel wäre, da ihr Gift in die Herzen dringt, die humanitären Ideologien zersetzt, ansteckend wird und sich mit einer verhängnisvollen erblichen Verpflichtung zur Erhebung auf die jüngsten Generationen überträgt. Die Gewalt wird wieder Mode und umgibt sich sogar mit dem Panzer der Gerechtigkeit. Sie verbreitet sich wie eine Gewohnheit, begünstigt von allen Zutaten des meuchlerischen Verbrechertums und allen Listen der Feigheit, der Erpressung, der Mittäterschaft und stellt sich dar als ein apokalyptisches Gespenst, das mit unerhörten Werkzeugen mörderischer Zerstörungen ausgerüstet ist. Es entstehen neu die kollektiven, familiären, sozialen, völkischen, nationalen und rassischen Egoismen. Das Verbrechen flößt keinen Schrecken mehr ein. Die Grausamkeit wird verhängnisvoll wie die Chirurgie eines Hasses, der als legitim erklärt worden ist. Der Völkermord gibt sich als das mögliche Monstrum des radikalen Heilmittels. Und hinter diesen schaurigen Schreckensgestalten plant man gigantisch mit kaltblütigem und unfehlbarem Kalkül die Wirtschaft der Aufrüstung und der Märkte, die den Hunger noch vermehren. Die Politik greift somit wieder auf ihre unverzichtbaren Programme der Macht zurück.

Und der Frieden?

O ja, der Frieden! Er kann, so meint man, in gleicher Weise überleben und bis zu einem gewissen Grad auch in den ungünstigsten Bedingungen der Welt zusammenleben. Auch in den Schützengräben des Krieges oder in den Pausen des Guerillakrieges oder in den Trümmern jeder normalen Ordnung gibt es noch Winkel und Augenblicke der Ruhe; der Frieden passt sich sogleich an und kommt auf seine Weise zur Blüte. Ist es aber dieser Rest von Lebenskraft, den wir als wirklichen Frieden, das Ideal der Menschheit, bezeichnen können? Ist es diese bescheidene und wunderbare Fähigkeit zur Erholung und Entspannung, ist es dieser verzweifelte Optimismus, der die tiefste Sehnsucht des Menschen nach Ordnung und vollkommener Gerechtigkeit zu stillen vermag? Können wir Frieden nennen, was in Wirklichkeit dessen Verfälschungen sind? „[W]o sie Einöde schaffen, sprechen sie von Frieden“[1]! Oder würden wir einen Waffenstillstand als Frieden bezeichnen? Eine einfache Gefechtspause? Eine Gewalttätigkeit, die Endgültigkeitscharakter angenommen hat? Eine äußere Ordnung, die auf Gewalt und Angst gründet? Oder ein vorübergehendes Gleichgewicht sich widerstreitender Kräfte? Eine in eiserner Umklammerung erstarrte Spannung entgegengesetzter Mächte? Eine notwendige Heuchelei, von der die Geschichte voll ist. Gewiss, viele Dinge können auch in unsicheren und ungerechten Verhältnissen friedlich gedeihen. Man muss realistisch sein, sagen die Opportunisten: Nur das ist der mögliche Frieden; eine Übereinkunft, ein teilweiser und zerbrechlicher Ausgleich. Die Menschen seien eines besseren Friedens nicht fähig.

Somit müsste sich also die Menschheit am Ende des 20. Jahrhunderts mit einem Frieden begnügen, der sich aus einem diplomatischen Gleichgewicht und einer gewissen Regelung sich widerstreitender Interessen ergibt, und nichts mehr? Wir gestehen zu, dass eine vollkommene und stabile *tranquillitas ordinis*, das heißt ein absoluter und endgültiger Frieden unter den Menschen, selbst wenn sie einen hohen und umfassenden Grad der Zivilisation erreicht haben, nichts anderes als ein Traum sein kann, aber nicht ein falscher, sondern ein unvollendeter; ein Ideal, das nicht irreal ist, sondern verwirklicht werden soll; alles nämlich ist im Lauf der Geschichte unbeständig, und auch die Vollkommenheit des Menschen ist nicht eindeutig und bestimmt. Die menschlichen Leidenschaften erlöschen nicht. Der Egoismus ist eine giftige Wurzel, die man nie ganz aus der Seele des Menschen auszurei-

---

[1] *C. Tacitus*, Agricola, 30.

ßen vermag. In der Seele der Völker nimmt er allgemein die Form und die Gewalt des Seinsgrundes an; er dient als ideale Philosophie. Und eben deshalb bedroht uns ein Zweifel, der verhängnisvoll werden kann; ist der Frieden also nie möglich? Der Zweifel verwandelt sich bei einigen sehr leicht zur unheilvollen Gewissheit: Der Frieden ist unmöglich!

Eine neue, oder vielmehr eine alte Anthropologie ersteht zu neuem Leben: Der Mensch ist geschaffen, um den Menschen zu bekämpfen: *homo homini lupus.* Der Krieg ist unvermeidlich. Der Rüstungswettlauf, wie könnte man ihn vermeiden? Er ist eine primäre Forderung der Politik; und dann ist er auch ein Gesetz der internationalen Wirtschaft. Er ist eine Prestigefrage. Zuerst das Schwert, dann der Pflug. Es scheint, dass diese Überzeugung vor jeder anderen vorherrschend ist, auch für einige Entwicklungsländer, die sich nur mit Mühe in die moderne Zivilisation eingliedern. Zum unvermeidlichen Nachteil der elementaren Lebensbedingungen legen sie sich, indem sie durch Einsparungen die Ernährung, das Gesundheits- und Bildungswesen, die Schaffung von Straßen und Wohnungen und sogar die wirkliche wirtschaftliche und politische Unabhängigkeit vernachlässigen, ungeheure Opfer auf, um ja bewaffnet zu sein und den eigenen Nachbarn Furcht einzuflößen und Knechtschaft aufzuerlegen; oft denken sie nicht mehr daran, ihnen ihre Freundschaft anzubieten, nicht Zusammenarbeit, nicht gemeinsamen Wohlstand, sondern einen finsteren Anblick der Überlegenheit in der Kunst der Beleidigung und des Krieges. Der Frieden ist, so denken und behaupten viele, als Ideal und als Wirklichkeit unmöglich.

Hört dagegen unsere Botschaft; die eure, ihr Menschen guten Willens, die Botschaft der gesamten Menschheit: Der Frieden ist möglich! Er muss möglich sein! Ja, denn dies ist die Botschaft, die sich von den Kriegsschauplätzen der beiden Weltkriege und der anderen jüngsten militärischen Konflikte erhebt, durch die die Erde mit Blut befleckt worden ist. Es ist die geheimnisvolle und gewaltige Stimme der Gefallenen und der Opfer der vergangenen Konflikte; es ist die mitleidsvolle Klage der unzähligen Gräber auf den Soldatenfriedhöfen und der dem Unbekannten Soldaten geweihten Denkmäler: Frieden, Frieden, nicht Krieg. Der Frieden ist die Bedingung und die Synthese des menschlichen Zusammenlebens.

Ja, denn der Frieden hat die Ideologien besiegt, die ihm entgegengesetzt sind. Der Frieden ist vor allem eine Bedingung des Geistes. Endlich ist er als eine logische und menschliche Notwendigkeit in das Bewusstsein so vieler Menschen und im Besonderen der jungen Generationen getreten: Es muss möglich sein, sagen sie, zu leben, ohne zu hassen und ohne zu töten. Eine neue und weltweite Pädagogik drängt sich auf, die Pädagogik des Friedens.

Ja, denn die heranreifende zivile Vernunft hat diesem selbstverständlichen Anliegen Ausdruck verliehen: Anstatt die Lösung der menschlichen

Streitigkeiten dem irrationalen und barbarischen Duell der blinden und tödlichen Macht der Waffen zu überlassen, wollen wir neue Institutionen schaffen, in denen der Dialog, die Gerechtigkeit und das Recht sich zu äußern vermögen und eine strenge und friedliche Regelung in den internationalen Beziehungen herbeiführen. Diese Institutionen, als erste unter ihnen die Organisation der Vereinten Nationen, sind gegründet worden; ein neuer Humanismus trägt und achtet sie; eine feierliche Verpflichtung macht diejenigen, die ihnen als Mitglieder angehören, untereinander solidarisch; eine positive und weltweite Hoffnung erkennt sie an als geeignete Mittel der internationalen Ordnung, der Solidarität und der Brüderlichkeit unter den Völkern. Der Frieden findet dort seinen eigentlichen Sitz und seine Werkstatt.

Ja, wir wiederholen es, der Frieden ist möglich, da er in diesen Institutionen seine grundlegenden Charakterzüge wiederfindet, die ein irriger Friedensbegriff leicht vergessen lässt: Der Frieden muss vernünftig, nicht leidenschaftlich sein, hochherzig und nicht egoistisch; der Frieden darf nicht träge und passiv sein, sondern dynamisch, aktiv und auf Fortschritt ausgerichtet, je nachdem, wie die berechtigten Forderungen der erklärten und ausgeglichen formulierten Menschenrechte neue und bessere Ausdrucksformen verlangen; der Frieden darf nicht schwach, unfähig und knechtisch sein, sondern stark, sei es durch die moralischen Gründe, die ihn rechtfertigen, oder sei es durch die einheitliche Zustimmung der Nationen, die ihn aufrechtzuerhalten haben. Dies ist ein äußerst wichtiger und delikater Punkt: Wenn diese modernen Körperschaften, durch die der Frieden begünstigt und geschützt wird, für ihre eigentliche Aufgabe nicht geeignet sein sollten, was würde dann wohl das Schicksal der Welt sein? Ihre Unwirksamkeit könnte im Bewusstsein der Menschheit eine verhängnisvolle Enttäuschung hervorrufen; der Frieden und mit ihm der Fortschritt der Zivilisation gingen besiegt daraus hervor. Unsere Hoffnung und Überzeugung, dass der Frieden möglich ist, würde zuerst durch den Zweifel, durch den Spott, den Skeptizismus und schließlich durch deren Verneinung erstickt werden. Welch ein Ende! Es widerstrebt uns, an einen solchen Zusammenbruch zu denken! Man muss im Gegenteil die grundlegende Behauptung von der Möglichkeit des Friedens in folgende zwei Sätze auflösen, die diese ergänzen: Der Frieden ist möglich, wenn man ihn will; und wenn der Frieden möglich ist, dann ist er eine Pflicht. Dies bedeutet, zu entdecken, welche sittlichen Kräfte notwendig sind, um das Friedensproblem positiv zu lösen. Man muss, wir möchten es noch einmal sagen, den Mut zum Frieden haben. Einen Mut höchsten Ranges: Nicht den der rohen Gewalt, sondern den der Liebe: Jeder Mensch ist mein Bruder, es kann keinen Frieden ohne eine neue Gerechtigkeit geben, dies möchten wir hier wiederholen. Ihr mächtigen und verantwortungsbewussten Menschen, die ihr durch eure Zusammenarbeit die Macht und die Pflicht habt, den Frieden herbeizuführen und zu verteidigen! Und vor allem ihr Führer und Lehrer der Völker! Wenn das Echo dieser einladenden Botschaft an euer Ohr gelangt, möge sie sich auch in eure Herzen senken und euch mit neuer Gewissheit von der Möglichkeit des Friedens stärken. Habt die Umsicht, eure Aufmerksamkeit auf diese paradoxale Gewissheit zu richten; setzt eure Kräfte dafür ein, gewährt ihr trotz allem euer Vertrauen und macht daraus mithilfe eurer Überzeugungskunst ein Thema für die öffentliche Meinung, nicht um die Herzen der jungen Generation zu entmutigen, sondern um sie zu einem menschlicheren und männlicheren Denken zu befähigen! Gründet und baut in Wahrheit, in Gerechtigkeit, in Liebe und in Freiheit den Frieden für die kommenden Jahrhunderte, indem wir mit dem Jahr 1973 beginnen, ihn als möglich zu verteidigen und als wirklich zu grüßen! Dies war das Programm, das unser Vorgänger Johannes XXIII. in seiner Enzyklika ‚Pacem in terris' umrissen hat, von der wir im April 1973 den 10. Jahrestag ihres Erscheinens begehen. Wie ihr vor zehn Jahren mit Ehrerbietung und Dank die väterliche Stimme aufgenommen habt, so vertrauen wir, dass die Erinnerung an jene große Flamme, die er in der Welt angezündet hat, die Herzen zu neuen und entschlosseneren Vorsätzen für den Frieden stärke und ermutige.

Wir sind mit euch.

An euch, liebe Brüder, liebe Söhne und Töchter, mit uns verbunden in der Gemeinschaft des katholischen Bekenntnisses, und an alle, die mit uns eins sind im christlichen Glauben, wiederholen wir die Einladung, über die Möglichkeit des Friedens nachzudenken, indem wir euch die Wege aufzeigen, die eure Überlegungen noch zu viel größerer Tiefe führen: Es sind die Wege einer wirklichkeitsnahen Kenntnis der sich mit dem Menschen befassenden Anthropologie, durch die uns die geheimnisvollen Gründe für das Gute und das Böse in der Geschichte und im menschlichen Herzen offenbaren, warum der Frieden ein immer offenes Problem ist, das unter der ständigen Drohung pessimistischer Lösungen steht, das aber gleichzeitig auch seine Stütze findet, nicht nur in der Verpflichtung, sondern in der Hoffnung auf eine glückliche Lösung. Wir glauben an eine oft undurchschaubare, aber doch wirkliche Herrschaft einer unendlichen Güte, die wir Vorsehung nennen und die über dem menschlichen Geschick steht; wir wissen um die sonderbare, aber doch staunenerregende Umkehrbarkeit jeden menschlichen Schicksals in eine Heilsgeschichte (vgl. Röm 8,28); mit ehernen Lettern tragen wir in unser Herz geschrieben die siebte Seligpreisung der Bergpredigt: „Selig, die Friedens stiften; denn sie werden Kinder Gottes genannt werden" (Mt 5,9); ganz und gar erfüllt von einer Hoffnung, die nicht enttäuscht (vgl. Röm 5,3), hören wir die Weihnachtsbotschaft vom Frieden für die Menschen guten Willens (vgl. Lk 2,14); auf unseren Lippen und in unserem Herzen haben wir stets den Frieden als ein Geschenk, als Gruß und Wunsch, der nach dem Zeugnis der Heiligen Schrift vom Heiligen Geist kommt, weil wir die geheimnisvolle und unerschöpfliche Quelle des Friedens besitzen, die Christus „unser Friede" (Eph 2,14) ist. Und wenn es den Frieden in Christus gibt und durch Christus, so ist der Frieden unter den Menschen und durch die Menschen möglich.

Wir lassen niemals die Idee des Friedens fallen. Wir lassen niemals die Hoffnung auf den Frieden, das Streben nach dem Frieden erlahmen. Wir lassen niemals die Sehnsucht verstummen, den Frieden zu erleben. Wir wollen hingegen den Wunsch nach Frieden stets wachhalten in unserem Herzen, in allen Bereichen unseres Lebens: In der Verborgenheit unseres Inneren, im Kreise unserer Familie, in der Auseinandersetzung im sozialen Bereich, in den Beziehungen der Klassen und Völker zueinander, in der Unterstützung der Initiativen und Institutionen auf internationaler Ebene, die den Frieden auf ihr Banner geschrieben haben. Wir wollen den Frieden möglich machen dadurch, dass wir uns zu Kündern der Freundschaft machen, dass wir die Liebe zum Nächsten üben, die Gerechtigkeit und das christliche Verzeihen; öffnen wir die Türe für den Frieden, dort, wo man ihn verbannt hat, mit loyalen Verhandlungen, die auf echte positive Lösungen hinzielen; wir wollen kein Opfer scheuen, das, ohne die Würde derer zu verletzen, welche sich großmütig zeigen, den Frieden schneller herbeiführt, fester in den Herzen verankert und dauerhafter macht.

Auf die tragischen und unüberwindbaren Absagen an den Frieden, die die erbarmungslose Wirklichkeit der Geschichte unserer Tage darzustellen scheinen; auf die Verführung militärischer Macht zu blinder Gewalt, die die Unschuldigen trifft; auf die Nachstellungen, die im Geheimen arbeiten, um auf das große Geschäft des Krieges zu spekulieren, um die schwachen Völker zu unterdrücken und zu Leibeignen zu machen; auf die angstvolle Frage schließlich, die uns immer wieder bedrängt: Ist denn jemals der Frieden, ein wahrer Frieden unter Menschen möglich? – auf diese Frage antworten wir aus der Tiefe unseres Herzens, mit der ganzen Kraft unseres Glaubens und unserer Liebe ganz schlicht und mit sieghafter Zuversicht: Ja! Der Frieden ist möglich.

Eine Antwort, die uns dazu antreibt, für den Frieden zu arbeiten, selbst unter Opfern, mit einer aufrichtigen und beständigen Liebe zur Menschheit. Das Echo auf unsere Antwort, mit der wir Segen und Glück erflehen im Namen Jesu Christi, möge lauten: Ja! Er ist möglich.

Aus dem Vatikan, am 8. Dezember 1972
Paul VI.

Botschaft seiner Heiligkeit Papst Paul VI.
zur Feier des 7. Weltfriedenstages
1. Januar 1974

Der Friede hängt auch von dir ab!

Höret mich wieder, ihr Menschen, die ihr an der Schwelle des Neuen Jahres 1974 angelangt seid.

Höret mich wieder: Ich stehe vor euch mit einer demütigen Bitte, mit einer eindringlichen Bitte.

Natürlich durchschaut ihr es, ich will wieder vom Frieden zu euch sprechen. Ja, vom Frieden. Vielleicht meint ihr, bezüglich des Friedens alles zu wissen; darüber ist schon so viel und von allen gesprochen worden. Vielleicht ruft dieses allzu häufige Wort ein Gefühl der Übersättigung, der Langweile hervor, vielleicht auch der Furcht, dass es im Zauber seines Wortes eine trügerische Magie verbirgt, ein nunmehr noch missbrauchtes und rhetorisches Wortspiel, ja sogar einen gefährlichen Zauber. Die augenblickliche geschichtliche Situation, die gekennzeichnet ist von beklagenswerten Vorkommnissen internationaler Konflikte, von unversöhnlichen Klassenkämpfen, von revolutionärem Aufbegehren nach Freiheit, von Unterdrückung der Rechte und dem elementaren Freiheitsanspruch des Menschen sowie von unvorhergesehenen Symptomen der Unsicherheit der Weltwirtschaft, scheint das triumphierende Ideal des Friedens zu zerstören, als ob es die Statue eines Idols wäre. Dem leeren und kraftlosen Wortspiel, das der Friede in der politischen und ideologischen Erfahrungswelt dieser letzten Zeit zu verkörpern scheint, zieht man jetzt wieder den Realismus der Tatsachen und Interessen vor; und man denkt wieder an den Menschen wie an das ewige unlösbare Problem eines lebenden Selbst-Konfliktes: Der Mensch ist so; ein Wesen, das in seinem Herzen das Verhängnis des Bruderkrieges trägt.

Im Hinblick auf diesen harten, wiederauflebenden Realismus schlagen wir nicht leere Worte vor, die den neuen und gewalttätigen Tatsachen unterlegen sind, sondern einen unbesiegten Idealismus, nämlich des Friedens, der bestimmt ist, sich in steigendem Maße zu behaupten.

Glaubet, Menschenkinder, ihr Menschen guten Willens, kluge Menschen, leidende Menschen, unseren erneuten, demütigen Worten, unserem unermüdlichen Rufen. Der Friede ist das Ideal der Menschheit. Der Friede ist notwendig. Der Friede ist verpflichtend. Der Friede ist vorteilhaft. Unsere Idee ist keine unlogische und fixe Idee; sie ist keine Besessenheit, keine Illusion. Sie stellt eine Sicherheit dar; ja, eine Hoffnung; sie hat für sich die Zukunft der Kultur, das Schicksal der Welt; jawohl, der Friede.

Wir sind so überzeugt, dass er, der Friede, das Ziel der Menschheit ist, die auf dem Weg des Selbstbewusstseins und des kulturellen Fortschrittes auf der Erde ist, dass wir heute für das neue Jahr und für die künftigen Jahre zu verkünden wagen, wie wir es schon im vergangenen Jahr getan haben: Der Friede ist möglich.

Denn was im Grunde die Festigkeit des Friedens und den Ablauf der Geschichte zu ihren Gunsten kompromittiert, ist die heimliche und skeptische Überzeugung, dass er praktisch unmöglich ist. Ein wunderschöner Begriff, denkt man, ohne es auszusprechen, herrliche Synthese aller menschlichen Bestrebungen, aber ein poetischer Traum, eine trügerische Utopie. Eine berauschende, aber schwächende Droge. Wiederum steigt es in den Köpfen wie eine unvermeidbare Logik auf: Was zählt, ist die Kraft; der Mensch wird höchstens den Kräftekomplex auf den Ausgleich ihres Gegensatzes hinführen; aber von der Gewalt kann die menschliche Gemeinschaft nicht Abstand nehmen.

Bei diesem grundlegenden Einwand müssen wir einen Augenblick verweilen, um ein mögliches Missverständnis zu klären, das nämlich den Frieden mit der Schwachheit verwechselt, nicht mit der physischen, sondern mit der moralischen, mit dem Verzicht auf das wahre Recht und die angemessene Gerechtigkeit, mit der Flucht vom Risiko und vom Opfer, mit der furchtsamen Resignation und dem Erliegen vor der Gewalttätigkeit des Gegners, und deshalb der eigenen Versklavung zustimmt. Das ist nicht der echte Friede. Die Unterdrückung ist nicht der Friede. Die Feigheit ist nicht der Friede. Die rein äußere und von der Furcht auferlegte Ordnung ist nicht der Friede. Die kürzliche Feier des 25. Jahrestages der Verkündigung der Menschenrechte erinnert uns daran, dass der wahre Frieden auf das Bewusstsein um die unantastbare Würde der menschlichen Person gegründet sein muss, aus der unverletzliche Rechte und entsprechende Pflichten erwachsen.

Es ist freilich wahr, dass der Friede bereit sein muss, sich dem gerechten Gesetz und der rechtmäßigen Autorität zu fügen, aber er wird niemals den Überlegungen des allgemeinen Wohles und der moralischen menschlichen Freiheit ablehnend gegenüberstehen. Der Friede wird sich auch zu schweren Verzichtleistungen bereitfinden können im Wettstreit um das Prestige, im Wettrüsten, im Vergessen von Beleidigungen, beim Erlass von Schulden. Er wird sich sogar hochherzig bereitfinden zum Verzeihen und zur Wiederversöhnung. Aber niemals durch unwürdiges Feilschen mit der menschlichen Würde, niemals zum Schutz der eigenen egoistischen Interessen zum Nachteil der berechtigten Interessen anderer; niemals durch Feigheit. Der Friede wird niemals ohne Hunger und Durst nach Gerechtigkeit bestehen. Er wird niemals die Mühe vergessen, die man auf sich nehmen muss, um die Schwachen zu verteidigen, den Armen zu Hilfe zu eilen, die Anliegen der kleinen

Leute zu fördern. Der Friede wird niemals Verrat an den höheren Interessen des Lebens üben (vgl. Joh 12,25).

Der Friede darf aber deswegen nicht als eine Utopie betrachtet werden. Die Sicherheit des Friedens besteht nicht nur im Sein, sondern ebenso in seinem Werden. Er ist, wie das Leben des Menschen, dynamisch. Sein Reich erstreckt sich noch und vor allem im sittlichen Bereich, nämlich im Bereich der Pflichten. Man muss den Frieden nicht nur erhalten, man muss ihn schaffen. Der Friede ist und muss deshalb in einer Phase ständiger und fortschreitender Bejahung sein. Ja noch mehr, wir wollen sagen: Der Friede ist nur möglich, wenn er als Pflicht betrachtet wird. Es genügt nicht einmal, dass er sich auf die für gewöhnlich sehr berechtigte Überzeugung gründet, er bedeute einen Vorteil. Er muss vom Bewusstsein der Menschen Besitz ergreifen als eine höchste ethische Zielsetzung, als eine moralische Notwendigkeit, als eine *άνάγκη*, Pflicht, die sich wesentlich von der Forderung des menschlichen Zusammenlebens ableitet.

Diese Entdeckung – denn so ist der positive Prozess unserer Überlegungen – lehrt uns einige Prinzipien, von denen wir niemals abweichen dürfen. Zunächst klärt sie uns auf über die ursprüngliche Natur des Friedens: Der Friede ist ganz und gar eine Idee. Er ist ein wesentlicher Leitsatz, ein geistiger Schatz. Der Friede muss erwachsen aus einer fundamentalen und geistlichen Auffassung des Menschheitsbegriffes: Die Menschheit muss befriedet sein, das heißt geeint, unter sich verbunden, solidarisch in der Tiefe ihres Seins. Das Fehlen dieser tiefgreifenden Auffassung war und ist noch jetzt der tiefere Ursprung der Heimsuchungen, die im Ablauf der Geschichte Verwüstungen angerichtet haben. Das Ringen der Menschen untereinander als eine strukturelle Forderung der Gesellschaft aufzufassen, stellt nicht nur einen optisch-philosophischen Irrtum dar, sondern ein potenzielles und dauerndes Vergehen gegen die Menschheit. Die Zivilisation muss sich endlich freimachen von dem alten, abergläubigen und immer wirksamen trügerischen Satz: *homo homini lupus*. Er setzt sich durch von Kain herauf bis in unsere Tage. Der Mensch von heute muss den moralischen und prophetischen Mut aufbringen, sich von dieser angeborenen Wildheit freizumachen und zur Schlussfolgerung gelangen, dass es eben die Idee des Friedens ist, die wesentlich naturgegeben, notwendig, verpflichtend und deshalb möglich ist. Man muss von nun an an die Menschheit, an die Geschichte, an die Arbeit, an die Politik, an die Kultur und an den Fortschritt denken in ihrer Hinordnung auf den Frieden.

Aber was ist diese geistige, subjektive, innere und persönliche Idee wert, die so wehrlos, so fern von dem erlebten, wirkungsvollen und großartigen Geschehen unserer Geschichte ist? Wir müssen leider nach und nach, da die tragische Erfahrung des letzten Weltkrieges aus der Erinnerung schwindet, zwischen den Nationen und in der politischen Dialektik der Gesellschaft eine sich verschärfende, auf Streit ausgerichtete Haltung feststellen. Das Kriegspotential und die Kampfmittel haben sich im Vergleich zu denen, über die die Menschheit vor den Weltkriegen verfügte, nicht vermindert, sondern sind beachtlich angewachsen. Seht ihr nicht, kann uns irgendein Beobachter entgegenhalten, dass sich die Welt auf Konflikte hinbewegt, die noch furchtbarer und schrecklicher als die von gestern sind? Seht ihr nicht die geringe Wirkung der Friedenspropaganda und den mangelnden Einfluss der internationalen Institutionen, die sich während der Zeit der Konvaleszenz der durch die Weltkriege blutüberströmten und erschöpften Welt gebildet haben? Wohin geht die Welt?

Bereitet sie sich nicht auf noch katastrophalere und verabscheuungswürdigere Konflikte vor? Leider! Wir müssten vor solch bedrängenden und grausamen Schlussfolgerungen verstummen wie vor einem aussichtslosen Verhängnis! Aber nein! Sind denn auch wir blind und töricht? Nein, Brüder! Wir sind uns dessen sicher, dass unsere Sache, die Sache des Friedens, sich als stärker erweisen muss. Erstens, weil sie, die Idee des Friedens, trotz des Wahnsinns der entgegengesetzten Politik, in den Überlegungen aller verantwortlichen Menschen bereits den Sieg davongetragen hat. Wir haben Vertrauen in ihre heutige kluge Umsicht und große Geschicklichkeit: Keine Regierung eines Volkes kann heute noch den Krieg wollen; alle streben nach dem allgemeinen Frieden der Welt. Das ist etwas Außerordentliches! Wir wagen, sie zu beschwören, niemals mehr ihr oder vielmehr das gemeinsame Friedensprogramm aufzugeben!

Zweitens: Es sind vor allem und noch vor den Sonderinteressen die Ideen, die die Welt leiten, trotz des entgegengesetzten äußeren Anscheins. Wenn die Friedensidee wirklich die Herzen der Menschen gewinnt, so ist der Friede gerettet; ja noch mehr, er wird die Menschen retten. Es ist überflüssig, dass wir in dieser unserer Rede Worte darauf verwenden, um den mächtigen Einfluss der Idee nachzuweisen, die geistiger Besitz des Volkes, das heißt der öffentlichen Meinung geworden ist; sie ist heute die Königin, die in Wirklichkeit die Völker regiert; ihr unwägbarer Einfluss prägt und führt sie; und schließlich sind es die Völker, das heißt die wirksame öffentliche Meinung, die die Regierenden regiert.

Drittens schließlich: Wenn die öffentliche Meinung sich zu einer Kraft entfaltet, die das Schicksal der Völker mitbestimmt, so hängt das Schicksal des Friedens auch von einem jeden von uns ab. Denn jeder von uns ist Teil des gesellschaftlichen Organismus, der auf demokratische Weise handelt, welche in verschiedener Form und in unterschiedlichem Maße heute das Leben der modern organisierten Nationen charakterisiert. Dieses wollten wir sagen: Der Friede ist möglich, wenn ihn ein jeder von uns will; wenn jeder von uns den Frieden liebt, seine eigene innere Gesinnung auf den Frieden hin erzieht und formt, den Frieden verteidigt und sich für den Frieden einsetzt. Jeder von uns muss in seinem eigenen Gewissen den verpflichtenden Aufruf hören: Der Friede hängt auch von dir ab.

Gewiss kann der Einfluss des Einzelnen auf die öffentliche Meinung nicht anders als sehr gering sein; aber er ist nie vergeblich. Der Friede lebt dadurch, dass die Menschen ihm, wenn auch nur einzeln und auf anonyme Weise, anhangen. Wir wissen alle, wie sich das Phänomen der öffentlichen Meinung bildet und äußert: Eine ernsthafte und bestimmte Aussage ist schnell verbreitet. Die individuelle Bejahung des Friedens muss zu einem kollektiven und gemeinschaftlichen Ja werden; muss eine Zustimmung des Volkes und der Gemeinschaft der Völker werden; Überzeugung, Ideologie, Aktion; muss danach streben, das Denken und Handeln der neuen Generationen zu durchdringen und sich in die Welt, die Politik, die Wirtschaft, die Erziehung, die Zukunft, die Kultur und Zivilisation Eingang zu verschaffen. Und das nicht aus dem Gefühl der Furcht und der Flucht, sondern durch den schöpferischen Impuls der neuen Geschichte und der Neugestaltung der Welt; nicht durch Trägheit und Egoismus, sondern durch sittliche Kraft und größere Liebe zur Menschheit. Der Friede bedeutet Mut, Weisheit und Pflicht und ist schließlich obendrein Eigennutz und Glück.

Dieses alles wagen wir euch zu sagen, Brüder; euch Menschen dieser Welt, wenn ihr aufgrund irgendeines Titels das Steuer der Welt in Händen haltet: Menschen mit Befehlsvollmacht, Menschen der Kultur und der Geschäftswelt: Es ist notwendig, dass ihr euer Handeln entschlossen und klug auf den Frieden hin ausrichtet; er bedarf eurer. Wenn ihr wollt, könnt ihr es! Der Friede hängt auch und im Besonderen von euch ab.

Darüber hinaus richten wir auch ein noch vertrauensvolleres und eindringlicheres Wort an diejenigen, die in Glaube und Liebe unsere Mitbrüder sind: Haben wir nicht vielleicht eigene, ursprüngliche und menschliche Kräfte übersteigende Möglichkeiten, um mit denen, die sich für den Frieden einsetzen, zusammenzuarbeiten, um ihr und unser gemeinsames Werk zu unterstützen, damit Christus uns alle mit ihnen gemäß der Seligpreisung des Evangeliums als „Kinder Gottes“ (Mt 5,9) bezeichnet? Können wir nicht den Frieden predigen, vor allem in den Gewissen? Und wer ist mehr als wir gehalten, durch Wort und Beispiel Lehrmeister des Friedens zu sein? Wie können wir das Werk des Friedens unterstützen, in dem das menschliche Handlungsvermögen seine höchste Ebene erreicht, wenn wir nicht Gott selbst daran beteiligen, dessen Hilfe wir durch unsere Gebete zu erflehen vermögen? Oder sollten wir etwa unempfänglich sein für das Erbe des Friedens, das uns Christus, Christus allein, hinterlassen hat, die wir in einer Welt leben, die ihn, den transzendenten und unaussprechlichen Frieden, nicht vollkommen zu geben vermag? Können nicht gerade wir die flehentliche Bitte um den Frieden mit jener demütigen und liebenden Kraft erfüllen, der die göttliche Barmherzigkeit nicht widersteht (vgl. Mt 7,7–11; Joh 14,27)? Es ist großartig; der Friede ist möglich, und er hängt auch von uns ab, durch Christus, der unser Friede ist (vgl. Eph 2,14).

Unterpfand und Vermittlung dieses Friedens sei für alle unser apostolischer Segen.

Aus dem Vatikan, am 8. Dezember 1973
Paul VI.

Botschaft seiner Heiligkeit Papst Paul VI.
zur Feier des 8. Weltfriedenstages
1. Januar 1975

Versöhnung, der Weg zum Frieden

An alle Menschen guten Willens!
Dies ist unsere Botschaft für das Jahr 1975.
Ihr kennt sie bereits, sie kann jedoch keine andere sein: Brüder und Schwestern! Treten wir für den Frieden ein!

Unsere Botschaft ist sehr einfach, sie ist aber gleichzeitig so eindringlich, so fordernd, dass sie verletzend erscheinen könnte. Besteht denn nicht schon Friede? Was kann man noch anderes und mehr tun als das, was für den Frieden schon getan worden ist und immer noch geschieht? Geht die Geschichte der Menschheit nicht bereits durch eigene Kraft einem weltweiten Frieden entgegen? Ja, so ist es; oder besser, so scheint es. Aber der Friede muss geschaffen werden, muss ständig geweckt und verwirklicht werden. Er geht hervor aus einem unsicheren Gleichgewicht, das nur in der Bewegung aufrechterhalten wird und im Verhältnis zu ihrer Schnelligkeit steht. Selbst die Einrichtungen, die in der Rechtsordnung und im internationalen Zusammenleben die Aufgabe und das Verdienst haben, den Frieden zu verkünden und zu wahren, erreichen ihre providentielle Aufgabe nur dann, wenn sie sich ständig um ihn bemühen, wenn sie es verstehen, in jedem Augenblick den Willen zum Frieden wachzuhalten, den Frieden herbeizuführen.

Diese Notwendigkeit ergibt sich hauptsächlich aus der Herkunft des Menschen heraus, aus dem fortlaufenden Entwicklungsprozess der Menschheit. Menschen folgen auf Menschen, Geschlechter auf Geschlechter. Auch wenn sich keine Veränderung in den bestehenden juridischen und geschichtlichen Situationen ergeben sollte, wäre trotzdem ein ständiger Einsatz notwendig, um die Menschheit zur Treue zu den grundlegenden Rechten der Gesellschaft zu erziehen. Diese müssen gewahrt bleiben und werden die Geschichte auf unbegrenzte Zeit hin bestimmen unter der Voraussetzung, dass die wechselnden Menschen und die Heranwachsenden, die an die Stelle der verschiedenen Vorfahren treten, unablässig zu Zucht und Ordnung, zum Wohl der Allgemeinheit und zum Ideal des Friedens erzogen werden. Den Frieden schaffen bedeutet unter diesem Gesichtspunkt, zum Frieden zu erziehen. Und das ist weder eine geringe noch eine leichte Aufgabe.

Wir wissen aber, dass sich nicht nur die Menschen auf dem Schauplatz der Geschichte ändern. Auch die Dinge ändern sich. Nämlich die Probleme, von deren ausgewogener Lösung das friedliche Zusammenleben der Menschen untereinander abhängt. Keiner kann behaupten, dass die bürgerliche Gesellschaft und das internationale Zusammenleben schon in einer vollkommenen Weise organisiert sind. Es bleiben möglicherweise immer noch viele, sehr viele Probleme offen. Die von gestern und die von heute. Morgen werden neue entstehen, und alle warten auf eine Lösung. Ihre Lösung, so möchten wir betonen, kann und darf niemals mehr durch gewalttätige Konflikte, die aus Egoismus entstehen, und noch viel weniger durch mörderische Kriege zwischen den Menschen herbeigeführt werden. So haben es gelehrte Männer gesagt, die die Geschichte der Völker und die wirtschaftlichen Zusammenhänge der Nationen studiert haben. Auch wir, machtlos gegenüber den Auseinandersetzungen der Welt, jedoch stark durch ein göttliches Wort, haben es ausgesprochen: Alle Menschen sind Brüder. Endlich scheint die gesamte Welt dieses Grundprinzip angenommen zu haben. Wenn also die Menschen Brüder sind, unter ihnen aber immer noch Konfliktursachen bestehen und sich solche noch bilden, so ist es notwendig, dass der Friede wirksam und in kluger Weise verwirklicht wird. Den Frieden muss man schaffen, man muss ihn herbeiführen, man muss ihn erfinden, man muss ihn verwirklichen mit stets wachem Geist, mit immer neuem und unermüdlichem Willen. Wir sind deshalb alle von dem Grundsatz überzeugt, der der heutigen Gesellschaft die Erkenntnis vermittelt, dass der Friede weder einfach hingenommen noch aufgezwungen werden darf; er muss einfallsreich und vorausschauend gewirkt werden.

Wir sind erfreut, dass diese Leitgedanken für das Gemeinschaftsleben in der Welt heute wenigstens im Prinzip allgemein angenommen sind. Wir möchten den verantwortlichen Männern und den Institutionen, die heute die Aufgabe haben, den Frieden auf Erden zu fördern, danken, sie loben und ermutigen, dass sie diesen Grundsatz als Ausgangspunkt für ihr Wirken gewählt haben: Nur der Friede selbst kann den Frieden erzeugen.

Ihr Menschen alle, lasst uns die Botschaft des letzten Ökumenischen Konzils bis an die Grenzen der Erde als prophetisches Wort wiederholen:

„[M]it all unseren Kräften [müssen wir] jene Zeit vorbereiten [...], in der auf der Basis einer Übereinkunft zwischen allen Nationen jeglicher Krieg absolut geächtet werden kann. [...] [D]er Friede [muss] aus dem gegenseitigen Vertrauen der Völker erwachsen [...], statt den Nationen durch den Schrecken der Waffen auferlegt zu werden [...]. [...] [D]ie Staatsmänner, die das Gemeinwohl ihres eigenen Volkes zu verantworten und gleichzeitig das Wohl der gesamten Welt zu fördern haben, sind sehr abhängig von der öffentlichen Meinung und Einstellung der Massen. Nichts nützt ihnen ihr Bemühen, Frieden zu stiften, wenn Gefühle der Feindschaft, Verachtung, Misstrauen, Rassenhass und ideologische Verhärtung die Menschen trennen und zu Gegnern machen. Darum sind vor allem eine neue Erziehung und ein neuer Geist in der öffentlichen Meinung dringend notwendig. Wer sich der Aufgabe der Erziehung, vor allem der Jugend, widmet und wer die öffentliche Meinung mitformt, soll es als seine schwere Pflicht ansehen, in allen eine neue Friedensgesinnung zu wecken. Wir alle müssen uns wandeln in unserer Gesinnung und müssen die ganze Welt und jene Aufgaben in den Blick bekommen, die wir alle zusammen zum Fortschritt der Menschheit auf uns nehmen können" (GS 82). Darauf gerade zielt unsere Botschaft in ihrem eigentlichen und zentralen Anliegen, indem sie bekräftigt, dass der Friede so viel wert ist, wie er sich – noch bevor er im Äußeren Wirklichkeit wird – im Inneren zu verwirklichen strebt. Man muss den Geist sozusagen entwaffnen, wenn man den Rückgriff auf Waffen, die den Körper verwunden, wirksam verhindern will. Man muss dem Frieden, das heißt allen Menschen, die gemeinsame geistige Basis des Denkens und Liebens geben. Es genügt nicht, schreibt Augustinus, der Schöpfer einer neuen Stadt, es genügt nicht die Gleichheit in ihrer Natur, um die Menschen untereinander zu verbinden; man muss sie lehren, eine gleiche Sprache zu sprechen, das heißt sich zu verstehen, eine gemeinsame Kultur zu haben, dieselben Gefühle zu teilen: Andernfalls „wird der Mensch es vorziehen, lieber mit seinem Hund zusammen zu sein als mit einem fremden Menschen"[1].

Diese Verinnerlichung des Friedens ist echter Humanismus, ist echte Zivilisation. Sie ist glücklicherweise bereits im Gange. Sie reift mit dem Fortschritt der Welt. Sie findet ihre Überzeugungskraft in dem weltweiten Ausmaß der vielfältigen Beziehungen, die die Menschen unter sich herstellen. Es ist ein langwieriges und schwieriges Unterfangen, das sich aber aus vielen Gründen von selbst aufdrängt: Die Welt schreitet auf ihre Einheit zu. Dennoch dürfen wir uns keine Illusionen machen. Während sich die friedliche Eintracht unter den Menschen ausbreitet – durch die fortschreitende Entdeckung der gegenseitigen Ergänzung und Abhängigkeit der Länder, durch wirtschaftlichen Austausch, durch die Verbreitung einer gleichen Sicht des Menschen, die jedoch stets den ursprünglichen Charakter und die Besonderheit der verschiedenen Kulturen achtet, ferner durch die Erleichterungen von Reisen und durch die sozialen Kommunikationsmittel und so weiter –, müssen wir feststellen, dass sich heute neue Formen von eifersüchtigem Nationalismus geltend machen, wobei man sich aus Gründen der Rasse, der Sprache und der Tradition in eigenbrötlerischer Weise abkapselt. Weiterhin gibt es überaus beklagenswerte Situationen von Elend und Hunger. Es entstehen mächtige multinationale Wirtschaftsgebilde, die voller egoistischer Gegensätze sind. In der Gesellschaft werden Ideologien wirksam, die andere aus-

---

[1] *A. von Hippo*, De civitate Dei, XIX, VII: PL 41, 634.

schließen und beherrschen wollen. Mit beängstigender Leichtigkeit brechen territoriale Konflikte aus. Vor allem aber wachsen Zahl und Gewalt mörderischer Waffen von katastrophaler Zerstörungsmacht, wobei man dem Schrecken sogar den Namen Frieden gibt. Gewiss, die Welt geht auf ihre Einheit zu. Indes vermehren sich jedoch erschreckende Vermutungen, dass fatale Zusammenstöße leichter möglich werden und furchtbare Ausmaße annehmen können. Diese werden in gewisser Hinsicht sogar als unvermeidlich und notwendig angesehen, als ob sie von der Gerechtigkeit selbst gefordert würden. Wird also die Gerechtigkeit eines Tages nicht mehr die Schwester des Friedens, sondern des Krieges sein?[2]

Wir spielen nicht mit Utopien, weder mit optimistischen noch mit pessimistischen. Wir wollen uns an die Wirklichkeit halten. Da weisen uns die Zeichen illusorischer Hoffnungen und beklagenswerter Verzweiflung erneut darauf hin, dass in der monumentalen Maschinerie unserer Zivilisation irgendetwas nicht gut funktioniert; sie könnte durch Mängel in ihrer Konstruktion zu einem unbeschreiblichen Weltbrand explodieren. Wir sprechen von Mängeln, nicht von gänzlichen Fehlern. Die Mängel liegen im Geistig-Religiösen, von dem wir jedoch zugeben, dass es in allgemeiner Form in der friedlichen Entwicklung der jetzigen Geschichte schon anwesend und wirksam ist und jede wohlwollende Anerkennung und Ermutigung verdient. Haben wir nicht selbst der UNESCO unseren Preis zuerkannt, der nach Papst Johannes XXIII., dem Autor der Enzyklika ‚Pacem in terris', benannt ist?

Doch wagen wir zu sagen, dass es noch mehr zu tun gilt. Man muss das Geistig-Religiöse so aufwerten und zur Geltung bringen, dass es gelingt, nicht nur Konflikte unter den Menschen zu verhindern, sie für den Frieden und eine geordnete Zivilisation bereit zu machen, sondern die Menschen miteinander zu versöhnen, das heißt den Frieden herbeizuführen. Es genügt nicht, die Kriege einzudämmen, Kämpfe einzustellen, Feuerpausen und Waffenstillstand aufzuzwingen, Grenzen und Beziehungen zu regeln, Bereiche gemeinsamer Interessen zu schaffen; es genügt nicht, die Möglichkeit radikaler Auseinandersetzungen durch den Schrecken vor unerhörten Zerstörungen und Leiden zu bannen. Es genügt kein aufgezwungener Friede, kein zweckbedingter und provisorischer Friede. Wir müssen nach einem Frieden trachten, der geliebt wird, frei und brüderlich ist, das heißt in der Versöhnung der Menschen gründet.

Wir wissen, dass es schwierig ist; schwieriger als jedes andere Bemühen. Aber es ist nicht unmöglich und auch nicht illusorisch. Wir haben Vertrauen in die grundsätzliche Güte der Menschen und der Völker. Gott hat nämlich

---

[2] Vgl. ebd.

die Geschöpfe zum Heil befähigt (vgl. Weish 1,14). Das umsichtige und stete Bemühen um die gegenseitige Verständigung unter den Menschen, sozialen Schichten, Staaten, Völkern und Kulturen bleibt nicht ohne Frucht. Wir freuen uns – besonders jetzt vor dem Internationalen Jahr der Frau, das von den Vereinten Nationen ausgerufen wurde – über die immer stärkere Beteiligung der Frauen am Leben der Gesellschaft, zu der sie dank der ihnen von Gott gegebenen Eigenschaften einen spezifischen Beitrag von großem Wert leisten. Intuition, schöpferische Veranlagung, Einfühlungsvermögen, Sinn für Frömmigkeit und Mitempfinden, eine große Fähigkeit zum Verstehen und Lieben – das ermöglicht es den Frauen, in ganz besonderer Weise die Vermittler der Versöhnung in den Familien und in der Gesellschaft zu sein. Ebenso bereitet es uns besondere Freude, feststellen zu können, dass die Erziehung der Jugend zu einem neuen, weltweiten Gespür für die menschliche Gemeinschaft, zu einer Geisteshaltung, die weder Skepsis noch Feigheit oder Untauglichkeit mit sich bringt und auch die Gerechtigkeit nicht vergisst, sondern von Hochherzigkeit und Liebe bestimmt ist, schon begonnen hat und weiter voranschreitet. Sie besitzt ungeahnte Schätze für die Versöhnung und vermag den Weg zu einem Frieden in Wahrheit, Ehrenhaftigkeit, Gerechtigkeit und Liebe, der deshalb gefestigt ist, auch in der neuen Geschichte der Menschheit zu zeigen.

Versöhnung! Denkt ihr daran, ihr Jugendlichen, Menschen, die ihr Einfluss ausübt und Verantwortung tragt, die ihr frei und von Hochherzigkeit beseelt seid? Könnte dieses magische Wort nicht auch in den Wortschatz eurer Hoffnungen und eurer Erfolge Eingang finden?

Dies also ist unsere zuversichtliche Botschaft für euch: Die Versöhnung ist der Weg zum Frieden!

Für euch, Söhne und Töchter der Kirche!
Brüder im Bischofsamt, Priester und Ordensleute,
für euch, die ihr dem Laienstand angehört und euch für die Sache der Kirche einsetzt, sowie für alle Gläubigen!

Die Botschaft über die Versöhnung als Weg zum Frieden verlangt noch eine Ergänzung, auch wenn diese euch schon geläufig ist. Sie dient nicht nur der Vervollständigung, sondern ist ein wesentlicher Teil unserer Botschaft, wie ihr wisst. Denn sie ruft euch allen in Erinnerung, dass die erste, unverzichtbare Versöhnung, die es zu erlangen gilt, jene mit Gott ist. Für uns Gläubige kann es keinen anderen Weg zum Frieden geben als diesen. In der Bestimmung dessen, was unser Heil ist, fallen vielmehr die Versöhnung mit Gott und unser eigener Friede zusammen; sie sind die Ursache füreinander. Dies hat Christus bewirkt. Er hat die Trennung aufgehoben, welche die Sünde in unseren lebenswichtigen Beziehungen mit Gott immer wieder verursacht. Wir erinnern unter den vielen diesbezüglichen Worten des heiligen Paulus nur an dieses eine: „Aber das alles kommt von Gott, der uns durch Christus mit sich versöhnt […] hat“ (2 Kor 5,18).

Das Heilige Jahr, das wir soeben beginnen, möchte uns wieder neu zu dieser ersten und glückseligen Versöhnung aufrufen: Christus ist unser Friede; er ist der Urheber für unsere Versöhnung in der Einheit seines mystischen Leibes (vgl. Eph 2,14–16). Wir würden zehn Jahre nach Abschluss des II. Vatikanischen Konzils gut daran tun, den theologischen und ekklesiologischen Gehalt dieser Grundwahrheiten unseres Glaubens und unseres christlichen Lebens gründlich zu überdenken.

Daraus ergibt sich eine logische und verpflichtende Konsequenz, die zugleich auch einfach ist, wenn wir wirklich in Christus sind: Wir müssen das Gespür für unsere Einheit vervollkommnen; für die Einheit in der Kirche und für die Einheit der Kirche; die erste ist die mystische und konstitutive Gemeinschaft (vgl. 1 Kor 1,10; 12,12–27); die zweite ist die ökumenische Wiederherstellung der Einheit unter allen Christen (vgl. allgemein UR). Beide erfordern eine ihnen je eigene Versöhnung, die der gesamten christlichen Gemeinschaft jenen Frieden vermitteln soll, der eine Frucht des Geistes ist, die seiner Liebe und seiner Freude folgt (vgl. Gal 5,22). Auch in diesen Bereichen müssen wir Frieden machen! Euch wird sicherlich unser Apostolisches Schreiben über die Versöhnung innerhalb der Kirche erreichen, das in diesen Tagen veröffentlicht worden ist. Wir bitten euch inständig im Namen Jesu Christi, dieses Dokument zu überdenken und daraus Vorsätze zur Versöhnung und zum Frieden zu ziehen. Möge keiner meinen, diese unbeugsamen Forderungen nach der Gemeinschaft mit Christus, der Versöhnung und des Friedens, missachten zu dürfen, indem er sich auf verbreitete Haltungen des Widerspruchs gegen seine Kirche zurückzieht; sorgen wir im Gegenteil dafür, dass alle gemeinsam und jeder Einzelne für sich zu der kindlich-vertrauensvollen, bescheidenen und positiven Auferbauung dieser ihrer Kirche einen neuen und loyalen Beitrag leisten. Erinnern wir uns etwa nicht der letzten Worte des Herrn zur Verteidigung seines Evangeliums: „So sollen sie vollendet sein in der Einheit, damit die Welt erkennt, dass du mich gesandt hast“ (Joh 17,23)? Werden wir wohl die Freude haben, die fern seienden Brüder, die nach wie vor geliebt sind, zur früheren unbeschwerten Eintracht zurückkehren zu sehen?

Wir müssen beten, dass dieses Heilige Jahr der katholischen Kirche die unaussprechliche Hoffnung auf die Wiederherstellung der Einheit mit verschiedenen Gruppen von Brüdern gäbe, die schon so nahe bei dem einen Schafstall sind, jedoch noch zögern, die Schwelle zu überschreiten. Wir werden auch für diejenigen beten, die treuen Glaubens anderen Religionen angehören, auf dass sich der freundschaftliche Dialog, den wir mit ihnen begonnen haben, weiterentwickele und wir gemeinsam für den Weltfrieden zusammenarbeiten können.

Vor allem aber müssen wir für uns selbst von Gott die Demut und die Liebe erbitten, um dem lauteren und beständigen Bekenntnis unseres Glaubens die Anziehungskraft der Versöhnung und das bestärkende und frohe Charisma des Friedens zu geben.

Mit unserem Segensgruß möge „der Friede Gottes, der alles Verstehen übersteigt, [...] eure Herzen und eure Gedanken in Christus Jesus bewahren" (Phil 4,7).

Aus dem Vatikan, am 8. Dezember 1974
Paul VI.

Botschaft seiner Heiligkeit Papst Paul VI.
zur Feier des 9. Weltfriedenstages
1. Januar 1976

Die echten Waffen des Friedens

An euch, Staatsmänner!
An euch, Vertreter und Förderer der großen internationalen Institutionen!
An euch, Politiker! An euch, Experten der Probleme des internationalen Zusammenlebens, Publizisten, Akteure, Soziologen und Ökonomen hinsichtlich der Beziehungen zwischen den Völkern!
An euch, Bürger der Welt, die ihr vom Ideal einer weltweiten Brüderlichkeit begeistert seid oder aber auch enttäuscht und skeptisch bezüglich der Möglichkeit, zwischen den Völkern Beziehungen des Ausgleichs, der Gerechtigkeit und der Zusammenarbeit herzustellen.
Und schließlich an euch, Angehörige der Religionen, die die Freundschaft unter den Menschen fördern; an euch, Christen; an euch, Katholiken, die ihr den Frieden in der Welt zum Prinzip eures Glaubens und zum Ziel eurer weltweiten Liebe macht! Wir wagen es, uns auch in diesem Jahr 1976 wie in den vorhergehenden Jahren wieder mit unserer Friedensbotschaft respektvoll an euch zu wenden. Eine Einladung geht ihr voraus: Möget ihr sie bereitwillig anhören; möget ihr so freundlich und geduldig sein. Das große Anliegen des Friedens verdient euer aufmerksames Ohr, eure Besinnung, wenn es auch scheinen kann, dass unsere Stimme sich zu diesem Thema, das sich zu Beginn des neuen Jahres erneut stellt, wiederholt; und auch wenn ihr, durch eure Studien und vielleicht auch durch eure Erfahrungen belehrt, schon alles über den Frieden in der Welt zu wissen meint. Vielleicht kann es dennoch für euch von einigem Interesse sein, zu erfahren, welches unsere spontanen Gefühle sind, die sich aus den unmittelbaren Erfahrungen des geschichtlichen Geschehens, in das wir alle hineingestellt sind, hinsichtlich dieses unerbittlichen Themas des Friedens ergeben.

Unsere ersten Gefühle in dieser Hinsicht sind zweifacher Art, wobei das eine mit dem anderen nicht im Einklang steht. Wir sehen vor allem mit Freude und mit Hoffnung, dass die Idee des Friedens weiter voranschreitet. Sie gewinnt an Bedeutung und Raum im Bewusstsein der Menschheit. Mit ihr entwickeln sich auch die Strukturen der Friedensordnung; vermehren sich die Veranstaltungen, die verantwortungsbewusst und in akademischer Weise zu seiner Förderung durchgeführt werden; die Lebensgewohnheiten entfalten sich in dem vom Frieden angegebenen Sinn: Reisen, Kongresse, Tagungen, Güteraustausch, Studien, Freundschaften, Zusammenarbeit, Hilfeleistungen ... Der Frieden gewinnt an Boden. Die Konferenz von Helsinki im Juli und August 1975 ist ein Ereignis, das in dieser Hinsicht hoffen lässt.

Doch sehen wir leider zur gleichen Zeit, dass sich Phänomene weiterhin behaupten, die dem Inhalt und dem Ziel des Friedens entgegengesetzt sind. Auch diese Phänomene schreiten voran, wenn man sie auch oft verborgen hält, die aber ohne Zweifel Symptome von beginnenden oder künftigen Konflikten in sich tragen. So erwacht zum Beispiel mit dem Nationalgefühl, dem berechtigten und durchaus begrüßenswerten Ausdruck einer polyvalenten Volksgemeinschaft, der Nationalismus. Indem dieser diese Ausdrucksweise bis zur Form eines kollektiven Egoismus und eines exklusivistischen Gegensatzes übersteigt, bewirkt er im Kollektivbewusstsein ein Wiederaufleben von gefährlichen und sogar schrecklichen Keimen gegenseitiger Rivalität und durchaus möglicher Streitigkeiten.

Es wächst über alle Maßen – dieses Beispiel lässt einen vor Furcht erzittern – in jeder einzelnen Nation das Waffenarsenal jeglicher Art. Wir haben den begründeten Verdacht, dass der Waffenhandel auf den internationalen Märkten oft Rekordhöhen erreicht. Und das mit dem geradezu besessen vorgetragenen Vorwand, dass die Verteidigung, auch wenn sie nur als rein hypothetisch und potentiell gedacht wird, einen steigenden Rüstungswettlauf erfordere, da allein durch das gegenseitige Gleichgewicht der Waffen der Frieden gesichert sei.

Die Aufzählung der negativen Faktoren, die die Stabilität des Friedens untergraben, ist nicht vollständig. Können wir eine Welt friedlich nennen, die durch unversöhnliche Ideologien zutiefst gespalten ist, welche mächtig und gewaltsam organisiert sind, welche die Völker teilen und, falls ihnen dazu Freiheit gewährt wird, diese noch in ihrem inneren Gefüge in Fraktionen und Parteien weiter aufspalten, die den Grund für ihre Existenz und ihre Tätigkeit darin finden, dass sie ihre Anhänger mit unversöhnlichem Hass und systematischem Kampf innerhalb derselben sozialen Schicht verbittern? Die scheinbare Normalität solcher politischer Situationen verbirgt nicht die Spannung einer gegenseitigen eisernen Umklammerung, die jederzeit bereit ist, den Gegner zu vernichten, sobald dieser ein Zeichen verhängnisvoller Schwäche verrät. Ist das Frieden? Ist das Zivilisation? Ist das Volk ein Agglomerat von Bürgern, die sich einander bis zu den extremen Konsequenzen feindlich gegenüberstehen?

Und wo ist der Frieden in den Zentren der bewaffneten Konflikte oder dort, wo sie kaum durch die Unfähigkeit zu noch gewaltsameren Explosionen mühsam gezähmt werden? Wir verfolgen mit Bewunderung die Anstrengungen, mit denen man sich zurzeit darum bemüht, diese Konfliktherde und die Zentren der Guerilla auszumerzen, die seit Jahren das Antlitz der Erde entstellen und jeden Augenblick in gigantische Kämpfe in den Dimensionen von Kontinenten, Rassen, Religionen und sozialen Ideologien zu explodieren drohen. Wir können uns aber nicht die Brüchigkeit eines Friedens verheimlichen, der nur ein Waffenstillstand bereits vorgezeichneter künftiger Konflikte ist, das heißt die Vortäuschung einer Ruhe, die nur mit kalten Worten geheuchelter respektvoller Gegenseitigkeit als friedlich bezeichnet werden kann. Der Frieden ist, wir wissen es, in der geschichtlichen Wirklichkeit das Werk einer beständigen Therapie. Seine Gesundheit ist von seiner Natur her heikel, denn sie besagt die Herstellung von Beziehungen – wie es nun einmal ist – zwischen präpotenten und unbeständigen Menschen. Sie erfordert eine ständige und umsichtige Anstrengung jener höheren schöpferischen Phantasie, die wir Diplomatie, internationale Ordnung, Dynamik der Verhandlungen nennen. Armer Frieden! Was sind also deine Waffen? Die Schrecken vor unerhörten und verhängnisvollen Weltbränden, die die Menschheit dezimieren, ja fast völlig vernichten könnten? Die Resignation gegenüber dem Zustand erlittener Unterdrückung wie dem Kolonialismus, dem Imperialismus oder der gewaltsamen Revolution, die hoffnungslos statisch und furchtbar autokonservativ geworden ist? Die Präventiv- und die Geheimwaffen? Eine kapitalistische, das heißt egoistische Organisation der Wirtschaftswelt, die durch Hunger dazu gezwungen wird, sich unterwürfig und ruhig zu verhalten? Der marxistische Zauber von einer geschichtlichen Kultur, die eingebildet und überzeugt ist vom eigenen ewigen, siegreichen Geschick? Oder etwa die großartigen organisatorischen Strukturen, die darauf angelegt sind, das internationale Leben zu rationalisieren und zu organisieren?

Ist ein Frieden, der nur von solchen Fundamenten getragen wird, ausreichend; ist er sicher, fruchtbar und glücklich?

Es ist mehr notwendig. Und eben deshalb unsere Botschaft. Man muss dem Frieden vor allem andere Waffen geben, nicht jene, die zur Tötung und Vernichtung der Menschheit bestimmt sind. Er bedarf vor allem der moralischen Waffen, die dem internationalen Recht Kraft und Geltung verschaffen; jene zuallererst, die dafür Sorge tragen, dass die Verträge eingehalten werden. *Pacta sunt servanda!* Dieser Grundsatz ist immer noch gültig für den Fortbestand eines wirksamen Gespräches zwischen den Staaten, für die Stabilität der Gerechtigkeit unter den Nationen und das gute Gewissen der Völker. Der Frieden macht sich daraus seinen schützenden Schild. Was aber, wo die Verträge nicht der Gerechtigkeit entsprechen? Hier gerade gründet die Apologie für die internationalen Institutionen, die gegenseitige Beratungen, Studien und Überlegungen ermöglichen, die die sogenannten De-facto-Lösungen, nämlich die blinden und ungezügelten Gewalttätigkeiten, absolut ausschließen sollen, welche stets menschliche Opfer sowie unzählige und grundlose Zerstörungen mit sich bringen und nur selten das lautere Ziel erreichen, einer wirklich gerechten Sache Geltung zu verschaffen. Die Waffen, mit einem Wort die Kriege, sind von den Programmen der Zivilisation auszuschließen. Die umsichtige Abrüstung ist eine andere Schutzwaffe des Friedens. Wie sagt doch der Prophet Jesaja: „Dann werden sie ihre Schwerter zu Pflugscharen umschmieden und ihre Lanzen zu Winzermessern" (Jes 2,4). Und hören wir auch die Worte Christi: „Steck dein Schwert in die Scheide; denn alle, die zum Schwert greifen, werden durch das Schwert umkommen" (Mt 26,52). Ist dies eine Utopie? Wie lange wohl noch?

Hier nun treten wir in den Fragenkreis nach der Möglichkeit einer künftigen idealen Menschheit, der neuen Menschheit, die noch werden muss, noch zu formen ist; der Menschheit, die frei ist von ihren ungeheuren tödlichen Waffen, aber umso gerüsteter und gefestigter durch die ihr naturgemäßen moralischen Prinzipien. Es handelt sich um Prinzipien, die schon bestehen, jedoch theoretisch und praktisch im Anfangsstadium, noch schwach und unansehnlich, und die erst gerade beginnen, in das tiefe und lebendige Bewusstsein der Völker einzudringen. Ihre Schwäche, die den Diagnostikern, den sogenannten Realisten in den geschichtlichen und anthropologischen Studien, als unheilbar erscheint, kommt vor allem aus der Tatsache, dass die militärische Abrüstung gemeinsam und umfassend vorgenommen werden muss, soll sie nicht zum unverzeihlichen Fehler eines utopischen Optimismus, einer blinden Naivität und verlockenden Gelegenheit werden, die nur dem Machtanspruch anderer von Nutzen ist. Die Abrüstung wird entweder von allen durchgeführt, oder sie wird zu einem schweren Vergehen unterlassener Verteidigung. Hat aber nicht das Schwert im Rahmen des geschichtlichen und konkreten Zusammenlebens der Menschen seine tatsächliche Existenzberechtigung um der Gerechtigkeit und des Friedens willen (vgl. Röm 13,4)? Ja, wir müssen es zugestehen. Ist aber nicht eine umgestaltende dynamische Kraft, eine Hoffnung in die Welt gekommen, die nicht mehr illusorisch ist, ein neuer und wirklicher Fortschritt, ein kommender und ersehnter geschichtlicher Abschnitt, der Wirklichkeit werden kann, seitdem der Meister, der Prophet des Neuen Testamentes, die Dekadenz der archaischen, primitiven und triebhaften Sittlichkeit aufgezeigt hat und mit Worten, die in sich die Macht haben, nicht nur anzuklagen und zu verkündigen, sondern auch unter bestimmten Bedingungen eine neue Menschheit hervorzubringen, erklärt hat: „Denkt nicht, ich sei gekommen, um das Gesetz und die Propheten aufzuheben! Ich bin nicht gekommen, um aufzuheben, sondern um zu erfüllen. […] Ihr habt gehört, dass zu den Alten gesagt worden ist: *Du sollst nicht töten*; wer aber jemanden tötet, soll dem Gericht verfallen sein. Ich aber sage euch: Jeder, der seinem Bruder auch nur zürnt, soll dem Gerichte verfallen sein" (Mt 5,17/21–22)?

Es handelt sich nicht mehr um eine einfache, naive und gefährliche Utopie. Es ist das neue Gesetz der Menschheit, die voranschreitet, und wappnet den Frieden mit einem großartigen Grundprinzip: „[I]hr alle aber seid Brüder“ (Mt 23,8). Wenn das Bewusstsein von der weltweiten Brüderlichkeit in das Herz aller Menschen wahrhaft eingedrungen sein wird, werden sie es dann noch nötig haben, sich zu bewaffnen und sogar zu blinden und fanatischen Mördern von Brüdern zu werden, die an sich unschuldig sind, und zugunsten des Friedens ein Blutbad unerhörten Ausmaßes anzurichten, wie es am 6. August 1945 in Hiroshima geschehen ist? Hatte übrigens unsere Zeit nicht schon ein Beispiel dafür, was ein schwacher Mensch zu vollbringen vermag, der nur mit dem Prinzip der Gewaltlosigkeit ausgerüstet ist, Gandhi nämlich, um einer Nation von hunderten Millionen Menschen die Freiheit und die Würde eines neuen Volkes zu gewinnen?

Die Zivilisation schreitet voran im Gefolge eines Friedens, der nur mit einem Ölzweig gerüstet ist. Ihm folgen die Gelehrten mit den umfangreichen Bänden über das Recht, das die Wege für die Entwicklung der idealen Menschheit weist; es folgen die Politiker, die aber nicht so sehr weise sind hinsichtlich des richtigen Einsatzes der gewaltigen Heere, um Kriege zu gewinnen und besiegte, gedemütigte Menschen zu unterjochen, sondern im Hinblick auf die Kräfte der Psychologie des Guten und der Freundschaft. Die Gerechtigkeit, auch sie folgt dem zuversichtlichen Zuge, nicht mehr stolz und grausam, sondern ganz darauf bedacht, die Schwachen zu verteidigen, die Gewalttätigen zu bestrafen und eine Ordnung sicherzustellen, die zwar äußerst schwierig, jedoch die einzige ist, die jenen göttlichen Namen tragen kann: Die Ordnung in der Freiheit und in der bewussten Pflichterfüllung. Freuen wir uns! Wenngleich dieser Zug durch hartnäckige Angriffe und unerwartete Ereignisse gestört wird, setzt er in dieser unserer tragischen Zeit unter unseren Augen seinen Weg fort mit einem vielleicht etwas langsamen Schritt, aber sicher und zum Wohle für die gesamte Welt. Denn es ist ein Zug, der entschlossen ist, die echten Waffen des Friedens zu gebrauchen.

Auch diese Botschaft soll noch ein zusätzliches Wort für diejenigen enthalten, die der Lehre des Evangeliums folgen, und zwar in dem ihm eigenen Sinn und als Dienst an ihm. Ein Wort, das uns in Erinnerung bringt, wie deutlich und fordernd der Herr zum Thema des Friedens Stellung nimmt, einem Frieden, der von allen Kampfmitteln entwaffnet ist und als einzige Waffen die Güte und Liebe besitzt.

Der Herr kommt dabei zu Aussagen, die, wie wir wissen, paradox erscheinen. Es sollte uns nicht stören, im Evangelium Maßstäbe für einen Frieden zu finden, den wir einen Verzichtfrieden nennen könnten. Erinnern wir uns zum Beispiel an die Worte: „Und wenn dich einer vor Gericht bringen will, um dir das Hemd wegzunehmen, dann lass ihm auch den Mantel!“ (Mt 5,40) Und dann das Verbot der Vergeltung, schwächt es nicht den Frieden? Erschwert es nicht die Lage des Beleidigten, anstelle sie zu schützen?

„[W]enn dich einer auf die rechte Wange schlägt, dann halt ihm auch die andere hin!" (Mt 5,39) Also keine Repressalien, keine Vergeltung (umso mehr, wenn diese Präventivmaßnahmen sind, ohne dass eine Beleidigung schon vorliegt). Wie viele Male wird uns im Evangelium das Verzeihen nahegelegt, nicht als ein Akt feiger Schwäche, nicht als ein Rückzug unter dem Druck der Ungerechtigkeit, sondern als ein Zeichen brüderlicher Liebe, die wir ausüben, um selber Gottes Verzeihung zu erlangen, die uns an Großmut bei weitem übertrifft und für uns heilsnotwendig ist! (vgl. Mt 5,44/18,23–35; Mk 11,25; Lk 6,37; Röm 12,14).

Erinnern wir uns an die Verpflichtung zur Nachsicht und zur Vergebung, die wir auf uns genommen haben und im Vaterunser von Gott erbitten, wo wir selbst die Bedingungen und das Maß der ersehnten göttlichen Barmherzigkeit festlegen: „Und erlass uns unsere Schulden, wie auch wir sie unseren Schuldnern erlassen haben!" (Mt 6,12) Dies ist auch für uns, die wir in der Schule des göttlichen Meisters sind, eine ernste Lehre, die es im Herzen zu bedenken und mit vertrauensvollem Mut in die Tat umzusetzen gilt.

Der Frieden hat nur Bestand durch jenen Frieden, der zwar nicht losgelöst ist von den Pflichten der Gerechtigkeit, der aber doch gespeist wird vom eigenen Opfer, von der Güte des Herzens, von der Barmherzigkeit und von der Liebe.

Aus dem Vatikan, am 18. Oktober 1975
Paul VI.

Botschaft seiner Heiligkeit Papst Paul VI.
zur Feier des 10. Weltfriedenstages
1. Januar 1977

Wenn du den Frieden willst, verteidige das Leben

Menschen in hoher und verantwortlicher Stellung! Menschen ohne Zahl und unbekannt! Menschen, die ihr unsere Freunde seid!

Wiederum, und nun schon zum zehnten Mal, wenden wir uns an euch und sind wir mit euch! Am Morgen des neuen Jahres 1977 stehen wir vor eurer Tür und klopfen an (vgl. Offb 3,20). Öffnet uns bitte. Wir sind der gewohnte Pilger, der die Straßen der Welt durchwandert, ohne jemals zu ermüden und ohne sich auf dem Weg zu verirren. Wir sind gesandt, um euch die gewohnte Botschaft zu verkünden; wir sind ein Prophet des Friedens! In der Tat, Frieden, Frieden, rufen wir ohne Unterlass als Boten einer bestimmten Idee, einer Idee, die bereits alt, aber doch immer neu ist für die wiederkehrenden konkreten Notlagen, die nach ihr verlangen; sie ist wie eine Neuentdeckung, wie eine Verpflichtung, wie eine glückliche Verheißung! Die Idee des Friedens scheint ein bereits erworbenes Allgemeingut zu sein, als gleichwertiger und vollkommener Ausdruck der Zivilisation. Es gibt keine Zivilisation ohne den Frieden. Doch in Wirklichkeit ist der Frieden nie ganz vollendet und sicher. Ihr habt beobachtet, wie die Errungenschaften des Fortschritts selbst Ursachen von Konflikten werden können; und von was für Konflikten! Beurteilt daher unsere jährliche Botschaft für den Frieden nicht als überflüssig und somit lästig.

Auf der Zeittafel der Psychologie der Menschheit hat der Frieden nach dem letzten Weltkrieg eine glückliche Stunde verzeichnet. Auf den ungeheuren Trümmern, die in den verschiedenen Ländern zwar recht unterschiedlich, aber doch überall vorhanden waren, hat sich schließlich nur der Frieden als siegreich erwiesen. Unverzüglich sind wie in einem frühlingsmäßigen Aufbruch jene Werke und Institutionen entstanden, die dem Frieden zugeordnet sind; viele von ihnen bestehen noch und sind noch immer voller Kraft. Sie sind die Errungenschaften der neuen Welt, und die Welt tut gut daran, ihrer stolz zu sein und deren Wirksamkeit und Entfaltung aufrechtzuerhalten. Es sind die Werke und Einrichtungen, die einen Schritt aufwärts in der Entwicklung der Menschheit bezeichnen. Hören wir an dieser Stelle für einen Augenblick eine gewichtige väterliche und prophetische Stimme, jene unseres verehrten Vorgängers Papst Johannes XXIII.: „Das Zusammenleben der Menschen ist deshalb, Ehrwürdige Brüder und geliebte Söhne, als ein vordringlich geistiges Geschehen aufzufassen. In den geistigen Bereich gehören nämlich die Forderungen, dass die Menschen im hellen Licht der Wahrheit ihre Erkenntnisse untereinander austauschen, dass sie ihre Rechte wahrzunehmen und ihre Pflichten zu erfüllen in den Stand gesetzt werden, dass sie angespornt werden, die geistigen Güter zu erstreben, dass sie aus jeder ehrenhaften Sache, wie immer sie beschaffen sein mag, einen Anlass zu gemeinsamer rechtschaffener Freude gewinnen, dass sie in unermüdlichem Wollen das Beste, was sie haben, einander mitzuteilen und voneinander zu empfangen suchen. Diese Werte berühren und lenken alles, was sich auf Wissenschaft, Wirtschaft, soziale Einrichtungen, Entwicklung und Ordnung des Staates, Gesetzgebung und schließlich auf alle übrigen Dinge bezieht, die äußerlich das menschliche Zusammenleben ausmachen und in ständigem Fortschritt entwickeln“ (PT 19).

Diese heilsame Phase des Friedens gibt jedoch Raum für neue Auseinandersetzungen, seien sie noch Bestandteile wiederauflebender Streitigkeiten, die nur provisorisch beigelegt worden waren, seien sie neue geschichtliche Phänomene, die aus den sich ständig entwickelnden sozialen Strukturen entstehen. Der Frieden gerät wiederum in Bedrängnis, zunächst in den Herzen der Menschen, dann in den begrenzten örtlichen Auseinandersetzungen und schließlich in erschreckenden Aufrüstungsprogrammen, die das Potential furchtbarer Zerstörungen kaltblütig berechnen, die selbst unsere Fähigkeit übersteigen, sie in anschaulichen Ausmaßen zu beschreiben. Äußerst lobenswerte Versuche werden hier und da unternommen, um derartige Katastrophen zu verhindern, und wir selbst wünschen, dass sie die unermesslichen Gefahren abzuwehren vermögen, für deren frühzeitige Überwindung diese Versuche ein wirksames Mittel suchen.

Menschen, die ihr unsere Brüder seid! Dies allein genügt nicht. Die Idee des Friedens als ein richtungsweisendes Ideal für das tatsächliche Handeln in der menschlichen Gesellschaft scheint einer fatal um sich greifenden Unfähigkeit der Welt, sich selbst in Frieden und mit Frieden zu regieren, zunehmend zu unterliegen. Der Frieden ist keine von selbst gegebene Wirklichkeit, wenn auch das tiefe Streben der menschlichen Natur darauf ausgerichtet ist. Der Frieden besagt Ordnung, und nach der Ordnung strebt jedes Ding, jede Tatsache, wie nach einer vorgegebenen Bestimmung, wie nach ihrem eigenen Seinsgrund, der zwar vorher erkannt, aber nur in Begleitung und unter Mitwirkung vielfältiger Faktoren verwirklicht wird. Deshalb ist der Frieden ein Gipfel, der eine innere komplexe Struktur zu seiner Aufrechterhaltung voraussetzt. Er ist wie ein flexibler Körper, der durch ein kräftiges Skelett gestärkt werden muss. Er ist ein Gebilde, das seine Stabilität und seine Vorzüglichkeit der stützenden Kraft von Ursachen und Bedingungen verdankt, die leider nur allzu oft fehlen, und selbst wenn sie wirksam sind, nicht immer die ihnen zugewiesenen Funktionen erfüllen, damit die Pyramide des Friedens an ihrer Basis stabil und in ihrem Ausmaß hoch ist.

Angesichts dieser Analyse des Friedens, die seine Vorzüglichkeit und seine Notwendigkeit bekräftigt, gleichzeitig aber auch dessen Unbeständigkeit und Brüchigkeit offenbart, betonen wir jedoch erneut unsere Überzeugung: Der Frieden ist geboten, der Frieden ist möglich. Dies ist unsere stets wiederkehrende Botschaft, die sich das Ideal der Zivilisation zum Inhalt macht, auf die Erwartungen der Völker antwortet, die Hoffnung der Kleinen und Schwachen unter den Menschen stärkt und die Sicherheit der Starken mit der Gerechtigkeit adelt. Es ist die Botschaft des Optimismus, es ist die Vorankündigung der Zukunft. Der Frieden ist kein Traum, weder eine Utopie noch eine Illusion. Und noch weniger ist er eine Sisyphusarbeit: Nein, er kann verlängert und gefestigt werden; er kann die schönsten Seiten der Geschichte bezeichnen, und das nicht nur mit den Denkschriften der Macht und des Ruhmes, sondern noch weit mehr mit jenen wertvolleren der menschlichen Tugenden, der im Volk verwirklichten Güte, des gemeinschaftlichen Wohlstands, der wahren Zivilisation: Der Zivilisation der Liebe.

Ist er wirklich möglich? Ja, er ist es; er muss es sein. Seien wir aber aufrichtig: Wir wiederholen es, der Frieden ist geboten, er ist möglich, jedoch nicht ohne die Mitwirkung von vielen und nicht leichten Bedingungen. Wir sind uns dessen bewusst, dass die Erörterung der Voraussetzungen des Friedens sehr schwierig und sehr umfangreich ist. Wir wagen es nicht, sie hier in Angriff zu nehmen. Wir überlassen sie den Experten. Doch wollen wir im Folgenden wenigstens einen Aspekt aufgreifen, dem ohne Zweifel eine vorrangige Bedeutung zukommt. Es genügt uns hier, ihn nur zu nennen und ihn den guten und einsichtigen Menschen zur Besinnung zu empfehlen. Es ist der folgende: Die Beziehung zwischen dem Frieden und der Auffassung, die die Welt vom menschlichen Leben hat.

Frieden und Leben: Beides sind höchste Güter in der zivilen Ordnung; sie stehen in Wechselbeziehung zueinander.

Wollen wir den Frieden? Dann verteidigen wir das Leben!

Das Begriffspaar ‚Frieden und Leben' kann fast wie eine Tautologie oder wie ein rhetorischer Slogan erscheinen; ist es aber nicht. Es stellt eine Errungenschaft dar, die entlang des Weges des menschlichen Fortschritts lange umstritten gewesen ist; es ist ein Weg, der sein Endziel noch immer nicht ganz erreicht hat. Wie viele Male bezeichnete das Begriffspaar ‚Frieden und Leben' in der dramatischen Geschichte der Menschheit eher einen grausamen Zusammenstoß der beiden Größen und nicht deren brüderliche Verbindung. Der Frieden ist mit dem Tode und nicht mit dem Leben gesucht und herbeigeführt worden; das Leben behauptete sich nicht mit dem Frieden, sondern mit dem Kampf als einer traurigen Notwendigkeit zur eigenen Verteidigung.

Die Verwandtschaft zwischen dem Frieden und dem Leben scheint sich aus der Natur der Dinge zu ergeben; jedoch nicht immer und noch nicht aus der Logik der Gesinnung und des Verhaltens der Menschen. Dies ist, wenn wir die Dynamik des menschlichen Fortschritts verstehen wollen, das Paradox, das Neue, das wir während dieses Jahres der Gnade 1977 und dann für immer geltend machen müssen. Es ist nicht leicht und nicht einfach, damit Erfolg zu haben, denn zu viele Einwände, erschreckende Einwände, die im ungeheuren Arsenal der Pseudoüberzeugungen, der empirisch oder utilitaristisch begründeten Vorurteile, der sogenannten Staatsräson oder der geschichtlichen und traditionellen Gepflogenheiten gehütet werden, widersetzen sich und bilden noch heute Hindernisse, die unüberwindlich zu sein scheinen. Mit dieser tragischen Schlussfolgerung: Wenn Frieden und Leben sich zwar unlogischer Weise, jedoch praktisch voneinander lösen, so zeichnet sich am Horizont der Zukunft eine Katastrophe ab, die in unseren Tagen maßlos und ohne rettende Hilfe für den Frieden und für das Leben sein könnte. Hiroshima ist dafür ein furchtbares und beredtes Zeugnis sowie ein in dieser Hinsicht erschreckend prophetisches Beispiel. Wenn der Frieden durch eine beklagenswerte Hypothese als losgelöst von der mit ihm naturgemäß verbundenen Achtung vor dem Leben aufgefasst würde, so könnte er sich als ein trauriger Triumph des Todes aufdrängen. Es kommen einem die Worte von Cornelius Tacitus in den Sinn: „wo sie Einöde schaffen, sprechen sie von Frieden“[1]. Anderseits kann man ebenso mit egoistischer und fast abgöttischer Vorliebe das privilegierte Leben einiger auf Kosten der Unterdrückung oder sogar Beseitigung anderer überschwänglich preisen: Ist das Frieden? Um in diesem Konflikt, der sich aus einem mehr theoretischen und sittlichen zu einem tragisch konkreten entwickelt und noch heute so viele Bereiche des menschlichen Zusammenlebens entweiht und mit Blut befleckt, den Schlüssel der Wahrheit wiederzufinden, muss man ohne Weiteres erneut den Vorrang des Lebens als eines Wertes und eine Vorbedingung für den Frieden anerkennen. Dies ist die entsprechende Formel: Wenn du den Frieden willst, verteidige das Leben. Das Leben ist der Gipfel des Friedens. Wenn die Logik unseres Handelns von der Heiligkeit des Lebens ausgeht, dann ist der Krieg als normales und gewohntes Mittel zur Durchsetzung des Rechtes und somit des Friedens im Grunde geächtet. Der Frieden ist nichts anderes als der unbestreitbare Sieg des Rechts und schließlich die beglückende Achtung vor dem Leben.

Hierfür könnten wir eine lange Reihe von Beispielen anführen; endlos ist aber auch die Reihe waghalsiger Abenteuer, oder besser gesagt, wirklicher

[1] *C. Tacitus*, Agricola, 30.

Katastrophen, bei denen das Leben in vermeintlicher Konkurrenz mit dem Frieden aufs Spiel gesetzt wird. Wir übernehmen die Einteilung in drei wesentliche Imperative, die zu diesem Thema bereits vorgenommen worden ist. Wenn wir einen wahren und glücklichen Frieden haben wollen, dann müssen wir, so lauten diese Grundforderungen, das Leben verteidigen, das Leben heilen, das Leben fördern.

Dadurch ist sogleich die Politik der starken Aufrüstung infrage gestellt. Der alte Satz, der auch heute noch, so wie früher, in der Politik gern angewandt wird, ‚Wenn du den Frieden willst, bereite dich zum Krieg vor', ist ohne grundsätzliche Vorbehalte nicht annehmbar (vgl. Lk 14,31). Gestützt und ermutigt durch die einfache Klarheit unserer Prinzipien, klagen wir darum das falsche und gefährliche Programm des Rüstungswettlaufes an, des geheimen Ringens um die militärische Vorherrschaft unter den Völkern. Es mag sein, dass ein neuer Krieg – und wie schrecklich würde dieser sein – durch einen glücklichen Rest von Weisheit oder durch eine stillschweigende, aber auch so schon furchterregende stählerne Macht im Gleichgewicht der todbringenden feindlichen Kräfte nicht zum Ausbruch kommt. Muss uns aber nicht der unendlich große Aufwand an finanziellen Mitteln und an menschlicher Kraft traurig stimmen, der dazu dienen soll, jedem einzelnen Staat eine Ausrüstung mit immer kostspieligeren, immer wirkungsvolleren Waffen zu verschaffen, zum Schaden der Haushalte für die Schulen, die Kultur, die Landwirtschaft, das Gesundheitswesen, das Zusammenleben der Bürger? Der Frieden und das Leben ertragen enorme und unermessliche Lasten, um einen Frieden zu erhalten, der auf einer andauernden Bedrohung des Lebens gegründet ist, oder auch um das Leben zu verteidigen durch eine ständige Bedrohung des Friedens. Man wird entgegnen, dies sei unvermeidlich. Das mag stimmen bei einer immer noch so unvollkommenen Auffassung von der menschlichen Zivilisation. Wir sollten aber wenigstens zugeben, dass diese grundsätzliche gegenseitige Bedrohung von Leben und Frieden, die der Rüstungswettlauf herbeiführt, eine in sich selbst trügerische Formel darstellt, die korrigiert und überwunden werden müsste. Wir sprechen darum unsere Anerkennung aus für die bereits unternommenen Bemühungen, diesen absurden Kalten Krieg einzudämmen und schließlich ganz zu beseitigen, diesen Zustand, der durch die andauernde Vermehrung des jeweiligen militärischen Machtpotentials der Nationen entsteht, als wenn diese unentwegt Feinde untereinander sein müssten und als ob sie unfähig wären zu erkennen, dass diese Auffassung von den internationalen Beziehungen eines Tages zwangsläufig zum Zusammenbruch des Friedens und zur Vernichtung unzähliger Menschenleben führt.

Aber nicht nur der Krieg zerstört den Frieden. Jedes Vergehen gegen das Leben ist ein Attentat auf den Frieden, besonders wenn dabei die Sitten des

Volkes verletzt werden, wie dies heute häufig durch die furchtbare und zuweilen vom Gesetz geschützte Leichtigkeit geschieht, mit der das ungeborene Leben durch die Abtreibung ausgelöscht wird. Man pflegt zugunsten der Abtreibung folgende Beweggründe zu nennen: Die Abtreibung soll die bedrohliche Vermehrung der Bevölkerung eindämmen, sie soll Lebewesen beseitigen, die verunstaltet leben müssten oder in sozialer Diskriminierung oder in proletarischem Elend, und so fort.

Die Abtreibung scheint also eher dem Frieden zu nützen, als ihm zu schaden. Aber so ist es gerade nicht! Die Tötung eines menschlichen Lebewesens, sei es vor der Geburt, sei es danach, verletzt in erster Linie das unantastbare Moralprinzip, auf das sich die Auffassung von der menschlichen Existenz immer beziehen muss: Das Leben des Menschen ist unantastbar und heilig vom ersten Augenblick seiner Empfängnis an bis zum letzten Augenblick seines natürlichen Lebens in der Zeit. Es ist heilig: Was bedeutet dies? Das bedeutet, dass dieses Leben jeglicher willkürlichen Macht der Zerstörung entzogen ist; es ist unantastbar und so wertvoll, dass es alle Hochschätzung, alle Pflege und jedes geschuldete Opfer verdient.

Dieser Sinn für den heiligen, das heißt für den unantastbaren, unverletzbaren Wert eines menschlichen Lebens, ist für den, der an Gott glaubt, spontan und instinktiv gegeben; er ist verpflichtend aufgrund des transzendenten Gesetzes Gottes. Aber auch demjenigen, der nicht das Glück hat, Gottes schützende und richtende Hand über jedem Menschenleben anerkennen zu können, ist dieser Sinn notwendigerweise als intuitive Einsicht in die menschliche Würde zu eigen. Das wissen und empfinden auch diejenigen, die das Unglück gehabt haben, mit der damit verbundenen unerbittlichen Schuld und den immer wiederkehrenden Gewissensbissen, willentlich ein Leben ausgelöscht zu haben. Die Stimme des unschuldigen Blutes schreit im Herzen des Mörders mit schriller Eindringlichkeit. Der innere Frieden ist dann nicht mehr möglich auf dem Wege über egoistische Spitzfindigkeiten! Und selbst dann: Ein Attentat auf den Frieden, das heißt auf den allgemeinen Schutzwall für die Ordnung, für ein menschenwürdiges und gesichertes Zusammenleben, in einem Wort – auf den Frieden –, ist geschehen. Das Leben des Einzelnen und der Frieden aller sind immer durch ein unauflösliches Band innerer Verwandtschaft miteinander verbunden. Wenn wir wünschen, dass der Fortschritt der sozialen Ordnung sich nach festen Prinzipien richtet, dann dürfen wir ihn nicht in seinem wesentlichen Kern, der Achtung vor dem menschlichen Leben, verletzen. Auch unter diesem Gesichtspunkt gehören Frieden und Leben in solidarischer Verbundenheit zur Basis einer geordneten und zivilisierten Kultur.

Die Überlegungen könnten noch lange bei den hundertfältigen Formen verweilen, unter denen der Angriff auf das Leben heute zur Gewohnheit zu werden scheint, dort wo das Verbrechen des Einzelnen sich so organisiert, dass daraus ein kollektives Verbrechen wird. So verschafft man sich das Schweigen und die Mithilfe von ganzen Gruppen von Mitbürgern. So erweitert man privates Rachebedürfnis zu einer feigen kollektiven Verpflichtung. So macht man aus dem Terrorismus eine Art des legitimen politischen oder sozialen Handelns. Aus der Polizeitortur wird dann eine effektvolle Methode der Staatsgewalt, nicht mehr darum bemüht, die Ordnung wiederherzustellen, sondern eine schändliche Repression aufzuerlegen. Unmöglich kann der Frieden dort aufblühen, wo die Unverletzlichkeit des Lebens in solcher Weise in Gefahr gebracht wird. Wo die Gewalt losbricht, stirbt der wahre Frieden. Wo aber die Menschenrechte wirklich ernst genommen und öffentlich anerkannt und verteidigt werden, dort kann der Frieden zu einer Atmosphäre werden, in der sich das soziale Zusammenleben glücklich und wirkungsvoll entwickelt. Zeugnisse für unseren zivilen Fortschritt sind die Texte der internationalen Vereinbarungen zum Schutz der Menschenrechte, zur Verteidigung des Kindes, zur Sicherstellung der grundlegenden Freiheiten des Menschen. Sie stellen ein Ruhmesblatt für den Frieden dar, weil sie Schutz für das Leben sein wollen. Sind sie vollständig? Werden sie beachtet? Wir alle erkennen, dass unsere Zivilisation sich in solchen Erklärungen ausdrückt und in ihnen die Garantie der eigenen Wirklichkeit findet. Diese wird vollkommen und großartig sein, wenn solche Erklärungen in die Gewissen und in die Sitten eindringen; sie wird armselig und verunstaltet sein, wenn diese tote Buchstaben bleiben.

Ihr Menschen auf dem Höhepunkt des 20. Jahrhunderts, ihr habt eine ruhmreiche Charta unterzeichnet, in der die Fülle menschlicher Entwicklung erreicht wird, wenn diese Charta euren wahren Willen wiedergibt; ihr habt jedoch vor der Geschichte euer moralisches Urteil unterschrieben, wenn diese Charta nur das Dokument einer leeren und rhetorischen Willensäußerung oder einer juristischen Heuchelei darstellt. Und das ist der Maßstab: Der Ausgleich des wahren Friedens mit der Würde des Lebens.

Nehmt unsere flehentliche Bitte an, dass dieser Ausgleich Wirklichkeit werde und ein neuer Gipfel aufsteige am Horizont unserer Zivilisation, der Gipfel des Lebens und des Friedens, und sich schließlich, so möchten wir noch hinzufügen, die Zivilisation der Liebe zeige.

Ist damit alles gesagt?

Nein – wir müssen noch eine ungewohnte Frage hinzufügen: Wie kann dieses Programm unseres zivilisatorischen Fortschritts verwirklicht werden? Wie können das Leben und der Frieden wirklich miteinander verbunden werden? Wir wollen eine Antwort geben in Worten, zu denen diejenigen keinen Zugang haben, die den weiten Horizont der Realität nur auf die natürliche Sichtweise beschränkt haben. Aber wir müssen uns hierin auf die vom

Glauben durchdrungene Realität beziehen, die wir übernatürlich nennen. Der Glaube ist nötig, um jenes Zusammenspiel der Wirkkräfte im gesamten menschlichen Geschehen zu entdecken: Hier wirkt das transzendente Walten Gottes mit und befähigt unser Wirken zu wertvolleren Ergebnissen, die uns, menschlich gesprochen, unmöglich erscheinen. Das Leben mit Gott, lebendig und aufrichtig, ist hierbei nötig, um solche Ergebnisse zu ermöglichen. Der „Gott des Friedens“ (Phil 4,9) muss uns hierin beistehen.

Wohl uns, wenn wir das erkennen und glauben, wenn wir in diesem Glauben die innere Einheit von Leben und Frieden zu entdecken wissen und verstehen, sie in konkretes Handeln umzusetzen.

Zu den hier dargelegten Gedanken, die dem Leben den Vortritt vor dem Frieden einräumen und von der Unverletzlichkeit des Lebens abhängig machen, gibt es jedoch eine entscheidende Ausnahme. Es ist die Ausnahme, die sich in den Fällen ergibt, in denen ein anderes Gut hinzutritt, das höher als das Leben selbst ist. Es handelt sich um ein Gut von einem Wert, der den des Lebens selbst weit übersteigt, wie die Wahrheit, die Gerechtigkeit, die bürgerliche Freiheit, die Nächstenliebe, den Glauben. Christus selbst sagt uns hierzu: „Wer sein Leben liebt“, das heißt mehr als diese höheren Güter, „verliert es“ (Joh 12,25). Dieses zeigt uns, dass in der Weise, wie der Frieden in seiner Beziehung zum Leben verstanden werden muss und wie aus einem geordneten, dem Leben zugesicherten Wohlergehen der Frieden selbst als Harmonie hervorgehen muss, die die menschliche Existenz in ihrem inneren und sozialen Bezug ordnet und glücklich macht, auch diese menschliche Existenz selbst, das Leben nämlich, sich nicht ihrer höheren Bestimmung entziehen kann und darf, die ihm den ersten Daseinsgrund verleiht. Warum lebt man? Was gibt denn dem Leben, außer einer durch den Frieden gewährten Ordnung, seine Würde, seine geistige Fülle, seine sittliche Größe und auch seine religiöse Ausrichtung? Geht denn etwa der wahre Frieden verloren, wenn wir der Liebe in ihrer höchsten Ausdrucksform, die das Opfer ist, in unserem Leben ein Heimatrecht einräumen? Wenn das Opfer tatsächlich zum Erlösungsplan gehört und verdienstvoll sein kann für eine Existenz, die die Gestalt und das Maß der Zeit übersteigt, wird es dann nicht auf einer höheren, überzeitlichen Ebene den Frieden wiederfinden, den wahren, hundertfältigen Frieden des ewigen Lebens (vgl. Mt 19,29)? Wer den Weg der Nachfolge Christi geht, kann diese vom Glauben getragene Redeweise verstehen (vgl. Mt 19,11). Und warum sollten wir nicht diesen Weg der Nachfolge gehen? Er, Christus, „ist unser Friede“ (Eph 2,14). Dies ist unser Wunsch für alle, zu denen diese mit unserem Segen verbundene Botschaft vom Frieden und vom Leben gelangt!

Aus dem Vatikan, am 8. Dezember 1976
Paul VI.

Botschaft seiner Heiligkeit Papst Paul VI.
zur Feier des 11. Weltfriedenstages
1. Januar 1978

Nein zur Gewalt, Ja zum Frieden

Wiederum wagen wir es, an die Welt und die Menschheit das wohltuende und feierliche Wort des Friedens zu richten. Dieses Wort bedrückt und erhebt uns zugleich. Es stammt nicht von uns, sondern steigt aus dem unsichtbaren Reich, dem Himmelreich, herab. Wir erkennen seine prophetische Kraft, die alle Grenzen übersteigt und auch durch unsere schwachen Lippen, die ihm Stimme verleihen, nicht entkräftet wird: „Friede auf Erden den Menschen seines Wohlgefallens" (Lk 2,14). Ja, wir wiederholen es, Friede muss sein! Der Friede ist möglich!

Das ist die Botschaft; das ist die stets neue und große Kunde; das ist das Evangelium, das wir auch am Anfang des neuen Jahres, dem Jahr der Gnade 1978, allen Menschen verkünden müssen: Der Friede ist ein Geschenk, das den Menschen angeboten wird, das sie annehmen können, ja, müssen. Ihn müssen sie an die Spitze ihrer Überlegungen, ihrer Planungen, ihrer Hoffnungen und ihres Glückes stellen.

Der Friede ist, werden wir uns dessen gleich am Anfang bewusst, keine rein ideale Traumvorstellung, keine verlockende, jedoch unergiebige und unerreichbare Utopie. Der Friede ist und muss eine Wirklichkeit sein; eine Wirklichkeit, die dynamisch ist und in jedem Zeitalter der Zivilisation neu hervorgebracht werden muss, so wie das Brot, von dem wir uns nähren, das eine Frucht der Erde und der göttlichen Vorsehung, aber zugleich auch ein Ergebnis der menschlichen Arbeit ist. So ist auch der Friede kein Zustand allgemeiner Unbeschwertheit, wo jener, der sich ihrer erfreut, von jeder Sorge befreit und vor jeder Störung sicher wäre und sich ein beständiges und idyllisches Wohlergehen erlauben könnte, das eher Trägheit und Hedonismus gleicht als wacher und bereiter Tatkraft. Der Friede ist ein Gleichgewicht, das auf Bewegung beruht und ständig geistige und zur Tat drängende Energien entfaltet. Er ist ein lebendiger Schutzwall, der immer wieder klug gestaltet werden muss.

Wir bitten deshalb, auch zu Beginn dieses neuen Jahres 1978, alle Menschen guten Willens, die Verantwortlichen für die kollektive Gestaltung des sozialen Lebens, die Politiker, die Intellektuellen, die Publizisten, die Künstler, alle, die auf die öffentliche Meinung Einfluss haben, die Lehrer in den Schulen, die Meister der Künste, der Frömmigkeit und schließlich diejenigen, die den Waffenhandel auf Weltebene mit großem Geschick planen und durchführen, sie alle bitten wir inständig, sich hochherzig und mit lauterer Bereitschaft wiederum den Überlegungen über den Frieden in der Welt heute zu öffnen und darüber nachzudenken!

Zwei bedeutende Phänomene drängen sich, wie wir meinen, der allgemeinen Aufmerksamkeit bei der Beurteilung des Friedens gleichsam von selbst auf. Das erste Phänomen ist in einzigartiger Weise positiv und besteht in der fortschreitenden Entwicklung des Friedens. Der Friede ist eine Idee, die im Bewusstsein der Menschheit an Geltung gewinnt. Er ist im Vormarsch begriffen, er geht der Idee des Fortschritts voran und begleitet sie, die ihrerseits auf die Einheit des Menschengeschlechtes abzielt. In der Geschichte unserer Zeit, das sei zu ihrem Lob gesagt, entdecken wir schon überall kostbare Blüten mutiger Initiativen zugunsten des Friedens, eines Friedens, der klug ausgedacht, gewollt, planvoll vorbereitet, feierlich bekräftigt und verteidigt wird: Helsinki lehrt das. Diese Hoffnungen werden bestärkt durch die nächste Sondersitzung der Generalversammlung der UNO, die sich mit dem Problem der Abrüstung befassen wird, wie auch durch die zahlreichen Anstrengungen einflussreicher und einfacher Leute, die sich für den Frieden einsetzen.

Niemand wagt es heute, Programme mörderischer Auseinandersetzungen, das heißt von Kriegen, als Grundlagen für Wohlfahrt und Ruhm auszugeben. Auch dort, wo die gemeinschaftlichen Forderungen eines legitimen nationalen Interesses, das sich auf Ansprüche stützt, die mit den vorherrschenden Rechtsgrundsätzen übereinzustimmen scheinen, sich noch nicht mit kriegerischen Mitteln als etwaigem Lösungsweg Geltung zu verschaffen vermögen, hegt man die Hoffnung, dass die verzweifelte Zufluchtnahme zum Einsatz von Waffen, die heute mehr denn je irrsinnig morden und zerstören, vermieden werden kann. Das Gewissen der Welt ist nämlich geängstigt angesichts der Möglichkeit, dass unser Friede nur ein Waffenstillstand ist und dass ein unermesslicher Weltbrand blitzartig ausbrechen könnte.

Wir wünschten uns, diese furchtbare Bedrohung vertreiben zu können, indem wir mit lauter Stimme feststellen, wie absurd ein moderner Krieg ist und wie darum der Friede eine absolute Forderung geworden ist, ein Friede, der nicht auf dem Übergewicht der Waffen, die heute mit einer ungeheuren Zerstörungskraft ausgestattet sind, wie uns die Tragödie von Japan in Erinnerung ruft, und auch nicht auf der strukturellen Gewalt, wie einige politische Systeme sie anwenden, begründet werden kann, sondern auf einer geduldigen, sachbezogenen und verständnisvollen Methode in Gerechtigkeit und Freiheit, wie sie von den großen internationalen Institutionen, die es heute gibt, entwickelt und beachtet wird. Wir vertrauen darauf, dass die richtunggebende Unterweisung unserer großen Vorgänger, der Päpste Pius XII. und Johannes XXIII., bei diesem fundamentalen Thema auch weiterhin die Weisheit der heutigen Lehrer und Politiker befruchtet.

Nun möchten wir auf ein zweites Phänomen zu sprechen kommen, eine negative Entwicklung, die parallel zur Entwicklung des Bewusstseins vom Frieden verläuft: Wir meinen das Phänomen der Gewalttätigkeit aus Leidenschaft oder sogar mit ideologischer Begründung. Sie breitet sich immer mehr im modernen, zivilisierten Leben aus und nutzt dabei die Möglichkeiten, die dem Bürger für sein Leben zur Verfügung stehen, aus, um dem eigenen Mitbürger eine Falle zu stellen und ihn, meist auf hinterhältige Weise, zu treffen, nur weil dieser auf legalem Wege den eigenen Interessen entgegensteht. Diese Gewalt, die man noch privat nennen kann, auch wenn sie sich in ihrer verschlagenen Art in geheimen Gruppen und Banden organisiert, nimmt gegenwärtig besorgniserregende Ausmaße an, so dass sie schon fast zur Gewohnheit wird. Man könnte sie wegen ihrer gesetzesverachtenden Ausdrucksformen zu den allgemeinen Verbrechen zählen; aber die Erscheinungsweisen, unter denen die Gewalt seit einiger Zeit in bestimmten Kreisen auftritt, erfordern doch eine eigene, vielseitige und schwierige Analyse. Jene Gewalttätigkeit entspringt einem Verfall des moralischen Gewissens, das ohne Erziehung geblieben ist, keinen äußeren Halt gefunden hat und oft von einem Pessimismus gegenüber der Gesellschaft durchdrungen ist, der im Geist des Menschen den Geschmack und die Einsatzbereitschaft für eine selbstverständliche Rechtschaffenheit sowie jenen noch schöneren und edleren Wert im Herzen des Menschen, die Liebe in ihrer wahren, echten und treuen Art, zerstört hat. Die seelische Verfassung des gewalttätigen Menschen enthält oft in ihrer Tiefe auf perverse Weise das Motiv einer Rache, also eines Verlangens nach Gerechtigkeit, das noch nicht Erfüllung fand. Dieses Motiv formt sich in bitteren und eigensüchtigen Vorstellungen aus; es kennt keine Regeln mehr und lässt sich von keinem Irrweg zurückhalten. Das Durchsetzbare tritt an die Stelle des Rechten; die einzige Grenze ist die Furcht vor staatlichen oder privaten Sanktionen. Darum gehören die Aktion aus dem Dunkel und das feige Handeln durch Hinterhalt und Verrat, die die Gewalt auch noch mit einem straflos verbleibenden Erfolg belohnen, zum gewöhnlichen Erscheinungsbild heutiger Gewalttätigkeit. Gewalttätigkeit ist nicht Tapferkeit. Sie ist die Explosion einer blinden Energie, die den Menschen, der sich ihr überlässt, entwürdigt, weil sie ihn vom Niveau der verständigen Überlegung auf die Ebene der Leidenschaft herabzieht. Und dort, wo der Gewalttätige die Selbstkontrolle behält, sucht er doch unwürdige Wege, um sich durchzusetzen, Wege der Hinterlist, der Überraschung, der physischen Überwältigung eines Gegners, der schwächer und vielleicht wehrlos ist. Er nutzt den Schock aus, das Entsetzen, das er erzeugt, den nervlichen Zusammenbruch der Betroffenen. So wird klar ersichtlich, wer in diesem ungleichen Kampf der wahrhaft Feige ist.

Auch das System der Gewalt, das unter dem Namen ‚Gegenseitige Abrechnung' bekannt ist, enthält niederträchtige Formen des Hasses, des angestauten Grolls, der Feindschaft, die zusammen eine Gefahr für unser Zusammenleben bilden und sogar das Gemeinschaftsleben entwerten, indem sie die Gefühle der Menschlichkeit zersetzen, die doch die vorrangige und unersetzliche Grundlage jeglicher Gemeinschaft, sowohl der Familie als auch der Nachbarschaft und des Staates, bilden.

Die Gewalttätigkeit ist antisozial schon wegen der Methoden, die es ihr ermöglichen, sich in einer Gruppe von Komplizen zu organisieren, bei der die Schweigepflicht den Zusammenhalt festigt und einen Schutzschild darstellt. Eine entartete Auffassung von Ehre gibt ihr einen Anschein von Gewissen. Dies ist eine der heute verbreiteten Fehlformen des echten Gemeinschaftssinnes. Sie deckt mit dem Schleier des Geheimen und durch die Androhung schonungsloser Vergeltungsaktionen gewisse Gruppierungen des kollektiven Egoismus, ist der allgemeinen Legalität gegenüber misstrauisch und versteht es immer wieder, sich der Kontrolle zu entziehen, plant gleichsam zwangsläufig kriminelle Handlungen, die mitunter zu Formen eines erbarmungslosen Terrorismus entarten, der das Ende des eingeschlagenen Irrweges bildet und bedauerliche Repressionen hervorruft. Die Gewalttätigkeit führt zur Revolution und die Revolution zum Verlust der Freiheit. Die soziale Zielsetzung, für die die Gewalt ihre unselige Aktivität entfaltet, ist falsch. Wenn sie auch als gewaltsame Reaktion manchmal gewisse vernünftige Beweggründe besitzt, wendet sie sich jedoch schließlich gegen sich selbst und gegen die Anliegen, die solche Initiativen hervorgerufen haben. Es ist vielleicht hier der Ort, an das kurze Wort Christi zu erinnern, mit dem er sich gegen den impulsiven und rachesüchtigen Gebrauch des Schwertes wendet: „[A]lle, die zum Schwert greifen, werden durch das Schwert umkommen“ (Mt 26,52). Denken wir also stets daran: Gewalttätigkeit ist nicht Stärke. Sie erhebt nicht, sondern erniedrigt den Menschen, der sich ihrer bedient.

In dieser Friedensbotschaft sprechen wir von der Gewalt, die im Gegensatz zum Frieden steht. Wir haben noch nicht vom Krieg gesprochen; aber auch dieser verdient weiterhin unsere Verurteilung, wenn er auch heute von immer mehr Menschen abgelehnt wird und sich sowohl sozial als auch politisch immer qualifiziertere Kräfte in anerkennenswerter Weise gegen ihn stellen. Dazu wird der Krieg ja sogar durch die Furchtbarkeit der eigenen Waffen abgewehrt, über die er bei einem eventuellen tragischen Ausbruch unmittelbar verfügen könnte. Die Angst, die allen Völkern und insbesondere den stärksten unter ihnen gemeinsam ist, schränkt die Möglichkeit ein, dass der Krieg sich zu einem Weltbrand entfesselt. Zur Furcht, die mehr eine gedankliche als reale Barriere darstellt, kommen jedoch, wie wir schon gesagt haben, weitere planvolle Initiativen auf höchster politischer Ebene hinzu, die alle darauf hinwirken, dass nicht nur die Kräfte der möglichen Konfliktpartner ausbalanciert werden, sondern auch der äußerste Unsinn eines Krieges deutlich aufgezeigt wird. Insgesamt bemühen sie sich darum, unter den Völkern immer engere Verbindungen herzustellen und diese dann mit immer mehr Solidarität, Freundschaft und Menschlichkeit nach und nach anzureichern. Gebe Gott, dass es so geschieht!

Dennoch können wir nicht unsere Augen vor der traurigen Wirklichkeit des begrenzten Krieges verschließen, sei es, dass ein solcher in bestimmten Gebieten noch tatsächlich existiert, sei es, dass er auch, psychologisch gesehen, von den bedrohlichen Möglichkeiten der gegenwärtigen Geschichte noch immer nicht endgültig ausgeschlossen ist. Unser Krieg gegen den Krieg ist noch nicht gewonnen, und unser Ja zum Frieden ist eher noch ein Wunsch als tatsächliche Wirklichkeit. Denn in so vielen geographischen und politischen Situationen, die noch keine gerechte und friedliche Lösung gefunden haben, bleibt die Möglichkeit künftiger Konflikte noch immer bestehen. Unsere Liebe zum Frieden muss wachsam bleiben; viele andere Gesichtspunkte als nur die Gefahr eines neuen Weltkrieges verpflichten uns dazu, den Frieden auch außerhalb der militärischen Schützengräben zu bedenken und als Wert herauszustellen.

Wir müssen heute in der Tat den Frieden unter seinem, sagen wir, metaphysischen Aspekt verteidigen, der ursprünglicher und wichtiger ist als der geschichtliche und kontingente Fall einer zeitweiligen Unterbrechung der Kriegshandlungen und der äußeren *tranquillitas ordinis*. Wir wollen das Problem des Friedens betrachten, so wie es sich im menschlichen Leben selbst widerspiegelt. Unser Ja zum Frieden weitet sich aus zu einem Ja zum Leben. Der Friede muss nicht nur auf die Schlachtfelder gebracht werden, sondern überallhin, wo sich die Existenz des Menschen verwirklicht. Es gibt, oder besser, es muss auch einen Frieden geben, der diese Existenz nicht nur vor den kriegerischen Waffen schützt, sondern der ebenso das Leben als solches gegen jegliche Gefahr, jedes Unheil und jedwedes Hindernis verteidigt.

Die Ausführungen darüber könnten sehr umfangreich sein, doch nehmen wir hier nur auf wenige bestimmte Punkte Bezug. In der modernen Gesellschaft gibt es eine Gruppe von begabten, fähigen und hilfsbereiten Personen, die die Heilkunst und Gesundheitsfürsorge als ihre Berufung ansehen und zu ihrem Beruf erwählt haben. Es sind dies die Ärzte und all jene, die mit ihnen zusammen und unter ihrer Leitung für das Fortleben und das Wohlergehen der Menschheit forschen und arbeiten. Ihnen, die sich mit Umsicht und Bereitschaft für den Schutz des menschlichen Lebens einsetzen, gebühren Ehre und Anerkennung.

Wir, die Diener der Religion, schauen auf diesen angesehenen Berufsstand von Personen, die sich um die körperliche und seelische Gesundheit der Menschheit mühen, mit großer Bewunderung, mit großem Dank und großem Vertrauen. In vieler Hinsicht hängen die körperliche Gesundheit, die Heilung von Krankheiten, die Linderung des Schmerzes, der Einsatz für den Fortschritt, die Arbeitskraft, die Dauer des zeitlichen Lebens und weitgehend auch die sittlichen Verhaltensweisen der Menschen von der Umsicht und der Fürsorge dieser Beschützer, Verteidiger und Freunde des Lebens ab. Wir fühlen uns ihnen verbunden und unterstützen sie, soweit es uns möglich ist, in ihren Mühen, in ihrer Berufsehre und ihren geistigen Belangen. Wir hoffen, sie an unserer Seite zu haben, wenn es darum geht, das menschliche Leben in jenen besonderen Umständen zu bejahen und zu verteidigen, in denen es durch den vorsätzlichen bösen Willen einiger Menschen bedroht ist. Unser Ja zum Frieden ist zugleich ein Ja zum Leben. Das Leben des Menschen ist vom ersten Aufblühen seiner Existenz an heilig. Das Gebot ‚Du sollst nicht töten!' soll dieses unaussprechliche Wunder des menschlichen Lebens mit alles überragender Autorität beschützen. Dies ist die Grundregel, die unser religiöses Amt in seinem Dienst am Menschenleben bestimmt. Wir vertrauen darauf, die Männer und Frauen im Gesundheitsdienst hierin als Verbündete zu haben. Ebenso stark setzen wir unsere Hoffnung auf jenes Amt, das dem menschlichen Leben seinen Anfang schenkt: Das Amt der Eltern, und hier vor allem die Mütter. Wir sind uns zutiefst bewusst, wie unsere Worte hierbei von hoher Achtung und Zurückhaltung, aber auch von großer Kraft geprägt sein müssen. Der Friede hat im Bereich der Geburt eines Menschen seinen ersten Schutzschild; ein Schild, der aus sehr feinen Schutzfunktionen gebildet wird, ein Schild der verteidigungsbereiten Liebe.

Wir müssen deshalb jeden Angriff auf das werdende Leben mit Entschiedenheit missbilligen und jede Autorität, jede verantwortliche Einrichtung eindringlich bitten mitzuhelfen, dass die gewollte Abtreibung verboten bleibt und ihre Ursachen behoben werden. Der Mutterschoß und die Wiege der Kindheit sind die ersten Schutzdämme, die zugleich mit dem Leben auch den Frieden verteidigen, ja, ihn sogar aufbauen (vgl. Ps 127,3–5). Wer gegen Krieg und Gewalt den Frieden wählt, entscheidet sich dadurch für das Leben, für den Menschen in seinen grundlegenden und wesentlichen Bedürfnissen. Und ebendies ist der Sinn der vorliegenden Botschaft, die wir wiederum an die Verantwortlichen für den Frieden auf dieser Erde und an alle Brüder in der Welt in Demut, aber mit brennender Überzeugung richten. Wir fühlen uns gedrängt, ein besonderes Wort für alle Jungen und Mädchen hinzuzufügen, die angesichts der Gewalttätigkeit den verwundbarsten Teil der Gesellschaft, aber auch die Hoffnung für ein besseres Morgen darstellen: Auch zu ihnen soll diese Friedensbotschaft, auf welchem geeigneten und klugen Wege auch immer, gelangen.

Und wir wollen sagen, warum.

Dies ist der erste Grund: In den Botschaften für den Frieden aus den vergangenen Jahren haben wir klar herausgestellt, dass wir hierbei nicht nur in unserem eigenen Namen reden, sondern vor allem im Namen Christi, der der „Fürst des Friedens" (Jes 9,5) in der Welt ist und der gesagt hat: „Selig, die Frieden stiften; denn sie werden Kinder Gottes genannt werden" (Mt 5,9). Wir glauben, dass ohne Führung und Hilfe durch Christus der wahre, beständige und allgemeine Friede nicht möglich ist. Ebenfalls glauben wir, dass der Friede Christi die Menschen nicht schwächt oder zu Feiglingen macht, die der Übermacht der anderen hilflos ausgeliefert wären; im Gegenteil, er befähigt sie, für die Gerechtigkeit zu kämpfen und mancherlei Probleme mit großer Einsatzbereitschaft, ja sogar mit der genialen Kraft der Liebe zu lösen. Ein zweiter Grund ist dieser: Unter euch Kindern kommt es oft zum Streit. Aber bedenkt: Es ist doch eine schädliche Dummheit, gegenüber anderen Kameraden durch Zank und Streit, durch Zorn und Vergeltung als stärker erscheinen zu wollen. Das tun doch alle, werdet ihr antworten. Schlimm genug, entgegnen wir darauf; wenn ihr stark sein wollt, dann seid es mit eurem Mut, mit eurer vorbildlichen Haltung. Versteht es, euch zu beherrschen; lernt auch, zu vergeben und bald wieder befreundet zu sein mit jenen, die euch weh getan haben: Auf diese Weise könnt ihr wahre Christen sein.

Hasst niemanden! Begegnet nicht anderen Kindern, Menschen aus einer anderen sozialen Umgebung oder aus anderen Ländern, mit Stolz oder Überheblichkeit! Handelt nicht egoistisch oder aus Verachtung und schon gar nicht, wir wiederholen es, aus Rache!

Und dies schließlich ist der dritte Grund: Wir sind der Ansicht, dass ihr Kinder, wenn ihr erwachsen werdet, die Aufgabe habt, die Denk- und Handlungsweisen der Welt von heute zu ändern, mit denen man immer wieder darauf aus ist, sich von anderen zu unterscheiden, sich von ihnen abzusetzen, sie an die Seite zu drängen. Sind wir nicht alle miteinander Brüder? Gehören wir nicht alle zusammen zu derselben Menschheitsfamilie? Und sind nicht alle Völker verpflichtet, zu möglichster Übereinstimmung zu kommen und so den Frieden aufzubauen?

Ihr als Kinder einer neuen Zeitepoche müsst in euch die feste Haltung wachsen lassen, alle Menschen zu lieben und so der Gesellschaft das Antlitz einer besseren, gerechteren, solidarischen Gemeinschaft zu geben. Seid ihr bereit, wahre Menschen füreinander zu sein und nicht Wölfe? Seid ihr gewillt, die verdienstvolle und frohe Genugtuung zu haben, die darin liegt, das Gute zu tun, dem Notleidenden zu helfen, irgendein wertvolles Werk zu tun, dessen Lohn einzig in eurem Gewissen liegt? Denkt bei all dem an die Worte Jesu, die er während des letzten Abendmahles, in der Nacht vor seinem Leiden, aussprach: „Ein neues Gebot gebe ich euch: Liebt einander! Wie ich euch geliebt habe, so sollt auch ihr einander lieben. Daran werden alle erkennen, dass ihr meine Jünger seid: wenn ihr einander liebt" (Joh 13,34–35). Das ist das Zeichen unserer Echtheit als Menschen und als

Christen: Die gegenseitige Liebe. Liebe Jungen und Mädchen! Euch allen gilt unser Gruß und unser Segen! Die Parole des Tages lautet: Nein zur Gewalt, Ja zum Frieden! Mit Gott!

Aus dem Vatikan, am 8. Dezember 1977
Paul VI.

Botschaft seiner Heiligkeit Papst Johannes Paul II.
zur Feier des 12. Weltfriedenstages
1. Januar 1979

Um zum Frieden zu gelangen, zum Frieden erziehen

An euch alle,
die ihr euch nach Frieden sehnt!
Das große Anliegen des Friedens zwischen den Völkern braucht alle friedensstiftenden Energien, die im Herzen des Menschen ruhen. Um sie freizusetzen und durch Erziehung heranzubilden, wünschte mein Vorgänger Papst Paul VI. noch kurz vor seinem Tod, dass der Weltfriedenstag 1979 unter das Motto gestellt wird: Um zum Frieden zu gelangen, zum Frieden erziehen.

Während seines ganzen Pontifikates ist Paul VI. zusammen mit euch auf den schwierigen Wegen des Friedens gegangen. Er hat eure Angst geteilt, wenn dieser Frieden bedroht war. Er litt mit jenen, die von den unglücklichen Folgen des Krieges betroffen waren. Er ermutigte alle Anstrengungen, den Frieden wiederherzustellen. In allen Lagen zeigte er Zuversicht, zusammen mit unbändiger Energie.

In der Überzeugung, dass der Frieden das Werk aller ist, hat er im Jahre 1967 die Idee eines Weltfriedenstages vorgelegt, mit dem Wunsch, dass ihr alle sie euch zu eigen macht. Von da an gab seine Friedensbotschaft alljährlich den Verantwortlichen der Nationen und internationalen Organisationen die Gelegenheit, jene Aufgabe zu erneuern und öffentlich darzustellen, die ihre Autorität rechtfertigt: Den Menschen friedlichen Fortschritt und geordnetes Zusammenleben in Freiheit, Gerechtigkeit und Brüderlichkeit zu ermöglichen. Die unterschiedlichsten Gemeinschaften trafen hierbei zusammen, um das unschätzbare Gut des Friedens zu feiern und ihre Bereitschaft zu bekräftigen, ihn zu verteidigen und zu fördern. Aus den Händen meines verehrten Vorgängers übernehme ich diesen Wanderstab, gleichsam als Pilger für den Frieden. Ich bin unterwegs, an eurer Seite, mit dem Evangelium des Friedens. „Selig, die Frieden stiften" (Mt 5,9). Ich lade euch darum ein, zu Beginn des Jahres 1979 den Weltfriedenstag zu begehen und ihn nach dem letzten Wunsch Pauls VI. unter das Thema der Friedenserziehung zu stellen.

I. Eine mühsame Aufgabe

Eine unstillbare Sehnsucht

Den Frieden erreichen: Das ist die Summe und Krönung all unserer Sehnsucht. Frieden – so sagen wir – bedeutet Erfüllung und Freude. Bei bilateralen und multilateralen Begegnungen und auf internationalen Konferenzen vermehrt man die Anstrengungen, ihn im Zusammenleben der Völker zu verwirklichen; einige ergreifen persönlich die mutige Initiative, um den Frieden herzustellen oder einen drohenden neuen Krieg zu verhindern.

Ein erschüttertes Vertrauen

Gleichzeitig aber können wir einzelne Menschen oder Gruppen beobachten, die bei der Regelung ihrer verborgenen oder offenen Konflikte zu keinem Abschluss kommen. Stellt der Frieden also vielleicht ein unerreichbares Ideal dar? Das tägliche Schauspiel der Kriege, der Spannungen und Spaltungen lässt Zweifel und Entmutigung aufkommen. Brandherde der Zwietracht und des Hasses scheinen sogar noch künstlich von einigen geschürt zu werden, die den Preis dafür nicht zu bezahlen brauchen. Und allzu oft ist die Kraft von Friedensgesten viel zu gering, um den Lauf der Dinge zu beeinflussen, es sei denn, dass die herrschende Logik der Ausbeutung und Gewalt sich ihrer bemächtigt und sie in ihren Dienst nimmt. An einigen Stellen vergiften furchtsames Zögern und die Schwierigkeit notwendiger Reformen die Beziehungen zwischen menschlichen Gemeinschaften, die schon durch eine lange und vorbildliche gemeinsame Geschichte vereint sind. Neue Machtträger neigen dazu, durch zahlenmäßige Überlegenheit oder durch brutale Gewalt einen Konflikt zu lösen, und das unter den hilflosen, manchmal aber auch interessierten und komplizenhaften Blicken anderer Staaten in der Nähe oder weiter entfernt. Gerade die stärksten und die schwächsten Länder verlieren so das Vertrauen in geduldige, friedenstiftende Maßnahmen.

Hinzu kommt, dass die Furcht vor einem schlecht abgesicherten Friedenszustand sowie militärische und politische Erfordernisse wie auch die Interessen von Wirtschaft und Handel zur Bildung von Vorräten oder zum Verkauf von Waffen mit furchtbarer Zerstörungskraft verleiten: Der Rüstungswettlauf wird so für wichtiger gehalten als die großen Friedensaufgaben, die die Völker in neuer Solidarität verbinden müssten; er fördert vereinzelte mörderische Konflikte und steigert die Bedrohung in hohem Ausmaße. Es ist wahr: Die Sache des Friedens leidet auf den ersten Blick an einer entmutigenden Schwäche.

Vom Reden über den Frieden …

Und doch hat man in fast allen öffentlichen Ansprachen auf der Ebene der einzelnen Nationen oder internationaler Gremien selten so viel vom Frieden gesprochen, von Entspannung, von Verständigung, von vernünftigen und gerechten Lösungen für Konflikte. Der Frieden ist zum Schlagwort geworden, das beruhigt oder verführen will. Richtig verstanden stellt dies jedoch auch ein positives Faktum dar: Die öffentliche Meinung der Nationen würde es nicht mehr ertragen, wenn man den Krieg verherrlichte oder das Risiko eines Angriffskrieges auf sich nähme.

... zu einer Friedensgesinnung

Um jedoch die Herausforderung anzunehmen, die sich aus der mühsamen Aufgabe des Friedens für die ganze Menschheit ergibt, braucht es mehr als nur Worte, mögen sie ehrlich oder demagogisch gemeint sein. Vor allem der Kreis der Politiker, das Milieu oder jene Zentren, von denen mehr oder weniger direkt, mehr oder weniger geheim die entscheidenden Schritte für den Frieden oder im Gegenteil die Verlängerung der Kriege und gewalttätiger Konflikte abhängen, müssen vom wahren Geist des Friedens durchdrungen werden. Das Mindeste müsste sein, dass man darin übereinstimmt, einige grundlegende klare Prinzipien anzuwenden, wie zum Beispiel: Die Probleme der Menschen müssen in menschenwürdiger Weise behandelt werden und nicht mit Gewalt. Spannungen, Streitigkeiten und Konflikte müssen durch vernünftige Verhandlungen geregelt werden und nicht mit Druckmitteln. Ideologisch einander entgegengesetzte Richtungen müssen sich in einem Klima des Dialogs und der freien Aussprache begegnen. Die berechtigten Interessen bestimmter Gruppen müssen auch die ebenfalls berechtigten Interessen der anderen betroffenen Gruppen sowie die Forderungen des übergeordneten Gemeinwohls berücksichtigen. Der Griff zu den Waffen sollte nicht mehr als geeignetes Mittel zur Konfliktlösung angesehen werden. Die unverlierbaren Menschenrechte müssen unter allen Umständen gewahrt bleiben. Es ist nicht erlaubt zu töten, um eine Lösung zu erzwingen.

Diese Prinzipien der Menschenwürde kann jeder Mensch guten Willens in seinem eigenen Gewissen vorfinden. Sie entsprechen dem Willen Gottes für den Menschen. Damit sie bei den Mächtigen und bei den Schwachen zu festen Überzeugungen werden und jegliches Handeln prägen, muss ihnen ihre volle Bedeutung wieder zuerkannt werden. Dafür braucht es eine geduldige und lange Erziehung auf allen Ebenen.

II. Die Erziehung zum Frieden

1. Visionen vom Frieden aufleuchten lassen

Um dieses spontane Gefühl der Ohnmacht zu überwinden, gilt es als erste sinnvolle Aufgabe einer Erziehung, die diesen Namen verdient, unsere Augen über die traurigen vordergründigen Eindrücke hinausblicken zu lassen, oder noch besser, erkennen und verstehen zu lernen, wie inmitten der tobenden Gewalt, die tötet, der Frieden sich leise und still vorantastet, ohne zu ruhen, unablässig Wunden heilt und das Leben erhält und kräftigt. Von hier aus kann uns der Marsch zum Frieden möglich und erstrebenswert erscheinen, machtvoll und schon siegreich.

Ein neuer Blick auf die Geschichte

Vor allem müssen wir lernen, die Geschichte der Völker und der Menschheit nach Kriterien zu entziffern, die sachgerechter sind als jene, die nur eine Kette von Kriegen und Revolutionen kennen. Gewiss ist die Geschichte vom Lärm der Schlachten beherrscht. Aber es gibt auch die Ruhepausen der Gewalt, die es ermöglicht haben, jene dauerhaften kulturellen Werke zu schaffen, auf die die Menschheit stolz ist. Ja, man kann sogar inmitten der Kriege und Revolutionen Impulse zum Leben und Fortschritt vorfinden; diese entspringen einer Sehnsucht, die einer anderen Ordnung angehört als die Gewalt: Eine Sehnsucht geistiger Art, wie zum Beispiel das Streben, eine gemeinsame Würde für alle Menschen anerkannt zu sehen oder die Seele und die Freiheit eines Volkes zu retten. Dort wo eine solche Sehnsucht gegenwärtig war, wirkte sie ausgleichend sogar im Kern der Konflikte, verhinderte sie unheilbare Schäden, hielt sie die Hoffnung lebendig, eröffnete sie eine neue Chance für den Frieden. Dort wo eine solche tiefere Sehnsucht fehlte oder zur Verherrlichung der Gewalt verfälscht wurde, überließ sie das Feld einer fortschreitenden Zerstörung, die dann zu einem andauernden wirtschaftlichen und kulturellen Niedergang, ja sogar zum Untergang ganzer Zivilisationen geführt hat. Ihr Verantwortlichen der Völker versteht es, euch selbst zur Friedensliebe zu erziehen, indem ihr auf den bedeutenden Seiten eurer nationalen Geschichte das Beispiel jener eurer Vorgänger entdeckt und heraushebt, die ihren Ruhm darin sahen, Früchte des Friedens aufkeimen zu lassen. „Selig, die Frieden stiften" (Mt 5,9).

Die Hochschätzung der großen Friedensaufgaben von heute

Ihr tragt heute zur Erziehung zum Frieden dadurch bei, dass ihr den großen Friedensaufgaben, die sich der Menschheit mit besonderer Dringlichkeit stellen, die größtmögliche Bedeutung beimesst. In euren Bemühungen, zu einer vernünftigen und solidarischen Nutzung der natürlichen Umwelt und des gemeinsamen Erbes der Menschheit zu gelangen, zur Beseitigung des Elends, das Millionen von Menschen bedrückt, zur Stärkung von Institutionen, die geeignet sind, die Einheit der Menschheitsfamilie auf nationaler und auf Weltebene zum Ausdruck zu bringen und zu vervollkommnen, werden die Menschen den einladenden Aufruf zum Frieden entdecken, der Versöhnung untereinander und Versöhnung mit der gesamten Schöpfung bedeutet. Indem ihr entgegen allen landläufigen demagogischen Überzeugungskünsten die Suche nach einfacheren Lebensweisen ermutigt, die weniger von den tyrannischen Impulsen der Instinkte nach Besitz, Konsum und Herrschaft bestimmt sind, sondern sich mehr von den tieferen Inspirationen der persönlichen Kreativität und der Freundschaft beeinflussen lassen, werdet ihr für euch selbst und für alle anderen einen weiten Raum von ungeahnten Möglichkeiten für den Frieden eröffnen.

Die Leuchtkraft vieler Beispiele von Friedensstiftern
So hemmend für den einzelnen Menschen das Gefühl ist, dass die bescheidenen Anstrengungen für den Frieden im begrenzten Bereich der Verantwortlichkeiten eines jeden durch die großen weltweiten politischen Debatten, die von einer simplifizierenden Logik von Machtverhältnissen und Rüstungswettlauf bestimmt werden, zunichtegemacht werden, so befreiend ist andererseits der Anblick internationaler Einrichtungen, die von der Möglichkeit des Friedens überzeugt sind und sich leidenschaftlich für die Verwirklichung des Friedens einsetzen. Die Erziehung zum Frieden kann sich auch ein erneutes Interesse für die täglichen Beispiele von aufrichtigen Friedensstiftern auf allen Ebenen zunutze machen. Gemeint sind einzelne Menschen und Gruppen, die durch die Beherrschung ihrer Leidenschaften und durch ein gegenseitiges Sich-Annehmen und Respektieren ihren eigenen inneren Frieden gewonnen haben und ihn nach außen ausstrahlen; ebenso Völker, oft gerade die armen und geprüften unter ihnen, deren jahrtausendalte Weisheit vom höchsten Gut des Friedens geprägt ist, und die oft den trügerischen Versuchungen zu einem übereilten und durch Gewalt erkämpften Fortschritt zu widerstehen verstanden in der Überzeugung, dass solche Erfolge die giftigen Keime neuer Konflikte in sich tragen.

In der Tat, lasst uns, ohne das Drama der Gewalttätigkeiten zu vergessen, unseren Blick und den der jungen Generationen auf diese Beispiele von Friedensstiftern lenken. Sie üben eine entscheidende Anziehungskraft aus. Sie rufen in uns vor allem die Sehnsucht nach dem Frieden wach, der für den Menschen lebensnotwendig ist. Diese neuen Energien werden dann helfen, eine neue Sprache des Friedens und neue Friedensgesten zu finden.

2. Eine Sprache des Friedens sprechen
Die Sprache ist darauf angelegt, die Gedanken des Herzens zum Ausdruck zu bringen und Einheit zu schaffen. Wenn sie jedoch in vorgefassten Schemata gefangen ist, beeinflusst sie ihrerseits das Herz durch die ihr innewohnenden Tendenzen. Man muss deshalb auf die Sprache einwirken, um das Herz zu beeinflussen und einer möglichen Verführung durch die Sprache zu entgehen. Es ist leicht festzustellen, bis zu welchem Punkt die bittere Ironie und die Härte in den Urteilen, in der Kritik anderer und vor allem des Fremden, radikales Opponieren und Fordern in die besprochenen Beziehungen selbst eindringen und mit der Liebe im sozialen Bereich auch die Gerechtigkeit ersticken. Dadurch, dass man alles in Begriffen von Machtverhältnissen, Gruppen- und Klassenkämpfen und im Freund-Feind-Schema ausdrückt, bereitet man den geeigneten Nährboden für soziale Schranken, für Verachtung, Hass und Terrorismus und deren heimliche oder offene Verteidigung. Dagegen entspringen aus einem Herzen, das für das höchste Gut des Friedens

gewonnen worden ist, die Bereitschaft, zuzuhören und zu verstehen, die Achtung vor den anderen, Rücksichtnahme, die in Wirklichkeit Stärke bedeutet, und Vertrauen. Eine solche Sprache begibt sich auf den Weg der objektiven Tatsachen, der Wahrheit und des Friedens. Groß ist unter diesem Gesichtspunkt auch die erzieherische Aufgabe der sozialen Kommunikationsmittel. Ebenso ist es von Bedeutung, in welcher Weise man sich bei den gegenseitigen Begegnungen, Debatten und politischen Auseinandersetzungen auf nationaler und internationaler Ebene ausdrückt. Möget ihr, die ihr für die Völker und internationalen Organisationen Verantwortung tragt, es verstehen, eine neue Sprache, eine Sprache des Friedens zu finden: Sie eröffnet schon durch sich selbst einen neuen Raum für den Frieden.

3. Zeichen des Friedens setzen

Das, was Friedensperspektiven freisetzen, was eine Sprache des Friedens bewirkt, muss sich schließlich auch in Gesten des Friedens ausdrücken. Andernfalls verflüchtigen sich die entstehenden Überzeugungen, und die Sprache des Friedens wird zur Rhetorik, die schnell in Misskredit fällt. Sehr zahlreich könnten die Friedensstifter sein, wenn sie sich ihrer Möglichkeiten und Verantwortung bewusst würden. Es ist die konkrete Friedenstat, die zum Frieden mitreißt. Sie lehrt diejenigen, die das hohe Gut des Friedens suchen, dass dieses Gut sich denen offenbart und anbietet, die Tag für Tag bescheiden alle Friedensmöglichkeiten, die sich für sie ergeben, in die Tat umzusetzen suchen.

Eltern, Erzieher und Jugendliche

Eltern und Erzieher, verhelft den Kindern und den Jugendlichen zu einer Erfahrung des Friedens in den tausend täglichen Begebenheiten, denen sie in der Familie, in der Schule, beim Spiel, unter Kameraden, bei gemeinschaftlicher Arbeit, beim sportlichen Wettkampf und den vielfältigen Absprachen und notwendigen Kompromissen begegnen. Das Internationale Jahr des Kindes, das die Vereinten Nationen für 1979 ausgerufen haben, sollte die Aufmerksamkeit aller darauf lenken, was sogar die Kinder schon von sich aus zum Frieden beitragen können. Ihr Jugendlichen seid Erbauer des Friedens. Ihr seid insgesamt die Urheber dieses großen gemeinsamen Werkes. Widersteht den leichtfertigen Lösungen, die in der traurigen Mittelmäßigkeit liegen, und auch den sinnlosen Gewalttätigkeiten, zu denen euch mitunter Erwachsene, die mit sich selbst nicht in Frieden sind, missbrauchen möchten. Folgt den Wegen, wohin euch euer Gefühl der Dankbarkeit, der Lebensfreude und der Solidarität führt. Ihr liebt es, eure neuen Energien – die sich von den diskriminierenden Vorurteilen freihalten – in brüderlichen Begegnungen über die Grenzen hinaus einzusetzen, im Erlernen von Fremdsprachen, die den gegenseitigen Kontakt erleichtern, und im selbstlosen Dienst zugunsten der armen Länder. Ihr seid die ersten Opfer des Krieges, der eure Begeisterung erstickt. Ihr seid die Chance für den Frieden.

Sozialpartner
Partner im beruflichen und sozialen Leben, der Frieden ist für euch oft schwer zu verwirklichen. Es gibt keinen Frieden ohne Gerechtigkeit und ohne Freiheit, ohne einen mutigen Einsatz zur Förderung des einen und des anderen. Die Kraft, die dafür erforderlich ist, muss geduldig sein, ohne zu resignieren oder aufzugeben, fest, ohne zu provozieren, klug, um aktiv den erwünschten Fortschritt vorzubereiten, ohne die Energien in flammenden Ausbrüchen gewalttätiger Proteste zu vergeuden, die schnell wieder in sich zusammenfallen. Gegen die Ungerechtigkeiten und Unterdrückungen muss der Frieden sich einen Weg bahnen, indem er sich für eine entschlossene Aktion entscheidet. Diese Aktion muss aber schon vom anvisierten Ziel geprägt sein, nämlich von einer besseren gegenseitigen Verständigungsbereitschaft der Personen und Gruppen. Sie findet ein Regulativ im Willen zum Frieden, der aus der Tiefe des Menschen kommt, in den Erwartungen und in der Gesetzgebung der Völker. Es ist dieser geschulte und disziplinierte Wille zum Frieden, der den Blick schärft, um für Spannungen und selbst Konflikte die notwendige Ruhe zu finden, damit sich die fruchtbare und konstruktive Logik des Friedens entfalten kann. Das, was sich im sozialen Leben der Länder ereignet, hat eine beträchtliche Auswirkung – zum Besseren und zum Schlechteren – auf den Frieden zwischen den Nationen.

Politiker
Es muss aber hier erneut betont werden, dass die vielfältigen Friedensgesten Gefahr laufen, entmutigt und teilweise zunichtegemacht zu werden durch eine internationale Politik, die auf ihrer Ebene nicht die gleiche Friedensdynamik entfaltet. Politiker, die ihr für die Völker und internationalen Organisationen verantwortlich seid, ich bekunde euch meine aufrichtige Wertschätzung und biete euren oft beschwerlichen Bemühungen, den Frieden zu erhalten oder wiederherzustellen, meine ganze Unterstützung an. Mehr noch, im Bewusstsein, dass es hierbei um das Glück und sogar das Überleben der Menschheit geht, und überzeugt von der großen Verantwortung, die ich trage, damit dem wichtigen Aufruf Christi, „Selig, die Frieden stiften“ (Mt 5,9), entsprochen wird, wage ich es sogar, euch zu ermutigen, noch weiter zu gehen. Öffnet dem Frieden neue Tore. Tut alles, was in euren Kräften steht, um dem Weg des Dialogs gegenüber dem der Gewalt den Vorrang zu sichern. Dies gilt zunächst schon für den internen Bereich: Wie können die Völker den internationalen Frieden wahrhaft fördern, wenn sie selbst in Ideologien gefangen sind, nach denen sich Gerechtigkeit und Frieden nur

dann erreichen lassen, wenn man alle jene zur Ohnmacht verurteilt, die man von vornherein für unwürdig hält, die Gestalter ihres eigenen Geschickes oder fähige Mitarbeiter für das Gemeinwohl zu sein? Seid überzeugt, dass die Ehre und der Erfolg bei Verhandlungen zwischen gegnerischen Parteien sich nicht am Grad der Unnachgiebigkeit in der Verteidigung der eigenen Interessen messen, sondern an der Bereitschaft zu gegenseitiger Achtung, zu Wahrhaftigkeit, Wohlwollen und Brüderlichkeit der Partner, mit einem Wort, an ihrer Menschlichkeit. Setzt Gesten des Friedens, sogar mutige, die mit den fatalen Verkettungen und der Last der von der Geschichte ererbten Leidenschaften brechen; webt weiter geduldig am politischen, wirtschaftlichen und kulturellen Gewebe des Friedens. Schafft – die Stunde ist günstig, und die Zeit drängt – immer größere waffenfreie Zonen. Habt den Mut, die bedrückende Frage des Waffenhandels noch einmal grundsätzlich zu überprüfen. Versteht, die latenten Konflikte rechtzeitig zu entdecken und friedlich zu lösen, bevor sie die Leidenschaften entfachen. Gebt den regionalen und weltweiten Formen der Solidarität geeignete institutionelle Rahmen. Verzichtet darauf, legitime und sogar geistige Werte für Interessenkonflikte zu benutzen; sie werden dadurch entwürdigt und machen die Auseinandersetzungen noch unerbittlicher. Wacht darüber, dass das berechtigte leidenschaftliche Verlangen nach dem Austausch der Ideen sich der Kraft der Argumente und nicht der Drohung und Waffengewalt bedient.

Indem ihr entschlossene Gesten des Friedens setzt, löst ihr die echten Erwartungen der Völker aus und findet in ihnen mächtige Verbündete im Einsatz für die friedliche Entwicklung aller Menschen. Ihr werdet euch selbst zum Frieden erziehen, werdet in euch feste Überzeugungen heranbilden und euch zu neuen Initiativen im Dienst der großen Sache des Friedens befähigen.

III. Der besondere Beitrag der Christen

Die Bedeutung des Glaubens

Diese vielfältige Erziehung zum Frieden – zwischen den Völkern, im eigenen Land, in der eigenen Umwelt, bei sich selbst – ist allen Menschen guten Willens aufgetragen, woran uns die Enzyklika ‚Pacem in terris' von Papst Johannes XXIII. erinnert. Der Frieden ist ihnen allen in verschiedenem Maße greifbar. Und da „[d]er Frieden auf Erden [...] nur dann begründet und gesichert werden [kann], wenn die von Gott gesetzte Ordnung gewissenhaft beachtet wird" (PT 1), finden die Gläubigen in ihrer Religion die Erleuchtung, den Ansporn, die Kraft, um für die Friedenserziehung zu arbeiten. Wahrhafte Frömmigkeit führt notwendig zum wahren Frieden. Indem die öffentliche Gewalt die Religionsfreiheit pflichtgemäß anerkennt, fördert sie zugleich die Entfaltung der Friedensgesinnung in der Tiefe der Herzen sowie in den von den Gläubigen geschaffenen Erziehungseinrichtungen. Was die Christen betrifft, so sind sie von Christus in besonderer Weise dazu erzogen und angehalten worden, Erbauer des Friedens zu sein: „Selig, die Frieden stiften; denn sie werden Kinder Gottes genannt werden“ (Mt 5,9; vgl. Lk 10,5). Am Ende dieser Botschaft wird man verstehen, dass sich meine besondere Erwartung auf die Glieder der Kirche richtet, um sie für ihren Beitrag zum Frieden zu ermutigen und ihn in den großen von Gott in Jesus Christus geoffenbarten Friedensplan einzuordnen. Der spezifische Beitrag der Christen und der Kirche zu diesem gemeinsamen Werk wird umso besser gewährleistet sein, je mehr er sich aus seinen eigenen Quellen und seiner eigenen Hoffnung nährt.

Die christliche Sicht vom Frieden

Liebe Brüder und Schwestern in Christus! Die Sehnsucht nach Frieden, die ihr mit allen Menschen teilt, entspricht einem ursprünglichen Aufruf Gottes, eine einzige Familie von Brüdern zu bilden, die alle nach dem Bild des gleichen Vaters geschaffen sind. Die Offenbarung legt Wert auf unsere Freiheit und Solidarität. Die Schwierigkeiten, denen wir auf dem Weg zum Frieden begegnen, hängen teilweise zusammen mit unserer Schwäche als Geschöpfe, deren Schritte notwendigerweise nur langsam und stufenweise vorankommen. Diese Schwierigkeiten werden noch gesteigert durch unseren Egoismus, durch Sünden aller Art, angefangen bei der Ursünde, die einen Bruch mit Gott markiert hat und damit auch einen Bruch zwischen den Brüdern. Das Bild des Turmes von Babel beschreibt gut diese Situation. Wir glauben aber, dass Jesus Christus durch die Hingabe seines Lebens am Kreuz unser Friede geworden ist: Er hat die Mauer des Hasses, die die feindlichen Brüder trennte, niedergerissen (vgl. Eph 2,14). Nach seiner Auferstehung und Aufnahme in die Herrlichkeit des Vaters gibt er uns in geheimnisvoller Weise an seinem Leben Anteil: Dadurch, dass er uns mit Gott versöhnt, heilt er die Wunden der Sünde und der Spaltung und befähigt uns dazu, unseren Gemeinschaften einen Anfang von Einheit einzustiften, die er in uns selbst wiederherstellt. Die treuesten Jünger Christi sind deshalb auch Friedensstifter gewesen, bis hin zum Verzeihen gegenüber ihren Feinden, manchmal sogar bis zur Hingabe ihres eigenen Lebens für sie. Ihr Beispiel eröffnet den Weg zu einer neuen Menschheit, die sich nicht mehr mit vorläufigen Kompromissen begnügt, sondern eine tiefe und innige Brüderlichkeit verwirklicht. Wir wissen, dass unser Weg zum Frieden auf Erden, ohne sein naturgegebenes Wesen oder seine ihm eigenen Schwierigkeiten zu verlieren, in einen anderen Weg einbezogen ist, in den Weg zum Heil, der einmündet in die ewige Fülle des Friedens, in einer allesübersteigenden Gemeinschaft mit Gott. So durchdringt schon das Reich Gottes, ein Reich des Friedens, mit seiner eigenen Quelle, seinen eigenen Mitteln und seinem Ziel alle irdische Tätigkeit, ohne dabei in ihr aufzugehen. Diese Sicht des Glaubens bedeutet eine starke Herausforderung für das tägliche Handeln der Christen.

Der christliche Glaube als Kraftquelle für den Frieden
Sicher, wir schreiten auf den Wegen des Friedens voran mit den Schwächen und tastenden Versuchen aller unserer Weggenossen. Wir leiden mit ihnen unter dem tragischen Mangel an Frieden. Wir fühlen uns mit umso stärkerer Entschlossenheit dazu gedrängt, zur Ehre Gottes und des Menschen nach Mitteln zur Lösung zu suchen. Wir beanspruchen nicht, im Evangelium fertige Lösungen zu finden, um heute bestimmte Fortschritte in der Friedenssuche zu machen. Aber wir finden fast auf jeder Seite des Evangeliums und der Kirchengeschichte den Geist der brüderlichen Liebe, der mit Macht zum Frieden erzieht. Wir finden in den Gaben des Heiligen Geistes und in den Sakramenten eine aus göttlicher Quelle gespeiste Kraft. Wir finden in Christus eine Hoffnung. Die Misserfolge können das Werk des Friedens nicht ganz zerstören, auch dann nicht, wenn sich die unmittelbaren Ergebnisse als zerbrechlich herausstellen, auch dann nicht, wenn wir wegen unseres Eintretens für den Frieden verfolgt werden. Christus gibt all jenen Anteil an seinem Heilsweg, die aus Liebe für den Frieden wirken.

Das Gebet für den Frieden
Der Frieden ist unser Werk: Er verlangt unser mutiges und solidarisches Handeln. Aber er ist auch zugleich und vor allem ein Geschenk Gottes: Er erfordert unser Gebet. Die Christen müssen an erster Stelle unter denen stehen, die täglich für den Frieden beten; sie müssen auch zum Gebet für den Frieden erziehen. Sie werden gerne mit Maria, der Königin des Friedens, beten.

Zu euch allen, Christen, Gottgläubige und Menschen guten Willens, sage ich: Habt keine Angst, auf den Frieden zu setzen, zum Frieden zu erziehen. Die Sehnsucht nach Frieden wird nicht für immer enttäuscht werden. Die Arbeit für den Frieden, von der Liebe eingegeben, die nicht aufhört, wird ihre Früchte hervorbringen. Der Frieden wird das letzte Wort der Geschichte sein.

Aus dem Vatikan, am 8. Dezember 1978
Johannes Paul II.

Botschaft seiner Heiligkeit Papst Johannes Paul II.
zur Feier des 13. Weltfriedenstages
1. Januar 1980

Die Wahrheit, Kraft des Friedens

An euch alle, die ihr den Frieden auf der Erde festigen wollt,
an euch, Männer und Frauen guten Willens,
an euch, Bürger und Verantwortliche der Völker,
an euch, junge Menschen aller Länder!
An euch alle richte ich meine Botschaft und lade euch ein, zum dreizehnten Mal den Welttag des Friedens zu begehen, um durch einen mutigen Einsatz im Denken und Handeln von innen her das labile und immer wieder bedrohte Gebäude des Friedens zu stützen, indem ihm das Fundament der Wahrheit zurückgegeben wird. Die Wahrheit, Kraft des Friedens! Vereinigen wir unsere Anstrengungen, den Frieden zu stärken, indem wir die Mittel benutzen, die der Frieden selbst und vor allem die Wahrheit uns bieten, die ja in vollkommenem Maße die friedfertige und machtvolle Kraft des Friedens darstellt: Sie breitet sich aus durch ihr eigenes Leuchten, ohne allen Zwang.

Eine Feststellung: Die Unwahrheit dient der Sache des Krieges
1. Wenn es stimmt – und niemand zweifelt daran –, dass die Wahrheit der Sache des Friedens dient, so steht ebenso eindeutig fest, dass die Unwahrheit mit der Sache der Gewalt und des Krieges verbunden ist. Unter Unwahrheit sollen hier alle Formen und alle Stufen der Abwesenheit, der Verweigerung, der Missachtung der Wahrheit verstanden sein: Die Lüge im eigentlichen Sinne, verkürzte und einseitige Information, parteiische Propaganda, Manipulation der Kommunikationsmittel und anderes. Ist es nötig, alle verschiedenen Formen aufzuzählen, unter denen diese Unwahrheit auftritt? Es soll genügen, auf nur wenige Beispiele hinzuweisen. Denn wenn auch zu Recht die Beunruhigung über das Anwachsen der Gewalt im gesellschaftlichen, nationalen und internationalen Leben und die Bedrohungen des Friedens immer klarere Gestalt annimmt, so ist doch die öffentliche Meinung oft weniger empfindsam für all jene Formen der Unwahrheit, die zur Ursache der Gewalt gehören und ihr einen fruchtbaren Boden verschaffen.

Die Gewalt schwimmt in der Lüge und hat die Lüge nötig, um zu versuchen, sich durch Rechtfertigungen, die völlig außerhalb ihrer Natur liegen und sich sogar oft widersprechen, ein gewisses Ansehen vor der Weltmeinung zu verschaffen. Gilt das nicht auch von der Praxis, die darin besteht, diejenigen, die mit den eigenen Meinungen nicht übereinstimmen, als Feinde zu bezeichnen – um sie so besser bekämpfen oder mundtot machen zu können – und ihnen feindselige Absichten beizulegen, indem man sie durch eine geschickte Dauerpropaganda als Aggressoren brandmarkt?

Eine weitere Form der Unwahrheit zeigt sich in der Weigerung, die objektiv berechtigten und unveräußerlichen Rechte jener anzuerkennen und zu achten, die sich weigern, eine bestimmte Ideologie anzunehmen, oder sich auf ihre Gedankenfreiheit berufen. Es handelt sich um Verweigerung der Wahrheit, wenn man denjenigen aggressive Absichten unterschiebt, die – wie sie klar zeigen – nur den einzigen Wunsch haben, sich zu schützen und zu verteidigen gegenüber den realen Bedrohungen, die leider immer noch sowohl im Inneren der Nationen als auch zwischen den Völkern bestehen.

Empörung, die sich nur gegen einige ausgewählte Adressaten richtet, hinterhältige Verdächtigungen, Manipulation der Nachrichten, systematische Herabsetzung des Gegners als Person sowie in seinen Absichten und Handlungen, Erpressung und Einschüchterung: Durch all dies wird die Wahrheit missachtet und ein Klima der Unsicherheit geschaffen, in dem man die Personen und Gruppen, die Regierungen und sogar die internationalen Organe zu resigniertem und komplizenhaftem Schweigen, zu teilweisen Kompromissen und unüberlegten Reaktionen zwingen will: Alles Haltungen, die in gleicher Weise in Gefahr sind, das mörderische Spiel der Gewalt zu begünstigen und sich gegen die Sache des Friedens zu wenden.

2. An der Wurzel all dieser Formen der Unwahrheit liegt, indem sie sich gegenseitig verstärken, eine falsche Auffassung vom Menschen und seiner wesentlichen Antriebe. Die erste Lüge, die grundlegende Unwahrheit besteht darin, nicht an den Menschen zu glauben, an den Menschen in all seiner Möglichkeit zur Größe, aber auch in seinem Bedarf an Erlösung vom Bösen und von der Sünde, die in ihm ist. Unter dem Einfluss von verschiedenen Ideologien, die oft im Gegensatz zueinander stehen, breitet sich die Idee aus, dass der Mensch und die Menschheit als Ganze ihren Fortschritt vor allem durch den gewaltsamen Kampf erreichen. Man hat geglaubt, dies in der Geschichte aufzeigen zu können. Man hat viel Geist darauf verwandt, daraus eine Theorie zu machen. Man hat sich immer mehr daran gewöhnt, alle Vorgänge im gesellschaftlichen und internationalen Leben allein mit den Begriffen von Macht und Gegenmacht zu analysieren und sich als Folge davon so zu organisieren, dass die eigenen Interessen durchgesetzt werden können. Diese weitverbreitete Tendenz, den Einsatz von Machtmitteln zu versuchen, um Gerechtigkeit zu schaffen, wird zwar oft durch taktische oder strategische Rücksichten in Schranken gehalten. Aber solange man die Drohhaltungen beibehält, solange man gewisse Gewaltanwendungen in einseitiger Weise und zum Belieben von Interessen und Ideologien fortsetzt, solange man die

Behauptung aufrechterhält, der Fortschritt der Gerechtigkeit entstehe letztlich aus dem gewaltsamen Kampf, weichen alle maßvolle Abstufung, alle Zurückhaltung und Begrenzung regelmäßig vor der einfachen und brutalen Logik der Gewalt zurück, bis hin zur selbstmörderischen Verherrlichung der Gewalt um der Gewalt willen.

Der Frieden braucht Aufrichtigkeit und Wahrheit

3. Den Frieden durch Werke des Friedens aufzubauen, ist bei dieser Verwirrung der Geister schwierig und erfordert erneuten Respekt vor der Wahrheit, wenn man nicht will, dass die Einzelnen, die Gruppen und Nationen am Frieden zu zweifeln beginnen und neuen Gewalttätigkeiten zustimmen.

Die Wahrheit erneuern, das bedeutet zunächst, die Gewaltakte in all ihren Formen bei ihrem wahren Namen zu nennen. Man muss den Mord beim Namen nennen: Mord bleibt Mord; alle politischen oder ideologischen Rechtfertigungen ändern daran nichts, sondern verlieren dadurch im Gegenteil ihr eigenes Ansehen. Beim Namen genannt werden müssen ferner die Massaker an Männern und Frauen, gleich welcher Volkszugehörigkeit, welchen Alters oder welcher Stellung. Auch die Tortur muss man bei ihrem Namen nennen sowie – mit den jeweiligen Bezeichnungen – alle Formen von Unterdrückung und Ausbeutung des Menschen durch den Menschen, des Menschen durch den Staat, eines Volkes durch ein anderes Volk. Dies muss geschehen, nicht um sich selbst durch lautstarke Anklagen, die alles und jedes miteinander vermischen, ein gutes Gewissen zu geben – auf diese Weise würde man die Dinge gerade nicht bei ihrem Namen nennen – und auch nicht um einzelne Personen oder Völker zu brandmarken und zu verdammen, sondern um zu einer Veränderung des Verhaltens und der Gesinnung beizutragen und dem Frieden seine Chance zu geben.

4. Die Wahrheit als Kraft des Friedens stärken, bedeutet, sich ständig darum zu bemühen, auch für sich selbst nicht die Waffen der Lüge zu benützen, und sei es auch für einen guten Zweck. Die Lüge kann sich heimlich überallhin einschleichen. Um die Aufrichtigkeit – die Übereinstimmung mit uns selbst – auf Dauer durchzuhalten, braucht es eine geduldige, mutige Anstrengung, um die höhere und umfassende Wahrheit vom Menschen zu suchen und zu finden, in deren Licht wir die verschiedenen Situationen prüfen und vor allem uns selbst und unsere eigene Aufrichtigkeit beurteilen können. Es ist unmöglich, am Zweifel, am Argwohn und an skeptischer Gleichgültigkeit festzuhalten, ohne sehr schnell in Unaufrichtigkeit und Lüge abzugleiten. Wie ich schon weiter oben gesagt habe, ist der Frieden bedroht, wenn Unsicherheit, Zweifel und Argwohn herrschen, und die Gewalt hat den Nutzen davon. Wollen wir wirklich den Frieden? Dann müssen wir uns sehr tief in

unser eigenes Wesen versenken, um jene Schichten zu entdecken, wo wir uns, jenseits aller Spaltungen in uns und zwischen uns, in der Überzeugung bestärken können, dass die grundlegenden Antriebe des Menschen, die Kenntnis seiner wahren Natur, ihn zur Begegnung führen, zur gegenseitigen Achtung, zur Brüderlichkeit und zum Frieden. Diese anstrengende Suche nach der objektiven und universellen Wahrheit vom Menschen wird durch ihren Verlauf und ihr Ergebnis Menschen des Friedens und des Dialogs schaffen, die sich demütig und zugleich kraftvoll zu einer Wahrheit bekennen, die es ihnen immer deutlicher macht, dass man ihr dienen muss und sich nie ihrer bedienen darf zu eigensüchtigen Interessen.

Die Wahrheit klärt die Wege des Friedens

5. Eine der Lügen der Gewalt besteht darin, zur eigenen Rechtfertigung zu versuchen, den Gegner sowie seine Handlungen und die sozio-kulturellen Strukturen, in denen er handelt und denkt, systematisch und radikal herabzusetzen. Der Mensch jedoch, der zum Frieden bereit ist, weiß den Teil der Wahrheit anzuerkennen, den es in jedem menschlichen Werk gibt, und vor allem auch jene Möglichkeiten zu größerer Wahrheit, die im Tiefsten eines jeden Menschen immer vorhanden sind.

Es ist durchaus nicht so, dass der Wille zum Frieden ihm die Augen vor den Spannungen, den Ungerechtigkeiten und den Kämpfen verschließt, die zu unserer Welt gehören. Er blickt ihnen voll ins Gesicht. Er nennt sie bei ihrem Namen, aus Achtung vor der Wahrheit. In seiner tiefen Übereinstimmung mit den Anliegen des Friedens muss er sogar noch empfindlicher für all das werden, was dem Frieden widerspricht. So ist er motiviert, die Erforschung der realen Ursachen des Bösen und der Ungerechtigkeit mutig voranzutreiben, um dann nach geeigneten Gegenmitteln zu suchen. Die Wahrheit ist die Kraft des Friedens, weil sie nach Art einer inneren Übereinstimmung die Wahrheitselemente sieht, die im anderen Menschen sind, und sie zusammenzufügen sucht.

6. Die Wahrheit erlaubt es nicht, am Gegner zu verzweifeln. Der zum Frieden bereite Mensch, der sich von ihr leiten lässt, identifiziert den Gegner nicht mit dem Irrtum, dem dieser unterliegt. Im Gegenteil, er nimmt den Irrtum in seinem tatsächlichen Ausmaß und appelliert an die Vernunft, an das Herz und das Gewissen des Menschen, um ihm zu helfen, die Wahrheit zu sehen und anzunehmen. Das verleiht der Anprangerung der Ungerechtigkeiten einen besonderen Charakter: Eine solche Anprangerung kann nicht in jedem Fall verhindern, dass sich diejenigen, die für die Ungerechtigkeiten verantwortlich sind, gegenüber dem wahren Tatbestand hartnäckig verschließen, doch provoziert sie wenigstens nicht automatisch eine solche Verhärtung,

für die ja oft die Opfer bezahlen müssen. Eine der großen Lügen, die die Beziehungen zwischen einzelnen Menschen und Gruppen vergiften, besteht darin, alle Aspekte der Handlung des Gegners, auch die richtigen und guten, pauschal in Misskredit zu bringen, um so dessen Verirrungen noch besser brandmarken zu können. Die Wahrheit wählt andere Wege, und deshalb bewahrt sie dem Frieden alle seine Chancen.

7. Vor allem gestattet die Wahrheit nicht, an den Opfern der Ungerechtigkeit zu verzweifeln; sie erlaubt nicht, diese in verzweifelte Resignation oder Gewalttätigkeit zu treiben. Sie ruft dazu auf, auch da noch auf die friedenstiftenden Kräfte zu setzen, die leidende Menschen und Völker im Verborgenen besitzen. Indem sie diese im Bewusstsein ihrer Menschenwürde und unveräußerlichen Rechte bestärkt, glaubt sie, ihnen Kraft zu geben, die Mächte der Unterdrückung durch wirksame Pressionen zur Veränderung der Verhältnisse zu veranlassen, die wirkungsvoller sind als auflodernde Gewalt, die ja im Allgemeinen keine Zukunft hat – es sei denn eine mit noch größeren Leiden. In ebendieser Überzeugung höre ich nicht auf, die Würde und die Rechte der Person zu betonen. Wie ich ferner in meiner Enzyklika ‚Redemptor hominis' geschrieben habe, zielt auch die Logik der Allgemeinen Erklärung der Menschenrechte und die Einrichtung der Vereinten Nationen selbst darauf ab, „eine Grundlage für eine solche ständige Revision der Programme, Systeme und Regime [zu] schaffen, die unter diesem einzigen grundlegenden Gesichtspunkt zu geschehen hat, dem Wohl des Menschen, das heißt der Person in der Gesellschaft" (RH 17). Da der friedfertige Mensch auf das Licht der Wahrheit und der Aufrichtigkeit vertraut, ist er sich im Klaren über die Ungerechtigkeiten, die Spannungen und die Konflikte, die noch immer bestehen. Anstatt jedoch die Frustrationen und Kämpfe zu verschlimmern, setzt er sein Vertrauen auf die höheren Fähigkeiten im Menschen, auf seine Vernunft und sein Herz, um Wege des Friedens ausfindig zu machen, die zu einem wirklich menschlichen und dauerhaften Ergebnis führen.

Die Wahrheit stärkt die Mittel des Friedens

8. Um von einer weniger menschenwürdigen Situation im nationalen wie internationalen Leben zu einer menschlicheren Situation zu gelangen, ist der Weg lang und wird nur in Etappen beschritten. Der Mensch des Friedens weiß darum, er sagt es und findet in der Kraft der Wahrheit, wie ich sie soeben beschrieben habe, das notwendige Licht, um die richtige Orientierung zu bewahren. Der Mensch der Gewalt weiß das auch, aber er sagt es nicht und täuscht die öffentliche Meinung, indem er ihr eine radikale und schnelle Lösung in glänzenden Farben schildert und in Aussicht stellt; schließlich baut er die Lüge immer weiter aus, um die Verzögerungen zu erklären, die

für die verheißene Freiheit und das zugesicherte Wohlergehen immer wieder eintreten.

Es gibt keinen Frieden ohne die Bereitschaft zu einem aufrichtigen und beständigen Dialog. Auch zur Wahrheit gelangt man im Dialog: Sie stärkt somit dieses unerlässliche Mittel zum Frieden. Die Wahrheit fürchtet sich auch nicht vor ehrenvollen Vereinbarungen, weil sie das Licht mit sich bringt, das es gestattet, sich ohne Preisgabe von Überzeugungen und wesentlichen Werten dafür einzusetzen. Die Wahrheit führt die Geister zusammen; sie zeigt auf, was die bisher entgegengesetzten Seiten bereits eint; sie beseitigt das Misstrauen von gestern und bereitet den Boden für neue Fortschritte in Gerechtigkeit und Brüderlichkeit, im friedlichen Zusammenleben aller Menschen.

In diesem Zusammenhang kann ich nicht das Problem des Wettrüstens mit Stillschweigen übergehen. Die Lage, in der die Menschheit in unseren Tagen lebt, scheint einen tragischen Widerspruch in sich zu schließen zwischen den vielfältigen und engagierten Friedensbeteuerungen einerseits und der nicht weniger wirklichen, ja sogar schwindelerregenden Eskalation der Kriegsrüstung. Die Tatsache des Wettrüstens kann selbst gewisse Beteuerungen der Bereitschaft zu einer friedlichen Koexistenz dem Verdacht der Lüge und der Heuchelei aussetzen. Mehr noch, kann sie nicht oft ganz einfach zu dem Eindruck berechtigen, dass jene Beteuerungen nur dazu dienen, gegenteilige Absichten zu verschleiern?

9. Man kann nicht ehrlicherweise die Gewaltanwendung anprangern, wenn man sich nicht zugleich darum bemüht, dieser durch mutige politische Initiativen zuvorzukommen, um die Bedrohungen des Friedens zu beseitigen, indem man die Wurzeln der Ungerechtigkeiten bekämpft. Der tiefe Sinn der Politik wird ebenso sehr verfälscht, wenn die Politik in Untätigkeit verharrt, als wenn sie sich verhärtet oder in Gewalttätigkeit ausartet. In der Politik die Wahrheit tun, die den Frieden festigt, bedeutet den Mut haben, rechtzeitig die verborgenen Gegensätze aufzuspüren und im richtigen Augenblick in weitere Verhandlungen über Probleme einzutreten, die zurzeit durch Gesetze oder Abmachungen neutralisiert sind, die bisher ihre Zuspitzung vermeiden halfen. Die Wahrheit tun bedeutet ferner, den Mut haben, die Zukunft vorauszuplanen: Neuen Bestrebungen Rechnung zu tragen, die sich aus dem kulturellen Fortschritt bei den einzelnen Menschen und den Völkern ergeben und mit dem Guten vereinbar sind, um die nationalen und internationalen Institutionen der Wirklichkeit einer Menschheit anzupassen, die sich auf dem Weg befindet. Den Verantwortlichen der Staaten und den internationalen Institutionen steht also ein unermessliches Wirkungsfeld offen, um eine neue, gerechtere Weltordnung aufzubauen, die sich auf der Wahrheit vom

Menschen und auf einer gerechten Verteilung sowohl der Reichtümer als auch der Machtbefugnisse und der Verantwortlichkeiten gründet.

Ja, es ist meine Überzeugung: Die Wahrheit festigt den Frieden von innen her, und ein Klima größerer Aufrichtigkeit gestattet den Einsatz der Energien des Menschen für das einzige Anliegen, das ihrer würdig ist: Den vollen Respekt vor der Wahrheit über Natur und Ziel des Menschen als Quelle wahren Friedens in Gerechtigkeit und Freundschaft.

Für die Christen: Die Wahrheit des Evangeliums

10. Es ist die Aufgabe aller Menschen und aller Völker, den Frieden aufzubauen. Auch sind alle, weil sie Herz und Vernunft besitzen und nach Gottes Bild geschaffen sind, dazu befähigt, sich um jene Wahrheit und Aufrichtigkeit zu bemühen, die den Frieden sichern. Ich lade nun die Christen ein, in dieses gemeinsame Werk den spezifischen Beitrag des Evangeliums einzubringen; denn dieses führt uns hin zu den letzten Quellen der Wahrheit, zum menschgewordenen Wort Gottes.

Das Evangelium stellt deutlich die Verbindung ins Licht, die zwischen der Lüge und der mörderischen Gewalt besteht, wenn Christus sagt: „Jetzt aber sucht ihr mich zu töten, einen Menschen, der euch die Wahrheit verkündet hat, die ich von Gott gehört habe. [...] Ihr vollbringt die Werke eures Vaters. [...] Ihr habt den Teufel zum Vater und ihr wollt das tun, wonach es eurem Vater verlangt. Er war ein Mörder von Anfang an. Und er steht nicht in der Wahrheit, denn es ist keine Wahrheit in ihm. Wenn er lügt, sagt er das, was aus ihm selbst kommt; denn er ist ein Lügner und ist der Vater der Lüge" (Joh 8,40/41/44). Deswegen also konnte ich in Drogheda in Irland so überzeugt sagen, was ich hier wiederhole: „Gewalt ist eine Lüge, denn sie verstößt gegen die Wahrheit unseres Glaubens, gegen die Wahrheit unserer Menschlichkeit ... Glaubt nicht an die Gewalt; unterstützt die Gewalt nicht! Dies ist nicht der christliche Weg. Es ist nicht der Weg der katholischen Kirche. Glaubt an den Frieden und an die Vergebung und Liebe; denn diese gehören zu Christus"[1].

Ja, das Evangelium Christi ist ein Evangelium des Friedens: „Selig, die Frieden stiften; denn sie werden Kinder Gottes genannt werden" (Mt 5,9). Die Triebkraft des Friedens des Evangeliums aber ist die Wahrheit. Jesus offenbart dem Menschen seine volle Wahrheit; er stellt ihn in seiner Wahrheit wieder her, indem er ihn mit Gott, mit sich selber und mit den anderen versöhnt. Die Wahrheit ist die Kraft des Friedens, weil sie die Einheit des Men-

---

[1] *Johannes Paul II.*, Homilie in Drogheda, Irland, am 29. September 1979, entnommen aus: www.vatican.va; [Anm. der Herausgeber: Besagte Homilie war im Volltext nur in englischer, spanischer, französischer, italienischer und portugiesischer Sprache erfasst.]

schen mit Gott, mit sich selber und mit den anderen offenbart und wirkt. Die Wahrheit, die den Frieden bestärkt und ihn aufbaut, schließt wesentlich Vergebung und Versöhnung ein. Vergebung und Versöhnung verweigern bedeutet, uns zu belügen und in die mörderische Logik der Lüge einzutreten.

Schlussappell

11. Ich weiß, dass jeder Mensch guten Willens all dies von seiner persönlichen Erfahrung her verstehen kann, er braucht nur die Stimme in der Tiefe seines Herzens zu hören. Daher lade ich euch alle ein, euch alle, die ihr den Frieden festigen wollt, indem ihr ihm seinen Wahrheitsgehalt zuerkennt, der alle Lügen vertreibt: Nehmt die Mühe des Nachdenkens und des Handelns auf euch, die ich euch für diesen 13. Weltfriedenstag vorlege: Befragt euch nach eurer Bereitschaft zur Vergebung und Versöhnung und setzt dort, wo ihr in Familie, Gesellschaft und Staat Verantwortung tragt, Taten des Verzeihens und der Versöhnung! Ihr werdet so die Wahrheit tun, und die Wahrheit wird euch frei machen. Die Wahrheit wird ungeahnte Einsichten und Energien freisetzen, um dem Weltfrieden eine neue Chance zu geben.

Aus dem Vatikan, am 8. Dezember 1979
Johannes Paul II.

Botschaft seiner Heiligkeit Papst Johannes Paul II.
zur Feier des 14. Weltfriedenstages
1. Januar 1981

Um dem Frieden zu dienen, achte die Freiheit

An euch alle, die ihr am Aufbau des Friedens mitwirkt, an euch, die Verantwortlichen der Nationen, an euch, Brüder und Schwestern, Bürger dieser Welt, an euch, ihr jungen Menschen, die ihr von einer besseren Welt zu träumen wagt!

An euch alle, Männer und Frauen guten Willens, wende ich mich heute, um euch aus Anlass des 14. Weltfriedenstages am 1. Januar 1981 einzuladen, über die Weltlage und das wichtige Anliegen des Friedens nachzudenken. Dazu bringt mich die feste Überzeugung, dass der Frieden sehr wohl möglich ist, dass er aber zugleich eine immer neue Errungenschaft darstellt, einen Wert, der durch stets neue Anstrengung verwirklicht werden muss. Jede Generation erfährt auf neue Weise die ständige Herausforderung des Friedens in der Auseinandersetzung mit den täglichen Lebensproblemen. Ja, Tag für Tag muss das Ideal des Friedens von jedem Einzelnen von uns in konkrete Wirklichkeit übersetzt werden.

Um dem Frieden zu dienen, achte die Freiheit

1. Wenn ich heute als Gegenstand der Reflexion das Thema der Freiheit vorlege, dann schließe ich mich damit der Enzyklika ‚Pacem in terris' von Papst Johannes XXIII. an, der die Freiheit dort als eine der vier Säulen, die das Haus des Friedens tragen, bezeichnet hat. Die Freiheit entspricht einer tiefen Sehnsucht aller Menschen unserer heutigen Welt; das bezeugt unter anderem der häufige Gebrauch dieses Wortes Freiheit, auch wenn es nicht immer im selben Sinne benutzt wird von den Gläubigen und den Atheisten, von den Wissenschaftlern und den Wirtschaftsführern, von den Menschen in einer demokratischen Gesellschaft und von denen unter einem totalitären Regime. Jeder gibt diesem Wort einen besonderen Akzent und manchmal sogar eine grundverschiedene Bedeutung. Wenn wir dem Frieden dienen wollen, müssen wir also verstehen, welches jene wahre Freiheit ist, die zugleich Wurzel und Frucht des Friedens ist.

Verhältnisse, die heute eine neue Besinnung erfordern

2. Der Frieden muss im Rahmen der Wahrheit geschaffen und auf die Gerechtigkeit gegründet werden; er muss von der Liebe beseelt und in Freiheit gelebt werden (vgl. allgemein PT). Ohne eine verbreitete tiefe Achtung der

Freiheit erreicht der Mensch den Frieden nicht. Wir brauchen nur auf die Verhältnisse in unserer eigenen Umgebung zu schauen, um uns davon zu überzeugen. Denn das Panorama, das sich zu Beginn dieser achtziger Jahre unseren Augen bietet, scheint wenig ermutigend zu sein, wenn sich auch so viele Männer und Frauen, einfache Bürger wie auch verantwortliche Führer, mit aller Kraft, manchmal sogar angsterfüllt um den Frieden mühen. Ihre Sehnsucht nach wahrem Frieden wird aber nicht erfüllt, weil die Freiheit fehlt oder beeinträchtigt ist oder in einem zweideutigen und sogar falschen Sinn ausgeübt wird.

Was bedeutet denn die Freiheit von Völkern, deren Existenz, deren Wünsche und Verhaltensweisen von Furcht bestimmt sind anstelle von gegenseitigem Vertrauen, von Unterdrückung anstelle von freier Verwirklichung ihres Gemeinwohls? Die Freiheit ist verletzt, wenn die Beziehungen zwischen den Völkern nicht auf der Achtung der gleichberechtigten Würde eines jeden Einzelnen gründen, sondern auf dem Recht des Stärkeren, auf dem Verhalten von Machtblöcken und auf militärischem oder politischem Imperialismus. Die Freiheit der Völker leidet Schaden, wenn die kleineren Nationen gezwungen sind, sich mit den größeren zu verbünden, um ihr Recht auf Selbständigkeit oder aufs Überleben gesichert zu wissen. Die Freiheit ist verletzt, wenn ein Dialog zwischen gleichberechtigten Partnern aufgrund der ökonomischen oder finanziellen Vorherrschaft, wie sie von bessergestellten und starken Nationen ausgeübt wird, nicht mehr möglich ist.

Und hat der Frieden im Inneren einer Nation, im gesellschaftspolitischen Bereich, eine echte Chance, wenn ein freies Mitwirken an Entscheidungen, welche die Gemeinschaft betreffen, oder die freie Ausübung der Rechte des Einzelnen nicht garantiert sind? Es gibt keine wahre Freiheit, die das Fundament des Friedens ist, wo alle Macht in den Händen einer einzigen sozialen Klasse, einer Rasse oder einer Gruppe allein konzentriert ist, oder wo das Gemeinwohl mit den Interessen einer einzigen Partei verwechselt wird, die sich mit dem Staat gleichsetzt. Es gibt keine wahre Freiheit, wenn die Freiheitsrechte der Einzelpersonen durch ein Kollektiv vereinnahmt werden, indem man „dem Menschen und dem von einzelnen und der Allgemeinheit Erstellten jeden transzendenten Rang abspr[icht]“ (OA 26). Die wahre Freiheit fehlt gleichermaßen, wenn die verschiedenen Formen einer theoretisch vertretenen herrschaftsfreien Gesellschaft dazu führen, jegliche Autorität zurückzuweisen oder ständig infrage zu stellen, und in ihrer extremen Spielart zu politisch motiviertem Terrorismus und zu blindwütenden Gewalttätigkeiten, ob spontan oder organisiert, ausarten. Es handelt sich nicht mehr um wahre Freiheit, wenn die innere Sicherheit des Staates zur einzigen und obersten Norm für die Beziehungen zwischen der politischen Autorität und den Bürgern erhoben wird, als wenn sie das alleinige oder hauptsächliche

Mittel zur Erhaltung des inneren Friedens darstellte. Man kann in diesem Zusammenhang nicht die Augen verschließen vor dem Problem einer systematischen oder selektiven Unterdrückung, begleitet von Morden und Torturen, von Entführung und Verbannung, deren Opfer so viele Menschen werden, darunter Bischöfe, Priester, Ordensleute und Laienchristen, die sich für den Dienst am Nächsten einsetzen.

3. Im sozialen Bereich kann man schwerlich jene Männer und Frauen als wirklich frei bezeichnen, die keine Sicherheit für eine anerkannte und gerecht entlohnte Arbeit haben oder die, wie es in so vielen Dörfern auf dem Lande vorkommt, immer noch so mancher Form von bedauerlicher Versklavung unterworfen sind, zuweilen Erbe einer Vergangenheit in Abhängigkeit oder einer kolonialen Mentalität. Andererseits gibt es auch keine ausreichende Freiheit für diejenigen, die sich infolge einer unkontrollierten Entwicklung der Industrie, der Städte oder der Bürokratie in einem gigantischen Räderwerk gefangen sehen, in einem System von Mechanismen, die sie nicht gewollt haben oder noch nicht beherrschen und die keinen genügenden Raum mehr lassen für eine menschenwürdige soziale Entwicklung. Die Freiheit ist darüber hinaus, mehr als es scheinen mag, eingeschränkt in einer Gesellschaft, die sich vom Dogma eines unbegrenzten materiellen Fortschritts, vom Besitzstreben oder vom Rüstungswettlauf bestimmen lässt. Die gegenwärtige Wirtschaftskrise, die alle Gesellschaften trifft, droht, wenn sie nicht im Zusammenhang mit den Grundsätzen einer anderen Ordnung gesehen wird, solche Maßnahmen auszulösen, die jenen Freiheitsraum noch mehr einschränken werden, dessen der Friede bedarf, um aufzublühen und zu reifen.

Auch auf geistiger Ebene kann die Freiheit vielfältige Manipulationen erleiden. Dies ist der Fall, wenn die sozialen Kommunikationsmittel ihre Macht missbrauchen, ohne sich um strenge Objektivität zu kümmern. Das trifft ferner zu, wenn psychologische Mittel ohne Rücksicht auf die Würde der Person eingesetzt werden. Ferner ist die Freiheit sehr unvollständig oder nur schwer auszuüben für Männer, Frauen und Jugendliche, deren Analphabetismus eine Art von ständiger Versklavung darstellt in einer Gesellschaft, die Kultur voraussetzt.

An der Schwelle des Jahres 1981, das von den Vereinten Nationen zum Jahr des behinderten Menschen erklärt worden ist, müssen schließlich in diesen Überblick auch unsere Brüder und Schwestern eingeschlossen werden, die körperlich oder geistig behindert sind. Ist sich unsere Gesellschaft ihrer Verpflichtung genügend bewusst, solche Mittel zur Verfügung zu stellen, die es den Behinderten gestatten, leichter am gesellschaftlichen Leben teilzunehmen und auch Zugang zu einer menschlichen Entwicklung zu haben, die ihren Personenrechten sowie ihren Anliegen in würdiger Weise entspricht?

Ermutigende Bemühungen und lobenswerte Verwirklichungen

4. Neben diesen typischen Beispielen von Behinderung der rechten Entfaltung der Freiheit durch mehr oder weniger schwerwiegende Umstände, die aber geändert werden könnten, gibt es indes auch eine andere, positive Seite im Bild der Welt von heute auf ihrer Suche nach Frieden in Freiheit. Es gibt ungezählte Männer und Frauen, die an dieses Ideal glauben, die sich einsetzen, um mit ihrer Freiheit dem Frieden zu dienen, ihn zu achten, zu fördern, zu fordern und zu verteidigen, und die zu den Anstrengungen und Opfern bereit sind, welche dieser Einsatz verlangt. Ich denke an die Staats- und Regierungschefs, die Politiker, die Verantwortlichen im internationalen und gesellschaftlichen Leben auf allen Ebenen, die sich bemühen, die feierlich verkündeten Freiheiten allen zugänglich zu machen. Ich denke an all jene, die aus dem Wissen, dass Freiheit unteilbar ist, im Wechsel der Situationen unbeirrbar auf neue Freiheitsverletzungen im persönlichen, familiären, kulturellen, sozio-ökonomischen und politischen Leben in aller Objektivität aufmerksam machen. Ich denke an die Männer und Frauen überall auf der Erde, die sich für eine Solidarität über alle Grenzen hinweg begeistert haben und für die es unmöglich ist, in einer weltweit gewordenen Zivilisation ihre eigene Freiheit von jener Freiheit zu trennen, um deren Erlangung oder Bewahrung ihre Brüder und Schwestern auf anderen Kontinenten ringen. Ich denke besonders an die Jugendlichen, die daran glauben, dass man nur dann wahrhaft frei wird, wenn man sich um dieselbe Freiheit für die anderen bemüht.

Die Verwurzelung der Freiheit im Menschen

5. Die Freiheit ist im Wesentlichen dem Menschen eingeschrieben, sie gehört wesenhaft zur menschlichen Person und ist Merkmal seiner Natur. Denn die Freiheit der Person gründet in ihrer transzendenten Würde, die ihr von Gott, ihrem Schöpfer, gegeben wurde und die sie auf Gott hin ausrichtet. Aufgrund seiner Gottebenbildlichkeit (vgl. Gen 1,27) gehört zum Menschen untrennbar die Freiheit, und keine Gewalt, kein Zwang von außen kann sie je aufheben; sie ist sein Grundrecht. Das gilt für den Menschen als Individuum wie als Glied der Gesellschaft. Der Mensch ist frei, weil er das Vermögen besitzt, sich im Licht des Wahren und des Guten zu entscheiden. Er ist frei, weil er die Fähigkeit der Wahl besitzt, „personal, von innen her bewegt und geführt und nicht unter blindem inneren Drang oder unter bloßem äußeren Zwang“ (GS 17). Frei sein, das heißt: Wählen können und wollen; frei sein heißt, nach seinem Gewissen leben.

Die Förderung freier Menschen in einer freien Gesellschaft

6. Der Mensch muss folglich die Möglichkeit haben, seine Entscheidungen im Hinblick auf die von ihm bejahten Werte zu fällen. Das ist seine Verant-

wortung, und Sache der Gesellschaft ist es, diese Freiheit unter Berücksichtigung des Gemeinwohls zu fördern.

Der erste und grundlegende dieser Werte ist stets die Beziehung zu Gott, die sich in den religiösen Überzeugungen ausdrückt. So wird die Religionsfreiheit zur Grundlage der anderen Freiheiten. Im Hinblick auf das Madrider Treffen für Sicherheit und Zusammenarbeit in Europa konnte ich wiederholen, was ich seit Beginn meines Dienstes immer wieder betone: „Die Gewissens- und Religionsfreiheit … ist … ein ursprüngliches und unveräußerliches Recht der Person; mehr noch: insoweit sie den innersten Kern alles Geistigen betrifft, kann man sogar sagen, dass sie die in jeder Person tief verankerte Begründung der anderen Freiheiten darstellt"[1].

Die verschiedenen verantwortlichen Stellen in der Gesellschaft müssen die Ausübung der wahren Freiheit in all ihren Äußerungen ermöglichen. Sie müssen bemüht sein, jedem Mann und jeder Frau die Möglichkeit einer vollen Selbstverwirklichung zu sichern. Sie müssen ihm einen rechtlich geschützten Freiraum zuerkennen, damit er als Einzelner und auch in Gemeinschaft nach dem Anspruch seines Gewissens leben kann. Auf eine solche Freiheit berufen sich ja auch die wichtigsten internationalen Erklärungen und Verträge wie die Allgemeine Erklärung der Menschenrechte und die diesbezüglichen internationalen Konventionen und ebenso die große Mehrheit der einzelnen Verfassungen. Das ist auch nicht mehr als gerecht; denn als Mandatsträger seiner Bürger muss der Staat die grundlegenden Rechte der Person nicht nur anerkennen, sondern auch schützen und fördern. Er wird diese positive Rolle wahrnehmen unter Beachtung der Gesetze und in Ausrichtung auf das Gemeinwohl nach den Forderungen des Sittengesetzes. Die frei gebildeten gesellschaftlichen Gruppen im Zwischenbereich werden auf ihre Weise ebenfalls zum Schutz und zur Förderung der Freiheiten beitragen. Diese hohe Aufgabe stellt sich allen aktiven Kräften der Gesellschaft.

7. Doch ist die Freiheit nicht nur ein Recht, das man für sich selbst beansprucht; sie ist auch eine Pflicht, die man anderen gegenüber auf sich nimmt. Um wahrhaft dem Frieden zu dienen, muss die Freiheit jedes Menschen und jeder menschlichen Gemeinschaft die Freiheit und das Recht der anderen Menschen und Gemeinschaften achten. Darin findet sie ihre Begrenzung, aber auch ihre innere Logik und Würde. Denn der Mensch ist von Natur aus auf Gemeinschaft angelegt. Manche Formen von Freiheit verdienen diesen Na-

---

[1] *Johannes Paul II.*, Botschaft an die Staatsoberhäupter der Teilnehmerstaaten der Schlussakte von Helsinki vom 1. September 1980, entnommen aus: www.vatican.va; [Anm. der Herausgeber: Besagte Botschaft war im Volltext nur in englischer, spanischer, französischer, italienischer und portugiesischer Sprache erfasst.]

men nicht; die Freiheit muss wachsam verteidigt werden vor den verschiedensten Zerrbildern. So kann die Konsumgesellschaft in ihrem Überfluss an nicht notwendigen Gütern in einem gewissen Sinn einen Missbrauch der Freiheit darstellen, wenn das immer unersättlichere Verlangen nach Gütern nicht dem Gesetz der Gerechtigkeit und der sozialen Liebe untergeordnet ist. Eine solche Konsumpraxis beschneidet nämlich die Freiheit der anderen; ja, aus der Sicht der internationalen Solidarität beeinträchtigt sie sogar das Leben ganzer Gesellschaften, die nicht über das Minimum verfügen, das sie für ihre Grundbedürfnisse brauchten. Zonen extremen Elends auf dieser Erde, Hunger und Unterernährung sind ernste Fragen an jene Länder, die sich frei entwickelt haben, ohne die zu beachten, welche oft nicht das Minimum hatten, – und manchmal vielleicht auf deren Kosten. Ja, auch in den reichen Ländern selbst ist das ungezügelte Streben nach materiellen Gütern und allen möglichen Annehmlichkeiten für deren Nutznießer nur scheinbar freiheitsfordernd, weil es den materiellen Besitz als entscheidenden menschlichen Wert hinstellt, anstatt dass ein gewisser materieller Wohlstand nur als Voraussetzung und Mittel für die volle Entfaltung der Anlagen des Menschen – in Zusammenarbeit und Harmonie mit seinen Mitmenschen – angesehen wird.

In gleicher Weise verwehrt eine rein materialistisch begründete Gesellschaft dem Menschen die Freiheit, wenn sie die individuellen Freiheiten dem Primat der Wirtschaft unterordnet, wenn sie im Namen einer falschen ideologischen Vereinheitlichung die geistig schöpferische Kraft des Menschen unterdrückt, wenn sie die Ausübung des Rechtes auf Zusammenschluss verweigert, wenn sie die Möglichkeit, das öffentliche Leben mitzugestalten, praktisch auf ein Nichts reduziert oder wenn sie auf diesem Gebiet so handelt, dass Individualismus und passive Distanz im bürgerlichen und sozialen Leben zur allgemeinen Haltung werden. Schließlich ist zu sagen, dass die wahre Freiheit auch in der permissiven Gesellschaft nicht gefördert wird, welche die Freiheit mit der Erlaubnis zur Willkür verwechselt und im Namen der Freiheit eine Art von allgemeiner Sittenlosigkeit verkündet. Die Behauptung, der Mensch sei frei, sein Leben unabhängig von sittlichen Werten zu gestalten, und die Gesellschaft brauche diese Werte nicht zu schützen und zu fördern, ist eine Karikatur der Freiheit. Eine solche Haltung zerstört Freiheit und Frieden. Es gibt zahlreiche Beispiele für diese irrige Auffassung von Freiheit, so die Vernichtung von Menschenleben durch geduldete oder legalisierte Abtreibung.

Die Förderung freier Völker in einer freien Welt

8. Die Achtung der Freiheit der Völker und Nationen ist ein wesentlicher Bestandteil des Friedens. Es sind immer wieder Kriege ausgebrochen, und ganze Völker und Kulturen sind der Zerstörung anheimgefallen, weil die Souverä-

nität eines Volkes oder einer Nation nicht geachtet worden ist. Alle Kontinente sind Zeugen und Opfer mörderischer Bruderkriege und Kämpfe gewesen, die durch den Versuch einer Nation, die Autonomie einer anderen zu beschränken, hervorgerufen wurden. Man kann sich sogar fragen, ob der Krieg nicht eine normale Gegebenheit unserer Zivilisation zu werden – oder zu bleiben – droht mit begrenzten bewaffneten Konflikten, die sich lange hinziehen, ohne dass sich die öffentliche Meinung darüber empört, oder mit einer Kette von Bürgerkriegen. Die direkten und indirekten Gründe dafür sind vielfältig und komplex: Territorialer Expansionismus, ideologischer Imperialismus, für dessen Erfolg man Waffen anhäuft, die die totale Vernichtung herbeiführen können, ferner fortgesetzte wirtschaftliche Ausbeutung, Überbetonung territorialer Sicherheit, ethnische Unterschiede, die durch den Waffenhandel ausgenutzt werden, und vieles andere mehr. Was auch immer der Grund sein mag, diese Kriege enthalten in sich Unrecht, Menschenverachtung oder Hass und beeinträchtigen die Freiheit. Ich habe dies im vergangenen Jahr vor der Generalversammlung der Vereinten Nationen unterstrichen: „Die Kriegslust in ihrer ursprünglichen, grundlegenden Bedeutung keimt und reift dort, wo die unveräußerlichen Menschenrechte verletzt werden. Das ist eine neue Sicht der Sache des Friedens, zutiefst aktuell und zugleich wesentlicher und radikaler. Es ist eine Sicht, die das Entstehen des Krieges und in gewissem Sinne auch seine Substanz in allen möglichen Formen der Ungerechtigkeit unter ihren verschiedensten Aspekten erblickt; diese greift zunächst die Menschenrechte an und zerreißt dadurch die organische Einheit der sozialen Ordnung und erschüttert schließlich das gesamte Gefüge der internationalen Beziehungen.“[2]

9. Ohne den Willen, die Freiheit jedes Volkes, jeder Nation oder Kultur zu achten, und ohne einen diesbezüglichen weltweiten Konsens wird es schwierig sein, die Voraussetzungen für den Frieden zu schaffen. Dennoch muss man den Mut haben, sie in Angriff zu nehmen. Dies verlangt von jeder Nation und ihren Regierungen den bewussten und öffentlichen Verzicht auf Ansprüche und Ziele, die die anderen Nationen beeinträchtigen, das heißt den Verzicht auf die Billigung jeglicher Doktrin nationaler oder kultureller Vorherrschaft. Ebenso muss man bereit sein, die inneren Entwicklungen der anderen Nationen zu achten, ihre Personalität inmitten der Menschheitsfamilie anzuerkennen und somit jede Art von Politik zu überprüfen und zu korrigieren, die praktisch eine Einmischung oder eine Ausbeutung im wirtschaftlichen, sozialen oder kulturellen Bereich bedeuten könnte. In diesem Zusam-

---

[2] *Johannes Paul II.*, Ansprache an die Vollversammlung der Vereinten Nationen in New York am 2. Oktober 1979, entnommen aus: www.vatican.va.

menhang möchte ich dafür plädieren, dass die Völkergemeinschaft sich noch mehr darum bemüht, jungen Nationen oder Entwicklungsländern zu helfen, die volle Verfügung über ihre eigenen Naturschätze und auf dem Gebiet der Ernährung und der wesentlichen Lebensbedürfnisse Autonomie zu erlangen. Ich bitte die reichen Länder, ihre Hilfe vor allem auf das vordringliche Anliegen zu richten, das extreme Elend wirksam zu beheben.

Die entsprechende Überarbeitung der rechtlichen Mittel ist von Bedeutung für die Verbesserung der Beziehungen zwischen den Nationen. Um die Freiheit zu schützen, ist es wichtig, auch zur Kodifizierung jener konkreten Schlussfolgerungen beizutragen, die sich aus der Allgemeinen Erklärung der Menschenrechte ergeben. In die Achtung der Identität der Völker möchte ich besonders auch das Recht eines jeden Volkes einschließen, seine religiösen Traditionen im eigenen Land und durch die anderen Nationen respektiert zu sehen, sowie das Recht, sich im Bereich der Religion, der Kultur, der Wissenschaft und der Erziehung am freien Austausch zu beteiligen.

In einem Klima des Vertrauens und der Verantwortung

10. Die beste Garantie für die Freiheit und ihre volle Verwirklichung liegt in der Verantwortung der Menschen und Völker, in den Anstrengungen, welche die Einzelnen in ihrem jeweiligen Bereich, in ihrer unmittelbaren Umgebung, auf nationaler und internationaler Ebene konkret unternehmen. Denn die Freiheit ist nicht einfach gegeben. Sie muss ununterbrochen neu erworben werden. Sie ist verbunden mit dem Bewusstsein um die Verantwortung, die einem jeden obliegt. Man macht die Menschen nicht frei, ohne sie gleichzeitig aufgeschlossener und verantwortungsbewusster für die Belange des Gemeinwohls zu machen.

Es ist notwendig, dafür ein Klima gegenseitigen Vertrauens zu schaffen und zu festigen, ohne dass die Freiheit sich nicht entfalten kann. Es ist allen offenkundig, dass dies die unerlässliche Voraussetzung für einen wahren Frieden und dessen erste Ausdrucksform ist. Aber auch das Vertrauen ist wie die Freiheit und der Frieden nicht einfach gegeben: Es muss erworben, es muss verdient werden. Wenn der einzelne Mensch seine Verantwortung für das Gemeinwohl nicht wahrnimmt und eine Nation sich für das Geschick der Welt nicht mitverantwortlich fühlt, ist das Vertrauen kompromittiert; erst recht, wenn man die anderen nur für seine eigenen egoistischen Ziele missbraucht oder wenn man einfach Praktiken verfolgt, die darauf abzielen, die eigenen Interessen über die legitimen Interessen der anderen zu stellen. Nur das Vertrauen, das man sich durch konkreten Einsatz für das Gemeinwohl erworben hat, kann zwischen den Menschen und den Nationen die Achtung der Freiheit ermöglichen, die ein Dienst am Frieden ist.

Die Freiheit der Kinder Gottes

11. Gestattet mir, dass ich mich abschließend noch eingehender an diejenigen wende, die mit mir im Glauben an Christus verbunden sind. Der Mensch kann nicht wirklich frei sein noch die wahre Freiheit fördern, wenn er nicht die Transzendenz seines Seins über die Welt hinaus und seine Beziehung zu Gott anerkennt und lebt; denn die Freiheit ist immer die des Menschen, der nach dem Bild seines Schöpfers geschaffen ist. Der Christ findet im Evangelium eine Bestätigung und Vertiefung dieser Überzeugung. Christus, der Erlöser des Menschen, macht frei. „Wenn euch also der Sohn befreit, dann seid ihr wirklich frei" (Joh 8,36), sagt der Apostel Johannes. Und der Apostel Paulus fügt hinzu: „[W]o aber der Geist des Herrn ist, da ist Freiheit" (2 Kor 3,17). Frei sein von Ungerechtigkeit, von Furcht, von Zwang, von Leid würde nichts nützen, wenn man in der Tiefe des Herzens ein Sklave, ein Sklave der Sünde bleiben würde. Um wirklich frei zu sein, muss der Mensch von dieser Versklavung befreit und in eine neue Kreatur verwandelt werden. Die radikale Freiheit des Menschen hat ihren Raum im innersten Kern des Menschen, dort wo er sich in der Bekehrung des Herzens für Gott öffnet; denn im Herzen des Menschen liegen die Wurzeln aller Zwänge, aller Verletzungen der Freiheit. Schließlich kommt für den Christen die Freiheit nicht vom Menschen selbst: Sie zeigt sich im Gehorsam gegenüber dem Willen Gottes und in der Treue zu seiner Liebe. Hier findet der Jünger Christi die Kraft, um für die Freiheit in der Welt zu kämpfen. Angesichts der Schwierigkeiten dieser Aufgabe lässt er sich nicht zu Untätigkeit oder Mutlosigkeit verleiten; denn er setzt seine Hoffnung auf Gott, der unterstützt und fruchtbar macht, was immer in seinem Geist getan wird.

Die Freiheit ist das Maß der Reife eines Menschen und einer Nation. Somit kann ich meine Botschaft nicht beenden, ohne noch einmal den eindringlichen Aufruf zu wiederholen, den ich schon am Anfang an euch gerichtet habe: Wie der Frieden ist auch die Freiheit eine Anstrengung, die man immer wieder neu unternehmen muss, um dem Menschen sein volles Menschsein zu geben. Erwarten wir nicht den Frieden vom Gleichgewicht des Schreckens! Nehmen wir die Gewalt nicht als einen Weg zum Frieden! Beginnen wir vielmehr damit, die wahre Freiheit zu respektieren: Der Frieden, der daraus erwächst, wird imstande sein, die Erwartung der Welt zu erfüllen; denn er wird gerecht sein und sich auf die unvergleichliche Würde des freien Menschen gründen.

Aus dem Vatikan, am 8. Dezember 1980
Johannes Paul II.

Botschaft seiner Heiligkeit Papst Johannes Paul II.
zur Feier des 15. Weltfriedenstages
1. Januar 1982

Frieden: Gottes Geschenk, den Menschen anvertraut

An euch Jugendliche, die ihr morgen die großen Entscheidungen dieser Welt treffen werdet, an euch Männer und Frauen, die ihr heute Verantwortung für das Leben der Gesellschaft habt,
an die Familien und Erzieher,
an die Einzelnen und an Gemeinschaften,
an die Staatsoberhäupter und Regierungen,
an euch alle richte ich diese Botschaft zu Beginn des Jahres 1982. Ich lade euch ein, zusammen mit mir über das Thema dieses neuen Weltfriedenstages nachzudenken: Frieden, Gottes Geschenk, den Menschen anvertraut. Diese Wahrheit stellt sich uns immer dann vor Augen, wenn wir unseren persönlichen Einsatz bestimmen und Entscheidungen hierzu treffen wollen. Diese Wahrheit spricht die ganze Menschheit an, alle Männer und Frauen, die sich füreinander und alle gemeinsam für die Welt verantwortlich wissen.

1. Schon am Ende des ersten Weltkrieges hat mein Vorgänger Papst Benedikt XV. diesem Thema eine Enzyklika gewidmet. Erfreut über die Einstellung der Kämpfe, hielt er es jedoch für unbedingt notwendig, Hass und Feindschaft in einer von gegenseitiger Liebe beseelten Versöhnung zu überwinden. Darum begann er seine Enzyklika mit folgenden Worten: „Frieden, dieses herrliche Gottesgeschenk, das, wie Augustinus sagt, ‚unter den vergänglichen Gütern dieser Erde das feinste ist, von dem man sprechen, das Ersehnteste, das man sich wünschen, das Beste, das man finden kann'" (PDM 1)[1].

Friedensbemühungen in einer zerrissenen Welt
2. Seitdem mussten meine Vorgänger diese Wahrheit oft in Erinnerung rufen bei ihrem stetigen Bemühen, zum Frieden zu erziehen und zu ermutigen, für einen dauerhaften Frieden zu arbeiten. Heute ist der Frieden in der ganzen Welt eine vorrangige Sorge geworden, und dies nicht nur für jene, die für das Geschick der Völker Verantwortung tragen, sondern vor allem für weite Teile der Bevölkerung und unzählige einzelne Menschen, die es sich hochherzig und unbeirrbar zur Aufgabe stellen, eine Friedensmentalität zu schaffen

[1] [Anm. der Herausgeber: Besagte Enzyklika war im Volltext nur in englischer, spanischer, italienischer und lateinischer Sprache erfasst.]

und zwischen den Völkern und Nationen einen wahrhaften Frieden zu errichten. Dies ist gewiss eine ermutigende Tatsache. Aber es lässt sich nicht verbergen, dass trotz der Anstrengungen, die von allen Männern und Frauen guten Willens unternommen werden, weiterhin schwere Bedrohungen über dem Frieden in der Welt liegen. Darunter finden sich einige in Form von Streitigkeiten im Inneren mehrerer Nationen; andere entstammen den tiefreichenden und starken Spannungen zwischen den Nationen und den einander entgegengesetzten Machtblöcken innerhalb der Weltgemeinschaft.

Die verschiedenen Frontstellungen, deren Zeugen wir heute sind, unterscheiden sich gewiss von jenen, die wir aus der Geschichte kennen, durch einige neue Merkmale. Zunächst nimmt man ihren globalen Charakter wahr: Selbst ein örtlich begrenzter Konflikt ist häufig Ausdruck von Spannungen, die anderswo in der Welt ihren Ursprung haben. Ebenso geschieht es oft, dass sich ein Konflikt noch weiter entfernt vom Ort seines Ausbruchs tief auswirkt. Weiterhin kann man von einem totalen Charakter sprechen: Die heutigen Spannungen mobilisieren alle Kräfte der Völker; außerdem finden die Suche nach dem eigenen Profit und sogar die feindselige Gesinnung selbst heute ihren Ausdruck ebenso in der Führung des ökonomischen Lebens oder in der technischen Anwendung der Wissenschaften wie auch im Gebrauch der Massenmedien oder im militärischen Bereich. Schließlich muss man den radikalen Charakter hervorheben: Der Einsatz bei diesen Konflikten ist das Überleben der gesamten Menschheit wegen der ungeheuren Zerstörungsgewalt der heutigen Waffenarsenale.

Während viele Faktoren die Einheit der Menschheitsfamilie fördern könnten, erscheint diese somit als eine zerrissene Welt, in der die Aufspaltungen in Ost und West, in Nord und Süd, in Freund und Feind stärker sind als die einigenden Kräfte.

Ein Grundproblem

3. Die Ursachen dieser Situation sind selbstverständlich vielfältig und liegen in unterschiedlichen Bereichen. Die politischen Ursachen sind natürlich leichter zu erkennen. Einzelne Gruppen missbrauchen ihre Macht, um ganze Völker zu beherrschen. Getrieben vom ungezügelten Verlangen nach Ausdehnung, gelangen bestimmte Nationen dahin, ihren Wohlstand ohne Rücksicht, das heißt auf Kosten des Glücks der anderen, aufzubauen. Ein zügelloser Nationalismus lässt so Pläne für eine Vorherrschaft entstehen, in deren Rahmen die Beziehungen zu den anderen Nationen als eine unerbittliche Alternative erscheinen: Entweder Unterwerfung und Abhängigkeit oder Konkurrenzkampf und Feindseligkeit. Eine tief erreichende Analyse enthüllt als Ursache dieser Situation die Anwendung gewisser geistiger Konzepte und Ideologien, die den Anspruch erheben, das einziggültige Fundament der

Wahrheit über den Menschen, sein soziales Leben und seine Geschichte zu bieten.

Vor dem Dilemma Krieg oder Frieden sieht sich der Mensch also konfrontiert mit sich selbst, seinem Wesen, dem Entwurf seines persönlichen wie gemeinschaftlichen Lebens, dem Umgang mit seiner Freiheit. Sollen die Beziehungen zwischen den Menschen wirklich unerbittlich verlaufen im Zeichen von Unverständnis und gnadenlosem Gegeneinander aufgrund irgendeiner schicksalhaften Gesetzmäßigkeit menschlicher Existenz? Oder haben die Menschen nicht vielmehr die besondere Berufung – im Unterschied zu den Tieren, die sich untereinander nach dem Gesetz des Dschungels bekämpfen – und die grundsätzliche Möglichkeit, mit ihresgleichen in friedlichen Beziehungen zu leben und sich miteinander an der Gestaltung von Kultur, Gesellschaft und Geschichte zu beteiligen? Wenn der Mensch sich die Frage nach dem Frieden stellt, führt ihn dies letztlich zur Frage nach dem Sinn und den Bedingungen seiner eigenen Existenz als Einzelner und in Gemeinschaft.

Der Frieden, ein Geschenk Gottes

4. Der Frieden ist nicht so sehr ein oberflächlicher Ausgleich unterschiedlicher materieller Interessen, der damit in den Bereich der Quantität, der Sachen, gehörte, sondern im Kern seiner Wirklichkeit vielmehr ein Wert aus dem wesentlich menschlichen Bereich, nämlich des Menschen selbst, und darum von geistiger, sittlicher Art, eine Frucht aus Wahrheit und Tugend. Der Frieden entsteht aus dem Zusammenwirken von Menschen mit freiem Willen, die durch ihren Verstand auf das Gemeinwohl hingelenkt werden, das in Wahrheit, Gerechtigkeit und Liebe erreicht werden soll. Diese geistige, sittliche Ordnung stützt sich gerade auf die Gewissensentscheidung von Menschen, den Einklang ihrer wechselseitigen Beziehungen zu suchen, und dies unter Beachtung der Gerechtigkeit für alle und darum auch der grundlegenden Menschenrechte, die mit jeder Person zutiefst verbunden sind. Es ist nicht ersichtlich, wie eine solche moralische Ordnung von Gott absehen könnte, dem Urquell des Seins, der grundlegenden Wahrheit und dem höchsten Gut. Schon in diesem Sinne kommt der Frieden von Gott als seinem Fundament: Er ist ein Geschenk Gottes. Indem sich der Mensch die Reichtümer und Güter des Universums kraft seiner geistigen Begabung erarbeitet und aneignet – und gerade um ihretwegen sind oft Konflikte und Kriege entstanden –, „steht der Mensch vor der Tatsache, dass er zuallererst vonseiten der Natur und letzten Endes *vonseiten des Schöpfers beschenkt* wird" (LE 12). Gott ist aber nicht nur derjenige, der den Menschen die Schöpfung anvertraut, damit sie diese in solidarischer Weise verwalten und entwickeln, zum Besten aller Menschen ohne Diskrimination; er ist auch derjenige, der

dem Gewissen des Menschen jene Gesetze einprägt, welche ihn verpflichten, auf vielfältige Art und Weise das Leben und die ganze Person seines Nächsten zu achten, der ja wie er selbst als Bild und Gleichnis Gottes geschaffen ist, so dass damit Gott alle diese grundlegenden Menschenrechte garantiert. Ja, Gott ist wirklich die Quelle des Friedens: Er ruft zum Frieden auf und garantiert ihn zugleich; er schenkt ihn als Frucht der Gerechtigkeit.

Darüber hinaus hilft Gott den Menschen, den Frieden zu verwirklichen oder ihn wiederzugewinnen. Denn der Mensch in seiner begrenzten Existenz, dem Irrtum und dem Bösen unterworfen, geht gleichsam nur tastend und mit vielen Schwierigkeiten auf die Suche nach dem Gut des Friedens. Sein Geist ist von Scheinwahrheiten verdunkelt, von falschen Gütern angezogen, von irrationalen und egoistischen Instinkten in die Irre geleitet. Von daher ergibt sich für ihn die Notwendigkeit, sich dem alles überragenden Licht Gottes zu öffnen, das in sein Leben hereinstrahlt, es vom Irrtum reinigt und von aggressiven Leidenschaften befreit. Gott ist dem Herzen des Menschen nicht fern, der ihn um etwas bittet und die Gerechtigkeit zu erfüllen sucht; in einem stetigen, in Freiheit geführten Dialog zeigt Gott dem Menschen das Gut des Friedens als die Fülle der Lebensgemeinschaft mit ihm selbst und mit den Brüdern. In der Bibel begegnet das Wort Frieden häufig im Zusammenhang mit der Vorstellung von Wohlsein, Harmonie, Glück, Sicherheit, Eintracht, Heil, Gerechtigkeit sowie als das höchste Gut, das Gott, „[d]er Herr des Friedens“ (2 Thess 3,16) bereits jetzt schenkt und in seiner Fülle verheißt: „[W]ie einen Strom leite ich den Frieden zu ihr [zur Stadt Jerusalem]“ (Jes 66,12).

Das Geschenk Gottes, den Menschen anvertraut

5. Wenn der Frieden ein Geschenk ist, so ist doch der Mensch keineswegs von der Verantwortung befreit, ihn zu suchen und sich zu allen Zeiten seiner Geschichte darum zu bemühen, ihn durch persönliche und gemeinschaftliche Anstrengungen zu erreichen. Der von Gott geschenkte Frieden ist daher immer auch eine Errungenschaft und Verwirklichung des Menschen; denn er wird ihm gegeben, um frei angenommen und durch seine schöpferischen Willensentscheidungen Schritt für Schritt verwirklicht werden. In ihrer Liebe zum Menschen lässt die göttliche Vorsehung diesen ihrerseits niemals im Stich, sondern drängt und führt ihn, selbst in den dunkelsten Stunden der Geschichte, in geheimnisvoller Weise auf den Weg des Friedens zurück. Gerade die Schwierigkeiten, Enttäuschungen und Tragödien in Vergangenheit und Gegenwart müssen als Lehren der Vorsehung betrachtet werden; und dem Menschen kommt es zu, daraus die nötige Weisheit zu ziehen, um neue, rationalere und mutigere Wege zum Aufbau des Friedens zu erschließen. Der Bezug auf die Wahrheit Gottes gibt dem Menschen das Ideal und die not-

wendigen Energien, um ungerechte Situationen zu überwinden, sich von Ideologien der Macht und Vorherrschaft zu befreien und den gemeinsamen Weg zur wahren universellen Brüderlichkeit aufzunehmen. In der Treue zu Christus, der das Evangelium des Friedens verkündet und den Herzen Frieden geschenkt hat, indem er sie mit Gott versöhnte, haben die Christen – wie ich im letzten Teil dieser Botschaft weiter ausführen werde – noch entscheidendere Gründe, den Frieden als ein Geschenk Gottes zu betrachten und zugleich mutig zu seiner Errichtung in dieser Welt beizutragen, und dies in gleichem Maße, wie sie seine höchste Vollendung im Reiche Gottes ersehnen. Sie wissen sich dabei eingeladen, ihre Anstrengungen mit den Bemühungen der Gläubigen anderer Religionen zu vereinen, die unermüdlich Hass und Krieg anprangern und sich von unterschiedlichen Zugängen her für Gerechtigkeit und Frieden einsetzen.

Es war wichtig, zunächst diese hoffnungsvolle Vision der Menschheit auf den Frieden hin in ihren natürlichen Grundlagen zu betrachten und dabei die moralische Verantwortung als Antwort auf das Geschenk Gottes hervorzuheben. Dies alles erhellt und motiviert das Handeln der Menschen im Bereich der Information, der Studien und des praktischen Einsatzes zugunsten des Friedens, drei Bereiche, die ich nun mit einigen Beispielen veranschaulichen möchte.

Information

6. Der Weltfrieden hängt in einem gewissen Maß von einer besseren Kenntnis ab, die die Menschen und Völker voneinander haben sollten. Diese Kenntnis ist natürlich bedingt durch die Information und deren Qualität. Wer mit Liebe und Achtung vor dem Mitmenschen die Wahrheit sucht und verkündet, tut ein Werk des Friedens. Das Gleiche tun alle, die sich darum bemühen, Interesse zu wecken für die Werte der verschiedenen Kulturen, für das Eigenwesen der einzelnen Nationen, für den Reichtum an menschlichen Werten in jedem Volk. Ein Werk des Friedens tun ferner jene, welche durch ihre Informationen weite Entfernungen überbrücken, so dass wir uns wirklich mitbetroffen fühlen vom Schicksal der Männer und Frauen, die weit entfernt von uns Opfer von Krieg oder Unrecht sind. Gewiss könnte eine Überhäufung mit solchen Informationen, vor allem wenn sie von Katastrophen berichten, für die uns jedes Fassungsvermögen fehlt, zu Gleichgültigkeit und Abgestumpftheit bei demjenigen führen, der bloßer Zuschauer bleibt, ohne jemals eine ihm mögliche Initiative zu ergreifen. Aber an sich ist die Rolle der Massenmedien hierbei durchaus positiv: Fortan ist jeder von uns aufgefordert, für alle seine Menschenbrüder der Nächste zu werden (vgl. Lk 10,29–37).

Gute Information hat auch einen direkten Einfluss auf die Erziehung und politische Willensbildung. Wenn man will, dass die Jugendlichen für Friedensfragen aufgeschlossen sind und sich darauf vorbereiten, am Aufbau des Friedens mitzuwirken, müssen die Erziehungsprogramme der Information über die konkreten Situationen, wo der Frieden bedroht ist, und über die notwendigen Voraussetzungen zu seiner Förderung unbedingt einen bevorzugten Platz einräumen. Die Menschen in leitender Position werden ja mit ihren Kräften allein den Frieden nicht errichten können. Einen sicheren Frieden kann man nur erreichen, wenn unerschütterliche Entschiedenheit aller Menschen guten Willens dahintersteht. Die Männer und Frauen in leitender Stellung müssen von einer öffentlichen Meinung getragen und motiviert sein, die sie ermutigt und ihnen gegebenenfalls auch ihre Missbilligung ausdrückt. Konsequenterweise muss es dann für die Regierungen auch normal sein, der Öffentlichkeit alles zu erklären, was Friedensfragen berührt.

Studien, die zur Errichtung des Friedens beitragen

7. Der Aufbau des Friedens hängt ebenso vom Fortschritt der entsprechenden Forschungen ab. Die wissenschaftlichen Studien über den Krieg und sein Wesen, über seine Ursachen, Mittel, Ziele und Einsätze enthalten zahlreiche Hinweise auf die Bedingungen des Friedens. Seitdem solche Untersuchungen die Beziehungen zwischen Krieg und Politik deutlich sichtbar machen, zeigen sie damit, dass zur Regelung von Konflikten die Zukunft eher der Verhandlung gehört als den Waffen. Daraus ergibt sich, dass die Bedeutung des Rechts für die Erhaltung des Friedens zunehmen wird. Es war schon immer bekannt, wie in jedem Staat die Förderung der Gerechtigkeit und die Beachtung der Menschenrechte durch die Arbeit der Juristen breite Unterstützung fanden. Deren Bedeutung ist jedoch ebenso groß, wenn es darum geht, die gleichen Ziele auf internationaler Ebene zu verfolgen und hierfür die juristischen Instrumente zu verfeinern, die den Frieden errichten und erhalten sollen. Seitdem jedoch die Sehnsucht nach Frieden den Menschen in seiner innersten Tiefe bewegt, hängen Fortschritte auf dem Weg des Friedens ebenso von den Untersuchungen der Psychologen und Philosophen ab. Gewiss umfasst die Lehre vom Krieg bereits Studien über die menschliche Aggressivität, über Todesverlangen, über den Herdentrieb, der ganze Völker unerwartet lahmen kann, bleibt jedoch noch viel zu sagen über die Furcht des Menschen, seine Freiheit anzunehmen, über seine Unsicherheit vor sich selbst und vor anderen. Eine bessere Kenntnis der Lebensregungen, des Gefühls der Sympathie, der Bereitschaft zur Liebe und zum Teilen trägt zweifellos dazu bei, die psychologischen Abläufe besser zu verstehen, die dem Frieden dienen.

Die Psychologie ist so aufgerufen, durch solche Studien die Reflexion der Philosophen zu erhellen und zu ergänzen. Diese haben sich seit jeher Fragen zu Krieg und Frieden gestellt. Immer hatte die Philosophie ihre besondere Verantwortung in diesem Bereich, und leider ist das Erbe jener berühmten Philosophen noch immer lebendig, die im Menschen einen Wolf für den Menschen gesehen haben und im Krieg eine Notwendigkeit der Geschichte. Es ist allerdings auch wahr, dass mehrere Philosophen das Fundament für einen dauerhaften, ja sogar ständigen Frieden gelegt haben, indem sie beispielsweise feste theoretische Grundlagen für das internationale Recht vorlegten.

Alle diese Bemühungen verdienen, aufgegriffen und vertieft zu werden; die Denker, die sich diesen Fragen widmen, können dabei den sehr reichen Beitrag einer Strömung heutiger Philosophie nützen, die dem Thema der Person eine überragende Bedeutung einräumt und in einzigartiger Weise dazu hilft, die Themen der Freiheit und der Verantwortung zu durchdringen. Die Reflexion über Menschenrechte, Gerechtigkeit und Frieden kann dort erhellende Hinweise finden.

Indirekte Aktion

8. Wenn die Förderung des Friedens in gewissem Sinne auf Information und Forschung angewiesen ist, so hängt sie doch vor allem von den Taten ab, die Menschen für dieses Ziel vollbringen. Bestimmte Formen der Aktion, wie sie hier gemeint sind, haben nur einen indirekten Bezug zum Frieden. Es wäre jedoch falsch, sie als nebensächlich anzusehen; denn, wie wir durch einige Beispiele kurz andeuten werden, bieten fast alle Bereiche menschlicher Aktivität unerwartete Gelegenheiten, den Frieden zu fördern.

Dies ist der Fall beim kulturellen Austausch im weitesten Sinn des Wortes. Alles, was den Menschen ermöglicht, sich durch künstlerische Initiativen besser kennenzulernen, beseitigt damit Barrieren. Dort, wo das Wort versagt und die Diplomatie eine unsichere Hilfe ist, können Musik und Malerei, Theater und Sport die Menschen einander näherbringen. Dasselbe gilt für die wissenschaftliche Forschung: Die Wissenschaft motiviert und versammelt eine universelle Gemeinschaft, bei der sich ohne Spaltung alle Menschen einfinden, die Wahrheit und Schönheit lieben. Wissenschaft und Kunst nehmen so in ihrem Bereich das Aufkommen einer universellen Friedensgemeinschaft vorweg.

Selbst die Welt der Wirtschaft ist dazu berufen, die Menschen zueinander zu bringen, indem sie ihnen ihre gegenseitige Abhängigkeit und Ergänzungsbedürftigkeit deutlich macht. Zweifellos schaffen wirtschaftliche Beziehungen oft ein Feld unerbittlicher Auseinandersetzung, gnadenloser Konkurrenz und manchmal sogar schamloser Ausbeutung. Aber sollte es nicht möglich sein, diese gleichen Beziehungen in solche des Dienstes, der Solidarität umzuwandeln und bereits dadurch eine der häufigsten Ursachen für Uneinigkeit zu entschärfen?

Gerechtigkeit und Frieden im Inneren der Nationen

9. Wenn der Frieden die Sehnsucht aller Menschen sein muss, so ist doch seine konkrete Errichtung eine Aufgabe, die direkt und vornehmlich den po-

litischen Führern zukommt. Unter diesem Gesichtspunkt ist der hauptsächliche Ort für den Aufbau des Friedens immer der Staat als eine politisch organisierte Gemeinschaft. Wenn die Bildung einer politischen Gemeinschaft zum Ziel hat, die Gerechtigkeit zu verwirklichen, das Gemeinwohl zu fördern und alle Bürger zur Mitarbeit zu gewinnen, dann wächst der Frieden dieser Gemeinschaft nur in dem Maße, wie diese drei verpflichtenden Aufgaben berücksichtigt werden. Der Frieden kann nur dort aufblühen, wo die grundlegenden Forderungen der Gerechtigkeit erfüllt werden. Die vorbehaltlose und praktizierte Achtung vor den unverlierbaren und unveräußerlichen Rechten des einzelnen Bürgers ist unabdingbare Voraussetzung dafür, dass Frieden in einem Volk herrscht. Im Hinblick auf diese Grundrechte sind alle anderen Rechte gleichsam abgeleitet und zweitrangig. In einem Volk, wo jene Rechte nicht geschützt sind, ist sogar die Idee des allgemeinen Charakters des Rechts tot, da in diesem Falle nur einige wenige zu ihrem alleinigen Vorteil ein Prinzip der Diskrimination aufrichten, so dass schließlich die Rechte und selbst die Existenz der einen nach dem Gutdünken der Stärkeren aufgehoben sind. Ein solches Volk kann daher keinen inneren Frieden haben; es trägt in sich selbst den Keim der Spaltung, der Zerrissenheit. Aus demselben Grunde kann eine politische Gemeinschaft nur dann wirksam zum Aufbau des internationalen Friedens beitragen, wenn sie für sich selbst den Frieden erreicht hat, das heißt, wenn sie im eigenen Bereich die Förderung der Menschenrechte ernst nimmt.

In dem Maße, wie die Führer einer bestimmten Nation sich dafür einsetzen, eine vollkommen gerechte Gesellschaft aufzubauen, tragen sie schon entscheidend zur Errichtung eines wahrhaften, festen und dauerhaften Friedens bei (vgl. PT II.).

Gerechtigkeit und Frieden unter den Völkern

10. Wenn aber der innere Frieden eines jeden Volkes die notwendige Voraussetzung ist, damit wahrer Frieden gedeihen kann, so ist doch diese Bedingung nicht ausreichend. Die Verwirklichung des Friedens auf Weltebene kann sich nämlich nicht ohne Weiteres aus dem isolierten Willen der einzelnen Völker ergeben, die zudem oft zwiespältig sind und manchmal zueinander im Gegensatz stehen. Um diesen Mangel zu beheben, haben die Staaten geeignete internationale Organisationen geschaffen, deren Hauptziel unter anderem ist, ihre Zielsetzungen untereinander abzustimmen und auf die Wahrung des Friedens sowie die Förderung der Gerechtigkeit unter den Völkern auszurichten.

Durch die Autorität, die die großen internationalen Organisationen erlangt haben, und durch ihre Initiativen haben diese ein beachtliches Werk im Interesse des Friedens vollbracht. Ohne Zweifel hat es auch Niederlagen gegeben; sie haben nicht schnell genug allen Konflikten zuvorkommen und sie verhindern können. Sie trugen jedoch dazu bei, vor aller Welt zu zeigen, dass Krieg, Blut und Waffen die Spannungen keineswegs vermindern. Sie haben sozusagen den erfahrungsmäßigen Beweis erbracht, dass die Menschen sogar auf Weltebene imstande gewesen sind, durch gemeinsame Anstrengungen zusammen nach dem Frieden zu suchen.

Die christliche Dynamik des Friedens

11. An dieser Stelle meiner Botschaft möchte ich mich nun noch besonders an meine Brüder und Schwestern in der Kirche wenden. Die Kirche unterstützt und ermutigt alle ernsthaften Bemühungen, die dem Frieden dienen. Sie zögert nicht zu sagen, dass das Wirken all jener, die sich mit besten Kräften für den Frieden einsetzen, in den Heilsplan Gottes in Jesus Christus eingeordnet ist. Den Christen aber ruft sie in Erinnerung, dass sie noch tiefere Gründe haben, wirksame Zeugen für das göttliche Geschenk des Friedens zu sein.

Vor allem hat Christus durch seine Botschaft und sein Beispiel neue friedenstiftende Verhaltensweisen angeregt. Er hat die Friedensethik hoch über die gängigen Auffassungen von Gerechtigkeit und Anstand erhoben. Schon gleich am Anfang seiner Sendung ruft er aus: „Selig, die Frieden stiften, denn sie werden Kinder Gottes genannt werden“ (Mt 5,9). Er sendet seine Jünger aus, den Frieden von Haus zu Haus, von Ort zu Ort zu tragen (vgl. Mt 10,11–13). Er ermahnt sie, den Frieden jeder Art von Rache, selbst gewissen legitimen Ansprüchen vorzuziehen, wodurch er die Wurzel der Aggressivität aus den Herzen der Menschen reißen möchte (Mt 5,38–42). Er fordert, jene zu lieben, die durch Barrieren verschiedenster Art zu Feinden geworden sind (Mt 5,43–48). Er führt als Beispiel Fremde an, die man gewöhnlich verachtet, so die Samariter (vgl. Lk 10,33/17,16). Er lädt ein, stets demütig zu sein und grenzenlos zu verzeihen (vgl. Mt 18,21–22). Die Bereitschaft, mit denen, die nicht einmal das Lebensnotwendige haben, zu teilen – was er zur Schlüsselfrage des Jüngsten Gerichtes gemacht hat –, muss auf radikale Weise dazu beitragen, brüderliche Beziehungen untereinander herzustellen.

Diese Aufforderungen Jesu und sein Beispiel haben schon an sich einen großen Niederschlag im Verhalten seiner Jünger gefunden, wie es die Geschichte seit zwei Jahrtausenden bezeugt. Das Wirken Christi liegt aber auf einer noch tieferen Ebene, die in einer geheimnisvollen Verwandlung des Herzens besteht. Er hat in der Tat verwirklicht, was die Engel bei seiner Geburt verkündet haben, nämlich dass „Friede [ist] auf Erden den Menschen seines Wohlgefallens“ (Lk 2,14), und das nicht nur, indem er ihnen die Liebe des Vaters offenbart, sondern sie vor allem durch sein Opfer mit Gott versöhnt. Denn es waren Sünde und Hass, die dem Frieden mit Gott und mit den Mitmenschen hinderlich im Wege standen: Er hat sie durch sein Lebensopfer am Kreuz vernichtet und jene, die einst Feinde waren, in einem Leib versöhnt (vgl. Eph 2,16; Röm 12,5). Deshalb waren die ersten Worte des Auferstandenen an die Apostel: „Friede sei mit euch!“ (Joh 20,19) Diejenigen, die glauben, bilden in der Kirche eine prophetische Gemeinschaft.

Sie machen im Heiligen Geist, der von Christus vermittelt wird, nach der Taufe und der in ihr erfolgenden Eingliederung in den mystischen Leib Christi die Erfahrung des Friedens, wenn Gott ihnen diesen durch das Sakrament der Versöhnung und in der eucharistischen Kommunion schenkt. Sie verkünden „das Evangelium des Friedens“ (Eph 6,15); sie bemühen sich, ihn in ihrem konkreten Alltag selbst zu leben; und sie verlangen nach der Zeit der vollkommenen Versöhnung, wo durch einen neuen Eingriff des lebendigen Gottes, der die Toten erweckt, der Mensch in völliger Transparenz vor Gott und vor seinen Brüdern und Schwestern stehen wird. Diese Glaubenssicht stützt das Wirken der Christen für den Frieden.

So stellt sich die Kirche schon allein durch ihre Existenz inmitten der Welt dar als eine Gemeinschaft von Menschen, die durch die Gnade Christi versöhnt in Frieden leben, in liebender Lebensgemeinschaft mit Gott und allen Brüdern und Schwestern über alle menschlichen Barrieren hinweg. Sie ist schon durch sich selbst – und bemüht sich darum, es konkret noch immer mehr zu werden – ein Geschenk und ein Ferment des Friedens, das von Gott der ganzen Menschheit angeboten ist. Gewiss, die Glieder der Kirche sind sich voll bewusst, dass sie oft noch Sünder sind, auch in diesem Bereich; sie fühlen aber zumindest ihre große Verantwortung, dieses Geschenk des Friedens ins Werk zu setzen. Deswegen müssen sie zuallererst ihre eigenen Spaltungen überwinden, um sich unverzüglich auf den Weg zur Fülle der Einheit in Christus zu begeben; auf diese Weise wirken sie mit Gott zusammen, um der Welt seinen Frieden zu schenken. Sie sollen natürlich auch mit allen Menschen guten Willens nach Kräften zusammenarbeiten, die in den verschiedenen Bereichen der Gesellschaft und des internationalen Lebens sich für den Frieden einsetzen. Die Kirche wünscht, dass ihre Söhne und Töchter sich durch ihr Zeugnis und ihre Initiativen vorrangig um diejenigen bemühen, die dem Frieden die Wege bereiten und ihm zum Durchbruch verhelfen. Zugleich ist sie sich jedoch dessen bewusst, dass es sich auf diesem Gebiet um eine schwierige Aufgabe handelt, die viel Bereitschaft, Unterscheidungsvermögen und Zuversicht verlangt, um eine echte Herausforderung.

Der Frieden, eine beständige Herausforderung für den Christen

12. Der christliche Optimismus, der im siegreichen Kreuz Christi und in der Sendung des Heiligen Geistes gründet, berechtigt durchaus nicht zu Illusionen. Für den Christen ist der Frieden auf Erden immer eine Herausforderung wegen der Sünde, die im Herzen des Menschen gegenwärtig ist. Gestützt von

Glauben und Hoffnung setzt sich der Christ dafür ein, die Gesellschaft gerechter zu machen; er kämpft gegen Hunger, Not und Krankheit; er nimmt sich der Fremden, der Gefangenen und all derer an, die am Rande der Gesellschaft leben (vgl. Mt 25,35–36). Doch weiß er auch, dass alle diese Initiativen, selbst wenn sie etwas von der Barmherzigkeit und der Vollkommenheit Gottes zum Ausdruck bringen, in ihrer Tragweite immer begrenzt, in ihren Ergebnissen ungewiss und in ihrer Motivierung mehrdeutig sind. Gott allein, der das Leben gibt, wird, wenn er alles in seinem Sohn vereinen wird (vgl. Eph 1,10), die sehnsuchtsvolle Hoffnung der Menschen erfüllen, indem er selbst alles, was im Lauf der Geschichte für Gerechtigkeit und Frieden in seinem Geist getan worden ist, zur Vollendung führt.

Deshalb wird der Christ, wenn er mit erneutem Eifer alles unternimmt, um kriegerischen Auseinandersetzungen zuvorzukommen oder sie zu beenden, sich nicht täuschen weder über seine Fähigkeit, dem Frieden zum Sieg zu verhelfen, noch über die Tragweite seiner Bemühungen, die er zu diesem Zweck unternimmt. Infolgedessen interessiert er sich für alle Initiativen der Menschen, die dem Frieden dienen, und beteiligt sich oft an ihnen, wobei er diese mit Realismus und Selbstbescheidung betrachtet. Man könnte fast sagen, dass er sie auf zweifache Weise verwirklicht: Er führt sie aus mit aller Unzulänglichkeit des sündigen Menschen und zugleich setzt er sie in Beziehung zum Heilsplan Gottes. Der Christ weiß vor allem darum, dass Angriffslust, Hegemoniestreben und Manipulationsabsicht anderen gegenüber im Herzen der Menschen schlummern und manchmal sogar ihre Intentionen beeinflussen, trotz eventueller Erklärungen oder Bekundungen pazifistischer Art. Er weiß ebenso, dass eine völlig und für immer friedliche menschliche Gesellschaft auf Erden leider eine Utopie ist und dass die Ideologien, die diese anpreisen, verständlicherweise unerfüllbare Hoffnungen nähren, was auch immer die Gründe für ihre Einstellung sein mögen: Falsche Sicht der menschlichen Natur; Unvermögen, die Probleme in ihrer Gesamtheit zu betrachten; Ausflucht, um die Angst zu verdrängen, oder – bei wieder anderen – kalkulierter Eigennutz. Der Christ ist sogar davon überzeugt – und das besonders, wenn er selbst die schmerzliche Erfahrung gemacht hat –, dass diese trügerischen Hoffnungen gradlinig zum Pseudofrieden der totalitären Regime führen. Diese realistische Sicht entmutigt jedoch keinesfalls die Christen in ihrem Einsatz für den Frieden. Im Gegenteil, sie stärkt ihren Eifer; denn sie wissen auch, dass der Sieg Christi über Sünde, Hass und Tod den Menschen, die sich nach Frieden sehen, eine noch stärkere Motivierung zum Handeln bietet, als es die edelsten Auffassungen vom Menschen vermögen, und eine weit tiefere Hoffnung als jene, die sich an den kühnsten Träumen entfacht.

Aus diesem Grund zögert der Christ nicht, während er sich voller Eifer darum bemüht, alle Formen kriegerischer Auseinandersetzung zu bekämpfen und ihnen zuvorzukommen, gleichzeitig im Namen einer elementaren Forderung der Gerechtigkeit daran zu erinnern, dass die Völker das Recht und sogar die Pflicht haben, durch angemessene Mittel ihre Existenz und ihre Freiheit gegen einen ungerechten Angreifer zu verteidigen (vgl. GS 79). In Anbetracht des fast wesenhaften Unterschieds, der zwischen den klassischen Formen des Krieges und einem nuklearen oder bakteriologischen Krieg besteht, wie auch des Skandals des Rüstungswettlaufs angesichts der ungeheuren Nöte der Dritten Welt, unterstreicht jedoch dieses im Prinzip sehr reale Recht nur umso mehr für die gesamte Menschheit die Dringlichkeit, sich wirksame Verhandlungsmöglichkeiten zu schaffen. So kann der atomare Schrecken, der unsere Zeit bedrängt, die Menschen dazu bewegen, ihr gemeinsames Erbe noch um diese sehr einfache Entdeckung zu bereichern, die ihnen leicht zugänglich ist, nämlich die Erkenntnis, dass der Krieg das barbarischste und unwirksamste Mittel ist, um Konflikte zu lösen. Mehr als jemals zuvor ist die menschliche Gesellschaft heute also genötigt, sich die Mittel zur gegenseitigen Verständigung und zum Dialog zu schaffen, die sie zum Überleben braucht, sowie jene Institutionen, die unerlässlich sind, um Gerechtigkeit und Frieden zu verwirklichen.

Möge sie sich auch dessen bewusst werden, dass diese Aufgabe die menschlichen Kräfte übersteigt!

Das Gebet für den Frieden

13. Im Verlauf der ganzen Botschaft habe ich an die Verantwortung der Menschen guten Willens und besonders der Christen appelliert, da Gott den Frieden den Menschen anvertraut hat. Mit dem Realismus und der Hoffnung, die der Glaube gestattet, habe ich die Aufmerksamkeit der Bürger und der Regierenden auf eine gewisse Zahl von Initiativen und Verhaltensweisen gelenkt, die schon jetzt möglich und geeignet sind, den Frieden dauerhaft zu verwirklichen. Darüber hinaus oder mehr noch im Kern dieser notwendigen Bemühungen, die vor allem als eine Angelegenheit der Menschen erscheinen könnten, ist der Frieden aber vor allem ein Geschenk Gottes – das darf man niemals vergessen – und muss deshalb stets von seiner Barmherzigkeit erbeten werden.

Eine solche Überzeugung scheint die Menschen in allen Kulturen beseelt zu haben, welche dem Frieden in ihren Gebeten den ersten Rang eingeräumt haben. Man findet dies in allen Religionen. Wie viele Menschen, die die mörderischen Kämpfe und die Konzentrationslager erlebt haben, wie viele Frauen und Kinder, die infolge der Kriege in größte Not geraten waren, haben sich nicht schon vor uns an den Gott des Friedens gewandt! Heute, da die Gefahren durch ihr Ausmaß und ihren grundsätzlichen Charakter eine einzigartige Schwere annehmen, da die Schwierigkeiten für die Verwirklichung des Friedens sich in einer neuen, oft unlösbaren Weise stellen, können viele Menschen, sogar solche, die mit dem Gebet wenig vertraut sind, spontan den Zugang dazu finden.

In der Tat, unsere Zukunft ist in den Händen Gottes, der allein den wahren Frieden schenkt. Und wenn die Herzen der Menschen aufrichtig nach der Verwirklichung des Friedens trachten, ist es wiederum die Gnade Gottes, die ihre Absichten inspiriert und stärkt. Alle sind eingeladen, in diesem Sinn das Gebet des heiligen Franz von Assisi zu sprechen, dessen achthundertsten Geburtstag wir gerade feiern: Herr, mach mich zu einem Werkzeug deines Friedens: Dass ich liebe, wo man hasst; dass ich verzeihe, wo man beleidigt; dass ich Frieden stifte, wo Streit ist.

Die Christen ihrerseits lieben es, für den Frieden zu beten, indem sie in sich das Gebet so vieler Psalmen aufsteigen lassen, die voll sind von Bitten um Frieden und die von ihnen mit der allumfassenden Liebe Jesu gesprochen werden. Dies ist auch schon ein gemeinsamer und sehr tiefer Brauch bei allen ökumenischen Initiativen. Und auch andere Gläubige in der Welt erwarten vom Allmächtigen das Geschenk des Friedens. Ebenso sind, mehr oder weniger bewusst, viele Menschen guten Willens bereit, dasselbe Gebet in der Verborgenheit ihres Herzens zu sprechen. Möge so von den vier Enden der Erde ein inständiges Gebet zu Gott emporsteigen! Schon das wäre eine schöne Einmütigkeit auf dem Weg zum Frieden. Und wer könnte daran zweifeln, dass Gott diesen Gebetsruf seiner Kinder erhört: Herr schenke uns den Frieden! Gib uns deinen Frieden!

Aus dem Vatikan, am 8. Dezember 1981
Johannes Paul II.

Botschaft seiner Heiligkeit Papst Johannes Paul II.
zur Feier des 16. Weltfriedenstages
1. Januar 1983

Der Dialog für den Frieden: Eine Forderung an unsere Zeit

1. Für den 16. Weltfriedenstag zu Beginn des neuen Jahres 1983 lege ich euch diese Botschaft vor zum Thema ‚Der Dialog für den Frieden: Eine Forderung an unsere Zeit'. Ich richte sie an alle, die teilhaben an der Verantwortung für den Frieden: An die Regierungen der Völker, an die Beamten internationaler Gremien, an die Politiker und die Diplomaten, aber auch an die Bürger eines jeden Landes. Alle sind sie ja von der Notwendigkeit betroffen, den wahren Frieden vorzubereiten, ihn zu erhalten oder wiederherzustellen, und dies auf fester und gerechter Grundlage. Nun bin ich aber zutiefst davon überzeugt, dass der Dialog – ein echter Dialog – eine wesentliche Bedingung für einen solchen Frieden ist. Ja, dieser Dialog ist notwendig, nicht nur opportun; er ist schwierig, aber möglich, trotz der Hindernisse, die wir, realistisch gesehen, dabei beachten müssen. Er stellt deshalb eine echte Herausforderung dar, die ich euch bitte, anzunehmen. Ich tue das in der alleinigen Absicht, um selbst und zusammen mit dem Heiligen Stuhl einen Beitrag zum Frieden zu leisten; denn als dem erstverantwortlichen Erben der Botschaft Christi, die vor allem eine Botschaft des Friedens für alle Menschen ist, liegt mir das Geschick der Menschheit sehr am Herzen.

Sehnsucht der Menschen nach Frieden und Dialog
2. Ich bin sicher, hiermit die grundlegende Sehnsucht der Männer und Frauen unserer Zeit zu treffen. Wird dieses Verlangen nach dem Frieden nicht von allen Regierenden in ihren Wünschen an ihre Nation oder in ihren Erklärungen an die Adresse anderer Staaten feierlich bekräftigt? Welche politische Partei würde es wagen, die Suche nach dem Frieden nicht in ihr Programm aufzunehmen? Und was die internationalen Organisationen betrifft, so sind sie doch gegründet worden, um den Frieden zu fördern und zu sichern; und sie behalten dieses Ziel trotz aller Misserfolge bei. Auch die öffentliche Meinung entscheidet sich für friedliche Lösungen, wenn sie nicht durch Leidenschaften wie Stolz und ungerechtfertigte Verbitterung künstlich aufgeputscht ist. Ja, immer zahlreichere Bewegungen setzen sich dafür ein, wenn auch nicht immer mit der wünschenswerten Klarheit und Aufrichtigkeit, das Bewusstsein dafür zu wecken, dass nicht nur jeder Krieg, sondern auch alles, was zum Krieg führen kann, beseitigt werden muss. Die Bürger im Allgemeinen wünschen sich, dass ein Klima des Friedens ihr Bemühen

um Wohlergehen sichert, vor allem, wenn sie zu ringen haben mit einer wirtschaftlichen Krise, die alle Werktätigen bedroht.

Man muss jedoch mit dieser zum Glück weitverbreiteten Sehnsucht bis zur letzten Konsequenz gehen: Den Frieden erreicht man nicht, den Frieden behält man nicht, ohne die entsprechenden Mittel dafür anzuwenden. Das allesüberragende Mittel ist aber, den Weg des Dialogs zu beschreiten, das heißt, überall dort, wo der Frieden bedroht oder schon gebrochen ist, in den Familien, in der Gesellschaft, zwischen den Staaten oder zwischen den Blöcken von Staaten, in aller Geduld die Methoden und Phasen des Dialogs einzubringen.

Die Erfahrung der Vergangenheit zeigt die hohe Bedeutung des Dialogs

3. Die Erfahrung der Geschichte, auch aus jüngster Zeit, bezeugt tatsächlich, dass der Dialog für einen wirklichen Frieden unerlässlich ist. Mit Leichtigkeit könnte man Fälle aufzählen, in denen der bewaffnete Konflikt unausweichlich erschien, wo aber der Krieg dennoch vermieden oder abgebrochen wurde, weil die streitenden Parteien an den Wert des Dialogs geglaubt und ihn auch miteinander über lange und ehrliche Verhandlungen hinweg geführt haben. Wenn es demgegenüber zu gewaltsamen Auseinandersetzungen gekommen ist – entgegen einer ziemlich verbreiteten Meinung kann man leider mehr als einhundertfünfzig bewaffnete Konflikte nach dem Zweiten Weltkrieg aufzählen –, dann deshalb, weil ein Dialog tatsächlich nicht stattgefunden hat oder weil er verfälscht, hinterhältig geführt oder bewusst eingeschränkt worden ist. Das Jahr, das gerade zu Ende geht, hat einmal mehr das traurige Schauspiel von Gewalt und Krieg geboten; Menschen haben gezeigt, dass sie es vorziehen, Waffen zu gebrauchen, anstatt eine Verständigung zu suchen. Ja, neben einigen Hoffnungszeichen wird das Jahr 1982 für viele Familien Trauer und Zerstörung hinterlassen, ein bitteres Gefühl von Tränen und Tod.

Der Dialog für den Frieden ist notwendig

4. Wer wollte es also wagen, solche Kriege, von denen einige noch im Gange sind, oder solche Kriegszustände oder die Bitterkeit, welche die Kriege zurücklassen, als Kleinigkeit anzusehen? Wer hätte den Mut, sich ohne Zittern noch viel ausgedehntere und schrecklichere Kriege, wie sie fortwährend drohen, vorzustellen? Muss man nicht alles tun, um den Krieg zu vermeiden, auch den begrenzten Krieg, wie er von denjenigen beschönigend genannt wird, die nicht direkt davon betroffen sind, angesichts des Übels, das jeder Krieg darstellt, seines Preises an Menschenleben, an Leiden, an Zerstörung von all dem, was für das Leben und die Entwicklung des Menschen notwendig wäre, ohne die Störung der unerlässlichen Ordnung und des sozialen Gefüges zu rechnen, die Vertiefung von Misstrauen und Hass gegen den Nächs-

ten, wie sie die Kriege mit sich bringen? Und heute, da selbst die konventionellen Kriege so mörderisch werden und man die dramatischen Folgen kennt, die ein Atomkrieg haben würde, ist die Notwendigkeit, den Krieg abzubrechen oder jede Kriegsdrohung zu beseitigen, noch drängender. Umso grundlegender erscheint folglich die Notwendigkeit, zum Mittel des Dialogs zu greifen und die dafür geforderte politische Tugend zu üben, um so den Einsatz der Waffen zu vermeiden.

Der Dialog für den Frieden ist möglich

5. Es gibt jedoch heute Menschen, die sich für Realisten halten und deshalb bezweifeln, dass der Dialog möglich und wirksam ist, wenigstens solange die Positionen so extrem und unvereinbar sind, dass sie ihnen keinen Raum für eine Verständigung zu lassen scheinen. Wie viele negative Erfahrungen und wiederholte Misserfolge scheinen eine solche von Enttäuschung geprägte Sicht zu stützen! Und dennoch, der Dialog für den Frieden ist möglich, immer wieder möglich. Das ist keine Utopie. Selbst dort, wo er unmöglich erschien und man zu einer kriegerischen Auseinandersetzung gekommen ist, ist es dann nicht auf jeden Fall nötig gewesen, nach den Zerstörungen des Krieges, der zwar die Stärke des Siegers gezeigt, aber im Bereich der umstrittenen Rechte nichts gelöst hat, sich erneut um einen Dialog zu bemühen? Um es klar zu sagen: Die Überzeugung, die ich hier ausspreche, beruht nicht auf diesem fatalen Umstand, sondern gründet auf einer Wirklichkeit, auf der tiefsten Natur des Menschen. Wer den christlichen Glauben teilt, ist davon noch leichter überzeugt, auch wenn er zugleich an die angeborene Schwäche und Sünde glaubt, die des Menschen Herz von Anfang an prägen. Jeder Mensch aber, ob gläubig oder nicht, kann und soll sich bei allem klaren Wissen um eine mögliche Verhärtung seines Bruders genügend Vertrauen bewahren in den Menschen und seine Fähigkeit, vernunftgemäß zu handeln, in seinen Sinn für das Gute, für Recht und Gerechtigkeit, auf seine Fähigkeit, zu hoffen und den Bruder zu lieben – die niemals vollständig entstellt wird –, um auf das Mittel des Dialogs und seine mögliche Wiederaufnahme zu setzen. Ja, die Menschen sind letztlich durchaus fähig, Spaltungen, Interessenkonflikte und sogar Gegensätze zu überwinden, die tiefgreifend zu sein scheinen, vor allem wenn jede Seite davon überzeugt ist, eine gerechte Sache zu verteidigen, wenn sie nur an die Tugend des Dialogs glauben und bereit sind, sich als Menschen zu begegnen, um eine friedliche und vernünftige Lösung ihrer Konflikte zu suchen. Ferner dürfen sie sich nicht durch wirkliches oder nur scheinbares Scheitern entmutigen lassen. Schließlich müssen sie sich dazu bereitfinden, immer wieder neu einen wirklichen Dialog anzubieten – wobei sie die Hindernisse aus dem Weg schaffen und die Fehler beim Dialog, von denen ich später noch sprechen werde, vermeiden –

und diesen einzigen Weg, der zum Frieden führt, mit all seinen Anforderungen und Bedingungen bis zum Ende zu durchschreiten.

Die Tugenden des wahren Dialogs

6. Ich halte es darum für nützlich, an dieser Stelle die Eigenschaften eines wahren Dialogs in Erinnerung zu rufen. Sie gelten vor allem für den Dialog zwischen einzelnen Personen; aber ich denke auch und besonders an den Dialog zwischen sozialen Gruppen, zwischen politischen Kräften in einer Nation, zwischen Staaten innerhalb der internationalen Gemeinschaft. Sie gelten aber ebenso für den Dialog zwischen den umfangreichen Gruppierungen von Menschen, die sich im ethischen, kulturellen, ideologischen oder religiösen Bereich unterscheiden und einander gegenüberstehen. Denn die Analytiker der Kriegsursachen geben zu, dass in diesen Bereichen die meisten Konflikte ihre Wurzeln haben, wobei sich diese Konflikte dann auch mit den gegenwärtigen großen Spannungen zwischen Ost und West, zwischen Nord und Süd verbinden.

Der Dialog ist ein zentrales und unerlässliches Element im ethischen Denken der Menschen, wie auch immer sie geartet sein mögen. Unter dem Aspekt von Austausch und Mitteilung unter den Menschen, wie die Sprache sie ermöglicht, ist der Dialog in der Tat ein gemeinsam erstrebtes Ziel.

- Im Grunde geht er aus von der Suche nach dem Wahren, dem Guten und dem Gerechten für jeden Menschen, für jede Gruppe und jede Gesellschaft, sei es auf der Seite, mit der sich jemand solidarisiert, oder auch auf der sogenannten Gegenseite.
- Er verlangt also in erster Linie das Offensein und Annehmen, das heißt, dass jeder seine Lage darlegt, aber auch die Darlegung der Situation, wie der andere sie gibt, anhört und aufrichtig nachfühlt, und zwar mit seinen Problemen, mit seinen Rechten, mit den Ungerechtigkeiten, die er empfindet, und den vernünftigen Lösungen, die er vorschlägt. Wie könnte sich Frieden einstellen, wenn eine der Seiten sich nicht einmal die Mühe macht, sich die Lebensbedingungen der anderen vor Augen zu halten?
- Dialog setzt also voraus, dass jeder auf dieses Anderssein, diese Besonderheit des anderen eingeht, dass er genau erfasst, inwieweit er sich vom anderen unterscheidet, und dem Rechnung trägt, auch wenn das zu Spannungen führen sollte. Dabei darf man natürlich nicht aus Feigheit oder Zwang das aufgeben, was man als wahr und gerecht erkennt; das gäbe einen schlechten Kompromiss. Erst recht darf man den anderen nicht zu einem Objekt machen; vielmehr ist er als ein Subjekt mit Verstand, Freiheit und Verantwortung zu achten.
- Dialog ist zugleich die Suche nach dem, was den Menschen immer gemeinsam ist – auch in Spannungen, Gegensätzen und Konflikten. In die-

sem Sinne macht er den anderen zum Nächsten. Der Mensch nimmt den Beitrag des anderen an und teilt die Verantwortung vor Wahrheit und Gerechtigkeit mit ihm. Er lässt alle sinnvollen Formeln einer ehrenhaften Verständigung vorschlagen und studieren und dabei die gerechte Verteidigung der Interessen und der Ehre der eigenen Seite verbinden mit dem von der Gerechtigkeit ebenso geforderten Verstehen und Achten der Gründe der anderen sowie mit den Forderungen des beiden gemeinsamen allgemeinen Wohls. Wird es übrigens nicht immer deutlicher, dass sich alle Völker der Erde wirtschaftlich, politisch und kulturell in gegenseitiger Abhängigkeit befinden? Wer sich dieser Solidarität entziehen wollte, würde bald sich selber schaden.

– Schließlich ist der wahre Dialog die Suche nach dem Guten mit friedlichen Mitteln; er ist der unbeirrbare Wille, alle Möglichkeiten von Verhandlung, Vermittlung oder Schiedsspruch zu versuchen und das Verbindende über das Trennende und über den Hass siegen zu lassen. Er ist Anerkennung der unveräußerlichen Würde des Menschen. Er beruht auf der Achtung des menschlichen Lebens. Er setzt alles auf die Sozialnatur der Menschen, auf ihre Berufung, fortwährend unter wachsender Annäherung in Verstand, Wille und Herz gemeinsam unterwegs zu sein zu ihrem vom Schöpfer gegebenen Ziel: Die Erde zu einer würdigen Heimat für alle zu machen.

Als politische Tugend geübt, würde ein solcher Dialog ganz gewiss Früchte des Friedens bringen. Mein verehrter Vorgänger Papst Paul VI. hat dem Dialog einen großen Abschnitt seiner ersten Enzyklika ‚Ecclesiam suam' gewidmet. Er schrieb dort: „Die Eröffnung eines Dialoges […] – ohne persönliches Interesse, sachlich, ehrlich – entscheidet sich von selbst für einen freien und ehrenvollen Frieden; er schließt Verstellung, Rivalitäten, Betrug und Verrat aus" (ES 110). Diese Tugend des Dialogs verlangt von den verantwortlichen Politikern unserer Tage viel Klarheit, Redlichkeit und Mut – nicht nur anderen Völkern gegenüber, sondern auch gegenüber der öffentlichen Meinung ihres eigenen Volkes. Oft wird sie eine wahre Bekehrung voraussetzen. Aber es gibt angesichts der Kriegsgefahr keine andere Wahl. Und noch einmal: Sie ist keine Illusion. Es wäre leicht, Zeitgenossen zu nennen, die sich in der praktischen Übung dieser Tugend ausgezeichnet haben.

Hindernisse für den Dialog, falsche Formen von Dialog

7. Es scheint mir hilfreich, nun gleichsam als Gegenstück einige besondere Schwierigkeiten zu nennen, die sich dem Friedensdialog entgegenstellen können. Ich meine hier nicht die Schwierigkeiten, die naturgemäß mit dem politischen Dialog gegeben sind, wie zum Beispiel die häufige Schwierigkeit, entgegengesetzte konkrete Interessen miteinander zu vereinbaren; oder jene

andere, unzumutbare Lebensbedingungen bewusst zu machen, ohne dass man die andere Seite eines regelrechten Unrechts bezichtigen könnte. Ich denke vielmehr an das, was den normalen Dialogprozess verhärtet. Ich gab schon zu verstehen, dass der Dialog blockiert wird durch die Vorentscheidung, kein Zugeständnis machen zu wollen, durch den Mangel an Zuhören, durch die Anmaßung, man selbst sei das alleinige Maß der Gerechtigkeit. Hinter dieser Haltung kann sich ganz einfach der blinde und taube Egoismus eines Volkes verbergen oder – häufiger – der Machtwille seiner Führer. Manchmal fällt sie übrigens mit einer übertriebenen und überholten Auffassung von der Souveränität und Sicherheit des Staates zusammen. Dieser droht dabei zum Objekt eines Kultes zu werden, der nicht mehr diskutiert werden darf und der die verwerflichsten Maßnahmen rechtfertigt. Gestützt auf die mächtigen Instrumente, über welche die Propaganda verfügt, kann dieser Kult – nicht zu verwechseln mit einer wohlverstandenen Vaterlandsliebe – das Urteilsvermögen und sittliche Empfinden auch der wachsten Bürger trüben und zum Krieg verführen. Erst recht ist hier die bewusste taktische Lüge zu nennen, welche die Sprache missbraucht, raffinierteste Techniken der Propaganda einsetzt, den Dialog zu Fall bringt und die Aggressionen anheizt.

Solange schließlich heute manche Beteiligten von Ideologien leben, die allen Bekundungen zum Trotz im Widerspruch stehen zur Würde der menschlichen Person, zu ihren gerechten Ansprüchen nach den gesunden Prinzipien der Vernunft, des Naturrechts und des ewigen Gesetzes, von Ideologien, die im Kampf die Triebkraft der Geschichte sehen, in der Gewalt die Quelle des Rechts, in Feindbildern das Abc der Politik, solange verläuft der Dialog stockend und steril, oder ist, wenn er überhaupt nach stattfindet, in Wirklichkeit nur äußerlich und sinnentleert. Er wird dann äußerst schwierig, um nicht zu sagen, unmöglich. Eine weitgehende Kommunikationssperre zwischen den Ländern und Blöcken ist die Folge; sogar die internationalen Gremien sind gelähmt; das Scheitern des Dialogs droht zum Rüstungswettlauf zu führen.

Aber selbst beim Eindruck einer solchen Blockierung im Maße, wie sich die Beteiligten mit solchen Ideologien identifizieren, erscheint der Versuch eines vernünftigen Dialogs zur Entkrampfung der Situation und zur Arbeit an möglichen Friedensschritten in einzelnen Punkten immer noch notwendig. Dabei sollte man mit dem gesunden Empfinden rechnen, mit der Einsicht der Gefahr für alle und mit den Idealen, welche großenteils die Völker selbst bewegen.

Der Dialog auf nationaler Ebene

8. Der Friedensdialog muss zunächst auf nationaler Ebene geführt werden. Er soll soziale Konflikte lösen und das Gemeinwohl fördern. Unter Achtung der Interessen der verschiedenen Gruppen ist durch den Dialog in der Ausübung

der demokratischen Freiheiten und Pflichten aller ein dauerndes friedliches Zusammenwirken möglich, gestützt auf Strukturen der Beteiligung und auf vielfältige Instanzen des Ausgleichs zwischen Unternehmern und Arbeitern. Die kulturellen, völkischen und religiösen Gruppen, die eine Nation bilden, sind dabei zu beachten und einzubeziehen. Wo der Dialog zwischen Regierung und Volk unglücklicherweise fehlt, ist der soziale Frieden bedroht oder sogar abwesend; das ist wie ein Kriegszustand. Aber Geschichte und Gegenwart zeigen, dass es vielen Staaten gelang und immer wieder gelingt, sich wirkungsvolle Mittel des Dialogs zu schaffen und damit ein echtes und dauerhaftes Zusammenwirken zu erreichen, das die bei ihnen entstehenden Konflikte löst oder gar verhindert. Sie verfügen im Übrigen über Gesetze in stetiger Entwicklung, für deren Beachtung geeignete, dem Gemeinwohl entsprechende Behörden sorgen.

Der Dialog auf internationaler Ebene

9. Wenn sich der Dialog auf nationaler Ebene als fähig erwiesen hat, zu Ergebnissen zu führen, warum sollte es nicht auch auf internationaler Ebene so sein? Sicher, die Probleme sind dort komplizierter, die Beteiligten und die Interessen, um die es geht, sind zahlreicher und verschiedenartiger. Aber auch hierfür ist und bleibt der redliche und geduldige Dialog das vorrangige Mittel. Wo er zwischen den Nationen fehlt, muss man alles daransetzen, ihn zu beginnen. Wo er schwach ist, muss man ihn verbessern. Niemals dürfte man den Dialog abtun und sich zur Lösung von Konflikten der Gewalt der Waffen anvertrauen. Schwere Verantwortung liegt dabei nicht nur auf den sich feindlich gegenüberstehenden Parteien, deren Leidenschaften schwer zu meistern sind, sondern ebenso und noch mehr auf den mächtigeren Staaten, die jenen nicht helfen, den Dialog wieder aufzunehmen, sie geradezu zum Kriege drängen oder durch den Waffenhandel dazu verführen.

Dem Dialog zwischen den Nationen muss die starke Überzeugung zugrunde liegen, dass das Wohl eines Volkes letztlich nicht gegen das Wohl eines anderen Volkes zu erreichen ist. Alle haben ja dieselben Rechte, dieselben Ansprüche auf ein würdiges Leben für ihre Bürger. Wesentlich ist auch, weitere Fortschritte zu machen im Überbrücken der überkommenen künstlichen Klüfte und Gegensätze zwischen den Blöcken. Vor allem aber muss man der wachsenden gegenseitigen Abhängigkeit der Nationen Rechnung tragen.

Der Gegenstand des internationalen Dialogs

10. Wenn man den Gegenstand des internationalen Dialogs näher bestimmen will, so kann man sagen, dass er sich besonders auf die Menschenrechte, auf die Gerechtigkeit unter den Völkern, auf die Wirtschaft, die Abrüstung und das internationale Gemeinwohl beziehen muss.

So soll der Dialog darauf ausgerichtet sein, dass die Menschen und die menschlichen Gruppen in ihrer Besonderheit, in ihrer Ursprünglichkeit – mit dem dafür geforderten Freiraum – und vor allem in der Ausübung ihrer Grundrechte anerkannt werden. Man kann in dieser Hinsicht auf eine internationale Rechtsordnung hoffen, die auf den Hilferuf jener besser hört, deren Rechte verletzt werden, und auf eine internationale Rechtsordnung, die über die wirksamen und geeigneten Mittel verfügt, um sich Achtung zu verschaffen.

Wenn Ungerechtigkeit in all ihren Formen die erste Quelle für Gewalt und Krieg ist, dann ist natürlich der Dialog für den Frieden grundsätzlich vom Dialog für die Gerechtigkeit nicht zu trennen, der zugunsten jener Völker geführt wird, die von anderen benachteiligt und beherrscht werden.

Der Dialog für den Frieden schließt mit moralischer Notwendigkeit auch eine Diskussion über die Regeln ein, die das Wirtschaftsleben bestimmen. Denn die Versuchung zu Gewalt und Krieg wird stets in den Gesellschaften vorhanden sein, in denen die Habgier und der Wettlauf um die materiellen Güter eine wohlhabende Minorität dazu bringen, der großen Mehrheit der Menschen die Erfüllung ihrer elementarsten Rechte auf Nahrung, Erziehung, Gesundheit und Leben zu verweigern (vgl. GS 69). Dies gilt auf der Ebene jedes einzelnen Landes, aber auch in den Beziehungen zwischen den Ländern, vor allem wenn die bilateralen Beziehungen vorherrschend bleiben. Hier ermöglicht die Öffnung zu multilateralen Beziehungen, besonders im Rahmen der internationalen Organisationen, einen Dialog, der weniger von Ungleichheit belastet ist und somit besser zur Gerechtigkeit führen kann.

Natürlich umfasst der Gegenstand des internationalen Dialogs auch den gefährlichen Rüstungswettlauf mit dem Ziel, ihn schrittweise zu verringern, wie ich es in meiner Botschaft an die UNO im vergangenen Juni angeregt habe und wie es auch jener anderen Botschaft entspricht, welche die Gelehrten der Päpstlichen Akademie der Wissenschaften in meinem Namen den Verantwortlichen der Nuklearmächte überreicht haben. Statt den Menschen zu dienen, richtet sich die Wirtschaft auf militärische Zielsetzungen aus. Entwicklung und Wohlstand werden der Sicherheit untergeordnet. Wissenschaft und Technik degradieren sich zu Gehilfen des Krieges. Der Heilige Stuhl wird nicht aufhören, mit Nachdruck auf die Notwendigkeit hinzuweisen, den Rüstungswettlauf durch fortschreitende Verhandlungen unter Wahrung der Gegenseitigkeit zu verlangsamen. Er wird weiter alle Schritte, selbst die kleinsten, ermutigen, die in diesem so entscheidenden Bereich einen vernünftigen Dialog bilden.

Der Gegenstand des Dialogs für den Frieden darf sich aber nicht auf die Anprangerung des Rüstungswettlaufs beschränken. Es geht vielmehr darum, eine gerechtere internationale Ordnung zu suchen, einen Konsens über die gleichmäßigere Verteilung der Güter, der Dienstleistungen, des Wissens und der Information sowie die feste Entschlossenheit herbeizuführen, all dies auf das Gemeinwohl hinzuordnen. Ich bin mir bewusst, dass ein solcher Dialog, zu dem auch der Nord-Süd-Dialog gehört, sehr komplex ist; er muss aber entschlossen fortgeführt werden, um die Bedingungen für einen wahren Frieden an der Schwelle des 3. Jahrtausends vorzubereiten.

Aufruf an die Verantwortlichen

11. Nach diesen Überlegungen möchte meine Botschaft vor allem ein Aufruf sein, die Herausforderung des Friedensdialogs anzunehmen.

Ich richte ihn zuerst an euch, die Leiter von Staaten und Regierungen! Ermöglicht, damit euer Volk einen wahren sozialen Frieden kenne, alle Bedingungen für den Dialog und für ein geordnetes Vorgehen, die – wenn einmal richtig verwirklicht – das Gemeinwohl der Nation in Freiheit und Unabhängigkeit nicht behindern, sondern es im Gegenteil auf lange Sicht hin fördern! Führt diesen Dialog mit den anderen Ländern von gleich zu gleich und helft den Konfliktparteien, die Wege des Dialogs, einer vernünftigen Aussöhnung und eines gerechten Friedens zu finden! Meinen Aufruf richte ich zugleich an euch Diplomaten, deren vornehme Aufgabe unter anderem darin besteht, die strittigen Fragen zu erörtern und sie durch Dialog und Verhandlungen zu lösen zu versuchen, um zu verhindern, dass man zu den Waffen greift, oder um an die Stelle der Militärs zu treten. Eine Arbeit von Geduld und Ausdauer, die der Heilige Stuhl umso mehr schätzt, als auch er diplomatische Beziehungen unterhält, in denen er sich darum bemüht, dass der Dialog als das geeignetste Mittel zur Überwindung der Schwierigkeiten angenommen wird. Vor allem möchte ich euch, den Verantwortlichen und Mitgliedern der internationalen Organisationen, und euch, die ihr in internationalen Gremien arbeitet, erneut mein Vertrauen bekunden! Im Lauf des letzten Jahrzehnts sind eure Organisationen allzu oft zum Gegenstand von Manipulationsversuchen durch Nationen geworden, die solche Einrichtungen auszunutzen trachten. Dennoch bieten die zahlreichen gegenwärtigen gewalttätigen Zusammenstöße, Spaltungen und Blockierungen, auf die die bilateralen Beziehungen stoßen, den großen internationalen Organisationen den Anlass, in ihrer eigenen Tätigkeit eine qualitative Veränderung vorzunehmen, eventuell sogar in einigen Punkten ihre Strukturen zu erneuern, um so den neuen Realitäten Rechnung zu tragen und eine wirkliche Kraft zu werden. Seien eure Organisationen regional oder weltweit, sie haben eine außergewöhnliche Chance, die genutzt werden muss, nämlich jene Aufgabe in ihrer ganzen Fülle zurückzugewinnen, die ihnen von ihrem Ursprung, ihrer Charta und ihrem Mandat her zukommt: Auf vorrangige Weise Ort und Instrument für einen wahren Friedensdialog zu werden. Statt sich von Pessimismus und Entmutigung bestimmen zu lassen, welche die Kräfte lahmen, haben sie die Möglichkeit, sich vielmehr als Orte der Begegnung zu erweisen, wo in kühnster Weise die Praktiken diskutiert werden können, die gegenwärtig in den politischen, wirtschaftlichen, monetären und kulturellen Beziehungen vorherrschen.

Ebenso richte ich einen besonderen Aufruf an euch, die ihr in den Massenmedien arbeitet! Die schmerzlichen Ereignisse, die die Welt in der letzten Zeit erlebt hat, haben die Bedeutung einer gut orientierten öffentlichen Meinung dafür bekräftigt, dass ein Konflikt nicht in einen Krieg ausartet. Denn die öffentliche Meinung kann kriegerische Bestrebungen bändigen oder im Gegenteil diese bis zur Verblendung steigern. Als Gestalter von Radio- und Fernsehsendungen sowie von Zeitungen spielt ihr in diesem Bereich eine immer einflussreichere Rolle. Ich ermutige euch, das Gewicht eurer Verantwortung zu sehen und die Rechte und Probleme und die Einstellung jeder Seite mit größter Objektivität aufzuzeigen, um dadurch das Verständnis und den Dialog unter den Gruppen, den Ländern und den Kulturen zu fördern.

Schließlich muss ich mich an jeden einzelnen Mann und an jede einzelne Frau sowie auch an euch Jugendliche wenden: Ihr habt vielfältige Gelegenheiten, die Barrieren des Egoismus, des Unverständnisses und der Aggression durch die Art und Weise abzubauen, wie ihr täglich den Dialog pflegt in euren Familien, eurem Dorf, eurem Wohnviertel, in den Vereinen eurer Stadt, eurer Region, wobei ich die nichtstaatlichen Organisationen eigens erwähnen möchte. Der Friedensdialog ist die Aufgabe aller.

Besondere Beweggründe für den Christen, die Herausforderung des Friedensdialogs anzunehmen

12. Und nun ermahne ich besonders euch Christen, euch entsprechend eurer jeweiligen Verantwortung an diesem Dialog voll zu beteiligen, ihn im Geist der Bereitschaft, der Freimütigkeit und der Gerechtigkeit, den die Liebe Christi verlangt, fortzusetzen und ihn mit Ausdauer und Hoffnung, die euch der Glaube möglich macht, immer wieder neu aufzugreifen. Ihr wisst auch um die Notwendigkeit der Bekehrung und des Gebetes; denn das Haupthindernis für die Verwirklichung von Gerechtigkeit und Frieden findet sich im Herzen des Menschen, in der Sünde (vgl. GS 10), sowie im Herzen des Kain, der sich des Dialogs mit seinem Bruder Abel verweigert hat (vgl. Gen 4,6–9). Jesus hat uns gelehrt, wie wir hören und teilen und auch für die anderen das tun sollen, was wir für uns selbst wünschen, ferner wie wir die Differenzen beilegen sollen, solange wir noch zusammen auf dem Wege sind (vgl. Mt 5,25), und wie wir verzeihen sollen. Vor allem aber ist er gekommen, um uns durch seinen Tod und seine Auferstehung von der Sünde zu befreien, die sich uns entgegenstellt, uns seinen Frieden zu geben und die Mauer niederzureißen, die die Völker trennt. Aus diesem Grund hört die Kirche nicht auf, den Herrn darum zu bit-

ten, dass er den Menschen seinen Frieden schenke, wie es die Botschaft des letzten Jahres hervorgehoben hat. Die Menschen sind jetzt nicht mehr dazu verurteilt, einander unverständlich gegenüberzustehen oder sich sogar zu entzweien wie in Babel (vgl. Gen 11,7–9). Beim Pfingstfest in Jerusalem lässt der Heilige Geist die ersten Jünger des Herrn, ungeachtet der Verschiedenheit ihrer Sprache, den königlichen Weg des Friedens in der Brüderlichkeit wiederfinden. Die Kirche bleibt der Zeuge für diese große Hoffnung.

Mögen die Christen sich immer mehr ihrer Berufung bewusst werden, gegen Sturm und Brandung die demütigen Hirten jenes Friedens zu sein, den Gott den Menschen in der Weihnacht anvertraut hat.

Mögen zusammen mit ihnen alle Menschen guten Willens diese Herausforderung für unsere Zeit annehmen, selbst in schwierigsten Situationen alles zu tun, um den Krieg zu vermeiden und sich darum mit wachsender Überzeugung für den Weg einzusetzen, auf dem die Bedrohung abgewendet werden kann: Den Dialog für den Frieden!

Aus dem Vatikan, am 8. Dezember 1982
Johannes Paul II.

Botschaft seiner Heiligkeit Papst Johannes Paul II.
zur Feier des 17. Weltfriedenstages
1. Januar 1984

Der Frieden entspringt einem neuen Herzen

Verantwortliche des politischen Lebens der Nationen,
Gestalter des wirtschaftlichen, sozialen und kulturellen Lebens,
junge Menschen, die ihr eine brüderliche und solidarische Welt erhofft,
ihr alle, Männer und Frauen, die ihr den Frieden ersehnt!
An euch wende ich mich zu Beginn des Jahres 1984, das sich überall voller Fragen und Sorgen, aber auch reich an Hoffnungen und Möglichkeiten ankündigt. Mein Appell für diesen 17. Weltfriedenstag kommt aus der Tiefe meines Herzens, und ich weiß, dass ich mich darin mit der Sehnsucht vieler Männer und Frauen treffe, die in einer gespaltenen Welt nach Brüderlichkeit verlangen. Die Botschaft, die ich an euch richte, ist zugleich einfach und anspruchsvoll; denn sie betrifft jeden von euch persönlich, jeden lädt sie dazu ein, seinen Anteil an Mitarbeit beim Werk des Friedens in der Welt einzubringen, ohne diese Verpflichtung auf andere abzuwälzen. Das Thema, das ich heute eurem Denken und Handeln vorlege, ist dieses: Der Frieden entspringt einem neuen Herzen.

1. Eine paradoxe Situation
Man kann heute nicht umhin, von den dunklen Schatten und Bedrohungen betroffen zu sein, ohne andererseits die Lichtpunkte und Hoffnungen vergessen zu wollen. Zweifellos ist der Frieden gefährdet, und die Ungerechtigkeit nimmt Überhand. In mehreren Ländern sind unerbittliche Kriege im Gang; sie ziehen sich in die Länge, obwohl die Zahl der Toten, die Leiden und Zerstörungen zunehmen, und ohne dass man anscheinend auf dem Weg zu einer Lösung vorankommt. Andere Länder sind von Gewalt und fanatischem Terrorismus heimgesucht; und es sind gerade die Unschuldigen, die allzu oft den Preis dafür bezahlen, während die Leidenschaften sich verschärfen und die Angst zu extremen Folgen zu führen droht. In vielen Regionen werden die Menschenrechte verletzt und die Freiheiten verhöhnt, werden Einkerkerungen unrechtmäßig aufrechterhalten und summarische Hinrichtungen aus parteiischen Gründen durchgeführt; und die Menschheit in diesem 20. Jahrhundert, das eine Zunahme von Deklarationen und Appellationsinstanzen erlebt hat, ist darüber kaum informiert oder erweist sich, wenn sie es doch ist, als ohnmächtig, um diese Missstände zu stoppen. Zahlreiche Länder kämpfen mühsam darum, Hunger, Krankheit und Unterentwicklung bei

sich zu besiegen, während die Besitzenden ihre Positionen noch verstärken und der Rüstungswettlauf immer weiter die Hilfsmittel bedenkenlos verschlingt, die anderswo besser eingesetzt werden könnten. Die Anhäufung von konventionellen, chemischen, bakteriologischen und vor allem atomaren Waffen liegt wie eine schwere Drohung über der Zukunft der Nationen, besonders in Europa, und macht die Bevölkerung zu Recht betroffen. Man spürt in der öffentlichen Meinung eine neue tiefe Unruhe, und ich verstehe dies sehr gut.

Die heutige Welt ist gleichsam in einem Netz von Spannungen gefangen. Die Spannung zwischen Ost und West, wie sie allgemein genannt wird, beeinflusst nicht nur die Beziehungen zwischen den direkt davon betroffenen Nationen, sondern prägt auch viele andere schwierige Situationen anderswo in der Welt und verschlimmert sie sogar. In einer solchen Lage muss man sich die furchtbare Gefahr vergegenwärtigen, die diese wachsende Spannung und Polarisierung in großem Maßstab darstellen, vor allem wenn man an die Mittel von gewaltiger und unerhörter Zerstörungskraft denkt, die bereitstehen. Und obwohl die Verantwortlichen sich dieser Gefahr sehr bewusst sind, verspüren sie eine große Schwierigkeit, um nicht zu sagen ihre Ohnmacht, diese Entwicklung anzuhalten und Wege zu finden, um die Spannungen durch konkrete Schritte zur Entspannung, zur Abrüstung und zur Verständigung zu verringern, was ermöglichen würde, größere Anstrengungen auf vorrangige Ziele im Bereich des ökonomischen, sozialen und kulturellen Fortschritts zu richten.

Wenn die Spannung zwischen Ost und West mit ihren ideologischen Hintergründen alle Aufmerksamkeit in Beschlag nimmt und in einer großen Zahl von Ländern vor allem der nördlichen Hemisphäre Angst erzeugt, so darf sie doch nicht eine andere, noch grundlegendere Spannung, jene zwischen Nord und Süd, verdecken, die das Überleben selbst eines großen Teiles der Menschheit betrifft. Es handelt sich um den zunehmenden Gegensatz zwischen den Ländern, die die Chance gehabt haben, ihre Entwicklung zu beschleunigen und ihren Reichtum zu mehren, und den Ländern, die in ihrer Unterentwicklung gefangen sind. Dort liegt eine weitere mächtige Quelle für Bitterkeit und Angst, für Opposition und Revolte, und das umso mehr, weil diese Quelle durch vielfältige Ungerechtigkeiten gespeist wird.

Angesichts dieser übergroßen Probleme lege ich das Thema der Erneuerung des Herzens vor. Man könnte meinen, dieser Vorschlag sei zu einfach und dieses Mittel nicht angemessen. Und doch erlaubt die hier vorgelegte Analyse, wenn man sie genau bedenkt, zur Wurzel des Problems vorzudringen; sie ist von der Art, dass gerade jene Voraussetzungen, die den Frieden bedrohen, einer Prüfung unterzogen werden. Das Unvermögen, das der Menschheit nicht gestattet, die Spannungen aufzulösen, macht deutlich, dass die Hemmungen oder, auf der anderen Seite, die Hoffnungen aus einer tieferen Schicht stammen, als es die Systeme selbst sind.

2. Der Krieg entsteht im Herzen des Menschen

Es ist meine tiefe Überzeugung, es ist das Leitmotiv der Bibel und des christlichen Denkens, es ist, wie ich hoffe, die Erkenntnis vieler Menschen guten Willens, dass der Krieg im Herzen des Menschen geboren wird. Der Mensch ist es, der tötet, und nicht sein Schwert oder, heute, seine Raketen.

Das Herz im Sinne der Bibel ist das Innerste der menschlichen Person in ihrer Beziehung zum Guten, zum Nächsten, zu Gott. Es handelt sich dabei in erster Linie nicht um ihre Affektivität, sondern vielmehr um ihr Gewissen, ihre Weltanschauung, die Denkweise, auf die sie sich bezieht, wie auch die Leidenschaften, die ihn bewegen. Mit dem Herzen ist der Mensch empfänglich für die absoluten Werte des Guten, für Gerechtigkeit, Brüderlichkeit und Frieden.

Zu einer Entartung des Herzens kommt es besonders, wenn das Gewissen dasjenige gut oder schlecht nennt, was es seinen materiellen Interessen oder seinem Machtwillen zuliebe wählen oder ablehnen möchte. Auch die Vielschichtigkeit von Machtausübung hindert nicht, dass es bei der Vorbereitung, Auslösung und Ausbreitung eines Konfliktes stets eine Verantwortung des individuellen Gewissens gibt; dass diese Verantwortung von einer Gruppe geteilt wird, ändert nichts am Prinzip.

Dieses Gewissen ist aber oft beeinflusst, um nicht zu sagen beherrscht, von politischen und ideologischen Gesellschaftssystemen, die ebenfalls das Werk des menschlichen Geistes sind. In dem Maße, wie sich die Menschen von Systemen verführen lassen, die ein umfassendes Menschenbild vorlegen, das in manichäischer Weise jedes andere ausschließt, und die aus dem Kampf gegen die anderen Weltanschauungen, aus ihrer Beseitigung oder Beherrschung die Bedingung für Fortschritt machen, schließen sie sich in eine Kriegsmentalität ein, welche die Spannungen verschärft, und werden so fast unfähig für einen Dialog. Manchmal wird die unbedingte Zustimmung zu solchen Systemen zu einer Art von Anbetung der Macht, der Kraft, des Reichtums, zu einer Form von Sklaverei, die sogar den Regierenden selbst die Freiheit nimmt.

Über die eigentlichen ideologischen Systeme hinaus gibt es außerdem zahlreiche Leidenschaften, die das menschliche Herz entstellen und es zum Krieg drängen. Die Menschen können sich hinreißen lassen zu rassischer Überheblichkeit und als Folge davon zu Hass gegen andere oder auch zu Eifersucht und Begehrlichkeit angesichts des Landes oder der Schätze der anderen oder allgemein zu Machtstreben und Ehrgeiz, zum Willen, ihre Herrschaft über andere Völker auszudehnen, die sie verachten.

Gewiss, die Leidenschaften entstehen oft aus konkreten Enttäuschungen der Einzelnen und der Völker, wenn ihnen von anderen die Garantie ihrer Existenz verweigert wurde oder wenn Gesellschaftssysteme hinsichtlich einer guten demokratischen Praxis und einer gerechten Verteilung der Güter in Rückstand geraten sind. Ungerechtigkeit ist bereits ein großes Laster im Herzen des Menschen, der ausbeutet. Manchmal aber werden die Leidenschaften sogar absichtlich geschürt. Ein Krieg kann schwerlich ausgelöst werden, wenn die Bevölkerung auf beiden Seiten nicht starke Gefühle der Feindschaft füreinander empfindet oder wenn sie nicht davon überzeugt wird, dass die umstrittenen Ansprüche ihre jeweiligen Lebensinteressen berühren. Das ist dann die Erklärung für ideologische Manipulationen, wie sie von einem aggressiven Willen ausgehen. Wenn erst einmal die Kämpfe ausgelöst sind, gibt es nur noch ein Ansteigen der Feindseligkeit; denn sie findet ständig Nahrung in den Leiden und Grausamkeiten, die sich auf beiden Seiten ansammeln. Es kann dann sogar zu Hasspsychosen kommen. Die Hinwendung zu Gewalt und Krieg kommt also letztlich aus der Sünde des Menschen, aus der Verblendung seines Geistes und der Entartung seines Herzens, die sich beide auf das Motiv der Ungerechtigkeit berufen, um Spannungen und Konflikte zu schaffen oder zu verschärfen.

Ja, der Krieg wird im sündigen Herzen des Menschen geboren, angefangen bei der Eifersucht und Gewalt, die das Herz des Kain bei der Begegnung mit seinem Bruder Abel nach jener alten biblischen Erzählung befallen haben. Handelt es sich aber nicht tatsächlich um einen noch tieferen Bruch, wenn die Menschen unfähig werden, sich über die Unterscheidung von Gut und Böse zu einigen und über die Werte des Lebens, dessen Quelle und Garant Gott ist? Erklärt das nicht die Irrwege des Herzens des Menschen, dem es nicht mehr gelingt, mit seinen Artgenossen auf der Grundlage der Wahrheit mit aufrichtigem Geist und wohlwollendem Herzen Frieden zu schließen?

Die Wiederherstellung des Friedens wäre nur von kurzer Dauer und eine große Illusion, wenn dabei nicht eine wirkliche Änderung des Herzens stattfände. Die Geschichte hat uns gelehrt, dass sogar jene Befreiungen, nach denen man sich gesehnt hatte zu der Zeit, da ein Land besetzt war oder die bürgerlichen Freiheiten nicht viel galten, in dem Maße enttäuscht haben, wie die Verantwortlichen und die Bürger ihre geistige Enge und Intoleranz, ihre hartnäckige Weigerung, die Konflikte zu überwinden, beibehielten. In der Bibel selbst haben die Propheten solche oberflächlichen Befreiungen angeprangert, wenn sich das Herz nicht wirklich geändert, bekehrt, hatte.

3. Der Frieden entspringt einem neuen Herzen

Wenn die gegenwärtigen Systeme, die das Herz des Menschen hervorgebracht hat, sich als unfähig für die Erhaltung des Friedens erweisen, dann muss ebendieses Herz des Menschen erneuert werden, um die Systeme, Institutionen und Methoden erneuern zu können. Der christliche Glaube kennt ein Wort, um diese grundlegende Änderung des Herzens zu bezeichnen: Es ist die Bekehrung. Allgemein gesprochen, handelt es sich darum, die Klarsicht und Unparteilichkeit zusammen mit der Freiheit des Geistes, den Sinn für Gerechtigkeit mit der Achtung vor den Menschenrechten, den Sinn für einen angemessenen Ausgleich mit weltweiter Solidarität zwischen den Reichen und den Armen, das gegenseitige Vertrauen und die brüderliche Liebe wiederzufinden.

Es ist vor allem nötig, dass die Personen und die Völker eine wahre Freiheit des Geistes erlangen, um sich unfruchtbarer Verhaltensweisen der Vergangenheit sowie des in sich verschlossenen und einseitigen Charakters von philosophischen und sozialen Systemen bewusst zu werden, die von fragwürdigen Voraussetzungen ausgehen und den Menschen mit seiner Geschichte auf ein begrenztes Feld von materiellen Kräften einengen, die nur auf die Macht der Waffen oder der Wirtschaft setzen, die die Menschen in Kategorien einschließen, bei denen ausschließlich das Gegeneinander vorherrscht, die einbahnige Lösungen anpreisen, die die komplexen Wirklichkeiten im Leben der Nationen missachten und diese daran hindern, sich in Freiheit damit zu befassen. Es muss also zu einer Prüfung dieser Systeme kommen, die offenkundig in Sackgassen führen und Dialog und Verständigung einfrieren lassen, die das Misstrauen fördern und Bedrohung und Gefahr vermehren, ohne die wirklichen Probleme zu lösen und echte Sicherheit zu bieten, ohne die Völker wirklich glücklich in Frieden und Freiheit zu machen. Diese Umwandlung in der Tiefe des Geistes und des Herzens erfordert gewiss großen Mut, den Mut der Demut und der Einsicht; sie muss, ausgehend vom Gewissen der einzelnen Personen, das kollektive Denken erreichen. Ist es eine Utopie, darauf zu hoffen? Die Ohnmacht und die Gefahr, in der sich unsere Zeitgenossen befinden, drängen sie dazu, diese Rückkehr zur Wahrheit, die allein sie befreit und befähigt, bessere Systeme zu schaffen, nicht auf später aufzuschieben. Das ist die erste Bedingung für ein neues Herz.

Die anderen positiven Elemente sind gut bekannt. Es genügt, sie hier kurz zu erwähnen. Der Frieden ist nur dann echt, wenn er die Frucht der Gerechtigkeit ist; „opus iustitiae pax“ (Vulgata, Jes 32,17), sagte schon der Prophet Jesaja: Gerechtigkeit zwischen den Sozialpartnern, Gerechtigkeit zwischen den Völkern. Eine Gesellschaft ist aber nicht gerecht, nicht menschlich, wenn sie nicht die Grundrechte der menschlichen Person achtet. Kriegerische Gesinnung dagegen entsteht und reift dort, wo die unveräußerlichen Rechte des Menschen verletzt werden. Selbst wenn die Diktatur und der Totalitarismus das Seufzen der ausgebeuteten und unterdrückten Menschen für einige Zeit ersticken, bewahrt der rechtdenkende Mensch die Überzeugung, dass nichts diese Verletzung der Menschenrechte zu rechtfertigen vermag. Er hat den Mut, für die anderen, die leiden, seine Stimme zu erheben und weigert sich, vor der Ungerechtigkeit zu kapitulieren, sich mit ihr zu kompromittieren. Derjenige, der den Frieden zutiefst will, wird sogar – so paradox dies auch klingt – jeden Pazifismus zurückweisen, der nur Feigheit oder eine simple Wahrung der Ruhe sein würde. Jene, die versuchen, anderen ihre Herrschaft aufzuzwingen, werden stets dem Widerstand von einsichtigen und mutigen Männern und Frauen begegnen, die bereit sind, die Freiheit zu verteidigen, um die Gerechtigkeit zu fördern.

Die Redlichkeit will auch, dass man die Gerechtigkeit und Solidarität in den Beziehungen mit den armen Ländern und vor allem mit jenen verstärkt, die Elend und Hunger erdulden. Der Ausspruch Pauls VI. ist bereits die Überzeugung vieler geworden: „[Die] Entwicklung[…] [ist] der neue Name für Friede" (PP 76). Die reichen Länder sollten also von ihrem kollektiven Egoismus lassen, um den gegenseitigen Austausch und die Hilfeleistungen in neuen Kategorien zu überdenken, indem man sich einer weltweiten Sicht öffnet.

Mehr noch, das neue Herz setzt sich dafür ein, dass Kriegsangst und Kriegspsychose allmählich verschwinden. Es ersetzt das Axiom, nach dem der Frieden sich aus dem Gleichgewicht der Rüstung herleitet, durch den Grundsatz, dass der wahre Frieden sich nur in gegenseitigem Vertrauen verwirklichen kann (vgl. PT 113). Gewiss, ein solches Herz wird zugleich wachsam und hellsichtig bleiben, um die Lügen und Manipulationen aufzudecken und mit Umsicht voranzugehen. Aber es wagt, unaufhörlich jenen Dialog zu führen und wieder aufzunehmen, der das Thema meiner Botschaft im vergangenen Jahr gewesen ist. Das neue Herz ist schließlich dasjenige, das sich von der Liebe inspirieren lässt. Schon Pius XI. hat gesagt, dass es „keinen wahren äußeren Frieden unter den Menschen und Völkern geben kann, wo nicht der Geist des Friedens den Verstand und die Herzen beseelt […]; den Verstand, um die Forderungen der Gerechtigkeit zu erkennen und zu achten; die Herzen, damit sich zur Gerechtigkeit die Liebe gesellt und diese sogar die Gerechtigkeit übersteigt. Denn wenn der Frieden das Werk und die Frucht der Gerechtigkeit ist […], ist er doch mehr der Liebe als der Gerechtigkeit zuzuschreiben"[1]. Es geht darum, auf die Gewalt, auf Lüge und Hass zu verzichten, in den Absichten und Gefühlen und im ganzen Verhalten ein brüderlich gesinnter Mensch zu werden, der die Würde und die Bedürfnisse des anderen anerkennt und mit ihm zusammenzuarbeiten sucht, um eine Welt des Friedens aufzubauen.

---

[1] *Pius XI.*, Weihnachtsansprache an das Kardinalskollegium vom 24. Dezember 1930, in: Acta Apostolicae Sedis 22 (1930), 535; [Anm. der Herausgeber: Besagte Ansprache war im Volltext nur in italienischer Sprache erfasst.]

4. Appell an die Verantwortlichen für Politik und öffentliche Meinung
Da man also zu einem neuen Herzen gelangen und eine neue Mentalität des Friedens schaffen muss, kann und soll jeder Mann und jede Frau, was auch immer ihr Platz in der Gesellschaft ist, bei der Errichtung eines wahrhaften Friedens in ihrem Lebensbereich, in der Familie, in der Schule, im Betrieb, in der Stadt, ihren Teil an Verantwortung wirklich übernehmen. In seinen Sorgen, seinen Gesprächen und in seinem Wirken soll sich jeder für alle seine Brüder und Schwestern verpflichtet fühlen, die zu derselben Menschheitsfamilie gehören, auch wenn sie im Widerstreit miteinander leben.

Natürlich gibt es in der Verantwortung Grade. Jene der Staatsoberhäupter, der politischen Führung, ist entscheidend für die Herstellung und Entfaltung friedlicher Beziehungen zwischen den verschiedenen Gruppen der Nation und unter den Völkern. Mehr als andere müssen sie davon überzeugt sein, dass der Krieg in sich irrational ist und das ethische Prinzip von der friedlichen Lösung der Konflikte der einzige menschenwürdige Weg ist. Gewiss, man muss auch die Gewalt mitbedenken, die in der Geschichte der Menschen in so massiver Form auftritt. Es ist Realismus im Dienst der grundlegenden Sorge um Gerechtigkeit, der in einer solchen Geschichte die Beibehaltung des Prinzips von der legitimen Verteidigung fordert. Aber die entsetzlichen Risiken von Waffen mit ungeheurer Vernichtungskraft müssen Entwicklungen in die Wege leiten, die zu Zusammenarbeit und Abrüstung führen und den Krieg praktisch undenkbar machen. Der Frieden muss errungen werden. Umso mehr muss das Gewissen den verantwortlichen Politikern verbieten, sich in gefährliche Abenteuer ziehen zu lassen, wo Leidenschaft über die Gerechtigkeit die Oberhand gewinnt, dafür das Leben ihrer Mitbürger nutzlos zu opfern, die Konflikte bei den anderen zu schüren, die Unsicherheit des Friedens in einer Region als Vorwand zu benutzen, um ihre Hegemonie auf neue Gebiete auszudehnen. Die Verantwortlichen müssen dies alles in ihrem Herzen und Gewissen erwägen und jeden Machiavellismus verbannen; sie werden darüber ihren Völkern und Gott Rechenschaft geben.

Aber ich wiederhole, der Frieden ist die Pflicht aller. Die internationalen Organisationen haben ebenfalls eine große Bedeutung dafür, dass umfassende Lösungen gegenüber parteiischen Gesichtspunkten die Oberhand gewinnen. Mein Appell richtet sich besonders an diejenigen, die durch die Medien einen Einfluss auf die öffentliche Meinung ausüben, an alle jene, die in der Erziehungsarbeit unter den Jugendlichen und Erwachsenen tätig sind: Ihnen ist die Aufgabe anvertraut, den Geist des Friedens zu formen. Kann man in der Gesellschaft nicht in einer besonderen Weise auf die Jugendlichen bauen? Angesichts einer bedrohlichen Zukunft, die sie ahnen, sehnen sie sich ohne Zweifel mehr als andere nach dem Frieden, und viele sind bereit, sich dafür hochherzig und mit allen Kräften einzusetzen. Sie sollen ihre Erfindungsgabe hierfür unter Beweis stellen, dabei jedoch eine klare Sicht bewahren; ebenso sollen sie Mut zeigen, alle Aspekte langfristiger Lösungen zu bedenken! Alle Männer und Frauen sollen schließlich ihren Beitrag für den Frieden leisten und sich dabei entsprechend ihrer Veranlagung und ihrer jeweiligen Aufgaben gegenseitig ergänzen. So können die Frauen, die mit dem Geheimnis des Lebens eng verbunden sind, viel für die Förderung einer Friedensgesinnung tun, indem sie die Erhaltung des Lebens gewährleisten und davon überzeugt sind, dass wahre Liebe die einzige Kraft ist, die die Welt für alle bewohnbar zu machen vermag.

5. Appell an die Christen

Christen, Jünger Jesu, die inmitten der Spannungen unserer Zeit leben, wir müssen uns daran erinnern, dass es kein Glück gibt, es sei denn für die, „die Frieden stiften“ (Mt 5,9).

Die katholische Kirche lebt das Heilige Jahr der Erlösung: Sie ist als ganze eingeladen, sich vom Herrn erfassen zu lassen, der im Augenblick vor der äußersten Bezeugung seiner Liebe sagt: „[M]einen Frieden gebe ich euch“ (Joh 14,27). In ihr muss jeder die Verkündigung des Heils und die Kraft der Hoffnung mit allen Brüdern teilen.

Die Bischofssynode über die Versöhnung und die Buße erinnert an das erste Wort Christi: „Kehrt um und glaubt an das Evangelium!“ (Mk 1,15) Die Botschaft der Väter der Synode zeigt uns, auf welchem Weg wir voranschreiten müssen, um wahrhaftig Friedensstifter zu sein: „Das Wort ruft uns zur Buße. ‚Bekehre dein Herz‘, sagt es, ‚bitte um Vergebung und lass dich mit dem Vater versöhnen‘. Der Ratschluss des Vaters für unsere Gesellschaft ist, dass wir wie eine einzige Familie in Gerechtigkeit und Wahrheit, in Freiheit und Liebe leben“[2]. Diese Familie wird nur dann in tiefem Frieden geeint sein, wenn wir den Aufruf vernehmen, zum Vater zurückzukehren, uns mit Gott selber zu versöhnen.

Auf diesen Aufruf antworten, mit Gottes Plan zusammenarbeiten, bedeutet, uns von Gott bekehren zu lassen. Wir vertrauen dabei nicht nur auf unsere Kraft, nicht nur auf unseren Willen, der allzu oft schwach ist. Möge unser Leben sich verwandeln lassen, denn „alles kommt von Gott, der uns durch Christus mit sich versöhnt und uns den Dienst der Versöhnung aufgetragen hat“ (2 Kor 5,18).

Entdecken wir wieder neu die Macht des Gebetes: Beten heißt, mit dem in Einklang zu treten, den wir anrufen, dem wir begegnen, der uns das Leben schenkt. Die Erfahrung des Gebetes machen, bedeutet, die Gnade anzuneh-

---

[2] Vgl. L’Osservatore Romano, 28. Oktober 1983.

men, die uns verwandelt; der Heilige Geist, der sich mit unserem Geist verbindet, veranlasst uns, unser Leben nach dem Wort Gottes zu gestalten. Beten besagt, am Einwirken Gottes auf die Geschichte teilzunehmen: Der souveräne Herr der Geschichte, er hat die Menschen zu seinen Mitarbeitern machen wollen.

Paulus sagt uns von Christus: „Denn er ist unser Friede. Er vereinigte die beiden Teile und riss die trennende Wand der Feindschaft in seinem Fleisch nieder“ (Eph 2,14). Wir wissen, welche Macht des Erbarmens uns im Sakrament der Versöhnung verwandelt. Es schenkt sie uns in reicher Fülle. In aller Redlichkeit können wir uns darum nicht mit den Spaltungen und Zerwürfnissen abfinden, die uns entzweien, die wir denselben Glauben teilen. Wir können nicht untätig hinnehmen, dass die Konflikte fortdauern, die die Einheit der Menschheit zerstören, die doch berufen ist, ein Leib zu werden. Wenn wir uns feierlich Vergebung zusprechen, können wir uns dann noch endlos bekämpfen? Können wir noch Gegner bleiben, während wir denselben lebendigen Gott anrufen? Können wir, wenn das Liebesgebot Christi unser Gesetz ist, stumm und tatenlos bleiben, wenn die verwundete Welt erwartet, dass wir uns in die erste Reihe zu denen stellen, die den Frieden aufbauen? Demütig und im Bewusstsein unserer Schwäche treten wir an den eucharistischen Altar, wo jener, der sein Leben für die große Schar seiner Brüder hingibt, uns ein neues Herz schenkt, wo er uns einen neuen Geist eingibt (vgl. Ez 36,26). Aus unserer tiefsten Armut und Verwirrung sagen wir durch ihn Dank, denn er vereinigt uns durch seine Gegenwart und durch das Geschenk seiner selbst; er, der „kam und […] den Frieden [verkündete]: euch, den Fernen, und Frieden den Nahen“ (Eph 2,17). Und wenn es uns gegeben ist, ihn zu empfangen, so ist es unsere Aufgabe, durch unseren brüderlichen Einsatz auf allen Baustellen des Friedens seine Zeugen zu sein.

Schluss

Der Frieden hat vielfältige Formen. Es gibt den Frieden zwischen den Nationen, den Frieden in der Gesellschaft, den Frieden zwischen den Bürgern, den Frieden zwischen den religiösen Gemeinschaften, den Frieden in den Betrieben, in den Wohnvierteln und Orten und besonders den Frieden in der Familie. Während ich mich an die Katholiken und auch an die anderen christlichen Brüder und die Menschen guten Willens wende, habe ich auf eine gewisse Anzahl von Hindernissen für den Frieden hingewiesen. Sie sind schwerwiegend und ziehen ernste Gefahren nach sich. Da sie aber vom Geist, vom Willen und Herzen der Menschen abhängen, können diese sie mit Gottes Hilfe überwinden. Sie müssen sich dagegen wehren, dem Fatalismus und der Mutlosigkeit zu erliegen. Positive Zeichen werden schon im Dunkel sichtbar. Die Menschheit wird sich der unumgänglichen Solidarität bewusst, die Völker und Nationen verbindet und erforderlich ist für die Lösung der meisten großen Probleme: Arbeitsbeschaffung, Nutzung der irdischen und kosmischen Schätze, Förderung der weniger begüterten Länder, Sicherheit. Die kontrollierte allgemeine Abrüstung wird von vielen als eine Lebensnotwendigkeit betrachtet. Instanzen mehren sich, um alles ins Werk zu setzen, damit der Krieg vom Horizont der Menschheit verschwindet. Die Appelle zum Dialog, zur Zusammenarbeit und zur Versöhnung nehmen ebenfalls zu, und zahlreiche Initiativen treten ans Licht. Der Papst ermutigt sie. „Selig, die Frieden stiften!“ (Mt 5,9) Möge der hochherzige Einsatz stets mit einem klaren Blick verbunden sein! Der Frieden werde immer aufrichtiger und schlage Wurzeln im Herzen der Menschen! Es werde der Schrei der gequälten Menschen gehört, die auf den Frieden warten! Jeder setze alle Energien eines erneuerten und brüderlichen Herzens ein, um Frieden in der ganzen Welt zu schaffen!

Aus dem Vatikan, am 8. Dezember 1983
Johannes Paul II.

Botschaft seiner Heiligkeit Papst Johannes Paul II.
zur Feier des 18. Weltfriedenstages
1. Januar 1985

Frieden und Jugend, zusammen unterwegs

An euch alle, die ihr an die Dringlichkeit des Friedens glaubt,
an euch, Eltern und Erzieher, die ihr danach verlangt, den Frieden zu fördern,
an euch, Politiker, die ihr für die Sache des Friedens unmittelbar Verantwortung tragt,
an euch, Männer und Frauen im Dienst der Kultur, die ihr in der heutigen Zivilisation Frieden zu schaffen sucht,
an euch alle, die ihr um des Friedens und der Gerechtigkeit willen leidet,
und vor allem an euch junge Menschen in aller Welt, deren Entscheidungen im eigenen Leben und deren Aufgaben in der Gesellschaft die Aussichten für den Frieden heute und morgen bestimmen werden,
an euch alle und an alle Menschen guten Willens richte ich meine Botschaft zum 18. Weltfriedenstag; denn Frieden ist ein entscheidendes Anliegen, eine unausweichliche Herausforderung, eine große Hoffnung.

1. Die Probleme und die Hoffnungen der Welt begegnen uns täglich
Es ist wahr: Die Herausforderung des Friedens begleitet uns fortwährend. Wir leben in einer schwierigen Zeit, unter vielfältiger Bedrohung durch Krieg und zerstörerische Gewalt. Tiefe Meinungsverschiedenheiten richten verschiedene soziale Gruppen, Völker und Nationen gegeneinander. So viele ungerechte Situationen gibt es, die nur deshalb nicht in offene Konflikte ausbrechen, weil die Gewalt derer, die die Macht innehaben, so groß ist, dass sie den Machtlosen alle Kraft und Gelegenheit nimmt, ihre Rechte einzufordern. Ja, es gibt heute Menschen, die durch totalitäre Regime und ideologische Systeme daran gehindert werden, das Grundrecht auszuüben, selbst über ihre Zukunft zu entscheiden. Männer und Frauen erleiden heutzutage unerträgliche Beleidigungen ihrer Menschenwürde durch Rassendiskriminierung, Verbannung und Tortur. Sie sind Opfer von Hunger und Krankheit. Sie werden daran gehindert, ihren religiösen Glauben auszuüben oder ihre eigene Kultur zu entwickeln. Es ist wichtig, die tiefsten Ursachen dieser Konfliktsituation zu erkennen, die den Frieden unsicher und anfällig macht. Eine wirksame Förderung des Friedens verlangt, dass wir uns nicht darauf beschränken, die schlimmen Folgen der gegenwärtigen Situation von Krise, Konflikt und Unrecht nur zu beklagen; was wir tatsächlich tun müssen, ist, die Wurzeln dieser Folgen zu beseitigen. Diese Ursachen finden wir vor allem in den Ideologien,

die unser Jahrhundert beherrscht haben und dies immer noch tun: Sie zeigen sich in politischen, wirtschaftlichen und gesellschaftlichen Systemen und haben die Kontrolle darüber, wie die Menschen denken. Diese Ideologien sind von einer totalitären Einstellung gekennzeichnet, welche die Würde und die transzendentalen Werte der menschlichen Person und ihrer Rechte missachtet und unterdrückt. Eine derartige Einstellung sucht sich auf politischer, wirtschaftlicher und gesellschaftlicher Ebene mit einer solchen Härte in Ziel und Methode durchzusetzen, dass sie sich jedem echten Dialog und wirklichen Austausch von Ideen verschließt. Einige dieser Ideologien sind sogar zu einer Art von falscher, weltlicher Religion geworden, die beansprucht, der ganzen Menschheit das Heil zu bringen, ohne jedoch irgendeinen Beweis ihrer Wahrheit vorzulegen. Gewalt und Ungerechtigkeit haben aber auch tiefe Wurzeln im Herzen jeder Person, jedes Einzelnen von uns, im täglichen Denken und Verhalten der Menschen. Wir brauchen nur zu denken an Konflikte und Entzweiungen in den Familien, zwischen Eheleuten, zwischen Eltern und Kindern, in der Schule, im Beruf, in den Beziehungen zwischen gesellschaftlichen Gruppen und zwischen den Generationen. Denken wir auch an die Fälle, wo das grundlegende Lebensrecht der schwächsten und schutzlosesten Menschen verletzt wird.

Angesichts dieser und zahlreicher anderer Übel ist es dennoch nicht berechtigt, die Hoffnung aufzugeben – so stark sind die Energien, welche fortwährend in den Herzen der Menschen aufbrechen, die an Gerechtigkeit und Frieden glauben. Die gegenwärtige Krise kann und muss eine Gelegenheit zur Umkehr und zur Erneuerung der Einstellungen werden. Die Zeit, in der wir leben, ist nicht nur eine Periode der Gefahren und Sorgen; sie ist auch eine Stunde der Hoffnung.

2. Frieden und Jugend, zusammen unterwegs

Die augenblicklichen Schwierigkeiten sind wirklich ein Test für unsere Menschlichkeit. Sie können Wendepunkte auf der Straße zu einem dauerhaften Frieden werden; denn sie wecken die kühnsten Träume und entbinden die besten Kräfte in Geist und Herz. Schwierigkeiten sind eine Herausforderung für alle; Hoffnung ist das Gebot für jeden. Heute aber möchte ich euch auf die Rolle aufmerksam machen, die die Jugend im Bemühen um den Frieden übernehmen sollte. Da wir uns darauf vorbereiten, in ein neues Jahrhundert und ein neues Jahrtausend einzutreten, müssen wir uns bewusst werden, dass die Zukunft des Friedens und darum auch die Zukunft der Menschheit in besonderer Weise den moralischen Grundentscheidungen anvertraut ist, die eine neue Generation von Männern und Frauen zu fällen berufen ist. In nur wenigen Jahren werden die jungen Menschen von heute die Verantwortung für das Leben der Familien und der Völker, für das Gemeinwohl aller und für den Frieden in ihren Händen halten. Jugendliche in aller Welt haben bereits begonnen, sich zu fragen: Was kann ich tun? Was können wir tun? Wohin führt uns der Weg? Sie möchten ihren Beitrag leisten, um die verwundete und geschwächte Gesellschaft zu heilen. Sie wollen neue Lösungen für alte Probleme anbieten. Sie möchten eine neue Zivilisation brüderlicher Solidarität errichten. Indem ich mich von solchen jungen Menschen anregen lasse, möchte ich jedermann dazu einladen, über diese Dinge nachzudenken. In besonderer und direkter Weise aber will ich mich an die Jugendlichen von heute und von morgen wenden.

3. Junge Menschen, habt keine Angst vor eurer eigenen Jugend

Dies ist der erste Appell, den ich an euch, junge Männer und Frauen von heute, richten möchte: Habt keine Angst! Habt keine Angst vor eurer eigenen Jugend und vor jener tiefen Sehnsucht nach Glück und Wahrheit, nach Schönheit und bleibender Liebe! Manchmal wird gesagt, die Gesellschaft habe Angst vor dieser mächtigen Sehnsucht junger Menschen, ja ihr selbst hättet Angst davor. Habt aber keine Angst! Wenn ich auf euch Jugendliche schaue, empfinde ich große Dankbarkeit und Hoffnung. Die Zukunft bis weit in das nächste Jahrhundert hinein liegt in euren Händen. Die Zukunft des Friedens liegt in euren Herzen. Um die Geschichte so, wie ihr es könnt und müsst, zu gestalten, müsst ihr sie von den falschen Wegen befreien, denen sie folgt. Um dies zu tun, müsst ihr Menschen sein mit einem tiefen Vertrauen in den Menschen und einem tiefen Vertrauen in die Größe menschlicher Berufung – einer Berufung, der man mit Respekt vor der Wahrheit sowie vor der Würde und den unverletzlichen Rechten der menschlichen Person entsprechen muss.

Was ich in euch aufbrechen sehe, ist ein neues Bewusstsein für eure Verantwortung und ein frisches Gespür für die Bedürfnisse eurer Mitmenschen. Zusammen mit vielen anderen seid ihr erfüllt vom Hunger nach Frieden. Ihr seid beunruhigt durch so viel Ungerechtigkeit um euch herum. Ihr verspürt eine ungeheure Gefahr in den gigantischen Waffenvorräten und in der Bedrohung durch einen Atomkrieg. Ihr leidet darunter, wenn ihr den weitverbreiteten Hunger und die Unterernährung seht. Ihr sorgt euch um die Umwelt für heute und für die kommenden Generationen. Ihr fühlt euch bedroht durch Arbeitslosigkeit, und viele von euch leben bereits ohne Arbeit und ohne Aussicht auf eine sinnvolle Tätigkeit. Ihr seid empört über die große Zahl von Menschen, die politisch und geistig unterdrückt werden und ihre grundlegenden Menschenrechte als Einzelne oder als Gemeinschaft nicht ausüben können. All dies kann das Gefühl aufkommen lassen, das Leben habe wenig Sinn.

In dieser Lage können einige von euch versucht sein, vor ihrer Verantwortung zu fliehen: In die Traumwelt von Alkohol und Drogen, in kurzlebige sexuelle Beziehungen ohne Verpflichtung zu Ehe und Familie, in Gleichgültigkeit, Zynismus und sogar Gewalt. Seid wachsam gegenüber einer betrügerischen Welt, die euch ausbeuten und eure kraftvolle, energische Suche nach Glück und Sinn fehlleiten möchte. Zieht euch aber nicht zurück von der Suche nach wahren Antworten auf die Fragen, vor denen ihr steht! Habt keine Angst!

4. Die unausweichliche Frage: Was denkt ihr vom Menschen?
Die erste und vordringliche unter den Fragen, die ihr euch stellen müsst, ist diese: Was denkt ihr vom Menschen? Worin besteht für euch die Würde und Größe des Menschen? Das sind Fragen, die ihr jungen Leute euch selbst stellen sollt, die ihr aber auch der vorhergehenden Generation, euren Eltern und all denjenigen stellt, die auf verschiedenen Ebenen die Verantwortung für die Sorge um die Güter und Werte der Welt gehabt haben. Der Versuch, diese Fragen offen und ehrlich zu beantworten, kann Alt und Jung dazu bringen, ihr eigenes Handeln und ihren Lebensweg zu überdenken. Haben nicht tatsächlich die Menschen, vor allem in den entwickelteren und reicheren Staaten, sehr oft einer materialistischen Sicht des Lebens nachgegeben? Meinen Eltern nicht mitunter, ihre Verpflichtungen gegenüber ihren Kindern erfüllt zu haben, wenn sie ihnen über die Grundbedürfnisse hinaus noch mehr materielle Güter als Antwort auf ihre Lebenswünsche geboten haben? Geben sie dadurch nicht an die jungen Generationen eine Welt weiter, die arm sein wird an wesentlichen geistigen Werten, arm an Frieden und Gerechtigkeit? Hat nicht ebenso in anderen Nationen die Faszination gewisser Ideologien den jungen Generationen ein Erbe an neuen Formen von Versklavung hinterlassen, ohne die Freiheit, jenen Werten zu folgen, die das Leben in all seinen Aspekten wahrhaft vervollkommnen? Fragt euch, was für eine Art von Menschen ihr selbst und eure Mitmenschen sein wollt, welche Art von Kultur ihr errichten möchtet. Stellt euch diese Fragen und fürchtet euch nicht von den Antworten, selbst wenn diese von euch eine Änderung in der Richtung eurer Gedanken und Bindungen fordern.

5. Die Grundfrage: Wer ist euer Gott?
Jene erste Frage führt zu einer noch tieferen und grundlegenderen: Wer ist euer Gott? Wir können unseren Begriff vom Menschen nicht definieren, ohne ein Absolutes, eine Fülle der Wahrheit, der Schönheit und des Guten zu bestimmen, von der wir unser Leben leiten lassen. So ist es wahr, dass der Mensch, das sichtbare Abbild des unsichtbaren Gottes, die Frage danach, wer er oder sie ist, nicht beantworten kann, ohne gleichzeitig zu erklären, wer sein oder ihr Gott ist. Es ist unmöglich, diese Frage auf die Privatsphäre des Menschen zu beschränken. Es ist unmöglich, diese Frage von der Geschichte der Völker zu trennen. Heutzutage ist man der Versuchung ausgesetzt, Gott

im Namen des eigenen Menschseins zurückzuweisen. Wo immer es eine solche Zurückweisung gibt, fällt ein immer dunklerer Schatten tödlicher Furcht nieder. Furcht entsteht, wo immer Gott im Gewissen der Menschen stirbt. Jedermann weiß, wenn auch nur dunkel und mit Schaudern, dass, wo immer Gott im Gewissen der menschlichen Person stirbt, daraus unvermeidlich der Tod des Menschen als Abbild Gottes folgt.

6. Eure Antwort: Entscheidungen auf der Grundlage von Werten

Welche Antworten ihr auch immer auf diese beiden miteinander verbundenen Fragen gebt, sie werden für den Rest eures Lebens die Richtung bestimmen. Jeder von uns musste während seiner Jugendzeit mit diesen Fragen ringen und an einem bestimmten Punkt zu einem gewissen abschließenden Urteil hierüber kommen, das dann unsere folgenden Entscheidungen und Wege, unser ganzes künftiges Leben geformt hat. Die Antworten, die ihr jungen Menschen auf diese Fragen gebt, werden ebenso bestimmen, wie ihr auf die großen Herausforderungen von Frieden und Gerechtigkeit antwortet. Wenn ihr euch dafür entschieden habt, dass ihr selbst euer eigener Gott sein wollt ohne Rücksicht auf andere, dann werdet ihr Werkzeuge von Spaltung und Feindschaft, Werkzeuge sogar von Krieg und Gewalt. Indem ich dies betone, möchte ich euch auf die Bedeutung von Entscheidungen hinweisen, die Werte beinhalten. Werte sind die Grundlagen von Entscheidungen, die nicht nur euer eigenes Leben bestimmen, sondern auch die Politik und die Strategien, die das Leben in der Gesellschaft formen. Und denkt daran, dass es nicht möglich ist, die gesellschaftlichen von den personalen Werten zu trennen. Auch geht es nicht an, in diesem Widerspruch zu leben: An andere und an die Gesellschaft Forderungen zu stellen und selbst ein persönliches Leben in Zügellosigkeit zu führen.

Ihr müsst euch also entscheiden, auf welchen Werten ihr die Gesellschaft erbauen wollt. Eure Wahl jetzt wird darüber entscheiden, ob ihr in Zukunft die Tyrannei ideologischer Systeme erleiden werdet, welche das gesellschaftliche Kräftespiel auf die Logik des Klassenkampfes einschränkt. Die Werte, die ihr heute wählt, werden darüber entscheiden, ob die Beziehungen zwischen den Völkern weiterhin überschattet bleiben von bedrohlichen Spannungen, die eine Auswirkung sind von heimlichen oder offen propagierten Plänen, alle Völker Regimen zu unterwerfen, unter denen Gott nicht zählt und unter denen die Würde der menschlichen Person den Forderungen einer Ideologie geopfert wird, die versucht, das Kollektiv absolut zu setzen. Die Werte, denen ihr euch in der Jugend verpflichtet, werden darüber bestimmen, ob ihr euch zufriedengebt mit dem Erbe einer Vergangenheit, in der Hass und Gewalt die Liebe und Versöhnung ersticken. Von den heutigen Entscheidungen eines jeden von euch wird die Zukunft eurer Brüder und Schwestern abhängen.

7. Der Wert des Friedens

Die Sache des Friedens, die beständige und unausweichliche Herausforderung unserer Tage, hilft euch, euch selbst und eure Werte zu entdecken. Die Tatsachen sind offenkundig und erschreckend. Millionen ausgegeben für Waffen; materielle Mittel und geistige Talente ausschließlich eingesetzt, um Waffen herzustellen; politische Instanzen, die zuweilen nicht aussöhnen und Völker einander näherbringen, sondern eher noch Barrieren errichten und Nationen voneinander trennen. Unter diesen Umständen kann ein sinnvoller Patriotismus einer fanatischen Parteinahme zum Opfer fallen, und ein lobenswerter Dienst für die Verteidigung des eigenen Landes kann zum Gegenstand von Missdeutung und sogar von Spott werden (vgl. GS 79). Inmitten von vielen verführerischen Einladungen, nur den eigenen Vorteil zu suchen, müssen Männer und Frauen, die den Frieden wollen, lernen, zunächst auf die Werte des Lebens zu achten und dann zuversichtlich daranzugehen, diese Werte konkret zu verwirklichen. Der Ruf zum Friedensstifter hat als feste Grundlage den Ruf zur Bekehrung des Herzens, wie ich in der Botschaft zum letztjährigen Weltfriedenstag dargelegt habe. Er gewinnt dann weiter Kraft aus der Verpflichtung zu einem aufrichtigen Dialog und zu ehrlichen Verhandlungen, die auf gegenseitigem Respekt beruhen, verbunden mit einer realistischen Einschätzung der gerechten Forderungen und legitimen Interessen aller Partner. Der Wille zum Frieden wird danach trachten, die Waffen zu verringern, deren ungeheure Zahl den Herzen der Menschen Angst macht. Er wird darangehen, Brücken zu bauen – von kultureller, wirtschaftlicher, sozialer und politischer Art –, die einen stärkeren Austausch unter den Völkern erlauben. Er wird den Frieden fördern als eine Sache, die auch der andere möchte, nicht durch Parolen, die trennen, oder durch Aktionen, die unnötigerweise Leidenschaften wecken, sondern mit einem ruhigen Vertrauen, das die Frucht ist aus einer Entscheidung für wahre Werte und für das Wohl der Menschheit.

8. Der Wert der Gerechtigkeit

Das Wohl der Menschheit ist letztlich der Grund, warum ihr die Sache des Friedens zu eurer eigenen machen müsst. Indem ich dies sage, fordere ich euch auf, euch von der ausschließlichen Konzentration auf die Friedensbedrohung, wie sie gewöhnlich als das Ost-West-Problem angeführt wird, abzuwenden und stattdessen die ganze Welt ins Auge zu fassen und ebenso an die sogenannten Nord-Süd-Spannungen zu denken. Wie früher schon möchte ich auch heute betonen, dass diese beiden Ziele – Frieden und Entwicklung – voneinander abhängen und deshalb zusammen angestrebt werden müssen, wenn die jungen Menschen von heute eine bessere Welt von morgen erben sollen.

Ein Aspekt dieser Abhängigkeit ist der Einsatz von Mitteln für einen Zweck, die Rüstung, anstatt für einen anderen, die Entwicklung. Aber die wirkliche Verbindung ist hierbei nicht einfach der Einsatz von Mitteln, so wichtig dies auch sein mag; sie besteht vielmehr zwischen den Werten, die jemanden für den Frieden, und den Werten, die jemanden für eine echte Entwicklung verpflichten. Denn so gewiss wie der wahre Frieden mehr erfordert als nur die Abwesenheit von Krieg oder den bloßen Abbau von Waffensystemen, so kann auch Entwicklung in ihrem wahren und vollen Sinne niemals allein auf einen Wirtschaftsplan oder eine Reihe von technischen Projekten beschränkt werden, so wertvoll diese auch sein mögen. Im gesamten Bereich des Fortschritts, den wir Gerechtigkeit und Frieden nennen, müssen jeweils dieselben Werte zugrunde gelegt werden, die sich aus der Vorstellung ergeben, die wir vom Menschen und von Gott in seiner Beziehung zur ganzen Menschheit haben. Die gleichen Werte, die jemanden dazu bringen, ein Friedensstifter zu sein, sind auch die Werte, die jemanden bewegen, die allseitige Entwicklung jedes Menschen und aller Völker zu fördern.

9. Der Wert, mitwirken zu können

Eine Welt von Gerechtigkeit und Frieden kann nicht durch Worte allein geschaffen werden, und sie kann auch nicht durch äußere Kräfte auferlegt werden: Sie muss gewollt und herbeigeführt werden durch die Mitarbeit aller. Es gehört wesentlich zum Menschen, einen Sinn für Mitwirkung zu haben, um teilzunehmen an den Entscheidungen und Bemühungen, die das Geschick der Welt bestimmen. Gewalt und Ungerechtigkeit haben in der Vergangenheit oft ihre tiefsten Ursachen im Gefühl der Menschen gehabt, des Rechtes beraubt zu sein, ihr Leben selbst zu gestalten. Und auch in Zukunft lassen sich Gewalt und Ungerechtigkeit nicht vermeiden, wenn und wo das Grundrecht auf Mitwirkung in den gesellschaftlichen Entscheidungen bestritten wird. Dieses Recht aber muss mit Klugheit ausgeübt werden. Das komplizierte Leben in der modernen Gesellschaft erfordert, dass die Menschen die Entscheidungsvollmacht ihren Anführern übertragen. Sie müssen aber darauf vertrauen können, dass ihre Führer Entscheidungen treffen zum Wohl ihres Volkes und aller Völker. Mitwirkung ist ein Recht, aber es bringt auch Verpflichtungen mit sich: Nämlich dieses Recht auszuüben in Achtung vor der Würde des Menschen. Das gegenseitige Vertrauen zwischen den Bürgern und ihren Führern ist die Frucht praktizierter Mitwirkung, und solche Mitwirkung ist ein Grundstein für die Errichtung einer friedlichen Welt.

10. Das Leben: Ein Weg voller Entdeckungen

Euch alle, junge Menschen in der Welt, lade ich ein, in diesem größten geistigen Abenteuer, vor dem eine Person stehen kann, eure Verantwortung zu übernehmen: Das Abenteuer, menschliches Leben zu gestalten, im persönlichen wie im gesellschaftlichen Bereich, und dabei die Berufung des Einzelnen zu achten. Denn zu Recht sagt man, das Leben sei ein Weg voller Entdeckungen: Die Entdeckung eures eigenen Wesens, die Entdeckung der Werte, die euer Leben formen, die Entdeckung der Völker und Nationen, mit denen alle in Solidarität verbunden sind. Wenn auch diese Entdeckungsfahrt in der Jugendzeit stärker zutage tritt, so ist sie doch eine Fahrt, die kein Ende kennt. Während eurer ganzen Lebenszeit müsst ihr die Werte bejahen und immer wieder neu bejahen, die euch selbst und die Welt formen: Die Werte, die das Leben fördern, die die Würde und Berufung des Menschen wiedergeben, die eine Welt in Frieden und Gerechtigkeit erbauen.

Es gibt unter den jungen Menschen eine erstaunliche weltweite Einmütigkeit über die Notwendigkeit des Friedens, und dies stellt eine mächtige Kraftquelle dar zum Besten aller. Junge Menschen sollten sich aber nicht zufriedengeben mit einer nur instinktiven Sehnsucht nach Frieden: Diese Sehnsucht muss in eine feste moralische Überzeugung umgewandelt werden, welche die volle Breite menschlicher Probleme umfasst und sich auf Werte stützt, die mit ganzem Herzen bejaht werden. Die Welt braucht junge Menschen, die reichlich aus den Quellen der Wahrheit getrunken haben. Ihr müsst auf die Wahrheit hören, und dafür braucht ihr ein reines Herz; ihr müsst die Wahrheit verstehen, und dafür braucht ihr tiefe Demut; ihr müsst euch der Wahrheit unterstellen und sie annehmen, und dafür braucht ihr die Kraft, den Versuchungen des Stolzes, der Selbstsucht und der Manipulation zu widerstehen. Ihr müsst in euch ein tiefes Gespür für Verantwortung entwickeln.

11. Die Verantwortung christlicher Jugend

Dieses Gespür für die Verantwortung und für die Bejahung moralischer Werte möchte ich euch nachdrücklich ans Herz legen, euch christlichen Jugendlichen und, zusammen mit euch, allen unseren Brüdern und Schwestern, die sich zu unserem Herrn Jesus Christus bekennen. Als Christen seid ihr euch bewusst, Kinder Gottes zu sein, Anteil am göttlichen Wesen zu haben und in Christus von der Fülle Gottes umfangen zu sein (vgl. 1 Joh 3,2; 2 Petr 1,4; Eph 3,19). Der auferstandene Herr schenkt euch als seine erste Gabe Frieden und Versöhnung. Gott, der ewige Frieden, hat durch Christus, den Fürsten des Friedens, mit der Welt Frieden geschlossen. Dieser Frieden ist uns ins Herz gegeben, und er reicht tiefer als alle Unrast eures Geistes, als alle Angst eures Herzens. Gottes Frieden nimmt sich eures Geistes und eures Herzens an. Gott gibt euch seinen Frieden jedoch nicht wie einen Besitz, den ihr horten könntet, sondern wie einen Schatz, den ihr nur dann besitzt, wenn ihr ihn mit anderen teilt.

In Christus könnt ihr an die Zukunft glauben, auch wenn ihr ihre Gestalt noch nicht erkennen könnt. Ihr dürft euch dem Herrn der Zukunft anvertrauen und so eure Mutlosigkeit überwinden, die ihr vor der Größe der Aufgabe und dem zu zahlenden Preis empfindet. Den niedergeschlagenen Jüngern auf dem Weg nach Emmaus sagt der Herr: „Musste nicht der Christus das erleiden und so in seine Herrlichkeit gelangen?“ (Lk 24,26) Der Herr spricht dieselben Worte zu einem jeden von euch. Habt also keine Angst, euer Leben für Frieden und Gerechtigkeit einzusetzen; denn ihr wisst, dass der Herr mit euch ist auf all euren Wegen.

12. Internationales Jahr der Jugend

In diesem Jahr, das die Vereinten Nationen zum Internationalen Jahr der Jugend erklärt haben, ist es mein Wunsch gewesen, meine jährliche Botschaft zum Weltfriedenstag an euch, an die jungen Menschen in aller Welt, zu richten. Möge dieses Jahr für jeden ein Jahr tieferen Einsatzes für Frieden und Gerechtigkeit sein. Welche Entscheidungen auch immer ihr trefft, tut es mit Mut und lebt danach in Treue und Verantwortung. Welche Wege auch immer ihr beschreitet, tut es mit Hoffnung in die Zukunft, die ihr mit Gottes Hilfe gestalten könnt; Vertrauen auf Gott, der auf euch schaut in allem, was ihr sagt und tut. Diejenigen von uns, die euch vorangegangen sind, möchten mit euch die tiefe Verpflichtung für den Frieden teilen. Eure Alterskameraden werden sich euren Bemühungen anschließen. Die euch nachfolgen, werden bei euch Anregung finden, solange ihr die Wahrheit sucht und nach echten moralischen Werten lebt. Die Herausforderung des Friedens ist groß, noch größer aber ist der Lohn; denn im Einsatz für den Frieden werdet ihr das Beste für euch selbst entdecken, wenn ihr das Beste für alle anderen sucht. Ihr wachst heran, und mit euch wächst auch der Frieden.

Möge dieses Internationale Jahr der Jugend auch für Eltern und Erzieher eine Gelegenheit sein, ihre Verantwortung für die jungen Menschen neu in den Blick zu nehmen. Allzu oft werden ihre Führung zurückgewiesen und ihre Leistungen infrage gestellt. Und doch haben sie so viel an Weisheit, Kraft und Erfahrung zu bieten. Ihre Aufgabe, die Jugend auf der Suche nach Lebenssinn zu begleiten, kann von niemand anderem übernommen werden. Die Werte und Modelle, die sie den Jugendlichen vor Augen stellen, müssen aber auch in ihrem Leben deutlich sichtbar werden; sonst überzeugen ihre Worte nicht, und ihr Leben ist ein innerer Widerspruch, den die jungen Menschen mit Recht zurückweisen.

Am Ende dieser Botschaft verspreche ich mein tägliches Gebet während dieses Internationalen Jahres der Jugend, auf dass die jungen Menschen auf den Ruf zum Frieden antworten. Ich bitte alle meine Brüder und Schwestern eindringlich, sich meinem Gebet zu unserem Vater im Himmel anzuschließen, dass er uns alle, die wir Verantwortung für den Frieden tragen, vor allem aber die jungen Menschen erleuchte, so dass Jugend und Frieden tatsächlich gemeinsam voranschreiten können!

Aus dem Vatikan, am 8. Dezember 1984
Johannes Paul II.

Botschaft seiner Heiligkeit Papst Johannes Paul II.
zur Feier des 19. Weltfriedenstages
1. Januar 1986

Der Friede, Wert ohne Grenzen Nord-Süd, Ost-West: Ein einziger Friede

1. Friede als universaler Wert
Zu Beginn des neuen Jahres erneuere ich unter dem Antrieb Christi, des Friedensfürsten, die Verpflichtung auf die Sache des Friedens, zu der sich der Papst und die ganze katholische Kirche bekennen. Zugleich richte ich an jeden Einzelnen und an alle Völker der Erde meinen aufrichtigen Gruß und beste Wünsche: Friede sei mit euch allen! Friede sei in allen Herzen! Friede ist ein so wichtiger Wert, dass er immer wieder neu verkündet und stets gefördert werden muss. Es gibt kein menschliches Wesen, dem Friede nicht zum Vorteil gereicht. Es gibt kein menschliches Herz, das nicht erleichtert ist, wenn Friede herrscht. Alle Nationen der Welt können ihre miteinander verbundene Zukunft nur dann verwirklichen, wenn sie gemeinsam den Frieden als universalen Wert fördern.

Zu diesem 19. Weltfriedenstag im Internationalen Jahr des Friedens, das die Vereinten Nationen verkündet haben, biete ich jedermann als Botschaft der Hoffnung meine tiefe Überzeugung an: Friede ist ein Wert ohne Grenzen. Er ist ein Wert, der Antwort gibt auf die Hoffnungen und Sehnsüchte aller Menschen und Nationen, von Jung und Alt, von allen Männern und Frauen guten Willens. Das ist meine Botschaft an jeden Einzelnen, insbesondere aber an die Lenker der Welt.

Die Frage des Friedens als eines universalen Wertes muss mit äußerster intellektueller Redlichkeit, mit ehrlichem Herzen und wachem Verantwortungsbewusstsein für sich selbst und für die Völker der Erde angegangen werden. Ich möchte die Verantwortlichen für politische Entscheidungen, welche die Beziehungen zwischen Nord und Süd, zwischen Ost und West betreffen, bitten, sich davon überzeugen zu lassen, dass es nur einen Frieden geben kann. Alle, die über die Zukunft dieser Welt entscheiden, ungeachtet ihrer politischen Einstellung, ihres ökonomischen Systems oder ihres religiösen Bekenntnisses, sind aufgefordert, zur Errichtung eines einzigen gemeinsamen Friedens beizutragen auf der Grundlage sozialer Gerechtigkeit und der Würde und Rechte jeder menschlichen Person. Diese Aufgabe erfordert eine tiefe Offenheit für die ganze Menschheit und die Überzeugung, dass alle Nationen der Welt aufeinander bezogen sind. Diese gegenseitige Beziehung drückt sich in einer Abhängigkeit aus, die sich als höchst vorteilhaft oder auch als tief zerstörerisch erweisen kann. Darum bilden weltweite Solidarität und Zusammenarbeit ethische Forderungen, die sich an das Gewissen der Einzelnen wie auch an die Verantwortung aller Nationen richten. In diesem Kontext ethischer Forderungen möchte ich mich zum 1. Januar 1986 an die ganze Welt wenden und den universalen Wert des Friedens verkünden.

2. Bedrohungen des Friedens
Wenn wir diese Sicht vom Frieden zu Beginn eines neuen Jahres vorlegen, sind wir uns zutiefst bewusst, dass der Friede gegenwärtig noch ein Wert ist, der auf sehr schwachen Fundamenten ruht. Auf den ersten Blick scheint unser Ziel, Frieden zu einer absoluten Verpflichtung zu machen, utopisch zu sein, weil unsere Welt im Bereich von einander entgegenstehenden politischen, ideologischen und ökonomischen Gruppen allzu deutlich ein übertriebenes Eigeninteresse zeigt. Im Griff solcher Systeme werden führende Persönlichkeiten und Gruppen dazu verleitet, ihre Sonderinteressen und ihre ehrgeizigen Ziele im Bereich von Macht, Fortschritt und Wohlstand zu verfolgen, ohne hinreichend auf die Notwendigkeit und Pflicht internationaler Solidarität und Zusammenarbeit zugunsten des Gemeinwohls aller Völker der Menschheitsfamilie zu achten.

In dieser Situation bilden sich dauerhafte Blöcke, die Völker, Gruppen und Einzelne spalten und in einen Gegensatz zueinander bringen, und so den Frieden anfällig machen und schwere Hindernisse für den Fortschritt errichten. Positionen verhärten sich dann, und der übertriebene Wunsch, den eigenen Vorteil zu wahren oder den erlangten Anteil zu vergrößern, wird oft zur allesbeherrschenden Handlungsmaxime. Das führt zur Ausbeutung der anderen, und die Spirale entwickelt sich auf eine Polarisierung hin, die sich von den Früchten des Eigeninteresses und des wachsenden Misstrauens gegenüber anderen nährt. In einer solchen Lage leiden gerade der Kleine und der Schwache, der Arme und der ohne Stimme am meisten. Das kann unmittelbar zutreffen, wenn ein armes und relativ wehrloses Volk gewaltsam in Abhängigkeit gehalten wird. Das kann auch indirekt geschehen, wenn wirtschaftliche Macht dazu missbraucht wird, um Völkern ihren rechtmäßigen Anteil zu verweigern und sie in sozialer und wirtschaftlicher Abhängigkeit zu halten, wodurch Unzufriedenheit und Gewalt erzeugt werden. Beispiele hierfür gibt es heute leider allzu viele.

Die gespenstische Wirklichkeit atomarer Waffen, die ihren Ursprung gerade in diesem Gegensatz von Ost und West hat, bleibt das dramatischste und deutlichste Beispiel hierfür. Kernwaffen sind so stark in ihrer Zerstörungspotenz, und atomare Strategien sind so umfassend in ihren Planzielen, dass die Vorstellungskraft der Leute oft von Angst gelähmt ist. Diese Angst ist nicht unbegründet. Der einzige Weg, um eine Antwort auf solche berechtigte Angst vor den Folgen atomarer Zerstörung zu geben, ist der Fortschritt in den Verhandlungen zur Verringerung von Kernwaffen und zur beidseitigen Vereinbarung von Maßnahmen, welche die Wahrscheinlichkeit eines Atomkrieges vermindern. Ich möchte die Atommächte noch einmal bitten, ihre sehr große moralische und politische Verantwortung in diesem Bereich zu bedenken. Es handelt sich hier um eine Verpflichtung, die einige Staaten auch rechtlich durch internationale Verträge übernommen haben; für alle aber ist es eine Verpflichtung aufgrund einer grundsätzlichen Mitverantwortung für Frieden und Entwicklung.

Aber die Drohung mit Kernwaffen ist nicht die einzige Weise, wie Konflikte fortdauern und sich vertiefen. Der wachsende Handel mit Waffen – konventioneller, aber höchst entwickelter Art – führt zu schlimmen Folgen. Während die Großmächte den direkten Konflikt vermieden haben, sind ihre Rivalitäten oft in anderen Teilen der Welt ausgetragen worden. Lokale Probleme und regionale Gegensätze werden dadurch vertieft und verlängert, dass reichere Länder Waffen dorthin liefern und die örtlichen Konflikte durch die Ideologien der Mächte verschärft werden, die regionale Vorteile suchen, indem sie die Lage der Armen und Wehrlosen ausnutzen.

Bewaffnete Konflikte sind nicht die einzige Weise, wie die Armen einen ungerechten Anteil an den Lasten der heutigen Welt tragen. Die Entwicklungsländer stoßen auch dann noch auf ungeheure Herausforderungen, wenn sie von einer solchen Geißel verschont sind. In ihren vielfältigen Dimensionen bleibt Unterentwicklung selbst eine noch stets wachsende Bedrohung für den Weltfrieden.

Tatsächlich besteht ja zwischen den Ländern des Nord-Blocks und denen des Süd-Blocks ein tiefer sozialer und wirtschaftlicher Graben, der Reich von Arm trennt. Die Statistiken der letzten Jahre weisen in einigen wenigen Ländern Zeichen der Besserung auf, ebenso aber auch die offensichtliche Verbreiterung des Grabens in allzu vielen anderen Ländern. Hinzu kommt die unvorhersehbare und schwankende finanzielle Situation mit ihrer direkten Auswirkung für hochverschuldete Länder, die darum ringen, eine gewisse positive Entwicklung zu nehmen.

Bei dieser Lage ist der Friede als universaler Wert in großer Gefahr. Auch wenn dort, wo Ungerechtigkeit herrscht, im Augenblick kein eigentlicher bewaffneter Konflikt besteht, so ist diese doch in der Tat Ursache und möglicher Ausgangspunkt für Konflikte. Jedenfalls kann es keinen Frieden im vollen Sinne seines Wertes zusammen mit Ungerechtigkeit geben. Friede kann nicht auf das bloße Fehlen von Konflikten eingeschränkt werden; er bedeutet vielmehr die ausgeglichene Ruhe einer vollentfalteten Ordnung. Er geht verloren durch soziale und wirtschaftliche Ausbeutung vonseiten spezieller Interessengruppen, die überstaatlich arbeiten oder als Eliten innerhalb von Entwicklungsländern wirken. Der Friede geht verloren durch soziale Spaltungen, die zwischen Staaten oder innerhalb der Staaten die Reichen in einen Gegensatz zu den Armen bringen. Er geht verloren, wenn Gewaltanwendung bittere Früchte von Hass und Spaltung hervorbringt. Er geht verloren, wenn wirtschaftliche Ausbeutung und innere Spannungen im sozialen Gefüge das Volk wehrlos und enttäuscht werden lassen, eine leichte Beute für die zerstörerischen Mächte der Gewalt.

Der Friede ist in seinem Wert ständig bedroht durch verdeckte Interessen, durch unterschiedliche und entgegengesetzte Auslegungen und sogar durch schlaue Ausnutzung im Dienst von Ideologien und politischen Systemen, deren letztes Ziel die Macht ist.

3. Überwindung der gegenwärtigen Situation
Es gibt Stimmen, die behaupten, diese Situation sei naturgegeben und unvermeidlich. Die Beziehungen zwischen Einzelpersonen und zwischen den Staaten, so sagt man, seien von ständigen Konflikten bestimmt. Diese theoretische und politische Auffassung formt dann ein Gesellschaftsmodell und ein System internationaler Beziehungen, die von Konkurrenz und Gegensatz beherrscht werden, wobei der Stärkste siegt. Ein Friede, der aus einer solchen Auffassung geboren wird, kann nur eine Art von Kompromiss sein, eingegeben vom Prinzip der Realpolitik, und als Kompromiss sucht ein solcher Friede nicht so sehr die Spannungen durch Gerechtigkeit und Ausgleich wirklich zu lösen, als vielmehr mit den Differenzen und Konflikten lediglich so fertig zu werden, dass man ein gewisses Gleichgewicht erreicht, das alles unangetastet lässt, was den Interessen der vorherrschenden Seite entspricht. Es ist klar, dass ein Friede, der auf sozialen Ungerechtigkeiten und ideologischen Konflikten errichtet wird, niemals ein wahrer Friede für die Welt werden kann. Ein solcher Friede kann nicht die wesentlichen Ursachen der Spannungen in der Welt bewältigen oder der Welt jene Einsichten und Werte vermitteln, welche die durch die Pole Nord-Süd und Ost-West dargestellten Spaltungen überwinden könnten.

Denjenigen, die meinen, Blöcke seien unvermeidlich, antworten wir, dass es möglich, ja sogar notwendig ist, neue Arten von Gesellschaft und internationalen Beziehungen aufzubauen, die Gerechtigkeit und Frieden auf festen und allgemein anerkannten Grundlagen sichern werden. In der Tat, ein gesunder Realismus zeigt, dass solche neuen Gesellschaftsformen nicht einfachhin von oben herab oder von außen auferlegt oder allein durch irgendwelche technischen Methoden erreicht werden können. Das kommt daher, weil die tiefsten Wurzeln von Widerstreit und Spannung, die den Frieden verletzen und die Entwicklung hemmen, im Herzen des Menschen gesucht werden müssen. Vor allem das Herz und die Einstellung der Menschen müssen sich ändern, und das erfordert eine Erneuerung, eine Bekehrung der einzelnen Personen.

Wenn wir die gesellschaftliche Entwicklung der letzten Jahre untersuchen, können wir nicht nur tiefe Verwundungen, sondern auch Zeichen einer festen Entschlossenheit bei vielen unserer Zeitgenossen und bei ganzen Völkern beobachten, die gegenwärtigen Hindernisse zu überwinden, um ein neues internationales Ordnungssystem ins Leben zu rufen. Das ist der Weg, den die Menschheit einschlagen muss, wenn sie in eine Periode von universalem Frieden und umfassender Entwicklung gelangen soll.

4. Der Weg der Solidarität und des Dialogs

Jegliches neue internationale Ordnungssystem, das fähig sein will, das Blockdenken und die gegensätzlichen Kräfte zu überwinden, muss sich auf die persönliche Entschlossenheit eines jeden stützen, die grundlegenden und vorrangigen Bedürfnisse der Menschen zum ersten Gebot internationaler Politik zu machen. Heutzutage haben unzählige Menschen in allen Teilen der Welt ein lebendiges Gespür für ihre grundsätzliche Gleichheit, ihre menschliche Würde und ihre unveräußerlichen Rechte erworben. Zugleich wächst das Bewusstsein dafür, dass es in der Menschheit eine tiefe Gemeinsamkeit der Interessen, der Berufung und Bestimmung gibt und dass alle Völker in der Vielfalt und dem Reichtum ihrer unterschiedlichen nationalen Eigenarten berufen sind, eine einzige Familie zu bilden. Hinzu kommt die Erkenntnis, dass die Vorräte dieser Erde nicht unbegrenzt, die Bedürfnisse aber unendlich groß sind. Anstatt darum diese Vorräte zu vergeuden oder für Waffen tödlicher Zerstörung zu verwenden, müssen sie vor allem dazu gebraucht werden, die vorrangigen und grundlegenden Bedürfnisse der Menschen zu befriedigen.

Ebenso ist es wichtig festzustellen, dass das Bewusstsein dafür wächst, dass Aussöhnung, Gerechtigkeit und Friede zwischen Einzelnen und zwischen Nationen – angesichts der Entwicklungsstufe, die die Menschheit erreicht hat, und der äußerst schweren Bedrohungen, die über ihrer Zukunft liegen – nicht bloß ein ehrenwerter Appell für einige Idealisten sind, sondern eine Bedingung für das Überleben des Lebens selbst. Folglich ist heute die Errichtung einer auf Gerechtigkeit und Frieden gründenden Ordnung lebensnotwendig, und zwar als eine klare sittliche Forderung, die für alle Völker und Regierungsformen, unabhängig von Ideologien und Gesellschaftssystemen, gilt. Die Notwendigkeit, mit und über dem besonderen Gemeinwohl einer Nation das Gemeinwohl der ganzen Staatenfamilie mitzuberücksichtigen, ist ganz gewiss eine ethische und rechtliche Pflicht. Der rechte Weg zu einer Weltgemeinschaft, in der Gerechtigkeit und Friede ohne Grenzen unter allen Völkern und auf allen Kontinenten herrschen werden, ist der Weg der Solidarität, des Dialogs und der universalen Brüderlichkeit. Das ist der einzig mögliche Weg. Politische, wirtschaftliche, soziale und kulturelle Beziehungen und Systeme müssen von den Werten der Solidarität und des Dialogs geprägt sein; diese wiederum erfordern eine institutionelle Stütze in Form von speziellen Organen der Weltgemeinschaft, die auf das Gemeinwohl aller Völker achten.

Eines ist deutlich: Um wirklich eine Weltgemeinschaft dieser Art zu erreichen, müssen geistige Einstellungen und politische Ansichten, die durch Machtgelüste und Ideologien, durch die Verteidigung der eigenen Privilegien und Besitzstände vergiftet sind, aufgegeben werden; an ihre Stelle muss die Bereitschaft für Austausch und Zusammenarbeit mit allen im Geiste gegenseitigen Vertrauens treten.

Diese Forderung, die Einheit der Menschheitsfamilie ernst zu nehmen, wirkt sich sehr konkret für unser Leben und unseren Einsatz für den Frieden aus. Das bedeutet vor allem, dass wir jene Art zu denken ablehnen, die spaltet und ausnutzt. Es bedeutet, dass wir uns einer neuen Solidarität verpflichten, der Solidarität mit der ganzen Menschheitsfamilie. Es bedeutet, die Nord-Süd-Spannungen in den Blick zu nehmen und sie durch eine neue Beziehung, durch soziale Solidarität mit allen, zu ersetzen. Diese soziale Solidarität nimmt den heute bestehenden Graben ehrlich zur Kenntnis, findet sich aber nicht mit irgendeiner Art des ökonomischen Determinismus ab. Sie erkennt an, wie komplex das Problem ist, das man allzu lange sich selbst überlassen hat, das aber immer noch gelöst werden kann durch Männer und Frauen, die sich brüderlich solidarisch wissen mit jedem anderen auf dieser Erde. Es ist wahr, dass es Änderungen bei den Modellen wirtschaftlichen Wachstums in allen Teilen der Welt, nicht nur in den ärmsten, gegeben hat. Aber der Mensch, der den Frieden als einen universalen Wert ansieht, möchte diese Gelegenheit nutzen, um die Unterschiede zwischen Nord und Süd zu verringern, und jene Beziehungen fördern, welche diese näher zueinander bringen. Ich denke dabei an die Preise für Grundstoffe, an den Bedarf für technisches Fachwissen, an die Fortbildung der Arbeitskräfte, an die mögliche Produktivität von Millionen von Arbeitslosen, an die Schulden armer Nationen sowie an einen besseren und verantwortungsbewussteren Einsatz von Geldmitteln in den Entwicklungsländern. Ich denke ferner an so viele Faktoren, die einzeln Spannungen hervorgerufen und in ihrer Bündelung die Nord-Süd-Beziehungen polarisiert haben. All das kann und muss geändert werden.

Wenn soziale Gerechtigkeit das Mittel ist, um zu einem Frieden für alle Völker zu gelangen, dann bedeutet dies, dass wir den Frieden betrachten als eine unteilbare Frucht von gerechten und aufrichtigen Beziehungen auf jeder Ebene des menschlichen Lebens auf dieser Erde – sozial, wirtschaftlich, kulturell und ethisch. Diese Bekehrung zu einer Haltung sozialer Solidarität dient auch dazu, die Mängel im gegenwärtigen Ost-West-Verhältnis zu beleuchten. In meiner Botschaft an die II. Sondersitzung der Vollversammlung der Vereinten Nationen über Abrüstung habe ich viele der Elemente untersucht, die notwendig sind, um das Verhältnis zwischen den zwei größten Machtblöcken von Ost und West zu verbessern. Alle jene Wege, die ich damals und auch danach noch empfohlen habe, stützen sich auf die Solidarität der Menschheitsfamilie, die gemeinsam auf dem Weg des Dialogs voranschreitet. Der Dialog kann viele Türen öffnen, die sich auf Grund der Spannungen geschlossen haben, welche die Ost-West-Beziehungen gekennzeichnet haben. Der Dialog ist ein Weg, auf dem die Menschen sich gegenseitig besser kennenlernen und dabei die guten Hoffnungen und friedlichen Anliegen entdecken, die allzu oft in ihren Herzen verborgen bleiben. Echter Dialog geht über Ideologien hinaus; die Menschen begegnen sich dabei in der Wirklichkeit ihres eigenen Lebens. Dialog baut vorgefasste Meinungen und künstliche Barrieren ab. Dialog bringt die Menschen in Kontakt miteinander als Mitglieder einer einzigen Menschheitsfamilie, mit allem Reichtum ihrer verschiedenen Kulturen und geschichtlichen Erfahrungen. Eine Bekehrung des Herzens verpflichtet die Menschen, eine allumfassende Brüderlichkeit zu fördern; Dialog hilft, dieses Ziel zu erreichen.

Heutzutage ist ein solcher Dialog notwendiger denn je. Sich selbst überlassen, werden Waffen und Waffensysteme, militärische Strategien und Allianzen zu Instrumenten der Einschüchterung, gegenseitiger Beschuldigung und entsprechender Angst, wie sie heute so viele Menschen befällt. Der Dialog wertet diese politischen Instrumente in ihrer Beziehung zum menschlichen Leben. Ich denke dabei vor allem an die verschiedenen Gesprächsrunden in Genf, die durch Verhandlungen versuchen, die Rüstungen zu verringern und zu begrenzen. Dann gibt es aber auch die verschiedenen offiziellen Gespräche, die im Zusammenhang des multilateralen Prozesses geführt werden, der mit der Schlussakte von Helsinki der Konferenz für Sicherheit und Zusammenarbeit in Europa begonnen hat, ein Prozess, der nächstes Jahr in Wien überprüft und fortgesetzt werden wird. Was den Dialog und die Zusammenarbeit zwischen Nord und Süd betrifft, kann man an die wichtige Rolle denken, die bestimmten Körperschaften wie der UNCTAD anvertraut ist, und auch an die Vereinbarungen von Lomé, denen sich die Europäische Gemeinschaft verpflichtet hat. Ich denke auch an die Arten von Dialog und Austausch, zu denen es kommt, wenn Grenzen geöffnet werden und die Menschen frei reisen können. Ich meine auch den Dialog, der sich ergibt, wenn eine Kultur durch den Kontakt mit einer anderen reicher wird, wenn Schüler und Studenten sich frei austauschen können, wenn Arbeiter sich frei versammeln dürfen, wenn junge Menschen ihre Kräfte für den Weg in die Zukunft vereinen, wenn ältere Menschen mit ihren Angehörigen wiedervereint werden. Der Weg des Dialogs ist ein Weg der Entdeckungen, und je mehr wir einander entdecken, desto mehr können wir die Spannungen der Vergangenheit durch friedliche Bindungen ersetzen.

5. Neue Beziehungen auf der Grundlage von Solidarität und Dialog

Im Geist der Solidarität und mit den Mitteln des Dialogs werden wir den Respekt lernen

- für jede menschliche Person,
- für die echten Werte und Kulturen anderer,
- für ihre berechtigte Autonomie und Selbstbestimmung; im selben Geist werden wir lernen,
- über uns selbst hinauszublicken, um das Wohl anderer zu verstehen und zu fördern;
- mit unseren eigenen Möglichkeiten in sozialer Solidarität beizutragen zu Entwicklung und Wachstum, wie Billigkeit und Gerechtigkeit sie fordern;
- die Strukturen zu schaffen, die sicherstellen, dass soziale Solidarität und Dialog die bleibenden Merkmale der Welt, in der wir leben, sein werden.

Die Spannungen, die aus den zwei Machtblöcken entstehen, werden erfolgreich durch vielseitige Beziehungen im Geist von Solidarität und Dialog ersetzt werden, wenn wir lernen, stets den Vorrang der menschlichen Person zu betonen. Es geht um die Würde der Person und die Verteidigung ihrer Menschenrechte; denn diese leiden immer in der einen oder anderen Weise durch solche Spannungen und Verzerrungen unter den Machtblöcken, die wir soeben näher betrachtet haben. Das kann in Ländern geschehen, wo zwar viele persönliche Freiheiten garantiert sind, wo jedoch Individualismus und Konsumismus die Werte des Lebens entstellen und verfälschen. Es geschieht in Gesellschaften, wo die Person im Kollektiv untergeht. Es kann auch geschehen in jungen Staaten, die wohl Wert darauf legen, die Kontrolle ihrer eigenen Angelegenheiten in die Hand zu bekommen, die aber oft von den Mächtigen zu bestimmten politischen Entscheidungen gezwungen oder von der Verlockung unmittelbaren Gewinnes auf Kosten der Völker selbst verführt werden. In all diesen Fällen müssen wir stets den Vorrang der Person betonen.

6. Christliche Sicht und Verpflichtung

Meine Brüder und Schwestern im christlichen Glauben finden in Jesus Christus, in der Botschaft des Evangeliums und im Leben der Kirche tiefe Beweggründe und noch stärkere Motivationen, um sich für die Verwirklichung eines allumfassenden Friedens in der heutigen Welt einzusetzen. Der christliche Glaube hat seinen Brennpunkt in Jesus Christus, der am Kreuz seine Arme ausbreitet, um die zerstreuten Kinder Gottes zu vereinen (vgl.

Joh 11,52), die trennenden Mauern niederzureißen (vgl. Eph 2,14) und die Völker in Brüderlichkeit und Frieden zu versöhnen. Das über der Welt errichtete Kreuz umfängt zeichenhaft Nord und Süd, Ost und West und hat die Kraft, sie miteinander zu versöhnen.

Christen wissen im Licht des Glaubens, dass der letzte Grund dafür, dass die Welt ein Schauplatz von Spaltungen, Spannungen, Rivalitäten, Blöcken und ungerechten Unterschieden ist anstatt eines Ortes echter Brüderlichkeit, die Sünde ist, das heißt die sittliche Unordnung des Menschen. Christen wissen aber auch, dass die Gnade Christi, die diese Lage des Menschen verändern kann, ständig der Welt angeboten wird; denn „wo jedoch die Sünde mächtig wurde, da ist die Gnade übergroß geworden“ (Röm 5,20). Die Kirche, die das Werk Christi fortsetzt und seine erlösende Gnade austeilt, hat als Ziel gerade die Versöhnung von allen Menschen und Völkern in Einheit, Brüderlichkeit und Frieden. „Förderung von Einheit“, so sagt das Zweite Vatikanische Konzil, „hängt ja mit der letzten Sendung der Kirche zusammen, da sie ‚in Christus gleichsam das Sakrament, das heißt Zeichen und Werkzeug für die innigste Vereinigung mit Gott wie für die Einheit der ganzen Menschheit‘ ist“ (GS 42). Die Kirche, die eine einzige und universale Gemeinschaft ist bei aller Verschiedenheit der Völker, welche sie zusammenführt, „kann […] ein ganz enges Band zwischen den verschiedenen menschlichen Gemeinschaften und Nationen bilden. Nur müssen diese ihr Vertrauen schenken und ihr wahre Freiheit zur Erfüllung dieser ihrer Sendung ehrlich zuerkennen“ (GS 42).

Diese Sicht und diese Forderungen, die sich ganz aus der Herzmitte des Glaubens ergeben, sollten vor allem alle Gläubigen dazu veranlassen, sich immer mehr jener Situationen bewusst zu werden, die mit dem Evangelium nicht im Einklang stehen, um sie zu bereinigen und zu korrigieren. Gleichzeitig sollten die Christen die positiven Zeichen anerkennen und wertschätzen, die bezeugen, dass Anstrengungen unternommen werden, um solche Situationen zu beheben, Anstrengungen, die sie wirksam unterstützen, fördern und stärken sollen.

Von lebendiger Hoffnung beseelt und fähig, zu hoffen „[g]egen alle Hoffnung“ (Röm 4,18), müssen Christen die Barrieren der Ideologien und Systeme überwinden, um mit allen Menschen guten Willens ins Gespräch zu kommen, neue Beziehungen zu knüpfen und neue Formen von Solidarität zu schaffen. In dieser Hinsicht möchte ich allen, die sich in freiwilligen Diensten auf internationaler Ebene und in anderen Hilfsbereichen einsetzen, welche sich um die Schaffung von Brücken für Austausch und Brüderlichkeit über die verschiedenen Blöcke hinaus bemühen, ein Wort der Wertschätzung und Anerkennung sagen.

7. Das Internationale Jahr des Friedens und ein Schlussappell

Liebe Freunde, Brüder und Schwestern! Zu Beginn eines neuen Jahres erneuere ich meinen Aufruf an euch alle, Feindschaften zu überwinden und sich aus den Fesseln der Spannungen, die es in der Welt gibt, zu befreien. Ich rufe euch auf, die Spannungen zwischen Nord und Süd, Ost und West in neue Beziehungen sozialer Solidarität und des Dialogs zu verwandeln. Die Vereinten Nationen haben 1986 zum Internationalen Jahr des Friedens erklärt. Diese gute Initiative verdient unsere Ermutigung und Förderung. Welchen besseren Weg könnte es geben, um die Zielsetzung des Jahres des Friedens zu unterstützen, als diesen, die Beziehungen von Nord und Süd und Ost und West zur Basis eines allumfassenden Friedens zu machen!

Euch, den Politikern und Staatsmännern, rufe ich zu: Führt die Menschen so, dass sie zu neuen Anstrengungen in dieser Richtung angespornt werden.

Euch, die Geschäftsleute und die Verantwortlichen im Finanz- und Handelsbereich, rufe ich dazu auf, eure Verantwortung für alle eure Brüder und Schwestern erneut zu überprüfen.

An euch, die militärischen Planer, Beamten, Wissenschaftler und Technologen, appelliere ich: Benutzt eure Erfahrung dazu, den Dialog und die Verständigung zu fördern.

Euch, die Leidenden, die körperlich Behinderten, lade ich ein, eure Gebete und euer Leben darzubringen, damit die Barrieren niedergerissen werden, die die Welt spalten.

Euch alle, die ihr an Gott glaubt, ermahne ich, in dem Bewusstsein zu leben, unter der Vaterschaft Gottes eine einzige Familie zu bilden.

An euch alle und jeden Einzelnen, an Jung und Alt, Schwach und Stark, richte ich den Aufruf: Betrachtet den Frieden als den großen einigenden Wert eures Lebens. Wo immer ihr auf diesem Planeten lebt, bitte ich euch dringend, in Solidarität und aufrichtigem Dialog fortzufahren.

Friede, ein Wert ohne Grenzen: Nord-Süd, Ost-West, überall ein Volk, geeint in einem einzigen Frieden.

Aus dem Vatikan, am 8. Dezember 1985
Johannes Paul II.

Botschaft seiner Heiligkeit Papst Johannes Paul II.
zur Feier des 20. Weltfriedenstages
1. Januar 1987

Entwicklung und Solidarität: Zwei Schlüssel zum Frieden

1. Ein Aufruf an alle …
Mein Vorgänger Papst Paul VI. hat alle Menschen guten Willens dazu aufgerufen, am ersten Tag eines jeden bürgerlichen Jahres einen Weltfriedenstag zu begehen, als Hoffnung und Versprechen zugleich, dass Frieden die „Entwicklung der Zukunft“ (Wfb 1968) bestimmen werde. Zwanzig Jahre danach erneuere ich diesen Aufruf, indem ich mich an jedes Mitglied der Menschheitsfamilie wende. Ich lade euch ein, zusammen mit mir über den Frieden nachzudenken und den Frieden zu feiern. Inmitten von Schwierigkeiten – wie wir sie heute kennen – den Frieden zu feiern, bedeutet, unser Vertrauen auf die Menschheit zu bekunden.

Aufgrund dieses Vertrauens richte ich meinen Aufruf an jedermann, in der Zuversicht, dass wir gemeinsam lernen können, den Frieden als eine universale Sehnsucht aller Völker der Welt zu feiern. Wir alle, die wir diese Sehnsucht teilen, können so eins werden in unseren Gedanken und Bemühungen, den Frieden zu einem Ziel zu machen, das von allen für alle erreicht werden kann.

Das Thema, das ich für die Botschaft dieses Jahres gewählt habe, ist von dieser tiefen Wahrheit über die Menschheit angeregt worden: Wir sind eine einzige Menschheitsfamilie. Allein durch unsere Geburt in diese Welt hinein haben wir mit jedem anderen Menschenwesen zusammen ein gemeinsames Erbe und dieselbe Abstammung. Diese Gemeinsamkeit entfaltet sich in allem Reichtum und aller Vielfalt der Menschenfamilie: In verschiedenen Rassen, Kulturen, Sprachen und geschichtlichen Wegen. Und wir sind aufgerufen, die elementare Solidarität der Menschheitsfamilie als die grundlegende Bedingung für unser Zusammenleben auf dieser Erde anzuerkennen.

Das Jahr 1987 bedeutet auch den 20. Jahrestag der Veröffentlichung von ‚Populorum progressio‘. Diese berühmte Enzyklika Pauls VI. war ein feierlicher Aufruf zur Zusammenarbeit für eine umfassende Entwicklung der Völker (vgl. PP 5). Der Satz Pauls VI.: „Entwicklung […] [ist] der neue Name für Friede“ (PP 76; vgl. PP 87) stellt ein Schlüsselwort dar für unsere Suche nach dem Frieden. Kann wahrer Frieden bestehen, wenn Männer, Frauen und Kinder nicht in voller menschlicher Würde leben können? Kann es einen dauerhaften Frieden in einer Welt geben, die von sozialen, wirtschaftlichen und politischen Verhältnissen beherrscht wird, die eine Gruppe oder Nation zum Schaden einer anderen begünstigen? Kann echter Frieden errichtet werden ohne eine wirksame Anerkennung jener wundervollen Wahrheit, dass wir alle gleich sind an Würde, gleich, weil geformt nach dem Bild Gottes, der unser Vater ist?

2. … zum Nachdenken über Solidarität …
Diese Botschaft zum 20. Weltfriedenstag ist eng mit der Botschaft verbunden, die ich im letzten Jahr über das Thema ‚Nord-Süd, Ost-West: Ein einziger Friede' an die Welt gerichtet habe. In jener Botschaft sagte ich:

„Diese Forderung, die Einheit der Menschheitsfamilie ernst zu nehmen, wirkt sich sehr konkret für unser Leben und unseren Einsatz für den Frieden aus. Das bedeutet vor allem, dass wir […] uns einer neuen Solidarität verpflichten, der Solidarität mit der ganzen Menschheitsfamilie[,] […] eine neue Beziehung[,] […] soziale Solidarität mit allen" (Wfb 1986).

Die soziale Solidarität der Menschheitsfamilie anzuerkennen, bringt die Verpflichtung mit sich, auf dem aufzubauen, was uns miteinander verbindet. Das bedeutet, die gleiche Würde aller Menschen mit bestimmten grundlegenden und unveräußerlichen Menschenrechten wirksam und ausnahmslos zu fördern. Das berührt alle Bereiche unseres individuellen Lebens ebenso wie unser Leben in der Familie, in der Volksgemeinschaft, zu der wir gehören, und in der Welt. Sobald wir wirklich begreifen, dass wir Brüder und Schwestern in einer gemeinsamen Menschheit sind, dann können wir unsere Einstellungen zum Leben im Licht der Solidarität formen, die uns eint. Das gilt in besonderer Weise für alles, was mit jenem grundlegenden und universalen Projekt zu tun hat: Dem Frieden.

Im Leben von uns allen hat es Augenblicke und Ereignisse gegeben, die uns in bewusster Anerkennung der einen Menschheit miteinander verbunden haben. Seitdem wir zum ersten Mal Bilder der Erde vom Weltraum aus sehen konnten, ist es zu einem deutlichen Wandel im Verständnis unseres Planeten in seiner unermesslichen Schönheit und Gefährdung zugleich gekommen. Mithilfe der Ergebnisse der Weltraumforschung wurde uns deutlich, dass der Ausdruck ‚gemeinsames Erbe der gesamten Menschheit' von da an einen neuen Sinn bekommen hat. Je mehr wir unsere künstlerischen und kulturellen Reichtümer miteinander teilen, desto mehr entdecken wir unser gemeinsames Menschsein. Vor allem junge Menschen haben ihren Sinn für Einheit durch regionale und weltweite sportliche oder ähnliche Unternehmungen vertieft und dadurch ihre brüderlichen und schwesterlichen Bindungen gestärkt.

3. … wie sie bereits verwirklicht wird …
Wie oft haben wir in den letzten Jahren zugleich die Gelegenheit gehabt, als Brüder und Schwestern die Hand auszustrecken, um Menschen zu helfen, die

von Naturkatastrophen getroffen waren oder unter Krieg und Hunger litten. Wir sind Zeugen eines wachsenden gemeinsamen Verlangens – über politische, geographische oder ideologische Grenzen hinweg –, den benachteiligten Mitgliedern der Menschheitsfamilie zur Hilfe zu kommen. Das so tragische und noch immer fortdauernde Leiden unserer Brüder und Schwestern in den Gegenden Afrikas südlich der Sahara führt bereits weltweit zu Formen und Projekten dieser Solidarität unter den Menschen. Von den zwei Gründen, die mich im Jahre 1986 bewegten, den Internationalen Friedenspreis ‚Papst Johannes XXIII.' an das thailändische Katholische Büro für Katastrophenhilfe und Flüchtlinge (COERR) zu verleihen, war der erste dieser, dass dadurch die Aufmerksamkeit der Welt auf die ständige Not jener, die sich gezwungen sehen, ihre Heimat zu verlassen, gelenkt werden konnte; und der zweite Grund war, den Geist der Zusammenarbeit hervorzuheben, den so viele Gruppen – katholische und auch andere – bei ihrer Antwort auf die Bedürfnisse dieser hartgeprüften heimatlosen Menschen bewiesen haben. Ja, Geist und Herz des Menschen können mit großer Hilfsbereitschaft auf die Leiden anderer antworten, und sie tun es auch bereits. In dieser Antwort können wir eine wachsende Verwirklichung sozialer Solidarität entdecken, die in Wort und Tat bezeugt, dass wir eins sind, dass wir diese Einheit anerkennen müssen und dass diese ein wesentliches Element für das Gemeinwohl der Einzelnen und der Völker darstellt.

Diese Beispiele zeigen, dass wir in vielfältiger Weise zusammenarbeiten können und es auch bereits tun und dass wir durch solches Zusammenwirken das Gemeinwohl fördern können. Wir müssen jedoch noch mehr tun. Wir müssen eine positive Grundeinstellung zur Menschheit und zu den Beziehungen einnehmen, die uns mit jeder Person und jeder Gruppe in der Welt verbinden. Hierbei können wir dann allmählich erkennen, wie die Verpflichtung zur Solidarität mit der ganzen Menschheitsfamilie ein Schlüssel zum Frieden ist. Projekte, die das Wohl der Menschheit oder den guten Willen unter den Völkern fördern, sind bereits ein Schritt zur Verwirklichung von Solidarität. Das Band von Sympathie und Liebe, das uns dazu bewegt, den Leidenden zu helfen, macht auf andere Weise unsere Einheit offenbar. Aber die zugrundeliegende Herausforderung an uns alle besteht darin, eine Haltung von sozialer Solidarität mit der ganzen Menschheitsfamilie zu erlangen und allen sozialen und politischen Situationen mit einer solchen Haltung zu begegnen. So haben zum Beispiel die Vereinten Nationen das Jahr 1987 zum Internationalen Jahr des Schutzes für die Heimatlosen erklärt. Auf diese Weise lenken sie die Aufmerksamkeit auf einen Bereich großer Sorge und fördern eine Haltung der Solidarität – menschlich, politisch und wirtschaftlich – mit Millionen von Familien, denen die wesentliche Umgebung für ein angemessenes Familienleben fehlt.

4. … und wie sie behindert wird

Leider gibt es auch zahlreiche Beispiele für Hindernisse auf dem Weg zur Solidarität, für politische und ideologische Einstellungen, die den Aufbau von Solidarität tatsächlich behindern. Solche Einstellungen oder politischen Programme übersehen oder leugnen die grundlegende Gleichheit und Würde der menschlichen Person. Dabei denke ich insbesondere an:

- eine Fremdenfeindlichkeit, die Nationen abkapselt oder Regierungen dazu bringt, diskriminierende Gesetze gegen Menschen in ihren Ländern zu erlassen;
- das Schließen der Grenzen in einer willkürlichen und ungerechtfertigten Weise, so dass Menschen effektiv die Möglichkeit genommen wird, an einen anderen Ort zu ziehen und ihr Los zu verbessern, sich mit ihren Angehörigen zu vereinen oder einfach ihre Familie zu besuchen oder sich mit Verständnis und Sorge um andere zu kümmern;
- Ideologien, die Hass oder Misstrauen predigen, Systeme, die künstliche Barrieren errichten. Rassenhass, religiöse Intoleranz, Klassenschranken sind nur allzu gegenwärtig in vielen Gesellschaften, und das in offener wie auch in versteckter Weise. Wenn führende Politiker solche Aufspaltungen zu staatsinternen Systemen oder politischen Strategien im Verhältnis zu anderen Nationen machen, dann stoßen solche Vorurteile an den Kern menschlicher Würde. Sie werden zu einer mächtigen Quelle von Gegenmaßnahmen, welche Spaltung, Feindschaft, Unterdrückung und Kriegsstimmung noch verstärken. Ein weiteres Übel, das in diesem vergangenen Jahr den Menschen so viel Leid und Zerstörung gebracht hat, ist der Terrorismus. Zu all diesem bietet wirkliche Solidarität ein Gegenmittel. Wenn nämlich das wesentliche Merkmal der Solidarität in der grundlegenden Gleichheit aller Männer und Frauen zu finden ist, dann ist jegliche Politik, die der elementaren Würde und den Menschenrechten jeder Person oder Gruppe von Personen widerspricht, eine Politik, die zu verwerfen ist. Dagegen sind politische Initiativen und Programme zu fördern, die offene und aufrichtige Beziehungen zwischen den Völkern herstellen, gerechte Bündnisse in die Wege leiten und Menschen in ehrlicher Zusammenarbeit vereinen. Solche Maßnahmen übersehen nicht die wirklichen sprachlichen, rassischen, religiösen, sozialen oder kulturellen Unterschiede zwischen den Völkern; noch leugnen sie die großen Schwierigkeiten bei der Überwindung langfristiger Spaltungen und Ungerechtigkeiten. Aber sie geben den Elementen, die verbinden, den Vorrang, wie klein auch immer sie erscheinen mögen.

Dieser Geist der Solidarität ist offen für den Dialog. Er findet seine Wurzeln in der Wahrheit, und er bedarf selber der Wahrheit, um sich zu entfalten. Es ist ein Geist, der eher aufzubauen als zu zerstören, eher zu vereinen als zu entzweien sucht. Da Solidarität in ihrer Tendenz universal ist, kann sie viele Formen annehmen. Regionale Abkommen, um das Gemeinwohl zu fördern und bilaterale Verhandlungen zu ermutigen, können dazu dienen, Spannungen abzubauen. Der Austausch von Technologie oder Informationen, um Katastrophen abzuwenden oder die Lebensqualität von Menschen in einem bestimmten Gebiet zu verbessern, wird zur Solidarität beitragen und weitere Maßnahmen auf einer umfassenderen Ebene erleichtern.

5. Überlegungen zur Entwicklung …

Vielleicht bedarf es in keinem anderen Sektor menschlicher Bemühungen mehr der sozialen Solidarität als im Bereich der Entwicklung. Vieles von dem, was Paul VI. vor zwanzig Jahren in seiner Enzyklika, der wir hier gedenken, gesagt hat, trifft besonders heute zu. Er sah mit großer Klarheit, dass die soziale Frage eine weltweite geworden ist (vgl. PP 3). Er war unter den Ersten, die die Aufmerksamkeit auf die Tatsache gelenkt haben, dass wirtschaftlicher Fortschritt in sich selbst ungenügend ist; es bedarf zugleich des sozialen Fortschritts (vgl. PP 35). Vor allem hat er betont, dass die Entwicklung ganzheitlich sein muss, das heißt die Entwicklung einer jeden Person und der ganzen Person (vgl. PP 14–21). Dies war für ihn vollkommener Humanismus: Die umfassende Entwicklung der Person in all ihren Dimensionen und offen für das Absolute, das „das letzte Ziel und der letzte Sinn menschlicher Entfaltung“ (PP 15) ist. Solch ein Humanismus ist das gemeinsame Ziel, das für jeden angestrebt werden soll. „Die allseitige Entwicklung des Einzelmenschen“, sagt er, „muss Hand in Hand gehen mit der Entwicklung der gesamten Menschheit; beide müssen sich wechselseitig unterstützen“ (PP 43).

Jetzt, zwanzig Jahre später, möchte ich dieser Lehre Pauls VI. meine Hochachtung bezeugen. Unter den veränderten Umständen von heute sind diese tiefen Einsichten, besonders hinsichtlich der Bedeutung solidarischer Gesinnung für die Entwicklung, immer noch gültig und werfen ein helles Licht auf neue Herausforderungen.

6. … und zu ihren Anwendungen heute

Wenn wir über die Verpflichtung zur Solidarität auf dem Gebiet der Entwicklung nachdenken, dann ist die erste und grundlegende Wahrheit diejenige, dass Entwicklung eine Frage ist, die mit Menschen zu tun hat. Menschen sind das Subjekt echter Entwicklung, und Menschen sind auch das Ziel echter Entwicklung. Die ganzheitliche Entwicklung der Menschen ist Ziel und Maß aller Entwicklungsprojekte. Dass alle Menschen im Mittelpunkt der Entwicklung stehen, ist eine Folgerung aus der Einheit der Menschheitsfamilie; und das ist so, unabhängig von allen technischen oder wissenschaftlichen Entdeckungen, die es in Zukunft noch geben mag. Menschen müssen das

Zentrum von allem sein, was getan wird, um die Lebensbedingungen zu verbessern. Menschen müssen in jedem echten Entwicklungsprozess aktiv handelnde und nicht nur passiv Empfangende sein.

Ein weiteres Prinzip für eine Entwicklung im Geist der Solidarität ist die Notwendigkeit, solche Werte zu fördern, die den Einzelnen und der Gesellschaft von wirklichem Nutzen sind. Es ist nicht genug, sich der Notleidenden anzunehmen und ihnen beizustehen. Wir müssen ihnen helfen, die Werte zu entdecken, die sie befähigen, ein neues Leben aufzubauen und in Würde und Gerechtigkeit ihren rechtmäßigen Platz in der Gesellschaft einzunehmen. Alle Menschen haben das Recht, nach dem, was gut und wahr ist, zu streben und es auch zu erlangen. Alle haben das Recht, jene Dinge zu wählen, die ihr Lebensniveau anheben; und das Leben in der Gesellschaft ist dabei keineswegs moralisch neutral. Soziale Entscheidungen haben Konsequenzen, die das wahre Wohl der Person in der Gesellschaft entweder fördern oder vermindern.

Im Bereich der Entwicklung, besonders der Entwicklungshilfe, sind Programme angeboten worden, die den Anspruch erheben, wertfrei zu sein, in Wirklichkeit aber Gegenwerte zum Leben darstellen. Wenn man Regierungsprogramme oder Hilfsmaßnahmen betrachtet, die Gemeinschaften oder Länder indirekt zwingen, antikonzeptionelle Programme und Abtreibungspläne als Preis für wirtschaftliches Wachstum hinzunehmen, dann muss deutlich und mit Nachdruck gesagt werden, dass solche Angebote die Solidarität der Menschheitsfamilie verletzen, weil sie die Werte menschlicher Würde und Freiheit leugnen.

Was von der persönlichen Entfaltung durch die Wahl von Werten gilt, die das Leben vervollkommnen, das gilt auch von der Entwicklung der Gesellschaft. Was immer wahre Freiheit verhindert, richtet sich gegen die Entwicklung der Gesellschaft und der sozialen Einrichtungen. Ausbeutung, Drohungen, gewaltsame Unterdrückung, Verweigerung von Entwicklungsmöglichkeiten durch einen Gesellschaftssektor gegenüber einem anderen sind unannehmbar und widersprechen dem wahren Begriff menschlicher Solidarität. Solche Maßnahmen mögen innerhalb einer Gesellschaft und zwischen Nationen eine Zeit lang leider erfolgreich erscheinen. Je länger jedoch solche Bedingungen bestehen, desto wahrscheinlicher werden sie zu Ursachen von weiterer Unterdrückung und wachsender Gewalttätigkeit. Der Same der Zersetzung ist schon in der institutionalisierten Ungerechtigkeit ausgesät. Irgendeinem Bereich einer bestimmten Gesellschaft oder irgendeiner Nation die Mittel für eine erfolgreiche Entwicklung zu verweigern, kann nur zu Unsicherheit und sozialer Unruhe führen. Es erzeugt Hass und Spaltung und zerstört die Hoffnung auf Frieden.

Die Solidarität, die eine ganzheitliche Entwicklung fördert, besteht in allem, was den legitimen Frieden jeder Person und die berechtigte Sicherheit jeder Nation schützt und verteidigt. Ohne diesen Frieden und diese Sicherheit fehlen die eigentlichen Bedingungen für die Entwicklung. Nicht nur einzelne Menschen, sondern auch Nationen müssen imstande sein, sich an den Entscheidungen zu beteiligen, die sie selbst betreffen. Die Freiheit, die Nationen haben müssen, um ihr Wachstum und ihre Entwicklung als gleichwertige Partner in der Völkerfamilie sicherzustellen, hängt von ihrer gegenseitigen Achtung ab. Das Streben nach wirtschaftlicher, militärischer oder politischer Überlegenheit auf Kosten der Rechte anderer Nationen setzt alle Projekte für echte Entwicklung oder für wahren Frieden auf das Spiel.

7. Solidarität und Entwicklung: Zwei Schlüssel zum Frieden

Aus diesen Gründen habe ich vorgeschlagen, dass wir in diesem Jahr Solidarität und Entwicklung als Schlüssel zum Frieden bedenken. Jede dieser Wirklichkeiten hat ihre eigene besondere Bedeutung. Beide sind erforderlich für die Ziele, die wir anstreben. Solidarität ist von Natur aus ethisch, weil sie die Bejahung von Werten für die Menschheit als solche einschließt. Darum ist ihre Bedeutung für das menschliche Leben auf diesem Planeten und für die internationalen Beziehungen ebenfalls von ethischer Qualität: Unsere gemeinsamen menschlichen Bande fordern, dass wir in Harmonie zusammenleben und das fördern, was füreinander gut ist. Diese ethische Bedeutung ist der Grund, warum Solidarität ein wesentlicher Schlüssel zum Frieden ist.

Im selben Licht erhält auch die Entwicklung ihre volle Bedeutung. Es geht bei ihr nicht mehr länger nur darum, gewisse Situationen oder wirtschaftliche Verhältnisse zu verbessern. Entwicklung wird letztlich zu einer Frage des Friedens; denn sie hilft zu erreichen, was für die anderen und für die menschliche Gemeinschaft insgesamt gut ist.

Im Zusammenhang mit echter Solidarität besteht keine Gefahr der Ausbeutung oder des Missbrauchs von Entwicklungsprogrammen zum Nutzen von nur wenigen. Vielmehr wird Entwicklung so zu einem Prozess, der verschiedene Mitglieder der gleichen menschlichen Familie einbezieht und sie alle bereichert. Wie Solidarität uns die ethische Grundlage für unser Handeln gibt, so wird Entwicklung zu einem Angebot, das der Bruder seinem Mitbruder macht, so dass beide voller leben können in aller Verschiedenheit und Komplementarität, die die Wertzeichen menschlicher Zivilisation darstellen. Aus dieser Dynamik erwächst die harmonische Ruhe der Ordnung, die wahrer Friede ist. In der Tat, Solidarität und Entwicklung sind zwei Schlüssel zum Frieden.

8. Einige moderne Probleme …

Viele der Probleme, denen sich die Welt zu Beginn das Jahres 1987 gegenübersieht, sind tatsächlich vielschichtig und erscheinen beinahe unlösbar. Dennoch, wenn wir an die Einheit der menschlichen Familie glauben, wenn wir betonen, dass Frieden möglich ist, können unsere gemeinsamen Überlegungen über Solidarität und Entwicklung als Schlüssel zum Frieden viel Licht auf diese schwierigen Fragen werfen.

Gewiss könnte das anhaltende Problem der Auslandsschulden vieler Entwicklungsländer mit neuen Augen betrachtet werden, wenn alle Beteiligten diese ethischen Überlegungen gewissenhaft in die vorzunehmende Abwägung und die vorzuschlagenden Lösungen einbeziehen würden. Viele Aspekte dieser Frage – Protektionismus, Rohstoffpreise, Prioritäten bei den Geldanlagen, Einhaltung der übernommenen Verpflichtungen wie auch die Berücksichtigung der inneren Lage der Schuldnerländer – würden davon Nutzen haben, wenn man in Solidarität jene Lösungen sucht, die eine stabile Entwicklung fördern.

In Bezug auf Wissenschaft und Technik zeigen sich neue und gewaltige Unterschiede zwischen den technologisch Besitzenden und den Besitzlosen. Solche Ungleichheiten fördern nicht den Frieden und die harmonische Entwicklung, sondern verstärken vielmehr schon bestehende ungleiche Verhältnisse. Wenn Menschen das Subjekt der Entwicklung sind und das Ziel, auf das sie ausgerichtet ist, wird ein offeneres Teilen anwendbarer technologischer Errungenschaften mit technologisch weniger entwickelten Ländern zu einem ethischen Imperativ der Solidarität; ebenso auch die Weigerung, solche Länder zum Versuchsgebiet für zweifelhafte Experimente oder zu einem Abladeplatz für fragwürdige Produkte zu machen. Internationale Behörden und verschiedene Staaten unternehmen in diesen Bereichen bemerkenswerte Anstrengungen. Solche Anstrengungen sind ein wichtiger Beitrag für den Frieden.

Jüngste Beiträge über die wechselseitige Beziehung zwischen Abrüstung und Entwicklung – zwei der bedrängendsten Probleme, die die Welt heute herausfordern – weisen auf die Tatsache hin, dass die gegenwärtigen Ost-West-Spannungen und das Nord-Süd-Gefälle ernsthafte Bedrohungen für den Weltfrieden darstellen. Es wird zunehmend deutlich, dass eine friedvolle Welt, in der die Sicherheit der Völker und Staaten garantiert ist, tatkräftige Solidarität im Bemühen um Entwicklung und Abrüstung zugleich verlangt. Alle Staaten erfahren mit Sicherheit die Konsequenzen der Armut anderer Staaten; allen Staaten gereicht es ebenso sicher zum Schaden, wenn bei den Abrüstungsverhandlungen Ergebnisse ausbleiben. Auch können wir die sogenannten örtlich begrenzten Kriege nicht vergessen, die einen hohen Tribut an menschlichem Leben fordern. Alle Staaten haben Verantwortung für den Weltfrieden, und dieser Friede kann erst dann sicher sein, wenn die Sicherheit, die auf Waffen beruht, stufenweise ersetzt wird durch eine Sicherheit, die auf der Solidarität mit der Menschheitsfamilie beruht. Noch einmal, ich rufe zu weiteren Anstrengungen auf, die Waffen auf das notwendige Minimum für eine berechtigte Verteidigung zu reduzieren, wie auch zu verstärkten Maßnahmen, um den Entwicklungsländern zu helfen, selbständig zu werden. Nur so kann die Staatengemeinschaft in wahrer Solidarität leben.

Es gibt noch eine andere Bedrohung für den Frieden, die weltweit die Wurzeln selbst jeder Gesellschaft schwächt: Der Niedergang der Familie. Die Familie ist die Urzelle der Gesellschaft. Die Familie ist der erste Ort, wo Entwicklung stattfindet oder eben nicht stattfindet. Wenn sie heil und gesund ist, dann sind die Möglichkeiten für die allseitige Entwicklung der ganzen Gesellschaft groß. Dies ist jedoch allzu oft nicht der Fall. In zu vielen Gesellschaften ist die Familie auf einen zweitrangigen Platz abgedrängt worden. Sie wird von verschiedenen Formen der Einmischung in ihrer Bedeutung relativiert, und oft findet sie im Staat nicht jenen Schutz und jene Hilfe, die sie braucht. Nicht selten ist sie der ihr zustehenden Mittel beraubt, auf die sie ein Anrecht hat, damit sie gedeihen und eine Atmosphäre schaffen kann, in der ihre Mitglieder aufleben können. Das Vorkommen von zerbrochenen Familien, von Familienmitgliedern, die des Überlebens wegen zur Trennung gezwungen oder nicht einmal imstande sind, ein Obdach zur Familiengründung oder den Unterhalt für ihre Familien zu finden, das alles sind Zeichen von moralischer Unterentwicklung und von einer Gesellschaft, deren Wertordnung verwirrt ist. Ein grundlegender Maßstab für die Gesundheit eines Volkes oder einer Nation ist das Gewicht, das sie den Bedingungen für die Entwicklung der Familien beimessen. Bedingungen, die für die Familien segensreich sind, fördern die Harmonie von Gesellschaft und Nation, und diese wiederum stärken den Frieden zu Hause und in der Welt.

Wir sehen heute schreckliche Bilder von kleinen Kindern, die verlassen oder gezwungen sind, auf Arbeitssuche zu gehen. Wir finden Kinder und Jugendliche in Slums und in großen unpersönlichen Städten, wo sie nur dürftigen Unterhalt und wenig oder keine Hoffnung für die Zukunft finden. Der Niedergang der Familienstruktur, die Zersplitterung ihrer Mitglieder, besonders der jungen Leute, und die daraus folgenden Krankheiten, von denen sie betroffen sind – Drogenmissbrauch, Alkoholismus, flüchtige und sinnleere sexuelle Beziehungen, Ausbeutung durch andere – sind alles Gegenzeichen zur Entwicklung der ganzen Person, die durch die soziale Solidarität der Menschheitsfamilie gefördert wird. In die Augen einer anderen Person zu schauen und darin die Hoffnungen und Ängste eines Bruders und einer Schwester zu sehen, heißt, die Bedeutung von Solidarität zu entdecken.

9. … eine Herausforderung für uns alle

Auf dem Spiel steht dabei der Friede: Der bürgerliche Friede innerhalb der Nationen und der Weltfriede zwischen den Staaten (vgl. PP 55). Papst Paul VI. sah dies bereits vor zwanzig Jahren klar. Er erkannte die innere Verbindung zwischen den Forderungen der Gerechtigkeit in der Welt und der Möglichkeit von Frieden für die Welt. Es ist kein bloßer Zufall, dass gerade im Jahr der Veröffentlichung des Rundschreibens ‚Populorum progressio' auch der jährliche Weltfriedenstag eingeführt wurde, eine Initiative, die ich gern fortgeführt habe. Paul VI. hat bereits den Kern der diesjährigen Überlegungen über Solidarität und Entwicklung als Schlüssel zum Frieden ausgedrückt, wenn er feststellte: „Der Friede besteht nicht einfach im Schweigen der Waffen, nicht einfach im immer schwankenden Gleichgewicht der Kräfte. Er muss Tag für Tag aufgebaut werden mit dem Ziel einer von Gott gewollten Ordnung, die eine vollkommenere Gerechtigkeit unter den Menschen herbeiführt" (PP 76).

10. Die Verpflichtung der Gläubigen und insbesondere der Christen

Wir alle, die an Gott glauben, sind überzeugt, dass diese harmonische Ordnung, nach der sich alle Völker sehnen, nicht allein durch menschliche Anstrengungen kommen kann, so notwendig diese auch sind. Dieser Friede – der persönliche Friede mit sich selbst und der Friede mit den anderen – muss gleichzeitig in Gebet und Meditation gesucht werden. Wenn ich das sage, steht vor meinen Augen und ruht in meinem Herzen die tiefe Erfahrung des kürzlichen Weltgebetstages für den Frieden in Assisi. Religiöse Führer und Vertreter der christlichen Kirchen und kirchlichen Gemeinschaften und der Weltreligionen bekundeten dort ihre lebendige Solidarität in Gebet und Meditation für den Frieden. Es war eine sichtbare Verpflichtung von Seiten jedes Teilnehmers – und der vielen anderen, die sich geistig mit uns vereinten –, den Frieden zu suchen, Friedensstifter zu sein, alles denkbar Mögliche in tiefer Gemeinschaft des Geistes zu tun, um für eine Gesellschaft zu wirken, in der Gerechtigkeit aufblühen und Friede überfließen wird (vgl. Ps 72,7).

Der gerechte Richter, den uns der Psalmist beschreibt, ist einer, der den Armen und Leidenden Gerechtigkeit schenkt: „Er habe Mitleid mit dem Geringen und Armen, er rette das Leben der Armen. Aus Unterdrückung und Gewalt erlöse er ihr Leben" (Ps 72,13). Diese Worte stehen heute vor unseren Augen, wenn wir darum beten, dass die Sehnsucht nach Frieden, die das Treffen in Assisi kennzeichnete, die treibende Kraft für alle Gläubigen und in einer besonderen Weise für die Christen sein möge.

Denn Christen können in diesen inspirierten Psalmworten die Gestalt unseres Herrn Jesus Christus erkennen, des Einen, der der Welt seinen Frieden brachte, des Einen, der den Verwundeten und Leidenden Heilung schenkte, „damit […] [er] den Armen eine frohe Botschaft bringe […] [und] die Zerschlagenen in Freiheit setze" (Lk 4,18). Jesus Christus ist der Eine, den wir „unser[en] Friede[n]" (Eph 2,14) nennen, und der „die trennende Wand der Feindschaft in seinem Fleisch nieder[riss]" (Eph 2,14), um Frieden zu stiften. Ja, ebendieser Wunsch, Frieden zu stiften, der beim Gebetstreffen in

Assisi so deutlich wurde, lässt uns darüber nachdenken, wie dieser Welttag in Zukunft gefeiert werden sollte.

Auch wir sind aufgerufen, zu sein wie Christus, Friedensstifter durch Versöhnung zu sein, ihm bei der Aufgabe, Frieden auf diese Erde zu bringen, zu helfen, indem wir die Sache der Gerechtigkeit für alle Völker und Nationen unterstützen. Und niemals dürfen wir seine Worte vergessen, die jeden vollkommenen Ausdruck menschlicher Solidarität zusammenfassen: „Alles, was ihr wollt, dass euch die Menschen tun, das tut auch ihnen!“ (Mt 7,12) Wenn sie dieses Gebot brechen, müssten Christen erkennen, dass sie Spaltung verursachen und sündigen. Diese Sünde hat ernste Auswirkungen auf die Gemeinschaft der Gläubigen und auf die gesamte Gesellschaft. Sie beleidigt Gott selbst, den Schöpfer und Erhalter des Lebens. Die Tugend und Weisheit, die Jesus bereits zur Zeit seines verborgenen Lebens mit Maria und Josef in Nazareth zeigt (vgl. Lk 2,51–52), ist ein Modell für unsere eigenen Beziehungen miteinander in der Familie, in unseren Nationen, in der Welt. Der Dienst an anderen durch Wort und Tat, der das öffentliche Leben Jesu kennzeichnet, ist ein Anstoß für uns, dass damit die Solidarität der Menschheitsfamilie radikal vertieft worden ist. Sie hat ein transzendentes Ziel erhalten, das alle menschliche Anstrengung für Gerechtigkeit und Frieden adelt. Schließlich eröffnet uns Christen der höchste Akt von Solidarität, den die Welt kennengelernt hat – der Tod Jesu Christi am Kreuz für alle – den Weg, den auch wir gehen müssen. Wenn unsere Arbeit für den Frieden voll wirksam sein soll, muss sie an der umformenden Kraft Christi teilhaben, dessen Tod allen Menschen, die in diese Welt geboren werden, Leben schenkt, und dessen Sieg über den Tod die letzte Garantie dafür ist, dass die Gerechtigkeit, die Solidarität und Entwicklung fordert, zu einem dauerhaften Frieden führen wird.

Möge die Anerkennung als Erlöser und Herr, welche die Christen Jesus Christus entgegenbringen, alle ihre Anstrengungen leiten. Mögen ihre Gebete sie in ihrer Verpflichtung für die Sache des Friedens durch die Entwicklung der Völker im Geist sozialer Solidarität bestärken.

11. Schlussappell

Und so beginnen wir gemeinsam ein neues Jahr: 1987. Möge es ein Jahr werden, in dem die Menschheit endlich das Trennende der Vergangenheit überwindet, ein Jahr, in dem die Menschen mit ganzem Herzen den Frieden suchen. Ich setze meine Hoffnung darauf, dass diese Botschaft für jeden Einzelnen eine Gelegenheit sei, seine Verpflichtung zur Einheit der menschlichen Familie in Solidarität zu vertiefen. Möge sie ein Ansporn sein, der uns alle ermutigt, das wahrhaft Gute für all unsere Brüder und Schwestern in einer ganzheitlichen Entwicklung zu suchen, die alle Werte der menschlichen Person der Gesellschaft fördert.

Am Anfang dieser Botschaft habe ich erklärt, dass das Thema der Solidarität mich dazu drängte, sie an jedermann zu richten, an jeden Mann und an jede Frau in dieser Welt. Ich wiederhole nun diesen Aufruf an jeden Einzelnen von euch; in besonderer Weise aber möchte ich ihn wie folgt richten:

- An euch alle, Regierende und Verantwortliche für internationale Gremien: Zur Wahrung des Friedens appelliere ich an euch, eure Anstrengungen für eine ganzheitliche Entwicklung der Einzelnen und der Nationen zu verdoppeln;
- An euch alle, die ihr am Weltgebetstag für den Frieden in Assisi teilgenommen habt oder damals geistig mit uns vereint wart: Ich appelliere an euch, dass wir für den Frieden in der Welt gemeinsam Zeugnis ablegen;
- An euch alle, die ihr Reisen unternehmt oder an kulturellem Austausch teilhabt: Ich appelliere an euch, dass ihr euch als bewusste Werkzeuge versteht für ein besseres gegenseitiges Verständnis, für mehr Respekt und Achtung voreinander;
- An euch, meine jüngeren Brüder und Schwestern, die Jugend der Welt: Ich appelliere an euch, dass ihr jede Möglichkeit wahrnehmt, um in brüderlicher Solidarität mit jungen Menschen allüberall neue Bande des Friedens zu knüpfen.

Und darf ich zu hoffen wagen, dass ich auch von denen gehört werde, die Gewalt und Terror ausüben? Diejenigen unter euch, die mir wenigstens zuhören wollen, möchte ich nochmals bitten, wie ich es früher schon getan habe, vom gewaltsamen Verfolgen eurer Ziele, auch wenn diese in sich gerecht sein mögen, abzulassen. Ich bitte euch, nicht weiter Unschuldige zu töten und zu verletzen. Ich bitte euch, damit aufzuhören, sogar den Zusammenhalt der Gesellschaft zu untergraben. Der Weg der Gewalt kann weder für euch selbst noch für irgendjemand anders zu wahrer Gerechtigkeit führen. Wenn ihr es wollt, könnt ihr immer noch umkehren. Ihr könnt eure eigene Menschlichkeit beweisen und euch zur menschlichen Solidarität bekennen.

Ich appelliere an euch alle, wo immer ihr lebt, was auch immer ihr tut, in jedem Menschen das Antlitz eines Bruders oder einer Schwester zu sehen. Was uns verbindet, ist so viel mehr als das, was uns trennt und scheidet: Es ist unser gemeinsames Menschsein.

Friede ist immer ein Geschenk Gottes, doch hängt er auch von uns ab. Und die Schlüssel zum Frieden sind in unserer Reichweite. Es liegt an uns, sie zu benutzen, um alle Türen zu öffnen!

Aus dem Vatikan, am 8. Dezember 1986
Johannes Paul II.

Botschaft seiner Heiligkeit Papst Johannes Paul II.
zur Feier des 21. Weltfriedenstages
1. Januar 1988

Religionsfreiheit, Bedingung für friedliches Zusammenleben

Am ersten Tag des Jahres freue ich mich, einer nunmehr bereits zwanzigjährigen Initiative treu zu bleiben und mich wieder an die Verantwortlichen der Nationen und der internationalen Organisationen und an alle Brüder und Schwestern in der Welt wenden zu können, denen die Sache des Friedens am Herzen liegt. Davon bin ich tief überzeugt, dass ein gemeinsames Nachdenken über den unschätzbaren Wert des Friedens in gewisser Weise bereits bedeutet, damit zu beginnen, ihn zu schaffen. Das Thema, das ich dieses Jahr unserer gemeinsamen Aufmerksamkeit empfehlen möchte – Religionsfreiheit, Bedingung für friedliches Zusammenleben –, ergibt sich aus einer dreifachen Überlegung.

Zunächst ist die Religionsfreiheit als unauslöschliche Forderung aus der Würde jedes Menschen der Grundstein des Gebäudes der Menschenrechte und darum ein unersetzlicher Faktor für das Wohl der Personen und der ganzen Gesellschaft wie auch für die personale Verwirklichung eines jeden. Daraus folgt, dass die Freiheit der Einzelnen und der Gemeinschaften, die eigene Religion zu bekennen und auszuüben, ein wesentliches Element des friedlichen Zusammenlebens der Menschen darstellt. Der Friede, der auf allen Ebenen des gesellschaftlichen Lebens der Menschen geschaffen und gefestigt werden will, ist mit seinen Fundamenten tief in der Freiheit und in der Offenheit der Gewissen für die Wahrheit verankert. Der Sache des Friedens schaden also, und zwar in schwerwiegender Weise, alle offenen oder versteckten Formen einer Verletzung der Religionsfreiheit, ebenso wie jene Übergriffe, welche die anderen Grundrechte der Person beeinträchtigen. Vierzig Jahre nach der Allgemeinen Erklärung der Menschenrechte, deren wir im Dezember des kommenden Jahres gedenken werden, müssen wir feststellen, dass Millionen von Personen in verschiedenen Teilen der Welt immer noch wegen ihrer religiösen Überzeugung leiden; sie sind Opfer von einschränkenden und unterdrückenden Gesetzgebungen, manchmal sogar von offenen Verfolgungen, meistens jedoch von einer hinterhältigen Praxis der Diskrimination der Gläubigen und ihrer Gemeinschaften. Diese Zustände, für sich allein schon untragbar, stellen auch eine negative Belastung für den Frieden dar.

Schließlich möchte ich das Gebetstreffen vom 27. Oktober 1986 in Assisi in Erinnerung rufen und die dort gemachte Erfahrung auswerten. Diese große Begegnung von Brüdern, die im Gebet um den Frieden vereint waren, ist ein Zeichen für die Welt gewesen. Ohne synkretistische Vermengung oder Anpassung haben Vertreter der hauptsächlichen Religionsgemeinschaften der ganzen Welt gemeinsam ihrer Überzeugung Ausdruck geben wollen, dass der Friede ein Geschenk des Himmels ist; sie wollten ihre Verpflichtung, diesen Frieden zu erbitten, ihn anzunehmen und fruchtbar zu machen, in konkreten Entscheidungen für Achtung, Solidarität und Brüderlichkeit, tatkräftig bekunden.

1. Würde und Freiheit der menschlichen Person

Der Friede ist nicht nur das Fehlen von Streit und Krieg, sondern „die Frucht der Ordnung, die ihr göttlicher Gründer selbst in die menschliche Gesellschaft eingestiftet hat“ (GS 78). Sie ist das Werk der Gerechtigkeit und fordert darum die Achtung vor den Rechten wie auch die Erfüllung der eigenen Pflichten eines jeden Menschen. Es besteht eine innere Verbindung zwischen den Forderungen der Gerechtigkeit, der Wahrheit und des Friedens (vgl. PT 1/3).

Dieser vom Schöpfer gewollten Ordnung entsprechend ist die Gesellschaft dazu aufgerufen, sich für den Dienst am Menschen und am Gemeinwohl einzurichten und zu wirken. Die tragenden Elemente dieser Ordnung können von der Vernunft entdeckt und in der geschichtlichen Erfahrung erkannt werden; und die heutige Entwicklung der Sozialwissenschaften hat das Bewusstsein, dass die Menschheit hiervon hat, noch bereichert, trotz aller ideologischen Entstellungen und Konflikte, welche dieses Wissen zuweilen zu verdunkeln scheinen.

Während die katholische Kirche ihre Sendung, das allein von Christus kommende Heil (vgl. Apg 4,12) zu verkünden, in Treue erfüllen will, wendet sie sich darum ohne Unterschied an jeden Menschen und lädt ihn ein, die Gesetze der Naturordnung anzuerkennen, die das Zusammenleben der Menschen lenken und die Bedingungen des Friedens bestimmen.

Fundament und Ziel der sozialen Ordnung ist die menschliche Person als Subjekt unveräußerlicher Rechte, die sie nicht von außen empfängt, sondern die aus ihrer Natur selbst entspringen: Nichts und niemand kann sie zerstören, kein äußerer Zwang kann sie auslöschen, weil sie ihre Wurzel im tiefsten Wesen des Menschen haben. Entsprechend erschöpft sich die menschliche Person nicht in ihren gesellschaftlichen, kulturellen und geschichtlichen Bedingungen; denn es ist dem Menschen, der eine Geistseele besitzt, zu eigen, einem Ziel zuzustreben, das die wechselnden Bedingungen seiner Existenz übersteigt. Keine menschliche Macht darf sich der Verwirklichung des Menschen als Person entgegenstellen.

Aus dem ersten und grundlegenden Prinzip der sozialen Ordnung, der Ausrichtung der Gesellschaft auf die Person, leitet sich die Forderung ab, dass sich jede Gesellschaft so gestalten soll, dass sie es dem Menschen ermöglicht und ihm sogar dabei hilft, seine Berufung in voller Freiheit zu verwirklichen. Freiheit ist die vorzüglichste Auszeichnung des Menschen. Angefangen von ihren innersten Entscheidungen muss jede Person sich in einem Akt bewusster Selbstbestimmung, vom eigenen Gewissen beseelt, ausdrücken können. Ohne Freiheit sind die menschlichen Akte leer und wertlos.

Die Freiheit, mit der der Mensch vom Schöpfer ausgestattet ist, ist die ihm fortwährend gegebene Fähigkeit, mit dem Verstand die Wahrheit zu suchen und mit dem Herzen dem Guten anzuhangen, zu dem er von Natur aus hinstrebt, ohne irgendeiner Art von Druck, Zwang oder Gewalt ausgesetzt zu sein. Es gehört zur Personenwürde, dem moralischen Anspruch des eigenen Gewissens bei der Suche nach der Wahrheit entsprechen zu können. Und weil die Wahrheit – wie das II. Vatikanische Konzil unterstrichen hat – „auf eine Weise gesucht werden [muss], die der Würde der menschlichen Person und ihrer Sozialnatur eigen ist“ (DH 3), „erhebt […] [sie] nicht [anders] Anspruch als kraft der Wahrheit selbst“ (DH 1).

Damit die Freiheit des Menschen bei der Suche nach der Wahrheit und bei dem hiermit verbundenen Bekenntnis seiner religiösen Überzeugungen vor jeglichem Zwang durch Einzelne, durch gesellschaftliche Gruppen oder irgendwelche andere menschliche Gewalt geschützt ist, muss sie in der rechtlichen Ordnung der Gesellschaft eindeutig garantiert werden, das heißt, vom bürgerlichen Gesetz als unveräußerliches subjektives Recht anerkannt und festgesetzt werden (vgl. DH 2). Ganz gewiss bedeuten Gewissens- und Religionsfreiheit nicht eine Relativierung der objektiven Wahrheit, die zu suchen jeder Mensch moralisch verpflichtet ist; sie sind in einer geregelten Gesellschaft lediglich die institutionelle Übersetzung jener Ordnung, in der es Gottes Wille ist, dass seine Geschöpfe sein ewiges Bundesangebot als freie und verantwortliche Personen erkennen, annehmen und leben können.

Insofern das bürgerliche und soziale Recht auf Religionsfreiheit den innersten Bereich des Geistes berührt, erweist es sich als Bezugspunkt und in gewisser Weise als Maßstab der anderen Grundrechte. Es geht ja darum, den empfindlichsten Bereich der Autonomie der Person zu achten und ihr Raum zu geben, damit sie sowohl in ihren privaten Entscheidungen als auch im gesellschaftlichen Leben nach dem Spruch ihres Gewissens handeln kann. Der Staat kann nicht eine direkte oder indirekte Kompetenz über die religiösen Überzeugungen der Personen beanspruchen. Er kann sich nicht das Recht anmaßen, das Bekenntnis und die öffentliche Ausübung der Religion einer Person oder Gemeinschaft aufzuerlegen oder zu unterbinden. In diesem Bereich ist es Pflicht der zivilen Autoritäten, sicherzustellen, dass die Rechte der Einzelnen und der Gemeinschaften in gleicher Weise geachtet werden und zugleich eine gerechte öffentliche Ordnung gewahrt wird. Auch im Falle, dass ein Staat einer bestimmten Religion eine besondere Rechtsstellung zuspricht, ist es seine Pflicht, das Recht auf Gewissensfreiheit aller Bürger gesetzlich anzuerkennen und wirksam zu achten, wie auch der Ausländer, die dort der Arbeit wegen oder aus anderen Gründen, wenn auch nur zeitweise, wohnen. Keinesfalls darf sich der staatliche Apparat an die Stelle des Gewissens der Bürger setzen, den religiösen Gemeinschaften den Lebensraum entziehen oder deren Platz einnehmen. Die rechte gesellschaftliche Ordnung fordert, dass alle – einzeln oder in Gemeinschaft – die eigene religiöse Überzeugung in Achtung vor den anderen bekennen können.

Als ich mich am 1. September 1980 an die Staatsoberhäupter wandte, die die Schlussakte von Helsinki unterzeichnet haben, wollte ich unter anderem betonen, dass die authentische Religionsfreiheit fordert, dass auch die Rechte, die sich aus der sozialen und öffentlichen Dimension des Glaubensbekenntnisses und der Zugehörigkeit zu einer entfalteten religiösen Gemeinschaft herleiten, garantiert werden.

Hierzu habe ich in einer Ansprache vor der Generalversammlung der Vereinten Nationen der Überzeugung Ausdruck gegeben, dass „[d]er gleiche Respekt vor der Würde der menschlichen Person […] auch zu fordern [scheint], dass dann, wenn im Hinblick auf nationale Gesetze oder internationale Konventionen der rechte Raum für die Ausübung der religiösen Freiheit diskutiert oder festgelegt werden sollte, auch diejenigen Institutionen hinzugezogen werden, die von ihrem Wesen her dem religiösen Leben dienen.“[1]

2. Ein gemeinsames Erbe

Man muss anerkennen, dass die Prinzipien, von denen gerade die Rede gewesen ist, heute gemeinsames Erbe des größten Teils der zivilen Rechtsordnungen wie auch der Organisation der internationalen Gemeinschaft sind. Letztere hat hierzu entsprechende normative Dokumente erlassen. Sie sind inzwischen Bestandteil der Kultur unserer Zeit, wie es die immer ernsthaftere und eingehendere Erörterung zeigt, die besonders in diesen Jahren in Versammlungen und Kongressen von Wissenschaftlern und Experten über jeden konkreten Aspekt der Religionsfreiheit herangereift ist. Trotzdem geschieht es häufig, dass das Recht auf Religionsfreiheit nicht richtig verstanden und genügend geachtet wird.

Da gibt es vor allem mehr oder weniger zufällige Formen spontaner Intoleranz, Frucht mitunter von Unwissenheit und Anmaßung, die Personen und Gemeinschaften verletzen, indem sie Polemiken, Spannungen und Auseinan-

---

1 *Johannes Paul II.*, Ansprache an die Vollversammlung der Vereinten Nationen am 2. Oktober 1979 in New York, entnommen aus: www.vatican.va.

dersetzungen verursachen und dadurch den Frieden und einen solidarischen Einsatz für das Gemeinwohl beeinträchtigen.

In verschiedenen Ländern beschränken oder annullieren gesetzliche Vorschriften und administrative Praktiken im konkreten Handeln die Rechte, welche die Konstitutionen den einzelnen Gläubigen und religiösen Gruppen formell zuerkennen. Schließlich gibt es auch heute noch Gesetzgebungen und Regelungen, die das Grundrecht auf Religionsfreiheit nicht berücksichtigen oder für dieses völlig unbegründete Einschränkungen vorsehen, ganz zu schweigen von den Fällen wirklich diskriminierender Maßnahmen und mitunter offener Verfolgung.

Vor allem in den letzten Jahren sind verschiedene öffentliche und private, nationale und internationale Vereinigungen entstanden, um diejenigen zu verteidigen, die in vielen Teilen der Welt wegen ihrer religiösen Überzeugungen Opfer von Situationen sind, die unrechtmäßig und beschämend für die ganze Menschheit sind. Auf verdienstvolle Weise verschaffen diese gegenüber der öffentlichen Meinung den Klagen und den Protesten der Brüder und Schwestern Gehör, die dafür oft selbst keine Stimme mehr besitzen.

Für ihren Teil hört die katholische Kirche nicht auf, denen, die wegen ihres Glaubens Diskriminierungen und Verfolgungen erdulden, ihre Solidarität zu bekunden, indem sie sich beständig, mit Geduld und Ausdauer dafür einsetzt, dass diese Situationen überwunden werden. Dazu sucht der Heilige Stuhl seinen spezifischen Beitrag in den internationalen Versammlungen zu leisten, in denen der Schutz der Menschenrechte und der Friede erörtert werden. Auf der gleichen Linie liegt der konkrete Einsatz, den der Heilige Stuhl und seine Vertreter im Kontakt mit den politischen Verantwortlichen in aller Welt unternehmen und der notwendigerweise diskreter, aber nicht weniger intensiv ist.

3. *Die Religionsfreiheit und der Friede*

Es kann keinem entgehen, dass die religiöse Dimension, die im Gewissen des Menschen ihre Wurzel hat, eine besondere Bedeutung für das Thema das Friedens besitzt und dass jeder Versuch, ihre freie Bekundung zu verhindern oder einzuengen, unweigerlich und mit schwerwiegenden Nachteilen auf die Möglichkeit des Menschen zurückwirkt, mit seinesgleichen friedlich zusammenzuleben.

Eine erste Überlegung drängt sich auf. Wie ich in dem schon erwähnten Brief an die Staatsoberhäupter, die die Schlussakte von Helsinki unterzeichneten, geschrieben habe, stützt die Religionsfreiheit, insofern sie die innerste Sphäre des Geistes berührt, die anderen Freiheiten und ist gleichsam deren Seinsgrund. Obgleich das Bekenntnis einer Religion zuallererst in inneren Akten des Geistes besteht, bezieht es den gesamten Erfahrungsbereich des menschlichen Lebens ein und somit auch alle seine Ausdrucksformen.

Ferner trägt die Religionsfreiheit auf entscheidende Weise zur Formung von wahrhaft freien Bürgern bei, insofern sie gestattet, die Wahrheit über den Menschen und die Welt zu suchen und sich zu ihr zu bekennen, und so in jedem Menschen ein volles Bewusstsein von seiner Würde und eine motiviertere Übernahme seiner eigenen Verantwortlichkeiten fördert. Ein ehrliches Verhältnis zur Wahrheit ist wesentliche Voraussetzung für authentische Freiheit (vgl. RH 12). In diesem Sinne kann man gewiss sagen, dass die Religionsfreiheit ein Faktor von großer Bedeutung ist, um das sittlich kohärente Verhalten eines Volkes zu stärken. Die bürgerliche Gesellschaft kann sich auf die Gläubigen verlassen, da sie sich wegen ihrer tiefen Überzeugungen nicht nur nicht von Ideologien und totalitären Strömungen leicht vereinnahmen lassen, sondern sich auch darum bemühen, im Einklang mit ihren Grundanliegen zu handeln, die auf all das ausgerichtet sind, was wahr und gerecht ist, eine unerlässliche Vorbedingung für die Verwirklichung des Friedens (vgl. DH 8).

Aber mehr noch. Der religiöse Glaube, der den Menschen veranlasst, sein Menschsein auf neue Weise zu verstehen, führt ihn dazu, sich in aufrichtiger persönlicher Hingabe ganz auf die Seite der anderen Menschen zu stellen (DeV 59). Er bringt die Menschen zusammen und eint sie, er macht sie zu Brüdern, er lässt sie aufmerksamer, verantwortungsbewusster und eifriger in ihrem Einsatz für das Gemeinwohl werden. Es handelt sich nicht nur darum, sich bereiter zur Mitarbeit mit den anderen zu fühlen, weil man in den eigenen Rechten bestärkt und beschützt ist, sondern eher darum, aus den unerschöpflichen Quellen des rechten Gewissens höhere Beweggründe zu gewinnen, um sich für die Schaffung einer gerechteren und menschlicheren Gesellschaft einzusetzen.

Im Inneren eines jeden Staates – oder besser gesagt, im Inneren eines jeden Volkes – wird diese Notwendigkeit einer solidarischen Mitverantwortung heute besonders stark empfunden. Doch, so fragte sich schon mein verehrter Vorgänger Papst Paul VI., wie „kann ein Staat volles Vertrauen und volle Mitarbeit fordern, wenn er sich – in der Weise eines ‚negativen Konfessionalismus' – als atheistisch bekennt und, während er erklärt, in einem gewissen Umfang die persönlichen Glaubensüberzeugungen zu achten, in Wirklichkeit gegen den Glauben eines Teils seiner Bürger Stellung bezieht?"[2] Man sollte sich stattdessen darum bemühen, dass die Konfrontation zwischen der religiösen und der agnostischen oder atheistischen Weltanschau-

---

[2] *Paul VI.*, Ansprache an das Diplomatische Korps am 14. Januar 1978, entnommen aus: www.vatican.va; [Anm. der Herausgeber: Besagte Ansprache war im Volltext nur in englischer, spanisch und französischer Sprache erfasst.]

ung, die eines der „Zeichen der Zeit“[3] unserer Epoche ist, redliche und achtbare menschliche Dimensionen bewahrt, ohne den Grundrechten des Gewissens jedes Mannes und jeder Frau auf der Erde zu schaden.

Wir erleben heute, jenseits der noch andauernden Situationen von Krieg und Ungerechtigkeit, eine Entwicklung zu einer fortschreitenden Einheit der Völker und Nationen auf verschiedenen Ebenen in Politik, Wirtschaft, Kultur und so weiter. Dieser Dynamik, die anscheinend nicht aufzuhalten ist, doch immer wieder schweren Hindernissen begegnet, verleiht die religiöse Überzeugung einen tiefreichenden Impuls von nicht geringer Bedeutung. Indem sie nämlich verbietet, für die Beilegung von Konflikten auf Methoden der Gewalt zurückzugreifen, und zur Brüderlichkeit und Liebe erzieht, trägt sie dazu bei, Verständigung und Versöhnung zu fördern, und kann neue sittliche Energien für die Lösung von Fragen vermitteln, denen gegenüber die Menschheit heute schwach und ohnmächtig erscheint.

4. Die Verantwortung des religiösen Menschen

Den Pflichten des Staates hinsichtlich der Ausübung des Rechtes auf Religionsfreiheit entsprechen bestimmte schwere Verantwortlichkeiten der Männer und Frauen, sei es im persönlichen religiösen Bekenntnis, sei es in der Organisation und im Leben der jeweiligen Gemeinschaften.

An erster Stelle sind die Verantwortlichen der religiösen Konfessionen gehalten, ihre Lehre darzulegen, ohne sich von persönlichen, politischen und sozialen Interessen beeinflussen zu lassen, und auch in einer Art und Weise, die den Erfordernissen des Zusammenlebens entspricht und die Freiheit eines jeden achtet. Entsprechend müssten alle Mitglieder der verschiedenen Religionen – einzeln und als Gemeinschaft – auf jeden Fall ihre Überzeugung bekunden und ihren Kult und jede andere ihnen eigene Aktivität gestalten in Achtung vor den Rechten der anderen, die nicht jener Religion angehören oder gar keinen Glauben bekennen.

Gerade im Bereich des Friedens, jener tiefsten Sehnsucht der Menschheit, kann jede religiöse Gemeinschaft und jeder einzelne Gläubige die Echtheit des eigenen Bemühens um Solidarität mit den Brüdern ermessen. Wie vielleicht niemals zuvor in der Vergangenheit schaut die Welt heute, was den Frieden anbelangt, mit einer besonderen Erwartung auf die Religionen.

Man kann im Übrigen mit Freude feststellen, dass sich bei den Verantwortlichen der religiösen Bekenntnisse wie bei den einfachen Gläubigen ein immer wacheres Augenmerk, ein immer lebendigeres Verlangen findet, für

---

[3] *Johannes Paul II.*, Ansprache an die Vollversammlung der Vereinten Nationen am 2. Oktober 1979, entnommen aus: www.vatican.va.

den Frieden zu wirken. Diese guten Vorsätze verdienen, ermutigt und in geeigneter Weise miteinander verbunden zu werden, um sie immer wirksamer zu machen. Um dies zu erreichen, muss man bis zur Wurzel vordringen.

Genau das ist im vergangenen Jahr geschehen: Die Verantwortlichen der wichtigsten Weltreligionen sind meinem brüderlichen Aufruf gefolgt und zusammengekommen, um miteinander – jeder freilich in Treue zu seiner eigenen religiösen Überzeugung – ihre gemeinsame Verpflichtung bei der Errichtung des Friedens zu bekräftigen. Von Assisi aus gesehen handelt es sich in der Tat um eine verbindliche und verpflichtende Gabe, um ein Geschenk, das es zu pflegen und zur Reife zu bringen gilt: In gegenseitiger Annahme und Achtung, im Verzicht auf ideologische Drohung und Gewalt, in der Förderung von Institutionen und Regeln für Übereinkunft und Zusammenarbeit unter den Völkern und Nationen, vor allem aber in der Erziehung zu einem Frieden, der auf einer weit höheren Ebene zu sehen ist als nur in der gewiss notwendigen und erwünschten Reform der Strukturen, zu einem Frieden also, der die Umkehr der Herzen voraussetzt.

5. Die Verpflichtung der Jünger Christi

Mit Freude erkennen wir an, dass unter den christlichen Kirchen und kirchlichen Gemeinschaften dieser Prozess bereits glücklich begonnen hat. Ich möchte den Wunsch äußern, dass er einen neuen Impuls empfängt und sich zu einer noch breiteren Beteiligung aller religiösen Menschen der Welt an der großen Herausforderung des Friedens ausweitet.

Als Hirte der universalen Kirche würde ich meinen Auftrag verraten, wenn ich meine Stimme nicht für die Beachtung des unveräußerlichen Rechtes des Evangeliums erhöbe, „der ganzen Schöpfung“ (Mk 16,15) verkündet zu werden, und nicht daran erinnerte, dass Gott die staatliche Gemeinschaft auf den Dienst an der menschlichen Person hingeordnet hat, der die Freiheit zusteht, nach der Wahrheit zu suchen und an ihr festzuhalten. Der Einsatz für Wahrheit und Freiheit, für Gerechtigkeit und Frieden kennzeichnet die Jünger des Herrn. Wir tragen ja in unserem Herzen die aus der Offenbarung stammende Gewissheit, dass Gott, der Vater, durch den gekreuzigten Sohn, der „unser Friede“ ist (Eph 2,14), uns zu einem neuen Volk gemacht hat, das als Lebensbedingung die Freiheit von Kindern Gottes und als Verfassung das Gebot der Bruderliebe hat.

Als Volk des Neuen Bundes wissen wir, dass unsere Freiheit ihren höchsten Ausdruck in der vollen Annahme des göttlichen Rufes zum Heil findet, und bekennen mit dem Apostel Johannes: „Wir haben die Liebe, die Gott zu uns hat, erkannt und gläubig angenommen“ (1 Joh 4,16), die Liebe, die sich im menschgewordenen Sohn gezeigt hat. Aus diesem freien und befreienden Akt des Glaubens entspringen eine neue Sicht der Welt, eine neue Art der

Begegnung mit den Brüdern, eine neue Weise, in der Gesellschaft wie ein Sauerteig zu leben. Es ist das „neue[...] Gebot" (Joh 13,34), das uns der Herr gegeben hat; es ist sein „Friede" (Joh 14,27) – nicht jener stets unvollkommene der Welt –, den er uns hinterlassen hat.

Ich weiß gut, dass diese gewaltige Aufgabe unsere armen Kräfte übersteigt. Bei wie vielen Spaltungen und Verständnislosigkeiten tragen wir Christen unseren Anteil an Verantwortung, und wie viel gilt es in unserem eigenen Herzen, im Inneren der Familien und der Gemeinschaften unter dem Zeichen der Versöhnung und der brüderlichen Liebe noch zu tun! Auch müssen wir erkennen, dass die Bedingungen der Welt diese Aufgabe nicht erleichtern. Die Versuchung zur Gewalt ist immer in der Nähe. Egoismus, Materialismus und Stolz machen den Menschen immer weniger frei und die Gesellschaft immer weniger offen für die Forderungen der Brüderlichkeit. Wir dürfen uns aber nicht entmutigen lassen: Jesus, unser Herr und Meister, ist bei uns „alle Tage bis zum Ende der Welt" (Mt 28,20).

Meine Gedanken wenden sich in besonders mitfühlender Weise an die Brüder und Schwestern, denen die Freiheit genommen ist, ihren christlichen Glauben zu bekennen; an die vielen, die um Christi Namen willen verfolgt werden; an jene, die seinetwegen verstoßen und erniedrigt werden. Zutiefst wünsche ich, dass diese Brüder und Schwestern unsere geistige Nähe, unsere Solidarität und die Stärkung durch unser Gebet erfahren mögen. Wir wissen, dass ihr Opfer, wenn es mit demjenigen Christi vereint wird, Früchte wahren Friedens hervorbringt.

Brüder und Schwestern im Glauben, der Einsatz für den Frieden stellt ein Zeugnis dar, das uns heute in den Augen der Welt glaubwürdig macht, vor allem in den Augen der Generationen, die heranwachsen. Die große Herausforderung an den Menschen von heute, der Einsatz seiner wahren Freiheit, ist in der Seligpreisung des Evangeliums enthalten: „Selig, die Frieden stiften" (Mt 5,9).

Die Welt braucht den Frieden, die Welt ersehnt den Frieden brennend. Beten wir darum, dass allen, Männern und Frauen, Religionsfreiheit gewährt werde, damit sie diesen Frieden leben können.

Aus dem Vatikan, am 8. Dezember 1987
Johannes Paul II.

Botschaft seiner Heiligkeit Papst Johannes Paul II.
zur Feier des 22. Weltfriedenstages
1. Januar 1989

Um Frieden zu schaffen, Minderheiten achten

Einleitung

1. „Hierher gehört ein besonderes Wort über jene Tendenz im Staatsleben, die seit dem 19. Jahrhundert sich überall verbreitete und zunahm: dass die Menschen gleicher Abstammung politisch selbständig und zu einer Nation vereint sein wollen. Dies kann jedoch aus verschiedenen Gründen nicht immer erreicht werden. Daraus ergibt sich die Tatsache, dass sich völkische Minderheiten innerhalb des Gebietes einer anderen Nation finden, woraus dann schwerwiegende Fragen entstehen" (PT 94).

Mit diesen Worten hat mein verehrter Vorgänger Papst Johannes XXIII. vor 25 Jahren auf eine der heikelsten Fragen in der gegenwärtigen Gesellschaft hingewiesen; im Verlauf der Jahre ist sie sogar immer dringlicher geworden, weil sie sowohl die Gestaltung des gesellschaftlichen und staatlichen Lebens im Inneren eines jeden Landes als auch das Leben der internationalen Gemeinschaft betrifft.

In der Absicht, für den nächsten Weltfriedenstag ein spezifisches Thema zu wählen, halte ich es darum für angebracht, die Frage der Minderheiten zur gemeinsamen Besinnung vorzulegen. Dabei sind wir uns alle wohl bewusst, dass – nach den Worten des II. Vatikanischen Konzils – „[d]er Friede [...] nicht darin [besteht], dass kein Krieg ist; er lässt sich auch nicht bloß durch das Gleichgewicht entgegengesetzter Kräfte sichern" (GS 78), sondern ein dynamischer Prozess ist, der alle Elemente und Ursachen beachten muss, die den Frieden fördern oder stören.

Es steht außer Zweifel, dass in diesem Augenblick internationaler Entspannung, eine Folge von Übereinkünften und Vermittlungen, welche auch mögliche Lösungen für jene Völker erkennen lassen, die noch Opfer blutiger Konflikte sind, die Frage der Minderheiten erheblich an Bedeutung gewinnt und daher für jeden führenden Politiker oder Verantwortlichen von religiösen Gruppen und für jeden Menschen guten Willens Gegenstand aufmerksamer Überlegungen wird.

2. In fast allen Gesellschaften gibt es heute Minderheiten als Gemeinschaften, die aus verschiedenen kulturellen Traditionen, aus rassischer und ethnischer Zugehörigkeit, aus religiösen Glaubensüberzeugungen oder auch aus beson-

deren geschichtlichen Umständen hervorgegangen sind; einige stammen bereits aus einer ferneren Vergangenheit, während sich andere erst in jüngerer Zeit gebildet haben. Die Umstände, unter denen sie leben, sind so unterschiedlich, dass es fast unmöglich ist, ein vollständiges Bild davon zu geben. Einerseits gibt es Gruppen, auch ziemlich kleine, die imstande sind, ihre eigene Identität zu bewahren und zu behaupten, und die in die Gesellschaften, zu denen sie gehören, gut integriert sind. In einigen Fällen gelingt es diesen Minderheitsgruppen sogar, die zahlenmäßige Mehrheit im öffentlichen Leben zu beherrschen. Andererseits finden sich Minderheiten, die keinen Einfluss haben und ihre Rechte nicht voll wahrnehmen können, sondern vielmehr in leidvollen und schwierigen Verhältnissen leben. Dies kann solche Gruppen zu stumpfer Resignation, in einen Zustand der Agitation oder sogar zur Rebellion führen. Weder Passivität noch Gewalt sind jedoch angemessene Wege zu einem wahren Frieden.

Einige Minderheiten haben noch eine weitere Erfahrung gemeinsam: Nämlich abgesondert oder an den Rand geschoben zu werden. Es ist auch wahr, dass sich eine Gruppe manchmal bewusst dafür entscheiden kann, im Abseits zu leben, um die eigene Kultur zu schützen; noch häufiger aber kommt es vor, dass die Minderheiten vor Barrieren stehen, die sie von der übrigen Gesellschaft isolieren. Während sich die Minderheit in einem solchen Fall in sich selbst zurückzuziehen sucht, kann die mehrheitliche Bevölkerung eine ablehnende Haltung gegen die Minderheitsgruppe als ganze oder gegen ihre einzelnen Mitglieder einnehmen. Wenn das geschieht, sind sie nicht in der Lage, aktiv und schöpferisch zu einem Frieden beizutragen, der sich auf die Annahme der berechtigten Unterschiede gründet.

Grundprinzipien

3. In einer nationalen Gesellschaft, die aus verschiedenen Menschengruppen besteht, gibt es zwei allgemeine Prinzipien, auf die unmöglich verzichtet werden kann; sie müssen sogar zur Grundlage jeder gesellschaftlichen Struktur gemacht werden.

Das erste Prinzip ist die unveräußerliche Würde jeder menschlichen Person, ohne Unterschiede bei der rassischen, ethnischen, kulturellen und nationalen Herkunft oder welchen religiösen Bekenntnisses; keine Person existiert für sich allein, sondern findet ihre vollere Identität erst in der Beziehung zu den anderen, zu Personen oder Gruppen. Das Gleiche kann man auch von Gruppen von Menschen sagen. Denn auch sie haben ein Recht auf die Identität ihrer Gemeinschaft, die in Übereinstimmung mit der Würde eines jeden Mitgliedes geschützt werden muss. Dieses Recht bleibt auch dann unverändert bestehen, wenn die Gruppe oder eines ihrer Mitglieder gegen das Gemeinwohl handeln sollte. In solchen Fällen muss die mutmaßlich unerlaubte

Handlung von den zuständigen Autoritäten geprüft werden, ohne dass die gesamte Gruppe deswegen verurteilt wird; denn das widerspräche der Gerechtigkeit. Die Mitglieder von Minderheiten sind ihrerseits verpflichtet, die anderen mit der gleichen Achtung und Wertschätzung ihrer Würde zu behandeln. Das zweite Prinzip betrifft die grundlegende Einheit des Menschengeschlechts, das seinen Ursprung in einem einzigen Schöpfergott hat, der in der Sprache der Heiligen Schrift „aus einem einzigen Menschen das ganze Menschengeschlecht erschaffen [hat], damit es die ganze Erde bewohne" (Apg 17,26). Die Einheit des Menschengeschlechts besagt, dass die gesamte Menschheit über ihre ethnischen, nationalen, kulturellen und religiösen Unterschiede hinaus eine Gemeinschaft bildet, die keine Diskriminierung unter den Völkern zulässt und auf gegenseitige Solidarität ausgerichtet ist. Die Einheit verlangt auch, dass die Verschiedenheiten unter den Mitgliedern der Menschheitsfamilie für die Stärkung der Einheit selbst fruchtbar gemacht werden, anstatt neue Spaltungen zu verursachen.

Die Verpflichtung, die Verschiedenheit anzunehmen und zu schützen, betrifft nicht nur den Staat oder die Gruppen. Jede Person als Mitglied der einen Menschheitsfamilie muss den Wert der Verschiedenheit unter den Menschen verstehen und achten und ihn auf das Gemeinwohl hin ordnen. Ein offener Geist, der bestrebt ist, das kulturelle Erbe der Minderheiten, dem er begegnet, besser zu begreifen, wird dazu beitragen, Haltungen zu überwinden, welche gesunde gesellschaftliche Beziehungen behindern. Es handelt sich hierbei um einen Prozess, der kontinuierlich fortgeführt werden muss; denn solche Haltungen wiederholen sich nur allzu oft unter neuen Formen.

Der Friede innerhalb der einen Menschheitsfamilie erfordert eine konstruktive Entfaltung all dessen, was uns als Individuen und als Völker unterscheidet und unsere Identität darstellt. Auf der anderen Seite erfordert er eine Bereitschaft aller gesellschaftlichen Gruppen, mögen sie einen Staat bilden oder nicht, zum Aufbau einer friedlichen Welt beizutragen. Die Kleingruppe wie die Großgruppe sind an gegenseitige Rechte und Pflichten gebunden, deren Beachtung hilft, den Frieden zu festigen.

Rechte und Pflichten der Minderheiten

4. Eine der Zielsetzungen des Rechtsstaates ist es, dass alle Bürger sich gleicher Würde und gleicher Rechte vor dem Gesetz erfreuen können. Trotzdem stellt die Existenz von Minderheiten als erkennbare Gruppen innerhalb eines Staates die Frage nach ihren besonderen Rechten und Pflichten.

Viele dieser Rechte und Pflichten beziehen sich gerade auf das Verhältnis, das zwischen den Minderheitsgruppen und dem Staat besteht. In einigen Fällen sind diese Rechte in das Gesetzbuch aufgenommen worden, und die Minderheiten erfreuen sich dadurch eines besonderen Rechtsschutzes. Dennoch aber finden sich Minderheiten, auch wo der Staat einen ähnlichen Schutz zusichert, nicht selten Diskriminierungen ausgesetzt und sind tatsächlich ausgeschlossen: In solchen Fällen hat der Staat selbst die Pflicht, die Rechte der Minderheitsgruppen zu fördern und zu begünstigen, da der innere Friede und die innere Sicherheit nur durch die Achtung der Rechte all jener garantiert werden können, die seiner Verantwortung unterstehen.

5. Das erste Recht der Minderheiten ist das Recht auf Existenz. Dieses Recht kann auf verschiedene Weise missachtet werden bis hin zu den extremen Fällen, in denen es durch offenkundige oder indirekte Formen von Völkermord verneint wird. Das Recht auf Leben ist als solches unveräußerlich, und ein Staat, der Handlungen vornimmt oder duldet, die darauf abzielen, das Leben seiner Bürger, die Minderheitsgruppen angehören, zu gefährden, würde das elementarste Gesetz, das die soziale Ordnung regelt, verletzen.

6. Das Existenzrecht kann auch auf subtilere Weise beeinträchtigt werden. Einige Völker, besonders die sogenannten Eingeborenen und Urbewohner, haben zu ihrer Erde immer eine besondere Beziehung gehabt, die sich mit ihrer Identität selbst, mit den eigenen stammesmäßigen, kulturellen und religiösen Traditionen verbindet. Wenn die Eingeborenenbevölkerungen ihres Bodens beraubt werden, verlieren sie ein lebenswichtiges Element ihrer eigenen Existenz und laufen Gefahr, als Volk zu verschwinden.

7. Ein anderes Recht, das es zu schützen gilt, ist das Recht der Minderheiten, die eigene Kultur zu bewahren und zu entfalten. Es ist nicht selten, dass Minderheitsgruppen von kultureller Auslöschung bedroht werden. An einigen Orten ist nämlich eine Gesetzgebung eingeführt, die ihnen das Recht, ihre eigene Sprache zu sprechen, nicht anerkennt. Manchmal werden auch Herkunfts- und Landschaftsnamen zwangsweise geändert. Dann wieder sehen die Minderheiten ihre künstlerischen und schriftstellerischen Ausdrucksformen ignoriert und finden im öffentlichen Leben keinen Raum für ihre Feste und Feiern, was zum Verlust eines beträchtlichen kulturellen Erbes führen kann. Eng mit diesem Recht verbunden ist jenes, mit Gruppen Beziehungen zu unterhalten, die ein gemeinsames kulturelles und geschichtliches Erbe haben und auf dem Territorium anderer Staaten leben.

8. An diesem Punkt will ich nur kurz das Recht auf Religionsfreiheit erwähnen, da dieses schon der Gegenstand der Botschaft zum Weltfriedenstag des vergangenen Jahres gewesen ist. Dieses Recht steht außer den einzelnen Personen allen religiösen Gemeinschaften zu und schließt die freie individuelle und gemeinschaftliche Bekundung der religiösen Überzeugung mit ein. Daraus folgt, dass es den religiösen Minderheiten möglich sein muss, ihren Kult gemeinschaftlich nach den eigenen Riten zu feiern. Sie müssen auch im-

stande sein, durch einen geeigneten Unterricht für die religiöse Erziehung Sorge zu tragen und über die dafür notwendigen Mittel verfügen. Ferner ist es sehr wichtig, dass der Staat den Schutz der Religionsfreiheit wirksam sichert und fördert, besonders wenn es neben einer starken Mehrheit von Gläubigen einer bestimmten Religion eine oder mehrere Minderheitsgruppen gibt, die einem anderen Bekenntnis angehören.

Schließlich muss den religiösen Minderheiten eine entsprechende Freiheit für Kontakte und Beziehungen mit anderen Gemeinschaften garantiert werden, sowohl innerhalb als auch außerhalb der eigenen nationalen Grenzen.

9. Die Grundrechte des Menschen sind heute in verschiedenen internationalen und nationalen Dokumenten offiziell anerkannt. So wichtig auch solche rechtlichen Instrumente sein können, sie genügen noch nicht, um Haltungen zu überwinden, die in Vorurteilen und Misstrauen tief verwurzelt sind, und um jene Denkweisen auszumerzen, die zu direkten Handlungen gegen Mitglieder von Minderheitsgruppen verleiten. Die Übertragung des Gesetzes in das konkrete Verhalten bildet einen langen und langsamen Prozess, besonders im Blick auf die Überwindung von ähnlichen Haltungen, aber darum ist dieser Prozess nicht weniger dringend. Nicht nur der Staat, sondern auch jeder Einzelne hat die Pflicht, das Mögliche zu tun, um dieses Ziel zu erreichen. Der Staat kann jedoch dabei eine wichtige Rolle ausüben durch die Förderung von kulturellen Initiativen und Begegnungen, die das gegenseitige Verständnis erleichtern, wie auch von Erziehungsprogrammen, die dazu beitragen, die jungen Menschen zur Achtung gegenüber den anderen anzuleiten und alle Vorurteile zurückzuweisen, von denen viele auf Unwissenheit beruhen. Hierbei haben auch die Eltern eine große Verantwortung, da die Kinder viel durch Beobachtung lernen und so geneigt sind, die Haltungen der Eltern gegenüber anderen Völkern und Gruppen zu übernehmen.

Es besteht kein Zweifel, dass die Entwicklung einer Kultur, die auf der Achtung gegenüber den anderen gründet, für den Aufbau einer friedlichen Gesellschaft wesentlich ist; leider aber ist es auch evident, dass die konkrete Verwirklichung einer solchen Achtung heute noch auf nicht geringe Schwierigkeiten stößt.

Konkret muss der Staat darüber wachen, dass keine neuen Formen der Diskriminierung entstehen, wie zum Beispiel bei der Wohnungs- und Arbeitssuche. Die Maßnahmen der öffentlichen Einrichtungen in diesem Bereich werden lobenswerterweise oft durch großzügige Initiativen freiwilliger Vereinigungen, religiöser Organisationen und Personen guten Willens ergänzt, die darauf abzielen, die Spannungen abzubauen und eine größere soziale Gerechtigkeit zu fördern, indem sie den vielen Brüdern und Schwestern helfen, eine Beschäftigung und eine würdige Unterkunft zu finden.

10. Heikle Probleme entstehen, wenn eine Minderheitsgruppe Forderungen stellt, die besondere politische Verwicklungen mit sich bringen. Mitunter strebt eine solche Gruppe nach Unabhängigkeit oder zumindest nach einer größeren politischen Selbständigkeit.

Ich möchte erneut betonen, dass in dieser heiklen Lage Dialog und Verhandlungen der verpflichtende Weg sind, um den Frieden zu erreichen. Die Bereitschaft der Parteien, sich gegenseitig anzunehmen und miteinander zu sprechen, ist eine unerlässliche Voraussetzung, um zu einer gerechten Lösung komplexer Probleme zu gelangen, die den Frieden ernsthaft bedrohen können. Hingegen kann die Verweigerung des Dialogs der Gewalt Tür und Tor öffnen.

In manchen Konfliktsituationen maßen sich terroristische Gruppen in ungebührlicher Weise das ausschließliche Recht an, im Namen der Minderheiten zu sprechen, wodurch sie diese der Möglichkeit berauben, sich frei und offen ihre eigenen Vertreter zu wählen und ohne Einschüchterungen nach angemessenen Lösungen zu suchen. Ferner leiden die Mitglieder dieser Minderheiten selbst nur allzu oft unter den Gewaltakten, die missbräuchlicherweise in ihrem Namen verübt werden.

Anhören mögen mich diejenigen, die den unmenschlichen Weg des Terrorismus eingeschlagen haben: Blind zuschlagen, Unschuldige töten oder blutige Repressalien durchführen begünstigt keineswegs eine gerechte Würdigung der von den Minderheiten erhobenen Forderungen, für die jene sich angeblich einsetzen (vgl. SRS 24)!

11. Jedes Recht bringt entsprechende Pflichten mit sich. Auch die Mitglieder der Minderheitsgruppen haben Pflichten, die ihnen gegenüber der Gesellschaft und dem Staat, in dem sie leben, obliegen: An erster Stelle jene, wie alle anderen Bürger für das Gemeinwohl mitzuwirken. Denn auch die Minderheiten haben zur Schaffung einer friedlichen Welt, die die reiche Vielfalt aller ihrer Bewohner widerspiegelt, ihren spezifischen Beitrag zu leisten.

Zweitens hat eine Minderheitsgruppe die Pflicht, die Freiheit und die Würde eines jeden ihrer Mitglieder zu fördern und die Entscheidungen eines jeden Einzelnen von ihnen zu achten, auch wenn einer sich entscheiden sollte, sich der Kultur der Mehrheit anzuschließen.

In Situationen wirklichen Unrechts kann den Minderheitsgruppen, die ins Ausland ausgewandert sind, die Aufgabe zufallen, für die Mitglieder ihrer Gruppe, die in der Heimat weiterhin unterdrückt werden und ihre Stimme nicht erheben können, die Achtung ihrer legitimen Rechte zu fordern. In diesen Fällen muss man aber große Klugheit walten lassen und klar unterscheiden, besonders dann, wenn man nicht in der Lage ist, objektive Informationen über die Lebensverhältnisse der betroffenen Bevölkerung zu erhalten.

Alle Mitglieder von Minderheitsgruppen, wo immer sie sich befinden, müssen die Berechtigung ihrer Forderungen im Licht der geschichtlichen Entwicklung und der konkreten Wirklichkeit bewusst abwägen. Dies nicht zu tun, würde das Risiko mit sich bringen, in der Vergangenheit gefangen und ohne Perspektive für die Zukunft zu bleiben.

Um Frieden zu schaffen

12. In den vorhergehenden Überlegungen zeichnen sich die Umrisse einer gerechteren und friedlicheren Gesellschaft ab. Wir alle sind verpflichtet, zu deren Herbeiführung mit allen unseren Kräften beizutragen. Ihre Verwirklichung erfordert einen hohen Einsatz, um nicht nur die offenkundige Diskriminierung, sondern auch alle jene Barrieren zu beseitigen, die die Gruppen trennen. Die Versöhnung in Gerechtigkeit, die die berechtigten Erwartungen aller Mitglieder der Gemeinschaft achtet, muss die Regel sein. Über allem und in allem findet das geduldige Bemühen, um das Zusammenleben friedlich zu gestalten, Kraft und Vollendung in der Liebe, die alle Völker umfängt. Diese Liebe kann sich in unzähligen konkreten Formen im Dienst an der reichen Vielfalt des Menschengeschlechtes ausdrücken, das eins ist durch Herkunft und Bestimmung.

Das wachsende Bewusstsein, das man heute auf allen Ebenen für die Lage der Minderheiten wahrnimmt, ist in unserer Zeit ein Zeichen begründeter Hoffnung für die neuen Generationen und für die Erwartungen dieser Minderheitsgruppen. Denn die Achtung ihnen gegenüber muss in gewisser Weise als der Prüfstein für ein harmonisches gesellschaftliches Zusammenleben und als Beweis für die von einem Land und seinen Einrichtungen erreichte gesellschaftliche Reife angesehen werden. In einer wirklich demokratischen Gesellschaft den Minderheiten die Teilnahme am öffentlichen Leben zu gewährleisten, ist ein Zeichen für einen gehobenen gesellschaftlichen Fortschritt. Er gereicht all jenen Nationen zur Ehre, in denen allen Bürgern in einem Klima wirklicher Freiheit eine solche Teilnahme garantiert ist.

13. Schließlich möchte ich einen besonderen Aufruf an meine Schwestern und Brüder in Christus richten. Wir alle wissen im Glauben, welches auch unser ethnischer Ursprung sein mag und wo immer wir leben, dass die einen und die anderen in Christus „in dem einen Geist Zugang zum Vater" (Eph 2,18) haben, weil wir „Hausgenossen Gottes" (Eph 2,19) geworden sind. Als Glieder der einen Familie Gottes können wir unter uns keine Spaltungen oder Diskriminierungen dulden.

Als der Vater seinen Sohn auf die Erde gesandt hat, hat er ihm eine universale Heilssendung aufgetragen. Jesus ist gekommen, damit alle „das Leben haben und es in Fülle haben" (Joh 10,10). Kein Mensch, keine Gruppe ist von dieser Sendung der einenden Liebe, die nun uns aufgetragen ist, ausgeschlossen. Auch wir müssen beten, wie es Jesus am Vorabend vor seinem Tod mit den einfachen und erhabenen Worten getan hat: „Wie du, Vater, in mir bist und ich in dir bin, sollen auch sie in uns sein" (Joh 17,21).

Dieses Gebet muss unser Lebensprogramm und unser Zeugnis darstellen. Denn als Christen erkennen wir einen gemeinsamen Vater an, der unter den Menschen keinen bevorzugt, „die Fremden [liebt] und [...] ihnen Nahrung und Kleidung [gibt]" (Dtn 10,18).

14. Wenn die Kirche von Diskriminierung im Allgemeinen oder – wie in dieser Botschaft – von jener besonderen spricht, welche die Minderheitsgruppen trifft, so wendet sie sich vor allem an die eigenen Mitglieder, wie immer auch ihre Stellung oder Verantwortung innerhalb der Gesellschaft sein mögen. Wie es in der Kirche keinen Platz für Diskriminierung geben kann, so kann auch kein Christ bewusst Strukturen oder Verhaltensweisen ermutigen oder fördern, die Menschen von Menschen, Gruppen von Gruppen trennen. Das Gleiche muss auch denen gesagt werden, die Gewalt anwenden und diese unterstützen.

15. Abschließend möchte ich meine geistige Verbundenheit mit jenen Mitgliedern von Minderheitsgruppen zum Ausdruck bringen, die zu leiden haben. Ich kenne ihre leidvolle Lage und die Gründe für einen berechtigten Stolz. Ich bete dafür, dass die Prüfungen, die sie erdulden, bald enden und alle sich in Sicherheit ihrer Rechte erfreuen können. Meinerseits bitte ich um den Beistand des Gebetes, auf dass der Friede, den wir suchen, immer mehr der wahre Friede sei, der auf den „Eckstein" (Eph 2,20) erbaut ist, der Christus selber ist.

Gott segne alle mit dem Geschenk seines Friedens und seiner Liebe.

Aus dem Vatikan, am 8. Dezember 1988
Johannes Paul II.

Botschaft seiner Heiligkeit Papst Johannes Paul II.
zur Feier des 23. Weltfriedenstages
1. Januar 1990

Friede mit Gott, dem Schöpfer, Friede mit der ganzen Schöpfung

Einleitung

1. In unseren Tagen bemerkt man ein wachsendes Bewusstsein dafür, dass der Weltfriede außer durch den Rüstungswettlauf, die regionalen Konflikte und die noch immer bestehenden Ungerechtigkeiten zwischen den Völkern und Nationen auch durch den Mangel an der gebührenden Achtung gegenüber der Natur, durch die Ausbeutung ihrer Ressourcen und durch die fortschreitende Verschlechterung der Lebensqualität bedroht ist. Eine solche Situation schafft ein Gefühl der Ungewissheit und Unsicherheit, das seinerseits Formen von kollektivem Egoismus, Güterhäufung und eigenmächtigem Handeln begünstigt. Angesichts der verbreiteten Verschlechterung der Umwelt wird sich die Menschheit nunmehr dessen bewusst, dass sie nicht fortfahren kann, die Güter der Erde so zu gebrauchen, wie sie es in der Vergangenheit getan hat. Die öffentliche Meinung wie die verantwortlichen Politiker sind darüber in Sorge, Wissenschaftler der verschiedenen Fachbereiche erforschen die Ursachen. Es bildet sich so ein ökologisches Bewusstsein, das nicht unterdrückt werden darf, sondern vielmehr gefördert werden muss, so dass es sich weiterentwickelt und ausreift, indem es in konkreten Programmen und Initiativen einen angemessenen Ausdruck findet.

2. Nicht wenige ethische Werte, die für die Entwicklung einer friedlichen Gesellschaft von grundsätzlicher Bedeutung sind, haben eine direkte Beziehung mit der Umweltfrage. Die gegenseitige Abhängigkeit vieler Herausforderungen, denen sich die heutige Welt stellen muss, unterstreicht die Notwendigkeit von koordinierten Lösungen, die in einer kohärenten sittlichen Weltanschauung gründen. Eine solche Sicht stützt sich für den Christen auf die religiösen Überzeugungen, die sich von der Offenbarung herleiten. Deshalb möchte ich am Anfang dieser Botschaft auf den biblischen Schöpfungsbericht hinweisen und wünschen, dass jene, die unsere Glaubensüberzeugungen nicht teilen, hier ebenfalls nützliche Anregungen für eine gemeinsame Linie in den Überlegungen und Initiativen finden können.

I. „Gott sah, dass es gut war" (Gen 1,10)

3. Auf den Seiten der Genesis, welche die erste Selbstoffenbarung Gottes an die Menschheit enthalten (vgl. Gen 1–3), wiederholen sich wie ein Refrain die Worte „Gott sah, dass es gut war" (Gen 1,10). Als Gott aber, nachdem er den Himmel und das Meer, die Erde und alles, was sie enthält, erschaffen hatte, Mann und Frau erschafft, ändert sich der Ausdruck in bemerkenswerter Weise: „Gott sah alles an, was er gemacht hatte: Und siehe, es war sehr gut" (Gen 1,31). Gott vertraute Mann und Frau die übrige Schöpfung an, und dann, so lesen wir, ruhte er, „nachdem er sein ganzes Werk gemacht hatte" (Gen 2,2).

Die Berufung von Adam und Eva, an der Verwirklichung des göttlichen Planes mit der Schöpfung teilzunehmen, forderte jene Fähigkeiten und Gaben heraus, die die menschliche Person von jeder anderen Kreatur unterscheidet, und begründete zugleich eine geordnete Beziehung zwischen den Menschen und allem Geschaffenen. Nach Gottes Bild und Gleichnis geschaffen, sollten Adam und Eva ihre Herrschaft über die Erde mit Weisheit und Liebe ausüben (vgl. Gen 1,28). Durch ihre Sünde zerstörten sie jedoch die bestehende Harmonie, da sie sich vorsätzlich dem Plan des Schöpfers widersetzten. Das führte nicht nur zur Entfremdung des Menschen von sich selber, zu Tod und Brudermord, sondern auch zu einer gewissen Auflehnung der Erde ihm gegenüber (vgl. Gen 3,17–19/4,12). Alles Geschaffene wurde der Vergänglichkeit unterworfen und wartet seitdem in geheimnisvoller Weise darauf, befreit zu werden, um zusammen mit allen Kindern Gottes zur Freiheit und Herrlichkeit zu gelangen (vgl. Röm 8,20–21).

4. Die Christen bekennen, dass sich im Tod und in der Auferstehung Christi das Werk der Versöhnung der Menschheit mit dem Vater vollzogen hat, der „durch ihn alles […] versöhnen [wollte]. Alles im Himmel und auf Erden wollte er zu Christus führen, der Frieden gestiftet hat am Kreuz durch sein Blut" (Kol 1,20). Die Schöpfung wurde so erneuert (vgl. Offb 21,5). Über sie, die zuerst der Sklaverei des Todes und der Verderbnis unterworfen war (vgl. Röm 8,21), hat sich ein neues Leben ergossen, während wir *„einen neuen Himmel und eine neue Erde* [erwarten], in denen die Gerechtigkeit wohnt" (2 Petr 3,13). So hat der Vater „uns das Geheimnis seines Willens kundgetan, wie er es gnädig im Voraus bestimmt hat in ihm. Er hat beschlossen, die Fülle der Zeiten heraufzuführen, das All in Christus als dem Haupt zusammenzufassen" (Eph 1,9–10).

5. Die biblischen Überlegungen erhellen besser die Beziehung zwischen dem menschlichen Handeln und der Integrität der Schöpfung. Wenn der Mensch vom Plan Gottes, des Schöpfers, abweicht, verursacht er eine Unordnung, die sich unausweichlich auf die übrige Schöpfung auswirkt. Wenn der Mensch

nicht mit Gott im Frieden ist, ist die Erde selbst nicht im Frieden: „Darum soll das Land verdorren, alle seine Bewohner sollen verwelken, samt den Tieren des Feldes und den Vögeln des Himmels, auch die Fische im Meer sollen zugrunde gehen“ (Hos 4,3).

Die Erfahrung dieses Leidens der Erde ist auch jenen gemeinsam, die nicht unseren Glauben an Gott teilen. Denn die zunehmenden Verwüstungen in der Natur durch das Verhalten von Menschen, die gleichgültig sind gegenüber den innersten und doch klar erkennbaren Erfordernissen der Ordnung und der Harmonie, die in ihr walten, liegen vor aller Augen.

Man fragt sich darum mit Sorge, ob es für die hervorgerufenen Schäden noch eine Abhilfe geben kann. Es ist offensichtlich, dass eine geeignete Lösung nicht einfach in einer besseren Verwaltung oder in einem weniger irrationalen Gebrauch der Ressourcen der Erde bestehen kann. Auch wenn man den praktischen Nutzen solcher Maßnahmen anerkennt, scheint es doch notwendig, zu den Ursachen vorzudringen und sich mit der tiefen moralischen Krise insgesamt auseinanderzusetzen, von der die Verschlechterung der Umwelt einer der besorgniserregendsten Aspekte ist.

II. Die ökologische Krise: Ein sittliches Problem

6. Einige Elemente der gegenwärtigen ökologischen Krise enthüllen auf deutliche Weise ihren sittlichen Charakter. Zu ihnen zählt an erster Stelle die unterschiedslose Anwendung des wissenschaftlichen und technologischen Fortschritts. Viele in jüngster Zeit gemachte Entdeckungen haben der Menschheit unleugbare Vorteile gebracht; ja, sie zeigen sogar, wie edel die Berufung des Menschen ist, verantwortlich am schöpferischen Wirken Gottes in der Welt teilzunehmen. Man muss jedoch feststellen, dass die Anwendung einiger Entdeckungen im industriellen und landwirtschaftlichen Bereich langfristig negative Folgen verursacht. Das hat überdeutlich gezeigt, wie kein Eingriff in einen Bereich des Ökosystems davon absehen kann, seine Folgen in anderen Bereichen und allgemein für das Wohl künftiger Generationen zu bedenken.

Die allmähliche Verminderung der Ozonschicht und der daraus folgende Treibhauseffekt haben durch die wachsende Verbreitung der Industrien, der großen städtischen Zusammenballungen und des Energieverbrauchs inzwischen kritische Dimensionen erreicht. Industriemüll, Gasprodukte aus der Verbrennung von fossilen Brennstoffen, unkontrollierte Abholzung, Gebrauch einiger Arten von Unkrautvertilgungs- und Kühlmitteln und Treibstoffen: All das schadet bekanntlich der Atmosphäre und der Umwelt. Daraus leiten sich vielfältige meteorologische und atmosphärische Veränderungen ab, deren Auswirkungen von Gesundheitsschäden bis zur möglichen künftigen Überschwemmung niedrig gelegener Landstriche reichen. Während in einigen Fällen der Schaden vielleicht nicht mehr zu beheben ist, kann er in vielen anderen

Fällen noch aufgehalten werden. Es ist jedoch notwendig, dass die ganze menschliche Gemeinschaft, Einzelne, Staaten und internationale Organisationen, ihre eigenen Verantwortungen ernsthaft wahrnimmt.

7. Das tiefste und schwerwiegendste Zeichen dafür, dass der ökologischen Frage moralische Implikationen innewohnen, besteht aber im Mangel an Achtung vor dem Leben, den man in vielen die Umwelt belastenden Verhaltensweisen antrifft. Oft gewinnen Produktionsgründe die Oberhand über die Würde des Arbeiters, und wirtschaftlichen Interessen kommen vor dem Wohl der einzelnen Personen, wenn nicht sogar vor jenem ganzer Bevölkerungsgruppen. In solchen Fällen ist die Verschmutzung oder die Zerstörung der Umwelt Frucht einer verkürzten und unnatürlichen Sicht, die bisweilen eine echte und direkte Missachtung des Menschen darstellt.

In gleicher Weise werden feine ökologische Gleichgewichte durch eine unkontrollierte Zerstörung von Tier- und Pflanzenarten oder durch eine unvorsichtige Ausnutzung der Ressourcen gestört; und das alles – es empfiehlt sich, daran zu erinnern – gereicht, auch wenn es im Namen des Fortschritts und des Wohlstands geschieht, in Wirklichkeit nicht zum Vorteil der Menschheit.

Schließlich kann man nicht ohne tiefe Sorge auf die ungeheuerlichen Möglichkeiten der biologischen Forschung blicken. Vielleicht ist man noch nicht imstande, die durch eine undifferenzierte genetische Manipulation und eine leichtfertige Entwicklung neuer Arten von Pflanzen und Formen von tierischem Leben der Natur zugefügten Störungen richtig abzuschätzen; ganz zu schweigen von nicht annehmbaren Eingriffen in die Ursprünge des menschlichen Lebens selbst. Keinem entgeht, wie in einem so heiklen Bereich die Gleichgültigkeit oder die Verweigerung fundamentaler ethischer Normen den Menschen an die Schwelle der Selbstzerstörung bringen. Die Achtung vor dem Leben und, an erster Stelle, vor der Würde der menschlichen Person ist die fundamentale inspirierende Norm eines gesunden wirtschaftlichen, industriellen und wissenschaftlichen Fortschritts.

Die Komplexität des ökologischen Problems ist allen offenkundig. Es gibt jedoch einige Grundprinzipien, die unter Achtung der rechtmäßigen Autonomie und der besonderen Kompetenz derer, die sich dafür einsetzen, die Forschung auf geeignete und dauerhafte Lösungen ausrichten können. Es handelt sich um Prinzipien, die wesentlich sind für die Errichtung einer friedlichen Gesellschaft, welche weder die Achtung vor dem Leben noch den Sinn für die Integrität des Geschaffenen außer Acht lassen kann.

III. Auf der Suche nach einer Lösung

8. Theologie, Philosophie und Wissenschaft stimmen in der Sicht eines harmonischen Universums überein, das heißt in der Vorstellung eines wirk-

lichen Kosmos, ausgestattet mit einer eigenen Integrität sowie einem inneren und dynamischen Gleichgewicht. Diese Ordnung gilt es zu respektieren: Die Menschheit ist berufen, diese Ordnung mit kluger Umsicht zu erforschen, zu entdecken und sie dann so zu gebrauchen, dass ihre Integrität erhalten bleibt.

Andererseits ist die Erde wesentlich ein gemeinsames Erbe, deren Früchte allen zugutekommen sollen. „Gott hat die Erde mit allem, was sie enthält, zum Nutzen aller Menschen und Völker bestimmt" (GS 69), hat das II. Vatikanische Konzil neu betont. Das schließt direkte Implikationen für unser Problem ein. Es ist nämlich ungerecht, dass einige wenige Privilegierte fortfahren, überflüssige Güter aufzuhäufen, indem sie vorhandene Ressourcen verschwenden, wenn gleichzeitig unzählige Menschen im Elend oder auf der Ebene des Existenzminimums leben. Es ist die dramatische Dimension des ökologischen Problems selbst, die uns lehrt, wie sehr die Gier und der Egoismus sowohl in ihrer individuellen als auch kollektiven Ausprägung der Ordnung des Geschaffenen entgegengesetzt sind, in die auch die gegenseitige Abhängigkeit voneinander eingeschrieben ist.

9. Die Begriffe von der Ordnung im Universum und von dem gemeinsamen Erbe unterstreichen beide die Notwendigkeit eines Verwaltungssystems der Ressourcen der Erde, das auf internationaler Ebene besser koordiniert ist. Die Dimensionen der Umweltprobleme überschreiten in vielen Fällen die Grenzen der einzelnen Staaten: Ihre Lösung kann somit nicht allein auf nationaler Ebene gefunden werden. Es sind in jüngster Zeit einige verheißungsvolle Schritte auf ein solches internationales Vorgehen festzustellen, aber die vorhandenen Instrumente und Einrichtungen sind für die Entwicklung eines koordinierten Aktionsplanes noch unzureichend. Politische Hindernisse, Formen von überzogenem Nationalismus und wirtschaftliche Interessen, um nur an einige Faktoren zu erinnern, verlangsamen oder verhindern geradezu die internationale Zusammenarbeit und die Durchführung wirksamer, langfristiger Initiativen.

Die betonte Notwendigkeit einer konzertierten Aktion auf internationaler Ebene führt gewiss nicht zu einer Verminderung der Verantwortung der einzelnen Staaten. Diese müssen nämlich nicht nur die approbierten Normen zusammen mit den Autoritäten anderer Staaten in die Praxis umsetzen, sondern auch im eigenen Inneren eine sozioökonomische Ordnung fördern mit besonderer Aufmerksamkeit für die am meisten verwundbaren Bereiche der Gesellschaft. Jeder Staat hat im Bereich des eigenen Territoriums die Aufgabe, der Verschlechterung der Atmosphäre und der Biosphäre vorzubeugen, indem er unter anderem die Auswirkungen der neuen technologischen oder wissenschaftlichen Entdeckungen aufmerksam kontrolliert und den eigenen Bürgern die Garantie bietet, nicht Umweltschadstoffen oder Giftmüll ausgesetzt zu sein. Man spricht heute immer nachdrücklicher vom Recht auf eine sichere Umwelt als einem Recht, das in eine den heutigen Erfordernissen angepasste Charta der Menschenrechte aufgenommen werden muss.

IV. Die Dringlichkeit einer neuen Solidarität

10. Die ökologische Krise macht die dringende moralische Notwendigkeit einer neuen Solidarität deutlich, besonders in den Beziehungen zwischen den Entwicklungsländern und den hochindustrialisierten Ländern. Die Staaten müssen sich immer solidarischer zeigen und einander ergänzen, indem sie gemeinsam die Entwicklung einer natürlichen, sozial friedlichen und gesunden Umwelt fördern. Man kann zum Beispiel von den weniger industrialisierten Ländern nicht verlangen, auf die eigenen jungen Industrien gewisse restriktive Umweltschutznormen anzuwenden, wenn die Industriestaaten diese nicht selbst zuerst in ihrem Inneren anwenden.

Ihrerseits dürfen die Länder, die sich auf dem Weg der Industrialisierung befinden, die von anderen Ländern in der Vergangenheit begangenen Fehler aus moralischen Gründen nicht wiederholen, indem sie fortfahren, die Umwelt mit umweltschädigenden Produkten, exzessiven Abholzungen oder unbegrenzter Ausbeutung nicht regenerierbarer Ressourcen zu schädigen. Im selben Zusammenhang muss man auch dringend eine Lösung für das Problem der Behandlung und der Beseitigung des Giftmülls finden. Kein Plan, keine Organisation wird jedoch imstande sein, die als notwendig erkannten Veränderungen herbeizuführen, wenn die Verantwortlichen der Nationen der ganzen Welt nicht wirklich von der absoluten Notwendigkeit dieser neuen Solidarität überzeugt sind, die die ökologische Krise fordert und die für den Frieden wesentlich ist. Diese Notwendigkeit wird zugleich günstige Gelegenheiten für die Festigung der friedlichen Beziehungen zwischen den Staaten bieten.

11. Man muss auch hinzufügen, dass kein richtiges ökologisches Gleichgewicht erreicht werden wird, wenn die strukturellen Formen der Armut in der Welt nicht direkt angegangen werden. So haben zum Beispiel die ländliche Armut und die Landverteilung in vielen Ländern zu einer Landwirtschaft für den reinen Lebensunterhalt und zu einer Auslaugung der landwirtschaftlichen Anbauflächen geführt. Wenn der Boden nichts mehr hervorbringt, siedeln viele Bauern in andere Gebiete um, was oft den Prozess unkontrollierter Abholzung verstärkt, oder sie lassen sich in Ballungszentren der Städte nieder, die bereits arm an Strukturen und Dienstleistungen sind. Darüber hinaus sind einige stark verschuldete Länder dabei, ihre natürliche Lebensgrundlage mit der Folge nicht mehr gutzumachender ökologischer Schäden zu zerstören, nur um neue Exportgüter zu gewinnen. Es wäre jedoch nicht annehmbar, in dieser Situation die Verantwortung für die negativen Umwelt-

folgen nur den Armen anzutasten, die sie verursacht haben. Vielmehr muss man den Armen, denen wie allen anderen die Erde anvertraut ist, helfen, ihre Armut zu überwinden; das verlangt aber eine mutige Strukturreform und neue Muster für die Beziehungen zwischen den Staaten und den Völkern.

12. Es gibt aber noch eine andere große Gefahr, die uns bedroht: Den Krieg. Die moderne Wissenschaft verfügt leider schon über die Fähigkeit, die Umwelt für kriegerische Zwecke zu verändern, und ein solcher Eingriff könnte langfristig unvorhersehbare und noch schwerere Folgen haben. Obwohl internationale Verträge den chemischen, bakteriologischen und biologischen Krieg verbieten, ist es eine Tatsache, dass in den Laboratorien die Forschung für die Entwicklung neuer Angriffswaffen fortgesetzt wird, die imstande sind, die natürlichen Gleichgewichte zu verändern.

Heute würde jeglicher Krieg auf Weltebene unschätzbare ökologische Schäden verursachen. Aber auch die örtlichen und regionalen Kriege, wie begrenzt sie auch sein mögen, zerstören nicht nur menschliches Leben und die Strukturen der Gesellschaft, sondern schaden auch dem Grund und Boden, indem sie die Ernten und die Vegetation vernichten sowie Gelände und Gewässer vergiften. Diejenigen, die den Krieg überleben, sind gezwungen, unter viel schwierigeren natürlichen Bedingungen ein neues Leben zu beginnen. Diese verursachen für sie wiederum Situationen von großen sozialen Schwierigkeiten mit negativen Konsequenzen auch für die Umwelt.

13. Die moderne Gesellschaft wird für das ökologische Problem keine Lösung finden, wenn sie nicht ihren Lebensstil ernsthaft überprüft. In vielen Teilen der Welt neigt er zum Hedonismus und Konsumismus und bleibt indifferent gegenüber den Schäden, die durch diese verursacht werden. Wie ich schon bemerkt habe, zeigt die Schwere der ökologischen Situation, wie tief die moralische Krise des Menschen ist. Wenn das Gespür für den Wert der Person und des menschlichen Lebens fehlt, interessiert man sich auch nicht mehr für die anderen und für die Erde. Einfachheit, Mäßigung, Disziplin und Opfergeist müssen das Leben eines jeden Tages prägen, auf dass nicht alle gezwungen werden, die negativen Konsequenzen zu tragen, die durch die Gleichgültigkeit von wenigen verursacht worden sind.

Darum ist eine Erziehung zur ökologischen Verantwortung dringend notwendig: Verantwortung gegenüber sich selbst, Verantwortung gegenüber den anderen; Verantwortung gegenüber der Umwelt. Es geht um eine Erziehung, die nicht einfach auf dem Gefühl oder auf einer unbestimmten Augenblicksstimmung beruhen kann. Ihr Ziel darf weder ideologisch noch politisch sein noch kann ihr Ansatz sich auf die Ablehnung der modernen Welt oder auf den vagen Wunsch nach einer Rückkehr zum verlorenen Paradies stützen. Die richtige Erziehung zur Verantwortung beinhaltet eine authentische Bekehrung in der Denk- und Verhaltensweise. Diesbezüglich haben die Kirchen und die anderen religiösen Einrichtungen, die staatlichen und nichtstaatlichen Organe, ja, alle Bereiche der Gesellschaft eine bestimmte Aufgabe zu erfüllen. Die erste Erzieherin bleibt jedoch die Familie, in der das Kind den Nächsten zu achten und die Natur zu lieben lernt.

14. Schließlich kann man auch den ästhetischen Wert der Schöpfung nicht außer Acht lassen. Der Kontakt mit der Natur ist in sich selbst sehr erholsam, und die Betrachtung ihrer Schönheit schenkt Frieden und innere Ruhe. Die Bibel spricht oft von dem Wert und der Schönheit der Schöpfung, die berufen ist, Gott zu preisen (vgl. Gen 1,4ff.; Ps 8,2/104,1ff.; Weish 13,3–5; Sir 39,16/33/43,1–9). Vielleicht etwas schwieriger, aber nicht weniger intensiv kann die Betrachtung der vom menschlichen Genius geschaffenen Werke sein. Auch die Städte können eine ihnen eigene Schönheit haben, die die Menschen dazu veranlassen muss, ihre Umgebung zu schützen. Eine gute Städteplanung ist ein wichtiger Aspekt des Umweltschutzes, und der Respekt für die morphologischen Eigenschaften des Geländes ist eine unerlässliche Forderung für jede ökologisch richtige Ansiedlung. Insgesamt darf die Beziehung, die zwischen einer angemessenen ästhetischen Erziehung und der Erhaltung einer gesunden Umgebung besteht, nicht vernachlässigt werden.

V. Die ökologische Frage: Eine Verantwortung für alle

15. Die ökologische Frage hat heute solche Dimensionen angenommen, dass die Verantwortung alle betrifft. Ihre verschiedenen Aspekte, die ich dargestellt habe, zeigen die Notwendigkeit von koordinierten Anstrengungen, um die entsprechenden Pflichten und Aufgaben der Einzelnen, der Völker, der Staaten und der internationalen Gemeinschaft festzulegen. Das geschieht nicht nur im gleichen Schritt mit den Versuchen, den wahren Frieden herzustellen, sondern es bekräftigt und verstärkt auch diese objektiv. Wenn man die ökologische Frage in den umfassenderen Zusammenhang der Sache des Friedens in der menschlichen Gesellschaft stellt, wird man sich besser dessen bewusst, wie wichtig es ist, darauf zu achten, was uns die Erde und die Atmosphäre zu erkennen geben: Im Universum besteht eine Ordnung, die respektiert werden muss; die menschliche Person, ausgestattet mit der Möglichkeit freier Entscheidungen, hat eine schwere Verantwortung für die Erhaltung dieser Ordnung, auch im Hinblick auf das Wohl künftiger Generationen. Die ökologische Krise – ich wiederhole es noch einmal – ist ein moralisches Problem.

Auch die Männer und Frauen, die keine besonderen religiösen Überzeugungen besitzen, erkennen es aufgrund ihres eigenen Verantwortungssinns für das Allgemeinwohl als ihre Pflicht an, zur Gesundung der Umwelt ihren Beitrag zu leisten. Umso mehr müssen diejenigen, die an Gott, den Schöpfer, glauben und folglich überzeugt sind, dass in der Welt eine fest umschriebene und zielstrebige Ordnung besteht, sich aufgerufen fühlen, sich mit diesem Problem zu beschäftigen. Die Christen insbesondere stellen fest, dass ihre Aufgaben im Bereich der Schöpfung, ihre Pflichten gegenüber der Natur und dem Schöpfer Bestandteil ihres Glaubens sind. Sie sind sich folglich des weiten Feldes ökumenischer und interreligiöser Zusammenarbeit bewusst, das sich hier vor ihnen auftut.

16. Zum Schluss dieser Botschaft möchte ich mich noch direkt an meine Brüder und Schwestern der katholischen Kirche wenden, um sie an die wichtige Verpflichtung zu erinnern, für die ganze Schöpfung Sorge zu tragen. Der Einsatz des Gläubigen für eine gesunde Umwelt entspringt unmittelbar aus seinem Glauben an Gott, den Schöpfer, aus der Wertung der Folgen der Erbsünde und der persönlichen Sünden sowie aus der Gewissheit, von Christus erlöst zu sein. Die Achtung vor dem Leben und vor der Würde der menschlichen Person beinhaltet auch die Achtung vor und die Sorge für die Schöpfung, die berufen ist, mit dem Menschen zusammen Gott zu verherrlichen (vgl. Ps 96/148).

Der heilige Franz von Assisi, den ich 1979 zum himmlischen Patron der Umweltschützer erklärt habe (vgl. allgemein IS), bietet den Christen das Beispiel der authentischen und vollen Achtung vor der Integrität der Schöpfung. Als Freund der Armen und geliebt von Gottes Geschöpfen hat er alle – Tiere, Pflanzen, Naturkräfte, auch die Schwester Sonne und den Bruder Mond – eingeladen, den Herrn zu ehren und zu preisen. Vom *Poverello* von Assisi erhalten wir das Zeugnis, dass wir uns im Frieden mit Gott auf bessere Weise der Aufgabe widmen können, den Frieden mit der ganzen Schöpfung herbeizuführen, der vom Frieden unter den Völkern nicht zu trennen ist.

Möge sein begeisterndes Vorbild uns helfen, den Geist der Brüderlichkeit mit allen guten und schönen Dingen, die von dem allmächtigen Gott geschaffen sind, immer lebendig zu erhalten, und uns an unsere schwere Pflicht erinnern, sie zu achten und mit Sorgfalt zu hüten im Sinn umfassendster und tiefster menschlicher Brüderlichkeit.

Aus dem Vatikan, am 8. Dezember 1989
Johannes Paul II.

Botschaft seiner Heiligkeit Papst Johannes Paul II.
zur Feier des 24. Weltfriedenstages
1. Januar 1991

Wenn du den Frieden willst, achte das Gewissen jedes Menschen

Die vielen Völker, die die eine Menschheitsfamilie bilden, suchen heute immer häufiger die tatsächliche Anerkennung und den Rechtsschutz der Gewissensfreiheit, die für die Freiheit jedes Menschen wesentlich ist. Den verschiedenen Aspekten dieser für den Frieden in der Welt grundlegenden Freiheit habe ich bereits zwei Botschaften zum Weltfriedenstag gewidmet.

Für das Jahr 1988 habe ich zur gemeinsamen Besinnung über die Religionsfreiheit eingeladen. Die Gewähr des Rechts, öffentlich und in allen Bereichen des staatlichen Lebens seine religiösen Überzeugungen auszusprechen, stellt ein unerlässliches Element des friedlichen Zusammenlebens unter den Menschen dar. „Der Friede", schrieb ich zu jenem Anlass, „ist mit seinen Fundamenten tief in der Freiheit und in der Offenheit der Gewissen für die Wahrheit verankert" (Wfb 1988). Im darauffolgenden Jahr führte ich diese Betrachtung weiter, indem ich einige Gedanken über die unbedingt notwendige Achtung der Rechte ethnischer und religiöser Minderheiten vorlegte, „eine der heikelsten Fragen in der gegenwärtigen Gesellschaft [...], weil sie sowohl die Gestaltung des gesellschaftlichen und staatlichen Lebens im Innern eines jeden Landes als auch das Leben der internationalen Gemeinschaft betrifft" (Wfb 1989). Dieses Jahr möchte ich spezifische Betrachtungen anstellen über die Bedeutung der Achtung des Gewissens eines jeden Menschen als unerlässliches Fundament für den Frieden in der Welt.

1. Gewissensfreiheit und Friede

Die Ereignisse des vergangenen Jahres haben in der Tat dem Bedürfnis, konkrete Schritte zu unternehmen, um die volle Achtung der Gewissensfreiheit sowohl auf gesetzlicher Ebene als auch in den menschlichen Beziehungen zu gewährleisten, eine neue Dringlichkeit verliehen. Diese raschen Veränderungen bezeugen mit aller Klarheit, dass die Person nicht wie eine Art Gegenstand behandelt werden kann, gelenkt ausschließlich von Kräften, über die sie keine Kontrolle hat. Im Gegenteil, trotz ihrer Hinfälligkeit entbehrt sie als Person nicht der Fähigkeit, aus freien Stücken das Gute zu suchen und kennenzulernen, das Böse zu erkennen und zurückzuweisen, sich für die Wahrheit zu entscheiden und sich dem Irrtum zu widersetzen. Denn als

Gott den Menschen schuf, hat er ihm ein „Gesetz[...] ins Herz geschrieben" (Röm 2,15), das jeder entdecken kann, und das Gewissen ist eben die Fähigkeit, gemäß diesem Gesetz zu unterscheiden und zu handeln. Ihm zu gehorchen ist eben die Würde des Menschen (vgl. GS 16).

Keine menschliche Autorität hat das Recht, in das Gewissen eines Menschen einzugreifen. Dieses ist auch gegenüber der Gesellschaft Zeuge für die Transzendenz des Menschen und als solches unantastbar. Es ist jedoch nicht ein über die Wahrheit und den Irrtum gestelltes Absolutes; ja, seine innerste Natur schließt die Beziehung zur objektiven, allgemeinen und für alle gleichen Wahrheit ein, die alle suchen können und sollen. In dieser Beziehung zur objektiven Wahrheit findet die Gewissensfreiheit ihre Rechtfertigung als notwendige Vorbedingung für die Suche nach der dem Menschen gemäßen Wahrheit, zu der alle verpflichtet sind, und für die Zustimmung zu ihr, sobald sie entsprechend erkannt wurde. Das schließt seinerseits ein, dass alle das Gewissen jedes Einzelnen achten müssen und nicht versuchen dürfen, irgendjemandem die eigene Wahrheit aufzudrängen, trotz des unverkürzt bestehenden Rechts, sich zu ihr zu bekennen, ohne freilich deshalb den Andersdenkenden zu verachten. Die Wahrheit setzt sich nur kraft ihrer selbst durch. Einem Menschen die volle Gewissensfreiheit, insbesondere die Freiheit zum Suchen nach der Wahrheit, zu verweigern oder der Versuch, ihm eine besondere Weise des Wahrheitsverständnisses aufzudrängen, läuft seinem innersten Recht zuwider. Es bewirkt auch eine Verschärfung der Abneigungen und Spannungen, die zu schwierigen und feindseligen Beziehungen oder sogar zu einem offenen Konflikt im Inneren der Gesellschaft zu führen drohen. Es ist also die Gewissensebene, auf der sich das Problem, einen echten und dauerhaften Frieden zu gewährleisten, stellt und man sich wirksamer mit diesem Problem auseinandersetzen kann.

2. Die absolute Wahrheit ist nur in Gott zu finden

Die Gewähr für die Existenz der objektiven Wahrheit liegt in Gott, der absoluten Wahrheit, und die Suche nach der Wahrheit ist auf der objektiven Ebene identisch mit der Suche nach Gott. Das sollte genügen, die innige Beziehung zwischen Gewissensfreiheit und Religionsfreiheit zu beweisen. Andererseits erklärt sich so, warum die systematische Leugnung Gottes und die Errichtung eines Regimes, dessen konstitutives Element diese Leugnung Gottes ist, der Gewissensfreiheit wie auch der Religionsfreiheit diametral entgegengesetzt sind. Wer hingegen die Beziehung zwischen der letzten Wahrheit und Gott selbst anerkennt, wird auch den Nichtglaubenden nicht nur die Pflicht, sondern auch das Recht des Suchens nach der Wahrheit zuerkennen, das sie dann zur Entdeckung des göttlichen Geheimnisses und dessen demütiger Annahme führen kann.

3. Gewissensbildung

Jeder Mensch hat die ernste Pflicht, sein Gewissen zu bilden, und zwar im Licht der objektiven Wahrheit, deren Kenntnis niemandem verweigert wird und von niemandem verhindert werden kann. Für sich selbst das Recht, nach dem Gewissen zu handeln, zu fordern und in Anspruch zu nehmen, ohne gleichzeitig die Pflicht anzuerkennen, sich um die Bildung des eigenen Gewissens nach der Wahrheit und dem Gesetz zu bemühen, das von Gott selber unseren Herzen eingeschrieben worden ist, besagt in Wirklichkeit, dass man nur seine eigenen begrenzten Gesichtspunkte fördern und durchsetzen will. Das ist weit davon entfernt, ein wirksamer Beitrag zu der schwierigen Aufgabe zu sein, den Frieden in der Welt aufzubauen. Im Gegensatz dazu wird die Wahrheit leidenschaftlich gesucht, befolgt und zum Besten der eigenen Fähigkeiten gelebt. Dieses aufrichtige Suchen nach der Wahrheit führt nicht nur zur Achtung gegenüber dem Suchen der anderen, sondern auch zu dem Verlangen, gemeinsam zu suchen.

Bei der wichtigen Aufgabe der Gewissensbildung kommt der Familie eine vorrangige Rolle zu. Es ist die ernste Pflicht der Eltern, ihren Kindern vom frühesten Alter an zu helfen, die Wahrheit zu suchen und nach ihr zu leben, das Gute zu suchen und es zu fördern.

Grundlegend für die Gewissensbildung ist ferner die Schule, wo das Kind und der Jugendliche mit einer größeren Welt, die häufig ganz anders als das Familienmilieu ist, in Berührung kommen. Tatsächlich ist die Erziehung niemals moralisch indifferent, auch wenn sie ihre sittliche und religiöse Neutralität zu verkünden versucht. Die Art und Weise, wie die Kinder und Jugendlichen geformt und erzogen werden, spiegelt notwendigerweise manche Werte wider, die Einfluss darauf haben, wie sie zum Verstehen der anderen und der ganzen Gesellschaft geführt werden. In Übereinstimmung mit der Natur und der Würde der menschlichen Person und mit dem Gesetz Gottes muss den Jugendlichen daher während ihrer Schulzeit dabei geholfen werden, die Wahrheit zu erkennen und zu suchen, die Forderungen und Grenzen der wahren Freiheit anzunehmen und das entsprechende Recht der anderen zu achten.

Die Bildung des Gewissens ist gefährdet, wenn eine gründliche religiöse Erziehung fehlt. Wie kann ein junger Mensch die Forderungen der Menschenwürde voll begreifen, ohne auf die Quelle dieser Würde, den Schöpfer des Menschen, Bezug zu nehmen? In diesem Zusammenhang ist die Rolle der Familie, der katholischen Kirche, der christlichen Gemeinschaften und der anderen religiösen Einrichtungen vorrangig, und der Staat muss in Übereinstimmung mit den Gesetzen und den internationalen Erklärungen[1] ihre

---

[1] Zur Anerkennung dieses Rechts in jüngster Zeit: vgl. *Generalversammlung der Vereinten Na-*

Rechte auf diesem Gebiet sicherstellen und unterstützen. Die Familie und die religiösen Gemeinschaften müssen ihrerseits ihren Einsatz für den Menschen und seine objektiven Werte immer mehr bekräftigen und vertiefen.

Unter den vielen anderen Einrichtungen und Organen, die bei der Gewissensbildung eine besondere Rolle entfalten, sind auch die sozialen Kommunikationsmittel zu erwähnen. In unserer modernen, von rascher Kommunikation gekennzeichneten Welt können die Massenmedien eine äußerst wichtige, ja wesentliche Rolle bei der Förderung der Suche nach der Wahrheit entfalten, indem sie vermeiden, nur die begrenzten Interessen dieser oder jener Person, dieser oder jener Gruppe oder Ideologie vorzulegen. Diese Medien bilden für eine immer größere Anzahl von Menschen oft die einzige Informationsquelle. Wie verantwortungsvoll also muss von ihnen im Dienst an der Wahrheit Gebrauch gemacht werden!

4. Die Intoleranz: Eine ernste Bedrohung für den Frieden

Eine ernste Bedrohung für den Frieden stellt die Intoleranz dar, die sich in der Ablehnung der Gewissensfreiheit äußert. Aus den Ereignissen der Geschichte haben wir in schmerzlicher Weise erfahren, zu welchen Ausschreitungen Intoleranz führen kann.

Die Intoleranz kann jeden Bereich des gesellschaftlichen Lebens erfassen und sich in der Ausgrenzung oder Unterdrückung der Personen und Minderheiten äußern, die hinsichtlich ihrer gültigen Lebensweisen ihrem Gewissen folgen. Im öffentlichen Leben lässt die Intoleranz keinen Raum für die Pluralität politischer oder sozialer Entscheidungen und nötigt so allen eine einförmige Ansicht von der staatlichen und kulturellen Organisation auf.

Was die religiöse Intoleranz angeht, so kann man nicht leugnen, dass es trotz der feststehenden Lehre der katholischen Kirche, wonach niemand zum Glauben gezwungen werden darf (vgl. DH 12), im Laufe der Jahrhunderte zu nicht wenigen Schwierigkeiten und sogar Konflikten zwischen Christen und Angehörigen anderer Religionen gekommen ist (vgl. NA 3). Das II. Vatikanische Konzil hat das formell zugegeben, als es erklärte, dass „bisweilen im Leben des Volkes Gottes auf seiner Pilgerfahrt – im Wechsel der menschlichen Geschichte – eine Weise des Handelns vorgekommen [ist], die dem Geist des Evangeliums wenig entsprechend, ja sogar entgegengesetzt war" (DH 12).

Auch heute bleibt noch viel zu tun, um die religiöse Intoleranz zu überwinden, die in verschiedenen Teilen der Welt auf das Engste mit der Unter-

---

tionen, Erklärung über die Beseitigung aller Formen von Intoleranz und Diskriminierung aufgrund der Religion oder der Überzeugung, 1981, Art. 1.

drückung der Minderheiten verbunden ist. Wir sind leider Zeugen von Versuchen, anderen entweder direkt, mithilfe einer Proselytenmacherei, die sich der Mittel tatsächlicher Nötigung bedient, oder durch die Verweigerung gewisser gesellschaftlicher oder politischer Rechte eine bestimmte religiöse Idee aufzuzwingen. Besonders heikel sind die Situationen, wo eine eigentlich religiöse Bestimmung Gesetz des Staates wird oder werden soll, ohne dass dabei der Unterscheidung zwischen den Kompetenzen der Religion und jenen der politischen Gesellschaft gebührend Rechnung getragen wird. Die Gleichsetzung von religiösem und staatlichem Gesetz kann die Religionsfreiheit in der Tat unterdrücken und sogar andere unveräußerliche Menschenrechte einschränken oder verweigern. In diesem Zusammenhang möchte ich wiederholen, was ich in der Botschaft zum Weltfriedenstag 1988 gesagt habe: „Auch im Falle, dass ein Staat einer bestimmten Religion eine besondere Rechtsstellung zuspricht, ist es seine Pflicht, das Recht auf Gewissensfreiheit aller Bürger gesetzlich anzuerkennen und wirksam zu achten, wie auch der Ausländer, die dort der Arbeit wegen oder aus anderen Gründen, wenn auch nur zeitweise, wohnen." Das gilt auch für die bürgerlichen und politischen Rechte der Minderheiten und für jene Situationen, in denen ein erbitterter Laizismus im Namen der Achtung des Gewissens den Gläubigen de facto das Recht verwehrt, ihrem Glauben öffentlich Ausdruck zu verleihen. Die Intoleranz kann auch das Ergebnis eines gewissen Fundamentalismus sein, der eine wiederkehrende Versuchung darstellt. Er kann leicht zu schwerwiegenden Gesetzwidrigkeiten führen, wie zur radikalen Unterdrückung jeder öffentlichen Äußerung von Andersartigkeit oder sogar überhaupt zur Verwehrung, sich frei zu äußern. Auch der Fundamentalismus kann zur Ausschließung des anderen vom gesellschaftlichen Leben oder, auf religiösem Gebiet, zu Zwangsmaßnahmen mit dem Ziel der Bekehrung führen. Wie sehr einem auch die Wahrheit der eigenen Religion am Herzen liegen mag, so gibt das doch niemandem, weder Einzelnen noch Gruppen, das Recht zu dem Versuch, die Gewissensfreiheit all jener, die andere religiöse Überzeugungen haben, zu unterdrücken oder sie dadurch zum Verrat an ihrem Gewissen zu verleiten, dass man ihnen im Falle, dass sie ihre Religion wechseln, bestimmte soziale Privilegien und Rechte anbietet beziehungsweise verweigert. In anderen Fällen geht man so weit, Menschen sogar unter Anwendung strenger Strafmaßnahmen zu verwehren, sich frei für eine andere Religion als die, der sie im Augenblick angehören, zu entscheiden. Derartige Bezeigungen von Intoleranz fördern klarerweise nicht den Frieden in der Welt.

Um die Auswirkungen der Intoleranz zu beseitigen, genügt es nicht, die ethnischen und religiösen Minderheiten zu schützen, wodurch man sie nämlich zu einer Klasse von Minderbürgern oder Individuen macht, die unter der Vormundschaft des Staates stehen. Das könnte auf eine Form von Diskriminierung hinauslaufen, die die Entwicklung einer harmonischen und friedvollen Gesellschaft behindert, ja verhindert. Vielmehr wird das unauslöschliche Recht, seinem Gewissen zu folgen und seinen Glauben allein oder in Gemeinschaft zu bekennen und zu praktizieren – immer unter der Voraussetzung, dass dabei die Forderungen der öffentlichen Ordnung nicht verletzt werden –, anerkannt und garantiert.

Paradoxerweise kann es vorkommen, dass diejenigen, die zuvor Opfer verschiedener Formen von Intoleranz gewesen sind, Gefahr laufen, ihrerseits neue Situationen von Intoleranz zu schaffen. Das Ende jahrzehntelanger Unterdrückung in einigen Teilen der Welt, während welcher das Gewissen des Einzelnen nicht geachtet und das, was dem Menschen am kostbarsten war, unterdrückt wurde, darf nicht zum Anlass für neue Formen von Intoleranz werden, so schwer auch die Versöhnung mit dem früheren Unterdrücker sein mag.

Die Gewissensfreiheit ist, richtig verstanden, aufgrund ihrer Natur immer der Wahrheit verschrieben. Darum führt sie nicht zur Intoleranz, sondern zur Toleranz und Versöhnung. Diese Toleranz ist nicht eine passive Tugend, denn sie hat ihren Ursprung in der tätigen Liebe und trachtet, sich zu wandeln und zu einem positiven engagierten Einsatz zu werden, um Freiheit und Frieden für alle sicherzustellen.

5. Die Religionsfreiheit: Eine Kraft für den Frieden

Die Bedeutung der Religionsfreiheit veranlasst mich, nachdrücklich zu betonen, dass das Recht auf Religionsfreiheit nicht bloß eines unter den anderen Menschenrechten ist; „ja, dieses Recht ist das grundlegendste, weil die Würde jedes Menschen ihre erste Quelle in seiner Wesensbeziehung zu Gott, dem Schöpfer und Vater, hat, nach dessen Bild und Gleichnis er geschaffen ist; weil er mit Vernunft und freiem Willen begabt ist“[2]. „Zunächst ist die Religionsfreiheit als unauslöschliche Forderung aus der Würde jedes Menschen der Grundstein des Gebäudes der Menschenrechte“ (Wfb 1988) und deshalb der tiefgründigste Ausdruck der Gewissensfreiheit.

Man kann nicht übersehen, dass das Recht auf Religionsfreiheit die Identität der menschlichen Person selbst berührt. Einer der bezeichnendsten Aspekte, die die heutige Welt charakterisieren, ist die Rolle der Religion beim Erwachen der Völker und bei der Suche nach der Freiheit. In vielen Fällen hat es der religiöse Glaube vermocht, die Identität ganzer Völker un-

---

[2] Ansprache an die Teilnehmer des 5. Internationalen Juridischen Kolloquiums der Päpstlichen Lateran-Universität am 10. März 1984, entnommen aus: www.vatican.va; [Anm. der Herausgeber: Besagte Ansprache war im Volltext nur in italienischer und portugiesischer Sprache erfasst.]

versehrt zu bewahren und sogar zu stärken. In den Nationen, in denen die Religion behindert oder sogar verfolgt wurde durch den Versuch, sie unter die überwundenen Erscheinungen der Vergangenheit zu verbannen, hat sie sich erneut als mächtige Befreiungskraft erwiesen.

Der religiöse Glaube ist den Völkern und den einzelnen Menschen so wichtig, dass sie zu seiner Bewahrung in vielen Fällen zu jedwedem Opfer bereit sind. In der Tat birgt jeder Versuch, einem Menschen das, was ihm am teuersten ist, vorzuenthalten oder es zu unterdrücken, die Gefahr in sich, schließlich zu offener oder verborgener Auflehnung zu führen.

6. Die Notwendigkeit einer gerechten Gesetzesordnung

Trotz der verschiedenen Erklärungen auf nationalem und internationalem Gebiet, die das Recht auf Gewissens- und Religionsfreiheit verkünden, gibt es noch immer zu viele Versuche religiöser Unterdrückung. Ohne eine begleitende Rechtsgarantie durch geeignete Instrumente ist es solchen Erklärungen allzu oft beschieden, toter Buchstabe zu bleiben. Daher sind die neuerlichen Anstrengungen zu schätzen, die unternommen werden, um der bestehenden Gesetzesregelung[3] durch die Schaffung neuer, wirksamer und zur Festigung der Religionsfreiheit geeigneter Mittel mehr Kraft zu verleihen. Dieser volle gesetzliche Schutz muss wirklich jeden religiösen Zwang als ernstes Hindernis für den Frieden ausschließen. Im Gegenteil, „[d]iese Freiheit besteht darin, dass alle Menschen frei sein müssen von jedem Zwang sowohl vonseiten Einzelner wie gesellschaftlicher Gruppen, wie jeglicher menschlichen Gewalt, so dass in religiösen Dingen niemand gezwungen wird, gegen sein Gewissen zu handeln, noch daran gehindert wird, privat und öffentlich, als Einzelner oder in Verbindung mit anderen – innerhalb der gebührenden Grenzen – nach seinem Gewissen zu handeln“ (DH 2).

Der gegenwärtige geschichtliche Augenblick macht die Stärkung der Rechtsmittel dringlich, die geeignet sind, die Gewissensfreiheit auch im politischen und sozialen Bereich zu fördern. Die stufenweise und stetige Entwicklung einer international anerkannten Gesetzesregelung wird in diesem Zusammenhang eine der sichersten Grundlagen für den Frieden und für den Fortschritt der Menschheitsfamilie bilden können. Gleichzeitig kommt es wesentlich darauf an, dass parallele Anstrengungen auf nationaler und auch regionaler Ebene unternommen werden, um sicherzustellen, dass alle Menschen, wo immer sie wohnen, durch international anerkannte gesetzliche Normen geschützt sind.

---

[3] Vgl. u. a. *Generalversammlung der Vereinten Nationen*, Allgemeine Erklärung der Menschenrechte, Art. 18; Schlussakte von Helsinki 1, a) VII; Vereinbarung über die Rechte des Kindes, Art. 14.

Der Staat ist verpflichtet, die grundlegende Gewissensfreiheit nicht nur anzuerkennen, sondern sie zu fördern, immer jedoch im Lichte des natürlichen Sittengesetzes und der Notwendigkeiten des Gemeinwohls sowie unter Achtung der Würde eines jeden Menschen. Erwähnenswert ist in diesem Zusammenhang, dass die Gewissensfreiheit nicht das Recht zu einer unterschiedslosen Anwendung des Einspruchs aus Gewissensgründen gibt. Wenn eine beanspruchte Freiheit zur Freizügigkeit im Sinne eines Freibriefes oder zum Vorwand wird, die Rechte anderer einzuschränken, hat der Staat die Pflicht, die unveräußerlichen Rechte seiner Bürger gegen derartige Missbräuche auch gesetzlich zu schützen.

An alle, die öffentliche Verantwortung tragen – seien es Staatsoberhäupter oder Regierungschefs, Gesetzgeber, Beamte und andere – möchte ich einen besonderen und dringenden Appell richten, dass sie mit allen notwendigen Mitteln die wahre Gewissensfreiheit all derer, die in ihrem Jurisdiktionsbereich wohnen, sicherstellen und dabei den Rechten der Minderheiten besondere Aufmerksamkeit schenken. Das ist nicht nur eine Frage der Gerechtigkeit, es dient auch dazu, die Entwicklung einer friedlichen und harmonischen Gesellschaft zu fördern. Schließlich scheint es beinahe überflüssig, noch einmal zu beteuern, dass die Staaten die strenge moralische und gesetzliche Pflicht haben, die von ihnen unterzeichneten internationalen Übereinkommen einzuhalten.

7. Eine pluralistische Gesellschaft und Welt

Das Bestehen anerkannter internationaler Normen schließt nicht aus, dass es bestimmte Staats- oder Regierungsformen geben kann, die einer spezifischen soziokulturellen Realität entsprechen. Diese Staatsformen müssen jedoch jedem Bürger volle Gewissensfreiheit gewähren und dürfen keinesfalls einen Vorwand für die Verweigerung oder Beschränkung der allgemein anerkannten Rechte darstellen.

Das trifft umso mehr zu, wenn man bedenkt, dass in unserer heutigen Welt selten die gesamte Bevölkerung eines Landes ein und derselben religiösen Überzeugung oder ein und demselben Volksstamm beziehungsweise ein und derselben Kultur angehört. Die Massenwanderungen und Bevölkerungsbewegungen führen in verschiedenen Teilen der Welt zu einer multinationalen und multireligiösen Gesellschaft. In diesem Zusammenhang gewinnt die Achtung des Gewissens aller eine neue Dringlichkeit und stellt neue Herausforderungen an alle Bereiche und Strukturen der Gesellschaft sowie an die Gesetzgeber und die Regierenden.

Wie sollen in einem Land die verschiedenen Traditionen, Gepflogenheiten, Lebensweisen und religiösen Pflichten respektiert werden, während gleichzeitig die eigene Kultur unversehrt erhalten bleiben soll? Wie soll eine gesellschaftlich führende Kultur die neuen Elemente annehmen und integrieren, ohne die eigene Identität zu verlieren und unliebsame Gegensätze zu erzeugen? Die Antwort auf diese schwierigen Fragen ist in einer sorgfältigen Erziehung zur Achtung des Gewissens des anderen zu finden, die sich Mittel wie der Kenntnis anderer Kulturen und Religionen und dem ausgewogenen Verständnis für die bestehenden Verschiedenheiten bedient. Welches bessere Mittel der Einheit in der Vielfalt könnte es geben als das Bemühen aller bei dem gemeinsamen Suchen nach Frieden und bei der gemeinsamen Bejahung der Freiheit, die das Gewissen eines jeden erleuchtet und aufwertet? Für ein geordnetes gesellschaftliches Zusammenleben ist auch zu wünschen, dass die verschiedenen Kulturen einander achten und sich gegenseitig bereichern. Ein echtes Bemühen um Inkulturation dient auch dem Verständnis zwischen den Religionen.

Im Bereich dieses Verständnisses zwischen den Religionen ist in den letzten Jahren viel geschehen, um eine aktive Zusammenarbeit bei den gemeinsamen Aufgaben zu fördern, die sie der Menschheit gegenüber auf die vielen Werte gründen, die die großen Religionen gemeinsam haben. Zu dieser Zusammenarbeit, wo immer sie möglich ist, möchte ich ebenso ermutigen wie zu den offiziellen Gesprächen, die zwischen den Vertretern der großen religiösen Gruppen im Gange sind. Der Heilige Stuhl hat dafür ein Organ, den Päpstlichen Rat für den Interreligiösen Dialog, dessen besondere Zielsetzung es ist, den Dialog und die Zusammenarbeit mit den anderen Religionen zu fördern, immer freilich in absoluter Treue zur katholischen Identität und unter voller Achtung der Identität der anderen.

Sowohl die Zusammenarbeit als auch der interreligiöse Dialog stellen, wenn sie voll Zuversicht, Achtung und Aufrichtigkeit erfolgen, einen Beitrag zum Frieden dar. „Der Mensch muss seinen Geist und sein Gewissen entwickeln, das häufig dem Menschen von heute fehlt. Die Vernachlässigung der Werte und die Identitätskrise, die unsere Welt durchziehen, zwingen uns zu ihrer Überwindung und zu erneutem Suchen und Fragen. Das innere Licht, das in unserem Gewissen geboren wird, erlaubt, der Entwicklung einen Sinn zu geben, sie auf das Wohl des Menschen hin zu orientieren, jedes Menschen und aller Menschen, gemäß dem Plan Gottes."[4] Dieses gemeinsame Suchen im Lichte des Gesetzes des Gewissens und der Gebote der eigenen Religion wird dadurch, dass es uns auch mit den Ursachen der gegenwärtigen sozialen Ungerechtigkeiten und der Kriege konfrontiert, einen

---

[4] *Johannes Paul II.*, Ansprache bei der Begegnung mit der muslimischen Jugend in Casablanca am 19. August 1985, entnommen aus: www.vatican.va; [Anm. der Herausgeber: Besagte Ansprache war im Volltext nur in englischer, französischer, italienischer und spanischer Sprache erfasst.]

soliden Grund für die Zusammenarbeit bei der Suche nach den notwendigen Lösungen legen.

Die katholische Kirche hat sich gern dafür eingesetzt, jede Form aufrichtiger Zusammenarbeit im Hinblick auf die Friedensförderung zu unterstützen. Sie wird weiterhin ihren besonderen Beitrag zu dieser Zusammenarbeit vor allem dadurch leisten, dass sie die Gewissen ihrer Mitglieder zum Offensein für die anderen, zur Achtung des anderen, zur Toleranz, die nicht zu trennen ist von der Suche nach der Wahrheit, und zur Solidarität erzieht.[5]

8. Das Gewissen und der Christ

Die Jünger Jesu Christi, die gehalten sind, bei der Suche nach der Wahrheit ihrem Gewissen zu folgen, wissen, dass man nicht allein auf das eigene moralische Unterscheidungsvermögen vertrauen darf. Die Offenbarung erleuchtet ihr Gewissen und lässt sie das große Geschenk Gottes an den Menschen erkennen: Die Freiheit (vgl. Sir 17,6). Gott hat nicht nur dem Herzen eines jeden, in jene „verborgenste Mitte und das Heiligtum im Menschen, wo er allein ist mit Gott" (GS 16), das natürliche Gesetz eingeschrieben, sondern er hat ihm sein eigenes Gesetz in der Heiligen Schrift geoffenbart. In ihr finden wir die Aufforderung oder, besser, das Gebot, Gott zu lieben und sein Gesetz zu befolgen.

Er hat uns seinen Willen zu erkennen gegeben. Er hat uns seine Gebote geoffenbart, indem er uns „das Leben und das Glück, den Tod und das Unglück vor" (Dtn 15) Augen stellte, und er ruft uns auf: „Wähle also das Leben, […] [l]iebe den HERRN, deinen Gott, hör auf seine Stimme und halte dich an ihm fest; denn er ist dein Leben. Er ist die Länge deines Lebens" (Dtn 19–20). In der Fülle seiner Liebe achtet er die freie Wahl des Menschen hinsichtlich der höchsten Werte, nach denen dieser auf der Suche ist, und auf diese Weise offenbart er seine volle Achtung für das kostbare Geschenk der Freiheit des Gewissens. Seine Gesetze selbst, die ein vollkommener Ausdruck seines Willens und seiner absoluten Unversöhnlichkeit gegenüber dem moralisch Bösen sind und mit denen er eben der Suche nach dem Endziel Richtung geben will, sind dafür Zeugen, weil sie dem Gebrauch der Freiheit dienen und ihn nicht schon im Voraus behindern wollen.

Aber es genügte Gott nicht, seine große Liebe für die Schöpfung und für den Menschen kundzutun. Er „hat die Welt so sehr geliebt, dass er seinen einzigen Sohn hingab, damit jeder, der an ihn glaubt, nicht verloren geht,

---

[5] Vgl. *Johannes Paul II.*, Ansprache an das beim Hl. Stuhl akkreditierte Diplomatische Korps am 11. Januar 1986, entnommen aus: www.vatican.va; [Anm. der Herausgeber: Besagte Ansprache war im Volltext nur in englischer, französischer, italienischer und spanischer Sprache erfasst.]

sondern ewiges Leben hat“ (Joh 3,16). „Wer aber die Wahrheit tut, kommt zum Licht, damit offenbar wird, dass seine Taten in Gott vollbracht sind“ (Joh 3,20). Der Sohn hat nicht gezögert, sich als die Wahrheit zu verkünden (vgl. Joh 14,6) und uns zu versichern, dass diese Wahrheit uns befreien wird (vgl. Joh 8,32). Bei der Suche nach der Wahrheit wendet sich der Christ der göttlichen Offenbarung zu, die in Christus in ihrer ganzen Fülle gegenwärtig ist. Christus hat der Kirche den Sendungsauftrag erteilt, diese Wahrheit zu verkündigen, und die ganze Kirche hat die Pflicht, ihr treu zu sein. Meine schwere Aufgabe als Nachfolger des Petrus besteht eben darin, diese beständige Treue dadurch sicherzustellen, dass ich meine Brüder und Schwestern in ihrem Glauben stärke (vgl. Lk 22,32).

Mehr als jeder andere muss sich der Christ verpflichtet fühlen, sein Gewissen nach der Wahrheit zu bilden. Wie demütig und gewissenhaft muss er angesichts der Herrlichkeit des unentgeltlichen Geschenkes der Offenbarung Gottes in Christus auf die Stimme des Gewissens hören! Wie sehr muss er seinem begrenzten Licht misstrauen, wie schnell muss er beim Lernen sein, wie zurückhaltend beim Verurteilen! Eine der zu allen Zeiten wiederkehrenden Versuchungen, auch unter Christen, besteht darin, sich zur Norm der Wahrheit zu erheben. In einer vom Individualismus geprägten Zeit kann diese Versuchung verschiedenartige Ausdrucksformen finden. Merkmal dessen, der in der Wahrheit ist, ist, demütig zu lieben. So lehrt das göttliche Wort: Die Wahrheit wird in der Liebe aufgebaut (vgl. Eph 4,15).

Durch dieselbe Wahrheit, die wir bekennen, sind wir daher dazu aufgerufen, die Einheit und nicht die Spaltung, die Versöhnung und nicht den Hass oder die Intoleranz zu fördern. Der unentgeltliche Zugang zur Wahrheit überträgt uns die kostbare Verantwortung, nur jene Wahrheit zu verkünden, die zur Freiheit und zum Frieden für alle führt: Die in Jesus Christus Fleisch gewordene Wahrheit.

Am Ende dieser Botschaft lade ich alle ein, weiter nachzudenken über die Notwendigkeit der Achtung des Gewissens eines jeden im eigenen Bereich und im Lichte der eigenen besonderen Verantwortlichkeiten. In jedem Bereich des sozialen, kulturellen und politischen Lebens findet die Achtung der, immer der Wahrheit verpflichteten, Gewissensfreiheit verschiedene, wichtige und unmittelbare Anwendungen. Wenn wir unter Achtung des Gewissens der anderen miteinander die Wahrheit suchen, werden wir auf den Wegen der Freiheit weitergehen können, die nach Gottes Plan in den Frieden einmünden.

Aus dem Vatikan, am 8. Dezember 1990
Johannes Paul II.

Botschaft seiner Heiligkeit Papst Johannes Paul II.
zur Feier des 25. Weltfriedenstages
1. Januar 1992

Die Gläubigen vereint im Aufbau des Friedens

1. Am kommenden 1. Januar wird wie jedes Jahr der Weltfriedenstag begangen – zum 25. Mal seit seiner Einrichtung. Und so ist es nur natürlich, dass sich anlässlich dieses Jubiläums meine Gedanken mit unveränderter Bewunderung und Dankbarkeit der liebenswürdigen Gestalt meines verehrten Vorgängers Paul VI. zuwenden, der mit einer glücklichen pastoral-pädagogischen Eingebung alle wahren Freunde des Friedens eingeladen hat, sich zusammenzuschließen, um über dieses wichtigste Gut der Menschheit nachzudenken.

Aber ebenso natürlich ist es, wenn wir im Abstand eines Vierteljahrhunderts die Vergangenheit insgesamt wieder betrachten, um festzustellen, ob das Anliegen des Friedens in der Welt tatsächlich Fortschritte gemacht hat oder nicht und ob die schmerzlichen Ereignisse der letzten Monate – von denen manche leider noch immer andauern – im Grunde den Rückzug dieses Anliegens angezeigt haben, indem sie deutlich machten, wie real die Gefahr ist, dass sich die menschliche Vernunft von zerstörerischen Egoismen oder eingefleischtem Hass beherrschen lasse. Gleichzeitig hat die Tatsache, dass sich neue Demokratien schrittweise durchzusetzen vermochten, ganzen Völkern wieder Hoffnung gegeben, das Vertrauen in einen fruchtbaren internationalen Dialog neu geweckt und die Aussichten auf eine ersehnte Aussöhnung und Befriedung eröffnet.

In solcher Verflechtung von Licht und Schatten will diese Jahresbotschaft weder eine Bilanz noch ein Urteil, sondern nur eine neuerliche, brüderliche Aufforderung sein, über das gegenwärtige Geschehen der Menschheit nachzudenken, um es in eine höhere sittlich-religiöse Schau zu erheben, an welcher sich zuallererst die Gläubigen inspirieren sollen. Aufgrund ihres Glaubens sind sie ja – als Einzelne und alle zusammen – dazu berufen, Boten und Baumeister des Friedens zu sein: Wie die anderen und mehr als die anderen sind sie dazu aufgerufen, mit Demut und Ausdauer nach entsprechenden Antworten zu suchen auf die Erwartungen von Sicherheit und Freiheit, Solidarität und gerechter Verteilung, die in dieser gleichsam kleiner werdenden Welt die Menschen vereinigen. Gewiss, der Einsatz für den Frieden betrifft jeden Menschen guten Willens, und das ist der Grund, aus dem die verschiedenen Botschaften jeweils an alle Mitglieder der Menschheitsfamilie gerichtet wurden. Doch dringend auferlegt ist die Verpflichtung allen, die sich zum Glauben an Gott bekennen, und noch mehr den Christen, die zu ihrem Führer und Meister den „Fürst[en] des Friedens“ (Jes 9,5) haben.

Sittliche und religiöse Natur des Friedens

2. Das Streben nach Frieden ist der menschlichen Natur angeboren und findet sich in den verschiedenen Religionen. Es kommt zum Ausdruck in dem Wunsch nach Ordnung und Ruhe, in der Haltung der Verfügbarkeit gegenüber dem anderen, in der auf gegenseitiger Achtung beruhenden Zusammenarbeit und Teilnahme. Diese vom Naturgesetz empfohlenen und von den Religionen in Erinnerung gerufenen Werte erfordern zu ihrer Entfaltung die solidarische Mitwirkung aller: Der Politiker, der Leiter internationaler Organisationen, der Unternehmer und der Arbeiter, der Vereinigungen und Gruppen und der privaten Bürger. Es handelt sich um eine ganz klare Pflicht für alle, die sie umso mehr verpflichtet, wenn sie gläubig sind: Denn den Frieden zu bezeugen, für ihn tätig zu sein und zu beten, ist einem kohärenten religiösen Verhalten eigen.

Das erklärt, warum auch in den heiligen Büchern der verschiedenen Religionen der Bezug zum Frieden im Rahmen des Lebens des Menschen und seiner Beziehung zu Gott einen wichtigen Platz einnimmt. Wenn zum Beispiel für uns Christen Jesus Christus, Sohn dessen, der „Gedanken des Heils und nicht des Unheils“ (Jer 29,11) hat, „unser Friede“ (Eph 2,14) ist, bringt für unsere jüdischen Brüder das Wort *shalom* Glückwunsch und Segen in einem Zustand der Harmonie des Menschen mit sich selbst, mit der Natur und mit Gott zum Ausdruck, während für die muslimischen Gläubigen der Begriff *salam* so bedeutsam ist, dass er einen der herrlichen göttlichen Namen darstellt. Man kann sagen, religiöses Leben muss, wenn es authentisch gelebt wird, Früchte des Friedens und der Brüderlichkeit hervorbringen, denn es gehört zum Wesen der Religion, eine immer engere Bindung zur Gottheit zu fördern und eine immer solidarischere Beziehung der Menschen untereinander zu unterstützen.

Den Geist von Assisi wiederbeleben

3. Von dieser Übereinstimmung hinsichtlich dieses Wertes überzeugt, habe ich mich vor fünf Jahren an die Verantwortlichen der christlichen Kirchen und der großen Weltreligionen gewandt und sie zu einem besonderen Gebetstreffen für den Frieden eingeladen, das in Assisi abgehalten wurde. Die Erinnerung an jenes bedeutende Ereignis hat mir nahegelegt, die Aufmerksamkeit auf das Thema der Solidarität der Gläubigen für ebendieses Anliegen zu lenken.

In Assisi kamen die geistlichen Führer der wichtigsten Religionen von den verschiedenen Kontinenten zusammen. Das war ein konkretes Zeugnis für die universale Dimension des Friedens, die Bestätigung, dass der Friede nicht bloß das Ergebnis geschickter politisch-diplomatischer Verhandlungen oder eigennütziger wirtschaftlicher Kompromisse ist, sondern wesentlich von dem abhängt, der das Herz der Menschen kennt und ihre Schritte ausrichtet und lenkt. Als Menschen, die um das Schicksal der Menschheit besorgt sind, haben wir gemeinsam in der Absicht gefastet, auf diese Weise unser Verständnis und unsere Solidarität mit den Millionen und Abermillionen von Menschen zum Ausdruck zu bringen, die in der ganzen Welt Opfer des Hungers sind. Als Gläubige, denen die Geschehnisse der menschlichen Geschichte am Herzen liegen, sind wir gemeinsam zu Pilgern geworden, indem wir schweigend über unseren gemeinsamen Ursprung und über unser gemeinsames Schicksal, über unsere Grenzen und Verantwortlichkeiten, über die Hilferufe und Erwartungen so vieler Brüder und Schwestern nachdachten, die unsere Hilfe in ihrer Not erwarten.

Was wir damals getan haben, indem wir beteten und unser starkes Engagement für den Frieden auf Erden unter Beweis stellten, müssen wir weiter und immer noch tun. Wir müssen den unverfälschten Geist von Assisi nicht nur aus einer Verpflichtung zur Konsequenz und Treue aufrechterhalten, sondern auch, um den künftigen Generationen einen Grund zur Hoffnung zu bieten. In der Stadt des heiligen Franziskus haben wir einen gemeinsamen Weg begonnen, der weitergegangen werden muss, ohne natürlich die Suche nach anderen Wegen und neuen Mitteln für einen soliden, auf geistlichen Fundamenten aufgebauten Frieden auszuschließen.

Die Kraft des Gebets

4. Bevor ich mich jedoch an die menschlichen Fähigkeiten wende, möchte ich wieder die Notwendigkeit eines eindringlichen und demütigen, vertrauensvollen und ausdauernden Gebetes beteuern, wenn wir wollen, dass die Welt endlich zu einem Haus des Friedens werde: Das Gebet ist im wahrsten Sinne des Wortes die Kraft, um dies zu erflehen und zu erreichen. Das Gebet flößt Mut ein und gibt jedem Halt, der dieses Gut liebt und nach eigenen Möglichkeiten und in den verschiedenen Umgebungen, in denen er jeweils lebt, fördern will. Während uns das Gebet die Begegnung mit Gott eröffnet, bereitet es uns auch auf die Begegnung mit dem Nächsten vor, da es uns hilft, zu allen ohne jede Diskriminierung Beziehungen herzustellen, die von Achtung, Verständnis, Wertschätzung und Liebe bestimmt sind. Das religiöse Empfinden und der Geist des Gebetes lassen uns nicht nur in unserer Innerlichkeit wachsen, sondern erleuchten uns auch hinsichtlich der wahren Bedeutung unseres Daseins in der Welt. Ja, man kann auch sagen, die religiöse Dimension spornt uns an, mit größtem Eifer unseren Beitrag zum Aufbau einer geordneten Gesellschaft, in der Frieden herrscht, zu leisten.

Das Gebet ist das Band, das uns am wirksamsten verbindet, weil sich dank ihm die Gläubigen dort begegnen, wo Ungleichheiten, Unverständnis, Groll und Feindseligkeiten überwunden werden, nämlich vor Gott, dem Herrn und Vater aller. Insofern es wahrer Ausdruck der richtigen Beziehung zu Gott und zu den anderen Menschen ist, ist es bereits ein positiver Beitrag zum Frieden.

Ökumenischer Dialog und interreligiöse Beziehungen

5. Das Gebet darf nicht das Einzige bleiben und muss unbedingt mit anderen konkreten Handlungen einhergehen. Jede Religion hat ihre Anschauung bezüglich der Taten, die zu vollbringen, und der Wege, die zu durchlaufen sind, um den Frieden zu erreichen. Während die katholische Kirche mit aller Klarheit ihre Identität, ihre Lehre und ihre Heilssendung für alle Menschen geltend macht, „lehnt [sie] nichts von alledem ab, was in [...] [den anderen] Religionen wahr und heilig ist. Mit aufrichtigem Ernst betrachtet sie jene Handlungs- und Lebensweisen, jene Vorschriften und Lehren, die zwar in manchem von dem abweichen, was sie selber für wahr hält und lehrt, doch nicht selten einen Strahl jener Wahrheit erkennen lassen, die alle Menschen erleuchtet" (NA 2).

Ohne die Unterschiede absichtlich zu übersehen und zu verringern, ist die Kirche überzeugt, dass es in Bezug auf die Friedensförderung manche Elemente oder Aspekte gibt, die gemeinsam mit den Anhängern anderer Religionen und Bekenntnisse nutzbringend entwickelt und verwirklicht werden können. Das streben die interreligiösen Kontakte und ganz besonders der ökumenische Dialog an. Dank diesen Formen der Gegenüberstellung und des Austausches konnten sich die Religionen ihrer gewiss nicht leichten Verantwortung hinsichtlich des wahren Wohles der ganzen Menschheit klarer bewusst werden. Heute scheinen sie fester entschlossen, sich nicht von parteilichen Interessen oder politischen Zielen instrumentalisieren zu lassen, und sind darauf bedacht, eine bewusstere und ausgeprägtere Haltung einzunehmen und die sozialen und kulturellen Wirklichkeiten in der Völkergemeinschaft mit Leben zu erfüllen. Das gestattet ihnen, als aktive Kraft im Entwicklungsprozess mitzuwirken und somit der Menschheit eine sichere Hoffnung zu bieten. Es ist bei nicht wenigen Gelegenheiten offenkundig geworden, dass sich ihr Einsatz als wirkungsvoller erwiesen hätte, wenn er gemeinsam und aufeinander abgestimmt durchgeführt worden wäre. Ein solches Vorgehen der Gläubigen kann entscheidend sein für die Befriedung der Völker und die Überwindung der immer noch bestehenden Spaltungen zwischen Zonen und Welten.

Der Weg, der zurückgelegt werden muss

6. Um dieses Ziel einer aktiven Zusammenarbeit für die Sache des Friedens zu erreichen, ist noch ein weiter Weg zurückzulegen: Es ist der Weg des gegenseitigen Kennenlernens, das in unserer Zeit von der Entwicklung der sozialen Kommunikationsmittel begünstigt und durch die Anbahnung eines aufrichtigen und erweiterten Dialoges erleichtert wird; es ist der Weg des hochherzigen Verzeihens, der brüderlichen Versöhnung, der Zusammenarbeit auch in begrenzten oder Sekundärbereichen, die aber immer dasselbe Anliegen betreffen; es ist schließlich der Weg des täglichen Zusammenlebens, wo man Anstrengungen und Opfer miteinander teilt, um dasselbe Ziel zu erreichen. Auf diesem Weg ist es wahrscheinlich noch vor ihren Führern Sache der einzelnen Gläubigen, das heißt derjenigen, die sich zu einer Religion bekennen, die Mühe auf sich zu nehmen und gleichzeitig die Genugtuung zu haben, gemeinsam den Frieden aufzubauen. Die interreligiösen Begegnungen scheinen neben dem ökumenischen Dialog nunmehr die vorgeschriebenen Wege zu sein, damit so viele schmerzliche Verletzungen, die im Laufe der Jahrhunderte geschehen sind, nicht mehr vorkommen und die noch vorhandenen schnell geheilt werden. Wer glaubt, muss Baumeister des Friedens vor allem durch das persönliche Vorbild seiner rechten inneren Haltung sein, die in konsequenten Handlungen und Verhaltensweisen auch nach außen projiziert wird: Gelassenheit, Ausgeglichenheit, Überwindung der Triebe, Erfüllung von Haltungen wie Verstehen, Verzeihen, hochherzige Hingabe üben einen friedenstiftenden Einfluss unter den Menschen der eigenen Umgebung und der eigenen religiösen und zivilen Gemeinschaft aus.

Deshalb fordere ich am kommenden Weltfriedenstag alle Gläubigen auf, eine ernsthafte Gewissensprüfung vorzunehmen, um besser darauf vorbereitet zu sein, die Stimme des „Gott[es] des Friedens" (1 Kor 14,33) zu hören und sich mit erneutem Vertrauen dem großen Vorhaben zu widmen. Denn ich bin überzeugt, dass sie – und ich hoffe auch, die Menschen guten Willens – diesen meinen neuerlichen Appell aufnehmen werden, dessen Eindringlichkeit auf die Dringlichkeit des Augenblicks abgestimmt ist.

Gemeinsam den Frieden in Gerechtigkeit bauen

7. Das Gebet und der einhellige Einsatz der Gläubigen für den Frieden müssen sich mit den Problemen und berechtigten Bestrebungen der Menschen und der Völker auseinandersetzen.

Der Friede ist ein grundlegendes Gut, das mit der Achtung und der Förderung der wesentlichen Werte des Menschen verbunden ist: Mit dem Recht auf das Leben in allen Phasen seiner Entwicklung; mit dem Recht auf Anerkennung unabhängig von Rasse, Geschlecht und religiöser Überzeugung; mit dem Recht auf die für das Leben notwendigen materiellen Güter; mit dem

Recht auf Arbeit und die gerechte Verteilung ihrer Früchte für ein geordnetes und solidarisches Zusammenleben. Als Menschen, als Gläubige und mehr noch als Christen müssen wir uns verpflichtet fühlen, diese Werte der Gerechtigkeit zu leben, die in dem obersten Gebot der Liebe ihre Krönung finden: „*Du sollst deinen Nächsten lieben wie dich selbst*" (Mt 22,39; Mk 12,31; vgl. Lk 10,27).

Noch einmal erinnere ich daran, dass die strenge Beachtung der Religionsfreiheit und des entsprechenden Rechts Grundsatz und Fundament des friedlichen Zusammenlebens ist. Es ist mein Wunsch, dass die Religionsfreiheit nicht nur eine anerkannte Verpflichtung ist, sondern von den politischen und religiösen Führern und von den Gläubigen selbst wirklich in die Tat umgesetzt werden möge: Von ihrer tatsächlichen Anerkennung erhält die transzendente Dimension der menschlichen Person Gewicht.

Es wäre eine Verirrung, würden sich die Religionen oder Gruppen ihrer Anhänger bei der Auslegung oder Praktizierung des jeweiligen Glaubensgutes zu Formen von Fundamentalismus oder Fanatismus hinreißen lassen und die Kämpfe und Konflikte mit den anderen durch religiöse Motivierungen rechtfertigen. Wenn es einen Kampf gibt, der des Menschen würdig ist, dann der gegen die eigenen unmäßigen Leidenschaften, gegen jede Art von Egoismus, gegen die Versuche von Veruntreuung auf Kosten des anderen, gegen jede Art von Hass und Gewalt: Mit einem Wort, gegen all das, was also das genaue Gegenteil von Frieden und Versöhnung ist.

Notwendige Unterstützung vonseiten der Verantwortlichen der Nationen

8. Endlich fordere ich die Verantwortlichen der Nationen und der internationalen Gemeinschaft auf, stets größte Achtung für das religiöse Gewissen jedes Menschen und für den qualifizierten Beitrag der Religion zum Fortschritt der Zivilisation und zur Entwicklung der Völker zu beweisen. Sie sollen nicht der Versuchung nachgeben, sich der Religionen zu bedienen, indem sie sie besonders dann als Mittel ihrer Macht benutzen, wenn es darum geht, sich dem Gegner militärisch zu widersetzen. Die zivilen und politischen Autoritäten selber sollen den Religionen Achtung und rechtliche Garantien – auf nationaler und internationaler Ebene – gewährleisten und dadurch vermeiden, dass der Beitrag der Religionen zum Aufbau des Friedens an den Rand gedrängt, in die Privatsphäre verbannt oder überhaupt ignoriert wird. Nochmals fordere ich die öffentlichen Autoritäten jeden Ranges auf, sich mit wachsamem Verantwortungsbewusstsein darum zu bemühen, Kriegen und Konflikten zuvorzukommen, das Recht und die Gerechtigkeit triumphieren zu lassen und gleichzeitig eine Entwicklung zu fördern, die allen und an erster Stelle denen zum Besten gereicht, die von den Ketten des Elends, des Hungers und des Leidens gefesselt sind. Die in der Abrüstung bereits erziel-

ten Fortschritte verdienen Anerkennung: Die Wirtschafts- und Finanzmittel, die bisher für die Herstellung und den Handel so vieler Todeswerkzeuge aufgewandt wurden, sollen jetzt für und nicht mehr gegen den Menschen verwendet werden können! Ich bin sicher, dass sich Millionen von Männern und Frauen aus der ganzen Welt, die nicht die Möglichkeit haben, ihre Stimme hören zu lassen, diesem positiven Urteil anschließen.

Ein besonderes Wort für die Christen

9. An dieser Stelle kann ich es nicht unterlassen, eine besondere Aufforderung an alle Christen zu richten. Der gemeinsame Glaube an den Herrn Christus verpflichtet uns, einhellig Zeugnis zu geben vom „Evangelium des Friedens" (Eph 6,15). Es ist an erster Stelle unsere Sache, uns den anderen Gläubigen zu öffnen, um gemeinsam mit ihnen mutig und mit Ausdauer das großartige Werk des Aufbaus jenes Friedens in Angriff zu nehmen, nach dem sich die Welt sehnt, den sie sich aber nicht endgültig zu geben vermag. „Frieden hinterlasse ich euch, meinen Frieden gebe ich euch" (Joh 14,27), hat Jesus zu uns gesagt. Diese göttliche Verheißung erfüllt uns mit Hoffnung, ja mit der Gewissheit göttlicher Hoffnung, dass der Friede möglich ist, denn bei Gott ist nichts unmöglich (vgl. Lk 1,37). Der wahre Friede ist in der Tat immer ein Geschenk Gottes; für uns Christen ist er ein wertvolles Geschenk des auferstandenen Herrn (vgl. Joh 20,19/26).

Auf die großen Herausforderungen der heutigen Welt, liebe Schwestern und Brüder der katholischen Kirche, müssen wir dadurch antworten, dass wir unsere Kräfte mit denen aller jener vereinen, die einige Grundwerte, angefangen bei den religiösen und sittlichen, mit uns teilen. Und von diesen Herausforderungen muss jene des Friedens noch angegangen werden. Ihn gemeinsam mit den anderen Gläubigen aufzubauen bedeutet, jene evangelische Seligpreisung bereits im Geiste zu leben, die den anderen gewiss nicht als letzte an die Seite gestellt ist: „Selig, die Frieden stiften; denn sie werden Kinder Gottes genannt werden" (Mt 5,9).

Aus dem Vatikan, am 8. Dezember 1991
Johannes Paul II.

Botschaft seiner Heiligkeit Papst Johannes Paul II.
zur Feier des 26. Weltfriedenstages
1. Januar 1993

Willst du den Frieden, komm den Armen entgegen

1. Welcher Mensch guten Willens strebt nicht nach Frieden? Der Friede wird heute weltweit als einer der höchsten Werte anerkannt, die es zu suchen und zu verteidigen gilt. Doch während das Gespenst eines Vernichtungskrieges zwischen entgegengesetzten ideologischen Blöcken verschwindet, überziehen immer wieder schwere lokale Konflikte verschiedene Regionen der Erde mit vernichtenden Flammen. Allen steht besonders die dramatische Lage in Bosnien-Herzegowina vor Augen, wo das Kriegsgeschehen weiterhin jeden Tag gerade unter der wehrlosen Zivilbevölkerung neue Opfer dahinrafft und ungeheure Sach- und Umweltschäden verursacht. Nichts, so scheint es, vermag sich der sinnlosen Gewalt der Waffen zu widersetzen: Weder die vereinten Bemühungen um einen wirksamen Waffenstillstand noch der humanitäre Einsatz der internationalen Organisationen noch das Flehen um Frieden, das einmütig aus den von blutigen Kämpfen heimgesuchten Ländern emporsteigt. Die irrige Logik des Krieges gewinnt leider immer wieder Oberhand über die wiederholten und maßgebenden Friedensaufforderungen.

Außerdem macht sich in der Welt eine andere ernste Bedrohung für den Frieden immer besorgniserregender breit: Viele Menschen, ja ganze Völkerschaften leben heute in äußerster Armut. Der Unterschied zwischen Reichen und Armen ist auch in den wirtschaftlich hochentwickelten Nationen augenfälliger geworden. Es handelt sich um ein Problem, das sich dem Gewissen der Menschheit aufdrängt, da eine große Zahl von Menschen in Verhältnissen lebt, die ihre angeborene Würde verletzen und infolgedessen den wahren und harmonischen Fortschritt der Weltgemeinschaft gefährden.

Diese Wirklichkeit macht sich in zahlreichen Ländern der Welt in ihrer ganzen Schwere bemerkbar: In Europa ebenso wie in Afrika, Asien und Amerika. In verschiedenen Regionen müssen es Gläubige und Menschen guten Willens mit sehr vielen sozialen und ökonomischen Herausforderungen aufnehmen. Armut und Elend, soziale Unterschiede und bisweilen gesetzlich gebilligte Ungerechtigkeiten, Bruderkriege und repressive Regimes appellieren an das Gewissen ganzer Völkerschaften überall auf der Welt.

Die vor Kurzem im Oktober in Santo Domingo abgehaltene Vollversammlung der lateinamerikanischen Bischöfe betrachtete aufmerksam die Lage in Lateinamerika und forderte, während sie den Christen wieder mit großer Dringlichkeit die Aufgabe der Neuevangelisierung ans Herz legte, die

Gläubigen und alle, die die Gerechtigkeit und das Gute lieben, in besorgtem Ton auf, der Sache des Menschen zu dienen, ohne aber auch nur eine seiner innersten Bedürfnisse zu vernachlässigen. Die Bischöfe erinnerten an den großen Auftrag, der die Anstrengungen aller vereinen soll: Verteidigung der Würde der menschlichen Person, Einsatz für eine gerechte Güterverteilung, harmonische und solidarische Förderung einer Gesellschaft, in der sich ein jeder angenommen und geliebt fühlt. Das sind, wie man wohl sieht, die unabdingbaren Voraussetzungen für den Aufbau des wahren Friedens.

Denn wenn wir vom Frieden reden, soll damit viel mehr gesagt sein als nur die Abwesenheit von Kriegen; es heißt, Voraussetzungen zu fordern für die wahre Achtung der Würde und Rechte jedes Menschen, so dass ihm seine volle Verwirklichung ermöglicht wird. Die Ausbeutung der Armen, die besorgniserregenden Elendszonen, die sozialen Missverhältnisse bilden ebenfalls Hürden und Hindernisse bei der Verwirklichung stabiler Bedingungen für einen echten Frieden.

Armut und Frieden: Zu Beginn des neuen Jahres möchte ich alle zu einer gemeinsamen Betrachtung einladen über die vielfältigen Zusammenhänge, die zwischen diesen beiden Gegebenheiten bestehen.

Im Besonderen möchte ich die Aufmerksamkeit auf die Bedrohung lenken, die dem Frieden aus der Armut erwächst, vor allem, wenn diese zum Elend wird. Millionen von Kindern, Frauen und Männern leiden täglich unter Hunger, Unsicherheit und dem Dahinvegetieren am Rande der Gesellschaft. Solche Situationen stellen eine schwere Verletzung der menschlichen Würde dar und tragen zur sozialen Instabilität bei.

Die unmenschliche Wahl des Krieges

2. Gegenwärtig haben wir es noch mit einer weiteren Situation zu tun, die Quelle von Armut und Elend ist: Sie rührt vom Krieg zwischen Nationen und von Konflikten innerhalb ein und desselben Landes her. Angesichts der tragischen Geschehnisse, die vor allem aus ethnischen Gründen mehrere Gegenden der Welt blutig heimgesucht haben und noch heimsuchen, sei an das erinnert, was ich in der Botschaft zum Weltfriedenstag des Jahres 1981 gesagt habe, deren Thema lautete: ‚Um dem Frieden zu dienen, achte die Freiheit!' Ich betonte damals, dass die unerlässliche Voraussetzung für den Aufbau eines wahren Friedens die Achtung der Freiheit und der Rechte der anderen Menschen und der Gemeinschaft sei. Mein damaliger Aufruf bewahrt also seine ganze Aktualität: „Die Achtung der Freiheit der Völker und Nationen ist ein wesentlicher Bestandteil des Friedens. Es sind immer wieder Kriege ausgebrochen, und ganze Völker und Kulturen sind der Zerstörung anheimgefallen, weil die Souveränität eines Volkes oder einer Nation nicht geachtet worden ist. Alle Kontinente sind Zeugen und Opfer

mörderischer Bruderkriege und Kämpfe gewesen, die durch den Versuch einer Nation, die Autonomie einer anderen zu beschränken, hervorgerufen wurden" (Wfb 1981).

Und ich fügte noch hinzu: „Ohne den Willen, die Freiheit jedes Volkes, jeder Nation oder Kultur zu achten, und ohne einen diesbezüglichen weltweiten Konsens wird es schwierig sein, die Voraussetzungen für den Frieden zu schaffen. [...] Dies verlangt von jeder Nation und ihren Regierungen den bewussten und öffentlichen Verzicht auf Ansprüche und Ziele, die die anderen Nationen beeinträchtigen, das heißt den Verzicht auf die Billigung jeglicher Doktrin nationaler oder kultureller Vorherrschaft" (Wfb 1981).

Man kann sich leicht vorstellen, welche Folgen eine solche Verpflichtung auch für die Wirtschaftsbeziehungen der Staaten untereinander hat. Jede Versuchung, wirtschaftliche Vorherrschaft über andere Nationen zurückzuweisen, bedeutet, auf eine überwiegend vom Kriterium des Gewinns inspirierte Politik zu verzichten, um sich stattdessen von dem der Solidarität gegenüber anderen, insbesondere den Armen, leiten zu lassen.

Armut als Konfliktquelle

3. Die Zahl der Menschen, die heute in Verhältnissen äußerster Armut leben, ist sehr groß. Ich denke unter anderem an die dramatische Lage in einigen afrikanischen, asiatischen und lateinamerikanischen Ländern. Breite Gruppen, oft ganze Bevölkerungsgürtel befinden sich in ihren eigenen Ländern am Rand des zivilen Lebens: Darunter eine zunehmende Zahl von Kindern, die, um überleben zu können, außer auf sich selbst auf keinen anderen zählen können. Eine solche Situation ist nicht nur eine Beleidigung für die Menschenwürde, sondern stellt auch eine unzweifelhafte Bedrohung für den Frieden dar. Welche politische Organisation und welches Wirtschaftssystem ein Staat auch immer aufweisen mag, er bleibt in sich brüchig und instabil, wenn er nicht seinen schwächsten Mitgliedern ständig seine Aufmerksamkeit zuwendet und alles nur Mögliche unternimmt, um wenigstens die Befriedigung ihrer wichtigsten Bedürfnisse sicherzustellen.

Das den ärmsten Ländern zustehende Recht auf Entwicklung erlegt den entwickelten Ländern die klare Pflicht auf, ihnen zu Hilfe zu kommen. Das II. Vatikanische Konzil drückt sich diesbezüglich so aus: „[A]llen [Menschen steht] das Recht zu, einen für sich selbst und ihre Familien ausreichenden Anteil an den Erdengütern zu haben" (GS 69). Es ist „Pflicht, die Armen zu unterstützen, und zwar nicht nur vom Überfluss" (GS 69). Darin kommt mit aller Klarheit die Mahnung der Kirche, das treue Echo der Stimme Christi, zum Ausdruck: Die Güter der Erde sind für die ganze Menschheitsfamilie bestimmt und können nicht dem exklusiven Nutzen einiger weniger vorbehalten sein (vgl. CA 31/37).

Im Interesse des Menschen ist es daher dringend notwendig, an den ökonomischen Mechanismen jene notwendigen Zusätze anzubringen, die eine gerechtere und angemessenere Güterverteilung garantieren können. Dazu genügt aber das Funktionieren des Marktes allein nicht; die Gesellschaft muss ihre Verantwortung übernehmen (vgl. CA 48), indem sie die oft schon beträchtlichen Anstrengungen vermehrt, um die Ursachen der Armut mit ihren tragischen Folgen zu beseitigen. Kein Land kann es mit einem solchen Vorhaben auf sich allein gestellt weit bringen. Darum ist es notwendig, zusammenzuarbeiten, und das mit einer Solidarität, wie sie eine immer stärker durch gegenseitige Abhängigkeit gekennzeichnete Welt erfordert. Wenn man zulässt, dass Situationen extremer Armut fortbestehen, legt man die Voraussetzungen für Formen sozialen Zusammenlebens, die zunehmend der Bedrohung durch Gewalt und Konflikte ausgesetzt sind.

Jeder einzelne Mensch und jede soziale Gruppe hat das Recht, dass sie die Möglichkeit erhalten, für die persönlichen und die Bedürfnisse der Familie zu sorgen und am Leben und am Fortschritt der Gemeinschaft, zu der sie gehören, teilzuhaben. Wird dieses Recht nicht anerkannt, kann es leicht geschehen, dass die Betroffenen, da sie sich als Opfer einer Struktur fühlen, die sie nicht annimmt, hart reagieren. Das gilt besonders für die Jugendlichen, die, oft ohne angemessene Ausbildung und ohne Zugang zu Arbeitsplätzen, in hohem Maße der Gefahr des Abgedrängt-Werdens an den Rand der Gesellschaft und dem Risiko der Ausbeutung ausgesetzt sind. Alle wissen um das Problem der Arbeitslosigkeit, besonders der Jugend, in der ganzen Welt mit der daraus folgenden Verarmung einer immer größeren Anzahl einzelner Menschen und ganzer Familien. Die Arbeitslosigkeit ist allerdings häufig das tragische Ergebnis der Zerstörung der wirtschaftlichen Infrastrukturen in einem von Krieg oder internen Konflikten heimgesuchten Land.

Ich möchte hier kurz einige besonders beunruhigende Probleme ins Gedächtnis rufen, die die Armen bedrücken und folglich den Frieden bedrohen. Da ist zunächst das Problem der Auslandsschulden, das trotz der von der internationalen Gemeinschaft, von den Regierungen und den Finanzinstituten zu ihrer Verringerung unternommenen Anstrengungen für einige Länder und in ihnen für die ärmeren Schichten weiterhin eine unerträgliche Last darstellt. Sind es etwa nicht die ärmsten Kreise der genannten Länder, die nicht selten die Hauptlast der Rückzahlung tragen müssen? Eine solche Unrechtslage kann wachsende Ressentiments, Gefühle der Frustration, ja der Verzweiflung aufkommen lassen. In vielen Fällen teilen die Regierungen selbst das verbreitete Missbehagen ihres Volkes, was sich auf ihre Beziehungen zu den anderen Staaten auswirkt. Vielleicht ist der Augenblick gekommen, dem Problem der Verschuldung dieser Länder im Ausland die ihm gebührende Priorität einzuräumen und es nochmals zu prüfen. Man wird überlegen müssen, ob eine Gesamtrückzahlung dieser Schulden oder nur eine Teilrückzahlung ins Auge zu fassen ist und welche Bedingungen mit dieser Rückzahlungsverpflichtung verbunden werden. Dabei muss man nach endgültigen Lösungen suchen, die geeignet sind, die drückenden sozialen Folgen der Entschuldungsprogramme voll aufzufangen. Außerdem wird man sich mit den Ursachen der Verschuldung befassen und die Gewährung weiterer Hilfen an die Übernahme der konkreten Verpflichtung seitens der Regierungen knüpfen müssen, übermäßige oder unnütze Ausgaben zu reduzieren – dabei ist im Besonderen an die Rüstungsausgaben gedacht – und zu garantieren, dass die Subventionen tatsächlich den bedürftigen Bevölkerungsschichten zugutekommen.

Ein zweites brennendes Problem ist das Drogenproblem: Die Beziehung der Droge zur Gewalt und zum Verbrechen ist allen schmerzlich und tragisch bekannt. Ebenso bekannt ist auch, dass in manchen Weltgegenden unter dem Druck der Drogenhändler gerade die ärmsten Volksgruppen sich auf den Anbau von Pflanzen für die Herstellung von Rauschgiften einlassen. Die ihnen versprochenen hohen Einkünfte, die übrigens nur einen sehr kleinen Teil der aus solchen Kulturen stammenden Gewinne ausmachen, stellen eine Versuchung dar, der all jene kaum zu widerstehen vermögen, die aus den traditionellen Anbauformen ein Einkommen beziehen, das eindeutig zum Leben nicht ausreicht. Das Erste, was getan werden muss, um den Bauern bei der Bewältigung dieser Situation zu helfen, besteht deshalb darin, ihnen die zur Überwindung ihrer Armut geeigneten Mittel zur Verfügung zu stellen.

Ein weiteres Problem entsteht aus der von ernsten Wirtschaftsschwierigkeiten hervorgerufenen Lage in einigen Ländern. Sie begünstigen massive Auswanderungswellen in Richtung wohlhabenderer Länder, in denen dann im Gegenzug Spannungen entstehen, die das Sozialgefüge erschüttern. Um derartigen Reaktionen fremdenfeindlicher Gewalt entgegenzutreten, hilft es nicht so sehr, provisorische Notstandsmaßnahmen zu ergreifen, als vielmehr auf die Ursachen dadurch einzuwirken, dass mithilfe neuer Solidaritätsformen zwischen den Nationen der Fortschritt und die Entwicklung in den Herkunftsländern der Auswandererströme gefördert werden.

Eine heimtückische, aber reale Bedrohung für den Frieden ist also das Elend: Da es die Würde des Menschen zerstört, stellt es einen ernsten Anschlag auf den Wert des Lebens dar und trifft zuinnerst die friedliche Entwicklung der Gesellschaft.

Armut als Ergebnis des Konflikts

4. In den letzten Jahren haben wir auf fast allen Kontinenten lokale Kriege und innere Konflikte von grausamer Heftigkeit erlebt. Die Volks-, Stammes- und Rassengewalt hat Menschenleben vernichtet, sie hat Gemeinschaften ge-

spalten, die in der Vergangenheit friedlich zusammenlebten, und hat Trauer und Hassgefühle gesät. Denn die Gewaltanwendung verschärft die bestehenden Spannungen und erzeugt neue. Mit Krieg lässt sich nichts lösen; ja, vom Krieg wird alles ernsthaft gefährdet. Früchte dieser Geißel sind das Leid und der Tod unzähliger Menschen, das Zerbröckeln menschlicher Beziehungen und der unwiederbringliche Verlust unermesslicher Kunst- und Naturschätze. Der Krieg verschlimmert die Leiden der Armen, ja, durch die Zerstörung von Unterhaltsmitteln, Häusern und Eigentum und durch die Schädigung des eigentlichen Gefüges der Lebensumwelt bringt er neue Arme hervor. Die Jugendlichen sehen ihre Zukunftshoffnungen zerbrechen und werden als Opfer allzu oft zu unverantwortlichen Protagonisten von Konflikten. Die Frauen, die Kinder, die Alten, die Kranken und die Verwundeten sind gezwungen, zu fliehen und befinden sich in der Lage von Flüchtlingen, die nichts besitzen außer dem, was sie bei sich haben. Wehrlos und schutzlos suchen sie Unterschlupf in anderen Ländern oder Regionen, die oft genauso arm und unruhig sind wie ihre eigenen.

Auch wenn ich anerkenne, dass die internationalen und humanitären Organisationen viel tun, um dem tragischen Geschick der Opfer der Gewalt entgegenzukommen, empfinde ich es als meine Pflicht, alle Menschen guten Willens aufzufordern, die Anstrengungen zu verstärken. In manchen Fällen hängt nämlich das Schicksal der Flüchtlinge einzig und allein von der Hochherzigkeit der Bevölkerung ab, die sie aufnimmt, einer Bevölkerung, die genauso arm, wenn nicht gar noch ärmer ist als sie selbst. Nur durch die Anteilnahme und die Zusammenarbeit der internationalen Gemeinschaft werden zufriedenstellende Lösungen gefunden werden können. Nach den vielen nutzlosen Gemetzeln und Verheerungen ist es wohl von grundlegender Bedeutung, ein für alle Mal zu erkennen, dass der Krieg niemals dem Wohl der menschlichen Gemeinschaft dient, dass Gewalt zerstört und niemals aufbaut, dass die von ihr verursachten Wunden lange bluten und dass schließlich durch die Konflikte die bereits triste Lage der Armen noch verschlimmert und neue Armutsformen genährt werden. Vor den Augen der öffentlichen Weltmeinung läuft das trostlose Schauspiel des von den Kriegen verursachten Elends ab. Die erschütternden Bilder, die auch jüngst wieder von den Massenmedien verbreitet wurden, mögen wenigstens eine wirksame Ermahnung an alle – Einzelpersonen, Gesellschaften, Staaten – sein und einen jeden darauf hinweisen, dass das Geld weder für Krieg noch für Zerstörung und Tötung verwendet werden soll, sondern dafür, die Würde des Menschen zu verteidigen, sein Leben zu verbessern und eine wirklich offene, freie und solidarische Gesellschaft aufzubauen.

Geist der Armut als Quelle des Friedens

5. In den Industrieländern werden die Menschen heute von der hemmungslosen Jagd nach dem Besitz materieller Güter beherrscht. Die Konsumgesellschaft lässt den Unterschied, der Reiche und Arme trennt, noch stärker hervortreten, und die krampfhafte Suche nach Wohlstand birgt die Gefahr in sich, blind zu machen gegenüber den Bedürfnissen der anderen. Um das soziale, kulturelle, geistliche und auch wirtschaftliche Wohlergehen jedes Mitgliedes der Gesellschaft zu fördern, ist es daher unerlässlich, den unmäßigen Konsum irdischer Güter einzudämmen und den Drang nach künstlichen Bedürfnissen zu unterdrücken. Mäßigung und Einfachheit müssen zu den Kriterien unseres täglichen Lebens werden. Die Gütermenge, die von einem Bruchteil der Weltbevölkerung konsumiert wird, ruft eine übermäßige Nachfrage in Bezug auf die verfügbaren Ressourcen hervor. Die Verringerung der Nachfrage stellt somit einen ersten Schritt dar, um die Armut zu lindern, sofern sie Hand in Hand mit wirksamen Anstrengungen für die Sicherstellung einer gerechten Verteilung der Reichtümer dieser Welt geht.

Das Evangelium fordert in diesem Zusammenhang die Gläubigen auf, nicht Güter dieser vergänglichen Welt anzuhäufen: „Sammelt euch nicht Schätze hier auf der Erde, wo Motte und Wurm sie zerstören und wo Diebe einbrechen und sie stehlen, sondern sammelt euch Schätze im Himmel" (Mt 6,19–20). Das ist eine Pflicht, die der christlichen Berufung ebenso eigen ist wie jene, für die Überwindung der Armut zu arbeiten; und es ist auch ein sehr wirksames Mittel, um in diesem Vorhaben erfolgreich zu sein.

Die evangelische Armut unterscheidet sich ganz wesentlich von der ökonomischen und sozialen Armut. Während diese mitleidslose und häufig dramatische Merkmale aufweist, da sie als Gewalt erfahren wird, wird die evangelische Armut vom Menschen, der auf diese Weise der Mahnung Christi entsprechen möchte, freiwillig gewählt: „Ebenso kann keiner von euch mein Jünger sein, wenn er nicht auf seinen ganzen Besitz verzichtet" (Lk 14,33).

Diese evangelische Armut erweist sich als Friedensquelle, weil der Mensch durch sie eine rechte Beziehung zu Gott, zu den anderen und zur Schöpfung herzustellen vermag. Das Leben dessen, der sich diese Sichtweise zu eigen macht, wird so zum Zeugnis für die absolute Abhängigkeit der Menschheit von Gott, der alle Geschöpfe liebt, und die materiellen Güter werden als das erkannt, was sie sind: Ein Geschenk Gottes zum Wohl aller.

Die evangelische Armut ist eine Realität, die diejenigen, die sie annehmen, verändert. Sie können dem Leid der Armen gegenüber nicht gleichgültig bleiben; ja, sie fühlen sich dazu gedrängt, mit Gott aktiv die vorrangige Liebe für sie zu teilen (vgl. SRS 42). Diese Armen sind dem Evangelium nach bereit, ihren Besitz und sich selbst zu opfern, damit andere leben können. Ihr einziger Wunsch ist es, dadurch, dass sie den anderen das Geschenk des Friedens Jesu anbieten, mit allen in Frieden zu leben (vgl. Joh 14,27).

Der göttliche Meister hat uns mit seinem Leben und seinen Worten die anspruchsvollen Wesensmerkmale dieser Armut gelehrt, die auf die wahre Freiheit vorbereitet. „Er war Gott gleich, hielt aber nicht daran fest, Gott gleich zu sein, sondern er entäußerte sich und wurde wie ein Sklave" (Phil 2,6–7). Er wurde in Armut geboren; als neugeborenes Kind war er gezwungen, mit seiner Familie ins Exil zu gehen, um der Grausamkeit des Herodes zu entfliehen; er lebte wie einer, der „keinen Ort [hat], wo er sein Haupt hinlegen kann" (Mt 8,20). Er wurde verleumdet als Fresser und Säufer, Freund der Zöllner und Sünder (vgl. Mt 11,19) und erlitt den Tod, der für Verbrecher vorgesehen war. Er pries die Armen selig und verhieß ihnen das Reich Gottes (vgl. Lk 6,20). Er erinnerte die Reichen daran, dass der trügerische Reichtum das Wort Gottes erstickt (vgl. Mt 13,22) und dass es für sie schwer ist, ins Reich Gottes zu gelangen (vgl. Mk 10,25).

Das Beispiel Christi ist nicht weniger als sein Wort eine Richtlinie für die Christen. Wir wissen, dass wir alle ohne Unterschied am Tag des Jüngsten Gerichts nach unserer konkreten Liebe zu den Brüdern beurteilt und gerichtet werden. Ja, viele werden an jenem Tag entdecken, dass sie in der konkret geübten Liebe tatsächlich Christus begegnet sind, auch wenn sie ihn vorher nicht ausdrücklich kennengelernt haben (vgl. Mt 25,35–37).

Willst du den Frieden, komm den Armen entgegen! Mögen die Reichen und Armen miteinander teilen, was sie besitzen, und einander als Brüder und Schwestern, als Kinder eines einzigen Gottes anerkennen können, der alle liebt, der das Wohl aller will, der allen das Geschenk des Friedens bietet!

Aus dem Vatikan, am 8. Dezember 1992
Johannes Paul II.

Botschaft seiner Heiligkeit Papst Johannes Paul II.
zur Feier des 27. Weltfriedenstages
1. Januar 1994

Aus der Familie erwächst der Friede für die Menschheitsfamilie

1. Die Welt sehnt sich nach Frieden, sie braucht dringend Frieden. Trotzdem fordern weiterhin Kriege, Konflikte, überhandnehmende Gewalt, Situationen sozialer Instabilität und regionaler Armut unschuldige Opfer und verursachen Zwietracht und Spaltung zwischen einzelnen Menschen und unter den Völkern. Der Friede erscheint bisweilen ein wirklich unerreichbares Ziel. Wie soll man in einem in Gleichgültigkeit erstarrten und zuweilen von Hass vergifteten Klima auf ein Zeitalter des Friedens hoffen, dem doch nur Gefühle der Solidarität und Liebe förderlich sein können? Wir dürfen dennoch nicht resignieren. Wir wissen, dass der Friede trotz allem möglich ist, weil er in den ursprünglichen göttlichen Plan eingeschrieben ist.

Gott wollte für die Menschheit einen Zustand der Harmonie und des Friedens, wofür er in der Natur des nach seinem Bild geschaffenen Menschen selbst den Grund legte. Dieses Ebenbild Gottes verwirklicht sich nicht nur im Individuum, sondern auch in jener einzigartigen Personengemeinschaft, die von einem Mann und einer Frau gebildet wird, die derart in Liebe verbunden sind, dass sie „*ein* Fleisch" (Gen 2,24) werden. Denn es steht geschrieben: „Gott erschuf den Menschen als sein Bild, als Bild Gottes erschuf er ihn. Männlich und weiblich erschuf er sie" (Gen 1,27). Diese besondere Personengemeinschaft hat der Herr mit der Sendung betraut, das Leben weiterzugeben und für dieses Sorge zu tragen durch die Bildung einer Familie, womit sie entscheidend zu der Aufgabe beitragen sollte, die Schöpfung zu verwalten und für die Zukunft der Menschheit zu sorgen. Die anfängliche Harmonie wurde von der Sünde zerbrochen, aber der ursprüngliche Plan Gottes besteht weiter. Darum bleibt die Familie das eigentliche Fundament der Gesellschaft (vgl. GS 52), bildet sie doch, wie es in der Allgemeinen Menschenrechtserklärung heißt, deren „natürliche Grundeinheit"[1].

Der Beitrag, den die Familie auch zur Wahrung und Förderung des Friedens anbieten kann, ist so entscheidend, dass ich die mir vom Internationalen Jahr der Familie gebotene Gelegenheit ergreifen will, um diese Botschaft am Weltfriedenstag der Betrachtung der engen Beziehung, die zwischen der

---

[1] *Generalversammlung der Vereinten Nationen*, Allgemeine Erklärung der Menschenrechte, Paris 1948, Art. 16.

Familie und dem Frieden besteht, zu widmen. Ich vertraue in der Tat darauf, dass dieses Jahr der Familie für alle, die zur Suche nach dem wahren Frieden beitragen wollen – Kirchen, religiöse Organismen, Vereinigungen, Regierungen, internationale Behörden –, eine nützliche Gelegenheit bietet, gemeinsam zu untersuchen, wie der Familie geholfen werden kann, ihre unersetzliche Aufgabe als Baumeisterin des Friedens voll zu erfüllen.

Die Familie: Gemeinschaft des Lebens und der Liebe

2. Die Familie ist als grundlegende und unersetzliche erzieherische Gemeinschaft der bevorzugte Träger für die Weitergabe jener religiösen und kulturellen Werte, die der Person helfen, zu ihrer Identität zu gelangen. Auf die Liebe gegründet und offen für das Geschenk des Lebens, trägt die Familie die Zukunft der Gesellschaft in sich; es ist ihre ganz besondere Aufgabe, wirksam zu einer friedlichen Zukunft beizutragen. Das wird sie zuallererst durch die gegenseitige Liebe der Eheleute erreichen, die vom natürlichen Sinn der Ehe her und, noch mehr, wenn sie Christen sind, von deren Erhebung zum Sakrament, zur vollen und gänzlichen Lebensgemeinschaft gerufen sind; darüber hinaus auch vermittels einer angemessenen Durchführung des Erziehungsauftrages, der die Eltern verpflichtet, die Kinder zur Achtung der Würde einer jeden Person und zu den Werten des Friedens zu erziehen. Diese Werte müssen nicht so sehr gelehrt als vielmehr in einer familiären Atmosphäre bezeugt werden, in der jene hingebungsvolle Liebe gelebt wird, die fähig ist, den anderen in seinem Anderssein anzunehmen, indem sie seine Bedürfnisse und Anliegen zu den ihren macht und ihn an den eigenen Gütern teilhaben lässt. Die häuslichen Tugenden, die auf tiefer Achtung vor dem Leben und der Würde des Menschen gründen und ihre Konkretisierung in Verständnis, Geduld, Ermutigung und gegenseitigem Verzeihen finden, verleihen der Gemeinschaft der Familie die Möglichkeit, die erste und grundlegende Erfahrung von Frieden zu leben. Außerhalb dieses Zusammenhanges von liebevollen Beziehungen und tätiger gegenseitiger Solidarität bleibt der Mensch „für sich selbst ein unbegreifliches Wesen; sein Leben ist ohne Sinn, wenn ihm nicht die Liebe geoffenbart wird, […] wenn er sie nicht erfährt und sich zu eigen macht“ (RH 10). Eine solche Liebe ist allerdings keine vorübergehende Emotion, sondern eine intensive, beständige moralische Kraft, die, auch um den Preis des eigenen Opfers, das Wohl des anderen sucht. Die wahre Liebe geht überdies immer mit der Gerechtigkeit einher, die für den Frieden so notwendig ist. Sie neigt sich allen zu, die sich in Schwierigkeiten befinden: Menschen, die keine Familie haben, Kindern, die ohne Beistand und Liebe sind, Personen, die einsam sind und sich am Rande der Gesellschaft bewegen. Die Familie, die diese Liebe, wenngleich unvollkommen, lebt, indem sie sich der übrigen Gesellschaft hochherzig öffnet, stellt den

wichtigsten Vermittler einer friedlichen Zukunft dar. Eine Zivilisation des Friedens ist nicht möglich, wenn die Liebe fehlt.

Die Familie: Opfer des fehlenden Friedens

3. Im Widerspruch zu ihrer ursprünglichen Friedensberufung erweist sich die Familie leider nicht selten als Ort von Spannungen und Gewalttätigkeiten oder als wehrloses Opfer der unzähligen Formen von Gewalt, die die heutige Gesellschaft kennzeichnen. Spannungen sind zuweilen in den Beziehungen innerhalb der Familie zu finden. Oft rühren sie von der Schwierigkeit her, das Familienleben harmonisch zu gestalten, wenn die Arbeit die Eheleute voneinander fernhält, oder wenn das Fehlen oder die Bedrohung des Arbeitsplatzes sie der drängenden Sorge um das Überleben und der Angst vor einer unsicheren Zukunft unterwirft. Es fehlt nicht an Versuchungen, die auf Verhaltensmodelle zurückgehen, die von Hedonismus und Konsumismus inspiriert sind und die die Familienmitglieder dazu bringen, mehr nach persönlicher Befriedigung zu streben als nach einem gelassenen und rührigen gemeinsamen Leben. Häufiger Streit zwischen den Eltern, Ablehnung von Kindern, Verlassen und Misshandlung von Minderjährigen sind die traurigen Anzeichen eines familiären Friedens, der bereits ernsthaft gefährdet ist und der sicherlich nicht wiederhergestellt werden kann durch die schmerzliche Lösung einer Trennung der Eheleute, weniger noch durch einen Rückgriff auf die Scheidung, der wahren Plage der heutigen Gesellschaft (vgl. GS 47).

Sodann werden in vielen Teilen der Welt ganze Nationen in die Spirale blutiger Konflikte verwickelt, deren erste Opfer häufig die Familien sind: Sie werden entweder ihres hauptsächlichen, wenn nicht einzigen Erhalters beraubt, oder sehen sich gezwungen, Haus, Land und Besitz zu verlassen und die Flucht ins Unbekannte anzutreten; in jedem Fall sehen sie sich schweren Unannehmlichkeiten ausgesetzt, die jede Sicherheit in Frage stellen. Wie kann man in diesem Zusammenhang nicht an den blutigen Konflikt denken, der noch immer zwischen ethnischen Gruppen in Bosnien-Herzegowina andauert? Und dies ist kein Einzelfall auf den zahlreichen Kriegsschauplätzen der Welt!

Angesichts dieser schmerzlichen Realität erweist sich die Gesellschaft oft nicht imstande, wirksame Hilfe anzubieten, oder lässt sträflicherweise sogar Gleichgültigkeit erkennen. Die spirituellen und psychologischen Bedürfnisse von Menschen, die die Auswirkungen eines bewaffneten Konfliktes durchgemacht haben, sind ebenso dringend und ernst wie ihr Bedarf an Nahrung und Unterkunft. Es würde besonderer Strukturen bedürfen, die eigens dafür vorgesehen sind, eine Hilfsaktion für die plötzlich von verheerendem Ungemach heimgesuchten Familien einzuleiten, damit sie trotz allem nicht der Versuchung der Entmutigung und der Rache nachgeben, sondern dazu fähig sind, ihr Verhalten an der Vergebung und Wiederversöhnung zu inspirieren. Wie oft ist von alledem leider keine Spur zu finden!

4. Außerdem darf man nicht vergessen, dass Krieg und Gewalt nicht nur zersetzende Kräfte darstellen, die die familiären Strukturen schwächen und zerstören können; sie üben auch einen unheilvollen Einfluss auf die Menschen dadurch aus, dass sie Verhaltensmodelle, die dem Frieden diametral entgegengesetzt sind, aufstellen und beinahe aufzwingen. In diesem Zusammenhang muss auf ein sehr trauriges Faktum hingewiesen werden: In der Tat sind heutzutage leider Jungen und Mädchen, ja sogar Kinder, in wachsender Zahl an bewaffneten Konflikten beteiligt. Sie werden gezwungen, sich bei den bewaffneten Milizen zu melden, und müssen für etwas kämpfen, das sie oft gar nicht verstehen. In anderen Fällen werden sie geradezu in eine Kultur der Gewalt hineingezogen, der zufolge das Leben wenig Wert hat und Töten nicht als unmoralisch gilt. Es liegt im Interesse der ganzen Gesellschaft, zu bewirken, dass diese Jugendlichen auf Gewalt verzichten und sich auf den Weg des Friedens begeben; das setzt aber eine geduldige Erziehung unter der Leitung von Personen voraus, die aufrichtig an den Frieden glauben.

An dieser Stelle kann ich nicht umhin, ein weiteres ernstes Hindernis für die Entfaltung des Friedens in unserer Gesellschaft zu erwähnen: Viele, allzu viele Kinder entbehren der Wärme einer Familie. Mitunter ist diese de facto abwesend: Die Eltern gehen anderen Interessen nach und überlassen die Kinder sich selbst. In anderen Fällen ist die Familie gar nicht vorhanden: Auf diese Weise gibt es Tausende von Kindern, die kein anderes Zuhause haben als die Straße und sich außer auf sich selbst auf nichts und niemanden verlassen können. Manche dieser Straßenkinder finden auf tragische Weise den Tod. Andere werden zum Gebrauch und sogar zum Verkauf von Drogen und zur Prostitution angeleitet und enden nicht selten in Verbrecherorganisationen. Es ist unmöglich, derart skandalöse und ebenso verbreitete Zustände zu ignorieren. Schließlich steht die Zukunft der Gesellschaft selbst auf dem Spiel. Eine Gemeinschaft, die die Kinder ablehnt, sie ausgrenzt oder in hoffnungslose Situationen bringt, wird niemals den Frieden kennenlernen.

Um mit einer friedlichen Zukunft rechnen zu können, ist es erforderlich, dass jedes kleine Menschenwesen die Wärme einer zuvorkommenden und beständigen Liebe erfährt, nicht aber treuloses Ausgeliefertsein und Ausbeutung. Auch wenn der Staat durch die Bereitstellung von Hilfsmitteln und Strukturen viel tun kann, so bleibt doch der Beitrag der Familie unersetzlich, um jenes Klima von Sicherheit und Vertrauen zu gewährleisten, dem große Bedeutung zukommt, die Kinder dahin zu bringen, fröhlich in die Zukunft zu schauen, und sie vorzubereiten, sich als Erwachsene verantwortungsvoll am Aufbau einer Gesellschaft des echten Fortschritts und Friedens zu beteiligen. Die Kinder sind die Zukunft, die bereits unter uns gegenwärtig ist; sie müssen erfahren können, was Frieden bedeutet, um imstande zu sein, eine friedliche Zukunft zu schaffen.

Die Familie: Vorkämpferin des Friedens

5. Eine dauerhafte Friedensordnung braucht Institutionen, die die Werte des Friedens zum Ausdruck bringen und festigen. Die Struktur, die der Natur des menschlichen Wesens am unmittelbarsten entspricht, ist die Familie. Nur sie gewährleistet die Kontinuität und die Zukunft der Gesellschaft. Die Familie ist daher dank der Werte, die sie zum Ausdruck bringt und die sie in ihrem eigenen Bereich und durch die Teilnahme jedes ihrer Mitglieder am Leben der Gesellschaft weitergibt, dazu berufen, aktive Vorkämpferin des Friedens zu werden.

Als eigentlicher Kern der Gesellschaft hat die Familie Anspruch auf volle Unterstützung seitens des Staates, um ihre besondere Sendung voll entfalten zu können. Die staatlichen Gesetze müssen daher darauf ausgerichtet sein, das Wohlergehen der Familie zu fördern, indem sie ihr bei der Verwirklichung der ihr zufallenden Aufgaben behilflich sind. Angesichts der heute immer bedrohlicheren Tendenz, Ersatzformen der ehelichen Gemeinschaft zu legitimieren, Formen von Verbindungen, die aus der diesen innewohnenden Natur oder aufgrund der beabsichtigten Vorläufigkeit in keiner Weise den Sinn der Familie zum Ausdruck bringen und das Wohl der Familie sichern, hat der Staat die Pflicht, die Familie als authentische Institution zu fördern und zu schützen, wobei die naturgegebene Gestalt und die natürlichen und unveräußerlichen Rechte zu respektieren sind.[2] Zu diesen gehört das fundamentale Recht der Eltern, aufgrund ihrer moralischen und religiösen Überzeugungen sowie ihrer angemessenen Gewissensbildung frei und verantwortungsvoll zu entscheiden, wann sie einem Kind das Leben schenken wollen, um es dann diesen Überzeugungen entsprechend zu erziehen.

Eine wichtige Rolle fällt dem Staat außerdem insofern zu, als er Verhältnisse zu schaffen hat, aufgrund derer es den Familien möglich ist, für ihre wesentlichen Bedürfnisse in einer Weise zu sorgen, die der menschlichen Würde entspricht. Zu viele Familien sind heute von der Armut, ja vom Elend betroffen, einer ständigen Bedrohung für die soziale Stabilität, für die Entwicklung der Völker und für den Frieden. Es kommt zuweilen vor, dass die jungen Paare, weil sie die Mittel nicht besitzen, die Gründung einer Familie hinauszögern oder überhaupt daran gehindert werden, während die von der Not betroffenen Familien nicht voll am gesellschaftlichen Leben teilnehmen

---

[2] Dazu: vgl. *Päpstlicher Rat für die Familie*, Charta der Familienrechte, Vatikan 1983.

können oder sogar zu einem Dasein vollkommen am Rand der Gesellschaft gezwungen sind.

Die Verpflichtung des Staates entbindet jedoch die einzelnen Staatsbürger nicht von ihrer Pflicht: Die wahre Antwort auf die schwerwiegendsten Fragen jeder Gesellschaft wird nämlich von der einhelligen Solidarität aller sichergestellt. In der Tat kann niemand ruhig bleiben, solange das Problem der Armut, das Familien und Einzelne heimsucht, keine angemessene Lösung gefunden hat. Das Elend stellt immer eine Bedrohung für die soziale Stabilität, für die wirtschaftliche Entwicklung und somit letztlich für den Frieden dar. Der Friede wird immer gefährdet sein, solange sich einzelne Personen und Familien gezwungen sehen, um ihr bloßes Überleben kämpfen zu müssen.

Die Familie im Dienst des Friedens

6. Nun möchte ich mich direkt an die Familien wenden; im Besonderen an die christlichen Familien.

„Familie, ‚werde‘, was du ‚bist‘!“ (FC 17) – habe ich in dem Apostolischen Schreiben ‚Familiaris consortio‘ geschrieben. Werde nämlich „innige Gemeinschaft des Lebens und der Liebe in der Ehe“ (GS 48), die dazu berufen ist, Liebe zu schenken und das Leben weiterzugeben! Familie, du hast eine Sendung von wesentlicher Bedeutung: Nämlich beizutragen zum Aufbau des Friedens, der für die Achtung vor dem menschlichen Leben und für seine Entfaltung unerlässlich ist (vgl. KKK 2304). Da du weißt, dass „der Friede niemals endgültiger Besitz“ (GS 78) ist, darfst du nie müde werden, ihn zu suchen! Jesus hat mit seinem Tod am Kreuz der Menschheit seinen Frieden hinterlassen, indem er ihr seine ewige Gegenwart zusagte. Verlange nach diesem Frieden, bete um diesen Frieden, arbeite für diesen Frieden!

Euch, Eltern, obliegt die Verantwortung, die Kinder zu Personen des Friedens heranzubilden und zu erziehen: Darum seid zuallererst Friedensmacher! Ihr, Kinder, die ihr mit der Leidenschaft eurer von Plänen und Träumen erfüllten jungen Jahre auf die Zukunft ausgerichtet seid, haltet das Geschenk der Familie hoch, bereitet euch auf die Verantwortung vor, sie in der Zukunft, die Gott euch schenken wird, aufzubauen beziehungsweise zu fördern, je nach der euch zugedachten Berufung! Trachtet nach dem Guten und hegt Gedanken des Friedens! Ihr, Großeltern, die ihr zusammen mit den anderen Verwandten in der Familie unersetzliche und wertvolle Bande zwischen den Generationen darstellt, leistet hochherzig euren Beitrag an Erfahrung und Zeugnis, um die Vergangenheit und die Zukunft in einer Gegenwart des Friedens zu verbinden!

Familie, lebe einträchtig und in vollem Umfang deine Sendung!

Wie könnten wir schließlich die vielen Menschen vergessen, die – aus verschiedenen Gründen – ohne Familie sind? Ihnen möchte ich sagen, dass es auch für sie eine Familie gibt: Die Kirche ist Haus und Familie für alle. Sie öffnet weit ihre Tore und nimmt alle auf, die allein und verlassen sind; sie sieht in ihnen die geliebten Kinder Gottes, welches Alter auch immer sie haben mögen, welcher Art auch ihre Sehnsüchte, Schwierigkeiten und Hoffnungen sein mögen.

Möge die Familie in Frieden leben können, so dass aus ihr der Friede für die ganze Menschheitsfamilie erwächst!

Das ist das Gebet, das ich zu Beginn des internationalen Jahres der Familie durch die Fürsprache Mariens, der Mutter Christi und der Kirche, zu dem emporsende, „von dem jedes Geschlecht im Himmel und auf der Erde seinen Namen hat" (Eph 3,15).

Aus dem Vatikan, am 8. Dezember 1993
Johannes Paul II.

Botschaft seiner Heiligkeit Papst Johannes Paul II.
zur Feier des 28. Weltfriedenstages
1. Januar 1995

Die Frau: Erzieherin zum Frieden

1. Zu Beginn des Jahres 1995 richte ich mit dem Blick auf das nunmehr näher rückende neue Jahrtausend erneut an euch alle, Männer und Frauen guten Willens, meinen schmerzerfüllten Aufruf für den Frieden in der Welt. Die Gewalt, der so viele Menschen und Völker nach wie vor ausgesetzt sind, die Kriege, die noch immer zahlreiche Teile der Welt mit Blut überziehen, die Ungerechtigkeit, die das Leben ganzer Kontinente belastet, können nicht mehr geduldet werden.

Es ist Zeit, von den Worten zu Taten zu schreiten: Die einzelnen Bürger und die Familien, die Gläubigen und die Kirchen, die Staaten und die internationalen Organisationen, alle sollen sich aufgerufen fühlen, mit erneutem Einsatz die Förderung des Friedens in die Hand zu nehmen!

Wir wissen gut, wie schwierig dieses Unterfangen ist. Wenn es tatsächlich wirksam und dauerhaft sein soll, darf es sich nicht auf die äußeren Aspekte des Zusammenlebens beschränken, sondern muss vielmehr auf die Herzen einwirken und an ein erneuertes Bewusstsein der menschlichen Würde appellieren. Es sei noch einmal mit Nachdruck betont: Ein wahrer Friede ist nicht möglich, wenn nicht auf allen Ebenen die Anerkennung der Würde der menschlichen Person dadurch gefördert wird, dass jedem einzelnen Menschen die Möglichkeit geboten wird, dieser Würde gemäß zu leben. „Jedem menschlichen Zusammenleben, das gut geordnet und fruchtbar sein soll, muss das Prinzip zugrunde liegen, dass jeder Mensch seinem Wesen nach Person ist. Er hat eine Natur, die mit Vernunft und Willensfreiheit ausgestattet ist; er hat daher aus sich Rechte und Pflichten, die unmittelbar und gleichzeitig aus seiner Natur hervorgehen. Weil sie allgemein gültig und unverletzlich sind, können sie auch in keiner Weise veräußert werden“ (PT 1).

Diese Wahrheit über den Menschen ist jeweils der Schlüssel zur Lösung der die Förderung des Friedens betreffenden Probleme. Die Erziehung zu dieser Wahrheit ist eines der fruchtbarsten und dauerhaftesten Mittel, um den Wert des Friedens zur Geltung zu bringen.

Die Frauen und die Erziehung zum Frieden

2. Zum Frieden erziehen heißt, Verstand und Herzen aufschließen für die Aufnahme der Werte, die von Papst Johannes XXIII. in der Enzyklika ‚Pacem in terris‘ als grundlegend für eine friedliche Gesellschaft genannt werden:

„Wahrheit, Gerechtigkeit, Liebe und Freiheit“ (PT Titel). Es handelt sich dabei um einen Erziehungsplan, der das ganze Leben einbezieht und das ganze Leben lang dauert. Er macht aus der Person ein für sich und die anderen verantwortliches Wesen, das imstande ist, mit Mut und Verstand das Wohl des ganzen Menschen und aller Menschen zu fördern, wie auch Papst Paul VI. in der Enzyklika ‚Populorum progressio‘ unterstrichen hat (vgl. PP 14). Diese Heranbildung zum Frieden wird umso wirksamer sein, je mehr sich das Handeln derer als übereinstimmend erweisen wird, die in verschiedenen Funktionen erzieherische und soziale Verantwortlichkeiten teilen. Die der Erziehung gewidmete Zeit ist am besten investiert, weil sie über die Zukunft der Person und folglich der Familie und der gesamten Gesellschaft entscheidet.

Aus dieser Sicht möchte ich meine Botschaft zu diesem Weltfriedenstag vor allem an die Frauen richten und sie bitten, sich mit ihrem ganzen Sein und ihrem ganzen Wirken zu Erzieherinnen des Friedens zu machen: Sie sollen Zeuginnen, Botschafterinnen, Lehrmeisterinnen des Friedens sein in den Beziehungen zwischen den Personen und den Generationen, in der Familie, im kulturellen, sozialen und politischen Leben der Nationen, in besonderer Weise in Konflikt- und Kriegssituationen. Mögen sie imstande sein, den Weg zum Frieden weiterzugehen, der schon vor ihnen von vielen mutigen und weitblickenden Frauen eingeschlagen worden ist!

In der Gemeinschaft der Liebe

3. Diese besonders an die Frau gerichtete Einladung, dass sie sich zur Friedenserzieherin macht, beruht auf der Überlegung, „dass *Gott ihr in einer besonderen Weise den Menschen anvertraut*“ (MD 30). Das ist jedoch nicht in einem ausschließlichen Sinn zu verstehen, sondern vielmehr entsprechend der Folgerichtigkeit der in der gemeinsamen Berufung zur Liebe einander ergänzenden Rollen, die die Männer und Frauen dazu aufruft, in Eintracht nach dem Frieden zu streben und ihn miteinander aufzubauen. Schon auf den ersten Seiten der Bibel findet ja der Plan Gottes in wunderbarer Weise Ausdruck: Er wollte, dass zwischen Mann und Frau eine Beziehung tiefer Gemeinschaft herrsche, in der vollkommenen Gegenseitigkeit von Erkennen und Hingabe (vgl. KKK 371). In der Frau findet der Mann eine Gesprächspartnerin, mit der er auf der Ebene völliger Gleichheit reden kann. Dieses Verlangen, das von keinem anderen Lebewesen befriedigt wurde, erklärt den spontanen Ausruf der Bewunderung aus dem Munde des Mannes, als entsprechend dem eindrucksvollen biblischen Symbolismus aus seiner Rippe die Frau geformt wurde: „Das endlich ist Bein von meinem Bein und Fleisch von meinem Fleisch“ (Gen 2,23). Dies ist der erste Ausruf der Liebe, der auf Erden ertönte!

Auch wenn Mann und Frau füreinander geschaffen sind, heißt das nicht, dass Gott sie unvollständig geschaffen hätte. Gott „hat [...] sie zu einer personalen Gemeinschaft geschaffen, in der die beiden Personen füreinander eine ‚Hilfe' sein können, weil sie einerseits als Personen einander gleich sind (‚Bein von meinem Bein') und andererseits in ihrem Mannsein und Frausein einander ergänzen" (KKK 372). Gegenseitigkeit und Ergänzung sind die beiden grundlegenden Wesensmerkmale des Menschenpaares.

4. Eine lange Geschichte von Sünde und Schuld hat leider den ursprünglichen Plan Gottes für das Paar, für das Mannsein und das Frausein, gestört und stört ihn weiter dadurch, dass sie seine volle Verwirklichung verhindert. Man muss zu ihm zurückkehren, indem man ihn kraftvoll verkündet, damit vor allem die Frauen, die infolge dieser mangelnden Verwirklichung am meisten gelitten haben, ihr Frausein und ihre Würde endlich in Fülle zum Ausdruck bringen können.

Um die Wahrheit zu sagen, in unserer Zeit haben die Frauen bedeutende Schritte in diese Richtung vollzogen und erreicht, sich außer natürlich im Familienleben auch in wichtigen Positionen im kulturellen, sozialen, wirtschaftlichen und politischen Leben zum Ausdruck bringen zu können. Es war ein schwieriger und komplizierter Weg, nicht immer frei von Irrtümern, aber im Wesentlichen ein positiver Weg, auch wenn er noch unvollendet ist aufgrund so vieler Hindernisse, die in verschiedenen Teilen der Welt im Wege stehen, dass die Frau in ihrer besonderen Würde anerkannt, geachtet und aufgewertet wird (vgl. MD 29). In der Tat kann der Aufbau des Friedens nicht von der Anerkennung und Förderung der Personenwürde der Frauen absehen, die berufen sind, gerade bei der Erziehung zum Frieden eine unersetzliche Aufgabe zu erfüllen. Deshalb richte ich an alle die dringende Aufforderung, über die entscheidende Bedeutung der Rolle der Frauen in Familie und Gesellschaft nachzudenken und auf die Friedensbestrebungen zu hören, die sie mit Worten und Gebärden und in besonders dramatischen Augenblicken mit der stummen Ausdruckskraft ihres Schmerzes bekunden.

Frauen des Friedens

5. Um zum Frieden zu erziehen, muss die Frau ihn zunächst in sich selbst pflegen. Der innere Friede kommt aus dem Bewusstsein, von Gott geliebt zu werden, und vom Willen, seine Liebe zu erwidern. Die Geschichte ist reich an wunderbaren Beispielen von Frauen, die aus diesem Bewusstsein heraus in der Lage waren, schwierigen Situationen von Ausbeutung, Diskriminierung, Gewalt und Krieg erfolgreich zu begegnen.

Viele Frauen gelangen jedoch insbesondere wegen der sozialen und kulturellen Bedingtheiten nicht zu einem vollen Bewusstsein ihrer Würde. Andere sind Opfer einer materialistischen und hedonistischen Gesinnung, die in ihnen lediglich ein Vergnügungsobjekt sieht und bedenkenlos durch ein niederträchtiges Geschäft selbst in jüngstem Alter ihre Ausbeutung organisiert. Ihnen muss eine besondere Aufmerksamkeit vor allem vonseiten jener Frauen gelten, die durch Erziehung und Einfühlungsvermögen in der Lage sind, ihnen bei der Entdeckung ihres eigenen inneren Reichtums behilflich zu sein. Die Frauen sollen den Frauen helfen, wobei sie sich auf die wertvollen und wirksamen Beiträge stützen, die die Vereinigungen, Bewegungen und Gruppen, darunter viele aus religiöser Antriebskraft, zu diesem Zweck anbieten können, wie sie unter Beweis gestellt haben.

6. Bei der Erziehung der Kinder fällt der Mutter eine Rolle allerersten Ranges zu. Durch die besondere Beziehung, die sie vor allem in den ersten Lebensjahren an das Kind bindet, bietet sie ihm jenes Gefühl von Sicherheit und Vertrauen, ohne das es ihm schwerfiele, die eigene personale Identität richtig zu entwickeln und später positive und fruchtbare Beziehungen zu den anderen herzustellen. Diese Urbeziehung zwischen Mutter und Kind hat außerdem auf religiöser Ebene einen ganz besonderen erzieherischen Wert, weil sie, lange bevor eine formale religiöse Erziehung beginnt, eine Orientierung des Geistes und Herzens des Kindes auf Gott ermöglicht.

Mit dieser entscheidenden und heiklen Aufgabe darf keine Mutter allein gelassen werden. Die Kinder brauchen die Anwesenheit und Sorge beider Eltern, die ihre Erziehungsaufgabe vor allem durch den von ihrem Verhalten ausgehenden Einfluss verwirklichen. Die Art und Weise, wie sich das Verhältnis zwischen den Eheleuten gestaltet, wirkt sich zutiefst auf die Psychologie des Kindes aus und beeinflusst in nicht geringem Maße die Beziehungen, die es zu seiner unmittelbaren Umgebung herstellt, wie auch jene, die es im Laufe seines Daseins knüpfen wird.

Dieser ersten Erziehung kommt eine grundlegende Bedeutung zu. Wenn die Beziehungen zu den Eltern und zu den anderen Familienmitgliedern von einem liebevollen und positiven Verhältnis zueinander gekennzeichnet sind, lernen die Kinder aus der lebendigen Erfahrung die den Frieden fördernden Werte: Die Liebe zur Wahrheit und Gerechtigkeit, den Sinn für eine verantwortungsbewusste Freiheit, die Hochschätzung und Achtung des anderen. Wenn sie in einer freundlichen und warmherzigen Umgebung aufwachsen, haben sie zugleich die Möglichkeit, die Liebe Gottes selbst wahrzunehmen, die sich ja in ihren familiären Beziehungen widerspiegelt, und das lässt sie in einem geistigen Klima heranreifen, das sie auf die Öffnung gegenüber den anderen und auf die Selbsthingabe an den Nächsten hinzulenken vermag. Die Erziehung zum Frieden dauert natürlich in jeder Periode der Entwicklung an und bedarf der besonderen Pflege in der schwierigen Phase des Jugendalters, in dem der Übergang von der Kindheit zum Erwachsenenalter nicht ohne Gefahren für die Heranwachsenden ist, die für ihr Leben ausschlaggebende Entscheidungen zu treffen haben.

7. Angesichts der Herausforderung der Erziehung stellt sich die Familie als „die erste und grundlegende Schule sozialen Verhaltens" (FC 37) dar, als die erste und grundlegende Schule des Friedens. Man kann sich daher unschwer die dramatischen Folgen vorstellen, denen man ausgesetzt ist, wenn die Familie von tiefgreifenden Krisen gezeichnet ist, die ihr inneres Gleichgewicht bedrohen oder sogar erschüttern und zerbrechen. Häufig sind die Frauen in dieser Lage allein gelassen. Gerade da jedoch müssen sie nicht nur von der konkreten Solidarität anderer Familien, religiöser Gemeinschaften, Freiwilligengruppen, sondern auch vom Staat und von den internationalen Organisationen entsprechende Hilfe erhalten durch geeignete Strukturen menschlicher, sozialer und wirtschaftlicher Unterstützung, die es ihnen ermöglichen, für die Bedürfnisse der Kinder aufzukommen, ohne diese übermäßig der unerlässlichen Anwesenheit der Mutter berauben zu müssen.

8. Ein anderes ernstes Problem ist dort zu verzeichnen, wo noch immer die unerträgliche Gewohnheit der Diskriminierung von Jungen und Mädchen von den ersten Lebensjahren an herrscht. Wenn die Mädchen bereits im zartesten Alter ausgegrenzt oder als minderwertig angesehen werden, wird in ihnen das Gefühl für ihre Würde schwer verletzt und ihre harmonische Entwicklung unvermeidlich beeinträchtigt werden. Die anfängliche Diskriminierung wird sich auf ihr ganzes Dasein auswirken und eine volle Eingliederung in das soziale Leben verhindern. Wie könnte man es daher unterlassen, dem unschätzbaren Wirken so vieler Frauen wie auch vieler weiblicher Ordenskongregationen, die auf den verschiedenen Kontinenten und in jedem kulturellen Umfeld die Erziehung der Mädchen und der Frauen zum Hauptziel ihres Dienstes machen, Anerkennung und Ermutigung auszusprechen? Wie sollte man nicht gleichfalls mit dankbarem Herzen aller Frauen gedenken, die oft unter äußerst prekären Umständen im Bereich des Gesundheitswesens tätig waren und sind und denen es nicht selten gelingt, selbst das Überleben zahlloser Mädchen sicherzustellen?

Die Frauen, Erzieherinnen zum sozialen Frieden

9. Wenn die Frauen die Möglichkeit haben, ihre Gaben voll an die ganze Gemeinschaft weiterzugeben, erfährt die Art und Weise, wie sich die Gesellschaft versteht und organisiert, eine positive Veränderung und spiegelt so die wesentliche Einheit der Menschheitsfamilie besser wider. Hier liegt die geeignetste Voraussetzung für die Konsolidierung eines echten Friedens.

Jener Prozess der wachsenden Präsenz von Frauen im sozialen, wirtschaftlichen und politischen Leben auf lokaler, nationaler und internationaler Ebene ist daher ein heilsamer Prozess. Die Frauen haben das volle Recht, sich aktiv in sämtliche Bereiche des öffentlichen Lebens einzuschalten, und ihr Recht ist dort, wo es sich als notwendig erweist, auch durch gesetzliche Mittel zu bestätigen und zu schützen. Eine solche Anerkennung der öffentlichen Rolle der Frauen darf jedoch nicht ihre unersetzliche Rolle innerhalb der Familie schmälern: Hier ist ihr Beitrag zum Wohl und zum sozialen Fortschritt, obwohl kaum beachtet, von wirklich unschätzbarem Wert. In diesem Zusammenhang werde ich nie müde werden, zu fordern, dass entschlossene Schritte in Richtung der Anerkennung und Förderung dieser so wichtigen Realität unternommen werden.

10. Mit Betroffenheit und Besorgnis erleben wir heute das dramatische Anwachsen jeglicher Art von Gewalt: Nicht nur einzelne Menschen, sondern ganze Gruppen scheinen jedes Gefühl der Achtung gegenüber dem menschlichen Leben verloren zu haben. Die Frauen und sogar die Kinder gehören leider zu den häufigsten Opfern solch blinder Gewalt. Es handelt sich um abscheuliche Formen von Barbarei, die das menschliche Gewissen zutiefst anwidern.

An uns alle ergeht der dringende Aufruf, alles nur Mögliche zu tun, um von der Gesellschaft nicht nur die Tragödie des Krieges, sondern auch jede Verletzung der Menschenrechte fernzuhalten, angefangen beim unbestreitbaren Recht auf das Leben, dessen Verwahrerin die Person vom Augenblick der Empfängnis an ist. In der Verletzung des Rechts auf Leben des einzelnen Menschenwesens ist im Keim auch die extreme Gewalt des Krieges enthalten. Ich bitte daher alle Frauen, immer für das Leben Partei zu ergreifen; und zugleich bitte ich alle, den Frauen, die leiden, und im Besonderen den Kindern zu helfen, vor allem jenen, die von dem schmerzlichen Trauma erschütternder Kriegserlebnisse gezeichnet sind: Nur die liebevolle und zuvorkommende Aufmerksamkeit wird bewirken können, dass sie wieder mit Vertrauen und Hoffnung in die Zukunft blicken.

11. Als mein geliebter Vorgänger Papst Johannes XXIII. in der Beteiligung der Frauen am öffentlichen Leben eines der Zeichen unserer Zeit erkannte, versäumte er es nicht zu verkünden, dass sie im Bewusstsein ihrer Würde es nicht mehr länger dulden würden, als ein Werkzeug behandelt zu werden (vgl. PT 19). Die Frauen haben das Recht, zu verlangen, dass ihre Würde geachtet werde. Gleichzeitig haben sie die Pflicht, sich für die Förderung der Würde aller Personen, Männer wie Frauen, einzusetzen.

Aus dieser Sicht wünsche ich, dass die zahlreichen für 1995 vorgesehenen internationalen Initiativen – einige von ihnen werden in besonderer Weise der Frau gewidmet sein, wie die von den Vereinten Nationen in Peking geplante Konferenz über das Thema des Wirkens für die Gleichheit, die Entwicklung und den Frieden – eine bedeutende Gelegenheit darstellen mögen, um die zwischenmenschlichen und sozialen Beziehungen im Zeichen des Friedens zu humanisieren.

Maria, Vorbild des Friedens
12. Maria, die Königin des Friedens, ist mit ihrer Mütterlichkeit, mit dem Beispiel ihrer Verfügbarkeit für die Nöte der anderen, mit dem Zeugnis ihres Schmerzes den Frauen unserer Zeit nahe. Sie hat mit tiefem Verantwortungsgefühl den Plan gelebt, den Gott in ihr zur Rettung der ganzen Menschheit verwirklichen wollte. Im Bewusstsein des Wunders, das Gott in ihr gewirkt hat, als er sie zur Mutter seines menschgewordenen Sohnes machte, war es ihr erster Gedanke, ihre betagte Base Elisabeth zu besuchen und ihr ihre Dienste anzubieten. Die Begegnung bot ihr die Gelegenheit, mit dem wunderbaren Gesang des Magnifikat (vgl. Lk 1,46–55) Gott ihre Dankbarkeit auszudrücken, der mit ihr und durch sie den Anstoß zu einer neuen Schöpfung, einer neuen Geschichte gegeben hatte.

Ich bitte die selige Jungfrau Maria, den Männern und Frauen beizustehen, die sich durch ihren Dienst am Leben für den Aufbau des Friedens einsetzen. Mögen sie mit ihrer Hilfe allen, vor allem jenen, die in der Finsternis und im Leiden lebend nach Gerechtigkeit hungern und dürsten, die liebende Gegenwart des Gottes des Friedens bezeugen können.

Aus dem Vatikan, am 8. Dezember 1994
Johannes Paul II.

Botschaft seiner Heiligkeit Papst Johannes Paul II.
zur Feier des 29. Weltfriedenstages
1. Januar 1996

Bereiten wir den Kindern eine friedliche Zukunft!

1. Am Ende des Jahres 1994, des internationalen Jahres der Familie, richtete ich einen Brief an die Kinder der ganzen Welt und ersuchte sie zu beten, dass die Menschheit immer mehr Familie Gottes und fähig werde, in Eintracht und Frieden zu leben. Ferner habe ich nicht versäumt, meiner großen Sorge um die Kinder Ausdruck zu verleihen, die zu Opfern kriegerischer Konflikte und anderer Formen von Gewalt werden, und habe dabei die Aufmerksamkeit der öffentlichen Meinung auf Weltebene auf solche schwerwiegenden Situationen gelenkt.

Zu Beginn des neuen Jahres gehen meine Gedanken erneut zu den Kindern und ihren berechtigten Erwartungen nach Liebe und Geborgenheit. Dabei halte ich es für meine Pflicht, besonders an jene vom Leiden gezeichneten Kinder zu erinnern, die erwachsen werden, ohne jemals erfahren zu haben, was Friede eigentlich ist. Der Blick der Kleinen sollte immer Freude und Zuversicht ausstrahlen, stattdessen ist er bisweilen von Traurigkeit und Angst erfüllt: Sie haben in den wenigen Jahren ihres Lebens schon zu viel gesehen und erlitten!

Bereiten wir den Kindern eine friedliche Zukunft! Das ist der Aufruf, den ich vertrauensvoll an die Männer und Frauen guten Willens richte, indem ich einen jeden einlade, zu helfen, dass die Kinder in einem Klima echten Friedens aufwachsen. Das ist ihr Recht, das ist unsere Pflicht.

2. Die zahllosen Scharen von Kindern gehen mir durch den Sinn, denen ich im Laufe der Jahre meines Pontifikats begegnet bin, besonders während der apostolischen Reisen auf allen Kontinenten. Kinder voll Heiterkeit und Freude. An sie denke ich, während das neue Jahr beginnt. Allen Kindern der Welt gilt mein Wunsch, das Jahr 1996 in Freude zu beginnen und eine heitere Kindheit zu erleben, wobei sie darin durch die Unterstützung verantwortungsbewusster Erwachsener Hilfe erfahren mögen.

Ich würde mir wünschen, dass die harmonische Beziehung zwischen Erwachsenen und Kindern ein Klima des Friedens und echten Wohlstandes fördern möge. Leider gibt es nicht wenige Kinder auf der Welt, die zu unschuldigen Opfern von Kriegen werden. Millionen von ihnen sind in den letzten Jahren verwundet und getötet worden: Ein regelrechtes Massaker.

Der besondere Schutz, der den Kindern durch die internationalen Bestimmungen zugebilligt wird,[1] ist weitgehend missachtet worden, und die regionalen und interethnischen Konflikte, die über alle Maße zugenommen haben, machen den von den humanitären Bestimmungen vorgesehenen Schutz zunichte. Die Kinder sind sogar zur Zielscheibe von Heckenschützen geworden, ihre Schulen sind vorsätzlich zerstört und die Krankenhäuser, in denen sie behandelt werden, bombardiert worden. Wie sollte man angesichts solcher ungeheuerlichen Verstöße nicht in einer einstimmigen Verurteilung seine Stimme erheben? Die vorsätzliche Tötung eines Kindes stellt eines der beunruhigendsten Zeichen der Verfinsterung jeglicher Achtung vor dem menschlichen Leben dar (vgl. EV 3).

Zusammen mit den getöteten möchte ich auch an die in und nach den Konflikten verstümmelten Kinder erinnern. Meine Gedanken gehen schließlich zu den während der sogenannten ethnischen Säuberungen systematisch verfolgten, vergewaltigten und getöteten Kindern.

3. Es gibt nicht nur Kinder, die die Gewalt der Kriege erleiden; nicht wenige unter ihnen werden gezwungen, zu deren Hauptfiguren zu werden. In einigen Ländern der Welt ist man an dem Punkt angekommen, Jungen und Mädchen, selbst in ganz jungen Jahren, zu zwingen, in den militärischen Verbänden der Kriegsparteien Dienst zu tun. Mit dem verlockenden Versprechen von Nahrung und Schulbildung werden sie in abgesonderte Lager verbannt, wo sie Hunger und Misshandlung zu erleiden haben und dazu angestiftet werden, sogar Personen ihres eigenen Dorfes zu töten. Häufig werden sie als Voraustrupp zum Reinigen der Minenfelder ausgeschickt. Offensichtlich ist ihr Leben in den Augen derer, die sich ihrer auf solche Art bedienen, nicht viel wert!

Die Zukunft dieser Kinder unter Waffen ist oft vorgezeichnet. Nach jahrelangem Militärdienst werden einige einfach demobilisiert und nach Hause geschickt, und es gelingt ihnen meistens nicht, sich wieder in das zivile Leben zu integrieren. Andere schämen sich, dass sie ihre Kameraden überlebt haben, und enden im Verbrechertum oder in der Drogensucht. Wer weiß, welche gespenstischen Bilder ihre Herzen und Sinne immer wieder heimsuchen werden! Wird ihr Gedächtnis jemals frei sein von so vielen Erinnerungen an Gewalt und Tod?

---

[1] Vgl. *Generalversammlung der Vereinten Nationen*, Übereinkommen über die Rechte des Kindes, New York 1989, Art. 38; vgl. *Teilnehmer der internationalen, diplomatischen Konferenz in Genf*, Genfer Konventionen, Genf 1949, Art. 24; vgl. *Teilnehmer der internationalen, diplomatischen Konferenz in Genf*, Zusatzprotokoll I zu den Genfer Konventionen, Genf 1977; vgl. *Teilnehmer der internationalen, diplomatischen Konferenz in Genf*, Zusatzprotokoll II zu den Genfer Konventionen, Genf 1977.

Lebhafte Anerkennung verdienen jene humanitären und religiösen Organisationen, die sich um die Linderung solch unmenschlicher Leiden bemühen. Und Dankbarkeit schuldet man auch den Personen guten Willens und den Familien, die die als Waisen zurückgebliebenen Kinder liebevoll aufnehmen und sich voll Aufopferung bemühen, sie von ihren Traumata zu heilen und ihre Wiedereingliederung in die ursprünglichen Gemeinschaften zu fördern.

4. Das Gedenken an Millionen getöteter Kinder, die traurigen Augen so vieler ihrer grauenvoll leidenden Altersgenossen drängen uns, alle nur möglichen Wege zu beschreiten, um den Frieden zu bewahren oder wiederherzustellen, indem wir die Beendigung der Konflikte und Kriege anstreben.

Im Vorfeld der im vergangenen September in Peking abgehaltenen IV. Weltfrauenkonferenz habe ich die katholischen Sozial- und Bildungseinrichtungen zu einer koordinierten und vordringlichen Strategie gegenüber den Mädchen und jungen Frauen, insbesondere den ärmsten unter ihnen, aufgefordert.[2] Diesen Aufruf möchte ich nun erneuern und ihn dabei in besonderer Weise auf jene katholischen Einrichtungen und Organisationen ausweiten, die sich den Minderjährigen widmen: Helft den Mädchen, die aufgrund von Krieg und Gewalt gelitten haben; lehrt die Jungen, die Würde der Frau anzuerkennen und zu achten; helft den Kindern, die Zärtlichkeit der Liebe Gottes wiederzuentdecken, der Mensch geworden ist und durch seinen Tod der Welt das Geschenk seines Friedens hinterlassen hat (vgl. Joh 14,27).

Ich werde nicht müde zu wiederholen, dass wir alle aufgerufen sind, angefangen von den höchsten internationalen Organisationen bis hin zu den Vereinigungen auf lokaler Ebene, von den Staatsoberhäuptern bis hin zum einfachen Bürger, unseren Beitrag zum Frieden zu leisten und jegliche Unterstützung des Krieges abzulehnen.

5. Millionen von Kindern leiden unter anderen Formen von Gewalt, wie sie sowohl in den von Verelendung heimgesuchten Gesellschaften als auch in den entwickelten Ländern anzutreffen sind. Dabei handelt es sich oft um Gewalttätigkeiten, die nicht so auffallend, aber deshalb nicht weniger furchtbar sind.

Die internationale Konferenz für soziale Entwicklung, die heuer in Kopenhagen abgehalten wurde, hat den engen Zusammenhang zwischen Armut und Gewalt unterstrichen,[3] und bei dieser Gelegenheit haben sich die Staaten

---

[2] Vgl. *Johannes Paul II.*, Botschaft an die Delegation des Heiligen Stuhls bei der IV. Weltfrauenkonferenz am 29. August 1995, in: L'Osservatore Romano 25 (1995), 1.

[3] Vgl. *Teilnehmer des Weltgipfels der Vereinten Nationen für soziale Entwicklung*, Kopenhagener Erklärung über soziale Entwicklung, Kopenhagen 1995, Art. 16.

verpflichtet, die Geißel des Elends durch Initiativen auf nationaler Ebene ab 1996 entschiedener zu bekämpfen.[4] Dies waren auch die aus der vorangegangenen Weltkonferenz der UNO über die Kinder hervorgegangenen Leitlinien. Die Verelendung steht in Wirklichkeit am Anfang wahrhaft unmenschlicher Lebens- und Arbeitsbedingungen. In einigen Ländern werden die Kinder in zartem Alter zum Arbeiten gezwungen, sie werden misshandelt, unter Gewaltanwendung bestraft und mit einem Hungerlohn ausgestattet: Da sie sich nicht Geltung verschaffen können, sind sie sehr leicht zu erpressen und auszubeuten.

Dann wiederum werden sie zu einem regelrechten Handelsobjekt[5] zum Zweck des Bettelns oder, noch schlimmer, zur Verleitung zur Prostitution, auch im Zusammenhang mit dem sogenannten Sex-Tourismus, einem äußerst verwerflichen Phänomen, das diejenigen entwürdigt, die es ausüben, aber auch all jene, die es auf verschiedene Weise fördern. Außerdem gibt es Menschen, die Kinder skrupellos zu kriminellen Handlungen heranziehen, insbesondere zum Verkauf von Drogen, wobei sie unter anderem Gefahr laufen, persönlich von diesen Substanzen Gebrauch zu machen.

Es sind nicht wenige Kinder, denen schließlich als einziger Lebensraum nur die Straße bleibt: Von zu Hause ausgerissen oder von der Familie verlassen oder einfach seit jeher ohne familiäre Umgebung, leben sie von Notbehelfen, im Zustand völliger Verwahrlosung, von vielen als Abfall betrachtet, den man loswerden muss.

6. Die Gewalt gegen Kinder fehlt leider nicht einmal in den Familien, die in guten Verhältnissen und Wohlstand leben. Es handelt sich glücklicherweise nicht um häufige Vorkommnisse, dennoch ist es von Wichtigkeit, sie nicht zu ignorieren. Bisweilen geschieht es, dass die kleinen Kinder innerhalb der häuslichen Mauern und gerade durch Menschen, in die man mit gutem Recht jedes Vertrauen setzen würde, Pflichtverletzungen und Gewalttätigkeiten ausgesetzt sind, mit verheerenden Auswirkungen auf ihre Entwicklung.

Viele Kinder befinden sich außerdem in einer Lage, in der sie die von den Spannungen zwischen den Eltern oder gar von dem Zerbrechen der Familien selbst herrührenden traumatischen Belastungen zu ertragen haben. Der Sorge um ihr Wohl gelingt es nicht, Entschlüsse zu hemmen, die oft vom Egoismus und der Heuchelei der Erwachsenen diktiert werden. Hinter dem Anschein von Normalität und Heiterkeit, der durch den Überfluss an mate-

---

[4] Vgl. *Teilnehmer des Weltgipfels der Vereinten Nationen für soziale Entwicklung*, Aktionsprogramm des Weltgipfels für soziale Entwicklung, Kopenhagen 1995, II.

[5] Vgl. *ebd.*, Art. 39.

riellen Gütern noch gewinnender wirkt, müssen die Kinder oft in trostloser Einsamkeit aufwachsen, ohne mit einer richtigen und liebevollen Führung sowie mit einer adäquaten Ausbildung rechnen zu können. Sich selbst überlassen, finden sie normalerweise ihren wichtigsten Bezugspunkt im Fernsehen, dessen Programme häufig Modelle eines unwirklichen oder korrupten Lebens vorstellen, auf die ihr schwaches Unterscheidungsvermögen noch nicht zu reagieren vermag.

Sollte man sich da wundern, wenn eine derart vielgestaltige und heimtückische Gewalt schließlich auch in das junge Herz der Kinder eindringt und ihre natürliche Begeisterung in Enttäuschung oder Zynismus, die spontane Gutherzigkeit in Gleichgültigkeit und Egoismus verwandelt? Wenn die Kinder trügerischen Idealen nachjagen, laufen sie Gefahr, dadurch, dass sie die Unzufriedenheit und die ihre Umgebung prägende Leere in sich aufnehmen, Verbitterung und Erniedrigung, Feindseligkeit und Hass zu begegnen. Es ist nur allzu gut bekannt, dass die Erfahrungen der Kindheit tiefgehende und bisweilen nicht wiedergutzumachende Auswirkungen auf den gesamten weiteren Lebensgang haben.

Es ist schwer zu hoffen, die Kinder könnten eines Tages eine bessere Welt errichten, wenn es keinen engagierten Einsatz für ihre Erziehung zum Frieden gegeben hat. Sie müssen den Frieden lernen: Das ist ihr Recht, das nicht missachtet werden darf.

7. Ich wollte die mitunter dramatischen Verhältnisse nachdrücklich herausstellen, in denen sich viele Kinder heutzutage befinden. Ich halte das für eine Pflicht: Sie werden ja die Erwachsenen des dritten Jahrtausends sein. Damit will ich jedoch weder dem Pessimismus das Wort reden noch die Faktoren ignorieren, die Ansporn zu Hoffnung sind. Wie könnte man zum Beispiel so viele Familien in jeder Ecke dieser Welt schweigend übersehen, in denen die Kinder in einer heiteren Umgebung aufwachsen; wie könnte man die Anstrengungen verschweigen, die so viele Personen und Organisationen unternehmen, um für Kinder in schwieriger Lage eine harmonische und frohe Entwicklung sicherzustellen? Es handelt sich um Initiativen öffentlicher und privater Einrichtungen, einzelner Familien und verdienter Gemeinschaften, deren einziges Ziel es ist, Kinder, die durch irgendwelche traumatischen Erlebnisse belastet sind, in ein normales Leben zurückzuführen. Im Besonderen bestehen konkrete Vorschläge für Erziehungspläne, die eine volle Erschließung und Auswertung jeder im einzelnen Menschen potentiell vorhandenen Leistungsfähigkeit anstreben, um aus den Kindern und Jugendlichen echte Baumeister des Friedens zu machen.

Auch darf das gesteigerte Bewusstsein der internationalen Gemeinschaft nicht vergessen werden, das während dieser letzten Jahre trotz Schwierigkeiten und Verzögerungen sich bemüht, die Problematik der Kinder mit Entschiedenheit und Methode anzugehen.

Die erreichten Ergebnisse bestärken darin, in dem so lobenswerten Einsatz fortzufahren. Wenn die Kinder angemessene Hilfe und Zuneigung erfahren, können sie selber zu Vorkämpfern des Friedens, zu Baumeistern einer brüderlichen und solidarischen Welt werden. Mit ihrem Enthusiasmus und mit ihrer lebendigen Hingabe können sie zu Zeugen und Lehrern von Hoffnung und Frieden zum Wohl der Erwachsenen selbst werden. Um diese potentiellen Leistungsfähigkeiten nicht zu vergeuden, gilt es, den Kindern mit der gebotenen Achtung vor ihrer Persönlichkeit jede günstige Gelegenheit zu ausgewogener und offener Reifung zu bieten.

Eine fröhliche Kindheit wird den Kindern gestatten, mit Zuversicht ins Leben und in die Zukunft zu blicken. Wehe dem, der in ihnen den freudigen Schwung der Hoffnung erstickt!

8. Die Kinder lernen sehr schnell das Leben kennen. Sie beobachten die Handlungsweise der Erwachsenen und ahmen sie nach. Sie lernen schnell die Liebe und Achtung für die anderen, nehmen aber auch rasch und bereitwillig das Gift der Gewalt und des Hasses in sich auf. Die in der Familie gemachte Erfahrung beeinflusst entscheidend die Haltungen, die sie als Erwachsene annehmen werden. Wenn also die Familie der erste Ort ist, an dem sie sich der Welt öffnen, muss die Familie für sie die erste Friedensschule sein.

Die Eltern besitzen eine besondere Möglichkeit, ihre Kinder für das Bewusstsein dieses großen Wertes zu öffnen: Das Zeugnis ihrer gegenseitigen Liebe. Mit ihrer gegenseitigen Liebe ermöglichen sie dem Kind vom ersten Augenblick seines Lebens an, in einem Umfeld des Friedens aufzuwachsen, das von jenen positiven Faktoren durchdrungen ist, die an sich das wirkliche Familienvermögen darstellen: Gegenseitige Achtung und Annahme, Zuhören, Teilen, Dankbarkeit und Vergebung. Dank der Reziprozität, die diese Werte fördern, stellen sie eine echte Erziehung zum Frieden dar und machen das Kind von seinem frühesten Alter an zum aktiven Erbauer des Friedens.

Das Kind teilt mit den Eltern und Geschwistern dadurch die Erfahrung des Lebens und der Hoffnung, dass es sieht, wie die unausweichlichen Schwierigkeiten mit Demut und Mut angepackt werden, und unter allen Umständen in einer Atmosphäre der Wertschätzung für die anderen und der Achtung gegenüber den Meinungen, die von den eigenen abweichen, lebt.

Vor allem zu Hause müssen die Kinder noch vor jedem Wort in der sie umgebenden Liebe die Liebe Gottes zu ihnen erfahren und lernen, dass dieser Frieden und gegenseitiges Verständnis unter allen Menschen will, die aufgerufen sind, eine einzige, große Familie zu bilden.

9. Aber außer der Grunderziehung in der Familie haben die Kinder ein Recht darauf, eine besondere Friedensbildung in der Schule und in den anderen Erziehungseinrichtungen zu erhalten, deren Aufgabe es ist, sie schrittweise dazu anzuleiten, das Wesen und die Erfordernisse des Friedens innerhalb ihrer Welt und ihrer Kultur zu erfassen. Die Kinder müssen unbedingt die Geschichte des Friedens und nicht nur jene der gewonnenen oder verlorenen Kriege lernen.

Es sollen ihnen daher Beispiele für Frieden und nicht für Gewalt geboten werden! Solche positiven Vorbilder lassen sich glücklicherweise in jeder Kultur und in jeder Geschichtsepoche finden. Es müssen angemessene Erziehungsmöglichkeiten aufgebaut werden, wobei man auf kreative Weise neue Wege suchen sollte, vor allem dort, wo die kulturelle und moralische Verelendung am drückendsten ist. Alles muss so vorbereitet werden, dass die Kinder zu Friedensboten werden.

Die Kinder stellen keine Last für die Gesellschaft dar, sie sind weder ein Mittel zum Gewinnmachen, noch sind sie einfach rechtlose Personen; sie sind wertvolle Glieder der menschlichen Gesellschaft, deren Hoffnungen, Erwartungen und Möglichkeiten sie verkörpern.

10. Der Friede ist ein Geschenk Gottes; aber es hängt von den Menschen ab, es anzunehmen, um eine friedliche Welt aufzubauen. Sie vermögen es nur, wenn sie die Einfachheit des Herzens von Kindern haben. Das ist einer der tiefgründigsten und paradoxesten Gesichtspunkte der christlichen Botschaft: Werden wie Kinder ist, noch eher als eine moralische Forderung, eine Dimension des Inkarnationsgeheimnisses.

Der Sohn Gottes ist in der Tat nicht in Macht und Herrlichkeit gekommen, wie es am Ende der Zeiten der Fall sein wird, sondern als Kind, bedürftig und unter armseligen Bedingungen. Indem er unsere menschliche Natur zur Gänze mit Ausnahme der Sünde mit uns teilte (vgl. Hebr 4,15), hat er auch die für das Kindesalter charakteristische Schwachheit und Zukunftserwartung angenommen. Seit jenem entscheidenden Augenblick für die Geschichte der Menschheit bedeutet die Verachtung der Kinder gleichzeitig die Verachtung dessen, der die Größe einer Liebe offenbar machen wollte, die, um den Menschen zu erlösen, zur Selbsterniedrigung und zum Verzicht auf jeden Ruhm bereit war.

Jesus hat sich mit den Kindern identifiziert, und als die Apostel darüber stritten, wer von ihnen der Größte sei, „nahm er ein Kind, stellte es neben sich und sagte zu ihnen: Wer dieses Kind in meinem Namen aufnimmt, der nimmt mich auf; und wer mich aufnimmt, der nimmt den auf, der mich gesandt hat“ (Lk 9,47–48). Der Herr warnte uns mit Nachdruck vor der Gefahr, die Kinder zum Bösen zu verführen: „Wer einem von diesen Kleinen, die an mich glauben, Ärgernis gibt, für den wäre es besser, wenn ihm ein Mühlstein um den Hals gehängt und er in der Tiefe des Meeres versenkt würde“ (Mt 18,6).

Die Jünger forderte Jesus auf, umzukehren und zu werden wie Kinder, und als sie die Kleinen, die sich um ihn drängten, von ihm abzuhalten versuchten, wurde er unwillig und sagte: „Lasst die Kinder zu mir kommen; hindert sie nicht daran! Denn solchen wie ihnen gehört das Reich Gottes. Amen, ich sage euch: Wer das Reich Gottes nicht so annimmt wie ein Kind, der wird nicht hineinkommen“ (Mk 10,14–15). So verwarf Jesus die allgemein übliche Denkweise. Die Erwachsenen müssen von den Kindern die Wege Gottes lernen: Von ihrer Fähigkeit zu Vertrauen und Hingabe können sie lernen, mit dem rechten Vertrauen ‚Abba, Vater‘ zu rufen!

11. Klein werden wie die Kinder, total dem Vater anvertraut, bekleidet mit der Sanftmut des Evangeliums, ist außer einem sittlichen Imperativ ein Grund zur Hoffnung. Auch dort, wo die Schwierigkeiten so groß wären, dass sie mutlos machten, und die Kraft des Bösen so übermächtig, dass sie zum Absturz führte, vermag der Mensch, der die Einfachheit des Kindes wiedererlangt, auf das neue Hoffnung zu schöpfen: Das kann vor allem der Glaubende, der weiß, dass er auf einen Gott zählen kann, dessen Wille die Eintracht aller Menschen in der versöhnten, friedlichen Gemeinschaft seines Reiches ist; das kann aber in gewisser Weise auch derjenige, der, obwohl er das Geschenk des Glaubens nicht teilt, an die Werte der Vergebung und der Solidarität glaubt und in ihnen die Möglichkeit erahnt, freilich nicht ohne das geheime Wirken des Geistes, der Erde ein neues Antlitz zu geben.

Daher wende ich mich im Vertrauen an die Männer und Frauen guten Willens. Schließen wir uns alle zusammen, um auf jede Form von Gewalt zu reagieren und den Krieg zu besiegen! Schaffen wir die Bedingungen, damit die Kinder als Erbe von unserer Generation eine immer mehr geeinte und solidarischere Welt übernehmen!

Bereiten wir den Kindern eine friedliche Zukunft!

Aus dem Vatikan, am 8. Dezember 1995
Johannes Paul II.

Botschaft seiner Heiligkeit Papst Johannes Paul II.
zur Feier des 30. Weltfriedenstages
1. Januar 1997

Biete die Vergebung an, empfange den Frieden

1. Nur drei Jahre trennen uns noch vom Anbruch eines neuen Jahrtausends, und das Warten wird zu einer Zeit des Nachdenkens, die uns gleichsam Bilanz ziehen lässt über den Weg, den die Menschheit vor dem Blick Gottes, dem Herrn der Geschichte, zurückgelegt hat. Sieht man sich das zurückliegende Jahrtausend und da vor allem dieses letzte Jahrhundert an, so muss man zugeben, dass in soziokultureller, wirtschaftlicher, wissenschaftlicher und technologischer Hinsicht auf dem Weg der Menschen viele Lichter entzündet worden sind. Im Gegensatz dazu gibt es leider lange Schatten, vor allem auf dem Gebiet der Moral und der Solidarität. Ein regelrechter Skandal ist ferner die Gewalt, die in alten und neuen Formen immer wieder viele Menschenleben heimsucht und Familien und Gemeinschaften zerreißt.

Es ist an der Zeit, dass wir uns dazu entscheiden, gemeinsam mit Entschlossenheit einen echten Pilgerweg des Friedens anzutreten, ein jeder aus der konkreten Situation heraus, in der er sich befindet. Die Schwierigkeiten sind manchmal sehr groß: Die ethnische Zugehörigkeit, die Sprache und die Kultur stellen oft ebenso Hindernisse dar wie die Religionszugehörigkeit. Sich miteinander auf den Weg zu machen, wenn man traumatische Erfahrungen oder gar jahrhundertelange Spaltungen auf dem Rücken hat, ist kein leichtes Unterfangen. Da stellt sich die Frage: Welchen Weg soll man einschlagen, woran soll man sich orientieren?

Es gibt gewiss viele Faktoren, die unter der Wahrung der Forderungen nach Gerechtigkeit und Menschenwürde die Wiederherstellung des Friedens günstig beeinflussen können. Aber kein Friedensprozess wird sich je in Gang bringen lassen, solange nicht in den Menschen eine Bereitschaft zur aufrichtigen Vergebung heranreift. Ohne sie bluten die Wunden weiter und nähren in den nachfolgenden Generationen einen unaufhörlichen Groll, der Quelle von Rache und Ursache immer neuer Katastrophen ist. Die angebotene und empfangene Vergebung ist die unerlässliche Voraussetzung für den Weg zu einem echten und dauerhaften Frieden.

Aus tiefer Überzeugung will ich daher an alle appellieren, das Ziel des Friedens auf dem Weg der Vergebung zu verfolgen. Ich bin mir völlig bewusst, wie sehr das Vergeben scheinbar im Widerspruch zur menschlichen Logik stehen kann, die häufig der Dynamik des Streites und der Rache gehorcht. Die Vergebung hingegen atmet aus der Logik der Liebe, jener Liebe, die Gott jedem Mann und jeder Frau, jedem Volk und jeder Nation, ja der ganzen Menschheitsfamilie erweist. Wenn aber die Kirche das zu verkünden wagt, was menschlich gesprochen als Torheit erscheinen könnte, so tut sie das eben aufgrund ihres unerschütterlichen Vertrauens in die grenzenlose Liebe Gottes. Gott ist, wie die Schrift bezeugt, reich an Erbarmen und hört nicht auf, denen zu vergeben, die zu ihm zurückkehren (vgl. Ez 18,23; Ps 32,5/103,3/8–14; Eph 2,4–5; 2 Kor 1,3). Gottes Vergebung wird in unseren Herzen zur unerschöpflichen Quelle der Vergebung auch in unseren Beziehungen untereinander und hilft uns, diese im Zeichen echter Brüderlichkeit zu leben.

Die verwundete Welt sehnt sich nach Heilung

2. Wie ich soeben andeutete, ist und bleibt die moderne Welt trotz der vielen erreichten Ziele von zahlreichen Widersprüchen gezeichnet. Der Fortschritt in den Bereichen von Industrie und Landwirtschaft hat für Millionen Menschen eine Verbesserung des Lebensstandards mit sich gebracht und lässt für viele andere Gutes erhoffen; die Technologie erlaubt bereits das Überwinden großer Entfernungen; die Information, die in Sekundenschnelle erfolgen kann, hat die Möglichkeiten des menschlichen Wissens erweitert; die Achtung vor unserer Umwelt nimmt zu und wird allmählich zu einem Lebensstil. Eine Menge von Freiwilligen engagiert sich mit einer Hochherzigkeit, die oft völlig unbekannt bleibt, in allen Teilen der Welt unermüdlich im Dienst an der Menschheit, wobei sie sich vor allem dafür aufopfert, die Nöte der Armen und der Leidenden zu lindern.

Sollte man diese positiven Zeichen unserer Zeit nicht mit Freude anerkennen? Die Bühne der heutigen Welt präsentiert aber leider auch viele gegenteilige Erscheinungen. Dazu gehören zum Beispiel der Materialismus und die zunehmende Geringschätzung des menschlichen Lebens, die beunruhigende Dimensionen angenommen haben. Es gibt viele, die in ihrer Lebensplanung einzig und allein den Gesetzen von Profit, Ansehen und Macht folgen.

Die Konsequenz davon ist, dass sich zahlreiche Menschen in ihre innere Einsamkeit verbannt finden, andere ständig wegen ihrer Rasse, ihrer Nationalität oder ihres Geschlechts absichtlich diskriminiert werden, während die Armut ganze Massen an den Rand der Gesellschaft oder geradewegs in die Vernichtung treibt. Für allzu viele Menschen ist der Krieg zur harten Wirklichkeit des täglichen Lebens geworden. Eine Gesellschaft, die nur nach den materiellen oder vergänglichen Gütern sucht, neigt dazu, denjenigen an den Rand zu drängen, der nicht diesem Zweck dient. Vor diesen Situationen, die manchmal echte menschliche Tragödien darstellen, ziehen es manche vor, einfach die Augen zu verschließen, während sie sich hinter ihrer Gleichgültigkeit verschanzen. In ihnen wiederholt sich das Verhalten Kains: „Bin ich der Hüter meines Bruders?“ (Gen 4,9) Es ist Pflicht der Kirche, jeden an die strengen Worte Gottes zu erinnern: „Was hast du getan? Das Blut deines Bruders erhebt seine Stimme und schreit zu mir vom Erdboden“ (Gen 4,10).

Das Leiden so vieler Brüder und Schwestern darf uns nicht gleichgültig lassen! Ihr Leid appelliert an unser Gewissen, an unser inneres Heiligtum, wo wir uns von Angesicht zu Angesicht vor uns selbst und vor Gott finden. Sollte man nicht anerkennen, dass wir alle, wenn auch in unterschiedlichem Grad, in diese Gewissenserforschung, zu der uns Gott aufruft, einbezogen sind? Wir haben alle die Vergebung Gottes und des Nächsten nötig. Deshalb müssen wir alle bereit sein, zu vergeben und um Vergebung zu bitten.

Die Last der Geschichte

3. Die mühsame Arbeit der Vergebung hängt nicht allein vom gegenwärtigen Geschehen ab. Eine schwere Bürde an Gewaltakten und Konflikten, der man sich nur schwer zu entledigen vermag, trägt die Geschichte mit sich. Übergriffe, Unterdrückungen und Kriege haben unzähligen Menschen Leid zugefügt. Auch wenn sich die Ursachen für jene schmerzlichen Vorgänge in längst vergangenen Zeiten verlieren, bleiben ihre Nachwirkungen auf quälende Weise lebendig. Sie nähren Ängste, Verdächtigungen und Hass. Sie lassen Bande zerbrechen zwischen Familien, ethnischen Gruppen und ganzen Völkern. Dies sind Tatsachen, die den guten Willen dessen auf eine harte Probe stellen, der sein Verhalten nicht davon bestimmen lassen möchte. Doch wahr bleibt, dass man nicht Gefangener der Vergangenheit bleiben kann: Für die Einzelnen und für die Völker bedarf es einer Art Reinigung des Gedächtnisses, damit die Übel von gestern sich nicht wiederholen. Es geht nicht darum, das Geschehene zu vergessen, sondern es mit neuen Gefühlen noch einmal zu lesen und dabei gerade aus den erlittenen Erfahrungen zu lernen, dass allein die Liebe aufbaut, während der Hass Zerstörung und Verfall hervorruft. An die Stelle der tödlichen Wiederholung der Rache muss die befreiende Neuheit der Vergebung treten.

Dazu ist es unerlässlich, die Geschichte der anderen Völker lesen zu lernen, indem man einseitige Pauschalurteile vermeidet und sich darum bemüht, den Standpunkt der Angehörigen jener Völker zu verstehen. Das ist eine echte, auch pädagogische und kulturelle Herausforderung. Eine Herausforderung der Zivilisation! Wenn man gewillt ist, diesen Weg einzuschlagen, wird man entdecken, dass die Fehler niemals nur auf einer Seite liegen; man wird sehen, dass die Darstellung der Geschichte mitunter verzerrt, ja sogar manipuliert worden ist, was tragische Folgen nach sich zog.

Ein korrektes nochmaliges Lesen der Geschichte wird die Annahme und Achtung der zwischen Personen, Gruppen und Völkern bestehenden sozialen, kulturellen und religiösen Unterschiede begünstigen. Das ist der erste Schritt zur Versöhnung, weil die Achtung der Unterschiede eine Bedingung und eine Dimension dessen ist, was echte Beziehungen zwischen Einzelnen und Gemeinschaften brauchen und diese auszeichnet. Die Unterdrückung der Unterschiede kann einen Scheinfrieden entstehen lassen, sie erzeugt aber eine bedenkliche Situation, die in der Tat das Vorspiel für neue Gewaltausbrüche ist.

Konkrete Mechanismen zur Versöhnung

4. Auch wenn Kriege die Probleme, durch die sie entfacht wurden, lösen, hinterlassen sie dabei nur Opfer und Zerstörungen, die auf den nachfolgenden Friedensverhandlungen lasten. Diese Erkenntnis muss die Völker, Nationen und Staaten veranlassen, die Kultur des Krieges endgültig zu überwinden, und zwar nicht nur in der höchst verabscheuungswürdigen, als Werkzeug der Gewalt gebrauchten Ausdrucksweise einer Kriegsmacht, sondern auch in jener weniger gehässigen, aber darum genauso verderblichen Anwendung von Waffengewalt, die als schnelles Mittel verstanden wird, um die Probleme anzugehen. Besonders in einer Zeit wie der unsrigen, die über die ausgeklügeltesten Vernichtungstechnologien verfügt, ist es dringend geboten, eine solide Kultur des Friedens zu entwickeln, die der unaufhaltsamen Entfesselung der bewaffneten Gewalt zuvorkommen und sie abwenden soll, und dabei auch Eingriffsmöglichkeiten vorzusehen, die das Anwachsen der Rüstungsindustrie und des Waffenhandels verhindern.

Zuvor aber muss der aufrichtige Wunsch nach Frieden noch in den festen Entschluss umgesetzt werden, jedes Hindernis zu beseitigen, das sich der Erreichung des Friedens in den Weg stellt. In diesem Bemühen können die verschiedenen Religionen in der Spur dessen, was sie schon wiederholt getan haben, einen wichtigen Beitrag dadurch leisten, dass sie ihre Stimme gegen den Krieg erheben und mutig den Folgegefahren entgegentreten. Aber sind wir vielleicht nicht alle aufgerufen, noch mehr zu tun, indem wir aus dem unverfälschten Erbe unserer religiösen Überlieferungen schöpfen?

Wesentlich in diesem Anliegen bleibt freilich die Aufgabe der Regierungen und der internationalen Gemeinschaft, deren Sache es ist, zum Aufbau des Friedens durch die Förderung solider Strukturen beizutragen, die imstande sein sollen, den Turbulenzen der Politik zu widerstehen und so Freiheit und Sicherheit für alle und unter allen Umständen zu gewährleisten. Einige dieser Strukturen bestehen bereits, müssen aber noch gestärkt werden. Die Organisation der Vereinten Nationen zum Beispiel hat in jüngster Zeit eine immer größere Verantwortung bei der Erhaltung oder Wiederherstellung des Friedens übernommen und ist so der Idee gefolgt, durch die sie einst ins Leben gerufen wurde. Gerade aus dieser Sicht scheint es fünfzig Jahre nach ihrer Gründung geboten, den Wunsch nach einer entsprechenden Anpassung der ihr zur Verfügung stehenden Mittel zu äußern, um ihr die Möglichkeit zu geben, den neuen Herausforderungen unserer Zeit wirksam zu begegnen.

Auch anderen Organisationen auf kontinentaler oder regionaler Ebene kommt eine große Bedeutung zu: Sie sind Werkzeuge zur Förderung des Friedens. Es gibt Anlass zur Ermutigung, wenn man sieht, wie sie sich für die Entwicklung konkreter Versöhnungsmechanismen engagieren, indem sie den vom Krieg gespaltenen Bevölkerungen dabei helfen, die Grundlagen für ein friedliches und solidarisches Zusammenleben wiederzufinden. Es sind Formen der Vermittlung, die Völkern in scheinbar ausweglosen Situationen Hoffnung bieten. Nicht unterschätzt werden darf ferner das Wirken der Organisationen vor Ort: Da sie in die Umgebung eingebunden sind, wo die Keime des Konflikts gesät werden, können sie die einzelnen Menschen direkt erreichen, zwischen den feindlichen Lagern vermitteln und das gegenseitige Vertrauen fördern.

Der dauerhafte Friede ist jedoch nicht nur eine Frage der Strukturen und Mechanismen. Er stützt sich vor allem auf die Annahme eines Stils menschlichen Zusammenlebens, der von gegenseitiger Annahme geprägt und zur freundlichen Vergebung fähig ist. Wir brauchen alle die Vergebung unserer Brüder und Schwestern, wir müssen daher alle bereit sein, selbst zu vergeben. Vergebung erbitten und gewähren ist ein Weg, der zutiefst der Würde des Menschen entspricht; manchmal ist es der einzige Weg, um aus Situationen herauszukommen, die von altem, gewalttätigem Hass gekennzeichnet sind.

Sicher ist die Vergebung für den Menschen nicht etwas Spontanes und Natürliches. Aus ganzem Herzen zu vergeben, kann sich mitunter geradezu als heroisch erweisen. Der Schmerz über den Verlust eines Sohnes, eines Freundes, der eigenen Eltern oder der ganzen Familie aufgrund von Krieg, Terrorismus oder kriminellen Handlungen kann dazu veranlassen, sich dem anderen gegenüber völlig zu verschließen. Jene, denen nichts geblieben ist, weil sie des Landes und des Hauses beraubt wurden, die Flüchtlinge und alle, die die Schmach der Gewalttätigkeit ertragen haben, können gar nicht anders, als die Versuchung zu Hass und Rache zu spüren. Nur die Wärme menschlicher Beziehungen, die von Achtung, Verständnis und Annahme durchdrungen sind, kann ihnen helfen, diese Gefühle zu überwinden. Dank der heilenden Kraft der Liebe, die ihre erste Quelle in Gott hat, der die Liebe ist, kann die befreiende Erfahrung der Vergebung, freilich unter großen Schwierigkeiten, auch von einem verletzten Herzen erlebt werden.

Wahrheit und Gerechtigkeit als Voraussetzungen der Vergebung

5. Die Vergebung ist in ihrer wahrsten und höchsten Form ein Akt ungeschuldeter Liebe. Aber gerade als Akt der Liebe birgt sie auch Forderungen

in sich. Die erste ist die Achtung der Wahrheit. Gott allein ist die absolute Wahrheit. Er hat jedoch das menschliche Herz dem Verlangen nach der Wahrheit geöffnet, die er dann im menschgewordenen Sohn in Fülle offenbart hat. Alle sind also aufgerufen, die Wahrheit zu leben. Wo jedoch Lüge und Falschheit gesät werden, blühen Verdächtigung und Spaltung. Auch Korruption und politische oder ideologische Manipulation widersprechen ihrem Wesen nach der Wahrheit: Sie stellen einen Angriff auf die eigentlichen Fundamente des bürgerlichen Zusammenlebens dar und bedrohen die Möglichkeit für friedliche soziale Beziehungen.

Weit davon entfernt, die Suche nach der Wahrheit auszuschließen, fordert die Vergebung sie sogar. Das Böse, das angerichtet wurde, muss zugegeben und, soweit wie möglich, wiedergutgemacht werden. Gerade diese Forderung hat in verschiedenen Teilen der Welt dazu geführt, im Zusammenhang mit den Übergriffen zwischen ethnischen Gruppen oder Nationen geeignete Verfahren zur Wahrheitsfindung als ersten Schritt zur Versöhnung einzuleiten. Man braucht die vorsichtige Zurückhaltung nicht eigens zu betonen, an die sich in diesem, gleichwohl notwendigen Prozess alle halten müssen, um nicht die Gegensätze zu verschärfen und dadurch die Versöhnung noch schwieriger zu machen. Nicht selten kommt es vor, dass in Ländern angesichts des fundamentalen Gutes der Aussöhnung die Regierenden einmütig eine Amnestie für alle beschlossen haben, die sich öffentlich zu den Untaten bekannten, die sie in Zeiten von Krieg und Aufruhr begangen hatten. Eine solche Initiative kann man insofern gutheißen, als diese Bemühung darauf abzielt, gute Beziehungen zwischen einst einander feindlich gegenüberstehenden Gruppen neu anzuknüpfen.

Eine andere wesentliche Voraussetzung für Vergebung und Versöhnung ist die Gerechtigkeit, die ihr letztes Kriterium im Gesetz Gottes und in seinem Plan der Liebe und Barmherzigkeit für die Menschheit hat (vgl. DiM 1). So verstanden, beschränkt sich die Gerechtigkeit nicht auf die Festlegung dessen, was zwischen den Konfliktparteien korrekt ist, sondern sie zielt vor allem darauf ab, wieder echte Beziehungen zu Gott, zu sich selbst und zu den anderen herzustellen. Es besteht also kein Widerspruch zwischen Vergebung und Gerechtigkeit. Denn die Vergebung beseitigt oder verringert nicht die Forderung nach Wiedergutmachung, die wesentlich zur Gerechtigkeit gehört. Stattdessen strebt sie die Wiedereingliederung sowohl der Einzelpersonen und der Gruppen in die Gesellschaft als auch der Staaten in die Gemeinschaft der Nationen an. Keine Bestrafung vermag die unveräußerliche Würde dessen abzutöten, der Böses getan hat. Die Tür zur Reue und Rehabilitierung muss stets offenbleiben.

Jesus Christus, unsere Versöhnung

6. Wie viele Situationen bedürfen heute der Versöhnung! Angesichts dieser Herausforderung, von der der Friede maßgeblich abhängt, richte ich an alle Gläubigen und in besonderer Weise an die Mitglieder der katholischen Kirche meinen Aufruf, sie mögen sich aktiv und konkret dem Versöhnungswerk widmen.

Der Glaubende weiß, dass die Versöhnung von Gott ausgeht, der immer bereit ist, allen, die sich an ihn wenden, zu vergeben und ihre Sünden „hinter [s]einen Rücken" (Jes 38,17) zu werfen. Die Unermesslichkeit der Liebe Gottes übersteigt das menschliche Begreifen, wie die Heilige Schrift sagt: „Kann denn eine Frau ihr Kindlein vergessen, ohne Erbarmen sein gegenüber ihrem leiblichen Sohn? Und selbst wenn sie ihn vergisst: Ich vergesse dich nicht" (Jes 49,15).

Die göttliche Liebe ist die Grundlage der Versöhnung, zu der wir aufgerufen sind. „Der dir all deine Schuld vergibt und all deine Gebrechen heilt, der dein Leben vor dem Untergang rettet und dich mit Huld und Erbarmen krönt […]. Er handelt an uns nicht nach unsern Sünden und vergilt uns nicht nach unsrer Schuld" (Ps 103,3–4/10).

In seiner liebenden Bereitschaft zur Vergebung ist Gott so weit gegangen, sich selber der Welt in der Person des Sohnes zu schenken, der gekommen ist, um jedem Einzelnen und der ganzen Menschheit die Erlösung zu bringen. Angesichts der Beleidigungen seitens der Menschen, die in seiner Verurteilung zum Kreuzestod gipfeln, betet Jesus: „Vater, vergib ihnen, denn sie wissen nicht, was sie tun!" (Lk 23,34)

Die Vergebung Gottes ist Ausdruck seiner väterlichen Zärtlichkeit. Im Gleichnis der Frohen Botschaft vom verlorenen Sohn (vgl. Lk 15,11–32) eilt der Vater dem Sohn sofort entgegen, als er ihn nach Hause zurückkommen sieht. Er lässt ihn nicht einmal die Entschuldigungen vorbringen: Alles ist verziehen (vgl. Lk 15,20–22). Die tiefe Freude über die angebotene und empfangene Vergebung heilt unheilbare Wunden, stellt die Beziehungen wieder neu her und lässt sie Wurzel fassen in der unerschöpflichen Liebe Gottes.

Jesus hat sein ganzes Leben lang die Vergebung Gottes verkündet, hat aber gleichzeitig auf die Forderung der gegenseitigen Vergebung als Bedingung für ihre Erlangung hingewiesen. Im Vaterunser lässt er uns beten: „Und erlass uns unsere Schulden, wie auch wir sie unseren Schuldnern erlassen haben" (Mt 6,12). Mit jenem *wie* legt er uns das Maß in die Hand, nach dem wir von Gott gerichtet werden. Das Gleichnis vom unbarmherzigen Knecht, der wegen seiner Härte gegenüber seinem Kollegen bestraft wurde (vgl. Mt 18,23–35), lehrt uns, dass alle, die nicht zum Vergeben bereit sind, sich dadurch selber von der göttlichen Vergebung ausschließen: „Ebenso wird mein himmlischer Vater euch behandeln, wenn nicht jeder seinem Bruder von Herzen vergibt" (Mt 18,35).

Sogar unser Gebet ist dem Herrn nur dann genehm, wenn ihm die aufrichtige Bereitschaft zur Versöhnung mit dem Bruder, der „etwas gegen [uns] hat“ (Mt 5,23), vorausgeht und es so gewissermaßen in seiner Glaubwürdigkeit garantiert ist: Erst dann wird es uns möglich sein, Gott eine Opfergabe darzubringen, die angenommen wird (vgl. Mt 5,23–24).

Im Dienst der Versöhnung

7. Jesus hat nicht nur seine Jünger die Pflicht der Vergebung gelehrt, sondern er wollte, dass seine Kirche Zeichen und Werkzeug seines Versöhnungsplanes ist, weshalb er sie zum Sakrament der „innigste[n] Vereinigung mit Gott wie für die Einheit der ganzen Menschheit“ (LG 1) gemacht hat. Aufgrund dieser Aufgabe bezeichnete Paulus den apostolischen Dienst als „Dienst der Versöhnung“ (2 Kor 5,18–20). Aber eigentlich muss sich jeder Getaufte als Diener der Versöhnung fühlen, weil er, wenn er sich mit Gott und den Brüdern versöhnt hat, aufgerufen ist, mit der Kraft der Wahrheit und der Gerechtigkeit den Frieden aufzubauen.

Wie ich in dem Apostolischen Schreiben *Tertio millennio adveniente* in Erinnerung rufen konnte, sind die Christen, während sie sich dafür rüsten, die Schwelle eines neuen Jahrtausends zu überschreiten, dazu eingeladen, erneut Reue zu zeigen für „alle[...] jene[...] Vorkommnisse im Laufe der Geschichte, wo diese sich vom Geist Christi und seines Evangeliums dadurch entfernt haben, dass sie der Welt statt eines an den Werten des Glaubens inspirierten Lebenszeugnisses den Anblick von Denk- und Handlungsweisen boten, die geradezu Formen eines Gegenzeugnisses und Skandals darstellten“ (TMA 33).

Dabei haben die Spaltungen, die die Einheit der Christen verletzen, ein besonderes Gewicht. Während wir uns auf die Feier des Großen Jubeljahres 2000 vorbereiten, müssen wir miteinander die Vergebung Christi suchen, indem wir vom Heiligen Geist die Gnade der vollen Einheit erflehen. „*Die Einheit ist schließlich Gabe des Heiligen Geistes.* Von uns wird verlangt, dieser Gabe dadurch zu entsprechen, dass wir Leichtfertigkeiten und Unterlassungen im Zeugnis für die Wahrheit nicht nachsichtig übergehen“ (TMA 34). Während wir in diesem ersten Vorbereitungsjahr auf das Jubiläum den Blick auf Jesus Christus, unsere Versöhnung, richten, wollen wir durch Gebet, Zeugnis und Tat alles uns Mögliche tun, um auf dem Weg zu einer größeren Einheit voranzukommen. Das wird sicher auch nicht seinen positiven Einfluss auf die Befriedungsprozesse verfehlen, die in verschiedenen Teilen der Welt im Gange sind.

Im Juni 1997 werden die Kirchen Europas in Graz ihre zweite Europäische Ökumenische Versammlung über das Thema Versöhnung, Geschenk Gottes und Quelle neuen Lebens abhalten. Als Vorbereitung auf diese Begegnung haben die Vorsitzenden der Konferenz der Kirchen Europas und des Rates der Europäischen Bischofskonferenzen eine gemeinsame Botschaft verbreitet, in der sie um einen erneuerten Einsatz für die Versöhnung, Geschenk Gottes für uns und für die ganze Schöpfung, bitten. Sie haben auf einige der vielfältigen Aufgaben hingewiesen, die die kirchlichen Gemeinschaften erwarten: Die Suche nach einer noch sichtbareren Einheit und der Einsatz für die Versöhnung der Völker. Das Gebet aller Christen möge die Vorbereitung dieses Treffens in den Ortskirchen unterstützen und konkrete Schritte zur Versöhnung auf dem ganzen europäischen Kontinent fördern, um dadurch den Weg zu ähnlichen Anstrengungen auch auf anderen Kontinenten zu eröffnen.

In dem erwähnten Apostolischen Schreiben habe ich den lebhaften Wunsch ausgesprochen, dass die Christen auf diesem Weg in das Jahr 2000 die Bücher der Heiligen Schrift als ständigen Begleiter und Wegweiser haben sollen (vgl. TMA 40). Ein äußerst aktuelles Thema, das auf diesem Pilgerweg Anleitung sein mag, könnte das Thema Vergebung und Versöhnung sein, das in den konkreten Situationen jedes Einzelnen und jeder Gemeinschaft bedacht und ins Leben umgesetzt werden sollte.

Ein Aufruf an jeden Menschen guten Willens

8. Ich möchte diese Botschaft, die ich anlässlich des bevorstehenden Weltfriedenstages an die Gläubigen und an jeden Menschen guten Willens richte, mit einem Aufruf an jeden Einzelnen abschließen, ein Werkzeug des Friedens und der Versöhnung zu werden.

An erster Stelle wende ich mich an euch, meine Brüder im Bischofs- und Priesteramt: Seid ein Spiegel der barmherzigen Liebe Gottes, nicht nur in der Gemeinschaft der Kirche, sondern auch im Bereich der weltlichen Gesellschaft, besonders dort, wo nationalistische oder ethnische Kämpfe toben. Lasst trotz möglicher Leiden, die ihr ertragen müsst, nicht eure Herzen vom Hass durchdringen, sondern verkündet freudig das Evangelium Christi, indem ihr durch das Sakrament der Versöhnung die Vergebung Gottes ausspendet.

Euch, liebe Eltern, bitte ich als erste Glaubenserzieher eurer Kinder, ihnen zu helfen, alle als Brüder und Schwestern anzusehen und dem Nächsten ohne Vorurteile vertrauensvoll zu begegnen und ihn anzunehmen. Seid für eure Kinder ein Spiegel der Liebe und Vergebung Gottes, und bemüht euch mit allen Kräften, eine geeinte und solidarische Familie aufzubauen.

Und ihr, liebe Erzieher, die ihr berufen seid, die Jugend die wahren Werte des Lebens zu lehren, indem ihr sie in die ganze komplizierte Geschichte und Kultur der Menschheit einführt, helft den jungen Menschen, auf jeder Ebene die Tugenden der Toleranz, des Verständnisses und der Achtung zu leben, indem ihr ihnen jene als Vorbilder hinstellt, die Baumeister des Friedens und der Versöhnung waren.

Ihr, liebe junge Menschen, die ihr im Herzen große Wünsche hegt, lernt, miteinander in Frieden zu leben, ohne untereinander Barrieren aufzurichten, die euch daran hindern, den Reichtum anderer Kulturen und Traditionen zu teilen. Antwortet auf die Gewalt mit Taten des Friedens, um eine versöhnte, von Menschlichkeit erfüllte Welt aufzubauen.

Ihr Politiker, die ihr dem Gemeinwohl dienen sollt, schließt niemanden aus eurer Sorge aus, kümmert euch besonders um die schwächsten Gruppen der Gesellschaft. Setzt nicht den persönlichen Vorteil an die erste Stelle, indem ihr der Verlockung der Korruption nachgebt, und vor allem: Begegnet auch den schwierigsten Situationen mit den Waffen des Friedens und der Versöhnung.

Euch, die ihr im Bereich der Massenmedien arbeitet, bitte ich, die große Verantwortung wahrzunehmen, die euer Beruf mit sich bringt, und nie Botschaften anzubieten, die den Stempel von Hass, Gewalt und Lüge tragen. Habt immer die Wahrheit und das Wohl des Menschen im Blick, in dessen Dienst die mächtigen Massenmedien gestellt werden müssen.

An euch alle, die ihr an Christus glaubt, richte ich schließlich die Einladung, treu auf dem Weg der Vergebung und Versöhnung weiterzugehen und euch im Gebet Christus anzuschließen, auf dass alle „eins sei[e]n" (Joh 17,21). Ich fordere euch außerdem auf, dieses unablässige Flehen um Frieden mit Taten der Brüderlichkeit und gegenseitigen Annahme zu begleiten.

Für jeden Menschen guten Willens, der den Wunsch hat, unermüdlich mitzuwirken am Aufbau der neuen Zivilisation der Liebe, wiederhole ich: Biete die Vergebung an, empfange den Frieden!

Aus dem Vatikan, am 8. Dezember 1996
Johannes Paul II.

Botschaft seiner Heiligkeit Papst Johannes Paul II.
zur Feier des 31. Weltfriedenstages
1. Januar 1998

Aus der Gerechtigkeit des Einzelnen erwächst der Frieden für alle

1. Die Gerechtigkeit geht mit dem Frieden Hand in Hand und steht mit ihm in konstanter und dynamischer Beziehung. Gerechtigkeit und Frieden haben das Wohl des Einzelnen und aller zum Ziel und erfordern deshalb Ordnung und Wahrheit. Wenn der eine bedroht ist, wanken beide; verletzt man die Gerechtigkeit, setzt man auch den Frieden aufs Spiel.

Die Gerechtigkeit des Einzelnen und der Frieden aller sind miteinander eng verbunden. Deshalb möchte ich mich in der vorliegenden Botschaft zum Welttag des Friedens vor allem an die Staatsoberhäupter wenden, wobei ich mir immer gegenwärtig halte, dass die Welt von heute in vielen Regionen von Spannungen, Gewalttätigkeit und Konflikten gezeichnet ist, aber nach neuen Gefügen und stabileren Gleichgewichten sucht im Hinblick auf einen wahren und dauerhaften Frieden für die ganze Menschheit.

Gerechtigkeit und Frieden sind keine abstrakten Begriffe oder fernliegende Ideale; sie sind dem Herzen jeder Person als gemeinsames Erbe eingepflanzt. Einzelpersonen, Familien, Gemeinschaften und Nationen, alle sind aufgerufen, in der Gerechtigkeit zu leben und für den Frieden zu wirken. Keiner kann sich dieser Verantwortung entziehen.

In diesem Augenblick denke ich an diejenigen, die wider Willen in schmerzliche Konflikte verwickelt sind: Die Ausgegrenzten, die Armen und die Opfer aller Art von Ausbeutung. Sie sind Menschen, die am eigenen Leib den Mangel an Frieden und die schmerzlichen Auswirkungen der Ungerechtigkeit verspüren. Wer könnte angesichts ihrer Sehnsucht nach einem in Gerechtigkeit und wahrem Frieden wurzelnden Leben gleichgültig bleiben? Es ist die Pflicht aller, dafür zu sorgen, dass ihnen das ermöglicht wird: Volle Gerechtigkeit herrscht erst dann, wenn alle an ihr gleicherweise Anteil haben können.

Die Gerechtigkeit ist gleichzeitig eine moralische Tugend und ein Begriff des Gesetzes. Manchmal wird sie mit verbundenen Augen dargestellt; in Wirklichkeit gehört es sich gerade für die Gerechtigkeit, aufmerksam darüber zu wachen, dass das Gleichgewicht zwischen Rechten und Pflichten gesichert ist und die gerechte Aufteilung der Kosten und Nutzen gefördert wird. Die Gerechtigkeit baut auf, sie zerstört nicht; sie versöhnt und trachtet nicht nach Rache. Genau genommen hat sie ihre tiefste Wurzel in der Liebe, die ihren höchsten Ausdruck in der Barmherzigkeit findet. Darum wird die Gerechtigkeit, wenn sie sich von der barmherzigen Liebe trennt, kalt und zerstörerisch.

Die Gerechtigkeit ist eine dynamische und lebendige Tugend: Sie schützt und fördert die unschätzbare Würde der Person und sorgt sich um das Gemeinwohl, weil sie Hüterin der Beziehungen zwischen den Einzelnen und den Völkern ist. Der Mensch lebt nicht allein, sondern steht vom ersten Augenblick seines Daseins an mit den anderen in Beziehung, so dass sein Wohl als Einzelmensch und das der Gesellschaft miteinander fortschreiten: Zwischen diesen beiden Aspekten besteht ein empfindliches Gleichgewicht.

Die Gerechtigkeit gründet auf der Achtung der Menschenrechte

2. Die menschliche Person ist von Natur aus mit allgemeinen, unantastbaren und unveräußerlichen Rechten ausgestattet. Aber diese sind nicht für sich allein da. Mein verehrungswürdiger Vorgänger Papst Johannes XXIII. sagt dazu, dass die Person „aus sich Rechte und Pflichten [hat], die unmittelbar und gleichzeitig aus seiner Natur hervorgehen" (PT 5). Auf dem richtigen anthropologischen Fundament dieser Rechte und Pflichten sowie auf ihrer engen wechselseitigen Beziehung gründet der ganze Schutzwall des Friedens.

Diese Menschenrechte wurden in den letzten Jahrhunderten in verschiedenen maßgebenden Deklarationen wie auch in verbindlichen Gesetzgebungen formuliert. Ihre Proklamation wird in der Geschichte der nach Gerechtigkeit und Freiheit strebenden Völker und Nationen mit berechtigtem Stolz erwähnt, auch aus dem Grund, dass sie nach offensichtlichen Verletzungen der Würde von einzelnen und von ganzen Völkern oft als ein Wendepunkt erlebt wurde.

Vor fünfzig Jahren, nach einem Krieg, der für manche Völker sogar die Verneinung des Rechtes auf Dasein bedeutete, hat die Generalversammlung der Vereinten Nationen die Allgemeine Erklärung der Menschenrechte verkündet. Es handelte sich um einen formalen Akt, zu dem man nach der traurigen Kriegserfahrung gelangt war, angetrieben von dem Willen, feierlich allen Personen und Völkern die gleichen Rechte zuzuerkennen. In diesem Dokument ist die folgende Bekräftigung zu lesen, die dem Lauf der Zeit standgehalten hat: „[D]ie Anerkennung der angeborenen Würde und der gleichen und unveräußerlichen Rechte aller Mitglieder der Gemeinschaft der Menschen [bildet] die Grundlage von Freiheit, Gerechtigkeit und Frieden in der Welt"[1]. Nicht weniger Aufmerksamkeit verdienen die Worte, mit denen das Dokument endet: „Keine Bestimmung dieser Erklärung darf dahin ausgelegt werden, dass sie für einen Staat, eine Gruppe oder eine Person ir-

[1] *Generalversammlung der Vereinten Nationen*, Allgemeine Erklärung der Menschenrechte, Paris 1948, Präambel.

gendein Recht begründet, eine Tätigkeit auszuüben oder eine Handlung zu begehen, welche die Beseitigung der in dieser Erklärung verkündeten Rechte und Freiheiten zum Ziel hat."[2] Es ist tragisch, dass diese Anordnung auch heute noch offenkundig verletzt wird, sei es durch Unterdrückung, Konflikte, Korruption oder in noch heimtückischerer Weise durch den Versuch, selbst die in der Allgemeinen Erklärung enthaltenen Formulierungen neu zu interpretieren, indem man sogar bewusst ihren Sinn verdreht. Die Erklärung ist unverkürzt dem Geist und dem Buchstaben nach einzuhalten. Sie bleibt – wie Papst Paul VI. ehrwürdigen Andenkens zu sagen pflegte – einer der rühmlichsten Verdienste der Vereinten Nationen, „besonders wenn man an die Bedeutung denkt, die ihr als sicherer Weg zum Frieden zugeschrieben wird."[3]

Anlässlich des fünfzigsten Jahrestages der Allgemeinen Erklärung der Menschenrechte, der in diesem Jahr feierlich begangen wird, ist es angebracht, daran zu erinnern, „dass die Förderung und der Schutz der Menschenrechte für die internationale Gemeinschaft ein vorrangiges Anliegen ist"[4]. Auf diesem Jahrestag lasten jedoch die Schatten mancher Vorbehalte, die im Hinblick auf zwei wesentliche Eigenschaften des Begriffs der Menschenrechte selbst angemeldet wurden, und zwar in Bezug auf ihre Universalität und auf ihre Unteilbarkeit. Diese Wesensmerkmale müssen entschieden bekräftigt werden, um die Kritikpunkte derer zu widerlegen, die das Argument der kulturellen Besonderheit dazu benutzen wollen, um Verletzungen der Menschenrechte zu verdecken, wie auch derer, die den Begriff der Menschenwürde aushöhlen, indem sie den sozialen, wirtschaftlichen und kulturellen Rechten jeden gesetzlichen Gehalt absprechen. Universalität und Unteilbarkeit sind zwei Grundprinzipien, die jedenfalls die Forderung voraussetzen, die Menschenrechte in den verschiedenen Kulturen zu verwurzeln und ihr gesetzliches Profil zu vertiefen, um ihre volle Respektierung sicherzustellen.

Die Achtung der Menschenrechte bedeutet nicht nur ihren Schutz auf gesetzlicher Ebene, sondern muss alle Aspekte berücksichtigen, die aus dem Begriff der Menschenwürde erwachsen, die die Grundlage jeden Rechtes ist. Aus dieser Sicht wird es besonders wichtig, dem Erziehungsbereich die ihm

---

[2] Ebd., Art. 30.

[3] *Paul VI.*, Botschaft an den Präsidenten der 28. Vollversammlung der Vereinten Nationen anlässlich des 25. Jahrestages der Allgemeinen Erklärung der Menschenrechte vom 10. Dezember 1973, entnommen aus: www.vatican.va; [Anm. der Herausgeber: Besagte Botschaft ist im Volltext nur in englischer, spanischer und französischer Sprache erfasst.]

[4] *Teilnehmer der Menschenrechtsweltkonferenz der Vereinten Nationen*, Wiener Erklärung und Aktionsprogramm, Wien 1993, Präambel.

gebührende Aufmerksamkeit zu schenken. Außerdem muss man auf die Förderung der Menschenrechte achten: Sie ist die Frucht der Liebe zur menschlichen Person als solcher, weil die Liebe „über das hinausgeht, was die Gerechtigkeit zu leisten vermag" (GS 78). Insbesondere im Hinblick auf diese Förderung bedarf es weiterer Anstrengungen, um die Rechte der Familie zu schützen, die „die natürliche Grundeinheit der Gesellschaft"[5] ist.

Globalisierung in Solidarität

3. Die ausgedehnten geopolitischen Wandlungen, die 1989 aufeinanderfolgten, wurden von wahren Umwälzungen im gesellschaftlichen und wirtschaftlichen Bereich begleitet. Die Globalisierung der Wirtschaft und Finanzen ist nunmehr Wirklichkeit geworden, und die Auswirkungen der mit der Informatiktechnologie verbundenen rapiden Fortschritte sind immer greifbarer wahrzunehmen. Wir stehen an der Schwelle eines neuen Zeitalters, das große Hoffnungen und beunruhigende Fragen mit sich bringt. Welche Folgen werden sich aus den gegenwärtig stattfindenden Wandlungen ergeben? Werden alle Menschen aus einem weltumspannenden Markt Nutzen ziehen können? Werden schließlich alle die Möglichkeit haben, im Frieden zu leben? Werden die Beziehungen zwischen den Staaten ausgewogener sein, oder werden die zwischen Völkern und Nationen bestehenden wirtschaftlichen Wettbewerbe und Rivalitäten die Menschheit in eine noch viel unsicherere Lage bringen?

Um eine gerechtere Gesellschaft und einen stabileren Frieden in einer Welt auf dem Weg zur Globalisierung zu erzielen, ist es dringende Pflicht der internationalen Organisationen, dazu beizutragen, dass das Verantwortungsbewusstsein für das Gemeinwohl gefördert wird. Zu diesem Zweck darf man aber nie die menschliche Person außer Acht lassen, die in den Mittelpunkt jedes sozialen Projektes zu stellen ist. Nur so können die Vereinten Nationen zu einer wahren Familie der Nationen werden, wie es ihrem ursprünglichen Auftrag entspricht, „den sozialen Fortschritt und einen besseren Lebensstandard in größerer Freiheit zu fördern"[6]. Das ist der Weg, um eine Weltgemeinschaft aufzubauen, die auf „gegenseitigem Vertrauen, gegenseitiger Unterstützung und gegenseitiger Achtung"[7] gegründet ist. Die He-

---

[5] *Generalversammlung der Vereinten Nationen*, Allgemeine Erklärung der Menschenrechte, Art. 16; vgl. dazu: *Päpstlicher Rat für die Familie*, Charta der Familienrechte, in: L'Osservatore Romano 48 (1983), 1/4f.

[6] *Vereinte Nationen*, Charta der Vereinten Nationen, San Francisco 1945, Präambel.

[7] *Johannes Paul II.*, Ansprache vor der 50. Generalversammlung der Vereinten Nationen am 5. Oktober 1995 in New York, entnommen aus: www.vatican.va; [Anm. der Herausgeber: Besagte Ansprache ist im Volltext nur in englischer, spanischer, französischer und italienischer Sprache erfasst.]

rausforderung besteht also darin, eine Globalisierung in Solidarität, eine Globalisierung ohne Ausgrenzung zu sichern. Das ist eine offensichtliche Pflicht der Gerechtigkeit, die beachtliche moralische Implikationen in sich birgt, wenn das wirtschaftliche, soziale, kulturelle und politische Leben der Nationen gestaltet werden soll.

Die schwere Last der Auslandsverschuldung

4. Aufgrund ihres schwachen finanziellen und wirtschaftlichen Potentials laufen manche Nationen und ganze Weltregionen Gefahr, aus einer sich weltweit zusammenschließenden Wirtschaft ausgeschlossen zu werden. Andere haben zwar größere Ressourcen, können aber aus verschiedenen Gründen daraus leider keinen Nutzen ziehen: Wegen Unruhen, interner Konflikte wegen des Mangels an angemessenen Strukturen, der Umweltverschmutzung, der verbreiteten Korruption, der Kriminalität und aus noch anderen Gründen. Globalisierung muss sich mit Solidarität verbinden. Deshalb müssen besondere Mittel bereitgestellt werden, mit deren Hilfe Länder, die aus eigenen Kräften dem Weltmarkt nicht beitreten können, ihre derzeitige benachteiligte Lage zu überwinden vermögen. Dies ist man ihnen um der Gerechtigkeit willen schuldig. In einer wahren Familie der Nationen darf niemand ausgeschlossen werden; im Gegenteil, der Schwächste, der Zerbrechlichste muss unterstützt werden, damit er seine Leistungsfähigkeit voll entfalten kann.

Hier denke ich an eine der größten Schwierigkeiten, die die ärmeren Nationen heute überwinden müssen. Ich möchte auf die schwere Last der Auslandsverschuldung eingehen, die die Wirtschaft dieser Völker beeinträchtigt, indem sie ihren sozialen und politischen Fortschritt bremst. In dieser Hinsicht haben jüngste Initiativen der internationalen Finanzinstitutionen einen bedeutenden Versuch zur koordinierten Reduzierung dieses Schuldenberges unternommen. Ich wünsche von Herzen, dass man auf diesem Weg unter flexibler Anwendung der vorgesehenen Bedingungen weiter so fortschreitet, dass alle dazu berechtigten Nationen vor Beginn des Jahres 2000 daraus Nutzen ziehen können. Die reicheren Länder können dazu viel beitragen, indem sie bei der Anwendung der genannten Initiativen ihre Unterstützung anbieten.

Die Schuldenfrage gehört zu einem weiterreichenden Problem: Die anhaltende, oftmals auch äußerste Armut und die wachsenden neuen Ungleichheiten, die den Globalisierungsprozess begleiten. Wenn das Ziel eine Globalisierung ohne Ausgrenzung ist, kann man eine Welt nicht mehr ertragen, in der Steinreiche und Allerärmste Seite an Seite leben, Besitzlose ohne das Lebensnotwendigste und Leute, die hemmungslos das vergeuden, was andere notwendig brauchen. Solche Kontraste sind eine Beleidigung für die Würde der menschlichen Person. Es mangelt gewiss nicht an geeigneten Mitteln, um der Not abzuhelfen, wie zum Beispiel die Förderung konsistenter sozialer und produktiver Investitionen seitens aller weltwirtschaftlichen Instanzen. Das setzt jedoch voraus, dass die internationale Gemeinschaft mit der nötigen Entschlossenheit handeln will. Lobenswerte Schritte wurden in dieser Richtung bereits unternommen, aber eine dauernde Lösung erfordert die konzertierte Anstrengung aller, einschließlich die der betroffenen Staaten selbst.

Gefragt ist eine Kultur, auf dem Boden des Gesetzes zu handeln

5. Was ist über die im Inneren der Nationen bestehenden schwerwiegenden Ungleichheiten zu sagen? Äußerste Armut ist, wo immer sie auftritt, die erste Ungerechtigkeit. Sie auszumerzen muss für alle auf nationaler und internationaler Ebene Priorität genießen.

Man darf auch das Laster der Korruption nicht verschweigen, das die gesellschaftliche und politische Entwicklung vieler Völker unterminiert. Sie ist ein wachsendes Phänomen, das sich heimtückisch in viele Sektoren der Gesellschaft einschleicht, wobei das Gesetz umgangen und die Regeln der Gerechtigkeit und Wahrheit missachtet werden. Die Korruption ist schwer zu bekämpfen, weil sie vielfältige Formen annimmt: Wird sie in einem Bereich getilgt, tritt sie bisweilen in einem anderen wieder auf. Man braucht schon Mut, um sie nur anzuprangern. Um sie zu tilgen, bedarf es des zähen Willens der Obrigkeiten wie auch der hochherzigen Mithilfe aller Bürger, die von einem ausgeprägten moralischen Gewissen gestützt sind.

Eine große Verantwortung in diesem Kampf haben offenkundig die öffentlichen Amtsträger. Ihre Aufgabe ist es, sich für die gerechte Anwendung des Gesetzes und die Transparenz in allen Handlungen der öffentlichen Verwaltung einzusetzen. Zum Dienst an den Bürgern bestellt, ist der Staat der Verwalter der Güter eines Volkes, die er zugunsten des Gemeinwohls einsetzen soll. Gutes Regieren erfordert pünktliche Kontrolle und volle Korrektheit aller wirtschaftlichen und finanziellen Transaktionen. Auf keinen Fall darf es erlaubt sein, dass die für das Gemeinwohl bestimmten Mittel anderen Interessen privater oder sogar krimineller Natur dienen.

Die betrügerische Verwendung der öffentlichen Geldmittel trifft besonders die Armen, die als erste unter dem Mangel der Grunddienste leiden, die für die Entfaltung der Person unerlässlich sind. Wenn dann die Korruption in die Verwaltung der Gerichtsbarkeit eindringt, sind es wiederum die Armen, die die Folgen am deutlichsten zu spüren bekommen: Verzögerungen, fehlerhafte Leistung, Notstände in der Struktur und Mangel an angemessenem Schutz. Oft bleibt ihnen nichts anderes übrig, als den Missstand zu ertragen.

Besonders schwere Formen der Ungerechtigkeit

6. Es gibt noch andere Formen von Ungerechtigkeit, die den Frieden gefährden. Ich möchte hier zwei davon nennen: Vor allem die fehlenden Mittel für einen gerecht verteilten Zugang zum Kredit. Die Armen sind oft gezwungen, den normalen wirtschaftlichen Kreisläufen fernzubleiben, oder sich an skrupellose Geldverleiher zu wenden, die übertriebene Zinsen verlangen; das hat die Verschlechterung einer schon von sich aus misslichen Lage zufolge. Deshalb ist es die Pflicht aller, sich dafür einzusetzen, dass ihnen der Zugang zum Kredit mit gleichen Bedingungen und günstigen Zinsen ermöglicht wird. In der Tat gibt es in verschiedenen Teilen der Welt bereits finanzielle Institutionen, die den Mikrokredit mit günstigen Bedingungen für Personen in Schwierigkeiten anbieten. Diese Initiativen sind zu ermutigen, denn das ist der Weg, auf dem man die schändliche Plage des Wuchers an der Wurzel fassen kann: Dass man dafür sorgt, dass die für die menschenwürdige Entwicklung der Familien und Gemeinschaften notwendigen finanziellen Mittel allen zugänglich sind.

Und was ist über die leider zunehmende Epidemie der Gewalt gegenüber Frauen, Mädchen und Jungen zu sagen? Sie ist heute eine der weitverbreitetsten Verletzungen der Menschenrechte und tragischerweise zu einer Kriegswaffe und einem Instrument des Schreckens geworden: Als Geiseln genommene Frauen, barbarisch ermordete Minderjährige. Hinzu kommt die Gewalt der Zwangsprostitution und der Kinderpornographie wie auch die Ausbeutung der Arbeitskraft von Minderjährigen unter den Bedingungen der Sklaverei. Um zu helfen, diese Formen der Gewalt aufzuhalten, sind konkrete Initiativen notwendig, insbesondere angemessene gesetzliche Maßnahmen auf nationaler und internationaler Ebene. Eine schwierige Arbeit durch Erziehung und kulturelle Förderung scheint hier geboten, damit, wie ich häufig in früheren Botschaften betonte, die Würde jeder Person anerkannt und geachtet wird. Denn eine Komponente darf in dem ethisch-kulturellen Erbe der ganzen Menschheit und jeder einzelnen Person auf keinen Fall fehlen: Das Bewusstsein, dass die Menschen in ihrer Würde alle gleich sind, dass sie denselben Respekt verdienen und dass sie Personen mit gleichen Rechten und Pflichten sind.

Frieden in Gerechtigkeit bauen ist Aufgabe aller und jedes Einzelnen

7. Der Frieden für alle erwächst aus der Gerechtigkeit des Einzelnen. Niemand kann sich einer für die Menschheit so entscheidenden und wichtigen Aufgabe entziehen. Sie ruft jeden Mann und jede Frau zum Einsatz entsprechend der jeweiligen Kompetenz und Verantwortung auf.

Ich appelliere vor allem an euch, Staatsoberhäupter und Verantwortliche der Nationen, denen die höchste Überwachung des Rechtsstaates in den einzelnen Ländern übertragen ist. Dieses hohe Amt auszuüben, ist gewiss nicht leicht, aber es ist eine eurer vordringlichsten Aufgaben. Mögen die Staatsordnungen, denen ihr dient, Gerechtigkeit garantieren und Ansporn sein für die fortschreitende Entwicklung des Bürgersinns.

Frieden in Gerechtigkeit bauen erfordert außerdem die Mithilfe aller gesellschaftlicher Kategorien, jede im eigenen Bereich und im Zusammenwirken mit den anderen Gliedern der Gemeinschaft. Ich ermutige besonders euch Lehrer, die ihr in der Bildung und Erziehung der jungen Generationen auf allen Ebenen tätig seid: Bildet sie heran nach den moralischen und gesellschaftlichen Werten, indem ihr in ihnen einen ausgeprägten Sinn für die Rechte und Pflichten weckt, ausgehend von der Schulgemeinschaft selbst. Zur Gerechtigkeit erziehen, um dadurch zum Frieden zu erziehen: Das ist eine eurer vorrangigsten Aufgaben.

Für den Bildungsweg ist die Familie unersetzlich, die das günstigste Umfeld für die menschliche Formung der jungen Generationen darstellt. Von eurem Beispiel, liebe Eltern, hängt zum großen Teil die moralische Haltung eurer Kinder ab: Sie erwerben sie durch den Stil der Beziehungen, den ihr innerhalb und außerhalb der Familie bestimmt. Die Familie ist die erste Lebensschule, und die in ihr erworbenen Charaktereigenschaften sind entscheidend für die zukünftige Entwicklung der Person.

Schließlich sage ich zu euch, liebe Jugendlichen auf der ganzen Welt, die ihr spontan nach Gerechtigkeit und Frieden trachtet: Haltet das Streben nach diesen Idealen aufrecht und habt die Geduld und Ausdauer, sie in euren konkreten Lebensumständen zu verwirklichen. Seid bereit, den Versuchungen von gesetzwidrigen Seitenwegen mit trügerischen Vorspiegelungen von Erfolg oder Reichtum zu widerstehen; habt hingegen das Gespür für das, was recht und wahr ist, auch wenn diese Ausrichtung Opfer verlangt und dazu verpflichtet, gegen den Strom zu schwimmen. So erwächst aus der Gerechtigkeit des einzelnen der Frieden für alle.

Die Bereitschaft zum Teilen als Weg zum Frieden

8. Mit großen Schritten naht das Jubiläum des Jahres 2000, eine Zeit, die besonders Gott, dem Herrn der Geschichte, gewidmet wird; ein Anruf für alle im Hinblick auf die vollkommene Abhängigkeit des Geschöpfes vom Schöpfer. Aber in der biblischen Tradition war es auch eine Zeit der Sklavenbefreiung, der Landrückgabe an den rechtmäßigen Eigentümer, des Schuldenerlasses und der konsequenten Wiederherstellung der Formen von Gleichheit unter allen Volksangehörigen. Es ist deshalb eine günstige Zeit, um jene Gerechtigkeit zu verwirklichen, die zum Frieden führt.

Kraft des Glaubens an Gott, der die Liebe ist, und der Teilhabe an der universalen Erlösung Christi sind die Christen gerufen, sich gerecht zu verhalten und mit allen in Frieden zu leben, denn „Jesus hat uns nicht einfach den Frieden geschenkt. Er hat uns seinen Frieden zusammen mit seiner Gerechtigkeit gegeben. Weil er Frieden und Gerechtigkeit ist, kann er unser Frieden und unsere Gerechtigkeit werden."[8] Ich habe diese Worte vor fast zwanzig Jahren gesprochen, aber vor dem Hintergrund der derzeitigen tiefgreifenden Wandlungen wird ihr Sinn noch konkreter und aktueller.

Das Zeugnis des Christen, die Liebe zu den Armen, Schwachen und Leidenden ist heute mehr denn je gefragt. Diesen anspruchsvollen Auftrag zu erfüllen, erfordert eine totale Umkehrung der scheinbaren Werte, die dazu verleiten, das eigene Wohl zu suchen: Die Macht, das Vergnügen, die skrupellose Bereicherung. Ja, gerade zu dieser radikalen Umkehr sind die Jünger Christi aufgerufen. Diejenigen, die sich diesen Weg zu gehen bemühen, werden wahrhaftig „Gerechtigkeit, Friede und Freude im Heiligen Geist" (Röm 14,17) erfahren und „Gerechtigkeit als Frucht des Friedens" (Hebr 12,11) kosten.

Für die Christen in aller Welt möchte ich die Mahnung des II. Vatikanischen Konzils wiederholen: „Zuerst muss man den Forderungen der Gerechtigkeit Genüge tun, und man darf nicht als Liebesgabe anbieten, was schon aus Gerechtigkeit geschuldet ist" (AA 8). Eine wirklich solidarische Gesellschaft wird dadurch aufgebaut, dass sich die Wohlhabenden nicht darauf beschränken, von ihrem Überfluss zu geben, um den Armen zu helfen. Es genügt auch nicht, materielle Güter anzubieten: Gefordert wird die Bereitschaft zum Teilen, so dass die Möglichkeit, den Brüdern und Schwestern in Not eigene Hilfe und Aufmerksamkeit zu widmen, als Ehrensache betrachtet werden kann. Sowohl von Christen als auch von den Anhängern anderer Religionen wie auch von vielen Männern und Frauen guten Willens geht heute der Aufruf aus nach einem einfachen Lebensstil als Voraussetzung dazu, dass die gerechte Verteilung der Güter der Schöpfung Gottes Wirklichkeit werden kann. Wer in Not lebt, kann nicht länger warten: Jetzt braucht er das Lebensnotwendige und hat deshalb ein Recht darauf, es sofort zu bekommen.

Der Heilige Geist wirkt in der Welt

9. Am ersten Adventssonntag hat das zweite Jahr der unmittelbaren Vorbereitung auf das Große Jubiläum des Jahres 2000 begonnen. Es ist dem Heiligen Geist gewidmet. Der Geist der Hoffnung wirkt in der Welt. Er ist gegenwärtig im selbstlosen Dienst dessen, der an der Seite der Ausgegrenzten und Leidenden arbeitet, der die Einwanderer und Flüchtlinge aufnimmt, der sich mutig weigert, eine Person oder eine ganze Gruppe aus ethnischen, kulturel-

---

[8] *Johannes Paul II.*, Homilie im Yankee Stadium von New York am 2. Oktober 1979, entnommen aus: www.vatican.va; [Besagte Homilie ist im Volltext nur in englischer, französischer, italienischer, spanischer und portugiesischer Sprache erfasst.]

len und religiösen Gründen abzuweisen; er ist ganz besonders gegenwärtig im hochherzigen Handeln derer, die mit Geduld und Ausdauer den Frieden und die Versöhnung unter denen weiter fördern, die einst Feinde und Gegner waren. Auch diese sind Zeichen der Hoffnung, die dazu ermutigen, die Gerechtigkeit zu suchen, die zum Frieden führt. Der Kern der Botschaft des Evangeliums ist Christus, der Frieden und die Versöhnung für alle. Sein Antlitz erhelle den Weg der Menschheit, die sich anschickt, die Schwelle des 3. Jahrtausends zu überschreiten.

Seine Gerechtigkeit und sein Frieden mögen allen Menschen ohne Ausnahme geschenkt werden!

„Dann wird die Wüste zum Garten,
und der Garten wird zum Wald.
In der Wüste wird wohnen das Recht
und in dem Garten wird die die Gerechtigkeit weilen.
Das Werk der Gerechtigkeit wird Friede sein
und der Ertrag der Gerechtigkeit
sind Ruhe und Sicherheit
für immer“ (Jes 32,15–17).

Aus dem Vatikan, am 8. Dezember 1997
Johannes Paul II.

Botschaft seiner Heiligkeit Papst Johannes Paul II.
zur Feier des 32. Weltfriedenstages
1. Januar 1999

In der Achtung der Menschenrechte liegt das Geheimnis des wahren Friedens

1. In meiner ersten Enzyklika ‚Redemptor hominis', die ich vor rund zwanzig Jahren an alle Männer und Frauen guten Willens gerichtet habe, unterstrich ich schon die Bedeutung der Achtung der Menschenrechte. Der Frieden wächst, wenn diese Rechte voll geachtet werden, während der Krieg aus der Verletzung dieser Rechte entsteht und noch größere derartige Verletzungen nach sich zieht (vgl. RH 17).

Zu Beginn des neuen Jahres, des letzten vor dem Großen Jubiläum, möchte ich über dieses so außerordentlich wichtige Thema mit euch allen noch einmal nachdenken, mit euch Männern und Frauen in aller Welt, mit euch politischen Verantwortlichen und Religionsführern der Völker, mit euch, die ihr den Frieden liebt und ihn auf der Erde festigen wollt.

Seht, das ist die Überzeugung, die ich euch im Hinblick auf den Weltfriedenstag als Herzensanliegen mitteilen möchte: Wenn die Förderung der Personenwürde das Leitprinzip ist, das uns beseelt, und wenn die Suche des Gemeinwohls die Aufgabe ist, die Vorrang hat, dann werden feste und dauerhafte Grundlagen zum Aufbau des Friedens gelegt. Wenn dagegen die Menschenrechte vernachlässigt oder gar missachtet werden, wenn die Wahrung von Eigeninteressen gegenüber dem Gemeinwohl ungerechterweise überwiegt, dann werden unweigerlich die Keime für Instabilität, Rebellion und Gewalt gesät.

Achtung der Menschenwürde, Erbe der Menschheit

2. Die Würde der menschlichen Person ist ein transzendenter Wert, der von allen, die ehrlich nach der Wahrheit suchen, stets anerkannt wird. Die gesamte Geschichte der Menschheit sollte eigentlich im Licht dieser Gewissheit gedeutet werden. Da jede Person als Bild und Gleichnis Gottes geschaffen (vgl. Gen 1,26–28) und deshalb eindeutig auf ihren Schöpfer hin ausgerichtet ist, steht sie in ständiger Beziehung zu allen, die mit derselben Würde ausgestattet sind. Die Förderung des Wohls des Einzelnen wird so mit dem Dienst am Gemeinwohl verbunden, wenn die Rechte und Pflichten einander entsprechen und sich gegenseitig stärken.

Die Zeitgeschichte hat in tragischer Weise die Gefahr verdeutlicht, die aus der Missachtung der Wahrheit über die menschliche Person erwächst. Wir haben die Früchte von Ideologien wie die des Marxismus, Nationalsozialismus und Faschismus ebenso vor Augen wie auch die Mythen von Rassismus, Nationalismus und ethnischem Partikularismus. Nicht weniger gefährlich, wenn auch nicht immer so offensichtlich, sind die Auswirkungen des materialistischen Konsumismus, in dem die Verherrlichung des Einzelnen und die egozentrische Befriedigung der persönlichen Wünsche zum letzten Lebenszweck werden. In dieser Sicht erscheinen negative Folgen für andere als völlig unerheblich. Dagegen ist zu sagen, dass kein Angriff auf die Menschenwürde unbeachtet bleiben darf – ganz gleich, welche Ursache zugrunde liegt, welche Erscheinungsform er annimmt oder wo er sich zuträgt.

Universalität und Unteilbarkeit der Menschenrechte

3. Im Jahre 1998 konnte der 50. Jahrestag der Annahme der Allgemeinen Erklärung der Menschenrechte begangen werden. Sie wurde ausdrücklich mit der Charta der Vereinten Nationen verbunden, da sie vom selben Geist durchdrungen ist. Die grundlegende Voraussetzung für die Erklärung liegt in der Bekräftigung, dass die Anerkennung der angeborenen Würde aller Glieder der Menschheitsfamilie wie auch der Gleichheit und Unveräußerlichkeit ihrer Rechte das Fundament für Freiheit, Gerechtigkeit und Frieden in der Welt ist.[1] Alle darauffolgenden internationalen Dokumente über die Menschenrechte heben diese Wahrheit hervor, indem sie anerkennen und unterstreichen, dass diese Rechte aus der Würde und dem Wert erwachsen, die der menschlichen Person innewohnen.[2]

Die Allgemeine Erklärung ist klar: Sie erkennt die Rechte, die sie verkündet, an, aber sie verleiht sie nicht; denn diese wohnen der menschlichen Person und ihrer Würde inne. Daraus folgt, dass niemand irgendeinen seiner Mitmenschen dieser Rechte rechtmäßig berauben darf; denn das würde bedeuten, seiner Natur Gewalt anzutun. Alle Menschen ohne Ausnahme sind in der Würde gleich. Aus demselben Grund gelten diese Rechte für alle Lebensphasen und jeden politischen, sozialen, ökonomischen oder kulturellen Kontext. Sie bilden ein einziges Ganzes, das eindeutig auf die Förderung aller Aspekte des Wohls der Person und der Gesellschaft ausgerichtet ist.

Die Menschenrechte lassen sich traditionsgemäß in zwei weit gespannte Bereiche einteilen: Da sind einerseits die bürgerlichen und politischen Rechte und andererseits die ökonomischen, sozialen und kulturellen Rechte. Internationale Vereinbarungen definieren beide Kategorien in klarer Weise. Die

---

[1] Vgl. *Generalversammlung der Vereinten Nationen*, Allgemeine Erklärung der Menschenrechte, Paris 1948, Präambel.

[2] *Teilnehmer der Menschenrechtsweltkonferenz der Vereinten Nationen*, Wiener Erklärung und Aktionsprogramm, Wien 1993, Präambel.

Menschenrechte sind ja untereinander eng verflochten, da sie Ausdruck verschiedener Dimensionen eines einzigen Subjekts sind, das Person heißt. Die ganzheitliche Förderung beider Kategorien der Menschenrechte ist die wahre Garantie dafür, dass jedes einzelne Recht voll geachtet wird.

Der Schutz der Universalität und der Unteilbarkeit der Menschenrechte ist entscheidend für den Aufbau einer friedlichen Gesellschaft und für die ganzheitliche Entwicklung des Einzelnen, der Völker und der Nationen. Die Bekräftigung dieser Universalität und Unteilbarkeit schließt ja berechtigte Unterschiede kultureller und politischer Ordnung bei der Verwirklichung der einzelnen Rechte unter der Voraussetzung nicht aus, dass in jedem Fall die von der Allgemeinen Erklärung für die ganze Menschheit festgesetzten Normen eingehalten werden.

Während ich mir diese grundlegenden Vorbedingungen vor Augen halte, möchte ich nun auf einige besondere Rechte hinweisen, die heute mehr oder weniger offenen Verletzungen ausgesetzt zu sein scheinen.

Das Lebensrecht

4. Das erste ist das Grundrecht auf Leben. Das menschliche Leben ist heilig und unantastbar vom ersten Augenblick seiner Empfängnis an bis zu seinem natürlichen Ende. „Du sollst nicht töten" (Ex 20,13) lautet das göttliche Gebot, das eine äußerste Grenze setzt, die man nie überschreiten darf. „Die willentliche Entscheidung, einen unschuldigen Menschen seines Lebens zu berauben, ist vom moralischen Standpunkt her immer schändlich" (EV 57).

Das Recht auf Leben ist unantastbar. Das impliziert eine positive Entscheidung, eine Entscheidung für das Leben. Die Entwicklung einer in diesem Sinn ausgerichteten Kultur erstreckt sich auf alle Lebensumstände und gewährleistet die Förderung der Menschenwürde in jeder Lage. Eine wahre Kultur des Lebens sichert dem Ungeborenen das Recht, auf die Welt zu kommen, und schützt die Neugeborenen, insbesondere die Mädchen davor, dem Verbrechen des Kindesmordes zum Opfer zu fallen. In gleicher Weise garantiert sie den Behinderten die Entfaltung ihres Potenzials sowie den kranken und alten Menschen angemessene Pflege.

Die jüngsten Entwicklungen im Bereich der Gentechnik bringen eine Gefahr mit sich, die eine tiefe Besorgnis erregt. Wenn die wissenschaftliche Forschung in diesem Bereich der Person dienen soll, muss sie auf jeder Stufe von einer wachsamen ethischen Reflexion begleitet sein, die sich in entsprechenden gesetzlichen Normen zum Schutz der Unversehrtheit des menschlichen Lebens niederschlägt. Nie darf das Leben zum Objekt degradiert werden.

Das Leben zu wählen bedeutet eine Absage an jede Form von Gewalt: Die der Armut und des Hungers, von denen so viele Menschen betroffen sind; die der bewaffneten Konflikte; die der kriminellen Verbreitung von Drogen und des Waffenhandels; die der leichtsinnigen Schädigung der Umwelt (vgl. EV 10). In jeder Situation muss das Recht auf Leben durch entsprechende gesetzliche und politische Sicherungen gefördert und geschützt werden, denn keine Verletzung des Rechtes auf Leben, die der Würde der Einzelperson entgegensteht, darf außer Acht gelassen werden.

Die Religionsfreiheit, das Herz der Menschenrechte

5. Die Religion drückt die tiefste Sehnsucht der menschlichen Person aus, die Religion bestimmt ihre Weltanschauung und regelt die Beziehung zu den anderen: Letztlich gibt sie die Antwort auf die Frage nach dem wahren Lebenssinn im persönlichen und im sozialen Bereich. Die Religionsfreiheit bildet daher den Kern der Menschenrechte. Sie ist so unantastbar, dass sie fordert, dass der Person auch die Freiheit des Religionswechsels zuerkannt wird, wenn das Gewissen es verlangt. Denn jeder ist gehalten, dem eigenen Gewissen in jeder Situation zu folgen, und darf nicht gezwungen werden, gegen sein Gewissen zu handeln (vgl. DH 3). Gerade deshalb darf niemand gezwungen werden, unbedingt eine bestimmte Religion anzunehmen, welche Umstände oder Beweggründe es auch immer dafür geben mag.

Die Allgemeine Erklärung der Menschenrechte erkennt an, dass das Recht auf Religionsfreiheit auch das Recht einschließt, das eigene Bekenntnis sowohl als Einzelner als auch zusammen mit anderen in der Öffentlichkeit oder privat kundzutun.[3] Dennoch gibt es heute noch Orte, wo das Recht, sich zum Gottesdienst zu versammeln, entweder nicht anerkannt ist, oder auf die Anhänger einer einzigen Religion beschränkt bleibt. Diese schwere Verletzung eines Grundrechtes der Person verursacht ungeheure Leiden für die Glaubenden. Wenn ein Staat einer Religion eine Sonderstellung einräumt, darf es nicht zum Nachteil der anderen geschehen. Bekanntlich gibt es aber Nationen, in denen Einzelne, Familien und ganze Gruppen aufgrund ihres religiösen Bekenntnisses weiterhin diskriminiert und ausgegrenzt werden.

Ebenso wenig darf ein weiteres Problem verschwiegen werden, das indirekt mit der Religionsfreiheit zusammenhängt. Manchmal kommt es zwischen Gemeinschaften oder Völkern verschiedener religiöser Überzeugungen und Kulturen zu Spannungen, die aufgrund der mitspielenden starken Leidenschaften schließlich in gewalttätige Konflikte ausarten. Gewaltanwendung im Namen des eigenen Glaubensbekenntnisses ist eine Verzerrung dessen, was die großen Religionen lehren. Wie verschiedene Religionsführer oft betont haben, so bekräftige auch ich, dass die Gewaltanwendung niemals eine

---

[3] Vgl. *Generalversammlung der Vereinten Nationen*, Allgemeine Erklärung der Menschenrechte, Art. 18.

begründete religiöse Rechtfertigung finden noch das Wachstum der wahren Religiosität fördern kann.

Das Recht auf Teilhabe

6. Jeder Bürger hat das Recht, am Leben seiner Gemeinschaft teilzuhaben: Das ist heute eine allgemein verbreitete Überzeugung. Dennoch wird dieses Recht zunichtegemacht, wenn der Demokratisierungsprozess durch Begünstigung und Korruption bis zur Unwirksamkeit ausgehöhlt wird. Diese Phänomene verhindern nicht nur die berechtigte Teilhabe an der Machtausübung, sondern versperren sogar den Zugang zu einer gleichmäßig verteilten Nutzung der Güter und der öffentlichen Dienste. Selbst Wahlen können manipuliert werden zu dem Zweck, gewissen Parteien oder Personen zum Sieg zu verhelfen. Dabei handelt es sich um einen Angriff auf die Demokratie, der schwerwiegende Folgen mit sich bringt, denn die Bürger haben neben dem Recht auch die Pflicht zur Teilnahme. Wenn sie daran gehindert werden, verlieren sie die Hoffnung, wirksam eingreifen zu können. So überlassen sie sich einer Haltung passiver Gleichgültigkeit. Die Entwicklung eines gesunden demokratischen Systems wird damit praktisch unmöglich gemacht.

Kürzlich wurden verschiedene Maßnahmen ergriffen, um gesetzliche Wahlen in den Staaten sicherzustellen, die unter Schwierigkeiten vom totalitaristischen System zur Demokratie übergehen wollen. So nützlich und wirksam diese Initiativen in Notfällen auch sein mögen, entheben sie dennoch nicht von der Anstrengung, eine Plattform allgemein geteilter Überzeugungen in den Bürgern zu schaffen, durch die jede Manipulierung des Demokratisierungsprozesses endgültig verschwindet.

Im Bereich der internationalen Gemeinschaft haben die Nationen und Völker das Recht auf Mitbeteiligung an den Beschlüssen, die ihre Lebensweise oft tiefgreifend verändern. Die fachliche Besonderheit bestimmter wirtschaftlicher Probleme fördert die Neigung, sie im engen Kreis zu diskutieren. Dabei entsteht die Gefahr, dass sich die politische und finanzielle Macht in einer begrenzten Anzahl von Regierungen oder Interessengruppen anhäuft. Die Suche des nationalen und internationalen Gemeinwohls erfordert auch im wirtschaftlichen Bereich eine wirksame Anwendung des Rechtes aller auf Mitbeteiligung an den Beschlüssen, die sie betreffen.

Eine besonders schwere Form der Diskriminierung

7. Eine der dramatischsten Formen von Diskriminierung besteht darin, den ethnischen Gruppen und nationalen Minderheiten das Grundrecht auf Existenz zu verweigern. Dies geschieht durch Unterdrückung, brutale Übersiedlung oder auch durch den Versuch, ihre ethnische Identität so zu schwächen, dass sie nicht mehr erkennbar ist. Kann man angesichts so schwerer Verbre-

chen gegen die Menschlichkeit schweigen? Keine Anstrengung darf als übertrieben gelten, wenn es darum geht, solchen der menschlichen Person unwürdigen Verirrungen ein Ende zu setzen.

Ein positives Zeichen für die wachsende Entschlossenheit der Staaten, die eigene Verantwortung für den Schutz der Opfer solcher Verbrechen zu erkennen und für den Einsatz, sie zu verhüten, stellt die jüngste Initiative einer Diplomatischen Konferenz der Vereinten Nationen dar. Sie hat mit besonderem Beschluss das Statut eines internationalen Tribunals angenommen, das die Aufgabe hat, schuldhafte Taten festzustellen und diejenigen zu bestrafen, die für Verbrechen des Völkermords, Verbrechen gegen die Menschlichkeit, Kriegsverbrechen und Aggressionen verantwortlich sind. Wenn diese neue Institution auf guten gesetzlichen Grundlagen ruht, könnte sie mehr und mehr dazu beitragen, auf Weltebene den wirksamen Schutz der Menschenrechte sicherzustellen.

Das Recht auf Selbstverwirklichung

8. Jeder Mensch besitzt angeborene Fähigkeiten, die auf Entfaltung drängen. Das gehört zur vollen Verwirklichung seiner Persönlichkeit und auch zur entsprechenden Eingliederung in das soziale Gefüge seiner Umgebung. Deshalb ist es vor allem notwendig, für eine angemessene Erziehung und Bildung des jungen Lebens zu sorgen. Davon hängt sein künftiges Gelingen ab.

Besteht aus dieser Sicht nicht Grund zur Besorgnis, wenn man beobachtet, dass sich in einigen Gebieten, die zu den ärmsten der Welt gehören, die Bildungsmöglichkeiten tatsächlich verringern – und das besonders im Hinblick auf die Grundschule? Bisweilen ist dafür die Wirtschaftslage des Landes verantwortlich, die den Lehrern keine Entlohnung zusichern kann. In anderen Fällen scheint Geld für Prestigeobjekte oder für Projekte der höheren Bildung, aber nicht für die Grundschule vorhanden zu sein. Wenn besonders die Bildungsmöglichkeiten für Mädchen eingeschränkt werden, dann schafft man diskriminierende Strukturen, die die ganze Entwicklung der Gesellschaft gefährden können. Die Welt würde schließlich nach einem neuen Kriterium aufgeteilt: Auf der einen Seite die mit hochentwickelten Technologien ausgestatteten Staaten und Einzelpersonen, auf der anderen Seite die Länder und Personen mit äußerst begrenzten Kenntnissen und Fähigkeiten. Das würde verständlicherweise die bereits vorhandenen akuten wirtschaftlichen Ungleichheiten nicht nur zwischen den Staaten, sondern auch in ihrem Inneren verstärken. Erziehung und Berufsausbildung müssen sowohl in der Planung der Entwicklungsländer als auch in den Reformprogrammen für Stadt und Land der wirtschaftlich fortschrittlichsten Völker an erster Stelle stehen.

Ein weiteres Grundrecht, von dessen Verwirklichung die Erlangung eines würdigen Lebensstandards abhängt, ist das Recht auf Arbeit. Wie kann man sonst Nahrung, Kleidung, Wohnung, ärztliche Versorgung und die Befriedigung vieler anderer Lebensbedürfnisse sicherstellen? Der Mangel an Arbeit ist heute jedoch ein schweres Problem. Unzählige Personen in allen Teilen der Welt sind von dem verheerenden Phänomen der Arbeitslosigkeit betroffen. Es ist notwendig und dringend für alle und insbesondere für diejenigen, die die politische und wirtschaftliche Macht haben, alles Mögliche zu tun, um einer so leidvollen Situation abzuhelfen. Man darf sich nicht auf Hilfsmaßnahmen beschränken im Fall von Arbeitslosigkeit, Krankheit oder ähnlichen Umständen, die sich der Kontrolle des Einzelnen entziehen.[4] Diese Hilfen sind notwendig, doch muss man sich auch darum bemühen, dass die Arbeitslosen die Möglichkeit erhalten, ihr eigenes Dasein selbst in die Hand zu nehmen und sich so von der Bestimmung demütigender Betreuung zu befreien.

Globaler Fortschritt in der Solidarität

9. Die rasch zunehmende Globalisierung der Wirtschafts- und Finanzsysteme weist ihrerseits darauf hin, dass dringend festgeschrieben werden muss, wer das globale Gemeinwohl und die Anwendung der ökonomischen und sozialen Rechte gewährleisten soll. Der freie Markt allein ist dazu nicht imstande, da es in Wirklichkeit viele menschliche Bedürfnisse gibt, die keinen Zugang zum Markt haben. „Noch vor der Logik des Austausches gleicher Werte und der für sie wesentlichen Formen der Gerechtigkeit gibt es *etwas, das dem Menschen als Menschen zusteht*, das heißt auf Grund seiner einmaligen Würde" (CA 34).

Die Auswirkungen der jüngsten Wirtschafts- und Finanzkrisen hatten schwerwiegende Folgen für unzählige Personen, die in äußerste Armut gerieten. Viele von ihnen hatten erst seit Kurzem ihre Lage so weit verbessert, dass sie berechtigte Hoffnungen für die Zukunft hegen konnten. Ohne eigene Schuld sahen sie diese Hoffnungen grausam zerstört, was mit tragischen Folgen für sie selbst und für ihre Kinder verbunden war. Darf man darüber hinaus die Auswirkungen der Fluktuationen der Finanzmärkte außer Acht lassen? Dringend notwendig ist eine neue Sicht des globalen Fortschritts in der Solidarität, die eine von der Gesellschaft getragene ganzheitliche Entwicklung vorsieht, so dass jedes ihrer Glieder seine eigenen Fähigkeiten entfalten kann.

In diesem Zusammenhang richte ich einen dringenden Aufruf an die für die Finanzbeziehungen auf Weltebene Verantwortlichen, dass sie sich die Lösung des besorgniserregenden Problems der internationalen Verschuldung der ärmsten Nationen zu Herzen nehmen. Internationale Finanzeinrichtun-

---

[4] Vgl. ebd., Art. 25.

gen haben diesbezüglich eine konkrete Initiative in Gang gebracht, die Anerkennung verdient. Ich appelliere an alle, die sich mit diesem Problem befassen, besonders an die Industrieländer, dass sie die notwendige Unterstützung gewähren, um dieser Initiative zum Erfolg zu verhelfen. Es ist eine rasche und kräftige Anstrengung notwendig, um es der Mehrheit der Länder im Hinblick auf das Jahr 2000 zu ermöglichen, aus einer nunmehr unhaltbaren Situation herauszufinden. Ich bin sicher, dass der Dialog zwischen den beteiligten Institutionen zu einer endgültigen und befriedigenden Lösung führen wird, wenn er vom Willen zur Verständigung getragen wird. Auf diese Weise wird den bedürftigsten Nationen eine dauerhafte Entwicklung ermöglicht, und das bevorstehende Jahrtausend wird auch für sie eine Zeit neuer Hoffnung werden.

Verantwortung gegenüber der Umwelt

10. Mit der Förderung der Menschenwürde ist das Recht auf eine gesunde Umwelt verbunden. Denn dadurch wird die Dynamik der Beziehungen zwischen Einzelperson und Gesellschaft deutlich. Ein Paket internationaler, regionaler und nationaler Normen in Bezug zur Umwelt gibt diesem Recht allmählich juridische Form. Dennoch genügen die gesetzlichen Maßnahmen für sich allein nicht. Die Gefahr schwerwiegender Schäden für die Erde und das Meer, für das Klima, für Flora und Fauna erfordert einen tiefgreifenden Wandel im Lebensstil der modernen Konsumgesellschaft, besonders in den reichen Ländern. Ebenso wenig darf eine weitere – wenn auch weniger drastische – Gefahr unterschätzt werden: Von der Not gedrängt, nutzen arme Landbewohner den geringen Boden, über den sie verfügen, oft über Gebühr. Deshalb ist eine spezifische Ausbildung zu fördern, die sie lehrt, wie sie die Bodenkultur mit der Achtung der Umwelt vereinbaren können.

Die Gegenwart und Zukunft der Welt hängen von der Bewahrung der Schöpfung ab, da zwischen der menschlichen Person und der Natur eine dauernde Wechselwirkung besteht. Das Wohl des Menschen in den Mittelpunkt der Achtung für die Umwelt zu stellen, ist in der Tat der sicherste Weg, die Schöpfung zu bewahren; denn auf diese Weise wird das Verantwortungsbewusstsein jedes Einzelnen gegenüber den natürlichen Ressourcen und ihrer gewissenhaften Nutzung verstärkt.

Das Recht auf Frieden

11. Die Förderung des Rechts auf Frieden sichert in gewisser Weise die Achtung aller anderen Rechte, weil sie dem Aufbau einer Gesellschaft Vorschub leistet, in der im Hinblick auf das Gemeinwohl Beziehungen der Zusammenarbeit anstelle von Machtkämpfen treten. Das derzeitige Geschehen bestätigt zur Genüge, dass Gewaltanwendung kein Mittel zur Lösung politischer und

sozialer Probleme ist. Krieg baut nicht auf, sondern zerstört; er unterhöhlt die moralischen Fundamente der Gesellschaft und schafft neue Spaltungen und anhaltende Spannungen. Und doch verzeichnet die Chronik weiterhin Kriege und bewaffnete Konflikte mit zahllosen Opfern. Wie oft haben meine Vorgänger und ich selbst das Ende dieser Schrecken herbeigerufen! Ich werde damit so lange fortfahren, bis man verstehen wird, dass der Krieg den Niedergang jedes wahren Humanismus bedeutet (vgl. KKK 2307–2317).

Gott sei Dank, dass in einigen Gebieten beträchtliche Fortschritte in der Festigung des Friedens erzielt wurden. Anzuerkennen ist das große Verdienst jener mutigen Politiker, die es wagten, die Verhandlungen auch dann fortzuführen, als die Situation es nicht zu erlauben schien. Aber muss man nicht zugleich auch die Massaker anprangern, die in anderen Gebieten andauern, wo ganze Völker aus ihrer Heimat vertrieben und ihre Häuser und Ernten zerstört werden? Angesichts dieser Opfer, die man nicht mehr zählen kann, rufe ich die Verantwortlichen der Nationen und die Menschen guten Willens auf, all jenen zu Hilfe zu kommen, die – besonders in Afrika – in grausame, bisweilen von äußeren Wirtschaftsinteressen angezettelte Konflikte verwickelt sind, und ihnen dabei zu helfen, den Auseinandersetzungen ein Ende zu setzen. Ein konkreter Fortschritt in dieser Richtung ist gewiss die Unterbindung des Waffenhandels mit den kriegführenden Ländern und die Unterstützung der Verantwortlichen jener Völker, wieder den Weg des Dialogs zu suchen. Das ist der Weg, der des Menschen würdig ist. Das ist der Weg des Friedens!

Meine Besorgnis gilt denen, die im Kontext des Krieges leben und aufwachsen, denen, die nichts anderes als Krieg und Gewalttätigkeit kennengelernt haben. Die Überlebenden werden für den Rest ihres Lebens unter den Wunden einer solch schrecklichen Erfahrung zu leiden haben. Was soll man über die minderjährigen Soldaten sagen? Kann man je akzeptieren, dass kaum erwachte Menschenleben so ruiniert werden? Müssen diese Kinder, die zum Töten ausgebildet werden und oft auch gedrängt sind, es zu tun, nicht schwerste Probleme bei ihrer nachfolgenden Eingliederung in die bürgerliche Gesellschaft haben? Ihre Ausbildung wird unterbrochen, und ihre beruflichen Fähigkeiten werden unterdrückt. Welche Folgen wird das für ihre Zukunft haben! Die Kinder brauchen Frieden. Sie haben ein Recht darauf.

Neben diesen Kindern möchte ich noch an die minderjährigen Opfer der Landminen und anderer Kriegswaffen erinnern. Trotz der bereits gemachten Anstrengungen zur Zerstörung der Minen ist man jetzt Zeuge eines unglaublichen und unmenschlichen Paradoxons: Entgegen dem ausdrücklichen Willen der Regierungen und Völker, endgültig auf den Gebrauch einer so heimtückischen Waffe zu verzichten, hört man nicht auf, weitere Minen auch in bereits sanierten Gebieten auszustreuen.

Keime des Krieges werden auch durch die gewaltige und unkontrollierte Weitergabe kleiner und leichter Waffen verbreitet, die scheinbar ungehindert von einem Konfliktherd zum anderen wandern und auch unterwegs Gewalt anheizen. Es ist Aufgabe der Regierungen, angemessene Maßnahmen zur Kontrolle der Produktion, des Verkaufs, der Ein- und Ausfuhr solcher Todesinstrumente zu ergreifen. Nur auf diese Weise ist es möglich, dem Problem des gewaltigen unerlaubten Waffenhandels insgesamt wirksam zu begegnen.

Eine Kultur der Menschenrechte, Verantwortung aller

12. Es ist nicht möglich, an dieser Stelle noch ausführlicher zu werden. Aber ich möchte unterstreichen, dass keines der Menschenrechte sicher ist, wenn man sich nicht bemüht, alle zu schützen. Wenn man tatenlos der Verletzung eines der menschlichen Grundrechte zusieht, geraten alle anderen in Gefahr. Deshalb sind eine globale Annäherung an das Thema der Menschenrechte und ein gewissenhafter Einsatz zu ihrem Schutz unerlässlich. Nur wenn eine Kultur der Menschenrechte, die die unterschiedlichen Traditionen achtet, wesentlicher Bestandteil des moralischen Erbes der Menschheit wird, kann man hoffnungsvoll und gelassen in die Zukunft blicken.

Es ist doch so: Wie könnte es Kriege geben, wenn jedes Menschenrecht respektiert würde? Die ganzheitliche Achtung der Menschenrechte ist der sicherste Weg, um feste Beziehungen unter den Staaten aufzubauen. Die Kultur der Menschenrechte kann nur eine Kultur des Friedens sein. Jede Verletzung birgt die Keime eines potentiellen Konfliktes in sich. Schon mein ehrwürdiger Vorgänger, der Diener Gottes Pius XII., hat am Ende des Zweiten Weltkrieges die Frage gestellt: „Wenn ein Volk mit Gewalt unterdrückt wird, wer hätte den Mut, der übrigen Welt Sicherheit im Kontext eines dauerhaften Friedens zu verheißen?“[5]

Um eine Kultur der Menschenrechte zu fördern, die die Gewissen durchdringt, ist die Zusammenarbeit aller gesellschaftlichen Kräfte notwendig. Ich möchte besonders auf die Rolle der Medien hinweisen, die für die Bildung der öffentlichen Meinung und damit für die Orientierung des Verhaltens der Bürger so wichtig sind. Wie könnte man eine gewisse Verantwortung ihrerseits für die Verletzungen der Menschenrechte verkennen, die ihren Ursprung in der Verherrlichung der von ihnen unter Umständen kultivierten Gewalt haben? Ebenso muss man ihnen das Verdienst der edlen Initiativen für Dialog und Solidarität zuschreiben, die dank der von ihnen verbreiteten Botschaften zugunsten des gegenseitigen Verständnisses und Friedens entstanden sind.

---

[5] *Pius XII.*, Ansprache an eine Kommission von Vertretern des Kongresses der Vereinigten Staaten von Amerika am 21. August 1945, in: Discorsi e Radiomessaggi di Pio XII., VII, 41.

Zeit der Entscheidungen, Zeit der Hoffnung

13. Das neue Jahrtausend steht vor der Tür. Sein Näherrücken hat in den Herzen vieler Menschen die Hoffnung auf eine gerechtere und solidarischere Welt genährt. Es ist ein Bestreben, das verwirklicht werden kann. Ja, es muss verwirklicht werden!

Mit diesem Ausblick wende ich mich jetzt insbesondere an euch, liebe Brüder und Schwestern in Christus, die ihr in vielen Teilen der Welt das Evangelium als Lebensregel annehmt: Seid Botschafter der Menschenwürde! Der Glaube lehrt uns, dass jede Person als Gottes Bild und Gleichnis geschaffen wurde. Auch wenn der Mensch sich verweigert, die Liebe des himmlischen Vaters bleibt immer treu; seine Liebe hat keine Grenzen. Er hat Jesus, seinen Sohn, gesandt, um jede Person zu erlösen, indem er ihr die volle Würde zurückgab (vgl. RH 13–14). Wie könnten wir angesichts einer solchen Haltung jemandem unsere Zuwendung entziehen? Im Gegenteil, wir müssen Christus in den Ärmsten und Ausgegrenzten erkennen, zu deren Dienst uns die Eucharistie, die Kommunion mit dem für uns hingegebenen Leib und Blut Christi verpflichtet (vgl. KKK 1397). Wie das Gleichnis vom reichen Mann, der für immer namenlos bleiben wird, und vom armen Lazarus deutlich zeigt, „steht Gott in dem schreienden Kontrast zwischen gefühllosen Reichen und notleidenden Armen auf der Seite der letzteren“[6]. Auf deren Seite sollen auch wir uns stellen.

Das dritte und letzte Vorbereitungsjahr vor dem Jubiläum ist von einem geistlichen Pilgerweg zum Vater geprägt: Jeder ist zu einem Weg wahrer Umkehr eingeladen, der mit der Absage an die Sünde und der positiven Entscheidung für das Gute verbunden ist. An der Schwelle des Jahres 2000 ist es unsere Pflicht, mit neuem Einsatz die Würde der Armen und Ausgegrenzten zu schützen und konkret die Rechte derer anzuerkennen, die keine Rechte haben. Erheben wir unsere Stimme für sie, indem wir die Sendung, die Christus seinen Jünger anvertraut hat, voll verwirklichen! Das ist der Geist des bevorstehenden Jubiläums (vgl. TMA 49–51). Jesus hat uns gelehrt, Gott mit Vater, Abba, anzureden, und so unsere tiefe Verbindung mit ihm offenbart. Grenzenlos und ewig ist seine Liebe zu jeder Person und zur ganzen Menschheit. Treffend drücken das die Worte Gottes im Buch des Propheten Jesaja aus:

„Kann denn eine Frau ihr Kindlein vergessen,
ohne Erbarmen sein gegenüber ihrem leiblichen Sohn?
Und selbst wenn sie ihn vergisst:

---

[6] *Johannes Paul II.*, Angelus vom 27. September 1998, in: L'Osservatore Romano 28 (1998), 5.

Ich vergesse dich nicht.
Sieh her: Ich habe dich eingezeichnet
in meine Hände" (Jes 49,15–16).

Nehmen wir die Einladung zur Teilhabe an dieser Liebe an! In ihr liegt das Geheimnis der Achtung der Rechte jeder Frau und jedes Mannes. Der Anbruch des neuen Jahrtausends wird uns dann bereitfinden, gemeinsam den Frieden zu bauen.

Aus dem Vatikan, am 8. Dezember des Jahres 1998
Johannes Paul II.

Botschaft seiner Heiligkeit Papst Johannes Paul II.
zur Feier des 33. Weltfriedenstages
1. Januar 2000

Friede auf Erden den Menschen, die Gott liebt!

1. Diese Verkündigung der Engel, die vor 2000 Jahren die Geburt Jesu Christi begleitete (vgl. Lk 2,14), wird zu unserer Freude in der heiligen Weihnachtsnacht, in der das Große Jubiläum feierlich eröffnet wird, wieder erschallen.

Die hoffnungsfrohe Botschaft, die uns aus der Grotte von Betlehem erreicht, wollen wir wieder an den Anfang des neuen Jahrtausends stellen: Gott liebt alle Männer und Frauen auf Erden und schenkt ihnen die Hoffnung auf eine neue Zeit, eine Zeit des Friedens. Seine Liebe, die in dem menschgewordenen Sohn in Fülle offenbar wurde, ist das Fundament des universalen Friedens. Wenn sie im tiefsten Herzensgrund angenommen wird, versöhnt sie jeden mit Gott und mit sich selbst. Sie macht die Beziehungen der Menschen untereinander neu und weckt jenes Verlangen nach einer Haltung, die Brüdern und Schwestern eigen ist und die Versuchung der Gewalt und des Krieges zu vertreiben vermag.

Das Große Jubiläum ist unlösbar mit dieser Botschaft der Liebe und Versöhnung verbunden, welche die eigentlichen Sehnsüchte der Menschheit unserer Zeit am glaubwürdigsten zum Ausdruck bringt.

2. Im Ausblick auf ein so bedeutungsträchtiges Jahr wünsche ich erneut allen von Herzen Frieden. Allen sage ich, dass der Friede möglich ist. Er muss als ein Geschenk Gottes erfleht, aber auch mit seiner Hilfe Tag für Tag durch Werke der Gerechtigkeit und Liebe aufgebaut werden.

Sicher gibt es viele und sehr komplexe Probleme, die den Weg zum Frieden steinig, ja oft zu einem entmutigenden Vorhaben machen. Dennoch ist der Friede ein Bedürfnis, das im Herzen eines jeden Menschen tief verwurzelt ist. Man darf deshalb nicht in dem Willen nachlassen, immer wieder nach ihm zu suchen. Dabei müssen wir uns vom Bewusstsein leiten lassen, dass Gott die Menschheit, so sehr sie auch von der Sünde, von Hass und Gewalt gezeichnet ist, dazu berufen hat, eine einzige Familie zu bilden. Diesen göttlichen Plan gilt es, anzuerkennen und dadurch zu unterstützen, dass man sich dafür einsetzt, harmonische Beziehungen unter den einzelnen Menschen und zwischen den Völkern zu suchen, und diese in eine Kultur gegenseitigen Austausches einbindet, in der es um Öffnung für das Transzendente, um Förderung des Menschen und um Achtung vor der Natur geht.

Das ist die Botschaft von Weihnachten, das ist die Botschaft des Jubiläums, das ist mein Wunsch am Anfang eines neuen Jahrtausends.

Mit dem Krieg bleibt die Menschlichkeit als Verlierer zurück

3. In dem Jahrhundert, das wir hinter uns lassen, ist die Menschheit hart heimgesucht worden von einer endlosen und schrecklichen Folge von Kriegen, Konflikten, Völkermorden und ethnischer Säuberungen, die unsagbares Leid verursacht haben: Abermillionen von Opfern, zerrissene Familien und zerstörte Länder, Flüchtlingsströme, Elend, Hunger, Krankheiten, Unterentwicklung, Verlust unermesslicher Ressourcen. Die Wurzel so großen Leides ist eine Logik der Unterdrückung, die genährt wird von dem Verlangen nach Beherrschung und Ausbeutung anderer, von Ideologien der Macht oder eines totalitären Utopismus, von unheilvollen Nationalismen oder Formen alten Stammeshasses. Mitunter war es notwendig, der brutalen systematischen Gewalt, die es sogar auf die völlige Ausrottung oder Versklavung ganzer Völker und Regionen abgesehen hatte, bewaffneten Widerstand zu leisten.

Das 20. Jahrhundert hinterlässt uns als Erbschaft vor allem eine Mahnung: Kriege sind häufig Ursache weiterer Kriege, weil sie tiefe Hassgefühle nähren, Unrechtssituationen schaffen sowie die Würde und Rechte der Menschen mit Füßen treten. Sie lösen im Allgemeinen die Probleme nicht, um derentwillen sie geführt werden. Daher stellen sie sich, außer dass sie schreckliche Schäden anrichten, auch noch als nutzlos heraus. Mit dem Krieg bleibt die Menschlichkeit als Verlierer zurück. Nur im Frieden und durch den Frieden ist die Achtung vor der Würde der menschlichen Person und ihrer unveräußerlichen Rechte zu gewährleisten (vgl. Wfb 1999).

4. Angesichts des Kriegsszenarios des 20. Jahrhunderts wurde die Ehre der Menschheit von denen gerettet, die im Namen des Friedens gesprochen und gehandelt haben.

Es ist eine gebührende Pflicht, der unzähligen Menschen zu gedenken, die zur Erklärung der Menschenrechte und zu ihrer feierlichen Verkündigung, zur Besiegung totalitärer Regime, zum Ende des Kolonialismus, zur Entwicklung der Demokratie und zur Schaffung großer internationaler Organisationen beigetragen haben. Leuchtende und prophetische Beispiele stellten uns jene vor Augen, die ihren Lebensentscheidungen den Wert der Gewaltlosigkeit verliehen haben. Ihr Zeugnis für konsequente Treue, das oft bis zum Martyrium ging, hat wunderbare und lehrreiche Seiten in das Buch der Geschichte geschrieben.

Unter denen, die im Namen des Friedens gewirkt haben, darf man die Männer und Frauen nicht vergessen, deren Einsatz auf allen Gebieten von Wissenschaft und Technik großartige Fortschritte ermöglicht hat, was die

Überwindung schrecklicher Krankheiten sowie die Verbesserung der Lebensqualität und höhere Lebenserwartung erlaubte.

Nicht unerwähnt lassen kann ich sodann meine Vorgänger ehrwürdigen Angedenkens, die der Kirche im 20. Jahrhundert vorstanden. Durch ihr erhabenes Lehramt und ihr unermüdliches Wirken haben sie die Kirche bei der Förderung einer Kultur des Friedens gelenkt. Gleichsam als Sinnbild für dieses vielfältige Wirken steht die glückliche und weitblickende Eingebung Pauls VI., der am 8. Dezember 1967 den Weltfriedenstag einführte. Dieser hat als fruchtbare Erfahrung der Reflexion und gemeinsamer Schritte zum Frieden von Jahr zu Jahr mehr Gestalt angenommen.

Die Berufung, eine einzige Familie zu sein

5. „Friede auf Erden den Menschen seines Wohlgefallens!" (Lk 2,14) Der Wunsch aus dem Evangelium lässt uns die bange Frage stellen: Wird das beginnende Jahrhundert im Zeichen des Friedens und einer wiedergewonnenen Geschwisterlichkeit unter den Menschen und Völkern stehen? Sicher können wir die Zukunft nicht voraussehen. Dennoch dürfen wir ein anspruchsvolles Prinzip festschreiben: Es wird in dem Maße Frieden herrschen, in dem es der ganzen Menschheit gelingt, ihre ursprüngliche Berufung wiederzuentdecken, eine einzige Familie zu sein, in der die Würde und die Rechte der Personen jeden Standes, jeder Rasse und jeder Religion als vorgängig und vorrangig gegenüber jeglicher Unterschiedenheit und Art anerkannt werden.

Von diesem Bewusstsein her kann die von der Dynamik der Globalisierung gekennzeichnete Verflochtenheit unserer heutigen Welt Seele, Sinn und Richtung erhalten. In diesen Entwicklungen, die freilich nicht ohne Risiken sind, liegen gerade im Hinblick darauf, dass aus der Menschheit eine auf den Werten von Gerechtigkeit, Gleichheit und Solidarität gegründete einzige Familie entstehen soll, außerordentliche und vielversprechende Chancen.

6. Dazu ist eine völlige Umkehr der Sichtweise nötig: Bei allem darf nicht mehr das besondere Wohl einer Gemeinschaft, die auf politischen Interessen, Rassenzugehörigkeit oder kulturellen Motiven gründet, an erster Stelle stehen, sondern das Wohl der ganzen Menschheit. Das Bemühen um die Erreichung des gemeinsamen Wohles einer einzelnen politischen Gemeinschaft darf nicht im Gegensatz zum Gemeinwohl der ganzen Menschheit stehen, das in der Anerkennung und Achtung der Menschenrechte zum Ausdruck kommt, wie sie von der Allgemeinen Erklärung der Menschenrechte 1948 sanktioniert wurden. Daher müssen die oft durch starke wirtschaftliche Interessen bestimmten und bedingten Konzepte und Praktiken überwunden werden, die das Faktum Nation oder Staat für absolut halten und diesem deshalb jeden anderen Wert unterordnen. Aus dieser Sicht sind die politischen, kulturellen und institutio-

nellen Unterschiede und Differenzierungen, in die sich die Menschheit aufgliedert und organisiert, in dem Maße zulässig, als man sie mit der Zugehörigkeit zur Menschheitsfamilie und mit den sich daraus ergebenden sittlichen und rechtlichen Forderungen in Einklang bringen kann.

Die Verbrechen gegen die Menschlichkeit

7. Aus diesem Grundsatz ergibt sich eine Konsequenz von enormer Tragweite: Wer die Menschenrechte verletzt, beschädigt das Bewusstsein des Menschseins selbst. Er verletzt die Menschheit als solche. Die Verpflichtung zum Schutz dieser Rechte übersteigt daher die geographischen und politischen Grenzen, innerhalb derer sie verletzt worden sind. Die Verbrechen gegen die Menschlichkeit können nicht als interne Angelegenheiten einer Nation betrachtet werden. Die in die Wege geleitete Errichtung eines internationalen Gerichtshofes, der über diese Verbrechen, wo und wie auch immer sie geschehen, zu befinden hat, ist ein wichtiger Schritt in diese Richtung. Wir müssen Gott danken, wenn im Bewusstsein der Völker und der Nationen die Überzeugung weiterwächst, dass es für die Menschenrechte keine Grenzen gibt, weil sie universal und unteilbar sind.

8. In der heutigen Zeit hat sich die Zahl der Kriege zwischen den Staaten verringert. Diese an sich tröstliche Tatsache wird freilich stark eingeschränkt, wenn man auf die bewaffneten Konflikte schaut, die innerhalb der Staaten entstehen. Sie sind leider sehr zahlreich, praktisch auf allen Kontinenten vorhanden und verlaufen nicht selten äußerst gewaltsam. Sie haben meistens weit in die Geschichte zurückreichende ethnische, stammesbedingte oder auch religiöse Gründe, zu denen jetzt noch weitere Ursachen ideologischer, sozialer und wirtschaftlicher Natur hinzukommen.

Diese internen Konflikte, die im Allgemeinen mit einem erschreckenden Einsatz kleinkalibriger oder sogenannter leichter, in Wirklichkeit aber äußerst mörderischer Waffen ausgetragen werden, haben oft schwerwiegende Auswirkungen, die über die Grenzen des betreffenden Staates hinausgehen und auswärtige Interessen und Verantwortlichkeiten hineinziehen. Auch wenn es stimmt, dass es wegen ihrer hochgradigen Komplexität sehr schwerfällt, die auf dem Spiel stehenden Ursachen und Interessen zu begreifen und zu bewerten, ergibt sich doch eine unumstößliche Tatsache: Die dramatischsten Folgen dieser Konflikte hat die Zivilbevölkerung zu tragen. Denn weder die allgemeinen noch selbst die für Kriegszeiten geltenden Gesetze werden eingehalten. Weit davon entfernt, geschützt zu werden, sind die Zivilpersonen häufig das erste Ziel der gegnerischen Streitkräfte, wenn sie selbst nicht in einer perversen Spirale, die sie zugleich als Opfer und als Mörder anderer Zivilpersonen sieht, in direkte bewaffnete Kampfhandlungen hineingezogen werden.

Zu zahlreich und zu schrecklich waren und sind noch immer die düsteren Szenarien, wo Kinder, Frauen und wehrlose alte Männer völlig schuldlos und gegen ihren Willen zu Opfern der Konflikte gemacht werden, die unsere Tage mit Blut beflecken; es sind in der Tat zu viele Konflikte, um nicht den Augenblick für gekommen zu halten, mit Entschlossenheit und großem Verantwortungsbewusstsein einen anderen Weg einzuschlagen.

Das Recht auf humanitäre Hilfe

9. Gegen alle mutmaßlichen Gründe für den Krieg muss angesichts ebenso dramatischer wie komplexer Situationen der herausragende Wert des humanitären Rechtes und damit die Pflicht, das Recht auf humanitäre Hilfe für die leidende Bevölkerung und die Flüchtlinge zu gewährleisten, bekräftigt werden.

Die Anerkennung und die tatsächliche Erfüllung dieser Rechte dürfen nicht den Interessen einer Konfliktpartei unterliegen. Es ist im Gegenteil dringend geboten, alle jene institutionellen und nicht-institutionellen Möglichkeiten ausfindig zu machen, die die humanitären Zielsetzungen am besten verwirklichen können. Die moralische und politische Legitimation dieser Rechte beruht nämlich auf dem Grundsatz, wonach das Wohl der menschlichen Person vor allem den Vorrang hat und jede menschliche Institution überragt.

10. Ich möchte hier noch einmal meine tiefe Überzeugung bekräftigen, dass angesichts der modernen bewaffneten Konflikte das Mittel der Verhandlung zwischen den Parteien, mit geeigneten Vermittlungs- und Befriedungsinterventionen vonseiten internationaler und regionaler Stellen, allergrößte Bedeutung gewinnt, sei es, um den Konflikten selbst zuvorzukommen, oder sie, wenn sie einmal ausgebrochen sind, dadurch beizulegen, dass durch eine unparteiische Abwägung der auf dem Spiel stehenden Rechte und Interessen der Friede wiederhergestellt wird.

Diese Überzeugung von der positiven Rolle von Vermittlungs- und Befriedungsorganen muss auf die humanitären Organisationen, die nicht einer Regierung zugeordnet sind, und auf die religiösen Einrichtungen ausgeweitet werden, die diskret und ohne Berechnung den Frieden zwischen den unterschiedlichen Gruppen fördern und dabei helfen, alte Gefühle der Verbitterung zu überwinden, Feinde zu versöhnen und den Weg in eine neue und gemeinsame Zukunft zu eröffnen. Während ich ihnen für ihre edle Hingabe an die Sache des Friedens meine Hochachtung ausspreche, möchte ich mit tiefbewegter Anerkennung all derer gedenken, die ihr Leben hingegeben haben, damit andere leben können: Für sie erhebe ich mein Gebet zu Gott und lade auch die Gläubigen ein, dasselbe zu tun.

Einmischung aus humanitären Gründen

11. Wenn die Zivilbevölkerung Gefahr läuft, unter den Schlägen eines ungerechten Angreifers zu erliegen, und die Anstrengungen der Politik und die Mittel gewaltloser Verteidigung nichts fruchteten, ist es offensichtlich legitim und sogar geboten, sich mit konkreten Initiativen für die Entwaffnung des Aggressors einzusetzen. Diese Initiativen müssen jedoch zeitlich begrenzt und in ihren Zielen klar bestimmt sein, sie müssen unter voller Achtung des internationalen Rechtes durchgeführt und von einer auf übernationaler Ebene anerkannten Autorität garantiert werden. Keinesfalls dürfen sie der reinen Logik der Waffen überlassen bleiben.

Daher wird man umfassend und bestmöglich das anwenden müssen, was von der Charta der Vereinten Nationen vorgesehen ist. Zusätzlich gilt es, wirksame Mittel und Möglichkeiten einer Intervention im Rahmen des internationalen Rechts festzulegen. In diesem Zusammenhang muss die Organisation der Vereinten Nationen selbst allen Mitgliedsstaaten eine angemessene Gelegenheit zur Beteiligung an den Entscheidungen bieten, indem sie Bevorzugungen und Diskriminierungen überwindet, die ihre Rolle und Glaubwürdigkeit schwächen.

12. Hier öffnet sich ein sowohl für die Politik als auch für das Recht neues Feld der Überlegung und Beratung, ein Feld, von dem wir alle wünschen, dass es mit Leidenschaft und Weisheit bestellt wird. Dringend notwendig und unaufschiebbar ist eine Erneuerung des internationalen Rechtes und der internationalen Institutionen, die als Ausgangspunkt und grundlegendes Organisationskriterium den Vorrang des Wohles der Menschheit und der einzelnen menschlichen Person vor allem anderen hat. Diese Erneuerung ist umso dringender, wenn wir das Paradoxon des Krieges in unserer Zeit betrachten, wie es auch in den jüngsten Konflikten zutage getreten ist, wo der größtmöglichen Sicherheit für die Gewaltakteure beunruhigende Gefahrensituationen für die Zivilbevölkerung gegenüberstanden. Es gibt keine Art des Konflikts, die das Recht der Zivilpersonen auf Unversehrtheit zu verletzen legitimiert.

Grundlegend bleibt jenseits der juristischen und institutionellen Perspektiven die Verpflichtung aller Männer und Frauen guten Willens, die dazu berufen sind, sich für den Frieden einzusetzen: Die Verpflichtung, zum Frieden zu erziehen, Friedensstrukturen und Mittel der Gewaltlosigkeit zu entwickeln, alle nur möglichen Anstrengungen zu unternehmen, um Konfliktparteien an den Verhandlungstisch zu bringen.

Der Friede in der Solidarität

13. Friede auf Erden den Menschen, die Gott liebt! Von der Problematik des Krieges wendet sich der Blick naturgemäß einer anderen Dimension zu, die

mit dieser in besonderer Weise verbunden ist: Die Frage der Solidarität. Die vornehme und anspruchsvolle Aufgabe des Friedens, die der Berufung der Menschheit, Familie zu sein und sich als Familie zu bekennen, innewohnt, hat ihre Stärke in dem Prinzip von der universalen Bestimmung der Güter der Erde, ein Prinzip, das dem Menschen das Recht auf Privateigentum nicht abspricht, sondern dessen Verständnis und Verwaltung für seine unabdingbare soziale Funktion erschließt, zum allgemeinen und besonders zum Wohl der schwächsten Glieder der Gesellschaft (vgl. CA 30–43). Dieses Grundprinzip bleibt leider weitgehend unbeachtet: Das beweist das fortbestehende und sich noch ausweitende Gefälle zwischen dem Norden der Welt, wo eine steigende Übersättigung mit Gütern und Ressourcen ebenso festzustellen ist wie eine wachsende Überalterung, und dem Süden, wo sich inzwischen die große Mehrheit der jungen Generationen konzentriert, die noch immer ohne glaubwürdige Aussicht auf soziale, kulturelle und wirtschaftliche Entwicklung sind.

Niemand möge sich der Täuschung hingeben, die bloße Abwesenheit von Krieg, so wünschenswert sie ist, sei gleichbedeutend mit dauerhaftem Frieden. Es gibt keinen echten Frieden, wenn mit ihm nicht Gleichheit, Wahrheit, Gerechtigkeit und Solidarität einhergehen. Jedes Vorhaben, das zwei untrennbare und voneinander abhängige Rechte, das Recht auf Frieden und das Recht auf eine unverkürzte und solidarische Entwicklung, auseinanderhalten möchte, ist zum Scheitern verurteilt. „Ungerechtigkeiten, krasse Unterschiede in wirtschaftlicher und sozialer Hinsicht sowie Neid, Misstrauen und Stolz, die unter den Menschen und den Nationen wüten, bedrohen unablässig den Frieden und führen zu Kriegen. Alles, was unternommen wird, um diese Übel zu besiegen, trägt zum Aufbau des Friedens und zur Vermeidung des Krieges bei“ (KKK 2317).

14. Zu Beginn eines neuen Jahrhunderts ist die Armut von Milliarden Männern und Frauen die Frage, die mehr als jede andere an unser menschliches und christliches Gewissen appelliert. Die Dramatik dieser Frage wird noch erhöht durch das Wissen darum, dass die größten wirtschaftlichen Probleme unserer Zeit nicht auf den Mangel an Ressourcen, sondern darauf zurückgehen, dass die heutigen wirtschaftlichen, sozialen und kulturellen Strukturen Mühe damit haben, den Anforderungen einer echten Entwicklung zu entsprechen.

Mit Recht verlangen die Armen – sowohl jene der Entwicklungsländer wie auch jene der wohlhabenden, reichen Länder – „das Recht, an der Nutzung der materiellen Güter teilzuhaben und ihre Arbeitsfähigkeit einzubringen, um eine gerechtere und für alle glücklichere Welt aufzubauen. Die Hebung der Armen ist eine große Gelegenheit für das sittliche, kulturelle und wirtschaftliche Wachstum der gesamten Menschheit“ (CA 28). Sehen wir die Armen nicht als ein Problem an! Sie können in unseren Augen zu Trägern und Vorkämpfer einer neuen und menschlicheren Zukunft für die ganze Welt werden.

Die Wirtschaft muss umdenken

15. Aus dieser Perspektive muss man sich auch die Frage über jenes wachsende Unbehagen stellen, das heutzutage viele Gelehrte und Wirtschaftsexperten spüren, wenn sie über die Rolle des Marktes, über die alles durchdringende Währungs- und Finanzdimension, über das Auseinanderklaffen zwischen dem ökonomischen und dem sozialen Bereich sowie über andere ähnliche Themen wirtschaftlicher Aktivität nachdenken. Es geht dabei um Probleme, die sich im Hinblick auf die Armut, den Frieden, die Ökologie und die Zukunft der Jugend stellen.

Vielleicht ist der Augenblick für eine neue und vertiefte Reflexion über den Sinn der Wirtschaft und ihre Ziele gekommen. In diesem Zusammenhang scheint es dringend notwendig, dass das Verständnis dessen, was Wohlstand eigentlich ist, neu überdacht wird, damit es nicht von einer verengten Nützlichkeitsperspektive beherrscht wird, die Werten wie Solidarität und Altruismus nur abseits und ganz am Rande Raum lässt.

16. Hier möchte ich die Vertreter der Wirtschaftswissenschaften und die Manager selbst sowie auch die verantwortlichen Politiker auffordern, die dringende Notwendigkeit zur Kenntnis zu nehmen, dass das wirtschaftliche Handeln und die entsprechenden politischen Maßnahmen das Wohl eines jeden Menschen in seiner Ganzheitlichkeit anstreben sollen. Das ist nicht nur eine Forderung der Ethik, sondern auch einer gesunden Wirtschaft. Die Erfahrung scheint nämlich bestätigt zu haben, dass der wirtschaftliche Erfolg zunehmend davon abhängt, ob die Menschen und ihre Fähigkeiten aufgewertet, die Beteiligung gefördert, Kenntnisse und Informationen stärker und besser vermittelt werden und die Solidarität wächst.

Es handelt sich dabei um Werte, die der Wirtschaft in Wissenschaft und Praxis keineswegs fremd sind und dazu beitragen, daraus eine Wissenschaft und eine Praxis zu machen, die ganz und gar human sind. Eine Wirtschaft, welche die ethische Dimension unbeachtet lässt und sich nicht darum kümmert, dem Wohl eines jeden Menschen in seiner Ganzheitlichkeit zu dienen, kann sich eigentlich gar nicht Ökonomie nennen, wenn man diese im Sinne einer vernünftigen und wohltätigen Verwaltung des materiellen Reichtums versteht.

Für welche Entwicklungsmodelle soll man sich entscheiden?

17. Obgleich die Menschheit dazu berufen ist, eine einzige Familie zu sein, wird sie noch immer auf dramatische Weise von der Armut in zwei Teile ge-

spalten: Zu Beginn des 21. Jahrhunderts leben mehr als eine Milliarde und vierhundert Millionen Menschen in äußerster Armut. Deshalb ist ein Überdenken der Modelle, welche die Entscheidungen für die Entwicklung inspirieren, besonders dringend geboten.

In diesem Zusammenhang wird man die berechtigten Forderungen nach wirtschaftlicher Effizienz besser mit den Forderungen nach politischer Beteiligung und sozialer Gerechtigkeit in Einklang bringen müssen, ohne wieder in die im 20. Jahrhundert begangenen ideologischen Fehler zu verfallen. Konkret bedeutet das: Das Netz der gegenseitigen wirtschaftlichen, politischen und sozialen Abhängigkeiten, auf dessen Verstärkung die stattfindenden Globalisierungsprozesse abzielen, sollte mit Solidarität verknüpft werden.

Diese Prozesse verlangen ein Umdenken der internationalen Zusammenarbeit, die sich in einer neuen Kultur der Solidarität buchstabiert. Als Same des Friedens verstanden, darf sich die Zusammenarbeit nicht auf Hilfe und Beistand beschränken und dabei gar noch auf Vorteile abzielen, die auf die zur Verfügung gestellten Finanzmittel zurückfließen. Stattdessen muss sie ein konkretes und greifbares Bemühen um Solidarität zum Ausdruck bringen, das die Armen zu Vorkämpfern ihrer eigenen Entwicklung macht und es möglichst vielen Personen erlaubt, in den konkreten wirtschaftlichen und politischen Verhältnissen, in denen sie leben, die Kreativität zu entfalten, die ein typisches Merkmal der menschlichen Person ist und von der auch der Reichtum der Nationen abhängt.[1]

Besonders ist es geboten, endgültige Lösungen für das alte Problem der internationalen Verschuldung der armen Länder zu finden und gleichzeitig auch die Bereitstellung der nötigen finanziellen Mittel für den Kampf gegen Hunger, Unterernährung, Krankheiten, Analphabetismus und den Verfall der Umwelt zu gewährleisten.

18. Dringender als in der Vergangenheit stellt sich heute die Notwendigkeit, das Gewissen für universale moralische Werte zu bilden, um sich den Problemen der Gegenwart stellen zu können. Deren gemeinsames Merkmal besteht ja in der weltweiten Dimension, die sie annehmen. Die Förderung des Friedens und der Menschenrechte; die Beilegung der bewaffneten Konflikte innerhalb und außerhalb der Staaten; der Schutz der ethnischen Minderheiten und der Migranten; der Umweltschutz; der Kampf gegen furchtbare Krankheiten; das Vorgehen gegen Drogen- und Waffenhändler und gegen

---

[1] Vgl. *Johannes Paul II.*, Ansprache vor der 50. Generalversammlung der Vereinten Nationen am 5. Oktober 1995 in New York, entnommen aus: www.vatican.va; [Anm. der Herausgeber: Besagte Ansprache ist im Volltext nur in englischer, spanischer, französischer und italienischer Sprache erfasst.]

politische und wirtschaftliche Korruption: Das sind Probleme, die heute keine Nation allein zu bewältigen vermag. Da sie die gesamte menschliche Gemeinschaft betreffen, müssen sie durch gemeinsames Handeln angegangen und gelöst werden.

Man muss einen Weg finden, um in einer verständlichen und gemeinsamen Sprache die Probleme zu diskutieren, die von der Zukunft des Menschen aufgeworfen werden. Grundlage dieses Dialogs ist das allgemeine Sittengesetz, das dem Menschen ins Herz eingeschrieben ist. Wenn die menschliche Gemeinschaft dieser Grammatik des Geistes folgt, kann sie die Probleme des Zusammenlebens anpacken und sich unter Achtung des Planes Gottes auf die Zukunft hinbewegen.[2]

Aus der Begegnung zwischen Glaube und Vernunft, zwischen religiösem Sinn und sittlichem Bewusstsein leitet sich ein entscheidender Beitrag ab, um dem Dialog und der Zusammenarbeit zwischen den Völkern, Kulturen und Religionen eine Richtung zu geben.

Jesus, das Geschenk des Friedens

19. Friede auf Erden den Menschen, die Gott liebt! Auf der ganzen Welt sind die Christen im Hinblick auf das Große Jubiläum damit beschäftigt, in feierlicher Form das Gedächtnis der Menschwerdung Gottes zu begehen. Während sie die Botschaft der Engel über dem Himmel von Betlehem neu hören (vgl. Lk 2,14), gedenken sie des Ereignisses aus dem Bewusstsein heraus, dass Jesus „unser Friede“ ist (Eph 2,14). Er ist das Geschenk des Friedens für alle Menschen. Seine ersten Worte an die Jünger nach der Auferstehung lauteten: „Friede sei mit euch!“ (Joh 20,19/21/26) Er ist gekommen, um zu einen, was getrennt war. Er hat die Sünde und den Hass zunichtegemacht und so in der Menschheit die Berufung zur Einheit und Geschwisterlichkeit wiedererweckt. Deshalb ist er „Ursprung und Urbild jener erneuerten, von brüderlicher Liebe, Lauterkeit und Friedensgeist durchdrungenen Menschheit, nach der alle verlangen“ (AG 8).

20. In diesem Jubiläumsjahr will die Kirche im lebendigen Gedenken an ihren Herrn ihre Berufung und Sendung bekräftigen. Sie will ‚Sakrament‘ in Christus sein, das heißt Zeichen und Werkzeug des Friedens in der Welt und für die Welt. Die Erfüllung ihres Evangelisierungsauftrags bedeutet für die Kirche die Arbeit für den Frieden. „So ist die Kirche, Gottes alleinige Herde, wie ein unter den Völkern erhobenes Zeichen. Indem sie dem ganzen Menschengeschlecht den Dienst des Evangeliums des Friedens leistet, pilgert sie in Hoffnung dem Ziel des ewigen Vaterlandes entgegen“ (UR 2).

---

[2] Vgl. ebd.

Der Einsatz zum Aufbau von Frieden und Gerechtigkeit ist für die katholischen Christen daher keine nebensächliche, sondern eine wesentliche Aufgabe, der sie mit Offenheit gegenüber den Brüdern und Schwestern der anderen Kirchen und kirchlichen Gemeinschaften, gegenüber den Gläubigen anderer Religionen und gegenüber allen Männern und Frauen guten Willens, mit denen sie dieselbe Sorge um Frieden und Brüderlichkeit teilen, nachkommen sollen.

Sich hochherzig für den Frieden einsetzen

21. Anlass zur Hoffnung gibt die Feststellung, dass trotz vielfältiger und schwerwiegender Hindernisse weiterhin durch die hochherzige Zusammenarbeit so vieler Menschen täglich Friedensinitiativen und Friedensprojekte entstehen. Der Friede ist ein Gebäude, an dem ständig gearbeitet wird. An seinem Aufbau wirken mit:

- die Eltern, die in der Familie den Frieden leben und bezeugen und so ihre Kinder zum Frieden erziehen;
- die Lehrer, die es verstehen, echte Werte weiterzugeben, die sich auf jedem Wissensgebiet sowie im historischen und kulturellen Erbe der Menschheit finden;
- die Männer und Frauen in der Arbeitswelt, die sich darum bemühen, ihren jahrhundertelangen Kampf für die Würde der Arbeit weiterzuführen im Angesicht der neuen Verhältnisse, die auf internationaler Ebene Gerechtigkeit und Solidarität erfordern;
- die Regierenden, die als Mittelpunkt ihres eigenen und des politischen Handelns ihrer Länder die feste Überzeugung gewählt haben, sich für Frieden und Gerechtigkeit einzusetzen.
- alle, die in den internationalen Organisationen oft mit wenigen Mitteln an vorderster Front tätig sind, wo es auch im Hinblick auf die persönliche Unversehrtheit ein gefährliches Unterfangen ist, als Friedensstifter zu wirken;
- die Mitglieder der regierungsunabhängigen Organisationen, die sich durch Studium und aktiven Einsatz in verschiedenen Teilen der Welt und in den unterschiedlichsten Situationen der Vorbeugung und der Lösung von Konflikten widmen;
- die Gläubigen, die aus der Überzeugung, dass der echte Glaube niemals Quelle für Krieg oder Gewalt sein kann, durch den ökumenischen und den interreligiösen Dialog die Argumente fördern, die für den Frieden und die Liebe sprechen.

22. Meine Gedanken wenden sich besonders euch zu, liebe Jugendliche. Ihr erfahrt ja in besonderer Weise den Segen des Lebens, das ihr nicht vergeuden dürft. Lasst euch in den Schulen und an den Universitäten, in der Arbeits-

welt, in Freizeit und Sport, in allem, was ihr tut, ständig von diesem Gedanken leiten: Friede sei in euch und um euch. Immer sei Friede, Friede mit allen und Friede für alle. Die jungen Menschen, die leider die tragische Erfahrung des Krieges erlebt haben und Gefühle des Hasses und der Vergeltung empfinden, flehe ich an: Tut euer Möglichstes, um auf den Weg der Versöhnung und Vergebung zurückzufinden! Dieser Weg ist steinig. Doch es ist der einzige Weg, der es euch erlaubt, hoffnungsfroh in die Zukunft zu blicken für euch, für eure Kinder, eure Länder und für die ganze Menschheit.

Ich werde Gelegenheit haben, diesen Dialog mit euch, liebe Jugendliche, fortzuführen, wenn wir uns im kommenden August in Rom treffen anlässlich des Jugendtages im Jubeljahr, der eigens euch gewidmet ist.

Papst Johannes XXIII. hat sich in einer seiner letzten Ansprachen noch einmal an „alle Menschen guten Willens" (PT Titel) gewandt, um sie einzuladen, sich für ein Friedensprogramm einzusetzen, das auf dem „Evangelium des Gehorsams gegenüber Gott, der Barmherzigkeit und des Verzeihens" ruht. Und er fügte hinzu: „Dann wird sich ohne Zweifel die helle Fackel des Friedens ihre Bahn brechen. Sie wird ihren Weg gehen, während sie auf der ganzen Erde in den Menschen die Freude entzündet und das Licht und die Gnade in deren Herzen ausgießt. Über alle Grenzen hinweg dürfen sie Gesichter von Brüdern und Schwestern, Gesichter von Freunden entdecken"[3]. Mögt ihr, Jugendliche des Jahres 2000, Gesichter von Brüdern und Schwestern, Gesichter von Freunden entdecken und entdecken lassen!

In diesem Jubiläumsjahr, in dem sich die Kirche durch besondere Fürbitten dem Gebet für den Frieden widmen wird, wenden wir uns in kindlicher Verehrung an die Mutter Jesu und rufen sie an als Königin des Friedens. In reichem Maß möge sie die Gaben ihrer mütterlichen Güte ausspenden und der Menschheit helfen, eine einzige Familie zu werden in Solidarität und Frieden.

Aus dem Vatikan, am 8. Dezember des Jahres 1999
Johannes Paul II.

---

[3] *Johannes XXIII.*, Anlässlich der Überreichung des Balzan-Preises am 10. Mai 1963, in: Acta Apostolicae Sedis 55 (1963), 455; [Anm. der Herausgeber: Besagtes Dokument ist im Volltext nur in französischer Sprache erfasst.]

Botschaft seiner Heiligkeit Papst Johannes Paul II.
zur Feier des 34. Weltfriedenstages
1. Januar 2001

Dialog zwischen den Kulturen für eine Zivilisation der Liebe und des Friedens

1. Zu Beginn eines neuen Jahrtausends macht sich noch augenfälliger die Hoffnung bemerkbar, dass die Beziehungen zwischen den Menschen zunehmend von dem Ideal einer wahrhaft universalen Brüderlichkeit beseelt sein mögen. Solange aber die Menschen nicht gemeinsam dieses Ideal vertreten, wird man keinen stabilen Frieden sicherstellen können. Viele Zeichen geben zu der Annahme Anlass, dass sich diese Überzeugung im Bewusstsein der Menschen immer stärker Bahn bricht. Der Wert der Brüderlichkeit wird von den großen Chartas der Menschenrechte proklamiert, von großen internationalen Institutionen und besonders von der Organisation der Vereinten Nationen anschaulich zum Ausdruck gebracht, und schließlich wird er, nachdrücklich wie niemals zuvor, von dem Globalisierungsprozess gefordert, der in zunehmendem Maße die Ziele der Wirtschaft, der Kultur und der Gesellschaft verbindet. Die gleiche Überlegung der Gläubigen in den verschiedenen Religionen ist geneigt, zu unterstreichen, dass die Beziehung zu dem einzigen Gott und gemeinsamen Vater aller Menschen förderlich dafür sein muss, dass wir uns als Brüder fühlen und als Brüder leben. In der Offenbarung Gottes in Christus kommt dieses Prinzip mit äußerster Radikalität zum Ausdruck: „Wer nicht liebt, hat Gott nicht erkannt; denn Gott ist Liebe“ (1 Joh 4,8).

2. Gleichzeitig kann uns freilich nicht verborgen bleiben, dass die soeben beschworenen Lichtblicke von ausgedehnten, dichten Schatten verdunkelt werden. Die Menschheit beginnt diesen neuen Abschnitt ihrer Geschichte mit noch offenen Wunden; sie wird in vielen Regionen von erbitterten, blutigen Konflikten heimgesucht; sie kennt das Bemühen um eine recht schwierige Solidarität in den Beziehungen unter Menschen verschiedener Kulturen und Zivilisationen, die auf denselben Gebieten anzutreffen sind, sich inzwischen immer näherkommen und gegenseitig beeinflussen. Alle wissen, wie schwierig es ist, die Argumente der Gegner zu entkräften, wenn aufgrund alten Hasses und belastender Probleme, deren Lösung sich schwer gestaltet, die Herzen erregt und verbittert sind. Aber nicht weniger gefährlich für die Zukunft des Friedens wäre die Unfähigkeit, die Probleme mit Weisheit anzupacken, vor die sich die Menschheit durch die neue Ordnung gestellt sieht, die sie nach und nach über-

nimmt; die Ursache dieser Entwicklung liegt in der Beschleunigung der Migrationsprozesse und der sich daraus ergebenden neuen Formen des Zusammenlebens zwischen Personen verschiedener Kulturen und Zivilisationen.

3. Es erschien mir daher dringend geboten, jene, die an Christus glauben, und mit ihnen alle Menschen guten Willens einzuladen, über den Dialog zwischen den verschiedenen Kulturen und Traditionen der Völker nachzudenken, indem ich darin den notwendigen Dialog aufzeige für den Aufbau einer versöhnten Welt, die fähig ist, mit Gelassenheit in ihre Zukunft zu blicken. Es handelt sich um ein Thema, das im Hinblick auf den Frieden entscheidend ist. Ich freue mich, dass auch die Organisation der Vereinten Nationen diese Dringlichkeit erfasst und dadurch thematisiert hat, dass sie 2001 zum Internationalen Jahr des Dialogs zwischen den Kulturen erklärte.

Ich bin natürlich weit davon entfernt, zu meinen, zu einem Problem wie diesem ließen sich einfache, gleichsam gebrauchsfertige Lösungen anbieten. Mühsam ist schon allein die Deutung einer Situation, die ständig in Bewegung zu sein scheint, so dass sie jedem im Voraus festgelegten Schema entgleitet. Dazu kommt die Schwierigkeit, Grundsätze und Werte zu verbinden, die sich zwar theoretisch in Einklang bringen lassen, konkret aber Spannungselemente aufweisen können, die die Synthese erschweren. Und dann bleibt im Grunde die Mühe, die den sittlichen Einsatz jedes Menschen kennzeichnet, der sich über seinen Egoismus und seine Grenzen Rechenschaft geben muss.

Aber gerade deshalb sehe ich, wie nützlich es ist, gemeinsam über diese Problematik nachzudenken. Zu diesem Zweck beschränke ich mich hier darauf, im Hinhören auf das, was der Geist Gottes den Kirchen (vgl. Offb 2,7) und der ganzen Menschheit in diesem entscheidenden Abschnitt ihrer Geschichte sagt, einige orientierende Grundsätze anzubieten.

Der Mensch und seine unterschiedlichen Kulturen

4. Betrachtet man die gesamte Geschichte der Menschheit, ist man immer wieder erstaunt angesichts der umfassenden und vielfältigen Erscheinungsformen der menschlichen Kulturen. Jede von ihnen unterscheidet sich von der anderen durch den besonderen geschichtlichen Weg, der sie kennzeichnet, und durch die daraus folgenden charakteristischen Züge, die sie in ihrer Struktur einzigartig, originell und zu einem einheitlichen Gefüge machen. Die Kultur ist die qualifizierte Äußerung des Menschen und seiner Geschichte sowohl auf individueller wie auf kollektiver Ebene. Denn der Mensch wird vom Verstand und vom Willen unablässig dazu angespornt, die Güter und Werte der Natur zu kultivieren, indem er die grundlegenden Erkenntnisse, die alle Aspekte des Lebens betreffen (vgl. GS 53), zu immer höheren und systematischen Kultursynthesen zusammenfügt; besonders gilt

das für jene Erkenntnisse, die sein soziales und politisches Zusammenleben, die Sicherheit und die wirtschaftliche Entwicklung, den Umgang mit jenen existentiellen Werten und Geltungen, vor allem religiöser Natur, betreffen, die einen Verlauf seiner individuellen und gemeinschaftlichen Geschichte nach wirklich menschlichen Bedingungen erlauben.[1]

5. Die Kulturen sind immer sowohl von stabilen und bleibenden als auch von dynamischen und zufälligen Elementen gekennzeichnet. Auf den ersten Blick führt die Betrachtung einer Kultur zur Wahrnehmung vor allem der charakteristischen Gesichtspunkte, die sie von der Kultur des Beobachters unterscheiden, und sichert ihr ein typisches Aussehen, in dem Elemente verschiedenster Art zusammenlaufen. In den meisten Fällen entwickeln sich die Kulturen in bestimmten Gebieten, wo sich geographische, historische und ethnische Elemente auf originelle und unwiederholbare Weise miteinander verflechten. Diese ‚Eigentümlichkeit' jeder Kultur spiegelt sich – mehr oder weniger nachhaltig – in den Personen, die Träger der Kultur sind, in einem ständigen Dynamismus von Einflüssen, unter denen die einzelnen Menschen stehen, und Beiträgen, die sie je nach ihren Fähigkeiten und ihrer Begabung für ihre Kultur leisten, wider. Jedenfalls bedeutet Menschsein notwendigerweise, in einer bestimmten Kultur zu leben. Jeder Mensch wird geprägt von der Kultur, die er einatmet durch die Familie und die Menschengruppen, zu denen er in Beziehung tritt, durch die Bildungswege und die verschiedensten Umwelteinflüsse, durch seine wesentliche Verbundenheit mit dem Gebiet, in dem er lebt. In all dem ist kein Determinismus gegeben, sondern eine ständige Dialektik zwischen der Kraft der Bedingtheiten und dem Dynamismus der Freiheit.

Menschliche Bildung und kulturelle Zugehörigkeit

6. Die Aufnahme der eigenen Kultur als Struktur verleihendes Element der Persönlichkeit, insbesondere in der ersten Phase des Heranwachsens, ist eine universale Erfahrung, deren Bedeutung man nicht unterschätzen darf. Ohne diese Verwurzelung in einem festen Nährboden würde der Mensch selbst Gefahr laufen, in noch zartem Alter einem Übermaß an gegensätzlichen Reizen ausgesetzt zu sein, die seiner ruhigen, ausgewogenen Entwicklung nicht förderlich wären. Aufgrund dieser fundamentalen Verbundenheit mit den eigenen Ursprüngen – auf familiärer, aber auch territorialer, sozialer und kultureller Ebene – entwickelt sich in den Menschen das Vaterlandsbewusstsein,

---

[1] Vgl. *Johannes Paul II.*, Ansprache vor der 50. Generalversammlung der Vereinten Nationen am 5. Oktober 1995 in New York, entnommen aus: www.vatican.va; [Anm. der Herausgeber: Besagte Ansprache ist im Volltext nur in englischer, spanischer, französischer und italienischer Sprache erfasst.]

und die Kultur neigt dazu, eine mehr oder weniger nationale Gestalt anzunehmen. Selbst der Sohn Gottes erwarb, als er Mensch wurde, mit einer menschlichen Familie auch ein Vaterland. Er ist für immer Jesus von Nazaret, der Nazarener (vgl. Mk 10,47; Lk 18,37; Joh 1,45/19,19). Es handelt sich um einen natürlichen Prozess, in dem sich soziologische und psychologische Ansprüche gegenseitig beeinflussen, was normalerweise positive und konstruktive Auswirkungen zur Folge hat. Die Vaterlandsliebe ist deshalb ein Wert, den man pflegen muss, „freilich ohne geistige Enge“ (GS 75), vielmehr so, dass sie die Liebe zur ganzen Menschheitsfamilie einschließt und jene pathologischen Erscheinungen vermeidet, die sich dann einstellen, wenn das Zugehörigkeitsgefühl Töne der Selbstverherrlichung und des Ausschlusses der Andersartigkeit anschlägt und Formen von Nationalismus, Rassismus und Fremdenfeindlichkeit annimmt.

7. Wenn es daher einerseits darauf ankommt, dass man die Werte der eigenen Kultur zu schätzen weiß, so ist andererseits das Bewusstsein erforderlich, dass jede Kultur, da sie ein typisch menschliches und geschichtlich bedingtes Produkt ist, notwendigerweise auch Grenzen einschließt. Ein wirksames Mittel dagegen, dass das kulturelle Zugehörigkeitsgefühl zur Abschottung wird, ist das unparteiliche, nicht von negativen Vorurteilen bestimmte Kennenlernen der anderen Kulturen. Im Übrigen lassen die Kulturen bei einer sorgfältigen und strengen Analyse unter ihren mehr äußeren Erscheinungsformen sehr oft gewichtige gemeinsame Elemente erkennen. Das wird auch in der geschichtlichen Aufeinanderfolge von Kulturen und Zivilisationen sichtbar. Den Blick auf Christus gerichtet, der dem Menschen den Menschen selbst vollkommen offenbart (vgl. GS 22), und gestärkt durch eine zweitausendjährige geschichtliche Erfahrung ist die Kirche überzeugt, „dass allen Wandlungen vieles Unwandelbare zugrunde liegt“ (GS 10). Diese Kontinuität beruht auf den wesentlichen und universalen Merkmalen des göttlichen Planes in Bezug auf den Menschen.

Die kulturellen Verschiedenheiten müssen daher in der Grundperspektive der Einheit des Menschengeschlechts verstanden werden, die den wichtigsten historischen und ontologischen Anhaltspunkt darstellt, in dessen Licht man die tiefe Bedeutung der Verschiedenheiten selbst begreifen kann. Tatsächlich ermöglicht nur die gleichzeitige Anschauung sowohl der Einheitselemente als auch der Verschiedenheiten das Verstehen und die Deutung der vollen Wahrheit jeder menschlichen Kultur.[2]

---

[2] Vgl. *Johannes Paul II.*, Ansprache an die Organisation der Vereinten Nationen für Erziehung, Wissenschaft und Kultur (UNESCO) am 2. Juni 1980 in Paris, entnommen aus: www.vatican.va.

Verschiedenheiten der Kulturen und gegenseitige Achtung

8. In der Vergangenheit waren die Unterschiede zwischen den Kulturen oft Quelle von Unverständnis zwischen den Völkern und Anlass zu Konflikten und Kriegen. Aber leider beobachten wir auch heute noch mit wachsender Sorge, wie sich in verschiedenen Teilen der Welt manche kulturellen Identitäten in polemischer Weise gegen die anderen Kulturen durchsetzen. Dieses Phänomen kann auf Dauer in Spannungen und verheerende Konfrontationen ausarten. Wie beklagenswert ist in dieser Hinsicht die Lage mancher ethnischer und kultureller Minderheiten, die im Umfeld von Mehrheiten leben müssen, die sich kulturell von ihnen unterscheiden und zu feindseligen und rassistischen Einstellungen und Haltungen neigen!

Vor diesem Szenario muss sich jeder Mensch guten Willens die Frage nach den ethischen Grundorientierungen stellen, die die kulturelle Erfahrung einer bestimmten Gemeinschaft kennzeichnen. Denn so wie der Mensch, der ihr Urheber ist, sind auch die Kulturen durchdrungen von dem „Geheimnis der Gesetzwidrigkeit" (2 Thess 2,7), das in der menschlichen Geschichte am Werk ist, und bedürfen genauso der Reinigung und Erlösung. Die Authentizität jeder menschlichen Kultur und die Qualität des Ethos, das sie vermittelt, das heißt die Zuverlässigkeit ihrer moralischen Einstellung, lassen sich in gewisser Weise daran messen, dass sie für den Menschen da sind und für die Förderung seiner Würde auf jeder Ebene und in jedem Umfeld.

9. So besorgniserregend die Radikalisierung der kulturellen Identitäten, die für jeden positiven Einfluss von außen undurchdringlich werden, auch ist, die willfährige Angleichung der Kulturen oder mancher ihrer wesentlichen Aspekte an Kulturmodelle der westlichen Welt stellt eine nicht minder große Gefahr dar: Inzwischen losgelöst vom christlichen Hintergrund, sind diese praktisch von einer säkularisierten Lebensauffassung und Formen eines radikalen Individualismus inspiriert. Es handelt sich dabei um ein Phänomen von gewaltigen Dimensionen, das von den mächtigen Kampagnen in den Massenmedien unterstützt wird, die alles darauf anlegen, Lebensweisen, soziale und wirtschaftliche Vorhaben und schließlich eine Gesamtsicht der Wirklichkeit zu vermitteln, die unterschiedliche kulturelle Ordnungen und ganz wertvolle Kulturen von innen her aushöhlt. Die Kulturmodelle des Westens erscheinen wegen ihrer ausgeprägten wissenschaftlichen und technischen Bedeutung faszinierend und anziehend; leider lassen sie aber immer deutlicher eine fortschreitende Verarmung in humanistischer, geistiger und moralischer Hinsicht erkennen. Die Kultur, die diese Modelle hervorbringt, ist von dem dramatischen Anspruch geprägt, das Wohl des Menschen ohne Gott, der das höchste Gut ist, verwirklichen zu wollen. Doch – so die mahnenden Worte des II. Vatikanischen Konzils – „das Geschöpf sinkt ohne den

Schöpfer ins Nichts" (GS 36). Eine Kultur, die es ablehnt, auf Gott Bezug zu nehmen, verliert ihre Seele, findet sich nicht mehr zurecht und wird zu einer Kultur des Todes. Davon zeugen die tragischen Ereignisse des 20. Jahrhunderts. In der heutigen Zeit beweist es die Tatsache, dass sich der Nihilismus in wichtigen Bereichen der westlichen Welt ausbreitet.

Der Dialog zwischen den Kulturen

10. Analog zu dem, was für die Person gilt, die sich durch die einladende Öffnung gegenüber dem anderen und durch ihre hochherzige Selbsthingabe verwirklicht, müssen auch die von den Menschen und im Dienst an den Menschen erarbeiteten Kulturen mit dem für den Dialog und die Gemeinschaft typischen Dynamismus auf der Grundlage der ursprünglichen und fundamentalen Einheit der Menschheitsfamilie gestaltet werden, die aus den Händen Gottes hervorging: „Er hat aus einem einzigen Menschen das ganze Menschengeschlecht erschaffen" (Apg 17,26).

Aus dieser Sicht erhebt sich der Dialog zwischen den Kulturen – so das Thema der vorliegenden Botschaft zum Weltfriedenstag – als ein Bedürfnis, das der Natur des Menschen und der Kultur innewohnt. Als vielfältige und schöpferische, historische Ausdrucksformen der ursprünglichen Einheit der Menschheitsfamilie finden die Kulturen im Dialog den Schutz ihrer Eigenart und des gegenseitigen Verstehens und der Gemeinsamkeit. Die Idee der Gemeinsamkeit, die ihre Quelle in der christlichen Offenbarung und das höchste Vorbild im dreieinigen Gott hat (vgl. Joh 17,11/21), ist niemals Einebnung in der Uniformität oder erzwungene Angleichung oder Vereinheitlichung; sie ist vielmehr Ausdruck des Aufeinander-Zustrebens einer vielgestaltigen Vielfalt und wird daher Zeichen des Reichtums und Verheißung der Entfaltung.

Der Dialog lässt den Reichtum der Verschiedenheiten erkennen und disponiert die Herzen zur gegenseitigen Annahme in der Perspektive einer echten Zusammenarbeit, die der ursprünglichen Berufung der ganzen Menschheitsfamilie zur Einheit entspricht. So gesehen ist der Dialog ein hervorragendes Werkzeug für die Verwirklichung der Zivilisation der Liebe und des Friedens, auf die mein ehrwürdiger Vorgänger, Papst Paul VI., als das Ideal hingewiesen hat, an dem sich das kulturelle, soziale, politische und wirtschaftliche Leben unserer Zeit inspirieren soll. Zu Beginn des dritten Jahrtausends ist es dringend geboten, einer Welt, die von zu vielen Konflikten und Gewalttaten heimgesucht wird und manchmal mutlos und unfähig ist, den Horizont der Hoffnung und des Friedens abzusuchen, wieder den Weg des Dialogs anzubieten.

Möglichkeiten und Risiken der globalen Kommunikation

11. Der Dialog zwischen den Kulturen erscheint heute besonders nötig, wenn man an den Einfluss der neuen Kommunikationstechnologien auf das Leben

der Personen und der Völker denkt. Wir befinden uns im Zeitalter der globalen Kommunikation, welche die Gesellschaft nach neuen Kulturmodellen formt, die den Modellen der Vergangenheit mehr oder weniger fremd sind. Grundsätzlich ist die genaue und ständig aktualisierte Information praktisch jedem in jedem Teil der Welt zugänglich.

Der freie Fluss der Bilder und Worte auf Weltebene verändert nicht nur die Beziehungen zwischen den Völkern in politischer und wirtschaftlicher Hinsicht, sondern selbst das Verständnis der Welt. Dieses Phänomen bietet vielfältige Möglichkeiten, die man einst nicht zu erhoffen wagte, weist aber auch einige negative und gefährliche Aspekte auf. Die Tatsache, dass eine beschränkte Zahl von Ländern das Monopol der kulturellen Industrien besitzt und ihre Produkte überall auf der Erde an ein ständig wachsendes Publikum verteilt, kann einen mächtigen Erosionsfaktor darstellen, der zum Schwund der spezifischen kulturellen Eigenarten führt. Es handelt sich um Produkte, die implizite Wertsysteme enthalten und vermitteln und sich deshalb bei den Empfängern als geistige Entleerung und Verlust der Identität auswirken können.

Die Herausforderung der Migrationen

12. Der Stil und die Kultur des Dialogs ist von besonderer Bedeutung, wenn es um die komplexe Problematik der Migrationen geht, einer wichtigen gesellschaftlichen Erscheinung unserer Zeit. Die Bewegung großer Massen aus einer Region des Planeten in eine andere, die für alle, die daran beteiligt sind, oft eine dramatische menschliche Odyssee darstellt, hat die Mischung von unterschiedlichen Traditionen und Bräuchen zur Folge, mit beachtlichen Auswirkungen sowohl in den Herkunfts- als auch in den Ankunftsländern. Die zurückhaltende Aufnahme der Migranten vonseiten der Länder, die sie empfangen, und ihre Fähigkeit, sich in die neue menschliche Umgebung zu integrieren, stellen ebenso Bewertungsmaßstäbe für die Qualität des Dialogs zwischen den verschiedenen Kulturen dar.

Was das heutzutage so heiß debattierte Thema der kulturellen Integration betrifft, so ist es in der Tat nicht leicht, Ordnungen und Regelungen festzuschreiben, die ausgewogen und gerecht die Rechte und Pflichten sowohl des Aufnehmenden als auch des Aufgenommenen garantieren. Im Laufe der Geschichte sind die Migrationsprozesse auf verschiedenste Weise und mit unterschiedlichem Ausgang vor sich gegangen. Viele Zivilisationen haben sich durch die von der Einwanderung erbrachten Beiträge entwickelt und bereichert. In anderen Fällen wurden die kulturellen Unterschiede von Eingesessenen und Zuwanderern zwar nicht integriert, aber sie haben durch praktisch geübte gegenseitige Achtung der Personen und durch die Annahme beziehungsweise Tolerierung der unterschiedlichen Bräuche die Fähigkeit zum Zusammenleben bewiesen. Leider bestehen auch weiterhin Situationen, wo die Schwierigkeiten der Begegnung zwischen den verschiedenen Kulturen nie gelöst und die Spannungen zur Ursache periodisch auftretender Konflikte geworden sind.

13. Bei einem so komplizierten Thema gibt es keine Zauberformeln; trotzdem ist es angezeigt, einige ethische Grundprinzipien als Bezugspunkte aufzustellen. An erster Stelle ist der Grundsatz zu nennen, wonach die Zuwanderer immer mit der Achtung behandelt werden müssen, die der Würde jedes Menschen gebührt. Diesem Grundsatz muss sich die gebührende Einschätzung des Gemeinwohls beugen, wenn es darum geht, die Einwanderungsströme zu regeln. Es wird sich dann darum handeln, die Aufnahme, die man allen Menschen, besonders wenn es Bedürftige sind, schuldig ist, mit der Einschätzung der Voraussetzungen zu verbinden, die für ein würdevolles und friedliches Leben der ursprünglich ansässigen Bevölkerung und der hinzugekommenen unerlässlich sind. Was die kulturellen Ansprüche der Einwanderer betrifft, müssen sie in dem Maße respektiert und angenommen werden, in dem sie zu den im Naturgesetz niedergelegten, allgemeinen sittlichen Werten und zu den menschlichen Grundrechten nicht im Gegensatz stehen.

Achtung vor den Kulturen und der kulturellen Gestalt des jeweiligen Gebietes

14. Schwieriger ist es, festzulegen, wie weit das Recht der Immigranten auf öffentlich-rechtliche Anerkennung ihrer spezifischen kulturellen Ausdrucksformen reicht, die sich nur schwer mit den Gepflogenheiten der Mehrheit der Bürger vertragen. Die Lösung dieses Problems im Rahmen einer grundsätzlichen Öffnung ist gebunden an die konkrete Bewertung des Gemeinwohls zu einem bestimmten historischen Zeitpunkt und in einer bestimmten territorialen und sozialen Situation. Viel hängt davon ab, dass sich in den Herzen eine Kultur der Gastfreundschaft durchsetzt, die, ohne dem Indifferentismus im Hinblick auf die Werte nachzugeben, die Gründe für die Identität und jene für den Dialog zusammenzubringen vermag.

Andererseits darf man, wie ich schon bemerkt habe, den Wert, den die charakteristische Kultur eines bestimmten Gebietes für das ausgeglichene Heranwachsen, besonders im zartesten Entwicklungsalter, derjenigen, die von Geburt an dorthin gehören, nicht unterschätzen. Unter diesem Gesichtspunkt mag man es für eine plausible Orientierung halten, wenn einem bestimmten Gebiet im Verhältnis zu der Kultur, die es vorwiegend geprägt hat, ein gewisses kulturelles Gleichgewicht garantiert wird; ein Gleichgewicht, das auch in der Öffnung gegenüber den Minderheiten und in der Respektierung ihrer Grundrechte die Bewahrung und die Entwicklung einer bestimmten kulturellen Gestalt erlaubt, das heißt jenes Grunderbes von Sprache, Traditionen und Werten, die man im allgemeinen mit der Erfahrung der Nation und dem Vaterlandsgefühl verbindet.

15. Es ist jedoch offenkundig, dass man dieses Bedürfnis nach Gleichgewicht in Bezug auf die kulturelle Gestalt eines bestimmten Gebietes nicht mit rein gesetzgeberischen Mitteln befriedigen kann, da diese ohne Fundament im Ethos der Bevölkerung wirkungslos blieben und außerdem natürlich dann geändert werden müssten, wenn eine Kultur in der Tat die Fähigkeit verlieren sollte, einem Volk und einem Land lebendigen Ausdruck zu verleihen, und einfach zu einem in Museen oder Kunst- und Literaturdenkmälern gehüteten Erbe wird.

Tatsächlich hat eine Kultur in dem Maße, in dem sie wirklich lebendig ist, keinen Grund zur Befürchtung, unterdrückt zu werden, während kein Gesetz sie am Leben halten könnte, wenn sie in den Herzen gestorben wäre. Aus der Perspektive des Dialogs zwischen den Kulturen kann man nicht den einen daran hindern, dem anderen die Werte anzubieten, an die er glaubt, vorausgesetzt, dass es unter Respektierung der Freiheit und des Gewissens der Personen erfolgt. „[A]nders erhebt die Wahrheit nicht Anspruch als kraft der Wahrheit selbst, die sanft und zugleich stark den Geist durchdringt“ (DH 1).

Das Wissen um die gemeinsamen Werte

16. Der Dialog zwischen den Kulturen als bevorzugtes Mittel für den Aufbau der Zivilisation der Liebe, stützt sich auf das Wissen darum, dass es Werte gibt, die allen Kulturen gemeinsam sind, weil sie in der Natur der Person selbst verwurzelt sind. In diesen Werten bringt die Menschheit ihre wahrhaftigsten und bedeutsamsten Wesenszüge zum Ausdruck. Während man ideologische Vorbehalte und parteiische Egoismen hinter sich lässt, gilt es, in den Herzen das Wissen um diese Werte zu pflegen, um jenen kulturellen Nährboden allgemeiner Natur zu fördern, der die fruchtbare Entfaltung eines konstruktiven Dialogs ermöglicht. Auch die verschiedenen Religionen können und müssen einen entscheidenden Beitrag in diesem Sinne leisten. Die Erfahrung, die ich viele Male bei der Begegnung mit Repräsentanten anderer Religionen gemacht habe – ich denke im Besonderen an die Treffen 1986 in Assisi und 1999 auf dem Petersplatz –, bestärkt mich in der Zuversicht, dass von der gegenseitigen Öffnung der Angehörigen der verschiedenen Religionen große Vorteile für die Sache des Friedens und des gemeinsamen Wohls der Menschheit ausgehen können.

Der Wert der Solidarität

17. Angesichts der wachsenden Ungleichheiten in der Welt ist der erste Wert, den man immer mehr bewusst machen muss, sicherlich die Solidarität. Jede Gesellschaft stützt sich auf die Grundlage der ursprünglichen Beziehung der Personen untereinander. Der Kreis der Verbindungen spannt sich immer weiter auf: Von der Familie über weitere vermittelnde gesellschaftliche Gruppen bis zur ganzen bürgerlichen Gesellschaft und der staatlichen Gemein-

schaft. Die Staaten ihrerseits können nicht umhin, untereinander in Beziehung zu treten: Die gegenwärtige Situation der weltweiten gegenseitigen Abhängigkeit erleichtert es, die Schicksalsgemeinschaft der ganzen Menschheitsfamilie besser wahrzunehmen, und fördert in allen nachdenklichen Menschen die Achtung vor der Tugend der Solidarität.

In diesem Zusammenhang muss man allerdings feststellen, dass die zunehmende Abhängigkeit dazu beigetragen hat, zahlreiche Ungleichheiten ans Licht zu heben: Das Ungleichgewicht zwischen reichen und armen Ländern; innerhalb jedes Landes den sozialen Bruch zwischen denen, die im Überfluss leben, und jenen, die in ihrer Würde verletzt sind, weil ihnen auch das Nötige fehlt; den vom verantwortungslosen Gebrauch der natürlichen Ressourcen hervorgerufenen und beschleunigten Verfall der Umwelt und des Menschen. Solche sozialen Ungleichheiten und Missverhältnisse haben in einigen Fällen zugenommen, bis sie die ärmsten Länder unaufhaltsam ins Abseits drängten.

Das Herz einer echten Kultur der Solidarität bildet daher die Förderung der Gerechtigkeit. „Es geht ja nicht bloß darum, [dem Bedürftigen] vom Überfluss abzugeben, sondern ganzen Völkern den Zugang in den Kreis der wirtschaftlichen und menschlichen Entwicklung zu eröffnen, von dem sie ausgeschlossen oder ausgegrenzt sind. Dafür genügt es nicht, aus dem Überfluss zu geben, den unsere Welt reichlich produziert. Dazu müssen sich vor allem die Lebensweisen, die Modelle von Produktion und Konsum und die verfestigten Machtstrukturen ändern, die heute die Gesellschaften beherrschen" (CA 58).

Der Wert des Friedens

18. Die Kultur der Solidarität ist eng mit dem Wert des Friedens verbunden, dem vorrangigen Ziel jeder Gesellschaft und des Zusammenlebens auf nationaler und internationaler Ebene. Auf dem Weg zu einer besseren Völkerverständigung gibt es aber noch zahlreiche Herausforderungen, denen sich die Welt stellen muss: Alle stehen daher vor unaufschiebbare Entscheidungen.

Während der Einsatz für den Atomwaffenstopp mühsam an Boden gewinnt, droht die besorgniserregende Steigerung der Rüstungsproduktion eine Kultur des Kampfes und des Konfliktes zu fördern und auszubreiten, die nicht nur die Staaten mit einbezieht, sondern auch nicht-institutionelle Bereiche wie paramilitärische Gruppen und terroristische Organisationen.

Die Welt ist noch mit den Konsequenzen vergangener und gegenwärtiger Kriege sowie mit den Tragödien beschäftigt, die vom beklagenswerten Gebrauch von Antipersonenminen hervorgerufen werden. Außerdem steht sie der Gefahr der schrecklichen chemischen und biologischen Waffen gegenüber, die die giftige Frucht der heutigen technisch-wissenschaftlichen Erkenntnisse sind. Und was soll man sagen von dem ständigen Risiko von Konflikten zwischen Nationen, von Bürgerkriegen im Inneren verschiedener Staaten und von einer verbreiteten Gewalt, der gegenüber sich die internationalen Organisationen und die nationalen Regierungen als nahezu ohnmächtig erweisen? Solchen Bedrohungen gegenüber müssen alle es als ihre moralische Pflicht empfinden, konkrete und rechtzeitige Entscheidungen zu treffen, um die Sache des Friedens und des Verständnisses unter den Menschen zu fördern.

Der Wert des Lebens

19. Ein echter Dialog zwischen den Kulturen muss außer dem Gefühl der gegenseitigen Achtung eine lebendige Sensibilität für den Wert des Lebens fördern. Das menschliche Leben darf nicht als Objekt gesehen werden, über das man willkürlich verfügt, sondern als die heiligste und unantastbarste Wirklichkeit auf der Weltbühne.

Es kann keinen Frieden geben, wenn der Schutz dieses grundlegenden Gutes Schaden nimmt. Man kann nicht den Frieden fordern und das Leben missachten. Unsere Zeit kennt leuchtende Beispiele von Hochherzigkeit und Hingabe im Dienst am Leben, aber auch das traurige Szenario von hunderten Millionen Menschen, die von der Grausamkeit oder Gleichgültigkeit einem schmerzlichen und brutalen Schicksal ausgeliefert werden. Es handelt sich um eine tragische Todesspirale, die Morde, Selbstmorde, Abtreibungen, Euthanasie ebenso umfasst wie die Praktiken der Verstümmelung, die Methoden physischer und psychologischer Folter, die Formen ungerechter Nötigung, die willkürliche Gefangensetzung, die überhaupt nicht nötige Anwendung der Todesstrafe, die Deportationen, die Sklaverei, die Prostitution, den Frauen- und Kinderhandel. Zu dieser Liste müssen unverantwortliche Praktiken der Gentechnik angefügt werden, wie das Klonen und die Verwertung menschlicher Embryonen für die Forschung, die man mit einem unzulässigen Verweis auf die Freiheit, auf den Fortschritt der Kultur, auf die Förderung der menschlichen Entwicklung zu rechtfertigen sucht.

Wenn die schwächsten und hilflosesten Glieder der Gesellschaft derartige Grausamkeiten erleiden, wird dem auf den Werten der Person, des Vertrauens und der gegenseitigen Achtung und Hilfe beruhenden Begriff der Menschheitsfamilie schwerer Schaden zugefügt. Eine Zivilisation, die auf die Liebe und den Frieden gegründet ist, muss sich diesen menschenunwürdigen Experimenten widersetzen.

Der Wert der Erziehung

20. Für den Aufbau der Zivilisation der Liebe muss der Dialog zwischen den Kulturen die Überwindung jeglichen ethnozentrischen Egoismus anstreben, um die Aufmerksamkeit für die eigene Identität mit dem Verständnis der anderen und der Achtung vor der Verschiedenheit zu verbinden. Als grundlegend erweist sich in diesem Zusammenhang die Verantwortung für die Er-

ziehung. Sie muss den Menschen das Wissen um ihre Wurzeln vermitteln und Bezugspunkte liefern, die es erlauben, ihre persönliche Stellung in der Welt zu definieren. Zugleich muss sie sich bemühen, die Achtung für die anderen Kulturen zu lehren. Man muss über die unmittelbare individuelle Erfahrung hinausblicken und die Unterschiede annehmen, wobei man den Reichtum der Geschichte der anderen und ihrer Werte entdeckt.

Die mit dem gebührenden kritischen Sinn und mit soliden ethischen Bezugspunkten erworbene Kenntnis der anderen Kulturen führt zu einem größeren Wissen um die Werte und Grenzen in der eigenen Kultur und enthüllt gleichzeitig das Vorhandensein eines dem ganzen Menschengeschlecht gemeinsamen Erbes. Kraft dieser Horizonterweiterung hat die Erziehung eine besondere Funktion beim Aufbau einer solidarischeren und friedlicheren Welt. Sie kann zur Bejahung jenes unverkürzten Humanismus beitragen, der offen ist für die ethische und religiöse Dimension und der Kenntnis und Wertschätzung der Kulturen und der geistigen Werte der verschiedenen Zivilisationen die gebührende Bedeutung beizumessen vermag.

Vergebung und Versöhnung

21. Während des Großen Jubiläums, zweitausend Jahre nach der Geburt Jesu, hat die Kirche mit besonderer Intensität die anspruchsvolle Aufforderung zur Versöhnung gelebt. Eine Aufforderung, die auch im Rahmen der Gesamtthematik des Dialogs zwischen den Kulturen von maßgebender Bedeutung ist. Oft ist der Dialog nämlich schwierig, weil auf ihm die Hypothek tragischer Hinterlassenschaften von Kriegen, Konflikten, Gewalttaten und Hass lastet und dem Gedächtnis weiter Nahrung gibt. Um die Schranken der Kommunikationsunfähigkeit zu überwinden, muss man den Weg der Vergebung und Versöhnung einschlagen. Im Namen eines nüchternen Realismus halten viele diesen Weg für utopisch und naiv. Aus christlicher Sicht hingegen ist es der einzige Weg, um das Ziel des Friedens zu erreichen.

Der Blick der Gläubigen ruht fest auf dem sichtbaren Bild des Gekreuzigten. Vor seinem Tod ruft er aus: „Vater, vergib ihnen, denn sie wissen nicht, was sie tun!" (Lk 23,34) Als der zu seiner Rechten gekreuzigte Missetäter diese letzten Worte des sterbenden Erlösers hört, öffnet er sich der Gnade der Bekehrung, er empfängt das Evangelium von der Vergebung und erhält die Verheißung der ewigen Seligkeit. Das Beispiel Christi macht es uns zur Gewissheit, dass sich die vielen Mauern, die die Kommunikation und den Dialog zwischen den Menschen blockieren, tatsächlich niederreißen lassen. Der Blick auf den Gekreuzigten flößt uns das Vertrauen ein, dass Vergebung und Versöhnung zur normalen Praxis des täglichen Lebens und jeder Kultur werden können und damit zu konkreten Gelegenheiten, um den Frieden und die Zukunft der Menschheit aufzubauen.

Eingedenk der wichtigen Erfahrung der Reinigung des Gedächtnisses im Jubiläumsjahr möchte ich einen besonderen Appell an die Christen richten, dadurch zu Zeugen und Boten der Vergebung und Versöhnung zu werden, dass sie mit der eifrigen Anrufung des Gottes des Friedens die Verwirklichung der herrlichen Prophezeiung des Jesaja betreiben, die sich auf alle Völker der Erde ausdehnen lässt: „An jenem Tag wird es eine Straße von Ägypten nach Assur geben, sodass Assur nach Ägypten und Ägypten nach Assur kommt. Und Ägypten wird Assur dienen. An jenem Tag wird Israel neben Ägypten und Assur der Dritte sein, ein Segen inmitten der Erde. Denn der HERR der Heerscharen hat es gesegnet, indem er sprach: Gesegnet ist mein Volk, Ägypten, und das Werk meiner Hände, Assur, und mein Erbbesitz, Israel!" (Jes 19,23–25)

Ein Aufruf an die Jugendlichen

22. Ich möchte diese Friedensbotschaft abschließen mit einem besonderen Aufruf an euch, Jugendliche der ganzen Welt, denn ihr seid die Zukunft der Menschheit und die lebendigen Bausteine für die Errichtung der Zivilisation der Liebe. Ich bewahre in meinem Herzen die Erinnerung an die ergreifenden und hoffnungsvollen Begegnungen mit euch während des letzten Weltjugendtages in Rom. Eure Zustimmung war freudig, überzeugt und vielversprechend. In eurer Tatkraft und Vitalität und in eurer Liebe zu Christus habe ich eine friedvollere und humanere Zukunft für diese Welt erahnen können.

Während ich eure Nähe spürte, empfand ich in mir ein Gefühl tiefer Dankbarkeit gegenüber dem Herrn, der mir die Gnade bereitete, durch das bunte Mosaik eurer unterschiedlichen Sprachen, Kulturen, Gewohnheiten und Denkweisen das Wunder der Universalität der Kirche, ihrer Katholizität, ihrer Einheit zu betrachten. Durch euch habe ich gesehen, wie wunderbar sich die Verschiedenheiten in der Einheit desselben Glaubens, derselben Hoffnung und derselben Liebe zusammenfügen und so zu einem sehr sprechenden Ausdruck der großartigen Wirklichkeit der Kirche werden, des Zeichens und Werkzeugs Jesu Christi zum Heil der Welt und für die Einheit des Menschengeschlechts (vgl. LG 1). Das Evangelium ruft euch auf, jene ursprüngliche Einheit der Menschheitsfamilie wiederherzustellen, die in Gott, Vater, Sohn und Heiligem Geist, ihre Quelle hat.

Liebe junge Menschen aller Sprachen und Kulturen! Euch erwartet eine hohe und begeisternde Aufgabe: Männer und Frauen zu sein, die in der Achtung vor allen fähig sind zu Solidarität, Frieden und Liebe zum Leben. Seid Baumeister einer neuen Menschheit, wo Brüder und Schwestern, Glieder ein und derselben Familie, endlich leben können in Frieden!

Aus dem Vatikan, am 8. Dezember 2000
Johannes Paul II.

Botschaft seiner Heiligkeit Papst Johannes Paul II.
zur Feier des 35. Weltfriedenstages
1. Januar 2002

Kein Friede ohne Gerechtigkeit, keine Gerechtigkeit ohne Vergebung

1. Dieses Jahr wird der Weltfriedenstag vor dem Hintergrund der dramatischen Ereignisse vom vergangenen 11. September begangen. An jenem Tag ist ein Verbrechen schrecklichen Ausmaßes verübt worden: Innerhalb weniger Minuten wurden Tausende unschuldiger Menschen verschiedener ethnischer Herkunft auf grauenvolle Weise getötet. Seither haben die Menschen auf der ganzen Welt mit neuer Intensität das Bewusstsein der persönlichen Verwundbarkeit erfahren; sie haben begonnen, mit einem tiefen, bis dahin nicht gekannten Angstgefühl in die Zukunft zu schauen. Angesichts solcher seelischen Zustände möchte die Kirche ein Zeugnis ihrer Hoffnung geben, die auf der Überzeugung beruht, dass das Böse, das *mysterium iniquitatis*, in den menschlichen Angelegenheiten nicht das letzte Wort hat. Die in der Heiligen Schrift umrissene Heilsgeschichte wirft ein helles Licht auf die gesamte Geschichte der Welt, indem sie aufzeigt, wie diese immer von Gottes barmherziger und weiser Sorge begleitet wird, welcher die Wege kennt, um selbst die verhärtetsten Herzen zu berühren und von trockenem, unfruchtbarem Boden gute Früchte zu ernten.

Das ist die Hoffnung, an der die Kirche zu Beginn des Jahres 2002 festhält: Durch die Gnade Gottes wird die Welt, in der die Macht des Bösen wieder einmal die Oberhand zu haben scheint, tatsächlich in eine Welt verwandelt werden, in der die edelsten Bestrebungen des menschlichen Herzens befriedigt werden können, eine Welt, in der sich der wahre Friede durchsetzen wird.

Der Friede: Werk der Gerechtigkeit und der Liebe

2. Die jüngsten Ereignisse mit den schrecklichen Bluttaten, an die ich eben erinnert habe, haben mich dazu bewegt, einen Gedanken wieder aufzunehmen, der aus tiefstem Herzen kommt, in Erinnerung an historische Ereignisse, die mein Leben, besonders in meinen Jugendjahren, gezeichnet haben.

Die unermesslichen Leiden der Völker und der Einzelnen, darunter auch nicht wenige meiner Freunde und Bekannten, verursacht durch die totalitären Regime des Nationalsozialismus und des Kommunismus, haben stets meine Seele bedrängt und mich zum Gebet angeregt. Oftmals habe ich innegehalten, um über die Frage nachzudenken: Welcher Weg führt zur vollen Wiederherstellung der so grausam verletzten sittlichen und sozialen Ordnung? Durch Nachdenken und in der Beschäftigung mit der biblischen Offenbarung bin ich zu der Überzeugung gelangt, dass sich die zerbrochene Ordnung nicht vollauf wiederherstellen lässt, es sei denn, man verbindet Gerechtigkeit und Vergebung miteinander. Die Stützpfeiler des wahren Friedens sind die Gerechtigkeit und jene besondere Form der Liebe, wie sie die Vergebung darstellt.

3. Aber wie kann man unter den aktuellen Umständen von Gerechtigkeit und zugleich von Vergebung als Quellen und Bedingungen des Friedens reden? Meine Antwort lautet, man kann und man muss davon reden, ungeachtet der Schwierigkeiten, die solches Reden in sich birgt, auch deshalb, weil man gewöhnlich Gerechtigkeit und Vergebung als alternative Begriffe denkt. Die Vergebung steht im Gegensatz zum Groll und zur Rache, nicht zur Gerechtigkeit. Der wahre Friede ist in Wirklichkeit ein „Werk der Gerechtigkeit" (Jes 32,17). Der Friede ist, wie das II. Vatikanische Konzil erklärt hat, „die Frucht der Ordnung, die ihr göttlicher Gründer selbst in die menschliche Gesellschaft eingestiftet hat und die von den Menschen durch stetes Streben nach immer vollkommenerer Gerechtigkeit verwirklicht werden muss" (GS 78). Seit über fünfzehn Jahrhunderten erklingt in der katholischen Kirche die Lehre des Augustinus von Hippo, die uns daran erinnert, dass der Friede, der mit dem Zutun aller anzustreben ist, in der *tranquillitas ordinis*, in der Ruhe der Ordnung besteht.[1]

Der wahre Friede ist daher Frucht der Gerechtigkeit, sittliche Tugend und rechtliche Garantie, die über die vollumfängliche Achtung der Rechte und Pflichten und die gerechte Aufteilung von Nutzen und Lasten wacht. Da aber die menschliche Gerechtigkeit, die nun einmal den Grenzen und Egoismen von Personen und Gruppen ausgesetzt ist, immer zerbrechlich und unvollkommen ist, muss sie ausgeübt und durch die Vergebung, die die Wunden heilt und die tiefgehende Wiederherstellung der gestörten menschlichen Beziehungen bewirkt, vervollständigt werden. Das gilt sowohl in den Spannungen, die Einzelpersonen betreffen, als auch in jenen von übergeordneter und auch internationaler Tragweite. Die Vergebung steht in keiner Weise im Gegensatz zu der Gerechtigkeit, weil sie das legitime Bedürfnis nach einer Wiederherstellung der verletzten Ordnung nicht missachtet. Die Vergebung strebt vielmehr jene Fülle von Gerechtigkeit an, die zur Ruhe der Ordnung führt; diese bedeutet weit mehr als eine zerbrechliche und vorübergehende Unterbrechung der Feindseligkeiten, nämlich eine tiefgreifende Hei-

---

[1] Vgl. *A. von Hippo*, De civitate Dei, 19,13.

lung der in den Herzen blutenden Wunden. Wesentlich für eine solche Heilung sind beide: Die Gerechtigkeit und die Vergebung.

Das sind die beiden Dimensionen des Friedens, die ich in dieser Botschaft aufzeigen möchte. Der Weltfriedenstag bietet in diesem Jahr der ganzen Menschheit und besonders den Staatsoberhäuptern die Gelegenheit, über die Anforderungen der Gerechtigkeit und über den Aufruf zur Vergebung angesichts der schwerwiegenden Probleme nachzudenken, welche die Welt weiterhin quälen, darunter nicht zuletzt die vom organisierten Terrorismus eingeführte neue Stufe der Gewalt.

Das Phänomen des Terrorismus

4. Gerade der auf Gerechtigkeit und Vergebung gegründete Friede ist es, der heute vom internationalen Terrorismus angegriffen wird. In den letzten Jahren, besonders nach dem Ende des Kalten Krieges, hat sich der Terrorismus zu einem hochentwickelten Netzwerk politischer, technischer und wirtschaftlicher Verflechtungen entwickelt, das die nationalen Grenzen überschreitet und sich über die ganze Welt erstreckt. Es handelt sich um Organisationen im wahrsten Sinn des Wortes, die oft mit beachtlichen Geldmitteln ausgestattet sind und Strategien auf breiter Ebene ausarbeiten, wobei sie nicht involvierte Personen treffen, die mit den von den Terroristen verfolgten Zielen überhaupt nichts zu tun haben.

Wenn diese Terrororganisationen ihre eigenen Anhänger als Waffen benutzen, um sie gegen unbewaffnete, ahnungslose Menschen loszuschicken, machen sie damit auf erschütternde Weise den Todesdrang offenkundig, der sie speist. Der Terrorismus entspringt dem Hass und erzeugt Isolierung, Misstrauen und Abschottung. Gewalt gesellt sich zur Gewalt, in einer tragischen Spirale, die auch die jungen Generationen mit hineinzieht, die so den Hass erben, der schon frühere Generationen entzweit hat. Der Terrorismus basiert auf der Verachtung des menschlichen Lebens. Deshalb bildet er nicht allein den Grund für unerträgliche Verbrechen, sondern stellt selbst ein wirkliches Verbrechen gegen die Menschheit dar, weil er auf den Terror als politische und wirtschaftliche Strategie zurückgreift.

5. Es besteht daher ein Recht auf Verteidigung gegen den Terrorismus. Es ist ein Recht, das sich wie jedes andere bei der Wahl sowohl der Ziele als auch der Mittel an moralische und rechtliche Regeln halten muss. Die Identifikation der Schuldigen muss entsprechend bewiesen werden, weil die strafrechtliche Verantwortung immer personal ist und daher nicht auf die Nationen, Ethnien und Religionen, denen die Terroristen angehören, ausgedehnt werden kann. Die internationale Zusammenarbeit im Kampf gegen das terroristische Treiben muss auch einen besonderen Einsatz auf politischer, diploma-

tischer und wirtschaftlicher Ebene beinhalten, um mutig und entschlossen etwaige Situationen von Unterdrückung und Ausgrenzung aufzulösen, die den Ursprung für Terrorpläne bilden könnten. Denn die Anwerbung von Terroristen wird in einem sozialen Umfeld erleichtert, wo Rechte verletzt und Ungerechtigkeiten allzu lange geduldet werden.

Es muss jedoch mit aller Klarheit festgestellt werden, dass die in der Welt bestehenden Ungerechtigkeiten niemals als Vorwand zur Rechtfertigung von Terroranschlägen dienen können. Außerdem ist darauf hinzuweisen, dass zu den Opfern des radikalen Zusammenbruchs der Ordnung, wie er von den Terroristen bezweckt wird, in erster Linie die Millionen Männer und Frauen gehören, die am wenigsten dagegen gewappnet sind, den Zusammenbruch der internationalen Solidarität auszuhalten. Ich spiele im Besonderen auf die Völker der Entwicklungsländer an, die ohnehin schon am Rand des Existenzminimums leben; sie wären von einem globalen wirtschaftlichen und politischen Chaos am schmerzlichsten betroffen. Der Anspruch des Terrorismus, im Namen der Armen zu handeln, ist eine offenkundige Unwahrheit.

Man tötet nicht im Namen Gottes!

6. Wer durch die Ausführung von Terroranschlägen tötet, hegt Gefühle der Verachtung für die Menschheit und manifestiert Hoffnungslosigkeit gegenüber dem Leben und der Zukunft: Alles kann aus dieser Sicht gehasst und zerstört werden. Der Terrorist meint, der von ihm geglaubten Wahrheit beziehungsweise dem erlittenen Leid komme eine derart absolute Bedeutung zu, dass es gerechtfertigt sei, darauf mit der Vernichtung auch unschuldiger Menschenleben zu reagieren. Bisweilen ist der Terrorismus das Kind eines fanatischen Fundamentalismus, der aus der Überzeugung entsteht, alle zur Annahme der eigenen Sichtweise der Wahrheit zwingen zu können. Die Wahrheit kann jedoch auch dann, wenn sie erlangt wird – und das geschieht immer auf eine begrenzte und vervollkommnungsfähige Weise –, niemals aufgezwungen werden. Die Achtung vor dem Gewissen des anderen, in dem sich das Abbild Gottes selbst widerspiegelt (vgl. Gen 1,26–27), gestattet nur, die Wahrheit dem anderen vorzuschlagen; an ihm liegt es dann, sie verantwortungsvoll anzunehmen. Die Anmaßung, das, was man selbst für die Wahrheit hält, anderen gewaltsam aufzuzwingen, bedeutet, dass dadurch die Würde des Menschen verletzt und schließlich Gott, dessen Abbild er ist, beleidigt wird. Darum ist der fundamentalistische Fanatismus eine Haltung, die im radikalen Gegensatz zum Glauben an Gott steht. Wenn wir genau hinschauen, instrumentalisiert der Terrorismus nicht nur den Menschen, sondern auch Gott, indem er ihn schließlich zu einem Götzen macht, dessen er sich für seine eigenen Zwecke bedient.

7. Kein Verantwortlicher der Religionen kann daher dem Terrorismus gegenüber Nachsicht üben und noch weniger kann er ihn predigen. Es ist eine Profanierung der Religion, sich als Terroristen im Namen Gottes zu bezeichnen, dem Menschen im Namen Gottes Gewalt anzutun. Die terroristische Gewalt steht im Gegensatz zum Glauben an Gott, den Schöpfer des Menschen, an Gott, der sich um den Menschen kümmert und ihn liebt. Insbesondere steht sie völlig im Gegensatz zum Glauben an Christus den Herrn, der seine Jünger zu beten gelehrt hat: „Und erlass uns unsere Schulden, wie auch wir sie unseren Schuldnern erlassen haben!“ (Mt 6,12)

In der Nachfolge der Lehre und des Beispiels Jesu sind die Christen davon überzeugt, dass Barmherzigkeit zu üben bedeutet, die Wahrheit unseres Lebens voll zu leben: Wir können und müssen barmherzig sein, weil uns von Gott, der die erbarmende Liebe ist, Barmherzigkeit erwiesen worden ist (vgl. 1 Joh 4,7–12). Der Gott, der uns durch seinen Eintritt in die Geschichte erlöst und im Drama des Karfreitags den Sieg des Ostertages vorbereitet, ist ein Gott des Erbarmens und der Vergebung (vgl. Ps 103,3–4/10–13). Gegenüber denen, die ihn angriffen, weil er mit den Sündern zusammen aß, hat sich Jesus so ausgedrückt: „Geht und lernt, was es heißt: *Barmherzigkeit will ich, nicht Opfer*! Denn ich bin nicht gekommen, um Gerechte zu rufen, sondern Sünder“ (Mt 9,13). Die Jünger Christi, getauft auf seinen Tod und seine Auferstehung, müssen immer Männer und Frauen der Barmherzigkeit und der Vergebung sein.

Die Notwendigkeit der Vergebung

8. Was aber bedeutet das Vergeben konkret? Und warum müssen wir vergeben? Das Sprechen über die Vergebung kann diesen Fragestellungen nicht ausweichen. Indem ich eine Überlegung aus meiner Botschaft zum Weltfriedenstag 1997, „Biete die Vergebung an, empfange den Frieden“ (Wfb 1997), wieder aufgreife, möchte ich daran erinnern, dass die Vergebung, noch bevor sie ein gesellschaftliches Faktum wird, ihren Sitz im Herzen eines jeden hat. Nur in dem Maße, in dem sich eine Ethik und eine Kultur des Vergebens herausbildet, kann man eine Politik der Versöhnung erhoffen, die ihren Niederschlag in sozialen Verhaltensweisen und rechtsstaatlichen Einrichtungen findet, in denen die Gerechtigkeit selbst ein menschliches Antlitz annimmt.

In Wirklichkeit ist die Vergebung eine persönliche Entscheidung, eine Option des Herzens, die sich gegen den spontanen Instinkt richtet, das Böse mit dem Bösen zu beantworten. Diese Option findet ihr Richtmaß in der Liebe Gottes, die uns trotz unserer Sünde annimmt. Ihr höchstes Vorbild ist die Vergebung Christi, der am Kreuz gebetet hat: „Vater, vergib ihnen, denn sie wissen nicht, was sie tun!“ (Lk 23,34)

Die Vergebung gestaltet sich daher nach göttlichem Ursprung und Maß. Dies schließt allerdings nicht aus, dass man ihren Wert auch im Licht vernünftiger menschlicher Überlegungen erfassen kann. Als erste von allen steht jene Überlegung, die mit der Erfahrung zusammenhängt, dass der Mensch, der Böses begeht, in sich selbst verschlossen lebt. Er wird sich seiner Zerbrechlichkeit bewusst und hofft auf die Nachsicht der anderen. Warum also sollte man sich den anderen gegenüber nicht so verhalten, wie man selbst behandelt zu werden wünscht? Jeder Mensch hegt in sich die Hoffnung, das Leben in seinem Verlauf von neuem beginnen zu können und nicht für immer Gefangener der eigenen Irrtümer und der eigenen Schuld zu bleiben. Er träumt davon, den Blick wieder zu erheben und in die Zukunft zu richten, um noch Perspektiven des Vertrauens und des Engagements entdecken zu können.

9. Als menschliche Handlung ist die Vergebung zunächst eine Initiative des Einzelnen in seiner Beziehung zu den anderen, ihm ähnlichen Geschöpfen. Der Mensch hat jedoch eine wesentliche soziale Dimension, kraft welcher er ein Netzwerk von Beziehungen knüpft, in dem er sich selbst zum Ausdruck bringt – leider nicht nur im Guten, sondern auch im Bösen. Die Folge davon ist, dass sich die Vergebung auch auf sozialer Ebene als notwendig erweist. Die Familien, die Gruppen, die Staaten, die Völkergemeinschaft selbst müssen sich der Vergebung öffnen, um unterbrochene Verbindungen wieder aufzunehmen, um Situationen einer fruchtlosen gegenseitigen Verurteilung zu überwinden, um über die Versuchung zu siegen, die anderen auszuschließen, indem man ihnen die Einspruchsmöglichkeit, verwehrt. Die Fähigkeit zur Vergebung liegt jedem Plan für eine gerechtere und solidarischere Gesellschaft in der Zukunft zugrunde.

Umgekehrt kommt die versäumte Vergebung, besonders, wenn dadurch die Fortdauer von Konflikten geschürt wird, der Entwicklung der Völker sehr teuer zu stehen. Die Ressourcen werden verwendet, um den Rüstungswettlauf, die Kriegskosten und die Folgen wirtschaftlicher Repressalien zu tragen. Damit fehlen die notwendigen Geldmittel, um Entwicklung, Frieden und Gerechtigkeit voranzubringen. Unter wie vielen Schmerzen leidet die Menschheit, weil sie sich nicht zu versöhnen weiß, wie oft wird sie zurückgeworfen, weil sie nicht zu vergeben weiß! Der Friede ist die Voraussetzung für die Entwicklung, aber ein wirklicher Friede wird nur durch die Vergebung ermöglicht.

Die Vergebung, der Hauptweg

10. Das Angebot der Vergebung ist weder unmittelbar zu verstehen noch mühelos anzunehmen; es ist eine in gewisser Hinsicht paradoxe Botschaft. Tatsächlich schließt die Vergebung immer kurzfristig einen scheinbaren Verlust

ein, während sie langfristig einen tatsächlichen Gewinn sicherstellt. Die Gewalt ist das genaue Gegenteil; sie entscheidet sich für einen kurzfristigen Gewinn, bereitet aber auf lange Sicht einen tatsächlichen, anhaltenden Verlust vor. Die Vergebung könnte als eine Schwäche erscheinen; in Wirklichkeit setzt sie, sowohl um gewährt als auch um angenommen zu werden, eine große geistige Kraft und einen bewährten moralischen Mut voraus. Weit davon entfernt, die Person herabzusetzen, führt die Vergebung sie zu einem erfüllten und reicheren Menschsein, das fähig ist, in sich einen Strahl des Glanzes des Schöpfers widerzuspiegeln.

Das Amt, das ich im Dienst des Evangeliums ausübe, lässt mich nachdrücklich die Pflicht spüren und verleiht mir zugleich die Kraft, auf der Notwendigkeit der Vergebung zu bestehen. Das tue ich auch heute, getragen von der Hoffnung, ruhige und reife Überlegungen im Hinblick auf eine allgemeine Erneuerung in den Herzen der Menschen und in den Beziehungen zwischen den Völkern der Erde wecken zu können.

11. Beim Nachdenken über das Thema der Vergebung kann man nicht umhin, an einige tragische Konfliktsituationen zu erinnern, die seit allzu langer Zeit einen tiefen und quälenden Hass schüren, mit der Folge einer unaufhaltsamen Spirale von persönlichen und kollektiven Tragödien. Ich nehme im Besonderen auf die Geschehnisse im Heiligen Land Bezug, dem gesegneten und heiligen Ort der Begegnung Gottes mit den Menschen, dem Ort des Lebens, des Todes und der Auferstehung Jesu, des Friedensfürsten.

Die heikle weltpolitische Situation erfordert, mit Nachdruck erneut die Dringlichkeit einer Lösung des arabisch-israelischen Konflikts hervorzuheben, der nun schon seit mehr als fünfzig Jahren mit Phasen von unterschiedlicher Schärfe andauert. Der ständige Rückgriff auf Terrorakte oder den Krieg, der die Lage aller erschwert und in die Aussichtslosigkeit führt, muss endlich entschlossenen Verhandlungen Platz machen. Die Rechte und Bedürfnisse eines jeden können gebührend berücksichtigt und in einen gerechten Ausgleich gebracht werden, wenn und sobald bei allen der Wille zu Gerechtigkeit und Versöhnung vorherrscht. An jene geliebten Völker richte ich erneut die deutliche Aufforderung, sich um eine neue Ära gegenseitiger Achtung und konstruktiven Einvernehmens zu bemühen.

Interreligiöse Verständigung und Zusammenarbeit

12. Eine besondere Verantwortung bei dieser großangelegten Bemühung tragen die religiösen Führer. Die christlichen Konfessionen und die großen Religionen der Menschheit müssen zusammenarbeiten, um die sozialen und kulturellen Ursachen des Terrorismus zu beseitigen; sie müssen die Größe und Würde der menschlichen Person lehren und eine größere Bewusstheit

von der Einheit des Menschengeschlechts verbreiten. Es handelt sich um einen spezifischen Bereich des Dialogs und der ökumenischen und interreligiösen Zusammenarbeit für einen dringend erforderlichen Dienst der Religionen am Frieden zwischen den Völkern.

Im Besonderen bin ich davon überzeugt, dass die religiösen Führer der Juden, der Christen und der Muslime durch die öffentliche Verurteilung des Terrorismus die Initiative ergreifen sollen, indem sie jede Form der religiösen oder moralischen Legitimation für diejenigen, die sich am Terrorismus beteiligen, ablehnen.

13. Wenn die Führer der Religionen der Welt gemeinsam die sittliche Wahrheit bezeugen, nach welcher der vorsätzliche Mord des Unschuldigen immer, überall und ohne Ausnahme eine schwere Sünde ist, werden sie damit die Bildung einer moralisch richtigen öffentlichen Meinung fördern. Das ist die unerlässliche Voraussetzung für den Aufbau einer internationalen Gesellschaft, die imstande ist, als Ziel die Ruhe der Ordnung in Gerechtigkeit und Freiheit zu verfolgen.

Ein derartiges Engagement vonseiten der Religionen wird *auf dem Weg der Vergebung* Eingang finden müssen, die zu gegenseitigem Verständnis, zu Achtung und Vertrauen führt. Der Dienst, den die Religionen für den Frieden und gegen den Terrorismus leisten können, besteht genau in der Pädagogik der Vergebung, weil der Mensch, der vergibt oder um Vergebung bittet, begreift, dass es eine Wahrheit gibt, die größer ist als er, und durch deren Annahme er über sich selbst hinauszuwachsen vermag.

Gebet für den Frieden

14. Aus ebendiesem Grund ist das Gebet für den Frieden nicht ein Element, das dem Einsatz für den Frieden nachfolgt. Im Gegenteil, es steht im Mittelpunkt der Bemühungen, Frieden in Ordnung, Gerechtigkeit und Freiheit zu schaffen. Beten für den Frieden heißt, das menschliche Herz dem Eindringen der erneuernden Kraft Gottes öffnen. Gott kann durch die belebende Kraft seiner Gnade selbst dort Öffnungen für den Frieden schaffen, wo es nur Hindernisse und Abriegelungen zu geben scheint; trotz einer langen Geschichte von Trennungen und Kämpfen vermag er die Solidarität der Menschheitsfamilie zu stärken und auszuweiten. Beten für den Frieden heißt, für die Gerechtigkeit, für eine angemessene Ordnung innerhalb der Nationen und in ihren Beziehungen untereinander zu beten. Das heißt auch, für die Freiheit, besonders für die Religionsfreiheit, die ein menschliches und ziviles Grundrecht eines jeden Individuums ist, zu beten. Das Beten für den Frieden heißt, dafür zu beten, die Vergebung Gottes zu erlangen und gleichzeitig im Mut zu wachsen, den jeder nötig hat, der seinerseits die erlittenen Verletzungen vergeben will.

Aus all diesen Gründen habe ich die Vertreter der Weltreligionen am kommenden 24. Januar nach Assisi eingeladen, um in der Stadt des heiligen Franziskus für den Frieden zu beten. Wir wollen damit zum Ausdruck bringen, dass das ehrliche religiöse Empfinden eine unerschöpfliche Quelle der gegenseitigen Achtung und des Verständnisses unter den Völkern ist: Genau darin liegt das wichtigste Gegenmittel gegen Gewalt und Konflikte. In dieser Zeit großer Besorgnis muss sich die Menschheitsfamilie auf die sicheren Gründe unserer Hoffnung besinnen. Gerade dies beabsichtigen wir, in Assisi zu verkünden, indem wir – mit den eindrucksvollen, dem heiligen Franziskus zugeschriebenen Worten – den allmächtigen Gott bitten, uns zu einem Werkzeug seines Friedens zu machen.

15. Kein Friede ohne Gerechtigkeit, keine Gerechtigkeit ohne Vergebung: Das will ich in dieser Botschaft Glaubenden und Nichtglaubenden, den Männern und Frauen guten Willens verkünden, denen das Wohl der Menschheitsfamilie und ihre Zukunft am Herzen liegt.

Kein Friede ohne Gerechtigkeit, keine Gerechtigkeit ohne Vergebung: Daran will ich alle erinnern, die das Geschick der menschlichen Gemeinschaften in Händen haben, damit sie sich bei ihren ernsten und schwierigen Entscheidungen immer vom Licht des wahren Wohls des Menschen im Hinblick auf das Gemeinwohl leiten lassen.

Kein Friede ohne Gerechtigkeit, keine Gerechtigkeit ohne Vergebung: Ich werde nicht müde, diese Mahnung an alle zu wiederholen, die aus dem einen oder anderen Grund Hass, Rachsucht und Zerstörungswut in sich hegen.

Möge an diesem Welttag des Friedens aus den Herzen aller Gläubigen das Gebet für jedes der Opfer des Terrorismus noch eindringlicher emporsteigen, für ihre in tragischer Weise getroffenen Familien und für alle Völker, die nach wie vor von Terrorismus und Krieg heimgesucht und erschüttert werden. Selbst jene, die durch solche erbarmungslosen Aktionen Gott und den Menschen schwer beleidigen, sollen nicht außerhalb des Lichtstrahls unseres Gebetes bleiben: Möge es ihnen vergönnt sein, wieder zu sich selbst zu kommen und sich Rechenschaft zu geben über das Böse, das sie begehen, so dass sie sich gedrängt fühlen, jeden Vorsatz der Gewalt aufzugeben und die Vergebung zu suchen. Möge die Menschheitsfamilie in diesen stürmischen Zeiten den wahren und dauerhaften Frieden finden, jenen Frieden, der allein aus der Begegnung der Gerechtigkeit mit der Barmherzigkeit entstehen kann!

Aus dem Vatikan, am 8. Dezember 2001
Johannes Paul II.

Botschaft seiner Heiligkeit Papst Johannes Paul II.
zur Feier des 36. Weltfriedenstages
1. Januar 2003

‚Pacem in terris': Eine bleibende Aufgabe

1. Fast vierzig Jahre sind seit Gründonnerstag, den 11. April 1963, vergangen, an dem Papst Johannes XXIII. die historische Enzyklika ‚Pacem in terris' veröffentlichte. Mein verehrter Vorgänger, der nur zwei Monate später starb und sich in der Enzyklika „an alle Menschen guten Willens" wandte, fasste seine Friedensbotschaft an die Welt im ersten Satz zusammen: „Der Friede auf Erden, nach dem alle Menschen zu allen Zeiten sehnlichst verlangten, kann nur dann begründet und gesichert werden, wenn die von Gott gesetzte Ordnung gewissenhaft beachtet wird" (PT 1).

Zu einer zerspaltenen Welt vom Frieden sprechen
2. Die Welt, an die sich Johannes XXIII. wandte, befand sich tatsächlich in einem Zustand tiefgreifender Unordnung. Das 20. Jahrhundert hatte mit einer großen Fortschrittserwartung begonnen. Stattdessen hatte die Menschheit in sechzig Jahren Geschichte den Ausbruch zweier Weltkriege, die Errichtung grausamer totalitärer Systeme, die Häufung immenser menschlicher Leiden und die Entfesselung der größten Kirchenverfolgung, welche die Geschichte je erlebt hat, verzeichnen müssen.

Nur zwei Jahre vor ‚Pacem in terris' wurde 1961 die Berliner Mauer errichtet, um nicht nur die beiden Teile jener Stadt voneinander zu trennen und gegeneinander in Stellung zu bringen, sondern auch zwei Modelle des Verstehens und des Aufbaus der irdischen Gesellschaft. Auf beiden Seiten der Mauer nahm das Leben unter dem Einfluss oft gegensätzlicher Regeln und in einem zunehmend von Verdacht und Misstrauen durchsetzten Klima unterschiedliche Gestalt an. Sowohl als Weltanschauung als auch als konkreter Lebensentwurf verlief jene Mauer quer durch die ganze Menschheit und drang in das Herz und den Verstand der Menschen ein, wo sie Trennungen erzeugte, die, so schien es, für immer bestehen bleiben sollten.

Zudem befand sich sechs Monate vor der Veröffentlichung der Enzyklika, als in Rom wenige Tage zuvor das Zweite Vatikanische Konzil eröffnet worden war, die Welt wegen der durch die auf Kuba stationierten Raketen verursachten Krise am Rande eines Atomkrieges. Der Weg zu einer Welt des Friedens, der Gerechtigkeit und der Freiheit schien blockiert. Viele glaubten, die Menschheit wäre dazu verdammt, noch lange Zeit in dieser gefährlichen Situation des Kalten Krieges zu leben und ständig dem Albtraum ausgesetzt zu sein, dass ein Angriff oder ein Zwischenfall von einem Tag auf den anderen den schlimmsten Krieg der ganzen Menschheitsgeschichte auslösen könnten. Der Einsatz der Atomwaffen hätte ihn in der Tat zu einem Konflikt gemacht, der die Zukunft der Menschheit gefährdet hätte.

Die vier Säulen des Friedens

3. Papst Johannes XXIII. teilte nicht die Meinung derjenigen, die den Frieden in den Bereich des Unmöglichen rückten. Mit der Enzyklika bewirkte er, dass dieser fundamentale Wert – mit seiner ganzen anspruchsvollen Wahrheit – an beide Seiten der Mauer und aller Mauern zu pochen begann. Zu allen sprach die Enzyklika von der gemeinsamen Zugehörigkeit zur Menschheitsfamilie. Sie entzündete in allen ein Licht sehnsüchtigen Verlangens, auf dass Menschen eines jeden Erdteils in Sicherheit, Gerechtigkeit und mit der Hoffnung auf Zukunft leben.

Erleuchteten Geistes wie er war, erkannte Johannes XXIII. die entscheidenden Voraussetzungen für den Frieden in vier klaren Erfordernissen des menschlichen Geistes: „Wahrheit, Gerechtigkeit, Liebe und Freiheit" (PT 18 Titel). Die Wahrheit – sagte er – werde die Grundlage des Friedens sein, wenn jeder Einzelne außer seinen Rechten auch seine Pflichten gegenüber den anderen ehrlich anerkennt. Die Gerechtigkeit wird den Frieden aufbauen, wenn jeder die Rechte der anderen konkret respektiert und sich bemüht, seine Pflichten gegenüber den anderen voll zu erfüllen. Die Liebe wird der Sauerteig des Friedens sein, wenn die Menschen die Nöte und Bedürfnisse der anderen als ihre eigenen empfinden und ihren Besitz, angefangen bei den geistigen Werten, miteinander teilen. Die Freiheit schließlich wird den Frieden nähren und Früchte tragen lassen, wenn die Einzelnen bei der Wahl der Mittel zu seiner Erreichung der Vernunft folgen und mutig die Verantwortung für das eigene Handeln übernehmen.

Den Blick der Augen des Glaubens und der Vernunft auf die Gegenwart und in die Zukunft gerichtet, erkannte und deutete der selige Johannes XXIII. die tiefgreifenden Anregungen, die bereits in der Geschichte am Werk waren. Er wusste, dass die Dinge nicht immer so sind, wie sie oberflächlich betrachtet erscheinen. Trotz der Kriege und Kriegsdrohungen war in der Menschheitsgeschichte etwas anderes am Werk, etwas, das der Papst als den verheißungsvollen Anfang einer geistlichen Revolution erfasste.

Ein neues Bewusstsein von der Würde des Menschen und seiner unveräußerlichen Rechte

4. Die Menschheit, so schrieb er, habe auf ihrem Weg einen neuen Abschnitt eingeschlagen (vgl. PT 23). Das Ende des Kolonialismus, die Entstehung neuer unabhängiger Staaten, der bessere Schutz der Arbeitnehmerrechte,

die neue und willkommene Präsenz der Frauen im öffentlichen Leben erschienen ihm gleichfalls als Zeichen einer Menschheit, die dabei war, in eine neue Phase ihrer Geschichte einzutreten, eine Phase, die gekennzeichnet war von der „Auffassung, dass alle Menschen in der Würde ihrer Natur unter sich gleich sind" (PT 24). Diese Würde wurde gewiss in vielen Teilen der Welt noch immer mit Füßen getreten. Das wusste der Papst nur zu gut. Er war jedoch davon überzeugt, dass die Welt trotz der in gewisser Hinsicht dramatischen Lage sich bestimmter geistiger Werte immer bewusster werde und immer mehr Offenheit zeige für den inhaltlichen Reichtum jener Säulen des Friedens, nämlich der Wahrheit, der Gerechtigkeit, der Liebe und der Freiheit (vgl. PT 18). Durch die Bemühungen, diese Werte in das gesellschaftliche Leben sowohl auf nationaler als auch auf internationaler Ebene einzubringen, würden Männern und Frauen immer bewusster, dass ihre Beziehung zu Gott, der Quelle alles Guten, das feste Fundament und höchster Maßstab ihres Lebens sowohl als Einzelpersonen als auch als soziale Wesen sein muss (vgl. PT 18). Diese geschärfte geistige Sensibilität würde – davon war der Papst überzeugt – auch tiefgreifende Folgen für das öffentliche und politische Leben haben.

Angesichts des wachsenden Bewusstseins der Menschenrechte, das sich auf nationaler wie internationaler Ebene abzeichnete, hatte Johannes XXIII. eine Intuition für die dem Phänomen innewohnende Kraft und dessen außerordentliche Macht, die Geschichte zu verändern. Das, was sich wenige Jahre später vor allem in Mittel- und Osteuropa zutrug, war die einzigartige Bestätigung dafür. Der Weg zum Frieden, so lehrte der Papst in der Enzyklika, müsse über die Verteidigung und Förderung der menschlichen Grundrechte führen. Denn diese Rechte genießt jeder Mensch, und zwar nicht als eine von einer bestimmten Gesellschaftsklasse oder vom Staat gewährte Gunst, sondern als ein Vorrecht, das ihm als Person zusteht: „Jedem menschlichen Zusammenleben, das gut geordnet und fruchtbar sein soll, muss das Prinzip zugrunde liegen, dass jeder Mensch seinem Wesen nach Person ist. Er hat eine Natur, die mit Vernunft und Willensfreiheit ausgestattet ist; er hat daher aus sich Rechte und Pflichten, die unmittelbar und gleichzeitig aus seiner Natur hervorgehen. Weil sie allgemein gültig und unverletzlich sind, können sie auch in keiner Weise veräußert werden" (PT 5).

Es handelte sich dabei nicht einfach um abstrakte Ideen. Es waren Ideen mit umfassenden praktischen Konsequenzen, wie dies die Geschichte sehr bald beweisen sollte. Aufgrund der Überzeugung, dass jedes menschliche Wesen in der Würde gleich ist und infolgedessen die Gesellschaft ihre Strukturen dieser Voraussetzung anpassen muss, entstanden sehr bald die Menschenrechtsbewegungen, die einer der großen Triebkräfte der Geschichte unserer Zeit konkreten politischen Ausdruck verliehen haben. Die Förderung der Freiheit wurde als ein unentbehrliches Element im Einsatz für den Frieden erkannt. Diese Bewegungen, die praktisch überall auf der Welt entstanden, trugen zum Sturz diktatorischer Regierungsformen bei und drängten darauf, sie durch andere, demokratischere Formen unter Beteiligung des Volkes zu ersetzen. Sie bewiesen in der Praxis, dass Friede und Fortschritt nur durch die Einhaltung des allgemeinen, ins Herz des Menschen eingeschriebenen Sittengesetzes erreicht werden können.[1]

Das universale Gemeinwohl

5. Noch in einem anderen Punkt erwies sich die Lehre von ‚Pacem in terris' als prophetisch, da sie der nächsten Phase der weltpolitischen Entwicklungen zuvorkam. Angesichts einer Welt, die immer mehr interdependent und globaler wurde, empfahl Papst Johannes XXIII., den Begriff des Gemeinwohls auf einen weltweiten Horizont hin neu zu formulieren. Um korrekt zu sein, sollte von nun an auf den Begriff des „universalen Gemeinwohls" (PT 74) Bezug genommen werden. Eine der Folgen dieser Entwicklung war die offensichtliche Forderung nach einer öffentlichen Gewalt auf internationaler Ebene, die tatsächlich über die Fähigkeit verfügen würde, ein solches universales Gemeinwohl zu fördern. Diese Autorität, fügte der Papst sogleich hinzu, dürfte nicht durch Zwang, sondern nur durch einen Konsens unter den Nationen errichtet werden. Es sollte sich dabei um eine Einrichtung handeln, die das Ziel verfolgt, „dass die Rechte der menschlichen Person anerkannt werden und ihnen die geschuldete Ehre zuteilwird, dass sie unverletzlich sind und wirksam gefördert werden" (PT 73).

Daher überrascht es nicht, dass Johannes XXIII. mit großer Hoffnung auf die am 26. Juni 1945 gegründete Organisation der Vereinten Nationen blickte. Er sah in ihr ein glaubwürdiges Werkzeug zur Erhaltung und Festigung des Friedens in der Welt. Gerade deshalb brachte er seine besondere Wertschätzung für die Allgemeine Erklärung der Menschenrechte aus dem Jahre 1948 zum Ausdruck, die „gleichsam als Stufe und als Zugang zu der zu schaffenden rechtlichen und politischen Ordnung aller Völker auf der Welt zu betrachten" (PT 75) ist. Denn in dieser Deklaration wurden die moralischen Grundlagen gelegt, auf die sich der Aufbau einer Weltgemeinschaft stützen können sollte, die von Ordnung statt von Unordnung, vom Dialog statt von Gewalt gekennzeichnet ist. Mit dieser Perspektive machte der Papst begreiflich, dass der Schutz der Menschenrechte seitens der Vereinten Nationen die

---

[1] Vgl. *Johannes Paul II.*, Ansprache vor der 50. Generalversammlung der Vereinten Nationen am 5. Oktober 1995 in New York, entnommen aus: www.vatican.va; [Anm. der Herausgeber: Besagte Ansprache ist im Volltext nur in englischer, spanischer, französischer und italienischer Sprache erfasst.]

unabdingbare Voraussetzung für die Entfaltung der Handlungsfähigkeit der Organisation selbst war, die internationale Sicherheit zu fördern und zu verteidigen.

Nicht nur hat sich die vorausschauende Vision von Papst Johannes XXIII., das heißt die Aussicht auf eine völkerrechtlich verankerte öffentliche Autorität im Dienst der Menschenrechte, der Freiheit und des Friedens, noch nicht zur Gänze verwirklicht. Man muss leider auch ein häufiges Zögern der internationalen Gemeinschaft bei der Pflicht, die Menschenrechte zu achten und umzusetzen, feststellen. Diese Verpflichtung betrifft alle Grundrechte und duldet keine willkürlichen Auswahlentscheidungen, die Formen der Diskriminierung und Ungerechtigkeit mit sich bringen würden. Zugleich sind wir Zeugen davon, dass sich eine besorgniserregende Schere zwischen einer Reihe neuer Rechte, die in den hochtechnisierten Gesellschaften gefördert werden, und den elementaren Menschenrechten auftut, denen vor allem in unterentwickelten Gebieten immer noch nicht voll Genüge geleistet wird. Ich denke beispielsweise an das Recht auf Nahrung, auf Trinkwasser, auf Unterkunft, auf Selbstbestimmung und Unabhängigkeit. Der Friede verlangt, dass dieser Abstand Schritt für Schritt abgebaut und schließlich überwunden wird.

Hierzu ist noch eine Anmerkung vonnöten: Die internationale Gemeinschaft, die seit 1948 über eine Charta der Menschenrechte verfügt, hat es meist versäumt, in angemessener Weise auf den sich daraus ergebenden Verpflichtungen zu bestehen. Tatsächlich ist es die Pflicht, die jenen Bereich absteckt, auf den sich die Rechte beschränken müssen, um nicht der Willkür Vorschub zu leisten. Ein stärkeres Bewusstsein der allgemeinen menschlichen Pflichten wäre für die Sache des Friedens von großem Nutzen, weil es ihr die moralische Grundlage für die gemeinsam vertretene Anerkennung einer Ordnung der Dinge liefern würde, die nicht vom Willen eines Einzelnen oder einer Gruppe abhängt.

Eine neue sittliche Ordnung mit internationaler Geltung

6. Dennoch trifft es zu, dass es in den vergangenen vierzig Jahren trotz der vielen Schwierigkeiten und Säumnisse einen beachtlichen Fortschritt in Richtung der Verwirklichung der edlen Vision von Papst Johannes XXIII. gegeben hat. Die Tatsache, dass die Staaten in fast allen Teilen der Welt sich dazu verpflichtet fühlen, der Idee der Menschenrechte Beachtung zu schenken, zeigt, wie mächtig die Mittel der moralischen Überzeugung und der geistigen Integrität sind. Das waren die Kräfte, welche sich in der Mobilisierung des Gewissens als entscheidend erwiesen haben, die am Beginn der gewaltlosen Revolution von 1989 stand, dem Ereignis, das den Zusammenbruch des europäischen Kommunismus besiegelte. Obschon Verzerrungen

des Freiheitsbegriffes – Freiheit verstanden als Erlaubnis – nach wie vor die demokratische Ordnung und die freien Gesellschaften bedrohen, ist es sicher von Bedeutung, dass in den vierzig Jahren seit der Veröffentlichung von ‚Pacem in terris' viele Völker der Erde größere Freiheit erlangt haben, dass sich Strukturen des Dialogs und der Zusammenarbeit zwischen den Nationen gefestigt haben und dass die drohende Gefahr eines weltweiten Atomkrieges, die sich zur Zeit von Papst Johannes XXIII. auf drastische Weise abgezeichnet hatte, wirksam eingedämmt worden ist.

In diesem Zusammenhang möchte ich mit demütiger Beharrlichkeit feststellen, dass die jahrhundertealte Lehre der Kirche über den Frieden, welcher nach der Definition des Heiligen Augustinus als „tranquillitas ordinis"[2] – die Ruhe der Ordnung – verstanden wird, sich auch im Lichte der in der Enzyklika ‚Pacem in terris' enthaltenen Vertiefungen als besonders bedeutungsvoll für die heutige Welt erwiesen hat, und zwar sowohl für die Staatsoberhäupter als auch für die einfachen Bürger. Dass in der Situation der heutigen Welt eine große Unordnung herrscht, ist eine Feststellung, die leicht von allen geteilt wird. Es stellt sich daher die folgende Frage: Welche Art von Ordnung kann diese Unordnung ersetzen, um den Männern und Frauen die Möglichkeit eines Lebens in Freiheit, Gerechtigkeit und Sicherheit zu geben? Weil die Welt, wenn auch in ihrer Unordnung, dennoch in verschiedenen Bereichen – wirtschaftlich, kulturell und sogar politisch – damit beschäftigt ist, sich zu organisieren, erhebt sich eine weitere, ebenso dringliche Frage: Welchen Prinzipien folgt die Entwicklung dieser neuen Formen einer Weltordnung?

Diese weitreichenden Fragekreise zeigen, dass das Problem der Ordnung in den weltweiten Angelegenheiten, das sodann das Problem des Friedens in richtig verstandener Weise ist, nicht von Fragestellungen absehen kann, die an die Moralprinzipien gebunden sind. Mit anderen Worten, auch aus diesem Blickwinkel ergibt sich die Gewissheit, dass die Friedensproblematik nicht von der Frage der Würde und der Rechte des Menschen getrennt werden kann. Genau dies ist eine der immerwährenden Wahrheiten, welche ‚Pacem in terris' lehrt. Wir werden gut daran tun, am vierzigsten Jahrestag der Enzyklika daran zu erinnern und darüber nachzudenken.

Ist dies etwa nicht der Zeitpunkt, zu dem alle am Aufbau einer neuen Organisationsstruktur der gesamten Menschheitsfamilie mitarbeiten müssen, um Frieden und Eintracht unter den Völkern sicherzustellen und gemeinsam ihren ganzheitlichen Fortschritt zu fördern? Dabei ist es wichtig, Missverständnisse zu vermeiden: Es soll hier nicht auf die Schaffung eines globalen Superstaates angespielt werden. Man will vielmehr die Dringlichkeit unterstreichen,

---

[2] *A. von Hippo*, De civitate Dei, 19,13.

die bereits in Gang gesetzten Prozesse zu beschleunigen. Dabei soll auf die beinahe universale Frage nach demokratischen Formen der Ausübung von politischer Autorität sowohl auf nationalem wie internationalem Niveau ebenso geantwortet werden wie auf die Forderung nach Transparenz und Glaubwürdigkeit auf allen Ebenen des öffentlichen Lebens. Im Vertrauen auf die im Herzen eines jeden Menschen vorhandene Güte wollte Papst Johannes XXIII. an diese appellieren und rief die ganze Welt zu einer edleren Vision des öffentlichen Lebens und der Ausübung der öffentlichen Gewalt auf. Mit Kühnheit drängte er die Welt dazu, sich in eine Lage jenseits ihres derzeitigen Zustandes der Unordnung zu versetzen und sich neue Formen einer völkerrechtlichen Ordnung auszudenken, die der menschlichen Würde gerecht würden.

Das Band zwischen Frieden und Wahrheit

7. Johannes XXIII. wollte die Vorstellung derjenigen zurückweisen, die in der Politik ein von der Moral losgelöstes Feld sehen, das allein vom Kriterium des Eigennutzes abhängt. Mittels der Enzyklika ‚Pacem in terris‘ entwarf der Papst ein wahrheitsgemäßes Bild der menschlichen Wirklichkeit und zeigte den Weg zu einer besseren Zukunft für alle auf. Gerade weil die Menschen mit der Fähigkeit geschaffen worden sind, sittliche Entscheidungen zu treffen, liegt keine menschliche Tätigkeit außerhalb der Sphäre der sittlichen Werte. Die Politik ist eine Tätigkeit des Menschen; daher unterliegt auch die Politik dem moralischen Urteil. Das gilt auch für die Weltpolitik. Der Papst schrieb: „Das gleiche natürliche Sittengesetz, das die Lebensordnung unter den einzelnen Bürgern regelt, soll auch die gegenseitigen Beziehungen zwischen den Staaten leiten“ (PT 47). Alle, die meinen, das öffentliche Leben der Weltgemeinschaft entfalte sich gewissermaßen außerhalb des Rahmens der sittlichen Beurteilung, brauchen nur an die Auswirkung der Menschenrechtsbewegungen auf die nationale und internationale Politik des vor Kurzem zu Ende gegangenen 20. Jahrhunderts zu denken. Diese Entwicklungen, denen die Lehre der Enzyklika zuvorgekommen war, widerlegen mit Entschiedenheit die Forderung, dass die Weltpolitik in einer Art Freizone angesiedelt sei, in der das Sittengesetz keinerlei Macht habe.

Vielleicht gibt es keinen anderen Ort, an dem man die Notwendigkeit eines korrekten Umgangs mit der politischen Macht mit gleicher Klarheit zu erfassen vermag, wie in der dramatischen Lage im Nahen Osten und im Heiligen Land. Tag um Tag und Jahr um Jahr hat der Kumulierungseffekt einer verschärften gegenseitigen Ablehnung und einer schier endlosen Kette von Gewalttaten und Racheakten bislang jeden Versuch vereitelt, einen ernsthaften Dialog über die tatsächlich anstehenden Probleme in Gang zu bringen. Der prekäre Charakter der Lage wird infolge des zwischen den Mitgliedern der Völkergemeinschaft bestehenden Interessenkonflikts noch dramatischer. Solange die Inhaber verantwortlicher Positionen nicht dazu bereit sind, ihren Umgang mit der Macht beherzt infrage zu stellen und sich um das Wohl ihrer Völker zu kümmern, wird man sich nur schwer vorstellen können, wie ein Fortschritt in Richtung Frieden tatsächlich möglich sein könnte. Jeden Tag erschüttert das Heilige Land ein Bruderkampf, der die Kräfte, die an der unmittelbaren Zukunft des Nahen Ostens arbeiten, gegeneinander in Stellung bringt. Der Bruderkrieg hebt den dringenden Bedarf an Männern und Frauen hervor, die von der Notwendigkeit einer auf die Achtung der Würde und der Rechte der Person gegründeten Politik überzeugt sind. Eine solche Politik ist für alle unvergleichlich vorteilhafter als die Fortsetzung der andauernden Konfliktsituation. Von dieser Wahrheit muss ausgegangen werden. Sie ist immer befreiender als jede Form von Propaganda, besonders wenn solche Propaganda dazu dienen sollte, schändliche Intentionen zu verschleiern.

Die Voraussetzungen für einen dauerhaften Frieden

8. Zwischen dem Einsatz für den Frieden und der Achtung vor der Wahrheit besteht eine untrennbare Verbindung. Ehrlichkeit bei der Erteilung von Auskünften, Gerechtigkeit in der Rechtsprechung, Transparenz der demokratischen Vorgänge geben den Bürgern jenes Gefühl von Sicherheit, jene Bereitschaft, Streitfälle mit friedlichen Mitteln beizulegen, und jenen Willen zu einem fairen und konstruktiven Einvernehmen, welche die wirklichen Voraussetzungen für einen dauerhaften Frieden bilden. Die Politikertreffen auf nationaler und internationaler Ebene dienen dem Anliegen des Friedens nur dann, wenn die gemeinsame Übernahme der Verpflichtungen danach von jeder Seite respektiert wird. Andernfalls drohen diese Begegnungen, irrelevant und nutzlos zu werden. Als Folge davon sind die Menschen versucht, immer weniger an die Nützlichkeit des Dialogs zu glauben und stattdessen auf Gewaltanwendung als Weg zur Lösung von Kontroversen zu bauen. Die negativen Auswirkungen, die übernommene und dann nicht eingehaltene Verpflichtungen auf den Friedensprozess haben, müssen die Staats- und Regierungschefs dazu bringen, einen jeden ihrer Beschlüsse mit größtem Verantwortungsbewusstsein abzuwägen.

Ein antikes Sprichwort lautet: *Pacta sunt servanda.* Wenn alle übernommenen Verpflichtungen eingehalten werden müssen, ist mit besonderer Sorge auf die Erfüllung der gegenüber den Armen übernommenen Verpflichtungen Wert zu legen. Denn ihnen gegenüber wäre die unterlassene Erfüllung von Versprechungen, die von ihnen als lebenswichtig empfunden werden, besonders frustrierend. So gesehen stellt die unterlassene Erfüllung der Verpflichtungen zugunsten der Entwicklungsländer ein ernstes moralisches Problem dar und rückt die Ungerechtigkeit der in der Welt bestehenden Ungleichheiten noch stärker ins Licht. Die von der Armut verursachten Leiden erfahren durch den Vertrauensverlust eine dramatische Steigerung. In letzter Konsequenz geht jegliche Hoffnung verloren. Bestehendes Vertrauen ist in den internationalen Beziehungen ein soziales Kapital von fundamentalem Wert.

Eine Kultur des Friedens

9. Bei einer gründlicheren Betrachtung der Dinge ist zu erkennen, dass der Friede weniger eine Frage der Strukturen als vielmehr der Personen ist. Friedensstrukturen und Friedensprozesse – rechtlichen, politischen und wirtschaftlichen Charakters – sind sicher notwendig und glücklicherweise oft gegeben. Sie sind jedoch nur die Frucht der Weisheit und Erfahrung, die sich im Laufe der Geschichte mittels unzähliger Friedensgesten angesammelt hat, gesetzt von Männern und Frauen, die zu hoffen vermochten, ohne sich der Entmutigung zu überlassen. Friedensgesten erwachsen aus dem Leben von Menschen, die eine dauerhafte Haltung des Friedens in ihrem Herzen hegen. Sie sind das Werk des Verstandes und des Herzens derer, „die Frieden stiften" (Mt 5,9). Friedensgesten sind möglich, wenn die Menschen die Gemeinschaftsdimension des Lebens voll zu schätzen wissen, so dass sie die Bedeutung und die Folgen begreifen, die bestimmte Ereignisse auf ihre Gemeinschaft und auf die Welt insgesamt haben. Friedensgesten erzeugen eine Tradition und eine Kultur des Friedens.

Die Religion besitzt eine lebenswichtige Rolle beim Anregen von Friedensgesten und bei der Festschreibung von Voraussetzungen für den Frieden. Diese Rolle kann sie umso wirksamer wahrnehmen, je entschlossener sie sich auf das konzentriert, was ihr eigen ist: Die Öffnung für Gott, die Lehre von einer universalen Brüderlichkeit und die Förderung einer Kultur der Solidarität. Der Gebetstag für den Frieden, den ich am 24. Januar 2002 in Assisi unter Einbeziehung der Vertreter zahlreicher Religionen abgehalten habe, hatte genau diesen Zweck. Er wollte den Wunsch zum Ausdruck bringen, durch die Verbreitung einer Spiritualität und Kultur des Friedens zum Frieden zu erziehen.

Das Erbe von ‚Pacem in terris‘

10. Der selige Johannes XXIII. war jemand, der keine Angst vor der Zukunft hatte. Bei dieser optimistischen Einstellung half ihm jenes überzeugte Vertrauen auf Gott und in den Menschen, das er aus dem Klima tiefer Gläubigkeit schöpfte, in dem er aufgewachsen war. Gestärkt durch diese Hingabe an die Vorsehung – und das sogar im Kontext eines offensichtlichen Dauerkonfliktes –, zögerte er nicht, den politischen Führern seiner Zeit eine neue Weltsicht vorzustellen. Das ist das Erbe, das er uns hinterlassen hat. Wenn wir an diesem Weltfriedenstag 2003 auf ihn blicken, sind wir eingeladen, uns für die gleichen Haltungen einzusetzen, die er vertreten hat: Vertrauen auf den barmherzigen und mitleidsvollen Gott, der uns zur Brüderlichkeit

ruft; Vertrauen in die Männer und Frauen unserer Zeit und jeder anderen Zeit um der Ebenbildlichkeit Gottes willen, die in gleicher Weise in die Seelen aller eingeprägt ist. Ausgehend von diesen Haltungen darf man darauf hoffen, eine Welt des Friedens auf Erden aufzubauen.

Am Beginn eines neuen Jahres in der Geschichte der Menschheit steigt spontan aus meinem tiefsten Herzen dieser Wunsch empor: Möge in den Herzen aller die Begeisterung einer erneuerten Zustimmung zu dem edlen Auftrag erweckt werden können, den die Enzyklika ‚Pacem in terris' vor vierzig Jahren allen Männern und Frauen guten Willens anbot. Diese von der Enzyklika als „gewaltig [...]" (PT 87 Titel) bezeichnete Aufgabe sollte darin bestehen, „unter dem Leitstern der Wahrheit, der Gerechtigkeit, der Liebe und der Freiheit in der menschlichen Gesellschaft neue Wege der gegenseitigen Beziehungen zu finden". Der Papst präzisierte dann, um welche Beziehungen es ihm ging: „Beziehungen der Einzelnen untereinander; zwischen den Einzelnen und ihren Staaten; den Staaten untereinander; schließlich Beziehungen der Einzelnen, der Familien, der intermediären Körperschaften, den Staaten auf der einen Seite zur Gemeinschaft aller Menschen auf der anderen." Und er betonte abschließend, dass das Bemühen, den „wahre[n] Friede[n] nach der gottgewollten Ordnung erwachsen" zu lassen, „gewiss außerordentlich bedeutsam" (PT 87) sei.

Der vierzigste Jahrestag der Veröffentlichung von ‚Pacem in terris' ist eine höchst willkommene Gelegenheit, um die prophetische Lehraussage von Papst Johannes XXIII. neu zu beherzigen. Die kirchlichen Gemeinschaften werden darüber nachdenken, wie sie dieses Jubiläum während des Jahres auf geeignete Weise feiern können: Mit Initiativen, die durchaus ökumenischen und interreligiösen Charakter haben können, indem sie sich allen öffnen, die sich zutiefst danach sehnen, „die Schranken [zu] zerbrechen, die die einen von den andern trennen; dass sie die Bande gegenseitiger Liebe festigen, einander besser verstehen; dass sie schließlich allen verzeihen, die ihnen Unrecht getan haben" (PT 91).

Diese Wünsche begleite ich mit meinem Gebet an Gott den Allmächtigen, die Quelle all dessen, was uns zum Guten gereicht. Er, der uns aus dem Zustand der Unterdrückung und der Konflikte zur Freiheit und zur Mitarbeit für das Wohl aller beruft, helfe den Menschen in jedem Winkel der Erde, eine Welt des Friedens aufzubauen, die immer fester auf die vier Säulen gegründet ist, auf die der selige Johannes XXIII. in seiner historischen Enzyklika alle hingewiesen hat: Wahrheit, Gerechtigkeit, Liebe und Freiheit.

Aus dem Vatikan, am 8. Dezember 2002
Johannes Paul II.

Botschaft seiner Heiligkeit Papst Johannes Paul II.
zur Feier des 37. Weltfriedenstages
1. Januar 2004

Eine stets aktuelle Aufgabe: Zum Frieden erziehen

Ich wende mich an euch, Lenker der Nationen, die ihr die Pflicht habt, Frieden zu stiften!
An euch, Juristen, die ihr darum bemüht seid, durch die Erarbeitung von Vereinbarungen und Verträgen, welche die völkerrechtliche Legalität bestärken, Wege für ein friedliches Einvernehmen abzustecken!
An euch, Erzieher der Jugend, die ihr auf jedem Erdteil unermüdlich dafür arbeitet, die Gewissen auf dem Weg der Verständigung und des Dialogs zu bilden!
Und ich wende mich auch an euch, Männer und Frauen, die ihr versucht seid, zum inakzeptablen Mittel des Terrorismus zu greifen, wodurch ihr im Grunde die Sache, für die ihr kämpft, infrage stellt!
Hört alle den demütigen Appell des Nachfolgers Petri, der laut ruft: Heute noch, zu Beginn des neuen Jahres 2004, ist der Friede möglich. Und wenn der Friede möglich ist, dann ist er auch geboten!

Eine konkrete Initiative
1. Meine erste Botschaft zum Weltfriedenstag Anfang Januar 1979 stand unter dem Thema: Zum Frieden erziehen, um zum Frieden zu gelangen.

Jene Neujahrsbotschaft folgte den Spuren, die Papst Paul VI. seligen Angedenkens vorgezeichnet hat, der den 1. Januar eines jeden Jahres als Weltgebetstag für den Frieden feiern wollte. Ich erinnere an die Worte des verstorbenen Papstes zum Jahresbeginn 1968: „Wir würden es begrüßen, wenn sich dann jedes Jahr diese Feier wiederholen könnte als Wunsch und Gelöbnis, an den Anfang des Jahres, das die Zeit unseres menschlichen Daseins misst und beschreibt, den Frieden zu stellen, um in seiner gerechten und wohltuenden Ausgeglichenheit die geschichtlichen Entwicklungen der Zukunft zu bestimmen“ (Wfb 1968).

Indem ich mir das Versprechen meines verehrten Vorgängers auf der Cathedra Petri zu eigen machte, wollte ich jedes Jahr die edle Tradition fortführen, den ersten Tag des bürgerlichen Jahres dem Nachdenken über und dem Gebet für den Frieden in der Welt zu widmen.

In den fünfundzwanzig Jahren meines Pontifikats, die mir der Herr bisher gewährt hat, habe ich nicht aufgehört, meine Stimme gegenüber der Kirche und der Welt zu erheben, um Glaubende wie alle Menschen guten Willens einzuladen, sich der Sache des Friedens anzunehmen, um zur Verwirklichung dieses wichtigen Gutes beizutragen und um dadurch der Welt eine bessere Ära im frohen Zusammenleben und gegenseitiger Achtung zu sichern.

Auch dieses Jahr verspüre ich die Pflicht, Männer und Frauen aller Kontinente zur Feier eines neuerlichen Weltfriedenstages einzuladen. Die Menschheit muss in der Tat heute mehr denn je den Weg der Einmütigkeit wiederfinden, der von Egoismen und Hass, von Herrschsucht und Rachsucht erschüttert wird.

Die Wissenschaft des Friedens

2. Die elf Botschaften, die Papst Paul VI. an die Welt gerichtet hat, haben allmählich die Koordinaten des Weges abgesteckt, der beschritten werden muss, um zum Ideal des Friedens zu gelangen. Nach und nach hat dieser große Papst die verschiedenen Kapitel einer wahren und eigentlichen Wissenschaft des Friedens beleuchtet. Es kann hilfreich sein, sich die Themen der Botschaften wieder ins Gedächtnis zu rufen, die uns der Montini-Papst zu diesem Anlass hinterlassen hat.[1] Jede von ihnen besitzt noch heute große Aktualität. Wahrlich, angesichts des Dramas der Kriege, die zu Beginn des dritten Jahrtausends weiterhin die Straßen der Welt, vor allem im Nahen Osten, mit Blut überziehen, erheben sich jene Schriften in manchen Passagen zu prophetischen Mahnungen.

Die Friedensfibel

3. Im Laufe dieser fünfundzwanzig Jahre meines Pontifikats habe ich meinerseits versucht, auf dem von meinem verehrten Vorgänger eingeschlagenen Weg weiterzugehen. Zu Beginn eines jeden neuen Jahres habe ich die Menschen guten Willens aufgerufen, über die verschiedenen Aspekte eines geordneten Zusammenlebens im Lichte der Vernunft und des Glaubens nachzudenken.

Auf diese Weise ist eine Zusammenfassung der Lehre über den Frieden entstanden, die gleichsam eine Fibel zu diesem wichtigen Thema darstellt: Eine Fibel, die für jeden recht gesinnten Menschen einfach zu verstehen ist, die sich aber zugleich mit ihrem äußerst anspruchsvollen Gehalt an alle wendet, denen das Los der Menschheit ein echtes Anliegen ist.

Die verschiedenen Aspekte des Prismas Frieden sind nunmehr reichlich beleuchtet worden. Es bleibt jetzt nichts anderes zu tun, als daran zu arbeiten, dass die Ideale des friedlichen Zusammenlebens mit seinen klaren Erfor-

---

[1] Dazu: vgl. Weltfriedensbotschaften von 1968–1978.

dernissen ins Bewusstsein der Einzelnen und der Völker dringen. Für uns Christen ist die Aufgabe, uns selbst und die anderen zum Frieden zu erziehen, ein Wesenszug unserer Religion. Den Frieden zu verkünden bedeutet nämlich für den Christen, sowohl Christus, der „unser Friede" (Eph 2,14) ist, und sein Evangelium, das „Evangelium des Friedens" (Eph 6,15), zu verkündigen, als auch alle an die Seligpreisung zu erinnern, Friedensstifter zu sein (vgl. Mt 5,9).

Die Erziehung zum Frieden
4. In meiner Botschaft zum Weltfriedenstag am 1. Januar 1979 habe ich bereits den Aufruf Zum Frieden erziehen, um zum Frieden zu gelangen vorgelegt. Dies ist heute dringender denn je, da die Menschen angesichts der Tragödien, die fortwährend die Menschheit bedrücken, versucht sind, dem Fatalismus nachzugeben, als ob der Friede ein unerreichbares Ideal wäre.

Die Kirche hat jedoch stets gelehrt und lehrt heute noch einen sehr einfachen Grundsatz: Der Friede ist möglich. Mehr noch, die Kirche wird nicht müde zu wiederholen: Der Friede ist geboten. Er muss auf den vier Pfeilern aufgebaut werden, die der selige Johannes XXIII. in seiner Enzyklika ‚Pacem in terris' aufgezeigt hat, nämlich auf der Wahrheit, der Gerechtigkeit, der Liebe und der Freiheit. Allen, die den Frieden lieben, wird daher eine Pflicht auferlegt, und zwar jene, die jungen Generationen zu diesen Idealen zu erziehen, um eine bessere Zeit für die ganze Menschheit vorzubereiten.

Die Erziehung zur Legalität
5. Zu dieser Aufgabe der Erziehung zum Frieden gesellt sich mit besonderer Dringlichkeit die Notwendigkeit, die einzelnen Menschen und die Völker anzuleiten, die internationale Ordnung zu achten und die von den Autoritäten, ihren legitimen Vertretern, übernommenen Verpflichtungen zu beachten. Der Friede und das Völkerrecht sind eng miteinander verbunden: das Recht begünstigt den Frieden.

Seit den Anfängen der Zivilisation waren die sich herausbildenden Gruppierungen unter den Menschen darauf bedacht, untereinander Übereinkommen und Verträge abzuschließen, die den willkürlichen Gebrauch der Gewalt vermeiden und in den mit der Zeit auftretenden Streitigkeiten den Versuch einer friedlichen Lösung ermöglichen sollten. Auf diese Weise entstand allmählich neben den Rechtsordnungen der einzelnen Völker ein weiterer Komplex von Normen, der mit dem Namen *ius gentium* (Recht der Völker) bezeichnet wurde. Im Laufe der Zeit hat es angesichts der geschichtlichen Ereignisse in den verschiedenen Völkern weitere Verbreitung und Präzisierungen erfahren.

Eine starke Beschleunigung erfuhr dieser Prozess mit der Entstehung der modernen Staaten. Seit dem 16. Jahrhundert bemühten sich Juristen, Philosophen und Theologen um die Erarbeitung der verschiedenen Abschnitte des Völkerrechts, das sie in den grundlegenden Postulaten des Naturrechts verankerten. Auf diesem Weg nahmen allgemeine Prinzipien, die dem innerstaatlichen Recht vorausgehen und es übertreffen und die der Einheit und der gemeinsamen Berufung der Menschheitsfamilie Rechnung tragen, mit zunehmender Kraft Gestalt an.

Eine zentrale Stellung unter all diesen Prinzipien nimmt mit Sicherheit der Grundsatz *pacta sunt servanda* ein: Die aus freiem Willen unterzeichneten Abkommen müssen eingehalten werden. Dies ist der Angelpunkt und die unabdingbare Voraussetzung jeder Beziehung zwischen verantwortlich handelnden Vertragsparteien. Ihre Verletzung kann nur eine Situation der Gesetzlosigkeit und daraus folgender Spannungen und Gegensätze einleiten, die durchaus nachhaltige negative Rückwirkungen haben könnte. Der Hinweis auf diese Grundregel erweist sich vor allem bei jenen Anlässen als angemessen, in denen sich die Versuchung bemerkbar macht, lieber auf das Recht des Stärkeren als auf die Kraft des Rechtes zu setzen.

Einer dieser Anlässe war ohne Zweifel das Drama, das die Menschheit während des Zweiten Weltkrieges durchgemacht hat: Ein Abgrund von Gewalt, Zerstörung und Tod, wie man ihn niemals zuvor kennengelernt hatte.

Die Befolgung des Rechtes

6. Dieser Krieg mit seinem Schrecken und schauerlichen Verletzungen der Würde des Menschen, zu denen er Anlass geboten hat, führte zu einer tiefgreifenden Erneuerung der internationalen Rechtsordnung. Ins Zentrum eines weitgehend aktualisierten normgebenden und institutionellen Systems wurden der Schutz und die Sicherung des Friedens gestellt. Um über den Frieden und die Sicherheit auf globaler Ebene zu wachen sowie um das Bemühen der Staaten um die Wahrung und Gewährleistung dieser fundamentalen Güter der Menschheit zu ermutigen, richteten die Regierungen eigens eine Organisation ein – die Organisation der Vereinten Nationen – mit einem mit weitreichenden Handlungsvollmachten ausgestatteten Sicherheitsrat. Als Angelpunkt des Systems wurde das Verbot der Gewaltanwendung aufgestellt. Ein Verbot, das nach dem bekannten Kapitel VII der Charta der Vereinten Nationen nur zwei Ausnahmen vorsieht. Die eine bestätigt das natürliche Recht auf legitime Verteidigung, die nach den vorgesehenen Bedingungen und im Bereich der Vereinten Nationen auszuüben ist: Folglich auch innerhalb der traditionellen Grenzen der Notwendigkeit und der Verhältnismäßigkeit.

Die andere Ausnahme besteht im kollektiven Sicherheitssystem, das dem Sicherheitsrat die Zuständigkeit und Verantwortung auf dem Gebiet der Aufrechterhaltung des Friedens mit Entscheidungsvollmacht und weitgehender Ermessensfreiheit zuspricht.

Das mit der Charta der Vereinten Nationen ausgearbeitete System hätte „künftige Geschlechter vor der Geißel des Krieges […] bewahren“[2] sollen, „die zweimal zu unseren Lebzeiten unsagbares Leid über die Menschheit gebracht hat“[3]. Die Spaltung der internationalen Gemeinschaft in einander feindlich gegenüberstehende Blöcke, der Kalte Krieg auf einem Teil des Erdballs sowie die in anderen Regionen ausgebrochenen gewaltsamen Konflikte haben jedoch in den nachfolgenden Jahrzehnten ein zunehmendes Abrücken von den Prognosen und Erwartungen der unmittelbaren Nachkriegszeit verursacht.

Eine neue internationale Ordnung

7. Dennoch muss man anerkennen, dass die Organisation der Vereinten Nationen trotz der Grenzen und Verzögerungen, die großteils auf Versäumnisse ihrer Mitglieder zurückzuführen sind, durch die Aufbereitung des kulturellen und institutionellen Bodens für den Aufbau des Friedens bedeutend dazu beigetragen hat, die Achtung der Menschenwürde, die Freiheit der Völker und den Anspruch auf Entwicklung zu fördern.

Die nationalen Regierungen werden eine starke Ermutigung für ihre Tätigkeit aus der Feststellung schöpfen, dass die Ideale der Vereinten Nationen insbesondere durch die konkreten Solidaritäts- und Friedensgesten vieler Menschen, die in Nichtregierungsorganisationen und in Menschenrechtsbewegungen arbeiten, weit verbreitet sind.

Es handelt sich um einen bedeutsamen Ansporn zu einer Reform, die die Organisation der Vereinten Nationen für die Erreichung ihrer noch immer gültigen satzungsgemäßen Ziele funktionsfähig machen soll: „Die Menschheit braucht jedoch heute, angesichts einer neuen und schwierigeren Phase ihrer echten Entwicklung […] einen höheren Grad internationaler Ordnung“ (SRS 43). Die Staaten müssen dieses Ziel als eine klare moralische und politische Verpflichtung ansehen, die Klugheit und Entschlossenheit verlangt. Ich erneuere den Wunsch, den ich 1995 ausgesprochen habe: „Es ist notwendig, dass die Organisation der Vereinten Nationen sich immer mehr aus dem kalten Stadium einer administrativen Institution zu dem eines moralischen Zentrums erhebt, in dem sich alle Nationen der Welt zu Hause fühlen und ihr gemeinsames Bewusstsein entfalten, sozusagen eine ‚Familie der Nationen‘ zu sein“[4].

---

[2] *Vereinte Nationen*, Charta der Vereinten Nationen, San Francisco 1945, Präambel.

[3] Ebd.

[4] *Johannes Paul II.*, Ansprache an die 50. Vollversammlung der Vereinten Nationen, New York am 5. Oktober 1995, entnommen aus: www.vatican.va; [Anm. der Herausgeber: Besagte Ansprache ist im Volltext nur in englischer, französischer, spanischer und italienischer Sprache erfasst.]

Die unheilvolle Plage des Terrorismus

8. Nur mit Mühe kann das Völkerrecht heute Lösungen für die Konfliktsituationen anbieten, die von der veränderten Gestalt der gegenwärtigen Welt herrühren. Unter den Trägern dieses Konfliktpotentials finden sich oft nichtstaatliche Akteure: Gruppen, die aus dem Zerfall der Staaten hervorgegangen sind, sei es in Verbindung mit Unabhängigkeitsforderungen oder im Zusammenhang mit rücksichtslosen kriminellen Organisationen. Eine Rechtsordnung von Normen, die im Laufe der Jahrhunderte ausgearbeitet wurden, um die Beziehungen zwischen souveränen Staaten zu regeln, tut sich schwer, Konflikten entgegenzutreten, in denen auch Gruppen agieren, die sich nicht nach den herkömmlichen Wesensmerkmalen der Staatlichkeit erfassen lassen. Dies gilt insbesondere im Fall terroristischer Vereinigungen.

Die Plage des Terrorismus ist in diesen Jahren aggressiver geworden und hat abscheuliche Massaker verübt, die den Weg des Dialogs und der Verhandlung immer hindernisreicher machten, da sie besonders im Nahen Osten die Gemüter erbittert und die Probleme verschärft haben.

Um erfolgreich zu sein, kann sich jedoch der Kampf gegen den Terrorismus nicht bloß in Unterdrückungs- und Strafaktionen erschöpfen. Es ist unbedingt erforderlich, dass der – gleichwohl notwendige – Rückgriff auf Gewalt begleitet ist von einer mutigen, nüchternen Analyse der Beweggründe, die den terroristischen Anschlägen zugrunde liegen. Zugleich muss der Einsatz gegen den Terrorismus auch auf der politischen und pädagogischen Ebene seinen Ausdruck finden: Einerseits durch Beseitigung der Ursachen von Unrechtssituationen, die häufig Auslöser blutigster Verzweiflungstaten sind; andererseits dadurch, dass man sich für eine Bildung einsetzt, die von der Achtung vor dem menschlichen Leben unter allen Umständen inspiriert ist. Die Einheit des Menschengeschlechtes ist in der Tat stärker als zufällige Entzweiungen, die Menschen und Völker voneinander trennen.

Im notwendigen Kampf gegen den Terrorismus ist das Völkerrecht nun aufgerufen, juridische Prozeduren zu erarbeiten, die mit wirksamen Mechanismen zur Vorbeugung, Kontrolle und Bekämpfung von Verbrechen ausgestattet sind. Die demokratischen Regierungen wissen jedenfalls sehr wohl, dass die Anwendung von Gewalt gegenüber Terroristen den Verzicht auf die rechtsstaatlichen Prinzipien nicht rechtfertigen kann. Politische Entscheidungen, die ohne Rücksicht auf die Grundrechte des Menschen den Erfolg suchen, wären inakzeptabel: Der Zweck heiligt niemals die Mittel!

Der Beitrag der Kirche

9. „Selig, die Frieden stiften; denn sie werden Kinder Gottes genannt werden“ (Mt 5,9). Wie könnte dieses Wort, das zum Einsatz im unermesslich weiten Feld des Friedens auffordert, so starken Widerhall im Herzen des Menschen

finden, wenn es nicht einer Sehnsucht und einer Hoffnung entspräche, die unzerstörbar in uns lebendig sind? Und aus welchem anderen Grund sollen die Friedensstifter Kinder Gottes genannt werden, wenn nicht deshalb, weil Gott von Natur aus der Gott des Friedens ist? Ebendarum enthält die Heilsbotschaft, deren Verbreitung in der Welt die Kirche dient, Lehrelemente von grundsätzlicher Bedeutung für die Erarbeitung der Prinzipien, die für ein friedliches Zusammenleben zwischen den Völkern notwendig sind.

Die geschichtlichen Ereignisse lehren uns, dass der Aufbau des Friedens nicht von der Achtung einer sittlichen und rechtlichen Ordnung absehen kann, gemäß dem antiken Sprichwort: *Serva ordinem et ordo servabit te* (Halte die Ordnung ein, und die Ordnung wird dich erhalten). Das internationale Recht muss der Vorherrschaft des Gesetzes des Stärkeren den Boden entziehen. Sein Hauptzweck besteht darin, „die materielle Stärke der Waffen durch die moralische Stärke des Rechtes“[5] zu ersetzen, indem es angemessene Sanktionen gegen die Gesetzesbrecher sowie adäquate Entschädigungen für die Opfer vorsieht. Das muss auch für jene Regierenden gelten, die unter dem inakzeptablen Vorwand, es handle sich um innere Angelegenheiten ihres Staates, die Würde und die Rechte des Menschen ungestraft verletzen.

In meiner Ansprache an das beim Heiligen Stuhl akkreditierte Diplomatische Corps am 13. Januar 1997 habe ich das Völkerrecht als ein erstrangiges Instrument für die Schaffung des Friedens anerkannt: „Das internationale Recht war lange Zeit ein Recht des Krieges und des Friedens. Ich glaube, dass es mehr und mehr dazu berufen ist, ausschließlich zu einem Recht des Friedens zu werden, wobei der Friede als Voraussetzung für Gerechtigkeit und Solidarität verstanden werden soll. In diesem Kontext muss die Moral das Recht fruchtbar machen; sie kann sogar dem Recht in dem Maße vorgreifen, wie sie ihm die Richtung dessen, was gerecht und gut ist, aufzeigt“[6].

Im Laufe der Jahrhunderte hat die Kirche durch die philosophische und theologische Reflexion zahlreicher christlicher Denker einen erheblichen Lehrbeitrag zur Ausrichtung des Völkerrechts auf das Gemeinwohl der ganzen Menschheitsfamilie erbracht. Vornehmlich in der Geschichte der Gegenwart haben die Päpste nicht gezögert, die Bedeutung des internationalen Rechtes als Gewähr für den Frieden zu unterstreichen, in der Überzeugung, dass „[d]ie Frucht der Gerechtigkeit […] in Frieden für die gesät [wird], die

---

[5] *Benedikt XV.*, Apostolisches Mahnschreiben ‚Dès le début‘ an die Staatsoberhäupter der kriegführenden Länder vom 1. August 1917, entnommen aus: www.vatican.va; [Anm. der Herausgeber: Besagtes Mahnschreiben ist im Volltext nur in französischer, lateinischer und italienischer Sprache erfasst.]

[6] *Johannes Paul II.*, Ansprache an das beim Heiligen Stuhl akkreditierte Diplomatische Korps, entnommen aus: www.vatican.va.

Frieden schaffen" (Jak 3,18). Auf diesem Weg engagiert sich die Kirche mit den ihr eigenen Mitteln – im unvergänglich hellen Licht des Evangeliums und mit der unentbehrlichen Hilfe des Gebetes.

Die Zivilisation der Liebe

10. Zum Abschluss dieser Überlegungen halte ich es jedoch für notwendig, daran zu erinnern, dass für die Aufrichtung des wahren Friedens in der Welt die Gerechtigkeit ihre Vervollständigung in der Liebe finden muss. Gewiss ist das Recht der erste Weg, der eingeschlagen werden muss, um zum Frieden zu gelangen. Und die Völker sollen zur Achtung dieses Rechtes erzogen werden. Man wird aber nicht das Ende des Weges erreichen, wenn nicht die Liebe die Gerechtigkeit ergänzt. Gerechtigkeit und Liebe erscheinen manchmal wie gegensätzliche Kräfte. In Wahrheit sind sie nur die zwei Gesichter ein und derselben Wirklichkeit, zwei Dimensionen der menschlichen Existenz, die sich gegenseitig vervollständigen müssen. Die geschichtliche Erfahrung kann dies bestätigen. Sie zeigt, wie es der Gerechtigkeit oft nicht gelingt, sich vom Groll, vom Hass und nicht einmal von der Grausamkeit zu befreien. Die Gerechtigkeit allein genügt nicht. Im Gegenteil, sie kann bis zur Selbstverneinung gehen, wenn sie sich nicht jener tieferen Kraft öffnet, die die Liebe ist.

Deswegen habe ich die Christen und alle Menschen guten Willens immer wieder an die Notwendigkeit der Vergebung erinnert, um die Probleme sowohl der Einzelnen sowie auch der Völker zu lösen. Es gibt keinen Frieden ohne Versöhnung! Ich wiederhole es auch bei dieser Gelegenheit, wobei ich besonders die Krise vor Augen habe, die in Palästina und im Mittleren Osten weiter um sich greift: Eine Lösung für die sehr ernsten Probleme, unter denen die Bevölkerungen jener Regionen schon allzu lange zu leiden haben, wird man nicht finden, solange man sich nicht entschließt, die Logik der einfachen Gerechtigkeit zu überwinden, um sich auch der Logik der Vergebung zu öffnen.

Der Christ weiß, dass die Liebe der Grund ist, weshalb Gott mit dem Menschen in Beziehung tritt. Und ebenso ist es die Liebe, die Gott sich als Antwort vom Menschen erwartet. Die Liebe ist darum auch die erhabenste und vornehmste Beziehungsform der Menschen untereinander. Die Liebe soll daher jeden Bereich des menschlichen Lebens beseelen und sich desgleichen auf die internationale Ordnung ausdehnen. Nur eine Menschheit, in der die Zivilisation der Liebe herrscht, wird sich eines wahren und bleibenden Friedens erfreuen können.

Zu Beginn eines neuen Jahres möchte ich die Frauen und Männer aller Sprachen, Religionen und Kulturen an den antiken Leitspruch erinnern: *Omnia vincit amor* – die Liebe besiegt alles. Ja, liebe Brüder und Schwestern in jedem Teil der Welt, am Ende wird die Liebe siegen! Ein jeder bemühe sich, diesen Sieg zu beschleunigen. Denn nach ihm sehnt sich im Grunde das Herz aller.

Aus dem Vatikan, am 8. Dezember 2003
Johannes Paul II.

Botschaft seiner Heiligkeit Papst Johannes Paul II.
zur Feier des 38. Weltfriedenstages
1. Januar 2005

Lass dich nicht vom Bösen besiegen, sondern besiege das Böse durch das Gute!

1. Zu Beginn des neuen Jahres richte ich mein Wort wieder an die Verantwortlichen der Nationen sowie an alle Männer und Frauen guten Willens, die spüren, wie notwendig es ist, in der Welt dauerhaft Frieden zu schaffen. Als Thema des Weltfriedenstages 2005 habe ich die Aufforderung des heiligen Paulus im Römerbrief gewählt: „Lass dich nicht vom Bösen besiegen, sondern besiege das Böse durch das Gute!" (Röm 12,21) Das Böse besiegt man nicht durch das Böse: Schlägt man diesen Weg ein, dann lässt man sich, anstatt das Böse zu besiegen, in Wirklichkeit vom Bösen besiegen.

Der große Apostel zeigt eine Perspektive auf, die eine Grundwahrheit herausstellt: Der Friede ist das Ergebnis eines langen und harten Kampfes, der gewonnen wird, wenn das Böse durch das Gute besiegt wird. Angesichts der dramatischen Schauplätze von gewaltgeprägten Bruderkriegen, die in verschiedenen Teilen der Welt herrschen, angesichts der daraus erwachsenden unaussprechlichen Leiden und Ungerechtigkeiten besteht die einzig wahrhaft konstruktive Entscheidung darin, das Böse zu verabscheuen und am Guten festzuhalten (vgl. Röm 12,9), wie gleichfalls der heilige Paulus rät.

Der Friede ist ein Gut, das durch das Gute gefördert werden muss: Er ist ein Gut für die einzelnen Menschen, für die Familien, für die Nationen der Erde und für die gesamte Menschheit; er ist jedoch ein Gut, das durch Entscheidungen und Akte zum Guten gehütet und gepflegt werden muss. Da begreift man die tiefe Wahrheit eines anderen paulinischen Grundsatzes: „Vergeltet niemandem Böses mit Bösem!" (Röm 12,17) Der einzige Weg, um aus dem Teufelskreis des Bösen durch das Böse herauszukommen, liegt in der Annahme des Apostelwortes: „Lass dich nicht vom Bösen besiegen, sondern besiege das Böse durch das Gute!" (Röm 12,21)

Das Böse, das Gute und die Liebe

2. Von ihren Anfängen an hat die Menschheit die tragische Erfahrung des Bösen gemacht und versucht, seine Wurzeln zu erfassen und seine Ursachen zu erklären. Das Böse ist keine anonyme Macht, die kraft deterministischer und unpersönlicher Mechanismen in der Welt am Werk ist. Das Böse nimmt seinen Lauf über die menschliche Freiheit. Genau diese Eigenschaft, die den

Menschen von den anderen Lebewesen auf der Erde unterscheidet, steht im Mittelpunkt des Dramas des Bösen und geht ständig mit ihm einher. Das Böse hat immer ein Gesicht und einen Namen: Das Gesicht und den Namen von Männern und Frauen, die es aus freien Stücken wählen. Die Heilige Schrift lehrt, dass am Anfang der Geschichte Adam und Eva sich gegen Gott auflehnten und Abel von seinem Bruder Kain erschlagen wurde (vgl. Gen 3–4). Das waren die ersten Fehlentscheidungen, auf die im Laufe der Jahrhunderte zahllose weitere folgten. Jede von ihnen hat eine wesentliche moralische Qualität, die klare Verantwortlichkeiten seitens des Menschen mit sich bringt und die grundlegenden Beziehungen des Menschen zu Gott, zu den anderen und zur Schöpfung einschließt.

Wenn man nach seinen tieferen Bestandteilen sucht, wird man feststellen, dass das Böse letztlich bedeutet, sich tragischer Weise der Notwendigkeit der Liebe zu entziehen.[1] Das sittlich Gute hingegen erwächst aus der Liebe, zeigt sich als Liebe und richtet sich an der Liebe aus. Dies ist in besonderer Weise dem Christen einsichtig, der weiß, dass ihn die Teilhabe an dem einen mystischen Leib Christi in eine besondere Beziehung nicht nur zum Herrn, sondern auch zu den Brüdern stellt. Die Logik der christlichen Liebe, die im Evangelium den Herzschlag des sittlich Guten bestimmt, drängt, konsequent zu Ende gedacht, sogar zur Feindesliebe: „Wenn dein Feind Hunger hat, gib ihm zu essen, wenn er Durst hat, gib ihm zu trinken“ (Röm 12,20).

Die Grammatik des allgemeinen Sittengesetzes

3. Wenn man den Blick auf die aktuelle Situation der Welt richtet, muss man eine erschreckende Ausweitung vielfältiger gesellschaftlicher und politischer Phänomene des Bösen feststellen: Von der sozialen Unordnung bis zur Anarchie und zum Krieg, von der Ungerechtigkeit bis zur Gewalt gegen den anderen und zu seiner Unterdrückung. Um zwischen dem Aufruf zum Guten und den Lockungen des Bösen, die einander entgegenstehen, den eigenen Weg zu finden, muss die Menschheitsfamilie das gemeinsame Erbe sittlicher Werte, das sie von Gott selber als Geschenk empfangen hat, dringend beherzigen. Deshalb richtet der heilige Paulus an alle, die entschlossen sind, das Böse durch das Gute zu besiegen, die Aufforderung, die noble und uneigennützige Haltung der Hochherzigkeit und des Friedens zu pflegen (vgl. Röm 12,17–21).

Als ich vor zehn Jahren vor der Vollversammlung der Vereinten Nationen von dem gemeinsamen Bemühen im Dienst des Friedens sprach, habe ich auf

---

[1] In diesem Zusammenhang sagt Augustinus: „Demnach wurden die zwei Staaten durch zweierlei Liebe begründet, der irdische durch Selbstliebe, die sich bis zur Gottesverachtung steigert, der himmlische durch Gottesliebe, die sich zur Selbstverachtung erhebt“ (De Civitate Dei, XIV, 28).

die Grammatik des allgemeinen Sittengesetzes Bezug genommen, auf die die Kirche in ihren zahlreichen Stellungnahmen zu diesem Thema verweist.[2] Indem es gemeinsame Werte und Grundsätze vorgibt, verbindet dieses Gesetz die Menschen selbst bei aller Verschiedenheit ihrer Kulturen miteinander und ist unabänderlich: „[I]n der Flut der Vorstellungen und der Sitten bleibt es bestehen und unterstützt ihren Fortschritt. [...] Selbst wenn man es einschließlich seiner Grundsätze bestreitet, kann man es weder zerstören noch aus dem Herzen des Menschen reißen. Es taucht im Leben der einzelnen Menschen und der Gesellschaften immer wieder auf" (KKK 1958).

4. Diese gemeinsame Grammatik des Sittengesetzes verpflichtet dazu, sich stets verantwortungsvoll dafür einzusetzen, dass das Leben der Menschen und der Völker respektiert und gefördert wird. In ihrem Licht müssen die Übel sozialer und politischer Art, von denen die Welt geplagt wird, vor allem die von Gewaltausbrüchen verursachten, mit Nachdruck angeprangert werden. Wie sollte man in diesem Zusammenhang nicht an den geliebten afrikanischen Kontinent denken, auf dem Konflikte andauern, die bereits Millionen Opfer gefordert haben und weiterhin fordern? Wie könnten wir die gefährliche Lage in Palästina, dem Land Jesu, unerwähnt lassen, in dem es nicht gelingt, in Wahrheit und Gerechtigkeit die Fäden der gegenseitigen Verständigung fest zu knüpfen, die von einem Konflikt zerrissen wurden, der Tag für Tag durch Attentate und Racheakte auf besorgniserregende Weise angeheizt wird? Und was ist zum tragischen Phänomen terroristischer Gewalt zu sagen, welche die ganze Welt in eine Zukunft voll Angst und Schrecken zu treiben scheint? Muss man schließlich nicht voller Bitterkeit feststellen, dass das Drama im Irak leider weiterhin andauert und alle in eine ungewisse und unsichere Situation hineinführt?

Um das Gut des Friedens zu erlangen, muss vollen Bewusstseins festgehalten werden, dass Gewalt ein inakzeptables Übel ist und niemals Probleme löst. „Gewalt ist eine Lüge, denn sie verstößt gegen die Wahrheit unseres Glaubens, gegen die Wahrheit unserer Menschlichkeit. Gewalt zerstört das, was sie zu verteidigen vorgibt: die Würde, das Leben, die Freiheit der Menschen"[3]. Unerlässlich ist daher die Förderung einer echten Erziehungsarbeit zur Schulung des Gewissens, die alle, vor allem die jungen Generatio-

---

[2] Vgl. *Johannes Paul II.*, Ansprache an die 50. Generalversammlung der Vereinten Nationen am 5. Oktober 1995 in New York, entnommen aus: www.vatican.va; [Anm. der Herausgeber: Besagte Ansprache ist im Volltext nur in englischer, spanischer, französischer und italienischer Sprache erfasst.]

[3] *Johannes Paul II.*, Homilie in Drogheda, Irland, am 29. September 1979, entnommen aus: www.vatican.va; [Anm. der Herausgeber: Besagte Homilie ist im Volltext nur in englischer, spanischer, französischer, italienischer und portugiesischer Sprache erfasst.]

nen, zum Guten heranbilden soll, indem sie sie für den Weitblick eines unverkürzten und solidarischen Humanismus öffnet, den die Kirche befürwortet und wünscht. Auf dieser Grundlage ist es möglich, eine soziale, wirtschaftliche und politische Ordnung ins Leben zu rufen, die der Würde, der Freiheit und den Grundrechten jedes Menschen Rechnung trägt.

Das Gut des Friedens und das Gemeinwohl

5. Um den Frieden dadurch zu fördern, dass man das Böse durch das Gute besiegt, muss man ein besonderes Augenmerk auf das Gemeinwohl[4] und seine soziale und politische Ausprägung richten. Wenn man auf allen Ebenen das Gemeinwohl pflegt, fördert man in der Tat den Frieden. Vermag etwa der Mensch sich selbst voll zu verwirklichen, indem er von seiner sozialen Natur, das heißt von seinem Sein mit und für die anderen absieht? Das Gemeinwohl betrifft ihn unmittelbar. Es betrifft unmittelbar sämtliche Ausdrucksformen der menschlichen Soziabilität: Die Familie, Gruppen und Vereine, Städte und Regionen, Staaten, die Verbindungen der Völker und Nationen. Alle sind in irgendeiner Weise am Einsatz für das Gemeinwohl beteiligt, am ständigen Bemühen um das Wohl des anderen, so, als ginge es um das eigene. Diese Verantwortung obliegt im Besonderen den politischen Autoritäten auf allen Ebenen ihrer Zuständigkeit. Denn sie haben den Auftrag, jene Gesamtheit an sozialen Voraussetzungen zu schaffen, die dem Menschen die ganzheitliche Entfaltung seiner Person erlauben und diese auch begünstigen (vgl. allgemein MM).

Das Gemeinwohl verlangt daher die Achtung und Förderung der Person und ihrer Grundrechte sowie auch die Achtung und Förderung der Rechte der Nationen in umfassender Hinsicht. Dazu sagt das Zweite Vatikanische Konzil: „Aus der immer engeren und allmählich die ganze Welt erfassenden gegenseitigen Abhängigkeit ergibt sich als Folge, dass das Gemeinwohl […] heute mehr und mehr einen weltweiten Umfang annimmt und deshalb auch Rechte und Pflichten in sich begreift, die die ganze Menschheit betreffen. Jede Gruppe muss den Bedürfnissen und berechtigten Ansprüchen anderer Gruppen, ja dem Gemeinwohl der ganzen Menschheitsfamilie Rechnung tragen" (GS 26). Das Wohl der ganzen Menschheit, gerade auch ihrer künftigen Generationen, erfordert eine echte internationale Zusammenarbeit, zu der jedes Land seinen Beitrag leisten muss (vgl. allgemein MM, bes. 200ff.).

Ausgesprochen verkürzende Sichtweisen der menschlichen Wirklichkeit wandeln jedoch das Gemeinwohl in einen bloßen sozioökonomischen Wohl-

---

[4] In einer umfassenden Bedeutung versteht man unter Gemeinwohl „die Gesamtheit jener Bedingungen des gesellschaftlichen Lebens, die sowohl den Gruppen als auch deren einzelnen Gliedern ein volleres und leichteres Erreichen der eigenen Vollendung ermöglichen" (GS 26).

stand um, dem jede transzendente Ausrichtung fehlt, und höhlen damit den Existenzgrund des Gemeinwohls zutiefst aus. Das Gemeinwohl hingegen besitzt auch eine transzendente Dimension, weil Gott die letzte Zielbestimmung seiner Geschöpfe ist (vgl. CA 41). Die Christen wissen zudem, dass Jesus Christus volle Klarheit über die Verwirklichung des wahren Gemeinwohls der Menschheit geschaffen hat. Auf Christus läuft die Geschichte zu und findet in ihm ihren Höhepunkt: Dank ihm, durch ihn und im Hinblick auf ihn kann jede menschliche Wirklichkeit zu ihrer vollen Erfüllung in Gott geführt werden.

Das Gut des Friedens und die Nutzung der Güter der Erde

6. Da das Gut des Friedens eng mit der Entwicklung aller Völker verknüpft ist, bleibt es unerlässlich, den ethischen Auflagen der Nutzung der Güter der Erde Rechnung zu tragen. Das Zweite Vatikanische Konzil hat zu Recht in Erinnerung gerufen: „Gott hat die Erde mit allem, was sie enthält, zum Nutzen aller Menschen und Völker bestimmt; darum müssen diese geschaffenen Güter in einem billigen Verhältnis allen zustattenkommen; dabei hat die Gerechtigkeit die Führung, Hand in Hand geht mit ihr die Liebe“ (GS 69).

Die Zugehörigkeit zur Menschheitsfamilie verleiht jedem Menschen eine Art Weltbürgerschaft, die ihn zum Träger von Rechten und Pflichten macht, da die Menschen durch eine gemeinsame Herkunft und eine gemeinsame letzte Bestimmung verbunden sind. Schon die Empfängnis eines Kindes genügt, damit es zum Träger von Rechten wird, Aufmerksamkeit und Pflege verdient und dass jemand die Pflicht hat, sich darum zu kümmern. Die Verurteilung des Rassismus, der Schutz von Minderheiten, die Hilfe für Flüchtlinge und Asylanten, das Mobilisieren der internationalen Solidarität gegenüber allen Notleidenden sind nur konsequente Anwendungen des Prinzips der Weltbürgerschaft.

7. Das Gut des Friedens muss heute in engem Bezug zu den neuen Gütern gesehen werden, die aus der wissenschaftlichen Erkenntnis und dem technologischen Fortschritt entstanden sind. Auch sie müssen in Anwendung des Prinzips von der universalen Bestimmung der Güter der Erde in den Dienst der vordringlichen Bedürfnisse des Menschen gestellt werden. Angemessene Initiativen auf internationaler Ebene können das Prinzip von der universalen Bestimmung der Güter dadurch voll umsetzen, dass sie für alle – einzelne und Nationen – die Grundvoraussetzungen für eine Teilnahme an der Entwicklung sicherstellen. Das wird möglich, wenn die Barrieren und Monopole durchbrochen werden, welche so viele Völker am Rande der Entwicklung belassen (vgl. CA 35).

Das Gut des Friedens wird einen besseren Schutz genießen, wenn sich die Völkergemeinschaft mit größerem Verantwortungsbewusstsein jener Güter annimmt, die gemeinhin als öffentliche Güter gelten. Es sind jene Güter, die alle Bürger automatisch in Anspruch nehmen, ohne diesbezüglich eigens eine Wahl getroffen zu haben. Dazu gehört alles, was auf nationaler Ebene durch Güter wie zum Beispiel das Rechtswesen, das Verteidigungssystem, das Straßen- oder Schienennetz geleistet wird. In der heutigen Welt, die gänzlich vom Phänomen der Globalisierung überrollt wird, gibt es in immer größerer Zahl öffentliche Güter, die globalen Charakter annehmen und in der Folge auch von Tag zu Tag das gemeinsame Interesse an ihnen zunehmen lassen. Man denke nur an den Kampf gegen die Armut, an die Suche nach Frieden und Sicherheit, an die Besorgnis aufgrund des Klimawandels, an die Kontrolle der Ausbreitung von Krankheiten. Diesen Interessen muss die internationale Gemeinschaft mit einem immer umfangreicheren geeigneten Netz rechtlicher Vereinbarungen zur Regelung der Nutznießung der öffentlichen Güter entsprechen, wobei sie sich von den universalen Grundsätzen der Gerechtigkeit und der Solidarität inspirieren lässt.

8. Das Prinzip, demzufolge die Güter für alle bestimmt sind, erlaubt es zudem, sich in richtiger Weise der Herausforderung der Armut zu stellen. Dabei muss vor allem den Situationen des Elends Rechnung getragen werden, in denen noch immer über eine Milliarde Menschen lebt. Die internationale Gemeinschaft hat sich zu Beginn des neuen Jahrtausends als vorrangiges Ziel die Halbierung der Zahl dieser Menschen bis zum Jahr 2015 gesetzt. Die Kirche unterstützt und ermutigt dieses Engagement und fordert die an Christus Glaubenden dazu auf, ganz konkret und in jedem Umfeld eine vorrangige Liebe für die Armen zu bekunden (vgl. SRS 42).

Das Drama der Armut erscheint noch immer eng verknüpft mit dem Problem der Auslandsverschuldung der armen Länder. Trotz der bisher erreichten bedeutenden Fortschritte hat dieses Problem noch keine angemessene Lösung gefunden. Fünfzehn Jahre sind vergangen, seitdem ich die Aufmerksamkeit der öffentlichen Meinung auf die Tatsache gelenkt habe, dass die Auslandsverschuldung der armen Länder „eng mit einer Reihe anderer Probleme zusammenhängt, wie den Auslandsinvestitionen, dem richtigen Funktionieren der größeren internationalen Organisationen, den Rohstoffpreisen usw.“[5] Die in jüngster Zeit für den Schuldenerlass angelaufenen Mechanismen, die sich hauptsächlich auf die Bedürfnisse der Armen konzentrieren, haben die Qualität des Wirtschaftswachstums zweifellos verbessert.

---

[5] *Johannes Paul II.*, Ansprache an die Teilnehmer der Studienwoche der Päpstlichen Akademie der Wissenschaften in Rom am 27. Oktober 1989, entnommen aus: www.vatican.va; [Anm. der Herausgeber: Besagte Ansprache ist im Volltext nur in englischer und italienischer Sprache erfasst.]

Quantitativ erweist sich dieses Wachstum besonders im Hinblick auf die Erreichung der zu Beginn des Jahrtausends gesetzten Ziele allerdings aufgrund einer Reihe von Faktoren als noch unzureichend. Die armen Länder bleiben in einem Teufelskreis gefangen: Die niedrigen Einkünfte und das langsame Wachstum schränken die Vermögensbildung ein, ihrerseits sind wiederum die schwachen Investitionen und die unwirksame Verwendung des Ersparten dem Wachstum nicht förderlich.

9. Wie Papst Paul VI. sagte und ich selbst bekräftigt habe, besteht das einzig wirksame Mittel, das den Staaten erlaubt, das dramatische Problem der Armut anzugehen, in der Bereitstellung der notwendigen Mittel an diese Länder, und zwar durch öffentliche und private Finanzierungen von außen, die zu annehmbaren Bedingungen im Rahmen internationaler Handelsbeziehungen gewährt werden, die auf Fairness beruhen (vgl. PP 56–61; SRS 33–34). Es bedarf dringend einer moralischen und wirtschaftlichen Mobilisierung, die einerseits die zugunsten der armen Länder getroffenen Vereinbarungen respektiert, die andererseits aber bereit ist, jene Vereinbarungen zu revidieren, die sich in der Praxis als zu große Belastung für gewisse Länder herausgestellt haben. Aus dieser Sicht erscheint es wünschenswert und notwendig, neuen Schwung in die Entwicklungshilfe der öffentlichen Hand zu bringen und ungeachtet der Schwierigkeiten, die dieser Weg bereiten kann, die Vorschläge neuer Finanzierungsformen für die Entwicklung zu untersuchen.[6] Einige Regierungen erwägen bereits sorgfältig vielversprechende Maßnahmen, die in diese Richtung gehen, bedeutende Initiativen, die in wirklich teilhabender Weise und unter Beachtung des Subsidiaritätsprinzips vorangebracht werden sollen. Notwendig ist auch die Kontrolle darüber, dass die Handhabung der für die Entwicklung der armen Länder bestimmten wirtschaftlichen und finanziellen Mittel sowohl von Seiten der Geber wie der Empfänger nach den strengen Kriterien einer guten Verwaltung erfolgt. Die Kirche fördert diese Anstrengungen und bietet ihre Unterstützung an. Als Beispiel möge die Erwähnung des wertvollen Beitrags genügen, der von den zahlreichen katholischen Hilfs- und Entwicklungsorganisationen geleistet wird.

10. Am Ende des Großen Jubiläums des Jahres 2000 habe ich im Apostolischen Schreiben *Novo millennio ineunte* auf die Dringlichkeit einer neuen Phantasie der Liebe hingewiesen (vgl. NMI 50), um das Evangelium der Hoffnung in der Welt zu verbreiten. Das wird besonders offenkundig, wenn man an die vielen und heiklen Probleme herangeht, die der Entwicklung des afrikanischen Kon-

---

[6] Vgl. *Johannes Paul II.*, Botschaft an den Präsidenten des Päpstlichen Rates für Gerechtigkeit und Frieden, Kardinal Renato Raffaele Martino, vom 21. Mai 2004, entnommen aus: www.vatican.va.

tinents im Wege stehen: Man denke an die unzähligen bewaffneten Konflikte, an die pandemischen Krankheiten, deren Gefährlichkeit durch die elenden Lebensverhältnisse noch erhöht wird, an die politische Instabilität, die mit der weit verbreiteten sozialen Unsicherheit einhergeht. Das sind dramatische Wirklichkeiten, die auf einen radikal neuen Weg für Afrika hindrängen: Es müssen neue Formen der Solidarität auf bilateraler und multilateraler Ebene entstehen durch einen entschlosseneren Einsatz aller und im vollen Bewusstsein, dass das Wohl der afrikanischen Völker eine unverzichtbare Voraussetzung für die Erreichung des universalen Gemeinwohls darstellt.

Mögen die afrikanischen Völker ihr Schicksal und ihre kulturelle, zivile, soziale und wirtschaftliche Entwicklung als Protagonisten selbst in die Hand nehmen können! Möge Afrika nicht länger bloß Objekt für Hilfeleistungen sein, sondern zum verantwortungsvollen Subjekt eines überzeugten und produktiven Austausches werden! Um diese Ziele zu erreichen, bedarf es einer neuen politischen Kultur besonders im Bereich der internationalen Zusammenarbeit. Noch einmal möchte ich betonen, dass die unterbliebene Erfüllung wiederholter Versprechungen staatlicher Entwicklungshilfe und das noch immer offene Problem der drückenden internationalen Verschuldung der afrikanischen Länder und eine fehlende besondere Berücksichtigung dieser Länder in den internationalen Handelsbeziehungen große Hindernisse für den Frieden darstellen und daher dringend angegangen und überwunden werden müssen. Das Bewusstsein der Interdependenz zwischen den reichen und den armen Ländern, nach der „die Entwicklung entweder allen Teilen der Welt gemeinsam zugutekommt oder einen Prozess der Rezession auch in jenen Gegenden erleidet, die bisher einen ständigen Fortschritt zu verzeichnen hatten" (SRS 17), erweist sich für die Verwirklichung des Friedens in der Welt vormals nie so ausschlaggebend und entscheidend wie heute.

Universalität des Bösen und christliche Hoffnung

11. Angesichts der vielen Dramen, die die Welt heimsuchen, bekennen die Christen mit demütigem Vertrauen, dass allein Gott dem Menschen und den Völkern die Überwindung des Bösen ermöglicht, um das Gute zu erlangen. Durch seinen Tod und seine Auferstehung hat uns Christus erlöst und „um einen teuren Preis" (1 Kor 6,20/7,23) erkauft und damit das Heil für alle erwirkt. Mit seiner Hilfe ist es deshalb allen möglich, das Böse durch das Gute zu besiegen.

Gestützt auf die Gewissheit, dass das Böse nicht siegen wird, hegt der Christ eine ungebrochene Hoffnung, die ihn in der Förderung der Gerechtigkeit und des Friedens bestärkt. Trotz der persönlichen und sozialen Sünden, die das menschliche Handeln kennzeichnen, verleiht die Hoffnung, verbunden mit einem festen Vertrauen auf die Möglichkeit, eine bessere Welt zu bauen, dem Einsatz für Gerechtigkeit und Frieden immer wieder neuen Schwung.

Auch wenn das „Geheimnis der Gesetzwidrigkeit" (2 Thess 2,7) in der Welt gegenwärtig und am Werk ist, darf nicht vergessen werden, dass der erlöste Mensch genügend Kräfte besitzt, um ihr entgegenzuwirken. Nach dem Ebenbild Gottes geschaffen und von Christus, der „sich in seiner Menschwerdung gewissermaßen mit jedem Menschen vereinigt" (GS 22) hat, erlöst, kann er aktiv am Triumph des Guten mitwirken. Das Wirken des Geistes des Herrn „erfüllt den Erdkreis" (Weish 1,7). Die Christen, besonders die gläubigen Laien, „sollen sie [diese Hoffnung] aber nicht im Inneren des Herzens verbergen, sondern in ständiger Bekehrung und im Kampf ‚gegen die Weltherrscher dieser Finsternis, gegen die Geister des Bösen' (Eph 6,12) auch durch die Strukturen des Weltlebens ausdrücken" (LG 35).

12. Kein Mann, keine Frau guten Willens kann sich der Verpflichtung entziehen, für die Besiegung des Bösen durch das Gute zu kämpfen. Es ist ein Kampf, den man nur mit den Waffen der Liebe wirksam kämpft. Wenn das Gute das Böse besiegt, herrscht die Liebe, und wo die Liebe herrscht, herrscht Friede. Dies ist die Lehre des Evangeliums, die das Zweite Vatikanische Konzil erneut vorgelegt hat: „das Grundgesetz der menschlichen Vervollkommnung und deshalb auch der Umwandlung der Welt [ist] das neue Gebot der Liebe" (GS 38).

Das gilt auch im sozialen und politischen Bereich. In diesem Zusammenhang schrieb Papst Leo XIII., dass alle, denen die Pflicht obliegt, für das Gut des Friedens in den Beziehungen zwischen den Völkern zu sorgen, „die Liebe, aller Tugenden Herrin und Königin" (RN 45), in sich nähren und in den anderen entzünden müssen. Die Christen sollen von dieser Wahrheit überzeugte Zeugen sein. Sie mögen verstehen, mit ihrem Leben zu beweisen, dass die Liebe die einzige Kraft ist, die zur persönlichen und gesellschaftlichen Vollkommenheit zu führen vermag; die einzige dynamische Kraft, die imstande ist, die Geschichte zum Guten und zum Frieden voranschreiten zu lassen.

In diesem Jahr, das der Eucharistie gewidmet ist, mögen die Söhne und Töchter der Kirche im höchsten Sakrament der Liebe die Quelle jeder wahren Gemeinschaft finden: Der Gemeinschaft mit dem Erlöser Jesus Christus und in ihm mit jedem Menschen. Kraft des Todes und der Auferstehung Christi, die in jeder Eucharistiefeier sakramental gegenwärtig sind, werden wir von dem Bösen erlöst und dazu befähigt, das Gute zu tun. Kraft des neuen Lebens, mit dem er uns beschenkt hat, können wir uns jenseits aller Unterschiede in Sprache, Nationalität und Kultur als Brüder erkennen. Mit einem Wort, kraft der Teilhabe an demselben Brot und demselben Kelch dürfen wir uns als Familie Gottes begreifen und zugleich einen besonderen und wirksamen Beitrag zum Aufbau einer Welt leisten, die auf die Werte der Gerechtigkeit, der Freiheit und des Friedens gegründet ist.

Aus dem Vatikan, am 8. Dezember 2004
Johannes Paul II.

Botschaft seiner Heiligkeit Papst Benedikt XVI.
zur Feier des 39. Weltfriedenstages
1. Januar 2006

In der Wahrheit liegt der Friede

1. Mit der traditionellen Botschaft zum Weltfriedenstag zu Beginn des neuen Jahres möchte ich allen Männern und Frauen der Welt, besonders denen, die aufgrund von Gewalt und bewaffneten Konflikten leiden, meine guten Wünsche zukommen lassen. Es sind Wünsche voller Hoffnung auf eine entspanntere Welt, in der die Zahl derer zunimmt, die sich – einzeln oder gemeinschaftlich – darum bemühen, die Wege der Gerechtigkeit und des Friedens zu gehen.

2. Ich möchte sogleich meinen Vorgängern, den großen Päpsten und erleuchteten Friedensstiftern Paul VI. und Johannes Paul II., meinen ehrlichen Dank zollen. Beseelt vom Geist der Seligpreisungen wussten sie in den zahlreichen geschichtlichen Ereignissen, die ihre jeweiligen Pontifikate geprägt haben, das vorausschauende Eingreifen Gottes zu erkennen, der die Schicksale der Menschen nie aus den Augen verliert. Als unermüdliche Botschafter des Evangeliums haben sie immer wieder jeden Menschen aufgefordert, von Gott auszugehen, um ein friedliches Zusammenleben in allen Teilen der Erde zu fördern. An diese edle Lehre knüpft meine erste Botschaft zum Weltfriedenstag an: Mit ihr möchte ich noch einmal den festen Willen des Heiligen Stuhls bestätigen, weiterhin der Sache des Friedens zu dienen. Der Name Benedikt selbst, den ich am Tag meiner Wahl auf den Stuhl Petri angenommen habe, weist auf meinen überzeugten Einsatz für den Frieden hin. Ich wollte mich nämlich sowohl auf den heiligen Patron Europas, den geistigen Urheber einer friedenstiftenden Zivilisation auf dem gesamten Kontinent, als auch auf Papst Benedikt XV. beziehen, der den Ersten Weltkrieg als ein „unnötiges Blutbad"[1] verurteilte und sich dafür einsetzte, dass die übergeordneten Gründe für den Frieden von allen anerkannt würden.

3. Das diesjährige Thema der Überlegungen – ‚In der Wahrheit liegt der Friede' – bringt die Überzeugung zum Ausdruck, dass der Mensch, wo und wann immer er sich vom Glanz der Wahrheit erleuchten lässt, fasst

---

[1] *Benedikt XV.*, Apostolisches Mahnschreiben ‚Dès le début' an die Staatsoberhäupter der kriegführenden Länder vom 1. August 1917, entnommen aus: www.vatican.va; [Anm. der Herausgeber: Besagtes Mahnschreiben ist im Volltext nur in französischer, lateinischer und italienischer Sprache erfasst.]

selbstverständlich den Weg des Friedens einschlägt. Die pastorale Konstitution ‚Gaudium et spes' des Zweiten Vatikanischen Konzils, das vor 40 Jahren abgeschlossen wurde, stellt fest, dass es der Menschheit nur dann gelingen wird, „die Welt für alle überall wirklich menschlicher zu gestalten [...], wenn alle sich in einer inneren Erneuerung dem wahren Frieden zuwenden" (GS 77). Doch welche Bedeutungen will der Ausdruck ‚Wahrheit des Friedens' ins Bewusstsein rufen? Um diese Frage in angemessener Weise zu beantworten, muss man sich vergegenwärtigen, dass der Friede nicht auf das bloße Nichtvorhandensein bewaffneter Konflikte zu reduzieren ist, sondern verstanden werden muss als „die Frucht der Ordnung, die ihr göttlicher Gründer selbst in die menschliche Gesellschaft eingestiftet hat", eine Ordnung, „die von den Menschen durch stetes Streben nach immer vollkommenerer Gerechtigkeit verwirklicht werden muss" (GS 78). Als Ergebnis einer von der Liebe Gottes entworfenen und gewollten Ordnung besitzt der Friede eine ihm innewohnende und unüberwindliche Wahrheit und entspricht „einer Sehnsucht und einer Hoffnung [...], die unzerstörbar in uns lebendig sind" (Wfb 2004).

4. In dieser Weise beschrieben, gestaltet sich der Friede als himmlische Gabe und göttliche Gnade, die auf allen Ebenen die praktische Übernahme der größten Verantwortung erfordert, nämlich der, die menschliche Geschichte in Wahrheit, Gerechtigkeit, Freiheit und Liebe der göttlichen Ordnung anzupassen. Wenn man sich nicht mehr an die transzendente Ordnung der Dinge hält und die Grammatik des Dialogs, das in das Herz des Menschen eingeschriebene allgemeine Sittengesetz,[2] nicht mehr anerkennt, wenn die ganzheitliche Entwicklung der Person und der Schutz ihrer Grundrechte behindert und verhindert wird, wenn viele Völker gezwungen sind, unerträgliche Ungerechtigkeiten und Missverhältnisse zu erleiden, wie kann man dann auf die Verwirklichung jenes Gutes hoffen, das der Friede ist? Damit schwinden nämlich die wesentlichen Elemente dahin, die der Wahrheit jenes Gutes Gestalt verleihen. Der heilige Augustinus hat den Frieden beschrieben als „tranquillitas ordinis"[3], als die Ruhe der Ordnung, das heißt als die Situation, die letztlich ermöglicht, die Wahrheit des Menschen vollständig zu achten und zu verwirklichen.

---

[2] Vgl. *Johannes Paul II.*, Ansprache vor der 50. Generalversammlung der Vereinten Nationen am 5. Oktober 1995 in New York, entnommen aus: www.vatican.va; [Anm. der Herausgeber: Besagte Ansprache ist im Volltext nur in englischer, spanischer, französischer und italienischer Sprache erfasst.]

[3] *A. von Hippo*, De civitate Dei, 19, 13.

5. Wer und was kann also die Verwirklichung des Friedens verhindern? In diesem Zusammenhang betont die Heilige Schrift in ihrem ersten Buch, der Genesis, die Lüge, die zu Beginn der Geschichte von dem doppelzüngigen Wesen ausgesprochen wurde, das der Evangelist Johannes als den „Vater der Lüge" (Joh 8,44) bezeichnet. Die Lüge ist auch eine der Sünden, welche die Bibel im letzten Kapitel ihres letzten Buches, der Offenbarung, erwähnt, um den Ausschluss der Lügner aus dem himmlischen Jerusalem anzukündigen: „Draußen bleib[t] [...] jeder, der die Lüge liebt und tut" (Offb 22,15). Mit der Lüge ist das Drama der Sünde mit ihren perversen Folgen verbunden, die verheerende Auswirkungen im Leben der Einzelnen sowie der Nationen verursacht haben und weiter verursachen. Man denke nur daran, was im vergangenen Jahrhundert geschehen ist, als irrige ideologische und politische Systeme die Wahrheit planmäßig verfälschten und so zur Ausbeutung und Unterdrückung einer erschütternden Anzahl von Menschen führten, ja, sogar ganze Familien und Gemeinschaften ausrotteten. Wie könnte man nach diesen Erfahrungen nicht ernstlich besorgt sein angesichts der Lügen unserer Zeit, die den Rahmen bilden für bedrohliche Szenerien des Todes in nicht wenigen Regionen der Welt? Die echte Suche nach Frieden muss von dem Bewusstsein ausgehen, dass das Problem der Wahrheit und der Lüge jeden Menschen betrifft und sich als entscheidend erweist für eine friedliche Zukunft unseres Planeten.

6. Der Friede ist eine nicht zu unterdrückende Sehnsucht im Herzen eines jeden Menschen, jenseits aller spezifischen kulturellen Eigenheiten. Gerade deshalb muss jeder sich dem Dienst an einem so kostbaren Gut verpflichtet fühlen und sich dafür einsetzen, dass sich keine Form der Unwahrheit einschleicht, um die Beziehungen zu vergiften. Alle Menschen gehören ein und derselben Familie an. Die übertriebene Verherrlichung der eigenen Verschiedenheit steht im Widerspruch zu dieser Grundwahrheit. Man muss das Bewusstsein, durch ein und dasselbe, letztlich transzendente Schicksal vereint zu sein, wiedererlangen, um die eigenen historischen und kulturellen Verschiedenheiten am besten zur Geltung bringen zu können, indem man sich den Angehörigen der anderen Kulturen nicht entgegenstellt, sondern sich mit ihnen abstimmt. Diese einfachen Wahrheiten sind es, die den Frieden ermöglichen; sie werden leicht verständlich, wenn man mit lauteren Absichten auf das eigene Herz hört. Dann erscheint der Friede in neuer Weise: Nicht als bloßes Nichtvorhandensein von Krieg, sondern als Zusammenleben der einzelnen Menschen in einer von der Gerechtigkeit geregelten Gesellschaft, in der so weit wie möglich auch das Wohl eines jeden von ihnen verwirklicht wird. Die Wahrheit des Friedens ruft alle dazu auf, fruchtbare und aufrichtige Beziehungen zu pflegen, und regt dazu an, die Wege des Verzeihens und der

Versöhnung zu suchen und zu gehen sowie ehrlich zu sein in den Verhandlungen und treu zum einmal gegebenen Wort zu stehen. Besonders der Jünger Jesu, der sich vom Bösen bedroht fühlt und deshalb spürt, dass er das befreiende Eingreifen des göttlichen Meisters braucht, wendet sich vertrauensvoll an ihn in dem Bewusstsein, dass „[*e*]*r* [...] *keine Sünde begangen* [*hat*] *und in seinem Mund war keine Falschheit*" (1 Petr 2,22; vgl. Jes 53,9). Jesus hat sich nämlich als die Wahrheit in Person bezeichnet und in seinen Worten, die er in einer Vision an den Seher der Apokalypse richtete, tiefe Abneigung erklärt gegen jeden, „der die Lüge liebt und tut" (Offb 22,15). Er ist es, der die volle Wahrheit des Menschen und der Geschichte enthüllt. Mit der Kraft seiner Gnade ist es möglich, in der Wahrheit zu stehen und aus der Wahrheit zu leben, denn nur er ist völlig wahrhaftig und treu. Jesus ist die Wahrheit, die uns den Frieden gibt.

7. Die Wahrheit des Friedens muss auch dann gelten und ihren heilsamen Lichtglanz zur Geltung bringen, wenn man sich in der tragischen Situation des Krieges befinden sollte. Die Konzilsväter des Zweiten Vatikanischen Konzils betonen in der pastoralen Konstitution ‚Gaudium et spes', dass „nicht deshalb, weil ein Krieg unglücklicherweise ausgebrochen ist, [...] nun jedes Kampfmittel zwischen den gegnerischen Parteien erlaubt" (GS 79) ist. Die internationale Gemeinschaft hat ein internationales Menschenrecht aufgestellt, um die verheerenden Folgen des Krieges vor allem für die Zivilbevölkerung so weit wie möglich zu begrenzen. Bei vielen Gelegenheiten und auf verschiedene Weise hat der Heilige Stuhl aus der Überzeugung heraus, dass auch im Krieg die Wahrheit des Friedens existiert, seine Unterstützung für dieses Menschenrecht zum Ausdruck gebracht und auf dessen Achtung und schnelle Verwirklichung gedrängt. Das humanitäre Völkerrecht ist zu den glücklichsten und wirkungsvollsten Ausdrucksformen jener Ansprüche zu rechnen, die sich aus der Wahrheit des Friedens ergeben. Gerade deshalb erscheint die Achtung dieses Rechtes notwendig als eine Pflicht für alle Völker. Sein Wert ist zu würdigen und seine korrekte Anwendung zu gewährleisten, indem es durch genaue Vorschriften aktualisiert wird, die imstande sind, den veränderlichen Gegebenheiten der modernen bewaffneten Konflikte sowie der Verwendung ständig neuer, immer hochentwickelterer Waffensysteme entgegenzutreten.

8. In Dankbarkeit denke ich an die internationalen Organisationen und an alle, die ohne Unterlass mit aller Kraft für die Anwendung des internationalen Menschenrechts wirken. Wie könnte ich an dieser Stelle die vielen Soldaten vergessen, die in heiklen Operationen zur Beilegung der Konflikte und zur Wiederherstellung der zur Verwirklichung des Friedens notwendigen Bedingungen eingesetzt sind? Auch ihnen möchte ich die Worte des Zweiten

Vatikanischen Konzils ins Bewusstsein rufen: „Wer als Soldat im Dienst des Vaterlandes steht, betrachte sich als Diener der Sicherheit und Freiheit der Völker. Indem er diese Aufgabe recht erfüllt, trägt er wahrhaft zur Festigung des Friedens bei" (GS 79). An dieser anspruchsvollen Front ist das Wirken der Militärordinariate der katholischen Kirche angesiedelt. Ebenso wie den Militärbischöfen gilt auch den Militärseelsorgern meine Ermutigung, in jeglicher Situation und Umgebung treue Verkünder der Wahrheit des Friedens zu bleiben.

9. Bis zum heutigen Tag ist die Wahrheit des Friedens immer noch auf dramatische Weise gefährdet und geleugnet durch den Terrorismus, der mit seinen Drohungen und seinen kriminellen Handlungen imstande ist, die Welt im Zustand der Angst und der Unsicherheit zu halten. Meine Vorgänger Paul VI. und Johannes Paul II. sind mehrmals eingeschritten, um öffentlich auf die schreckliche Verantwortung der Terroristen hinzuweisen und die Unbesonnenheit ihrer Todespläne zu verurteilen. Solche Pläne sind nämlich von einem tragischen und erschütternden Nihilismus inspiriert, den Papst Johannes Paul II. mit folgenden Worten beschrieb: „Wer durch die Ausführung von Terroranschlägen tötet, hegt Gefühle der Verachtung für die Menschheit und manifestiert Hoffnungslosigkeit gegenüber dem Leben und der Zukunft: Alles kann aus dieser Sicht gehasst und zerstört werden" (Wfb 2002). Nicht nur der Nihilismus, sondern auch der religiöse Fanatismus, der heute oft als Fundamentalismus bezeichnet wird, kann terroristische Vorhaben und Handlungen inspirieren und nähren. Da Johannes Paul II. von Anfang an die explosive Gefahr erahnte, die der fanatische Fundamentalismus darstellt, prangerte er ihn hart an und warnte vor der Anmaßung, anderen die eigene Überzeugung bezüglich der Wahrheit mit Gewalt aufzuzwingen, anstatt sie ihnen als ein freies Angebot vorzulegen. Er schrieb: „Die Anmaßung, das, was man selbst für die Wahrheit hält, anderen gewaltsam aufzuzwingen, bedeutet, dass dadurch die Würde des Menschen verletzt und schließlich Gott, dessen Abbild er ist, beleidigt wird" (Wfb 2002).

10. Genau betrachtet, stehen der Nihilismus und der Fundamentalismus in einem falschen Verhältnis zur Wahrheit: Die Nihilisten leugnen die Existenz jeglicher Wahrheit, die Fundamentalisten erheben den Anspruch, sie mit Gewalt aufzwingen zu können. Obwohl sie verschiedenen Ursprungs sind und in unterschiedlichen kulturellen Zusammenhängen beheimatete Erscheinungen darstellen, stimmen Nihilismus und Fundamentalismus überein in einer gefährlichen Verachtung des Menschen und seines Lebens und – im Endeffekt – Gottes selbst. An der Basis dieses gemeinsamen tragischen Resultates steht nämlich letztlich die Verdrehung der vollen Wahrheit Gottes: Der Nihilismus leugnet seine Existenz und seine sorgende Gegenwart in der Geschich-

te; der fanatische Fundamentalismus verzerrt sein liebevolles und barmherziges Angesicht und setzt an seine Stelle nach eigenem Bild gestaltete Götzen. Es ist zu wünschen, dass man sich bei der Analyse der Ursachen des zeitgenössischen Phänomens des Terrorismus außer den Gründen politischen und sozialen Charakters auch die kulturellen, religiösen und ideologischen Motive vor Augen hält.

11. Angesichts der Gefahren, die die Menschheit in dieser unserer Zeit erlebt, ist es Aufgabe aller Katholiken, in allen Teilen der Welt das Evangelium des Friedens vermehrt zu verkündigen und stärker Zeugnis dafür zu geben sowie deutlich klarzustellen, dass die Anerkennung der vollständigen Wahrheit Gottes die unerlässliche Vorbedingung für die Stärkung der Wahrheit des Friedens ist. Gott ist Liebe, die rettet, ein liebevoller Vater, der sehen möchte, dass seine Kinder sich gegenseitig als Geschwister erkennen, die verantwortlich danach streben, die verschiedenen Begabungen in den Dienst des Allgemeinwohls der menschlichen Familie zu stellen. Gott ist eine unerschöpfliche Quelle der Hoffnung, die dem persönlichen wie dem kollektiven Leben Sinn verleiht. Gott, allein Gott lässt jedes gute Werk und jedes Werk des Friedens wirksam werden. Die Geschichte hat reichlich bewiesen, dass der Kampf gegen Gott, um ihn aus den Herzen der Menschen zu vertilgen, die Menschheit verängstigt und verarmt in Entscheidungen führt, die keine Zukunft besitzen. Das muss die Christgläubigen anspornen, überzeugende Zeugen des Gottes zu werden, der untrennbar Wahrheit und Liebe ist, indem sie sich in einer umfassenden Zusammenarbeit auf ökumenischer Ebene und im Kontakt mit den anderen Religionen sowie mit allen Menschen guten Willens in den Dienst des Friedens stellen.

12. Wenn wir die derzeitige weltweite Situation betrachten, können wir mit Freude einige vielversprechende Zeichen auf dem Weg der Herstellung des Friedens feststellen. Ich denke zum Beispiel an den zahlenmäßigen Rückgang der bewaffneten Konflikte. Gewiss handelt es sich dabei um noch sehr zaghafte Schritte auf dem Weg des Friedens, doch sind sie schon imstande, eine entspanntere Zukunft in Aussicht zu stellen, besonders für die gequälten Völker Palästinas, des Landes Jesu, und für die Bewohner einiger Regionen Afrikas und Asiens, die seit Jahren auf einen positiven Abschluss der eingeleiteten Wege der Befriedung und Versöhnung warten. Es sind tröstliche Zeichen, die bestätigt und stabilisiert werden müssen durch ein einmütiges und unermüdliches Handeln vor allem seitens der internationalen Gemeinschaft und ihrer Organe, deren Aufgabe es ist, drohenden Konflikten vorzubeugen und bestehenden friedliche Lösungen zu verschaffen.

13. All das darf jedoch nicht zu einem naiven Optimismus verführen. Man darf ja nicht vergessen, dass blutige Bruderkriege und verheerende kriegerische Auseinandersetzungen, die in weiten Zonen der Erde Tränen und Tod verbreiten, leider immer noch fortdauern. Es gibt Situationen, in denen der Konflikt, der wie das Feuer unter der Asche weiterschwelt, erneut entflammen und Zerstörungen unvorhersehbaren Ausmaßes verursachen kann. Die Autoritäten, die, anstatt alles zu tun, was in ihrer Macht liegt, um den Frieden wirksam zu fördern, in den Bürgern Gefühle der Feindseligkeit gegenüber anderen Nationen schüren, laden eine äußerst schwere Verantwortung auf sich: Sie setzen in besonders gefährdeten Regionen das sensible, in mühsamen Verhandlungen errungene Gleichgewicht aufs Spiel und tragen so dazu bei, die Zukunft der Menschheit noch unsicherer und verworrener zu gestalten. Und was soll man dann über die Regierungen sagen, die sich auf Nuklearwaffen verlassen, um die Sicherheit ihrer Länder zu gewährleisten? Gemeinsam mit unzähligen Menschen guten Willens kann man behaupten, dass diese Sichtweise nicht nur verhängnisvoll, sondern völlig trügerisch ist. In einem Atomkrieg gäbe es nämlich keine Sieger, sondern nur Opfer. Die Wahrheit des Friedens verlangt, dass alle – sowohl die Regierungen, die erklärtermaßen oder insgeheim Atomwaffen besitzen, als auch jene, die sie sich verschaffen wollen – mit klaren und festen Entscheidungen gemeinsam auf Gegenkurs gehen und sich auf eine fortschreitende und miteinander vereinbarte atomare Abrüstung ausrichten. Die auf diese Weise eingesparten Geldmittel können in Entwicklungsprojekte zugunsten aller Einwohner, an erster Stelle der Ärmsten, investiert werden.

14. In diesem Zusammenhang kann man nicht umhin, mit Bitterkeit die Daten eines besorgniserregenden Anstiegs der Militärausgaben und des stets blühenden Waffenhandels festzustellen, während der von der internationalen Gemeinschaft in Gang gesetzte politische und rechtliche Prozess zur Unterstützung einer fortschreitenden Abrüstung im Sumpf einer nahezu allgemeinen Gleichgültigkeit stagniert. Wie soll denn jemals eine Zukunft in Frieden möglich sein, wenn man fortfährt, in die Waffenproduktion und in die Forschung zur Entwicklung neuer Waffen zu investieren? Der Wunsch, der aus der Tiefe des Herzens aufsteigt, ist, dass die internationale Gemeinschaft wieder den Mut und die Weisheit aufzubringen wisse, überzeugt und vereint die Abrüstung zu propagieren und so dem Recht auf Frieden, das jedem Menschen und jedem Volk zusteht, konkret zur Anwendung zu verhelfen. Wenn sich die verschiedenen Organe der internationalen Gemeinschaft für die Rettung des Gutes des Friedens einsetzen, können sie jenes Ansehen wiedergewinnen, das unentbehrlich ist, um ihre Initiativen glaubwürdig und wirksam zu machen.

15. Die Ersten, die aus einer überzeugten Entscheidung für die Abrüstung einen Vorteil ziehen werden, sind die armen Länder, die nach vielen Versprechungen zu Recht die konkrete Verwirklichung ihres Rechtes auf Entwicklung einfordern. Ein solches Recht wurde auch in der jüngsten Generalversammlung der Organisation der Vereinten Nationen, die in diesem Jahr den 60. Jahrestag ihrer Gründung begangen hat, erneut feierlich bestätigt. Die katholische Kirche bekräftigt ihr Vertrauen in diese internationale Organisation und wünscht ihr zugleich eine institutionelle und operative Erneuerung, die ihr ermöglicht, den veränderten Anforderungen der heutigen, vom umfassenden Phänomen der Globalisierung gekennzeichneten Zeit zu entsprechen. Die Organisation der Vereinten Nationen muss im Rahmen der Förderung der Werte der Gerechtigkeit, der Solidarität und des Friedens ein immer wirkungsvolleres Instrument werden. Die Kirche ihrerseits wird nicht müde, in Treue zu der Aufgabe, die sie von ihrem Gründer empfangen hat, überall das Evangelium des Friedens zu verkünden. Da sie von dem festen Bewusstsein durchdrungen ist, denen, die sich der Förderung des Friedens widmen, einen unentbehrlichen Dienst zu leisten, ruft sie allen ins Gedächtnis, dass der Friede, um authentisch und anhaltend zu sein, auf dem Felsen der Wahrheit Gottes und der Wahrheit des Menschen aufgebaut sein muss. Allein diese Wahrheit kann die Herzen empfindsam für die Gerechtigkeit machen, sie der Liebe und der Solidarität öffnen und alle ermutigen, für eine wirklich freie und solidarische Menschheit zu arbeiten. Ja, allein auf der Wahrheit Gottes und des Menschen ruhen die Fundamente eines echten Friedens.

16. Zum Abschluss dieser Botschaft möchte ich mich nun speziell an diejenigen wenden, die an Christus glauben, um sie erneut aufzufordern, aufmerksame und verfügbare Jünger des Herrn zu werden. Indem wir auf das Evangelium hören, liebe Brüder und Schwestern, lernen wir, den Frieden auf die Wahrheit eines täglichen Lebens zu gründen, das sich am Gebot der Liebe orientiert. Es ist notwendig, dass jede Gemeinde in einem intensiven und weit gestreuten Einsatz durch Erziehung und Zeugnis in jedem das Bewusstsein wachsen lässt für die Dringlichkeit, die Wahrheit des Friedens immer tiefer zu entdecken. Zugleich bitte ich darum, das Gebet zu verstärken, denn der Friede ist vor allem ein Geschenk Gottes, das unaufhörlich erfleht werden muss. Dank der göttlichen Hilfe wird die Verkündigung der Wahrheit des Friedens und das Zeugnis für sie mit Sicherheit überzeugender und erhellender erscheinen. Wenden wir vertrauensvoll und in kindlicher Hingabe unseren Blick auf Maria, die Mutter des Friedensfürsten. Am Anfang dieses neuen Jahres bitten wir sie, dem gesamten Gottesvolk zu helfen, in jeder Lage Friedensstifter zu sein, indem es sich erleuchten lässt von der Wahrheit, die frei macht (vgl. Joh 8,32). Möge die Menschheit auf ihre Fürsprache

hin eine immer größere Wertschätzung für dieses grundlegende Gut entwickeln und sich dafür einsetzen, sein Vorhandensein in der Welt zu festigen, um den nachwachsenden Generationen eine unbeschwertere und sicherere Zukunft zu übergeben.

Aus dem Vatikan, am 8. Dezember 2005
Benedikt XVI.

Botschaft seiner Heiligkeit Papst Benedikt XVI.
zur Feier des 40. Weltfriedenstages
1. Januar 2007

Der Mensch – Herz des Friedens

1. Zu Beginn des neuen Jahres möchte ich den Regierenden und den Verantwortlichen der Nationen sowie allen Menschen guten Willens meinen Friedenswunsch übermitteln. Ich richte ihn besonders an alle, die sich in Schmerz und Leid befinden, die unter der Bedrohung durch Gewalt und bewaffnete Auseinandersetzungen leben oder deren Würde mit Füßen getreten wird und die auf ihre menschliche und gesellschaftliche Befreiung warten. Ich richte ihn an die Kinder, die mit ihrer Unschuld die Menschheit reicher an Güte und Hoffnung werden lassen und durch ihren Schmerz uns alle anregen, uns zu Wegbereitern der Gerechtigkeit und des Friedens zu machen. Gerade im Gedanken an die Kinder, besonders an diejenigen, deren Zukunft gefährdet ist durch die Ausbeutung und Schlechtigkeit skrupelloser Erwachsener, wollte ich, dass sich anlässlich des Weltfriedenstages die allgemeine Aufmerksamkeit auf das Thema ‚Der Mensch – Herz des Friedens' konzentriere. Ich bin nämlich überzeugt, dass durch die Achtung der Person der Friede gefördert wird und dass mit der Herstellung des Friedens die Voraussetzungen geschaffen werden für einen authentischen ganzheitlichen Humanismus. Auf diese Weise wird eine unbeschwerte Zukunft für die folgenden Generationen vorbereitet.

Der Mensch und der Friede: Gabe und Aufgabe
2. Die Heilige Schrift sagt: „Gott schuf den Menschen als sein Bild; als Bild Gottes schuf er ihn. Männlich und weiblich erschuf er sie" (Gen 1,27). Da er nach dem Bilde Gottes geschaffen ist, hat der Mensch die Würde, Person zu sein; er ist nicht bloß etwas, sondern jemand, der imstande ist, sich zu erkennen, über sich Herr zu sein, sich in Freiheit hinzugeben und in Gemeinschaft mit anderen Personen zu treten. Zugleich ist er aus Gnade zu einem Bund mit seinem Schöpfer berufen, um diesem eine Antwort des Glaubens und der Liebe zu geben, die niemand anderer an seiner Stelle geben kann (vgl. KKK 357). Aus dieser wunderbaren Perspektive versteht man die dem Menschen anvertraute Aufgabe, in der Liebesfähigkeit selbst zu reifen und der Welt zum Fortschritt zu verhelfen, indem er sie in der Gerechtigkeit und im Frieden erneuert. In einer eindrucksvollen Synthese lehrt der heilige Augustinus: „Gott, der uns ohne uns erschaffen hat, wollte uns nicht ohne uns er-

lösen“[1]. Darum ist es eine Pflicht aller Menschen, das Bewusstsein des Doppelaspekts der Gabe und der Aufgabe zu pflegen.

3. Auch der Friede ist Gabe und Aufgabe zugleich. Wenn es wahr ist, dass der Friede zwischen den Einzelnen und den Völkern – die Fähigkeit, nebeneinander zu leben und Beziehungen der Gerechtigkeit und der Solidarität zu knüpfen – eine Verpflichtung darstellt, die keine Unterbrechung kennt, trifft es auch und sogar noch mehr zu, dass der Friede ein Geschenk Gottes ist. Der Friede ist nämlich ein Merkmal des göttlichen Handelns, das sowohl in der Erschaffung eines geordneten und harmonischen Universums zum Ausdruck kommt als auch in der Erlösung der Menschheit, die es nötig hat, aus der Unordnung der Sünde zurückgewonnen zu werden. Schöpfung und Erlösung bieten also den Schlüssel zum Verständnis des Sinnes unseres Daseins auf der Erde. Mein verehrter Vorgänger Johannes Paul II. sagte in seiner Ansprache vor der Generalversammlung der Vereinten Nationen am 5. Oktober 1995: „Wir leben nicht in einer irrationalen, sinnlosen Welt [...]. Es gibt eine moralische Logik, die das menschliche Dasein erleuchtet und den Dialog zwischen den Menschen und den Völkern ermöglicht“[2]. Die transzendente Grammatik, das heißt die Gesamtheit von Regeln des individuellen Handelns und des Sich-aufeinander-Beziehens der Menschen nach Gerechtigkeit und Solidarität ist in die Gewissen eingeschrieben, in denen sich der weise Plan Gottes widerspiegelt. Ich habe es erst kürzlich bekräftigt: „Wir glauben, dass das ewige Wort, die Vernunft am Anfang steht und nicht die Unvernunft“[3]. Der Friede ist also auch eine Aufgabe, die jeden zu einer persönlichen, mit dem göttlichen Plan übereinstimmenden Antwort verpflichtet. Das Kriterium, nach dem sich diese Antwort ausrichten muss, kann nur die Achtung der von seinem Schöpfer ins Herz des Menschen eingeschriebenen Grammatik sein.

Aus dieser Sicht sind die Normen des natürlichen Rechtes nicht als Vorschriften zu betrachten, die von außen auferlegt werden, als stellten sie die menschliche Freiheit unter Zwang. Sie müssen im Gegenteil als eine Berufung angenommen werden, den universalen göttlichen Plan, der in die Natur des Menschen eingeschrieben ist, treu zu verwirklichen. Geleitet von diesen Normen, können die Völker – innerhalb der jeweiligen Kulturen – dem größten Geheimnis näherkommen, dem Mysterium Gottes. Die Anerkennung und

---

[1] *A. von Hippo*, Sermo 169, 11, 13: PL 38, 923.

[2] *Johannes Paul II.*, Ansprache vor der 50. Generalversammlung der Vereinten Nationen am 5. Oktober 1995 in New York, entnommen aus: www.vatican.va; [Anm. der Herausgeber: Besagte Ansprache ist im Volltext nur in englischer, spanischer, französischer und italienischer Sprache erfasst.]

[3] *Benedikt XVI.*, Homilie auf dem Islinger Feld in Regensburg am 12. September 2006, entnommen aus: www.vatican.va.

die Achtung des natürlichen Rechtes bilden daher auch heute die große Basis für den Dialog zwischen den Gläubigen der verschiedenen Religionen und zwischen Gläubigen und Glaubenslosen. Das ist ein großer Konvergenzpunkt und somit eine fundamentale Voraussetzung für einen authentischen Frieden.

Das Recht auf Leben und Religionsfreiheit

4. Die Pflicht zur Achtung der Würde jedes Menschen, in dessen Wesen sich das Bild des Schöpfers widerspiegelt, beinhaltet konsequenterweise, dass man über die menschliche Person nicht nach Belieben verfügen darf. Wer sich der größeren politischen, technologischen und ökonomischen Macht erfreut, darf sich ihrer nicht bedienen, um die Rechte der anderen, weniger Erfolgreichen zu verletzen. Der Friede gründet sich nämlich auf die Berücksichtigung der Rechte aller. In diesem Bewusstsein macht sich die Kirche zur Verfechterin der Grundrechte jedes Menschen. Im Besonderen fordert sie die Achtung des Lebens und der Religionsfreiheit ein. Die Achtung des Rechtes auf Leben in jeder Lebensphase setzt einen Fixpunkt von entscheidender Bedeutung: Das Leben ist ein Geschenk, über das das Individuum kein vollständiges Verfügungsrecht besitzt. In gleicher Weise stellt die Behauptung des Rechtes auf Religionsfreiheit den Menschen in Beziehung zu einem transzendenten Prinzip, das ihn der menschlichen Willkür entzieht. Das Recht auf Leben und auf die freie Äußerung des eigenen Glaubens an Gott ist nicht der Macht des Menschen unterworfen. Der Friede bedarf der Festsetzung einer klaren Grenzlinie zwischen dem, was verfügbar, und dem, was nicht verfügbar ist: So werden unannehmbare Eingriffe in den Bestand jener Werte vermieden, die dem Menschen als solchem eigen sind.

5. Was das Recht auf Leben betrifft, so ist es geboten, die Marter anzuprangern, die ihm in unserer Gesellschaft zugefügt wird: Neben den Opfern der bewaffneten Konflikte, des Terrorismus und der verschiedenen Formen von Gewalt gibt es das lautlose Sterben durch Hunger, Abtreibung, Experimente an Embryonen und durch Euthanasie. Muss man nicht in alldem einen Angriff auf den Frieden sehen? Abtreibung und Experimente an Embryonen sind das direkte Gegenteil einer Grundhaltung der Annahme des anderen, die zur Herstellung dauerhafter Friedensbeziehungen unentbehrlich ist. Ein weiteres besorgniserregendes Symptom für den Mangel an Frieden in der Welt stellen – in Bezug auf die freie Äußerung des eigenen Glaubens – die Schwierigkeiten dar, denen sowohl die Christen als auch die Anhänger anderer Religionen häufig begegnen, wenn es sich darum handelt, die eigenen religiösen Überzeugungen öffentlich und frei zu bekennen. Speziell auf die Christen bezogen, muss ich schmerzlich feststellen, dass sie manchmal nicht nur behindert werden; in einigen Staaten werden sie sogar verfolgt, und selbst in jüngster Zeit mussten

tragische Fälle grausamer Gewalt verzeichnet werden. Es gibt Regime, die allen eine Einheitsreligion aufzwingen, während religiös indifferente Regierungen nicht eine gewaltsame Verfolgung schüren, wohl aber eine systematische kulturelle Verhöhnung religiöser Überzeugungen begünstigen. In jedem Fall wird ein menschliches Grundrecht missachtet, was schwere Auswirkungen auf das friedliche Zusammenleben nach sich zieht. Das fördert unweigerlich eine Mentalität und eine Kultur, die dem Frieden abträglich sind.

Die naturgegebene Gleichheit aller Menschen

6. An der Wurzel nicht weniger Spannungen, die den Frieden bedrohen, liegen sicherlich die vielen ungerechten Ungleichheiten, die tragischerweise noch in der Welt vorhanden sind. Besonders bedrohlich sind darunter einerseits die Unterschiede in der Möglichkeit, die wesentlichen Güter wie Nahrung, Wasser, ein Zuhause und die Gesundheit zu erlangen, und andererseits die fortdauernde Ungleichheit von Mann und Frau in der Ausübung der fundamentalen Menschenrechte.

Ein Element von größter Wichtigkeit für die Herstellung des Friedens ist die Anerkennung der wesentlichen Gleichheit unter den Menschen, die aus ihrer gemeinsamen transzendenten Würde hervorgeht. Die Gleichheit auf dieser Ebene ist also ein zu jener natürlichen Grammatik gehörendes Gut aller, das aus dem göttlichen Schöpfungsplan ableitbar ist – ein Gut, das nicht missachtet oder geringgeschätzt werden kann, ohne schwerwiegende Auswirkungen zu verursachen, die den Frieden gefährden. Die äußerst schwere Not, unter der viele Völker vor allem des afrikanischen Kontinents leiden, ist der Ursprung gewaltsamer Einforderungen der Ansprüche und stellt deshalb eine schreckliche Verletzung des Friedens dar.

7. Auch die unzureichende Beachtung der Lage der Frau bringt in das soziale Gleichgewicht Faktoren der Unbeständigkeit hinein. Ich denke an die Ausbeutung von Frauen, die wie Objekte behandelt werden, und an die vielen Formen mangelnder Achtung vor ihrer Würde; ich denke auch – in anderem Zusammenhang – an die in einigen Kulturen fortdauernden anthropologischen Vorstellungen, die der Frau eine Stellung zuweisen, die sie in starkem Maße der Willkür des Mannes unterwirft, mit Konsequenzen, die die Würde ihrer Person verletzten und die Inanspruchnahme ihrer grundlegenden Freiheiten beschneiden. Man darf sich nicht der Illusion hingeben, dass der Friede gesichert sei, solange nicht auch diese Formen der Diskriminierung überwunden sind, welche die jedem Menschen vom Schöpfer verliehene persönliche Würde verletzen.[4]

---

[4] Vgl. *Kongregation für die Glaubenslehre*, Schreiben an die Bischöfe der Katholischen Kirche

Die Ökologie des Friedens

8. Johannes Paul II. schreibt in der Enzyklika ‚Centesimus annus‘: „Nicht allein die Erde ist von Gott dem Menschen gegeben worden, dass er von ihr unter Beachtung der ursprünglichen Zielsetzung des Gutes, das ihm geschenkt wurde, Gebrauch machen soll. Aber der Mensch ist sich selbst von Gott geschenkt worden; darum muss er die natürliche und moralische Struktur, mit der er ausgestattet wurde, respektieren“ (CA 38). Wenn der Mensch sich dieser ihm vom Schöpfer anvertrauten Aufgabe entsprechend verhält, kann er gemeinsam mit seinen Mitmenschen eine Welt des Friedens erstehen lassen. Neben der Ökologie der Natur gibt es also auch eine – wie man es ausdrücken könnte – Humanökologie, die ihrerseits eine Sozialökologie erfordert. Und das bedeutet, dass sich die Menschheit, wenn ihr der Frieden am Herzen liegt, die bestehenden Verbindungen zwischen der Natur-Ökologie – also der Rücksicht auf die Natur – und der auf den Menschen bezogenen Ökologie immer mehr vor Augen halten muss. Die Erfahrung zeigt, dass jede Rücksichtslosigkeit gegenüber der Umwelt dem menschlichen Zusammenleben Schaden zufügt und umgekehrt. Immer deutlicher tritt der untrennbare Zusammenhang zwischen dem Frieden mit der Schöpfung und dem Frieden unter den Menschen in Erscheinung. Der eine wie der andere setzt den Frieden mit Gott voraus. Das als Sonnengesang bekannte poetische Gebet des heiligen Franziskus ist ein wunderbares, stets aktuelles Beispiel für diese mannigfaltige Ökologie des Friedens.

9. Wie eng dieser Zusammenhang zwischen der einen und der anderen Ökologie ist, können wir anhand des täglich wachsenden Problems der Energieversorgung verstehen. In diesen Jahren sind neue Nationen mit Elan in die industrielle Produktion eingestiegen und haben dadurch den Energiebedarf erhöht. Das verursacht einen Wettlauf zu den verfügbaren Ressourcen, der mit früheren Situationen nicht zu vergleichen ist. Gleichzeitig lebt man in einigen Teilen der Erde noch in Verhältnissen eines großen Rückstandes, in denen die Entwicklung – auch aufgrund der Erhöhung des Energiepreises – praktisch verhindert wird. Was soll aus diesen Völkern werden? Welche Art der Entwicklung oder Nicht-Entwicklung wird ihnen durch die Energieknappheit aufgezwungen werden? Welche Ungerechtigkeiten und Antagonismen wird der Wettlauf zu den Energiequellen auslösen? Und wie werden diejenigen reagieren, die von diesem Wettlauf ausgeschlossen bleiben? Das sind Fragen, die deutlich werden lassen, wie eng die Rücksicht auf die Natur mit der Notwendigkeit verbunden ist, zwischen den Menschen und den Nationen

über die Zusammenarbeit von Männern und Frauen in der Kirche und in der Welt, Vatikanstadt 2004, 15–16.

Beziehungen zu knüpfen, die auf die Würde der Person achten und fähig sind, ihre wirklichen Bedürfnisse zu befriedigen. Die Zerstörung der Umwelt, ein unangemessener und egoistischer Umgang mit ihr und der gewaltsame Aufkauf ihrer Ressourcen erzeugen Verletzungen, Konflikte und Kriege, eben weil sie die Frucht eines unmenschlichen Entwicklungskonzepts sind. Eine Entwicklung, die sich nur auf den technisch-wirtschaftlichen Aspekt beschränken würde und die ethisch-religiöse Dimension vernachlässigte, wäre nämlich keine ganzheitliche menschliche Entwicklung und würde schließlich wegen ihrer Einseitigkeit die zerstörerischen Fähigkeiten des Menschen antreiben.

Verkürzte Menschenbilder

10. Darum eilt es – wenn auch im Rahmen der aktuellen Schwierigkeiten und internationalen Spannungen –, sich darum zu bemühen, eine Humanökologie ins Leben zu rufen, die dem Baum des Friedens zum Wachstum verhilft. Um eine solche Unternehmung anzugehen, ist es notwendig, sich von einem Menschenbild leiten zu lassen, das nicht durch ideologische und kulturelle Vorurteile oder durch politische und wirtschaftliche Interessen verdorben ist, die zu Hass und Gewalt verführen. Es ist verständlich, dass das Menschenbild in den verschiedenen Kulturen unterschiedlich ist. Unannehmbar ist dagegen, wenn anthropologische Vorstellungen gehegt werden, die in sich selbst den Keim des Kontrastes und der Gewalt tragen. Ebenso inakzeptabel sind Gottesvorstellungen, die Unduldsamkeit gegenüber den Mitmenschen erregen und zur Anwendung von Gewalt ihnen gegenüber anspornen. Das ist ein Punkt, der in aller Klarheit bekräftigt werden muss: Ein Krieg im Namen Gottes ist niemals gutzuheißen! Wenn eine gewisse Auffassung von Gott den Ursprung verbrecherischer Handlungen bildet, ist das ein Zeichen dafür, dass diese Auffassung sich bereits in eine Ideologie verwandelt hat.

11. Heute ist jedoch der Friede nicht nur infrage gestellt durch den Konflikt zwischen den verschiedenen verkürzten Menschenbildern beziehungsweise zwischen den Ideologien. Er ist es auch durch die Gleichgültigkeit gegenüber dem, was die wahre Natur des Menschen ausmacht. Viele Zeitgenossen leugnen nämlich die Existenz einer spezifischen menschlichen Natur und ermöglichen so die verschrobensten Interpretationen dessen, was wesentlich zum Menschen gehört. Auch hier bedarf es der Klarheit: Eine schwache Sicht des Menschen, die jeder auch exzentrischen Vorstellung Raum gibt, begünstigt nur augenscheinlich den Frieden. In Wirklichkeit behindert sie den echten Dialog und öffnet dem Dazwischentreten autoritärer Zwänge den Weg. So lässt sie schließlich den Menschen selbst schutzlos dastehen, und er wird zur einfachen Beute von Unterdrückung und Gewalt.

Menschenrechte und internationale Organisationen

12. Ein echter und haltbarer Friede setzt die Achtung der Menschenrechte voraus. Wenn diese Rechte sich jedoch auf ein schwaches Menschenbild gründen, wie sollten dann nicht auch sie selber geschwächt sein? Hier wird das tiefe Ungenügen einer relativistischen Auffassung vom Menschen offenbar, wenn es sich darum handelt, seine Ansprüche zu rechtfertigen und seine Rechte zu verteidigen. Die Aporie ist in diesem Fall offenkundig: Die Rechte werden als absolut hingestellt, aber das Fundament, das man für sie anführt, ist nur relativ. Ist es dann verwunderlich, wenn angesichts der unbequemen Forderungen des einen oder anderen Rechtes jemand aufsteht, um es anzufechten oder seine Marginalisierung zu beschließen? Nur wenn sie in objektiven Ansprüchen der dem Menschen von Gott gegebenen Natur verwurzelt sind, können die ihm zuerkannten Rechte durchgesetzt werden, ohne dass ihre Widerrufung zu befürchten ist. Im Übrigen ist es offensichtlich, dass die Rechte des Menschen für ihn auch Pflichten beinhalten. Mahatma Gandhi hat seine Meinung dazu in den schönen Worten zum Ausdruck gebracht: ‚Der Ganges der Rechte fließt vom Himalaja der Pflichten herab'. Nur wenn über diese Grundvoraussetzung Klarheit geschaffen wird, können die Menschenrechte, die heute ständigen Angriffen ausgesetzt sind, in angemessener Weise verteidigt werden. Ohne eine solche Klarheit verwendet man schließlich denselben Ausdruck – eben den Begriff Menschenrechte – und verbindet damit sehr unterschiedliche Vorstellungen von seinem Subjekt: Für einige ist es die menschliche Person, die durch eine ständige Würde und durch Rechte ausgezeichnet ist, die stets, überall und jedem gegenüber gültig sind; für andere ist es der Mensch mit veränderlicher Würde und mit Rechten, die immer neu ausgehandelt werden können: In ihren Inhalten, ihrer zeitlichen Dauer und ihrem Geltungsbereich.

13. Auf den Schutz der Menschenrechte beziehen sich beständig die internationalen Organe und besonders die Organisation der Vereinten Nationen, die sich mit der Allgemeinen Erklärung von 1948 die Förderung dieser Rechte als fundamentale Aufgabe vorgenommen hat. Diese Erklärung wird wie eine Art von der gesamten Menschheit übernommene moralische Verpflichtung angesehen. Darin liegt eine tiefe Wahrheit, vor allem, wenn als das Fundament der in der Erklärung beschriebenen Rechte nicht nur einfach der Beschluss der Versammlung angesehen wird, die sie approbiert hat, sondern die Natur des Menschen selbst und seine unveräußerliche Würde als einer von Gott erschaffenen Person. Darum ist es wichtig, dass die internationalen Organe das natürliche Fundament der Menschenrechte nicht aus den Augen verlieren. Das bewahrt sie vor der leider immer latent vorhandenen Gefahr, in eine nur positivistische Interpretation dieser Rechte abzugleiten. Sollte dies ge-

schehen, würde sich herausstellen, dass die internationalen Organe nicht über das nötige Ansehen verfügen, um ihre Rolle als Verteidiger der Grundrechte der Person und der Völker zu entfalten – eine Aufgabe, in der aber die grundsätzliche Rechtfertigung ihres Daseins und ihres Handelns besteht.

Humanitäres Völkerrecht und innerstaatliches Recht

14. Ausgehend von dem Bewusstsein, dass es unveräußerliche Menschenrechte gibt, die mit der gemeinsamen Natur der Menschen zusammenhängen, ist ein humanitäres Völkerrecht ausgearbeitet worden, zu dessen Beachtung die Staaten auch im Kriegsfall verpflichtet sind. Das ist leider – abgesehen von der Vergangenheit – in einigen Situationen kriegerischer Auseinandersetzungen in jüngster Zeit nicht entsprechend zur Anwendung gekommen. So ist es zum Beispiel in dem Konflikt geschehen, dessen Schauplatz vor einigen Monaten der Süd-Libanon war, wo die Pflicht, unschuldige Opfer zu schützen und ihnen zu helfen und die Zivilbevölkerung nicht einzubeziehen, zum großen Teil nicht beachtet wurde. Das schmerzliche Schicksal des Libanon und die neue Beschaffenheit der Konflikte, besonders seit die terroristische Bedrohung ungekannte Formen der Gewalt in Gang gesetzt hat, erfordern, dass die internationale Gemeinschaft das humanitäre Völkerrecht bekräftigt und es auf alle heutigen Situationen bewaffneten Konfliktes – einschließlich der vom geltenden Völkerrecht nicht vorausgesehenen – bezieht. Außerdem verlangt das Übel des Terrorismus ein vertieftes Nachdenken über die ethischen Grenzen, die den Einsatz heutiger Mittel zum Schutz der nationalen Sicherheit betreffen. Immer häufiger werden nämlich die Kriege nicht erklärt, vor allem, wenn terroristische Gruppen sie auslösen, die entschieden sind, ihre Ziele mit jedwedem Mittel zu erreichen. Angesichts der erschütternden Szenarien dieser letzten Jahre können die Staaten unmöglich die Notwendigkeit verkennen, sich klarere Regeln zu geben, die fähig sind, dem dramatischen Abdriften, das wir erleben, wirksam entgegenzutreten. Der Krieg stellt immer einen Misserfolg für die internationale Gemeinschaft dar und einen schweren Verlust an Menschlichkeit. Wenn es trotz allem dazu kommt, müssen zumindest die wesentlichen Prinzipien der Menschlichkeit und die grundlegenden Werte jeglichen zivilen Zusammenlebens gewahrt werden durch die Aufstellung von Verhaltensnormen, die die Schäden so weit wie möglich begrenzen und darauf ausgerichtet sind, die Leiden der Zivilbevölkerung und aller Opfer der Konflikte zu erleichtern.[5]

---

[5] Diesbezüglich hat der Katechismus der Katholischen Kirche sehr ernste und genaue Kriterien vorgelegt: Vgl. KKK 2307–2317.

15. Ein anderes Element, das große Beunruhigung hervorruft, ist der jüngst von einigen Staaten geäußerte Wille, sich mit Nuklearwaffen auszurüsten. Dadurch hat sich das verbreitete Klima der Unsicherheit und der Angst vor einer möglichen atomaren Katastrophe weiter verschärft. Das wirft die Menschen zurück in die zermürbenden Ängste der Epoche des sogenannten Kalten Kriegs. Danach hoffte man, die atomare Gefahr sei definitiv gebannt und die Menschheit könne endlich einen dauerhaften Seufzer der Erleichterung tun. Wie aktuell erscheint in diesem Zusammenhang die Mahnung des Zweiten Vatikanischen Konzils: „Jede Kriegshandlung, die auf die Vernichtung ganzer Städte oder weiter Gebiete und ihrer Bevölkerung unterschiedslos abstellt, ist ein Verbrechen gegen Gott und gegen den Menschen, das fest und entschieden zu verwerfen ist" (GS 80). Leider verdichten sich weiterhin bedrohliche Schatten am Horizont der Menschheit. Der Weg, um eine Zukunft des Friedens für alle zu sichern, besteht nicht nur in internationalen Übereinkünften über die Nicht-Verbreitung von Nuklearwaffen, sondern auch in dem Bemühen, mit Entschiedenheit ihre Verminderung und ihren endgültigen Abbau zu verfolgen. Man lasse nichts unversucht, um auf dem Verhandlungsweg diese Ziele zu erreichen! Das Schicksal der gesamten Menschheitsfamilie steht auf dem Spiel!

Die Kirche zum Schutz der Transzendenz der menschlichen Person

16. Schließlich möchte ich einen dringenden Aufruf an das Volk Gottes richten, dass jeder Christ sich verpflichtet fühlen möge, unermüdlicher Friedensstifter und mutiger Verteidiger der Würde des Menschen und seiner unveräußerlichen Rechte zu sein. Dankbar gegenüber dem Herrn, dass er ihn berufen hat, zu seiner Kirche zu gehören, die in der Welt „Zeichen und Schutz der Transzendenz der menschlichen Person" (GS 76) ist, soll der Christ nie müde werden, das grundlegende Gut des Friedens von ihm zu erbitten, das im Leben jedes Einzelnen von solcher Bedeutung ist. Außerdem wird er stolz darauf sein, mit großherziger Hingabe der Sache des Friedens zu dienen, indem er den Mitmenschen entgegenkommt, besonders denen, die nicht allein unter Armut und Elend leiden, sondern dazu auch dieses kostbare Gut entbehren müssen. Jesus hat uns offenbart, dass „Gott […] Liebe" (1 Joh 4,8) ist und dass die größte Berufung jedes Menschen die Liebe ist. In Christus können wir die höchsten Gründe finden, uns zu beharrlichen Verfechtern der Menschenwürde und zu mutigen Erbauern des Friedens zu machen.

17. Möge also der Beitrag jedes Gläubigen zur Förderung eines echten ganzheitlichen Humanismus nach den Lehren der Enzykliken ‚Populorum progressio' und ‚Sollicitudo rei socialis', deren 40. und 20. Jahrestag wir gerade in diesem Jahr feiern werden, nicht nachlassen. Zu Beginn des Jahres 2007,

auf das wir – wenn auch unter Gefahren und Problemen – mit hoffnungsvollem Herzen blicken, vertraue ich der Königin des Friedens und Mutter Jesu Christi, unseres Friedens (vgl. Eph 2,14), mein inständiges Gebet für die gesamte Menschheit an. Möge Maria uns in ihrem Sohn den Weg des Friedens zeigen und unsere Augen erleuchten, damit wir sein Angesicht im Gesicht jedes Menschen erkennen – im Menschen als dem Herz des Friedens!

Aus dem Vatikan, am 8. Dezember 2006
Benedikt XVI.

Botschaft seiner Heiligkeit Papst Benedikt XVI.
zur Feier des 41. Weltfriedenstages
1. Januar 2008

Die Menschheitsfamilie, eine Gemeinschaft des Friedens

1. Zu Beginn des neuen Jahres möchte ich den Menschen in aller Welt meinen innigen Friedenswunsch und zugleich eine herzliche Botschaft der Hoffnung übermitteln. Das tue ich, indem ich zum gemeinsamen Nachdenken über das Thema anrege, das ich an den Anfang dieser Botschaft gestellt habe und das mir besonders am Herzen liegt: Die Menschheitsfamilie, eine Gemeinschaft des Friedens. Die erste Form der Gemeinsamkeit zwischen Menschen ist die, welche aus der Liebe zwischen einem Mann und einer Frau hervorgeht, die entschlossen sind, sich auf immer zusammenzuschließen, um miteinander eine neue Familie aufzubauen. Doch auch die Völker der Erde sind aufgerufen, untereinander Beziehungen der Solidarität und der Zusammenarbeit zu schaffen, wie sie sich für Glieder der einen Menschheitsfamilie geziemen. „Alle Völker sind ja eine einzige Gemeinschaft" (NA 1), hat das Zweite Vatikanische Konzil gesagt, „sie haben denselben Ursprung, da Gott das ganze Menschengeschlecht auf dem gesamten Erdkreis wohnen ließ; auch haben sie Gott als ein und dasselbe letzte Ziel" (NA 1).

Familie, Gesellschaft und Frieden

2. Die auf die Ehe zwischen einem Mann und einer Frau gegründete natürliche Familie als innige Gemeinschaft des Lebens und der Liebe (vgl. GS 48) ist der „*erste* [...] *Ort der ‚Humanisierung'* der Person und der Gesellschaft" (CL 40), die „Wiege des Lebens und der Liebe" (CL 40). Zu Recht wird darum die Familie als die erste natürliche Gesellschaft bezeichnet, als „eine göttliche Einrichtung, die als Prototyp jeder sozialen Ordnung das Fundament des Lebens der Personen bildet"[1].

3. Tatsächlich macht man in einem gesunden Familienleben die Erfahrung einiger grundsätzlicher Komponenten des Friedens: Gerechtigkeit und Liebe unter den Geschwistern, die Funktion der Autorität, die in den Eltern ihren Ausdruck findet, der liebevolle Dienst an den schwächsten – kleinen oder kranken oder alten – Gliedern, die gegenseitige Hilfe in den Bedürfnissen des Lebens, die Bereitschaft, den anderen anzunehmen und ihm nötigenfalls zu verzeihen.

---

[1] *Päpstlicher Rat für Gerechtigkeit und Frieden*, Kompendium der Soziallehre der Kirche, Freiburg i. Br. ^{2}2006, 211.

Deswegen ist die Familie die erste und unersetzliche Erzieherin zum Frieden. So ist es nicht verwunderlich, dass innerfamiliäre Gewalt als besonders untragbar empfunden wird. Wenn also die Familie als „Grund und Lebenszelle der Gesellschaft" (AA 11) bezeichnet wird, ist damit etwas Wesentliches ausgedrückt. Die Familie ist das Fundament der Gesellschaft auch deshalb, weil sie die Möglichkeit zu entscheidenden Erfahrungen von Frieden bietet. Daraus folgt, dass die menschliche Gemeinschaft auf den Dienst, den die Familie leistet, nicht verzichten kann. Wo könnte der Mensch in der Phase seiner Prägung besser lernen, die unverfälschte Atmosphäre des Friedens zu genießen, als im ursprünglichen Nest, das die Natur ihm vorbereitet? Der familiäre Wortschatz ist ein Wortschatz des Friedens; aus ihm muss man immer wieder schöpfen, um das Vokabular des Friedens nicht zu verlernen. In der Inflation der Sprache darf die Gesellschaft den Bezug zu jener Grammatik nicht verlieren, die jedes Kleinkind aus den Gesten und Blicken von Mutter und Vater aufnimmt, noch bevor es sie aus ihren Worten erlernt.

4. Da der Familie die Aufgabe der Erziehung ihrer Glieder zukommt, hat sie spezifische Rechte. Die Allgemeine Erklärung der Menschenrechte, die eine Errungenschaft einer Rechtskultur von wirklich universellem Wert darstellt, bestätigt: „Die Familie ist die natürliche Grundeinheit der Gesellschaft und hat Anspruch auf Schutz durch Gesellschaft und Staat."[2] Der Heilige Stuhl hat seinerseits der Familie eine besondere rechtliche Würde zuerkannt, indem er die Charta der Familienrechte veröffentlichte. In der Präambel heißt es: „[D]ie Rechte der Person [haben], selbst wenn sie als Rechte des Einzelnen formuliert sind, eine grundlegende soziale Dimension […], die ihren natürlichen und vitalen Ausdruck in der Familie findet"[3]. Die in der Charta aufgestellten Rechte sind Ausdruck und deutliche Darlegung des Naturrechtes, das ins Herz des Menschen eingeschrieben ist und ihm durch die Vernunft offenbar wird. Die Leugnung oder auch Einschränkung der Rechte der Familien bedroht, indem sie die Wahrheit über den Menschen verdunkelt, die Grundlagen des Friedens selbst.

5. Wer die Einrichtung der Familie behindert – und sei es auch unbewusst –, macht also den Frieden in der gesamten nationalen und internationalen Gemeinschaft brüchig, denn er schwächt das, was tatsächlich die wichtigste Agentur des Friedens ist. Dies ist ein Punkt, der einer besonderen Überlegung wert ist: Alles, was dazu beiträgt, die auf die Ehe eines Mannes und

---

[2] *Generalversammlung der Vereinten Nationen*, Allgemeine Erklärung der Menschenrechte, Paris 1948, Art. 16.

[3] *Päpstlicher Rat für die Familie*, Charta der Familienrechte, Vatikanstadt 1983, Präambel, entnommen aus: www.vatican.va.

einer Frau gegründete Familie zu schwächen, was direkt oder indirekt die Bereitschaft der Familie zur verantwortungsbewussten Annahme eines neuen Lebens lähmt, was ihr Recht, die erste Verantwortliche für die Erziehung der Kinder zu sein, hintertreibt, stellt ein objektives Hindernis auf dem Weg des Friedens dar. Die Familie braucht ein Heim, sie braucht die Arbeit beziehungsweise die gerechte Anerkennung der häuslichen Tätigkeit der Eltern, eine Schule für die Kinder und eine medizinische Grundversorgung für alle. Wenn Gesellschaft und Politik sich nicht dafür einsetzen, der Familie auf diesen Gebieten zu helfen, bringen sie sich um eine wesentliche Quelle im Dienst des Friedens. Besonders die Massenmedien haben wegen der erzieherischen Möglichkeiten, über die sie verfügen, eine spezielle Verantwortung, die Achtung der Familie zu fördern, ihre Erwartungen und Rechte darzulegen und ihre Schönheit herauszustellen.

Die Menschheit ist eine große Familie

6. Auch die soziale Gemeinschaft muss sich, um im Frieden zu leben, an den Werten orientieren, auf die sich die familiäre Gemeinschaft stützt. Das gilt für die örtlichen wie für die nationalen Gemeinschaften; es gilt sogar für die Völkergemeinschaft, für die Menschheitsfamilie, die in jenem gemeinsamen Haus wohnt, das die Erde ist. Unter diesem Gesichtspunkt darf man jedoch nicht vergessen, dass die Familie aus dem verantwortungsvollen und definitiven Ja eines Mannes und einer Frau hervorgeht und von dem bewussten Ja der Kinder lebt, die nach und nach dazukommen. Um zu gedeihen, braucht die familiäre Gemeinschaft das großherzige Einvernehmen aller ihrer Glieder. Es ist nötig, dass dieses Bewusstsein auch zur gemeinsamen Überzeugung aller wird, die berufen sind, die allgemeine Menschheitsfamilie zu bilden. Man muss fähig sein, persönlich Ja zu dieser Berufung zu sagen, die Gott eigens in unsere Natur eingeschrieben hat. Wir leben nicht zufällig nebeneinander; als Menschen sind wir alle auf demselben Weg, und darum gehen wir ihn als Brüder und Schwestern. Deshalb ist es wesentlich, dass jeder sich bemüht, sein Leben in einer Haltung der Verantwortlichkeit vor Gott zu leben, indem er in ihm den Urquell der eigenen Existenz wie auch jener der anderen erkennt. In der Rückbesinnung auf diesen höchsten Ursprung kann der unbedingte Wert eines jeden Menschen wahrgenommen und so die Voraussetzungen für den Aufbau einer versöhnten Menschheit geschaffen werden. Ohne dieses transzendente Fundament ist die Gesellschaft nur eine Ansammlung von Nachbarn, nicht eine Gemeinschaft von Brüdern und Schwestern, die berufen sind, eine große Familie zu bilden.

Familie, menschliche Gemeinschaft und Umwelt

7. Die Familie braucht ein Heim, eine ihr angemessene Umgebung, in der sie ihre Beziehungen knüpfen kann. Für die Menschheitsfamilie ist dieses Heim die

Erde, die Umwelt, die Gott, der Schöpfer, uns gegeben hat, damit wir sie mit Kreativität und Verantwortung bewohnen. Wir müssen für die Umwelt Sorge tragen: Sie ist dem Menschen anvertraut, damit er sie in verantwortlicher Freiheit bewahrt und kultiviert, wobei sein Orientierungsmaßstab immer das Wohl aller sein muss. Natürlich besitzt der Mensch einen Wertvorrang gegenüber der gesamten Schöpfung. Die Umwelt zu schonen heißt nicht, die Natur oder die Tierwelt wichtiger einzustufen als den Menschen. Es bedeutet vielmehr, sie nicht in egoistischer Weise als völlig verfügbar für die eigenen Interessen anzusehen, denn auch die kommenden Generationen haben das Recht, aus der Schöpfung Nutzen zu ziehen, indem sie ihr gegenüber dieselbe verantwortliche Freiheit zum Ausdruck bringen, die wir für uns beanspruchen. Ebenso dürfen die Armen nicht vergessen werden, die in vielen Fällen von der allgemeinen Bestimmung der Güter der Schöpfung ausgeschlossen sind. Heute bangt die Menschheit um das künftige ökologische Gleichgewicht. Es ist gut, diesbezügliche Einschätzungen mit Bedachtsamkeit, im Dialog zwischen Experten und Gelehrten, ohne ideologische Beschleunigungen auf übereilte Schlussfolgerungen hin vorzunehmen; vor allem sollte dabei ein annehmbares Entwicklungsmodell gemeinsam vereinbart werden, das unter Beachtung des ökologischen Gleichgewichts das Wohlergehen aller gewährleistet. Wenn der Umweltschutz mit Kosten verbunden ist, müssen diese gerecht verteilt werden, indem man die Unterschiede in der Entwicklung der verschiedenen Länder und die Solidarität mit den kommenden Generationen berücksichtigt. Bedachtsamkeit bedeutet nicht, keine eigene Verantwortung zu übernehmen und Entscheidungen aufzuschieben; es bedeutet vielmehr, es sich zur Pflicht zu machen, nach verantwortungsbewusster Abwägung gemeinsam zu entscheiden, welcher Weg einzuschlagen ist, mit dem Ziel, jenen Bund zwischen Mensch und Umwelt zu stärken, der ein Spiegel der Schöpferliebe Gottes sein soll – des Gottes, in dem wir unseren Ursprung haben und zu dem wir unterwegs sind.

8. Grundlegend ist in diesem Zusammenhang, die Erde als unser gemeinsames Haus zu empfinden und für ihre Nutzung im Dienste aller eher den Weg des Dialogs zu wählen als den der einseitigen Entscheidungen. Falls nötig, können die institutionellen Stellen auf internationaler Ebene vermehrt werden, um gemeinsam die Leitung dieses unseres Hauses in Angriff zu nehmen; noch mehr kommt es jedoch darauf an, im allgemeinen Bewusstsein die Überzeugung reifen zu lassen, dass eine verantwortliche Zusammenarbeit notwendig ist. Die Probleme, die sich am Horizont abzeichnen, sind komplex, und die Zeit drängt. Um der Situation wirksam entgegenzutreten, bedarf es der Übereinstimmung im Handeln. Ein Bereich, in dem es besonders notwendig wäre, den Dialog zwischen den Nationen zu intensivieren, ist jener der Verwaltung der Energiequellen des Planeten. Eine zweifache Dring-

lichkeit stellt sich diesbezüglich den technisch fortgeschrittenen Ländern: Einerseits müssen die durch das aktuelle Entwicklungsmodell bedingten hohen Konsum-Standards überdacht werden, und andererseits ist für geeignete Investitionen zur Differenzierung der Energiequellen und für die Verbesserung der Energienutzung zu sorgen. Die Schwellenländer haben Energiebedarf, doch manchmal wird dieser Bedarf zum Schaden der armen Länder gedeckt, die wegen ihrer auch technisch ungenügenden Infrastrukturen gezwungen sind, die in ihrem Besitz befindlichen Energie-Ressourcen unter Preis zu verschleudern. Manchmal wird sogar ihre politische Freiheit infrage gestellt durch Formen von Protektorat oder zumindest von Abhängigkeiten, die sich eindeutig als demütigend erweisen.

Familie, menschliche Gemeinschaft und Wirtschaft

9. Eine wesentliche Voraussetzung für den Frieden in den einzelnen Familien ist, dass sie sich auf ein solides Fundament gemeinsam anerkannter geistiger und ethischer Werte stützen. Dazu ist aber ergänzend zu bemerken, dass die Familie eine echte Erfahrung von Frieden macht, wenn keinem das Nötige fehlt und das familiäre Vermögen – die Frucht der Arbeit einiger, des Sparens anderer und der aktiven Zusammenarbeit aller – gut verwaltet wird in Solidarität, ohne Unmäßigkeiten und ohne Verschwendungen. Für den familiären Frieden ist also einerseits die Öffnung auf ein transzendentes Erbe an Werten notwendig, andererseits aber ist es zugleich nicht bedeutungslos, sowohl die materiellen Güter klug zu verwalten als auch die zwischenmenschlichen Beziehungen mit Umsicht zu pflegen. Eine Vernachlässigung dieses Aspektes hat zur Folge, dass aufgrund der unsicheren Aussichten, welche die Zukunft der Familie bedrohen, das gegenseitige Vertrauen Schaden nimmt.

10. Ähnliches ist über jene andere große Familie zu sagen, welche die Menschheit im Ganzen ist. Auch die Menschheitsfamilie, die heute durch das Phänomen der Globalisierung noch enger vereint ist, braucht außer einem Fundament an gemeinsam anerkannten Werten eine Wirtschaft, die wirklich den Erfordernissen eines Allgemeinwohls in weltweiten Dimensionen gerecht wird. Die Bezugnahme auf die natürliche Familie erweist sich auch unter diesem Gesichtspunkt als besonders aufschlussreich. Zwischen den einzelnen Menschen und unter den Völkern müssen korrekte und ehrliche Beziehungen gefördert werden, die allen die Möglichkeit geben, auf einer Basis der Parität und der Gerechtigkeit zusammenzuarbeiten. Zugleich muss man sich um eine kluge Nutzung der Ressourcen und um eine gerechte Verteilung der Güter bemühen. Im Besonderen müssen die den armen Ländern gewährten Hilfen den Kriterien einer gesunden wirtschaftlichen Logik entsprechen, indem Verschwendungen vermieden werden, die letztlich vor

allem der Erhaltung kostspieliger bürokratischer Apparate dienen. Ebenfalls gebührend zu berücksichtigen ist der moralische Anspruch, dafür zu sorgen, dass die wirtschaftliche Organisation nicht nur den strengen Gesetzen des schnellen Profits entspricht, die sich als unmenschlich erweisen können.

Familie, menschliche Gemeinschaft und Sittengesetz

11. Eine Familie lebt im Frieden, wenn alle ihre Glieder sich einer gemeinsamen Richtlinie unterwerfen: Diese muss dem egoistischen Individualismus wehren und die Einzelnen zusammenhalten, indem sie ihre harmonische Koexistenz und ihren zielgerichteten Fleiß fördert. Das in sich schlüssige Prinzip gilt auch für die größeren Gemeinschaften, von den lokalen über die nationalen bis hin zur internationalen Gemeinschaft. Um Frieden zu haben, bedarf es eines gemeinsamen Gesetzes, das der Freiheit hilft, wirklich sie selbst zu sein und nicht blinde Willkür, und das den Schwachen vor Übergriffen des Stärkeren schützt. In der Völkerfamilie ist viel willkürliches Verhalten zu verzeichnen, sowohl innerhalb der einzelnen Staaten als auch in den Beziehungen der Staaten untereinander. Dazu gibt es zahlreiche Situationen, in denen der Schwache sich nicht etwa den Erfordernissen der Gerechtigkeit beugen muss, sondern der unverhohlenen Kraft dessen, der über mehr Mittel verfügt als er. Es ist nötig, dies noch einmal zu bekräftigen: Die Macht muss immer durch das Gesetz gezügelt werden, und das hat auch in den Beziehungen zwischen souveränen Staaten zu geschehen.

12. Über die Natur und die Funktion des Gesetzes hat die Kirche sich viele Male geäußert: Die Rechtsnorm, welche die Beziehungen der Menschen untereinander regelt, indem sie das äußere Verhalten diszipliniert und auch Strafen für die Übertreter vorsieht, hat als Kriterium das auf der Natur der Dinge beruhende Sittengesetz. Dieses kann im Übrigen – zumindest in seinen Grundforderungen – von der menschlichen Vernunft eingesehen werden, die so auf die schöpferische Vernunft Gottes zurückgeht, die am Anfang aller Dinge steht. Dieses Sittengesetz muss die Gewissensentscheidungen regeln und das gesamte Verhalten der Menschen leiten. Gibt es Rechtsnormen für die Beziehungen zwischen den Nationen, welche die Menschheitsfamilie bilden? Und wenn es sie gibt, sind sie wirksam? Die Antwort lautet: Ja, die Gesetze existieren, doch um zu erreichen, dass sie tatsächlich wirksam werden, muss man auf das natürliche Sittengesetz als Basis der Rechtsnorm zurückgehen, andernfalls ist diese anfälligen und provisorischen Übereinkommen überlassen.

13. Die Erkenntnis des natürlichen Sittengesetzes ist dem Menschen nicht verwehrt, wenn er in sich geht und angesichts seiner Bestimmung sich nach der inneren Logik der tiefsten in seinem Wesen vorhandenen Neigungen fragt. Er kann, wenn auch unter Unschlüssigkeiten und Unsicherheiten, da-

hin gelangen, dieses allgemeine Sittengesetz zumindest in seinen wesentlichen Zügen zu entdecken – ein Gesetz, das jenseits der kulturellen Unterschiede den Menschen ermöglicht, sich untereinander über die wichtigsten Aspekte von Gut und Böse, von Gerecht und Ungerecht zu verständigen. Es ist unverzichtbar, auf dieses fundamentale Gesetz zurückzugehen und für diese Suche unsere besten intellektuellen Energien einzusetzen, ohne uns durch mangelnde Eindeutigkeit und Missverständnisse entmutigen zu lassen. Tatsächlich finden sich, wenn auch bruchstückhaft und nicht immer kohärent, im Naturgesetz verwurzelte Werte in den internationalen Abkommen, in den weltweit anerkannten Formen von Autorität und in den Grundsätzen des humanitären Rechts, das in die Gesetzgebungen der einzelnen Staaten oder in die Statuten der internationalen Organismen aufgenommen ist. Die Menschheit ist nicht gesetzlos. Trotzdem ist es dringlich, den Dialog über diese Themen fortzusetzen und dabei Bestrebungen zu unterstützen, auch die Gesetzgebungen der einzelnen Staaten für eine Anerkennung der fundamentalen Menschenrechte zu öffnen. Die Entwicklung der Rechtskultur in der Welt hängt unter anderem von dem Einsatz ab, die internationalen Normen immer mit einem zutiefst menschlichen Gehalt zu erfüllen, um so zu vermeiden, dass sie sich auf Prozeduren beschränken, die egoistischen oder ideologischen Motiven zuliebe leicht zu umgehen sind.

Überwindung der Konflikte und Abrüstung

14. Die Menschheit erlebt heute leider tiefe Spaltungen und starke Konflikte, die düstere Schatten auf ihre Zukunft werfen. Weite Zonen des Planeten sind in wachsende Spannungen verwickelt, während die Gefahr, dass immer mehr Länder in den Besitz von Nuklearwaffen gelangen, in jedem verantwortungsbewussten Menschen begründete Besorgnis aufkommen lässt. Auf dem afrikanischen Kontinent toben noch viele Bürgerkriege, obwohl dort nicht wenige Länder in der Freiheit und in der Demokratie Fortschritte gemacht haben. Der Mittlere Osten ist nach wie vor Schauplatz von Konflikten und Attentaten, die auch angrenzende Nationen und Regionen beeinflussen und Gefahr laufen, sie in die Spirale der Gewalt hineinzuziehen. Auf einer allgemeineren Ebene ist mit Betrübnis festzustellen, dass die Anzahl der in den Rüstungswettlauf verwickelten Länder zunimmt: Sogar Entwicklungsländer widmen einen bedeutenden Teil ihres mageren Bruttoinlandsprodukts dem Kauf von Waffen. Die Verantwortlichkeiten für diesen verhängnisvollen Handel sind vielfältig: Da sind die Länder der industrialisierten Welt, die aus dem Waffenverkauf reichen Gewinn ziehen, und da sind die herrschenden Oligarchien in vielen armen Ländern, die durch den Kauf immer höher entwickelter Waffen ihre Situation stärken wollen. In solch schwierigen Zeiten ist wirklich die Mobilisierung aller Menschen guten Willens notwendig, um zu

konkreten Vereinbarungen im Hinblick auf eine wirkungsvolle Entmilitarisierung vor allem im Bereich der Nuklearwaffen zu kommen. In dieser Phase, da der Prozess der nuklearen Nonproliferation nicht von der Stelle kommt, fühle ich mich verpflichtet, die Autoritäten dazu aufzurufen, die Verhandlungen für eine fortschreitende und vereinbarte Abrüstung der vorhandenen Nuklearwaffen mit festerer Entschlossenheit wieder aufzunehmen. Indem ich diesen Appell erneuere, weiß ich, dass ich damit den gemeinsamen Wunsch all derer zum Ausdruck bringe, denen die Zukunft der Menschheit am Herzen liegt.

15. Sechzig Jahre sind vergangen, seit die Organisation der Vereinten Nationen feierlich die Allgemeine Erklärung der Menschenrechte veröffentlichte (1948–2008). Mit diesem Dokument reagierte die Menschheitsfamilie auf die Schrecken des Zweiten Weltkriegs, indem sie ihre auf der gleichen Würde aller Menschen beruhende Einheit anerkannte und ins Zentrum des menschlichen Zusammenlebens die Achtung der Grundrechte der Einzelnen und der Völker stellte: Das war ein entscheidender Schritt auf dem schwierigen und anspruchsvollen Weg zu Eintracht und Frieden. Eine besondere Erwähnung verdient auch der 25. Jahrestag der Annahme der Charta der Familienrechte durch den Heiligen Stuhl (1983–2008) sowie das 40-jährige Jubiläum der Feier des ersten Weltfriedenstags (1968–2008). Diesen Tag zu begehen war die Frucht einer glücklichen Intuition Papst Pauls VI., die mein lieber, verehrter Vorgänger Papst Johannes Paul II. mit großer Überzeugung aufgegriffen hat. Die Feier bot im Laufe der Jahre die Möglichkeit, durch die für den Anlass veröffentlichten Botschaften eine erhellende Lehre der Kirche zugunsten dieses grundlegenden menschlichen Gutes zu entwickeln. Gerade im Licht dieser bedeutenden Jahrestage lade ich jeden einzelnen Menschen ein, sich der gemeinsamen Zugehörigkeit zu der einen Menschheitsfamilie noch klarer bewusst zu werden und sich dafür einzusetzen, dass das Zusammenleben auf der Erde immer mehr diese Überzeugung widerspiegelt, von der die Errichtung eines wahren und dauerhaften Friedens abhängt. Zudem lade ich die Gläubigen ein, unermüdlich von Gott das große Geschenk des Friedens zu erflehen. Die Christen ihrerseits wissen, dass sie sich der Fürsprache Marias anvertrauen können. Sie, die Mutter des Sohnes Gottes, der für das Heil der gesamten Menschheit Fleisch angenommen hat, ist Mutter aller.

Allen wünsche ich ein frohes neues Jahr!

Aus dem Vatikan, am 8. Dezember 2007
Benedikt XVI.

Botschaft seiner Heiligkeit Papst Benedikt XVI.
zur Feier des 42. Weltfriedenstages
1. Januar 2009

Die Armut bekämpfen, den Frieden schaffen

1. Auch zu Beginn dieses neuen Jahres möchte ich allen meinen Friedenswunsch zukommen lassen und sie mit dieser meiner Botschaft einladen, über das Thema ‚Die Armut bekämpfen, den Frieden schaffen' nachzudenken. Schon mein verehrter Vorgänger Johannes Paul II. hatte in der Botschaft zum Weltfriedenstag 1993 die negativen Auswirkungen unterstrichen, welche die Armutssituation ganzer Völker letztlich auf den Frieden hat. Tatsächlich gehört die Armut oft zu den Faktoren, welche Konflikte und auch kriegerische Auseinandersetzungen begünstigen oder verschärfen. Letztere tragen ihrerseits zum Fortbestehen tragischer Situationen von Armut bei. Es „macht sich in der Welt eine andere ernste Bedrohung für den Frieden immer besorgniserregender breit", schrieb Johannes Paul II. „Viele Menschen, ja ganze Völkerschaften leben heute in äußerster Armut. Der Unterschied zwischen Reichen und Armen ist auch in den wirtschaftlich hochentwickelten Nationen augenfälliger geworden. Es handelt sich um ein Problem, das sich dem Gewissen der Menschheit aufdrängt, da eine große Zahl von Menschen in Verhältnissen lebt, die ihre angeborene Würde verletzen und infolgedessen den wahren und harmonischen Fortschritt der Weltgemeinschaft gefährden" (Wfb 1993).

2. In diesem Zusammenhang schließt die Bekämpfung der Armut eine aufmerksame Betrachtung des komplexen Phänomens der Globalisierung ein. Eine solche Betrachtung ist schon unter methodologischem Gesichtspunkt wichtig, weil sie nahelegt, die Ergebnisse der von Wirtschaftswissenschaftlern und Soziologen durchgeführten Forschungen über viele Aspekte der Armut zu verwerten. Der Verweis auf die Globalisierung müsste jedoch auch eine geistige und moralische Bedeutung besitzen und dazu anregen, auf die Armen ganz bewusst im Hinblick darauf zu schauen, dass alle in einen einzigen göttlichen Plan einbezogen sind, nämlich die Berufung, eine einzige Familie zu bilden, in der alle – Einzelpersonen, Völker und Nationen – ihr Verhalten regeln, indem sie es nach den Grundsätzen der Fraternität und der Verantwortung ausrichten.

In dieser Perspektive ist es nötig, eine umfassende und differenzierte Vorstellung von der Armut zu haben. Wenn die Armut ein nur materielles Phänomen wäre, würden die Sozialwissenschaften, die uns helfen, die Dinge auf der Grundlage von vornehmlich quantitativen Daten zu messen, ausreichen, um ihre Hauptmerkmale aufzuzeigen. Wir wissen jedoch, dass es Formen nicht materieller Armut gibt, die keine direkte und automatische Folge materieller Not sind. So existieren zum Beispiel in den wohlhabenden und hochentwickelten Gesellschaften Phänomene der Marginalisierung und der relationalen, moralischen und geistigen Armut: Es handelt sich um innerlich orientierungslose Menschen, die trotz des wirtschaftlichen Wohlergehens verschiedene Formen von Entbehrung erleben. Ich denke einerseits an das, was mit „moralische[r] Unterentwicklung" (PP 19) bezeichnet wird, und andererseits an die negativen Folgen der „Überentwicklung" (SRS 28). Und dann übersehe ich nicht, dass in den sogenannten armen Gesellschaften das Wirtschaftswachstum häufig durch kulturelle Hindernisse gebremst wird, die einen angemessenen Gebrauch der Ressourcen nicht gestatten. Es steht ohnehin fest, dass jede Form von auferlegter Armut in einer mangelnden Achtung der transzendenten Würde der menschlichen Person wurzelt. Wenn der Mensch nicht in der Ganzheit seiner Berufung betrachtet wird und man die Ansprüche einer wirklichen „Humanökologie" (CA 51) nicht respektiert, entfesseln sich auch die perversen Dynamiken der Armut, wie es in einigen Bereichen, auf die ich kurz eingehen möchte, deutlich wird.

Armut und moralische Folgen

3. Häufig wird die Armut mit der demographischen Entwicklung gleichsam als deren Ursache in Verbindung gebracht. Infolgedessen laufen Kampagnen zur Geburtenreduzierung, die auf internationaler Ebene auch mit Methoden durchgeführt werden, die weder die Würde der Frau respektieren noch das Recht der Eheleute, verantwortlich die Zahl ihrer Kinder zu bestimmen (vgl. PP 37; SRS 25), und – was noch schwerwiegender ist – oft nicht einmal das Recht auf Leben achten. Die Vernichtung von Millionen ungeborener Kinder im Namen der Armutsbekämpfung ist in Wirklichkeit eine Eliminierung der Ärmsten unter den Menschen. In Anbetracht dessen bleibt das Faktum bestehen, dass 1981 etwa 40 % der Weltbevölkerung unterhalb der absoluten Armutsgrenze lebten, während sich dieser Prozentsatz heute praktisch halbiert hat und Völkerschaften, die übrigens ein beachtliches demographisches Wachstum aufweisen, die Armut überwunden haben. Diese Tatsache macht deutlich, dass die Ressourcen zur Lösung des Problems der Armut selbst bei einem Anwachsen der Bevölkerung vorhanden wären. Man darf auch nicht vergessen, dass seit dem Ende des Zweiten Weltkriegs bis heute die Erdbevölkerung um vier Milliarden zugenommen hat und dass dieses Phänomen weitgehend Länder betrifft, die jüngst auf der internationalen Bühne als neue Wirtschaftsmächte erschienen sind und die gerade dank ihrer hohen Einwohnerzahl eine schnelle Entwicklung erlebt haben. Überdies erfreuen sich unter den am meisten entwickelten Nationen jene mit den höchsten Ge-

burtenraten eines besseren Entwicklungspotentials. Mit anderen Worten, es bestätigt sich, dass die Bevölkerung ein Reichtum und nicht ein Armutsfaktor ist.

4. Ein anderer besorgniserregender Bereich sind die pandemischen Krankheiten wie zum Beispiel Malaria, Tuberkulose und AIDS, welche in dem Maß, wie sie die produktiven Teile der Bevölkerung befallen, einen starken Einfluss auf die Verschlechterung der allgemeinen Bedingungen eines Landes ausüben. Die Versuche, die Konsequenzen dieser Krankheiten für die Bevölkerung zu bremsen, erzielen nicht immer Ergebnisse von Bedeutung. Außerdem kommt es vor, dass die von einigen dieser Pandemien betroffenen Länder, um Gegenmaßnahmen zu ergreifen, Erpressungen vonseiten derer erleiden müssen, die wirtschaftliche Hilfen von der Umsetzung einer lebensfeindlichen Politik abhängig machen. Vor allem ist es schwierig, AIDS, eine dramatische Ursache der Armut, zu bekämpfen, wenn man sich nicht der moralischen Problematik stellt, mit der die Verbreitung des Virus verbunden ist. Zunächst müssen Kampagnen unternommen werden, die besonders die Jugendlichen zu einer Sexualität erziehen, die völlig der Würde der Person entspricht; in diesem Sinn realisierte Initiativen haben bereits bedeutende Ergebnisse erzielt, indem sie die Verbreitung von AIDS vermindert haben. Sodann müssen auch den armen Völkern die notwendigen Medikamente und Behandlungen zur Verfügung gestellt werden; das setzt eine entschiedene Förderung der medizinischen Forschung und der therapeutischen Neuerungen voraus sowie nötigenfalls eine flexible Anwendung der internationalen Regelungen zum Schutz des geistigen Eigentums, so dass allen die gesundheitliche Grundversorgung gewährleistet werden kann.

5. Ein dritter Bereich, dem die Aufmerksamkeit in den Programmen zur Bekämpfung der Armut gilt und der die ihr innewohnende moralische Dimension zeigt, ist die Armut der Kinder. Wenn eine Familie von Armut betroffen ist, erweisen sich die Kinder als ihre anfälligsten Opfer: Fast die Hälfte derer, die in absoluter Armut leben, sind heute Kinder. Wenn man sich bei der Betrachtung der Armut auf die Seite der Kinder stellt, sieht man sich veranlasst, jene Ziele als vorrangig anzusehen, die diese am unmittelbarsten angehen, wie zum Beispiel die Fürsorge für die Mütter, das Engagement in der Erziehung, den Zugang zu Impfungen, zu medizinischer Versorgung und zum Trinkwasser, den Umweltschutz und vor allem den Einsatz zum Schutz der Familie und der Beständigkeit der innerfamiliären Beziehungen. Wenn die Familie schwächer wird, tragen unvermeidlich die Kinder den Schaden davon. Wo die Würde der Frau und der Mutter nicht geschützt wird, bekommen das wiederum in erster Linie die Kinder zu spüren.

6. Ein vierter Bereich, dem unter moralischem Gesichtspunkt besondere Aufmerksamkeit gebührt, ist die bestehende Beziehung zwischen Abrüstung und Entwicklung. Das augenblickliche Niveau der weltweiten militärischen Ausgaben ist besorgniserregend. Wie ich bereits betont habe, geschieht es, dass „[d]ie enormen materiellen und menschlichen Ressourcen, die in die militärischen Ausgaben und in die Rüstung einfließen, [...] den Entwicklungsprojekten der Völker, besonders der ärmsten und hilfsbedürftigsten, entzogen [werden]. Und das verstößt gegen die *Charta der Vereinten Nationen*, die die internationale Gemeinschaft und insbesondere die Staaten verpflichtet, ‚die Herstellung und Wahrung des Weltfriedens und der internationalen Sicherheit so zu fördern, dass von den menschlichen und wirtschaftlichen Hilfsquellen der Welt möglichst wenig für Rüstungszwecke abgezweigt wird' (Art. 26)"[1].

Dieser Sachverhalt ist keine Erleichterung, sondern stellt sogar eine ernste Behinderung für das Erreichen der großen Entwicklungsziele der internationalen Gemeinschaft dar. Außerdem läuft eine übertriebene Erhöhung der militärischen Ausgaben Gefahr, einen Rüstungswettlauf zu beschleunigen, der Enklaven der Unterentwicklung und der Verzweiflung verursacht und sich so paradoxerweise in einen Faktor von Instabilität, von Spannung und von Konflikten verwandelt. Wie mein verehrter Vorgänger Paul VI. weitblickend geäußert hat, ist die „Entwicklung gleichbedeutend [...] mit Frieden" (PP 87). Darum sind die Staaten dazu aufgefordert, ernsthaft über die tieferen Gründe der häufig durch Ungerechtigkeit entzündeten Konflikte nachzudenken und ihnen durch eine mutige Selbstkritik abzuhelfen. Wenn eine Verbesserung der Beziehungen erreicht wird, müsste das eine Reduzierung der Rüstungsausgaben gestatten. Die eingesparten Geldmittel können dann für Entwicklungsprojekte zugunsten der ärmsten und am meisten notleidenden Menschen und Völker bestimmt werden: Ein großzügiges Engagement in diesem Sinne ist ein Engagement für den Frieden innerhalb der Menschheitsfamilie.

7. Ein fünfter Bereich im Zusammenhang mit der Bekämpfung der materiellen Armut betrifft die augenblickliche Nahrungsmittelkrise, welche die Befriedigung der Grundbedürfnisse aufs Spiel setzt. Diese Krise ist weniger durch einen Mangel an Nahrungsmitteln gekennzeichnet als vielmehr durch Schwierigkeiten des Zugangs zu ihnen und durch Spekulationen, also durch das Fehlen einer Koordination politischer und wirtschaftlicher Institutionen, die in der Lage ist, den Bedürfnissen und Notlagen zu begegnen. Die Unterernäh-

---

[1] *Benedikt XVI.*, Schreiben an Kardinal Renato Raffaele Martino anlässlich der internationalen Studientagung des Päpstlichen Rates für Gerechtigkeit und Frieden zum Thema ‚Abrüstung, Entwicklung und Frieden. Perspektiven für eine allseitige Abrüstung' vom 10. April 2008, entnommen aus: www.vatican.va.

rung kann auch schwere psycho-physische Schäden für die Völkerschaften verursachen, indem sie viele Menschen der nötigen Energien beraubt, um ohne spezielle Hilfen aus ihrer Armutssituation herauszukommen. Das trägt dazu bei, dass die Schere der Ungleichheiten weiter auseinandergeht, und provoziert Reaktionen, die Gefahr laufen, in Gewalt zu münden. Die Daten über die Entwicklung der relativen Armut in den letzten Jahrzehnten zeigen alle eine Vergrößerung des Gefälles zwischen Reichen und Armen an. Hauptursachen dieses Phänomens sind zweifellos einerseits der technologische Wandel, dessen Nutzen vor allem der oberen Einkommensklasse zugutekommt, und andererseits die Preisdynamik der Industrieprodukte, deren Kosten wesentlich schneller ansteigen als die Preise der Agrarprodukte und der Rohstoffe, die im Besitz der ärmeren Länder sind. So geschieht es, dass der größte Teil der Bevölkerung der ärmeren Länder unter doppelter Marginalisierung leidet, sowohl durch niedrigere Einnahmen als auch durch höhere Preise.

Bekämpfung der Armut und globale Solidarität

8. Einer der besten Wege zur Schaffung des Friedens ist eine Globalisierung, die auf die Interessen der großen Menschheitsfamilie ausgerichtet ist (vgl. CA 58). Um die Globalisierung zu lenken, bedarf es jedoch einer starken globalen Solidarität[2] zwischen reichen und armen Ländern sowie innerhalb der einzelnen Länder, auch wenn sie reich sind. Ein „gemeinsame[r] Ethikkodex"[3] ist notwendig, dessen Normen nicht nur den Charakter von Konventionen besitzen, sondern im Naturgesetz wurzeln, das vom Schöpfer in das Gewissen eines jeden Menschen eingeschrieben ist (vgl. Röm 2,14–15). Spürt nicht jeder von uns im Innersten seines Gewissens den Aufruf, seinen eigenen Beitrag zum Allgemeinwohl und zum sozialen Frieden zu leisten? Die Globalisierung beseitigt gewisse Barrieren, doch das bedeutet nicht, dass sie nicht neue aufrichten kann; sie bringt die Völker einander näher, doch die räumliche und zeitliche Nähe schafft von sich aus nicht die Bedingungen für ein wahres Miteinander und einen echten Frieden. Die Marginalisierung der Armen des Planeten kann in der Globalisierung nur dann wirksame Mittel zur Befreiung finden, wenn jeder Mensch sich durch die in der Welt bestehenden Ungerechtigkeiten und die damit verbundenen Verletzungen der Menschenrechte persönlich verwundet fühlt. Die Kirche, die „Zeichen und Werkzeug für die innigste Vereinigung mit Gott wie für die Einheit der gan-

---

[2] Vgl. *Johannes Paul II.*, Ansprache bei der Audienz für die Mitglieder der Associazioni Cristiane Lavoratori Italiani (ACLI) am 27. April 2002, in: Johannes Paul II., Insegnamenti XXV, 1 (2002), 637.

[3] *Johannes Paul II.*, Ansprache vor der Vollversammlung der Päpstlichen Akademie der Sozialwissenschaften am 27. April 2001, in: Johannes Paul II., Insegnamenti XXIV, 1 (2001), 802.

zen Menschheit" (LG 1) ist, wird weiterhin ihren Beitrag leisten, damit Ungerechtigkeiten und Unverständnis überwunden werden und man dahin gelangt, eine friedvollere und solidarischere Welt aufzubauen.

9. Auf dem Gebiet des internationalen Handels und der Finanztransaktionen sind heute Prozesse im Gange, die es erlauben, die Ökonomien positiv zu koordinieren und so zur Verbesserung der allgemeinen Bedingungen beizutragen; doch es gibt auch gegenteilige Prozesse, welche die Völker entzweien und ins Abseits drängen und so gefährliche Voraussetzungen für Kriege und Konflikte schaffen. In den Jahrzehnten unmittelbar nach dem Zweiten Weltkrieg ist der internationale Waren- und Dienstleistungshandel außerordentlich schnell angestiegen und hat dabei eine in der Geschichte zuvor nicht gekannte Dynamik entfaltet. Ein großer Teil des Welthandels betraf die bereits früh industrialisierten Länder, mit der beachtlichen Erweiterung durch viele Schwellenländer, die an Bedeutung gewonnen haben. Es gibt jedoch andere Länder mit niedrigen Einnahmen, die hinsichtlich des Handelsflusses noch schwer marginalisiert sind. Ihr Wachstum hat unter dem in den letzten Jahrzehnten verzeichneten schnellen Verfall der Preise für Primärgüter gelitten, die fast die Gesamtheit ihrer Exporte ausmachen. In diesen – großenteils afrikanischen – Ländern stellt die Abhängigkeit vom Export von Primärgütern weiterhin einen erheblichen Risikofaktor dar. Ich möchte hier erneut dazu aufrufen, allen Ländern die gleichen Zugangschancen zum Weltmarkt einzuräumen und Ausschlüsse und Marginalisierungen zu vermeiden.

10. Ähnliche Überlegungen können über das Finanzwesen angestellt werden, das dank der Entwicklung der Elektronik und der Politik zur Liberalisierung des Geldverkehrs zwischen den verschiedenen Ländern einen der Hauptaspekte des Phänomens der Globalisierung betrifft. Die objektiv wichtigste Funktion des Finanzwesens, nämlich langfristig die Möglichkeit von Investitionen und somit von Entwicklung zu unterstützen, erweist sich heute als äußerst anfällig: Sie erfährt die negativen Rückwirkungen eines Systems von Finanztransaktionen – auf nationaler und globaler Ebene –, die auf einem extrem kurzfristigen Denken beruhen, das den Wertzuwachs aus Finanzaktivitäten verfolgt und sich auf die technische Verwaltung der verschiedenen Formen des Risikos konzentriert. Auch die jüngste Krise beweist, wie die Finanzaktivität manchmal von rein autoreferentiellen Logiken geleitet wird, die jeder langfristigen Rücksicht auf das Allgemeinwohl entbehren. Die Einengung in der Zielsetzung der weltweiten Finanzmakler auf die extreme Kurzfristigkeit vermindert die Fähigkeit des Finanzwesens, seine Brückenfunktion zwischen Gegenwart und Zukunft zu erfüllen zur Unterstützung der Schaffung langfristig angelegter Produktions- und Arbeitsmöglichkeiten. Ein auf kurze und kürzeste Fristen eingeengtes Finanzwesen wird gefährlich

für alle, auch für diejenigen, denen es gelingt, während der Phasen der Finanzeuphorie davon zu profitieren.[4]

11. Aus all dem geht hervor, dass die Bekämpfung der Armut eine Zusammenarbeit sowohl auf wirtschaftlicher als auch auf juristischer Ebene erfordert, die der internationalen Gemeinschaft und im Besonderen den armen Ländern ermöglicht, aufeinander abgestimmte Lösungen zu finden und zu verwirklichen, um den oben genannten Problemen durch die Bereitstellung eines wirksamen rechtlichen Rahmens für die Wirtschaft zu begegnen. Sie verlangt außerdem Impulse zur Bildung von leistungsfähigen, auf Mitverantwortung beruhenden Institutionen sowie die Unterstützung im Kampf gegen die Kriminalität und in der Förderung einer Kultur der Legalität. Andererseits ist nicht zu leugnen, dass eine ausgeprägte Wohlfahrtspolitik häufig Ursache des Scheiterns von Hilfsmaßnahmen für die armen Länder ist. In die Ausbildung der Menschen zu investieren und ergänzend eine spezifische Kultur der Eigeninitiative zu entwickeln, erscheint zurzeit als der richtige mittel- und langfristige Plan. Wenn die wirtschaftlichen Aktivitäten zu ihrer Entfaltung günstige äußere Umstände brauchen, so bedeutet das nicht, dass man den Problemen des Einkommens keine Aufmerksamkeit schenken darf. Obschon zu Recht unterstrichen worden ist, dass die Erhöhung des Pro-Kopf-Einkommens nicht das Ziel schlechthin des politisch-wirtschaftlichen Handelns sein kann, darf man doch nicht vergessen, dass dies ein wichtiges Instrument darstellt, um das Ziel der Bekämpfung von Hunger und absoluter Armut zu erreichen. Unter diesem Gesichtspunkt muss hier die Illusion ausgeräumt werden, dass eine Politik der reinen Umverteilung des bestehenden Vermögens das Problem endgültig lösen könnte. In einer modernen Wirtschaft hängt nämlich der Wert des Vermögens in ausschlaggebendem Maße von der Fähigkeit ab, gegenwärtigen und zukünftigen Gewinn zu schaffen. Die Wertschöpfung erweist sich deshalb als eine unausweichliche Notwendigkeit, die man berücksichtigen muss, wenn man die materielle Armut wirksam und nachhaltig bekämpfen will.

12. Die Armen an die erste Stelle zu setzen, erfordert schließlich den gebührenden Raum für eine korrekte wirtschaftliche Logik bei den Akteuren des internationalen Marktes, für eine korrekte politische Logik bei den institutionellen Akteuren und für eine korrekte Logik der Mitverantwortung, die fähig ist, die lokale wie internationale Zivilgesellschaft zur Geltung zu bringen. Die internationalen Organismen anerkennen heute selbst den hohen Wert und

---

[4] Vgl. *Päpstlicher Rat für Gerechtigkeit und Frieden*, Kompendium der Soziallehre der Kirche, Freiburg i. Br. ^{2}2006, 368.

den Vorteil wirtschaftlicher Initiativen der Zivilgesellschaft oder der örtlichen Verwaltungen zur Förderung der Befreiung und Eingliederung jener Bevölkerungsschichten in die Gesellschaft, die häufig unterhalb der äußersten Armutsgrenze leben und zugleich für die offiziellen Hilfen schwer erreichbar sind. Die Geschichte der wirtschaftlichen Entwicklung des 20. Jahrhunderts lehrt, dass gute Entwicklungspolitik von der Verantwortlichkeit der Menschen und der Schaffung eines positiven Zusammenwirkens von Märkten, Zivilgesellschaft und Staaten abhängt. Besonders der Zivilgesellschaft kommt eine ausschlaggebende Rolle in jedem Entwicklungsprozess zu, denn die Entwicklung ist im Wesentlichen ein kulturelles Phänomen, und die Kultur entsteht und entfaltet sich im Zivilbereich.[5]

13. Wie mein verehrter Vorgänger Johannes Paul II. bereits betont hat, offenbart die Globalisierung „seine[n] auffallend ‚ambivalenten‘ Charakter[…]“[6] und muss deshalb mit umsichtiger Klugheit gelenkt werden. Zu dieser Form von Klugheit gehört es auch, vorrangig die Bedürfnisse der Armen der Erde zu berücksichtigen, indem der Skandal des bestehenden Missverhältnisses zwischen den Problemen der Armut und den Maßnahmen, welche die Menschen vorsehen, um ihnen entgegenzutreten, überwunden wird. Das Missverhältnis besteht sowohl auf kultureller und politischer als auch auf geistiger und ethischer Ebene. Man bleibt nämlich oft bei den äußeren und praktischen Ursachen der Armut stehen, ohne zu denen vorzudringen, die im menschlichen Herzen wohnen wie die Habgier und die Begrenztheit der Horizonte. Die Probleme der Entwicklung, der Hilfen und der internationalen Zusammenarbeit werden manchmal ohne eine wirkliche Einbeziehung der Menschen als rein technische Fragen angegangen, die sich in der Planung von Strukturen, im Abschluss von Tarifverträgen und in der Bereitstellung anonymer Finanzierungen erschöpfen. Die Bekämpfung der Armut ist dagegen auf Männer und Frauen angewiesen, die zutiefst die Mitmenschlichkeit praktizieren und fähig sind, Einzelpersonen, Familien und Gemeinschaften auf Wegen authentischer menschlicher Entwicklung zu begleiten.

Schluss

14. In der Enzyklika ‚Centesimus annus‘ mahnte Johannes Paul II. die Notwendigkeit an, „eine Denkweise aufzugeben, die die Armen der Erde – Personen und Völker – als eine Last und als unerwünschte Menschen ansieht, die das zu konsumieren beanspruchen, was andere erzeugt haben“ (CA 28).

---

[5] Vgl. ebd., 356.

[6] *Johannes Paul II.*, Ansprache bei der Sonderaudienz für Gewerkschaftsvorsitzende am 2. Mai 2000, in: Johannes Paul II., Insegnamenti XXIII, 1 (2000), 726.

„Die Armen", schrieb er, „verlangen das Recht, an der Nutzung der materiellen Güter teilzuhaben und ihre Arbeitsfähigkeit einzubringen, um eine gerechtere und für alle glücklichere Welt aufzubauen" (CA 28). In der jetzigen globalisierten Welt wird immer offensichtlicher, dass der Friede nur hergestellt werden kann, wenn man allen die Möglichkeit eines vernünftigen Wachstums sichert: Die Verzerrungen ungerechter Systeme präsentieren nämlich früher oder später allen die Rechnung. Es kann also nur die Torheit dazu verführen, ein vergoldetes Haus zu bauen, wenn ringsum Wüste oder Verfall herrscht. Die Globalisierung allein ist unfähig, den Frieden herzustellen, und in vielen Fällen schafft sie sogar Trennungen und Konflikte. Sie offenbart vielmehr einen Bedarf: Den einer Ausrichtung auf ein Ziel völliger Solidarität, die das Wohl eines jeden und aller anstrebt. In diesem Sinn ist die Globalisierung als eine günstige Gelegenheit anzusehen, um in der Bekämpfung der Armut etwas Bedeutendes zu verwirklichen und um der Gerechtigkeit und dem Frieden bisher unvorstellbare Möglichkeiten zur Verfügung zu stellen.

15. Von jeher hat sich die Soziallehre der Kirche um die Armen gekümmert. Zur Zeit der Enzyklika ‚Rerum novarum' waren dies vor allem die Arbeiter der neuen Industriegesellschaft; in der Soziallehre Pius' XI., Pius' XII., Johannes' XXIII., Pauls VI. und Johannes Pauls II. sind neue Formen der Armut hervorgehoben worden, während sich der Horizont der sozialen Frage weitete, bis sie weltweite Dimensionen angenommen hat (vgl. PP 3). Diese Ausweitung der sozialen Frage auf die Globalität ist nicht nur im Sinn einer quantitativen Ausdehnung zu betrachten, sondern auch im Sinn einer qualitativen Vertiefung über den Menschen und über die Bedürfnisse der Menschheitsfamilie. Darum zeigt die Kirche, während sie die aktuellen Phänomene der Globalisierung und ihre Auswirkung auf die Formen menschlicher Armut aufmerksam verfolgt, die neuen Aspekte der sozialen Frage nicht nur in ihrer Ausdehnung, sondern auch in ihrer Tiefe auf, insofern sie die Identität des Menschen und seine Beziehung zu Gott betreffen. Es sind Prinzipien der Soziallehre, die danach trachten, die Zusammenhänge zwischen Armut und Globalisierung zu klären und das Handeln auf die Schaffung des Friedens auszurichten. Unter diesen Prinzipien ist es angebracht, im Licht des Primats der Nächstenliebe hier in besonderer Weise an die „vorrangige Liebe für die Armen" (SRS 42; CA 57) zu erinnern, die von der gesamten christlichen Überlieferung von der Urkirche an bezeugt worden ist (vgl. Apg 4,32–36; 1 Kor 16,1; 2 Kor 8–9; Gal 2,10).

„Möge jeder Berufene Hand anlegen und ohne Verzug", schrieb Leo XIII. 1891 und fügte hinzu: „Was aber die Kirche angeht, so wird diese keinen Augenblick ihre allseitige Hilfe vermissen lassen" (RN 45). Dieses Bewusstsein begleitet auch heute das Handeln der Kirche gegenüber den Armen, in denen sie Christus sieht (vgl. CA 58), da sie in ihrem Herzen ständig den Auftrag des Friedensfürsten an die Apostel nachklingen hört: „[V]os date illis manducare“, beziehungsweise „gebt ihr ihnen zu essen“ (Lk 9,13). In der Treue zu dieser Aufforderung ihres Herrn wird die Kirche deshalb niemals versäumen, der gesamten Menschheitsfamilie ihre Unterstützung in den Impulsen zu kreativer Solidarität zu versichern, nicht nur um aus dem Überfluss zu spenden, sondern vor allem um „die Lebensweisen, die Modelle von Produktion und Konsum und die verfestigten Machtstrukturen zu ändern, die heute die Gesellschaften beherrschen“ (CA 58). Darum richte ich zu Beginn eines neuen Jahres an alle Jünger Christi wie auch an jeden Menschen guten Willens die dringende Einladung, gegenüber den Bedürfnissen der Armen das Herz zu öffnen und alles konkret Mögliche zu unternehmen, um ihnen zu Hilfe zu kommen. Unumstößlich wahr bleibt nämlich das Axiom: Die Armut bekämpfen heißt, den Frieden schaffen.

Aus dem Vatikan, am 8. Dezember 2008
Benedikt XVI.

Botschaft seiner Heiligkeit Papst Benedikt XVI.
zur Feier des 43. Weltfriedenstages
1. Januar 2010

Willst du den Frieden fördern, so bewahre die Schöpfung

1. Zu Beginn des neuen Jahres möchte ich allen christlichen Gemeinschaften, den Verantwortlichen der Nationen und den Menschen guten Willens in aller Welt aus ganzem Herzen den Frieden wünschen. Für den 43. Weltfriedenstag habe ich das Motto gewählt: ‚Willst du den Frieden fördern, so bewahre die Schöpfung'. Der Achtung vor der Schöpfung kommt große Bedeutung zu, auch deshalb, weil „die Schöpfung [...] der Anfang und die Grundlage aller Werke Gottes" (KKK 198) ist und sich ihr Schutz für das friedliche Zusammenleben der Menschheit heute als wesentlich erweist. Aufgrund der Grausamkeit des Menschen gegen den Menschen gibt es in der Tat zahlreiche Gefährdungen, die den Frieden und die authentische ganzheitliche Entwicklung des Menschen bedrohen, wie Kriege, internationale und regionale Konflikte, Terrorakte und Menschenrechtsverletzungen. Nicht weniger besorgniserregend sind jedoch jene Gefahren, die vom nachlässigen – wenn nicht sogar missbräuchlichen – Umgang mit der Erde und den Gütern der Natur herrühren, die uns Gott geschenkt hat. Darum ist es für die Menschheit unerlässlich, „jenen Bund zwischen Menschen und Umwelt zu erneuern und zu stärken, der ein Spiegel der Schöpferliebe Gottes sein soll – des Gottes, in dem wir unseren Ursprung haben und zu dem wir unterwegs sind" (Wfb 2008).

2. In der Enzyklika ‚Caritas in veritate' habe ich unterstrichen, dass die ganzheitliche Entwicklung des Menschen in enger Verbindung mit den Pflichten steht, die sich aus der Beziehung des Menschen zu Umwelt und Natur ergeben. Die Umwelt muss als eine Gabe Gottes an alle verstanden werden, und ihr Gebrauch bringt eine Verantwortung gegenüber der ganzen Menschheit mit sich, insbesondere gegenüber den Armen und gegenüber den zukünftigen Generationen. Ich habe zudem darauf hingewiesen, dass in den Gewissen der Menschen das Verantwortungsbewusstsein abzunehmen droht, wenn die Natur und allem voran der Mensch einfach als Produkt des Zufalls oder des Evolutionsdeterminismus angesehen werden (vgl. CiV 48). Wenn wir in der Schöpfung hingegen eine Gabe Gottes an die Menschheit sehen, so hilft uns das, die Berufung und den Wert des Menschen zu verstehen. Mit dem Psalmisten können wir in der Tat voll Staunen ausrufen: „Seh ich deine Himmel, die Werke deiner Finger, Mond und Sterne, die du befestigt: Was ist der Mensch, dass du seiner gedenkst, des Menschen Kind, dass du dich seiner

annimmst?" (Ps 8,4–5) Die Betrachtung der Schönheit der Schöpfung spornt dazu an, die Liebe des Schöpfers zu erkennen, jene Liebe, welche „die Sonne und die übrigen Sterne bewegt"[1].

3. Vor zwanzig Jahren hat Papst Johannes Paul II. die Botschaft zum Weltfriedenstag dem Thema ‚Friede mit Gott, dem Schöpfer, Friede mit der ganzen Schöpfung' gewidmet und damit die Aufmerksamkeit auf die Beziehung gelenkt, die wir als Geschöpfe Gottes mit all dem haben, was uns umgibt. „In unseren Tagen bemerkt man", schrieb er, „ein wachsendes Bewusstsein dafür, dass der Weltfriede [...] auch durch den Mangel an der gebührenden Achtung gegenüber der Natur [...] bedroht ist." Und er fügte hinzu, dass das Umweltbewusstsein „nicht unterdrückt werden darf, sondern vielmehr gefördert werden muss, so dass es sich weiterentwickelt und ausreift, indem es in konkreten Programmen und Initiativen einen angemessenen Ausdruck findet" (Wfb 1990). Schon andere meiner Vorgänger haben auf die Beziehung zwischen dem Menschen und der Umwelt verwiesen. Im Jahre 1971 zum Beispiel, anlässlich des 80. Jahrestages der Enzyklika ‚Rerum Novarum' von Papst Leo XIII., hat Papst Paul VI. hervorgehoben, dass die Menschen „die Natur so unbedacht ausgeschlachtet [...] haben, dass Gefahr besteht, sie zu zerstören, und dass der in solchem Missbrauch liegende Schaden wieder auf sie selbst zurückfällt" (OA 21). Und er führte weiter aus: „Aber nicht nur die Umwelt des Menschen wird für diesen stets feindlicher, wie zum Beispiel Umweltverschmutzung und Abfälle, neue Krankheiten, absolute Vernichtungskraft. Der Mensch hat auch die menschliche Gesellschaft selbst nicht mehr im Griff, so dass er für seine Zukunft Lebensbedingungen herbeiführen kann, die für ihn ganz und gar unerträglich sind. Es handelt sich um die soziale Frage, die so weite Dimensionen hat, dass sie die gesamte Menschheitsfamilie erfasst" (OA 21).

4. Auch wenn die Kirche es vermeidet, sich zu spezifischen fachlichen Lösungen zu äußern, so bemüht sie sich als Expertin in Menschlichkeit, mit aller Kraft die Aufmerksamkeit auf die Beziehung zwischen dem Schöpfer, dem Menschen und der Schöpfung zu lenken. Papst Johannes Paul II. hat 1990 von einer Umweltkrise gesprochen, und unter dem Hinweis, dass diese in erster Linie ethischer Natur sei, hob er „die dringende moralische Notwendigkeit einer neuen Solidarität" (Wfb 1990) hervor. Dieser Aufruf ist heute angesichts der zunehmenden Zeichen einer Krise noch dringlicher, und es wäre unverantwortlich, dieser Krise keine ernsthafte Beachtung zu schenken. Wie könnte man gleichgültig bleiben angesichts von Phänomenen wie dem globalen Klimawandel, der Desertifikation, der Abnahme und dem Verlust der Produktivi-

[1] *D. Alighieri*, Göttliche Komödie, Paradies, Canto XXXIII, 145.

tät von großen landwirtschaftlichen Gebieten, der Verschmutzung von Flüssen und Grundwasser, dem Verlust der Biodiversität, der Zunahme von außergewöhnlichen Naturereignissen und der Abholzung in tropischen Gebieten. Wie könnte man das wachsende Phänomen der sogenannten Umweltflüchtlinge übergehen: Menschen, die aufgrund der Umweltschäden ihre Wohngebiete – oft auch ihr Hab und Gut – verlassen müssen und danach den Gefahren und der ungewissen Zukunft einer zwangsmäßigen Umsiedlung ausgesetzt sind? Wie könnte man untätig bleiben angesichts der schon bestehenden und der drohenden Konflikte um den Zugang zu den natürlichen Ressourcen? All diese Fragen haben einen weitreichenden Einfluss auf die Umsetzung der Menschenrechte, wie zum Beispiel das Recht auf Leben, auf Nahrung, Gesundheit und Entwicklung.

5. Es darf jedoch nicht vergessen werden, dass die Umweltkrise nicht unabhängig von anderen Fragen bewertet werden kann, die mit ihr verknüpft sind, da sie eng mit dem Entwicklungsbegriff selbst und mit der Sicht des Menschen und seiner Beziehung zu seinen Mitmenschen und zur Schöpfung zusammenhängt. Daher ist es sinnvoll, eine tiefgehende und weitblickende Prüfung des Entwicklungsmodells vorzunehmen sowie über den Sinn der Wirtschaft und über ihre Ziele nachzudenken, um Missstände und Verzerrungen zu korrigieren. Das verlangen der ökologische Zustand des Planeten sowie auch und vor allem die kulturelle und moralische Krise des Menschen, deren Symptome schon seit längerer Zeit in allen Teilen der Welt offensichtlich sind (vgl. CiV 32). Die Menschheit braucht eine tiefe kulturelle Erneuerung; sie muss jene Werte wiederentdecken, die ein festes Fundament darstellen, auf dem eine bessere Zukunft für alle aufgebaut werden kann. Die Krisensituationen, die sie heute erlebt – sei es im Bereich der Wirtschaft, in der Nahrungsmittelversorgung, der Umwelt oder der Gesellschaft –, sind im Grunde genommen auch moralische Krisen, die alle miteinander verknüpft sind. Sie machen eine Neuplanung des gemeinsamen Wegs der Menschen notwendig. Sie erfordern insbesondere eine durch Maßhalten und Solidarität gekennzeichnete Lebensweise mit neuen Regeln und Formen des Einsatzes, die zuversichtlich und mutig die positiven Erfahrungen aufgreifen und die negativen entschieden zurückweisen. Nur so kann die derzeitige Krise Gelegenheit zur Unterscheidung und zu einem neuen Planen werden.

6. Stimmt es etwa nicht, dass am Ursprung dessen, was wir in einem kosmischen Sinn Natur nennen, ein Plan der Liebe und der Wahrheit steht? Die Welt „ist nicht das Ergebnis irgendeiner Notwendigkeit, eines blinden Schicksals oder des Zufalls. [...] [S]ie [geht] aus dem freien Willen Gottes hervor[...], der die Geschöpfe an seinem Sein, seiner Weisheit und Güte teilhaben

lassen wollte“ (KKK 295). Das Buch Genesis stellt uns auf seinen ersten Seiten das weise Projekt des Kosmos vor Augen, das eine Frucht der Gedanken Gottes ist und an dessen Spitze Mann und Frau stehen, die als Abbild des Schöpfers und ihm ähnlich geschaffen wurden, damit sie die Erde bevölkern und über diese als von Gott selbst eingesetzte Verwalter herrschen (vgl. Gen 1,28). Die von der Heiligen Schrift beschriebene Harmonie zwischen Gott, der Menschheit und der Schöpfung wurde durch die Sünde Adams und Evas zerbrochen, durch die Sünde des Mannes und der Frau, die die Stelle Gottes einnehmen wollten und sich weigerten, sich als seine Geschöpfe zu sehen. Konsequenz dessen ist, dass auch die Aufgabe, über die Erde zu herrschen, sie zu bebauen und zu hüten, Schaden genommen hat und es zu einem Konflikt zwischen ihnen und der übrigen Schöpfung gekommen ist (vgl. Gen 3,17–19). Der Mensch hat sich vom Egoismus beherrschen lassen und die Bedeutung von Gottes Gebot aus dem Blick verloren, und in seiner Beziehung zur Schöpfung hat er sich wie ein Ausbeuter verhalten, der über sie eine absolute Dominanz ausüben will. Die wahre Bedeutung des anfänglichen Gebots Gottes bestand aber, wie es das Buch *Genesis* deutlich zeigt, nicht bloß in einer Übertragung von Autorität, sondern vielmehr in einer Berufung zur Verantwortung. Übrigens erkannte die Weisheit der Antike, dass die Natur uns nicht wie „ein Haufen aufs Geratewohl hingeschütteter Dinge“[2] zur Verfügung steht, während uns die biblische Offenbarung verstehen ließ, dass die Natur eine Gabe des Schöpfers ist, der ihr eine innere Ordnung gegeben hat, damit der Mensch darin die notwendigen Orientierungen finden kann, um sie zu bebauen und zu hüten (vgl. CiV 48; Gen 2,15). Alles, was existiert, gehört Gott, der es den Menschen anvertraut hat, aber nicht zu ihrer willkürlichen Verfügung. Wenn der Mensch nicht seine Rolle als Mitarbeiter Gottes erfüllen, sondern die Stelle Gottes einnehmen will, ruft er „dadurch schließlich die Auflehnung der Natur hervor, die von ihm mehr tyrannisiert als verwaltet wird“ (CA 37). Der Mensch hat also die Pflicht, in verantwortlicher Weise über die Natur zu herrschen, sie zu hüten und zu bebauen (vgl. CiV 50).

7. Leider muss man feststellen, dass eine große Zahl von Personen in verschiedenen Ländern und Regionen der Erde aufgrund der Nachlässigkeit oder Verweigerung vieler, verantwortungsbewusst mit der Natur umzugehen, wachsende Schwierigkeiten erfährt. Das Zweite Vatikanische Ökumenische Konzil hat daran erinnert, dass „Gott […] die Erde mit allem, was sie enthält, zum Nutzen aller Menschen und Völker bestimmt“ (GS 69) hat. Das Schöpfungserbe gehört somit der gesamten Menschheit. Dagegen bringt das der-

---

[2] *H. von Ephesus*, Fragment 22B124, in: H. Diels/W. Kranz, Die Fragmente der Vorsokratiker. Erster Band, Zürich ^{6}1996, 178.

zeitige Tempo der Ausbeutung die Verfügbarkeit einiger natürlicher Ressourcen nicht nur für die gegenwärtige, sondern vor allem für die zukünftigen Generationen in Gefahr (vgl. SRS 34). Es ist dann nicht schwer festzustellen, dass die Umweltschäden oft ein Ergebnis des Fehlens weitblickender politischer Programme oder auch der Verfolgung kurzsichtiger wirtschaftlicher Interessen sind, die sich leider zu einer ernsten Bedrohung für die Schöpfung entwickeln. Um diesem Phänomen auf der Grundlage der Tatsache, dass *„jede wirtschaftliche Entscheidung eine moralische Konsequenz"* (CiV 37) hat, zu begegnen, ist es auch nötig, dass die wirtschaftlichen Aktivitäten umso mehr auf die Umwelt Rücksicht nehmen. Wenn man sich der natürlichen Ressourcen bedient, muss man sich um ihre Bewahrung kümmern, indem man auch die Kosten – was die Umwelt und den Sozialbereich betrifft – veranschlagt und als eine wesentliche Position der Kosten der wirtschaftlichen Aktivität selbst bewertet. Es kommt der internationalen Gemeinschaft und den nationalen Regierungen zu, rechte Signale zu setzen, um effektiv jenen Modalitäten der Nutzung der Umwelt entgegenzutreten, die sich als umweltschädigend erweisen. Um die Umwelt zu schützen und die Ressourcen und das Klima zu bewahren, muss man einerseits unter Beachtung von – auch unter rechtlichem und wirtschaftlichem Gesichtspunkt – recht definierten Normen handeln, und andererseits die Solidarität im Blick haben, die denen, die in den ärmsten Gebieten der Erde leben, wie auch den zukünftigen Generationen geschuldet ist.

8. In der Tat scheint es an der Zeit, zu einer aufrichtigen generationenübergreifenden Solidarität zu gelangen. Die Kosten, die sich aus dem Gebrauch der allgemeinen Umweltressourcen ergeben, dürfen nicht zu Lasten der zukünftigen Generationen gehen: „‚[Als] Erben unserer Väter und Beschenkte unserer Mitbürger […] sind wir allen verpflichtet, und jene können uns nicht gleichgültig sein, die nach uns den Kreis der Menschheitsfamilie weiten. Die Solidarität aller, die etwas Wirkliches ist, bringt für uns nicht nur Vorteile mit sich, sondern auch Pflichten'. *Es handelt sich um eine Verantwortung, die die gegenwärtigen für die künftigen Generationen übernehmen müssen* und die auch eine Verantwortung der einzelnen Staaten und der internationalen Gemeinschaft ist"[3] (vgl. PP 17). Der Gebrauch natürlicher Ressourcen müsste dergestalt sein, dass die unmittelbaren Vorteile nicht negative Folgen für die Menschen und andere Lebewesen in Gegenwart und Zukunft mit sich bringen; dass der Schutz des Privateigentums nicht den universalen Bestimmungszweck der Güter beeinträchtigt (vgl. CA 30–31/43); dass der Eingriff

[3] *Päpstlicher Rat für Gerechtigkeit und Frieden*, Kompendium der Soziallehre der Kirche, Freiburg i. Br. ^{2}2006, 467.

des Menschen nicht die Fruchtbarkeit der Erde gefährdet – zum Wohl der Welt heute und morgen. Neben einer aufrichtigen generationenübergreifenden Solidarität muss die dringende moralische Notwendigkeit einer erneuerten Solidarität innerhalb einer Generation, besonders in den Beziehungen zwischen den Entwicklungsländern und den hochindustrialisierten Staaten, betont werden: „Die internationale Gemeinschaft hat die unumgängliche Aufgabe, die institutionellen Wege zu finden, um der Ausbeutung der nicht erneuerbaren Ressourcen Einhalt zu gebieten, und das auch unter Einbeziehung der armen Länder, um mit ihnen gemeinsam die Zukunft zu planen" (CiV 49). Die ökologische Krise zeigt die Dringlichkeit einer Solidarität auf, die sich über Raum und Zeit erstreckt. Es ist in der Tat wichtig, unter den Ursachen der aktuellen ökologischen Krise die historische Verantwortung der Industrieländer zuzugeben. Aber die Entwicklungsländer und besonders die Schwellenländer sind dennoch nicht von der eigenen Verantwortung gegenüber der Schöpfung befreit, weil die Verpflichtung, Schritt für Schritt wirksame umweltpolitische Maßnahmen zu ergreifen, allen zukommt. Dies könnte leichter verwirklicht werden, wenn es weniger eigennützige Rechnungen bei den Hilfeleistungen sowie in der Weitergabe von Wissen und sauberen Technologien gäbe.

9. Zweifellos besteht einer der grundlegenden Kernpunkte, die von der internationalen Gemeinschaft anzugehen sind, darin, für die energetischen Ressourcen gemeinsame und vertretbare Strategien zu finden, um dem Energiebedarf der gegenwärtigen und der zukünftigen Generationen Genüge zu leisten. Zu diesem Zweck müssen die technologisch fortgeschrittenen Gesellschaften bereit sein, Verhaltensweisen zu fördern, die von einem Maßhalten geprägt sind, indem sie den eigenen Energiebedarf reduzieren und die Nutzungsbedingungen verbessern. Zugleich ist es notwendig, die Erforschung und Anwendung von umweltverträglicheren Energien und die „weltweite Neuverteilung der Energiereserven" (CiV 49) zu fördern, „so dass auch die Länder, die über keine eigenen Quellen verfügen, dort Zugang erhalten können" (CiV 49). Die ökologische Krise bietet daher die historische Gelegenheit, eine kollektive Antwort zu erarbeiten, die darauf abzielt, das Modell globaler Entwicklung in eine Richtung zu lenken, die der Schöpfung und einer ganzheitlichen Entwicklung des Menschen größeren Respekt zollt, weil es sich an den typischen Werten der Nächstenliebe in der Wahrheit orientiert. Ich erhoffe deshalb die Annahme eines Entwicklungsmodells, das auf der Zentralität der menschlichen Person gegründet ist, auf der Förderung des gemeinsamen Wohls und der Teilhabe daran, auf der Verantwortlichkeit, auf dem Bewusstsein der notwendigen Änderung des Lebensstils und auf der Klugheit, jener Tugend, welche die heute

auszuführenden Handlungen anzeigt mit Rücksicht darauf, was morgen geschehen kann.[4]

10. Um die Menschheit zu einer nachhaltigen Bewirtschaftung der Umwelt und der Ressourcen der Erde zu führen, ist der Einzelne dazu berufen, seine Intelligenz im Bereich der wissenschaftlichen Forschung und Technologie sowie in der Anwendung der daraus resultierenden Entdeckungen einzusetzen. Die „neue Solidarität“, die Papst Johannes Paul II. in der Weltfriedensbotschaft von 1990 anmahnte, und die „globale Solidarität“, die ich selbst in der Weltfriedensbotschaft von 2009 in Erinnerung gerufen habe, erweisen sich als grundlegende Haltungen, um den Einsatz für die Erhaltung der Schöpfung durch ein System des Gebrauchs der Ressourcen der Erde, welches auf internationaler Ebene besser koordiniert wird, zu lenken. Dies gilt vor allem für die augenblickliche Situation, in der in immer deutlicherer Weise die starke Wechselbeziehung zum Vorschein kommt, die zwischen der Bekämpfung von Umweltschäden und der Förderung der ganzheitlichen Entwicklung des Menschen besteht. Es handelt sich um eine unabdingbare Dynamik, insofern „[d]ie allseitige Entwicklung des Einzelmenschen [...] Hand in Hand gehen [muss] mit der Entwicklung der gesamten Menschheit“ (PP 43). Mit den vielen wissenschaftlichen Möglichkeiten und den potentiellen innovativen Prozessen, die es heute gibt, können befriedigende Lösungen geliefert werden, welche die Beziehung zwischen Mensch und Umwelt harmonisch gestalten. Zum Beispiel ist es nötig, die Forschungen zu fördern, die darauf abzielen, die wirksamsten Modalitäten zur Nutzung der großen Kapazität der Solarenergie zu ermitteln. Ebenso ist die Aufmerksamkeit auf die mittlerweile weltweite Problematik des Wassers und auf das globale hydrogeologische System zu richten, dessen Kreislauf von primärer Bedeutung für das Leben auf der Erde ist und dessen Stabilität durch klimatische Veränderungen stark bedroht wird. Gleichermaßen sind geeignete Strategien der ländlichen Entwicklung zu suchen, welche die Kleinbauern und ihre Familien in den Mittelpunkt stellen. Es ist auch nötig, geeignete Maßnahmen zur Bewirtschaftung der Wälder wie auch zur Abfallentsorgung bereitzustellen und die vorhandenen Synergien zwischen den Maßnahmen gegen den Klimawandel und der Armutsbekämpfung zur Geltung zu bringen. Hierzu sind engagierte nationale Maßnahmen notwendig, und diese sind durch einen unerlässlichen internationalen Einsatz zu ergänzen, der vor allem mittel- und langfristig bedeutende Vorteile mit sich bringen wird. Insgesamt ist es erforderlich, die Logik des bloßen Konsums hinter sich zu lassen, um landwirtschaftliche und industrielle Produktionsformen zu fördern, die die

---

[4] Vgl. *T. von Aquin*, Summa Theologiae II-II, q. 49,5.

Schöpfungsordnung achten und den primären Bedürfnissen aller Rechnung tragen. Die ökologische Frage ist nicht nur im Hinblick auf die fürchterlichen Perspektiven anzugehen, die sich durch die Umweltschäden am Horizont abzeichnen. Sie muss vor allem von der Suche nach einer echten Solidarität in weltweitem Umfang getragen sein, die durch die Werte der Liebe, der Gerechtigkeit und des Gemeinwohls inspiriert wird. Im Übrigen habe ich bereits daran erinnert, dass „die Technik niemals nur Technik [ist]. Sie zeigt den Menschen und sein Streben nach Entwicklung, sie ist Ausdruck der Spannung des menschlichen Geistes bei der schrittweisen Überwindung gewisser materieller Bedingtheiten. *Die Technik fügt sich daher in den Auftrag ein, ‚die Erde zu bebauen und zu hüten‘* (vgl. Gen 2,15), den Gott dem Menschen erteilt hat, und muss darauf ausgerichtet sein, jenen Bund zwischen Mensch und Umwelt zu stärken, der Spiegel der schöpferischen Liebe Gottes sein soll“ (CiV 69).

11. Es zeigt sich immer deutlicher, dass das Thema der Umweltverschmutzung das Verhalten eines jeden von uns sowie die heute gängigen Lebensstile und Modelle des Konsums und der Produktion, die oft aus sozialer Sicht, aus Umweltschutzgründen und sogar aus wirtschaftlichen Überlegungen untragbar sind, zur Rechenschaft ruft. Es ist mittlerweile unerlässlich, dass es zu einem tatsächlichen Umdenken kommt, das alle zur Annahme neuer Lebensweisen führt, „in denen die Suche nach dem Wahren, Schönen und Guten und die Verbundenheit mit den anderen für ein gemeinsames Wachstum jene Elemente sind, die die Entscheidungen für Konsum, Sparen und Investitionen bestimmen“ (CA 36). Es muss immer mehr dazu erzogen werden, den Frieden durch weitsichtige Optionen auf persönlicher, familiärer, gemeinschaftlicher und politischer Ebene zu fördern. Wir alle sind für den Schutz und die Bewahrung der Schöpfung verantwortlich. Diese Verantwortung kennt keine Einschränkungen. Im Sinne des Subsidiaritätsprinzips ist es bedeutsam, dass sich jeder auf der ihm entsprechenden Ebene dafür einsetzt, dass das Übergewicht der Partikularinteressen überwunden wird. Eine Aufgabe der Sensibilisierung und der Schulung kommt besonders den verschiedenen Einrichtungen der Zivilgesellschaft und den Nichtregierungsorganisationen zu, die sich entschieden und großzügig für die Verbreitung einer ökologischen Verantwortung einsetzen. Diese müsste immer mehr in der Achtung der Humanökologie verankert sein. Es sei auch an die Verantwortung der Medien in diesem Bereich erinnert, die positive Beispiele als Anregung vorstellen können. Der Einsatz für die Umwelt erfordert also eine weite und globale Sicht der Welt; eine gemeinsame und verantwortungsvolle Anstrengung, um von einer auf das selbstsüchtige nationalistische Interesse konzentrierten Denkweise zu einer Vision zu gelangen, die stets die Bedürfnisse aller Völker in den Blick nimmt. Wir können gegenüber

dem, was um uns geschieht, nicht gleichgültig bleiben; denn die Schädigung irgendeines Teils des Planeten würde auf alle zurückfallen. Die Beziehungen zwischen den Personen, den gesellschaftlichen Gruppen und den Staaten sowie jene zwischen Mensch und Umwelt müssen sich den Stil der Achtung und der Liebe in der Wahrheit aneignen. In diesem weiten Zusammenhang ist es umso wünschenswerter, dass die Bemühungen der internationalen Staatengemeinschaft umgesetzt und erwidert werden, welche auf eine fortschreitende Abrüstung und auf eine Welt ohne Atomwaffen abzielen, die schon allein durch ihr Vorhandensein das Leben des Planeten und den Prozess der ganzheitlichen Entwicklung der Menschheit in Gegenwart und Zukunft bedrohen.

12. Die Kirche trägt Verantwortung für die Schöpfung und ist sich bewusst, dass sie diese auch auf politischer Ebene ausüben muss, um die Erde, das Wasser und die Luft als Gaben Gottes, des Schöpfers, für alle zu bewahren und vor allem um den Menschen vor der Gefahr der Selbstzerstörung zu schützen. Die Schädigung der Natur hängt nämlich eng mit der Kultur zusammen, die das Zusammenleben der Menschen prägt; denn „*[w]enn in der Gesellschaft die ‚Humanökologie' respektiert wird, profitiert davon auch die Umweltökologie*" (CiV 51). Man kann von den jungen Menschen nicht verlangen, dass sie vor der Umwelt Achtung haben sollen, wenn ihnen in der Familie und in der Gesellschaft nicht geholfen wird, vor sich selbst Achtung zu haben: Das Buch der Natur ist einmalig sowohl bezüglich der Umwelt wie der persönlichen, familiären und gesellschaftlichen Ethik (vgl. CiV 15/51). Die Pflichten gegenüber der Umwelt leiten sich von den Pflichten gegenüber der Person an sich und in ihren Beziehungen zu den anderen ab. Ich ermutige daher gerne zu einer Erziehung zu einem Umweltbewusstsein, das, wie ich in der Enzyklika ‚Caritas in veritate' geschrieben habe, eine authentische Humanökologie einschließt und folglich mit erneuerter Überzeugung sowohl die Unantastbarkeit des menschlichen Lebens in jeder Phase und jeder Lage wie auch die Würde des Menschen und die unerlässliche Aufgabe der Familie, in der zur Nächstenliebe und zur Schonung der Natur erzogen wird, bekräftigt (vgl. CiV 28/51/61; CA 38–39). Das menschliche Erbe der Gesellschaft muss bewahrt werden. Dieser Schatz von Werten hat seinen Ursprung und seinen Rahmen im natürlichen Sittengesetz, das der Achtung vor dem Menschen und vor der Schöpfung zugrunde liegt.

13. Es darf schließlich nicht die vielsagende Tatsache vergessen werden, dass sehr viele Menschen Ruhe und Frieden finden und sich erneuert und gestärkt fühlen, wenn sie in enger Berührung mit der Schönheit und mit der Harmonie der Natur sind. Es besteht daher eine Art gegenseitiger Austausch: Wenn wir für die Schöpfung sorgen, erfahren wir, dass Gott durch die Natur auch für uns sorgt. Andererseits führt eine korrekte Sicht der Beziehung zwischen

Mensch und Umwelt nicht dazu, die Natur zu verabsolutieren oder sie für wichtiger als den Menschen selbst zu halten. Wenn das Lehramt der Kirche gegenüber einer Sicht der Umwelt, die vom Öko- und vom Biozentrismus geprägt ist, Befremden äußert, so tut sie dies, weil eine solche Sicht den Seins- und Wertunterschied zwischen der menschlichen Person und den übrigen Lebewesen eliminiert. Damit wird de facto die höhere Identität und Rolle des Menschen verneint und einer egalitären Sicht der Würde aller Lebewesen Vorschub geleistet. Das öffnet einem neuen Pantheismus mit neuheidnischen Akzenten, die das Heil des Menschen allein von einer rein naturalistisch verstandenen Natur herleiten, die Türen. Die Kirche lädt hingegen dazu ein, die Frage auf sachliche Weise anzugehen, in der Achtung der Grammatik, die der Schöpfer seinem Werk eingeschrieben hat, indem er dem Menschen die Rolle eines Hüters und verantwortungsvollen Verwalters der Schöpfung übertragen hat. Diese Rolle darf der Mensch gewiss nicht missbrauchen, aber auch nicht von sich weisen. Denn die gegenteilige Position der Verabsolutierung der Technik und der menschlichen Macht wird letztendlich nicht nur zu einem schweren Angriff auf die Natur, sondern auch auf die Würde des Menschen selbst (vgl. CiV 70).

14. Willst du den Frieden fördern, so bewahre die Schöpfung. Das Streben nach Frieden seitens aller Menschen guten Willens wird gewiss dadurch erleichtert, dass sie gemeinsam die untrennbare Beziehung zwischen Gott, den Menschen und der ganzen Schöpfung anerkennen. Von der göttlichen Offenbarung geleitet und im Einklang mit der Tradition der Kirche leisten die Christen dazu ihren Beitrag. Sie sehen den Kosmos und seine Wunder im Licht des Schöpfungswerks des Vaters und des Erlösungswerks Christi, der mit seinem Tod und seiner Auferstehung „[a]lles im Himmel und auf Erden" (Kol 1,20) mit Gott versöhnt hat. Der gekreuzigte und auferstandene Christus hat der Menschheit die Gabe seines heiligmachenden Geistes geschenkt, der den Lauf der Geschichte leitet in Erwartung des Tages, an dem mit der Wiederkunft des Herrn in Herrlichkeit „*ein*[*…*] *neue*[*r*] *Himmel und eine neue Erde*" (2 Petr 3,13) hervortreten werden, in denen für immer die Gerechtigkeit und der Friede wohnen. Natur und Umwelt zu schützen, um eine Welt des Friedens aufzubauen, ist daher Pflicht eines jeden Menschen. Es ist eine dringende Herausforderung, die mit einem erneuerten und von allen mitgetragenen Einsatz angegangen werden muss; es ist eine willkommene Gelegenheit, um den zukünftigen Generationen die Perspektive einer besseren Zukunft für alle zu geben. Dessen mögen sich die Verantwortlichen der Nationen bewusst sein und alle auf jeder Ebene, denen das Los der Menschheit am Herzen liegt: Die Bewahrung der Schöpfung und die Verwirklichung des Friedens sind eng miteinander verbunden! Darum lade ich

alle Gläubigen ein, mit Eifer zu Gott, dem allmächtigen Schöpfer und barmherzigen Vater, zu beten, damit im Herzen jedes Menschen dieser nachdrückliche Appell Widerhall finde, angenommen und gelebt werde: Willst du den Frieden fördern, so bewahre die Schöpfung.

Aus dem Vatikan, am 8. Dezember 2009
Benedikt XVI.

Botschaft seiner Heiligkeit Papst Benedikt XVI.
zur Feier des 44. Weltfriedenstages
1. Januar 2011

Religionsfreiheit, ein Weg für den Frieden

1. Zu Beginn eines neuen Jahres will mein Glückwunsch alle und jeden Einzelnen erreichen; es ist ein Wunsch für ein frohes Wohlergehen, vor allem aber ist es ein Friedenswunsch. Auch das Jahr, das seine Türen schließt, war leider von Verfolgung, von Diskriminierung, von schrecklichen Gewalttaten und von religiöser Intoleranz gezeichnet.

Ich denke besonders an das geschätzte Land Irak, das auf seinem Weg in die ersehnte Stabilität und Versöhnung weiterhin ein Schauplatz von Gewalt und Anschlägen ist. Mir kommen die jüngsten Leiden der christlichen Gemeinde in den Sinn und insbesondere der niederträchtige Angriff auf die syro-katholische Kathedrale ‚Unserer Lieben Frau von der Immerwährenden Hilfe' in Bagdad, wo am vergangenen 31. Oktober zwei Priester und über fünfzig Gläubige, die zur Feier der heiligen Messe versammelt waren, getötet wurden. Diesem Anschlag folgten in den Tagen danach weitere Angriffe, auch auf Privathäuser. Sie haben in der christlichen Gemeinde Angst ausgelöst sowie bei vielen ihrer Mitglieder den Wunsch geweckt, auf der Suche nach besseren Lebensbedingungen zu emigrieren. Ihnen bekunde ich meine Nähe und die der ganzen Kirche, was auch in der kürzlich abgehaltenen Sonderversammlung der Bischofssynode für den Nahen Osten konkret zum Ausdruck gekommen ist. Diese Versammlung hat die katholischen Gemeinden im Irak und im gesamten Nahen Osten ermutigt, die Gemeinschaft zu leben und in jenen Ländern weiterhin ein mutiges Glaubenszeugnis zu geben.

Von Herzen danke ich den Regierungen, die sich bemühen, die Leiden dieser Brüder und Schwestern in ihrer menschlichen Existenz zu lindern, und fordere die Katholiken auf, für ihre Brüder und Schwestern im Glauben, die unter Gewalt und Intoleranz leiden, zu beten und sich mit ihnen solidarisch zu zeigen. In diesem Zusammenhang schien mir eine besonders gute Gelegenheit gegeben, euch allen einige Gedanken über die Religionsfreiheit als Weg für den Frieden mitzuteilen. Denn es ist schmerzlich festzustellen, dass es in einigen Regionen der Welt nicht möglich ist, den eigenen Glauben frei zu bekennen und zum Ausdruck zu bringen, ohne das Leben und die persönliche Freiheit aufs Spiel zu setzen. In anderen Gebieten existieren lautlosere und raffiniertere Formen von Vorurteil und Widerstand gegen die Gläubigen und gegen religiöse Symbole. Die Christen sind gegenwärtig die Religionsgruppe, welche die meisten Verfolgungen aufgrund ihres Glaubens erleidet. Viele erfahren tagtäglich Beleidigungen und leben oft in Angst wegen ihrer Suche nach der Wahrheit, wegen ihres Glaubens an Jesus Christus und wegen ihres offenen Aufrufs zur Anerkennung der Religionsfreiheit. Das kann man alles nicht dulden, weil es eine Beleidigung Gottes und der Menschenwürde ist; es stellt außerdem eine Bedrohung für die Sicherheit und den Frieden dar und verhindert eine echte ganzheitliche Entwicklung des Menschen (vgl. CiV 29/55–57).

In der Religionsfreiheit nämlich findet die Besonderheit der menschlichen Person, durch die sie das eigene persönliche und gemeinschaftliche Leben auf Gott hin ordnen kann, ihren Ausdruck: Im Licht Gottes versteht man die Identität, den Sinn und das Ziel der Person vollständig. Diese Freiheit willkürlich zu verweigern oder zu beschränken bedeutet, eine verkürzende Sicht des Menschen zu haben; die öffentliche Rolle der Religion zu verdunkeln bedeutet, eine ungerechte Gesellschaft aufzubauen, da sie nicht im rechten Verhältnis zur wahren Natur der menschlichen Person steht; dies bedeutet, die Durchsetzung eines echten und dauerhaften Friedens der ganzen Menschheitsfamilie unmöglich zu machen.

Ich fordere daher die Menschen guten Willens auf, den Einsatz für den Aufbau einer Welt zu erneuern, in der alle frei sind, ihre Religion oder ihren Glauben zu bekennen und ihre Liebe zu Gott mit ganzem Herzen, mit ganzer Seele und mit allen Gedanken zu leben (vgl. Mt 22,37). Das ist die Gesinnung, welche die Botschaft zur Feier des XLIV. Weltfriedenstags, die dem Thema ‚Religionsfreiheit, ein Weg für den Frieden' gewidmet ist, inspiriert und leitet.

Das heilige Recht auf Leben und auf ein religiöses Leben

2. Das Recht auf Religionsfreiheit ist in der Würde des Menschen selbst verankert (vgl. DH 2), dessen transzendente Natur nicht ignoriert oder vernachlässigt werden darf. Gott hat Mann und Frau als sein Abbild erschaffen (vgl. Gen 1,27). Deshalb besitzt jeder Mensch das heilige Recht auf ein ganzheitliches Leben auch in spiritueller Hinsicht. Ohne die Anerkennung des eigenen geistigen Wesens, ohne die Öffnung auf das Transzendente hin zieht der Mensch sich auf sich selbst zurück, kann er keine Antworten auf die Fragen seines Herzens nach dem Sinn des Lebens finden und keine dauerhaften ethischen Werte und Grundsätze gewinnen, kann er nicht einmal echte Freiheit erfahren und eine gerechte Gesellschaft entwickeln (vgl. CiV 78).

Die Heilige Schrift offenbart in Übereinstimmung mit unserer eigenen Erfahrung den tiefen Wert der Menschenwürde: „Seh ich den Himmel, das Werk deiner Finger, Mond und Sterne, die du befestigt: Was ist der Mensch, dass du an ihn denkst, des Menschen Kind, dass du seiner gedenkst […]? Du hast ihn nur wenig geringer gemacht als Gott, hast ihn gekrönt mit Pracht und Herrlichkeit. Du hast ihn als Herrscher eingesetzt über die Werke deiner Hände, alles hast du gelegt unter seine Füße" (Ps 8,4–7).

Angesichts der erhabenen Wirklichkeit der menschlichen Natur kann uns das gleiche Staunen überkommen, das der Psalmist zum Ausdruck bringt. Sie zeigt sich als ein Offensein für das Mysterium, als die Fähigkeit, den Fragen über sich selbst und über den Ursprung des Universums auf den Grund zu gehen, als innerer Widerhall der höchsten Liebe Gottes, der Ursprung und Ziel aller Dinge, eines jeden Menschen und aller Völker ist (vgl. NA 1). Die transzendente Würde der Person ist ein wesentlicher Wert der jüdisch-christlichen Weisheit, sie kann aber dank der Vernunft von allen erkannt werden. Diese Würde im Sinn einer Fähigkeit, die eigene Materialität zu überschreiten und die Wahrheit zu suchen, muss als ein allgemeines Gut anerkannt werden, das für den Aufbau einer auf die volle Verwirklichung des Menschen ausgerichteten Gesellschaft unverzichtbar ist. Die Achtung wesentlicher Elemente der Menschenwürde wie das Recht auf Leben und das Recht auf die Religionsfreiheit ist eine Bedingung für die moralische Legitimität jeder gesellschaftlichen und rechtlichen Vorschrift.

Religionsfreiheit und gegenseitige Achtung

3. Die Religionsfreiheit ist der Ausgangspunkt der moralischen Freiheit. Tatsächlich verleiht das in der menschlichen Natur verwurzelte Offensein für die Wahrheit und das Gute jedem Menschen volle Würde und gewährleistet den gegenseitigen Respekt zwischen Personen. Darum ist die Religionsfreiheit nicht nur als Schutz gegenüber Nötigungen zu verstehen, sondern in erster Linie als Fähigkeit, die eigenen Entscheidungen gemäß der Wahrheit zu ordnen.

Es besteht eine untrennbare Verbindung zwischen Freiheit und Achtung des anderen: „Die einzelnen Menschen und die sozialen Gruppen sind bei der Ausübung ihrer Rechte durch das Sittengesetz verpflichtet, sowohl die Rechte der andern wie auch die eigenen Pflichten den anderen und dem Gemeinwohl gegenüber zu beachten" (DH 7).

Eine Gott gegenüber feindliche oder gleichgültige Freiheit endet in der Verneinung ihrer selbst und gewährleistet nicht die vollkommene Achtung gegenüber dem anderen. Ein Wille, der sich für gänzlich unfähig hält, die Wahrheit und das Gute zu suchen, hat keine objektiven Gründe noch Motive für sein Handeln außer denen, die seine augenblicklichen und zufälligen Interessen ihm diktieren; er hat keine ‚Identität', die durch wirklich freie und bewusste Entscheidungen zu schützen und aufzubauen ist. Er kann daher nicht die Achtung seitens anderer ‚Willen' fordern, die sich ebenfalls von ihrem tiefsten Sein losgelöst haben, die also andere ‚Gründe' oder sogar gar keinen ‚Grund' geltend machen können. Die Illusion, im ethischen Relativismus den Schlüssel für ein friedliches Zusammenleben zu finden, ist in Wirklichkeit der Ursprung von Spaltungen und von Verneinung der Würde der Menschen. So ist es verständlicherweise notwendig, eine zweifache Dimension in der Einheit der menschlichen Person anzuerkennen: Die religiöse und die soziale. In diesem Zusammenhang ist es unvorstellbar, dass die Gläubigen „einen Teil von sich – ihren Glauben – unterdrücken müssen, um aktive Bürger zu sein. Es sollte niemals erforderlich sein, Gott zu verleugnen, um in den Genuss der eigenen Rechte zu kommen“[1].

Die Familie, eine Schule der Freiheit und des Friedens

4. Wenn die Religionsfreiheit ein Weg für den Frieden ist, dann ist die religiöse Erziehung der bevorzugte Weg, die neuen Generationen zu befähigen, im anderen den eigenen Bruder beziehungsweise die eigene Schwester zu erkennen, mit denen man gemeinsam vorangehen und zusammenarbeiten muss, damit alle sich als lebendige Glieder ein und derselben Menschheitsfamilie empfinden, aus der niemand ausgeschlossen werden darf.

Die auf die Ehe gegründete Familie, Ausdruck inniger Gemeinschaft und gegenseitiger Ergänzung zwischen einem Mann und einer Frau, fügt sich in diesen Zusammenhang als die erste Schule von Bildung und von sozialem, kulturellem, moralischem und geistlichem Wachstum der Kinder ein, die im Vater und in der Mutter stets die ersten Zeugen eines Lebens finden sollten, das auf die Suche nach der Wahrheit und die Liebe zu Gott ausgerichtet ist. Die Eltern selbst müssten immer frei sein, ihr Erbe des Glaubens, der Werte und der Kultur ohne Zwänge und in Verantwortung an ihre Kinder weiterzugeben. Die Familie, die erste Zelle der menschlichen Gesellschaft, ist der vorrangige Bereich der Erziehung zu harmonischen Beziehungen auf allen nationalen und internationalen Ebenen menschlichen Zusammenlebens. Das ist der Weg, der weise eingeschlagen werden muss, um ein solides und solidarisches gesellschaftliches Gefüge zu schaffen, um die jungen Menschen darauf vorzubereiten, im Leben ihre Verantwortung zu übernehmen, in einer freien Gesellschaft, in einem Geist des Verständnisses und des Friedens.

Ein gemeinsames Erbe

5. Man könnte sagen, dass unter den Grundrechten und Grundfreiheiten, die in der Menschenwürde wurzeln, die Religionsfreiheit einen speziellen Stand besitzt. Wenn die Religionsfreiheit anerkannt wird, ist die Würde der Person in ihrer Wurzel geachtet und das Ethos sowie die Institutionen der Völker werden gestärkt. Wenn umgekehrt die Religionsfreiheit verweigert wird,

---

[1] *Benedikt XVI.*, Ansprache an die Generalversammlung der Vereinten Nationen im Glaspalast in New York am 18. April 2008, entnommen aus: www.vatican.va.

wenn versucht wird, zu verbieten, dass man die eigene Religion oder den eigenen Glauben bekennt und ihnen gemäß lebt, wird die Würde des Menschen beleidigt, und mit ihr werden die Gerechtigkeit und der Frieden bedroht, die auf jener rechten, im Licht des höchsten Wahren und Guten aufgebauten gesellschaftlichen Ordnung basieren.

In diesem Sinne ist die Religionsfreiheit auch eine Errungenschaft politischer und rechtlicher Kultur. Sie ist ein wesentliches Gut: Jeder Mensch muss frei das Recht wahrnehmen können, seine Religion oder seinen Glauben als Einzelner oder gemeinschaftlich zu bekennen und auszudrücken, sowohl öffentlich als auch privat, im Unterricht, in Bräuchen, in Veröffentlichungen, im Kult und in der Befolgung der Riten. Er dürfte nicht auf Hindernisse stoßen, falls er sich eventuell einer anderen Religion anschließen oder gar keine Religion bekennen wollte. In diesem Bereich erweist sich die internationale Ordnung als bedeutungsvoll und ist ein wesentlicher Bezugspunkt für die Staaten, da sie keinerlei Ausnahme von der Religionsfreiheit gestattet, außer dem legitimen Bedürfnis der öffentlichen Ordnung, die auf der Gerechtigkeit beruht (vgl. DH 2). Auf diese Weise erkennt die internationale Ordnung den Rechten religiöser Natur den gleichen Status zu wie dem Recht auf Leben und auf persönliche Freiheit, womit sie deren Zugehörigkeit zum wesentlichen Kern der Menschenrechte beweist, zu jenen universalen und natürlichen Rechten, die das menschliche Gesetz niemals verweigern darf.

Die Religionsfreiheit ist nicht ausschließliches Erbe der Gläubigen, sondern der gesamten Familie der Völker der Erde. Sie ist ein unabdingbares Element eines Rechtsstaates; man kann sie nicht verweigern, ohne zugleich alle Grundrechte und -freiheiten zu verletzen, da sie deren Zusammenfassung und Gipfel ist. Sie ist „eine Art ‚Lackmustest' für die Achtung aller weiteren Menschenrechte"[2]. Während sie die Ausübung der spezifisch menschlichen Fähigkeiten fördert, schafft sie die nötigen Voraussetzungen für die Verwirklichung einer ganzheitlichen Entwicklung, die einheitlich die Ganzheit der Person in allen ihren Dimensionen betrifft (vgl. CiV 11).

Die öffentliche Dimension der Religion

6. Obschon die Religionsfreiheit wie jede Freiheit von der persönlichen Sphäre ausgeht, verwirklicht sie sich in der Beziehung zu den anderen. Eine Freiheit ohne Beziehung ist keine vollendete Freiheit. Auch die Religionsfreiheit erschöpft sich nicht in der rein individuellen Dimension, sondern sie verwirklicht sich in der eigenen Gemeinschaft und in der Gesellschaft, in

---

[2] *Johannes Paul II.*, Ansprache an die Teilnehmer der Konferenz der Organisation für Sicherheit und Zusammenarbeit in Europa (OSZE) über die Religionsfreiheit am 10. Oktober 2003 in Rom, entnommen aus: www.vatican.va.

Übereinstimmung mit dem relationalen Wesen der Person und mit der öffentlichen Natur der Religion.

Der relationale Charakter ist eine entscheidende Komponente der Religionsfreiheit, die die Gemeinschaften der Gläubigen zur Solidarität für das Gemeinwohl drängt. In dieser gemeinschaftlichen Dimension bleibt jeder Mensch einzig und unwiederholbar, und zugleich vollendet und verwirklicht er sich ganz.

Der Beitrag, den die religiösen Gemeinschaften für die Gesellschaft leisten, ist unbestreitbar. Zahlreiche karitative und kulturelle Einrichtungen bestätigen die konstruktive Rolle der Gläubigen für das gesellschaftliche Leben. Noch bedeutender ist der ethische Beitrag der Religion im politischen Bereich. Er sollte nicht marginalisiert oder verboten, sondern als wertvolle Unterstützung zur Förderung des Gemeinwohls verstanden werden. Unter diesem Gesichtspunkt ist auch die religiöse Dimension der Kultur zu erwähnen, die über die Jahrhunderte hin durch die sozialen und vor allem ethischen Beiträge der Religion entwickelt wurde. Diese Dimension stellt keinesfalls eine Diskriminierung derer dar, die ihre Glaubensinhalte nicht teilen, sondern sie stärkt vielmehr den gesellschaftlichen Zusammenhalt, die Integration und die Solidarität.

Religionsfreiheit, eine Kraft der Freiheit und der Zivilisation: Die Gefahren ihrer Instrumentalisierung

7. Die Instrumentalisierung der Religionsfreiheit zur Verschleierung geheimer Interessen – wie zum Beispiel der Umsturz der konstituierten Ordnung, das Horten von Ressourcen oder die Erhaltung der Macht durch eine Gruppe – kann der Gesellschaft ungeheuren Schaden zufügen. Fanatismus, Fundamentalismus und Handlungen, die gegen die Menschenrechte verstoßen, können niemals gerechtfertigt werden, am wenigsten, wenn sie im Namen der Religion geschehen. Das Bekenntnis einer Religion darf weder instrumentalisiert noch mit Gewalt aufgezwungen werden. Die Staaten und die verschiedenen menschlichen Gemeinschaften dürfen also niemals vergessen, dass die Religionsfreiheit die Voraussetzung für die Suche nach der Wahrheit ist und dass sich die Wahrheit nicht mit Gewalt durchsetzt, sondern „kraft der Wahrheit selbst“ (DH 1). In diesem Sinne ist die Religion eine positive und treibende Kraft für den Aufbau der zivilen und der politischen Gesellschaft.

Wie könnte man den Beitrag der großen Weltreligionen zur Entwicklung der Zivilisation leugnen? Die aufrichtige Suche nach Gott hat zu einer vermehrten Achtung der Menschenwürde geführt. Die christlichen Gemeinschaften haben mit ihrem Erbe an Werten und Grundsätzen erheblich dazu beigetragen, dass Menschen und Völker sich ihrer eigenen Identität und ihrer Würde bewusst wurden, und ebenso sind sie an der Errungenschaft demokratischer Einrichtungen sowie an der Festschreibung der Menschenrechte und der entsprechenden Pflichten beteiligt.

Auch heute, in einer zunehmend globalisierten Gesellschaft, sind die Christen berufen, nicht allein mit einem verantwortlichen zivilen, wirtschaftlichen und politischen Engagement, sondern auch mit dem Zeugnis der eigenen Nächstenliebe und des persönlichen Glaubens einen wertvollen Beitrag zu leisten zum mühsamen und erhebenden Einsatz für die Gerechtigkeit, für die ganzheitliche Entwicklung des Menschen und für die rechte Ordnung der menschlichen Angelegenheiten. Die Ausschließung der Religion aus dem öffentlichen Leben entzieht diesem einen lebenswichtigen Bereich, der offen ist für die Transzendenz. Ohne diese Grunderfahrung ist es schwierig, die Gesellschaften auf allgemeine ethische Grundsätze hin zu orientieren, und kaum möglich, nationale und internationale Richtlinien aufzustellen, in denen die Grundrechte und -freiheiten vollständig anerkannt und verwirklicht werden können, entsprechend den – leider immer noch unbeachteten oder bestrittenen – Zielsetzungen der Allgemeinen Erklärung der Menschenrechte von 1948.

Eine Frage der Gerechtigkeit und der Zivilisation: Der Fundamentalismus und die Feindseligkeit gegenüber Gläubigen beeinträchtigen die positive Laizität der Staaten

8. Mit der gleichen Entschiedenheit, mit der alle Formen von Fanatismus und religiösem Fundamentalismus verurteilt werden, muss auch allen Formen von Religionsfeindlichkeit, die die öffentliche Rolle der Gläubigen im zivilen und politischen Leben begrenzen, entgegengetreten werden.

Man darf nicht vergessen, dass der religiöse Fundamentalismus und der Laizismus spiegelbildlich einander gegenüberstehende extreme Formen der Ablehnung des legitimen Pluralismus und des Prinzips der Laizität sind. Beide setzen nämlich eine einengende und partielle Sicht des Menschen absolut, indem sie im ersten Fall Formen von religiösem Integralismus und im zweiten von Rationalismus unterstützen. Die Gesellschaft, die die Religion gewaltsam aufzwingen oder – im Gegenteil – verbieten will, ist ungerecht gegenüber dem Menschen und Gott, aber auch gegenüber sich selbst. Gott ruft die Menschheit zu sich mit einem Plan der Liebe, der den ganzen Menschen in seiner natürlichen und geistlichen Dimension einbezieht und zugleich eine Antwort in Freiheit und Verantwortung erwartet, die aus ganzem Herzen und mit der ganzen individuellen und gemeinschaftlichen Existenz gegeben wird. So muss also auch die Gesellschaft, insofern sie Ausdruck der Person und der Gesamtheit der sie grundlegenden Dimensionen ist, so leben und sich organisieren, dass sie das Sich-Öffnen auf die Transzendenz hin begünstigt. Genau aus diesem Grund dürfen die Gesetze und die Institutionen einer Gesellschaft nicht so gestaltet sein, dass sie die religiöse Dimension der Bürger nicht beachten oder gänzlich von ihr absehen. Durch das demokratische Wirken von Bürgern, die sich ihrer hohen Berufung bewusst sind, müssen die Gesetze und Institutionen dem Wesen des Menschen angepasst werden, damit sie ihn in seiner religiösen Dimension unterstützen können. Da diese kein Werk des Staates ist, kann sie nicht manipuliert werden, sondern muss vielmehr anerkannt und respektiert werden.

Wenn die Rechtsordnung – sei es auf nationaler oder internationaler Ebene – den religiösen oder antireligiösen Fanatismus zulässt oder toleriert, kommt sie ihrer Aufgabe nicht nach, die Gerechtigkeit und das Recht eines jeden zu schützen und zu fördern. Diese Wirklichkeiten können nicht der Willkür des Gesetzgebers oder der Mehrheit ausgesetzt werden, denn – wie schon Cicero lehrte – die Rechtsprechung besteht aus mehr als einer bloßen Schaffung des Gesetzes und seiner Anwendung. Sie schließt ein, jedem seine Würde zuzuerkennen.[3] Und diese ist ohne garantierte und in ihrem Wesen gelebte Religionsfreiheit verstümmelt und verletzt, der Gefahr ausgesetzt, unter die Vorherrschaft von Götzen, von relativen Gütern zu geraten, die absolut gesetzt werden. All das bringt die Gesellschaft in die Gefahr von politischen und ideologischen Totalitarismen, welche die öffentliche Macht nachdrücklich betonen, während die Gewissensfreiheit, die Freiheit des Denkens und die Religionsfreiheit, als wären sie Konkurrenten, Beeinträchtigungen oder Zwang erleiden.

Der Dialog zwischen zivilen und religiösen Institutionen

9. Das Erbe an Grundsätzen und an Werten, die durch eine authentische Religiosität zum Ausdruck kommen, ist ein Reichtum für die Völker und ihr Ethos. Es spricht unmittelbar das Gewissen und die Vernunft der Menschen an, erinnert an das Gebot der moralischen Umkehr, motiviert dazu, die Tugenden zu üben und im Zeichen der Brüderlichkeit als Glieder der großen Menschheitsfamilie einander in Liebe zu begegnen.[4]

Unter Berücksichtigung der positiven Laizität der staatlichen Institutionen muss die öffentliche Dimension der Religion immer anerkannt werden. Zu diesem Zweck ist ein gesunder Dialog zwischen den zivilen und den religiösen Institutionen für die ganzheitliche Entwicklung des Menschen und der Eintracht der Gesellschaft von grundlegender Bedeutung.

---

[3] Vgl. *M. Cicero*, De inventione, II, 160.

[4] Vgl. *Benedikt XVI.*, Grußwort und Ansprache bei der Begegnung mit Klerikern und Laienvertretern anderer Religionen in Twickenham am 17. September 2010, entnommen aus: www.vatican.va.

In der Liebe und der Wahrheit leben

10. In der globalisierten Welt, die von zunehmend multiethnischen und multireligiösen Gesellschaften gekennzeichnet ist, können die großen Religionen einen wichtigen Faktor der Einheit und des Friedens für die Menschheitsfamilie darstellen. Auf der Basis der eigenen religiösen Überzeugungen und der rationalen Suche nach dem Gemeinwohl sollen ihre Anhänger verantwortungsvoll ihren eigenen Einsatz in einem Umfeld der Religionsfreiheit ausüben. Es ist notwendig, in den verschiedenen religiösen Kulturen das zu beherzigen, was sich für das zivile Miteinander als positiv erweist, während alles der Würde des Menschen Entgegenstehende verworfen werden muss.

Der öffentliche Raum, den die internationale Gemeinschaft den Religionen und ihrem Angebot eines guten Lebens zur Verfügung stellt, fördert das Hervortreten eines gemeinsam geteilten Maßstabs der Wahrheit und des Guten wie auch einen moralischen Konsens – beides Dinge, die für ein gerechtes und friedvolles Miteinander grundlegend sind. Die *Leader* der großen Religionen sind wegen ihrer Rolle, ihres Einflusses und ihrer Autorität in ihren eigenen Gemeinschaften als Erste zum gegenseitigen Respekt und zum Dialog angehalten.

Die Christen ihrerseits werden vom Glauben an Gott selbst, den Vater des Herrn Jesus Christus, dazu aufgefordert, als Brüder und Schwestern zu leben, die in der Kirche zusammenkommen und am Aufbau einer neuen Welt mitarbeiten, der prophetischen Vorwegnahme der Reiches Gottes, wo die Menschen und Völker „nichts Böses [mehr tun] und [...] kein Verbrechen [begehen] [...]; denn das Land ist erfüllt von der Erkenntnis des HERRN, so wie die Wasser das Meer bedecken“ (Jes 11,9).

Dialog als gemeinsame Suche

11. Für die Kirche stellt der Dialog zwischen den Anhängern verschiedener Religionen ein wichtiges Werkzeug dar, um mit allen Religionsgemeinschaften zum Gemeinwohl zusammenzuarbeiten. Die Kirche selbst lehnt nichts von alledem ab, was in den verschiedenen Religionen wahr und heilig ist. „Mit aufrichtigem Ernst betrachtet sie jene Handlungs- und Lebensweisen, jene Vorschriften und Lehren, die zwar in manchem von dem abweichen, was sie selber für wahr hält und lehrt, doch nicht selten einen Strahl jener Wahrheit erkennen lassen, die alle Menschen erleuchtet“ (NA 2).

Der aufgezeigte Weg ist nicht der des Relativismus oder des religiösen Synkretismus. Denn die Kirche „verkündet [...] und muss sie verkündigen Christus, der ist ‚der Weg, die Wahrheit und das Leben‘ (Joh 14,6), in dem die Menschen die Fülle des religiösen Lebens finden, in dem Gott alles mit sich versöhnt hat“ (NA 2). Dies schließt jedoch den Dialog und die gemeinsame Suche nach der Wahrheit in verschiedenen Lebensumfeldern nicht aus, da nämlich, wie ein vom heiligen Thomas von Aquin oft gebrauchtes Wort sagt, „jede Wahrheit, von wem auch immer sie vorgebracht wird, vom Heiligen Geist kommt“[5].

Im Jahr 2011 begehen wir den 25. Jahrestag des Weltgebetstages für den Frieden, zu dem Papst Johannes Paul II. 1986 nach Assisi eingeladen hatte. Damals haben die *Leader* der großen Weltreligionen Zeugnis davon gegeben, dass die Religion ein Faktor der Einheit und des Friedens und nicht der Trennung und des Konflikts ist. Die Erinnerung an diese Erfahrung ist Grund zur Hoffnung auf eine Zukunft, in der alle Gläubigen sich als Arbeiter für die Gerechtigkeit und Friedensstifter sehen und wirklich zu solchen machen.

Moralische Wahrheit in Politik und Diplomatie

12. Die Politik und die Diplomatie sollten auf das von den großen Weltreligionen angebotene moralische und geistige Erbe schauen, um die Wahrheit sowie die allgemeinen Prinzipien und Werte zu erkennen und zu vertreten, die nicht geleugnet werden können, ohne damit auch die Würde des Menschen zu leugnen. Was heißt aber, praktisch gesprochen, die moralische Wahrheit in der Welt der Politik und der Diplomatie zu fördern? Es bedeutet, auf der Basis der objektiven und vollständigen Kenntnis der Fakten verantwortungsvoll zu handeln; es bedeutet, politische Ideologien aufzubrechen, die die Wahrheit und die Würde des Menschen letztlich verdrängen und unter dem Vorwand des Friedens, der Entwicklung und der Menschenrechte Pseudo-Werte fördern wollen; es bedeutet, ein ständiges Bemühen zu fördern, das positive Recht auf die Prinzipien des Naturrechts zu gründen.[6] Das alles ist notwendig und hängt mit der Achtung der Würde und des Wertes der menschlichen Person zusammen, wie sie die Völker der Erde in der Charta der Organisation der Vereinten Nationen von 1945 festgelegt haben, welche die Werte und allgemeinen moralischen Prinzipien als Maßstab für die Normen, Einrichtungen und Systeme des Miteinanders auf nationaler und internationaler Ebene darlegt.

Jenseits von Hass und Vorurteil

13. Trotz der Lehren der Geschichte und der Anstrengungen der Staaten, der internationalen Organisationen auf Welt- und Ortsebene, der Nichtregierungsorganisationen und aller Menschen guten Willens, die sich jeden Tag

---

[5] *T. von Aquin*, Super Evangelium S. Joannis Lectura, I, 3.

[6] Vgl. *Benedikt XVI.*, Ansprache an die Vertreter des öffentlichen Lebens und an das Diplomatische Corps am 5. Juni 2010 in Zypern, entnommen aus: www.vatican.va; vgl. *Internationale Theologische Kommission*, Auf der Suche nach einer universellen Ethik: Ein neuer Blick auf das Naturgesetz, Vatikanstadt 2009, 91f.

für den Schutz der Grundrechte und -freiheiten einsetzen, sind heute noch in der Welt Verfolgungen, Diskriminierungen, Akte der Gewalt und Intoleranz aus religiösen Gründen zu verzeichnen. Insbesondere in Asien und Afrika sind die Opfer hauptsächlich Angehörige der religiösen Minderheiten, die daran gehindert werden, die eigene Religion frei zu bekennen oder sie zu wechseln, und zwar durch Einschüchterung und Verletzung der Grundrechte, der Grundfreiheiten und der notwendigen Güter bis hin zur Beraubung der persönlichen Freiheit oder zum Verlust des Lebens selbst.

Es gibt dann – wie ich bereits festgestellt habe – raffiniertere Formen der Feindseligkeit gegenüber der Religion, die in den westlichen Ländern mitunter in der Verleugnung der Geschichte und der religiösen Symbole, die die Identität und die Kultur der Mehrheit der Bürger widerspiegeln, zum Ausdruck gebracht werden. Oft fachen sie Hass und Vorurteile an und stehen nicht im Einklang mit einer sachlichen und ausgewogenen Sicht des Pluralismus und der Laizität der Institutionen, ohne zu beachten, dass die jungen Generationen Gefahr laufen, mit dem wertvollen geistigen Erbe ihrer Länder nicht in Berührung zu kommen.

Die Verteidigung der Religion verläuft über die Verteidigung der Rechte und Freiheiten der Religionsgemeinschaften. Die *Leader* der großen Weltreligionen und die Verantwortlichen der Nationen mögen daher ihr Bemühen um die Förderung und den Schutz der Religionsfreiheit erneuern, insbesondere um die Verteidigung der religiösen Minderheiten, die keine Gefahr für die Identität der Mehrheit darstellen, sondern, im Gegenteil, eine Gelegenheit zum Dialog und zur gegenseitigen kulturellen Bereicherung. Ihre Verteidigung ist die ideale Art und Weise, den Geist des Wohlwollens, der Offenheit und der Gegenseitigkeit zu stärken, mit dem die Grundrechte und -freiheiten in allen Gebieten und Regionen der Welt geschützt werden können.

Die Religionsfreiheit in der Welt

14. Ich wende mich schließlich den christlichen Gemeinschaften zu, die unter Verfolgung, Diskriminierung, Akten der Gewalt und der Intoleranz leiden, insbesondere in Asien, in Afrika, im Nahen Osten und besonders im Heiligen Land, dem von Gott auserlesenen und gesegneten Ort. Während ich ihnen meine väterliche Zuneigung erneuere und sie meines Gebetes versichere, bitte ich alle Verantwortlichen um schnelles Handeln, um jeden Übergriff auf Christen zu beenden, die in jenen Gebieten leben. Die Jünger Christi mögen angesichts der gegenwärtigen Widrigkeiten nicht den Mut verlieren, denn das Zeugnis des Evangeliums ist und wird immer ein Zeichen des Widerspruchs sein.

Betrachten wir in unserem Herzen die Worte Jesu: „Selig die Trauernden; denn sie werden getröstet werden. […] Selig, die hungern und dürsten nach der Gerechtigkeit; denn sie werden gesättigt werden. [...] Selig seid ihr, wenn man euch schmäht und verfolgt und alles Böse über euch redet um meinetwillen. Freut euch und jubelt: Denn euer Lohn wird groß sein im Himmel" (Mt 5,4/6/11–12). Erneuern wir nun „die Verpflichtung zur Nachsicht und zur Vergebung, die wir auf uns genommen haben und im ‚Vaterunser' von Gott erbitten, wo wir selbst die Bedingungen und das Maß der ersehnten göttlichen Barmherzigkeit festlegen: ‚Und erlass uns unsere Schulden, wie auch wir sie unseren Schuldnern erlassen haben!' (Mt 6,12)" (Wfb 1976). Gewalt wird nicht mit Gewalt überwunden. Unser Schmerzensschrei soll immer vom Glauben, von der Hoffnung und vom Zeugnis der Liebe Gottes begleitet werden. Ich drücke auch meine Hoffnung aus, dass im Westen, besonders in Europa, die Feindschaft und die Vorurteile gegen Christen aufhören, die darauf beruhen, dass sie ihr eigenes Leben in einer konsequenten Weise nach den Werten und den Grundsätzen ausrichten wollen, wie sie im Evangelium zum Ausdruck gebracht sind. Europa möge sich vielmehr mit seinen eigenen christlichen Wurzeln wiederversöhnen, die grundlegend sind, um die Rolle zu begreifen, die es gehabt hat, die es hat und die es in der Geschichte haben will. So wird es auf Gerechtigkeit, Eintracht und Frieden hoffen können, wenn es einen ernsthaften Dialog mit allen Völkern pflegt.

Religionsfreiheit, ein Weg für den Frieden

15. Die Welt braucht Gott. Sie braucht ethische und geistliche Werte, die allgemein geteilt werden. Und die Religion kann bei dieser Suche einen wertvollen Beitrag für den Aufbau einer gerechten und friedlichen sozialen Ordnung auf nationaler und internationaler Ebene leisten.

Der Friede ist ein Geschenk Gottes und zugleich ein Plan, der realisiert werden muss und nie ganz vollendet ist. Eine mit Gott versöhnte Gesellschaft ist näher am Frieden, der nicht einfach das Fehlen von Krieg, nicht bloß Frucht militärischer oder wirtschaftlicher Vorherrschaft und noch weniger täuschender Irreführung oder geschickter Manipulationen ist. Der Friede ist hingegen das Ergebnis eines Prozesses der Reinigung und des kulturellen, moralischen und geistlichen Fortschritts einer jeden Person und eines jeden Volkes, in dem die menschliche Würde vollkommen geachtet wird. Alle, die Mitarbeiter des Friedens werden wollen, und besonders die Jugendlichen lade ich ein, auf ihre innere Stimme zu hören, um in Gott den festen Bezugspunkt für den Gewinn echter Freiheit und die unerschöpfliche Kraft zu finden, um die Welt mit einem neuen Geist auszurichten, der befähigt, die Fehler der Vergangenheit nicht zu wiederholen. Papst Paul VI., dessen Weisheit und Weitblick die Einrichtung des Weltfriedenstags zu verdanken ist, lehrt: „Man muss dem Frieden vor allem andere Waffen geben, nicht jene, die zum Töten und Vernichten der Menschheit bestimmt sind. Man braucht vor allem moralische Waffen, die dem internationalen Recht Kraft und Geltung verschaffen; jene zuallererst, die dafür Sorge tragen, dass die Verträge eingehalten werden“ (Wfb 1976). Die Religionsfreiheit ist eine echte Waffe des Friedens mit einer geschichtlichen und prophetischen Mission. Sie bringt in der Tat die tiefsten Eigenschaften und Möglichkeiten des Menschen, die die Welt verändern und verbessern können, zur Geltung und macht sie fruchtbar. Sie erlaubt, die Hoffnung auf eine Zukunft der Gerechtigkeit und des Friedens zu nähren, auch gegenüber den schweren Ungerechtigkeiten sowie den materiellen und moralischen Nöten. Auf dass alle Menschen und die Gesellschaften auf allen Ebenen und in jedem Teil der Erde bald die Religionsfreiheit als Weg für den Frieden erfahren können!

Aus dem Vatikan, am 8. Dezember 2010
Benedikt XVI.

Botschaft seiner Heiligkeit Papst Benedikt XVI.
zur Feier des 45. Weltfriedenstages
1. Januar 2012

Die jungen Menschen zur Gerechtigkeit und zum Frieden erziehen

1. Der Anfang eines neuen Jahres, das ein Geschenk Gottes an die Menschheit ist, regt mich an, von Herzen und mit großer Zuversicht an alle einen besonderen Glückwunsch zu richten für diese Zeit, die vor uns liegt, dass sie konkret von Gerechtigkeit und Frieden geprägt sei.

Mit welcher Einstellung soll man auf das neue Jahr schauen? In Psalm 130 finden wir ein sehr schönes Bild. Der Psalmist sagt, dass der gläubige Mensch auf den Herrn wartet, „mehr als Wächter auf den Morgen" (Ps 130,6); er erwartet ihn mit fester Hoffnung, denn er weiß, dass er Licht, Barmherzigkeit, Heil bringen wird. Diese Erwartung geht aus der Erfahrung des auserwählten Volkes hervor, das erkennt, von Gott dazu erzogen zu sein, die Welt in ihrer Wahrheit zu sehen und sich von den Nöten nicht niederschlagen zu lassen. Ich lade euch ein, mit dieser zuversichtlichen Einstellung auf das Jahr 2012 zu schauen. Es stimmt, dass im zu Ende gehenden Jahr das Gefühl der Frustration zugenommen hat durch die Krise, welche die Gesellschaft, die Arbeitswelt und die Wirtschaft bedrängt – eine Krise, deren Wurzeln vor allem kultureller und anthropologischer Art sind. Es scheint beinahe, als habe ein dichter Schleier unsere Zeit in Dunkelheit gehüllt und erlaube nicht, das Tageslicht deutlich zu erkennen.

In dieser Dunkelheit hört jedoch das Herz des Menschen nicht auf, das Morgenrot zu erwarten, von dem der Psalmist spricht. Diese Erwartung ist bei den jungen Menschen besonders lebendig und augenscheinlich, und deshalb wenden sich meine Gedanken an sie, in Anbetracht des Beitrags, den sie für die Gesellschaft leisten können und müssen. So möchte ich die Botschaft zum 45. Weltfriedenstag unter dem Aspekt der Erziehung vorstellen: Die jungen Menschen zur Gerechtigkeit und zum Frieden erziehen, in der Überzeugung, dass sie mit ihrer Begeisterung und ihrem idealistischen Ansporn der Welt eine neue Hoffnung geben können.

Meine Botschaft richtet sich auch an die Eltern, die Familien, an alle, die mit der Erziehung und der Ausbildung betraut sind, sowie an die Verantwortlichen in den verschiedenen Bereichen des religiösen, gesellschaftlichen, politischen, wirtschaftlichen, kulturellen Lebens und in dem Bereich der Kommunikation. Aufmerksam auf die Welt der Jugend sein und es verstehen, sie anzuhören und zur Geltung zu bringen, ist nicht nur zweckmäßig, sondern es ist eine Hauptaufgabe der ganzen Gesellschaft für den Aufbau einer Zukunft in Gerechtigkeit und Frieden. Es geht darum, den jungen Menschen die Wertschätzung für die positive Bedeutung des Lebens zu vermitteln, indem man in ihnen den Wunsch weckt, es für den Dienst am Guten einzusetzen. Das ist eine Aufgabe, in der wir alle persönlich gefordert sind.

Die in letzter Zeit von vielen Jugendlichen in verschiedenen Regionen der Welt geäußerten Sorgen drücken den Wunsch aus, mit begründeter Hoffnung in die Zukunft schauen zu können. Im gegenwärtigen Augenblick gibt es viele Aspekte, die sie mit Besorgnis erfüllen: Der Wunsch, eine Ausbildung zu erhalten, die sie gründlicher darauf vorbereitet, sich der Wirklichkeit zu stellen; die Schwierigkeit, eine Familie zu bilden und einen sicheren Arbeitsplatz zu finden; die effektive Fähigkeit, einen Beitrag zur Welt der Politik, der Kultur und der Wirtschaft zu leisten für die Bildung einer Gesellschaft, deren Gesicht menschlicher und solidarischer ist. Es ist wichtig, dass diese Fermente und der idealistische Antrieb, den sie enthalten, in allen Teilen der Gesellschaft die gebührende Aufmerksamkeit finden. Die Kirche sieht voller Hoffnung auf die Jugendlichen, sie vertraut ihnen und ermutigt sie, nach der Wahrheit zu suchen, das Gemeinwohl zu verteidigen, weltoffene Perspektiven zu haben und Augen, die fähig sind, „Neues" (Jes 42,9/48,6) zu sehen!

Die für die Erziehung Verantwortlichen

2. Die Erziehung ist das faszinierendste und schwierigste Abenteuer des Lebens. Erziehen – lateinisch *educere* – bedeutet, einen Menschen über sich selbst hinauszuführen, um ihn in die Wirklichkeit einzuführen, in eine Fülle, die ihn wachsen lässt. Dieser Prozess wird gespeist durch die Begegnung zweier Freiheiten, der des Erwachsenen und der des Jugendlichen. Er verlangt die Verantwortung des Schülers, der offen sein muss, sich zur Erkenntnis der Wirklichkeit führen zu lassen, und die des Erziehers, der bereit sein muss, sich selbst zu verschenken. Daher sind vor allem authentische Zeugen notwendig und nicht bloße Austeiler von Regeln und Informationen; Zeugen, die weiter zu blicken vermögen als die anderen, weil ihr Leben weitere Räume umfasst. Zeuge ist derjenige, der den Weg, den er vorschlägt, zuerst einmal vorlebt.

Welches sind die Orte, an denen eine wirkliche Erziehung zum Frieden und zur Gerechtigkeit reift? Vor allem die Familie, denn die Eltern sind die ersten Erzieher. Die Familie ist die Keimzelle der Gesellschaft. „In der Familie erlernen die Kinder die menschlichen und christlichen Werte, die ein konstruktives und friedliches Zusammenleben gestatten. In der Familie lernt man die Solidarität zwischen den Generationen, die Achtung der Regeln, die Vergebung und die Annahme des anderen"[1]. Sie ist die erste Schule, in der man zur Gerechtigkeit und zum Frieden erzogen wird.

Wir leben in einer Welt, in der die Familie und auch das Leben selbst ständig bedroht und nicht selten zerbrochen beziehungsweise aufgesplittert sind. Arbeitsbedingungen, die oft kaum mit der familiären Verantwortung in Übereinstimmung gebracht werden können, Sorgen um die Zukunft, frenetische Lebensrhythmen, Migrationen auf der Suche nach einem angemessenen Unterhalt, wenn nicht nach dem bloßen Überleben, erschweren schließlich die Möglichkeit, den Kindern eines der kostbarsten Güter zu sichern: Die Anwesenheit der Eltern – eine Anwesenheit, die ein immer tieferes Miteinander auf dem Weg erlaubt, um jene Erfahrung und jene im Laufe der Jahre gewonnenen Sicherheiten weitergeben zu können, die man nur mit der gemeinsam verbrachten Zeit vermitteln kann. Den Eltern möchte ich nahelegen, nicht den Mut zu verlieren! Mit dem Beispiel ihres Lebens sollen sie ihre Kinder ermuntern, die Hoffnung vor allem auf Gott zu setzen, von dem allein echte Gerechtigkeit und echter Friede ausgehen.

Ich möchte mich auch an die Verantwortlichen der Einrichtungen wenden, die Erziehungsaufgaben haben: Sie mögen mit großem Verantwortungsgefühl darüber wachen, dass die Würde jeder Person unter allen Umständen geachtet und zur Geltung gebracht wird. Durch eine Begleitung, welche die Gaben fruchtbar werden lässt, die der Herr einem jeden gewährt hat, mögen sie dafür Sorge tragen, dass jeder junge Mensch seine persönliche Berufung entdecken kann. Sie sollen den Familien die Sicherheit geben, dass ihren Kindern ein Bildungsweg geboten wird, der nicht im Gegensatz zu ihrem Gewissen und ihren religiösen Prinzipien steht.

Möge jeder Bereich pädagogischer Arbeit ein Ort der Offenheit gegenüber dem Transzendenten und gegenüber den anderen sein; ein Ort des Dialogs, des Zusammenhalts und des Hörens, in dem der Jugendliche spürt, dass seine persönlichen Möglichkeiten und inneren Werte zur Geltung gebracht werden, und lernt, seine Mitmenschen zu schätzen. Mögen sie dazu anleiten, die Freude zu empfinden, die daraus entspringt, dass man Tag für Tag Liebe und Mitgefühl gegenüber dem Nächsten praktiziert und sich aktiv am Aufbau einer menschlicheren und brüderlicheren Gesellschaft beteiligt.

Sodann wende ich mich an die Verantwortlichen in der Politik und fordere sie auf, den Familien und den Erziehungseinrichtungen konkret zu helfen, ihr Recht der Erziehung, das zugleich eine Pflicht ist, wahrzunehmen. Niemals darf es an einer angemessenen Unterstützung der Mutter- und Va-

---

[1] *Benedikt XVI.*, Ansprache an die Verwaltungsmitarbeiter der Region Latium, der Stadt und der Provinz Rom im Clementina-Saal am 14. Januar 2011, entnommen aus: www.vatican.va.

terschaft fehlen. Die Politiker mögen dafür sorgen, dass niemandem der Zugang zur Ausbildung verweigert wird und dass die Familien frei die Erziehungseinrichtungen wählen können, die sie für das Wohl ihrer Kinder als am besten geeignet ansehen. Sie mögen sich dafür einsetzen, die Zusammenführung jener Familien zu fördern, die aufgrund der Notwendigkeit, ihren Unterhalt zu bestreiten, getrennt sind. Den jungen Menschen sollen sie ein lauteres Bild der Politik als eines wahren Dienstes für das Wohl aller bieten. Außerdem kann ich nicht umhin, an die Welt der Medien zu appellieren, ihren erzieherischen Beitrag zu leisten. In der heutigen Gesellschaft kommt den Massenkommunikationsmitteln eine besondere Rolle zu: Sie informieren nicht nur den Geist ihrer Adressaten, sondern sie formen ihn auch und können folglich beträchtlich zur Erziehung der Jugendlichen beitragen. Es ist wichtig, sich vor Augen zu halten, dass die Verbindung zwischen Erziehung und Kommunikation äußerst eng ist: Die Erziehung ereignet sich ja durch Kommunikation, welche die Bildung des Menschen positiv oder negativ beeinflusst. Auch die Jugendlichen müssen den Mut haben, zuallererst selber das zu leben, was sie von ihrer Umgebung fordern. Es ist eine große Verantwortung, die sie betrifft: Sie sollen die Kraft haben, ihre Freiheit in guter und verantwortungsvoller Weise zu gebrauchen. Auch sie sind verantwortlich für ihre Erziehung und Bildung zur Gerechtigkeit und zum Frieden!

Zur Wahrheit und zur Freiheit erziehen

3. Der heilige Augustinus hat sich gefragt: „Quid enim fortius desiderat anima quam veritatem? – Was ersehnt der Mensch stärker als die Wahrheit?“[2] Das menschliche Gesicht einer Gesellschaft hängt sehr vom Beitrag der Erziehung ab, diese nicht zu unterdrückende Frage lebendig zu erhalten. Denn die Erziehung betrifft die ganzheitliche Bildung des Menschen, einschließlich der moralischen und spirituellen Dimension des Seins, im Hinblick auf sein letztes Ziel und auf das Wohl der Gesellschaft, deren Glied er ist. Darum muss man, um zur Wahrheit zu erziehen, zunächst einmal wissen, was der Mensch ist, muss man seine Natur kennen. Bei der Betrachtung dessen, was ihn umgibt, überlegt der Psalmist: „Seh ich deine Himmel, die Werke deiner Finger, Mond und Sterne, die du befestigt: Was ist der Mensch, dass du seiner gedenkst, des Menschen Kind, dass du dich seiner annimmst?“ (Ps 8,4–5) Das ist die grundlegende Frage, die man sich stellen muss: Was ist der Mensch? Der Mensch ist ein Wesen, das einen Durst nach Unendlichkeit im Herzen trägt, einen Durst nach Wahrheit – nicht nach einer Teilwahrheit,

---

[2] Kommentar zum Johannesevangelium, 26,5; [Anm. der Herausgeber: Eine genaue Zuordnung der Angabe war uns nicht möglich.]

sondern nach der Wahrheit, die den Sinn des Lebens zu erklären vermag –, denn er ist als Gottes Abbild und ihm ähnlich erschaffen worden. Dankbar das Leben als unschätzbares Geschenk zu erkennen führt also zur Entdeckung der eigenen inneren Würde und der Unantastbarkeit jedes Menschen. Darum besteht die erste Erziehung darin, zu lernen, im Menschen das Bild des Schöpfers zu erkennen, folglich eine hohe Achtung für jedes menschliche Wesen zu hegen und den anderen zu helfen, ein dieser höchsten Würde entsprechendes Leben zu verwirklichen. Man darf niemals vergessen, „dass *die echte Entwicklung des Menschen einheitlich die Gesamtheit der Person in all ihren Dimensionen betrifft*“ (CiV 11; vgl. PP 14), einschließlich der transzendenten, und dass man nicht den Menschen opfern darf, um ein spezielles Gut – sei es wirtschaftlicher oder sozialer, individueller oder gemeinschaftlicher Art – zu erlangen.

Allein in der Beziehung zu Gott begreift der Mensch auch die Bedeutung der eigenen Freiheit. Und es ist Aufgabe der Erziehung, zu echter Freiheit heranzubilden. Diese besteht nicht im Fehlen von Bindungen oder in der Herrschaft der Willkür, sie ist nicht der Absolutismus des Ich. Der Mensch, der sich selbst absolut setzt, der meint, von nichts und niemandem abhängig zu sein und alles tun zu können, was er will, widerspricht letztlich der Wahrheit seines eigenen Seins und verliert seine Freiheit. Der Mensch ist vielmehr ein relationales Wesen, das in Beziehung zu den anderen und vor allem zu Gott lebt. Die echte Freiheit kann niemals erreicht werden, indem man sich von Gott entfernt.

Die Freiheit ist ein kostbarer, aber heikler Wert; sie kann missverstanden und missbraucht werden. „Ein besonders tückisches Hindernis für die Erziehungsarbeit stellt heute in unserer Gesellschaft und Kultur das massive Auftreten jenes Relativismus dar, der nichts als definitiv anerkennt und als letzten Maßstab nur das eigene Ich mit seinen Gelüsten gelten lässt und unter dem Anschein der Freiheit für jeden zu einem Gefängnis wird, weil er den einen vom anderen trennt und jeden dazu erniedrigt, sich ins eigene ‚Ich‘ zu verschließen. Innerhalb eines solchen relativistischen Horizonts ist daher wahre Erziehung gar nicht möglich: Denn ohne das Licht der Wahrheit sieht sich früher oder später jeder Mensch dazu verurteilt, an der Qualität seines eigenen Lebens und der Beziehungen, aus denen es sich zusammensetzt, ebenso zu zweifeln wie an der Wirksamkeit seines Einsatzes dafür, gemeinsam mit anderen etwas aufzubauen.“[3]

---

[3] *Benedikt XVI.*, Ansprache bei der Eröffnung der Pastoraltagung der Diözese Rom zum Thema Familie in der Lateranbasilika am 6. Juni 2005, entnommen aus: www.vatican.va.

Um seine Freiheit auszuüben, muss der Mensch also den relativistischen Horizont überwinden und die Wahrheit über sich selbst und die Wahrheit über Gut und Böse erkennen. Im Inneren seines Gewissens entdeckt der Mensch ein Gesetz, das er sich nicht selbst gibt, sondern dem er gehorchen muss, und dessen Stimme ihn zur Liebe und zum Tun des Guten und zur Unterlassung des Bösen aufruft und dazu, die Verantwortung für das vollbrachte Gute und das getane Böse zu übernehmen (vgl. GS 16). Deswegen ist die Ausübung der Freiheit zuinnerst an das natürliche Sittengesetz gebunden, das universaler Art ist, die Würde eines jeden Menschen ausdrückt, die Basis seiner fundamentalen Rechte und Pflichten und also letztlich des gerechten und friedlichen Zusammenlebens der Menschen bildet. Der rechte Gebrauch der Freiheit steht also im Mittelpunkt der Förderung von Gerechtigkeit und Frieden, welche die Achtung vor sich selbst und gegenüber dem anderen verlangen, auch wenn dieser weit von der eigenen Seins- und Lebensweise abweicht. Aus dieser Haltung entspringen die Elemente, ohne die Frieden und Gerechtigkeit Worte ohne Inhalt bleiben: Das gegenseitige Vertrauen, die Fähigkeit, einen konstruktiven Dialog zu führen, die Möglichkeit der Vergebung, die man so viele Male erhalten möchte, sich jedoch schwertut, sie zu gewähren, die wechselseitige Liebe, das Mitgefühl gegenüber den Schwächsten wie auch die Opferbereitschaft.

Zur Gerechtigkeit erziehen

4. In unserer Welt, in der die Bedeutung der Person, ihrer Würde und ihrer Rechte jenseits der Absichtserklärungen ernstlich bedroht ist durch die verbreitete Tendenz, ausschließlich auf Kriterien der Nützlichkeit, des Profits und des Besitzes zurückzugreifen, ist es wichtig, den Begriff der Gerechtigkeit nicht von seinen transzendenten Wurzeln zu trennen. Die Gerechtigkeit ist ja nicht eine bloße menschliche Vereinbarung, denn was gerecht ist, wird nicht ursprünglich vom positiven Gesetz bestimmt, sondern von der tiefen Identität des Menschen. Es ist die ganzheitliche Anschauung des Menschen, die es erlaubt, nicht in eine vom Vertragsdenken beeinflusste Auffassung der Gerechtigkeit zu verfallen, sondern auch ihr den Horizont der Solidarität und der Liebe zu öffnen.[4]

Wir können nicht übersehen, dass manche Strömungen der modernen Kultur, gestützt auf rationalistische und individualistische Wirtschaftsprinzipien, den Begriff der Gerechtigkeit durch dessen Trennung von der Liebe und der Solidarität seiner transzendenten Wurzeln beraubt haben: „Die ‚Stadt des

---

[4] Vgl. *Benedikt XVI.*, Ansprache an den Deutschen Bundestag in Berlin am 22. September 2011, entnommen aus: www.vatican.va.

Menschen‘ wird nicht nur durch Beziehungen auf der Grundlage von Rechten und Pflichten gefördert, sondern noch mehr und zuerst durch Verbindungen, die durch Unentgeltlichkeit, Barmherzigkeit und Gemeinsamkeit gekennzeichnet sind. Die Nächstenliebe offenbart auch in den menschlichen Beziehungen immer die Liebe Gottes; diese verleiht jedem Einsatz für Gerechtigkeit in der Welt einen theologalen und heilbringenden Wert“ (CiV 6).

„Selig, die hungern und dürsten nach der Gerechtigkeit; denn sie werden gesättigt werden“ (Mt 5,6). Sie werden satt werden, weil sie hungern und dürsten nach rechten Beziehungen zu Gott, zu sich selbst, zu ihren Mitmenschen und zur gesamten Schöpfung.

Zum Frieden erziehen

5. „Friede besteht nicht einfach darin, dass kein Krieg ist; er lässt sich nicht bloß durch das Gleichgewicht der feindlichen Kräfte sichern. Friede auf Erden herrscht nur dann, wenn die persönlichen Güter gesichert sind, die Menschen frei miteinander verkehren können, die Würde der Personen und der Völker geachtet und die Brüderlichkeit unter den Menschen gepflegt wird“ (KKK 2304).

Der Friede ist die Frucht der Gerechtigkeit und die Wirkung der Liebe. Er ist vor allem ein Geschenk Gottes. Wir Christen glauben, dass Christus unser wahrer Friede ist: In ihm, in seinem Kreuz, hat Gott die Welt mit sich versöhnt und die Schranken zerstört, die uns voneinander trennten (vgl. Eph 2,14–18); in ihm gibt es eine einzige, in der Liebe versöhnte Familie. Doch der Friede ist nicht nur ein Geschenk, das man empfängt, sondern auch ein Werk, das man aufbauen muss. Um wirklich Friedensstifter zu sein, müssen wir uns zum Mitgefühl, zur Solidarität, zur Zusammenarbeit und zur Brüderlichkeit erziehen, in der Gemeinschaft aktiv sein und die Gewissen aufrütteln für die nationalen und internationalen Fragen und für die Wichtigkeit, geeignete Bestimmungen zur Umverteilung der Güter, zur Förderung des Wachstums, zur Zusammenarbeit an der Entwicklung und zur Lösung von Konflikten zu suchen. „Selig, die Frieden stiften; denn sie werden Kinder Gottes genannt werden“ (Mt 5,9), sagt Jesus in der Bergpredigt.

Der Friede für alle entspringt aus der Gerechtigkeit eines jeden, und niemand kann sich dieser wesentlichen Verpflichtung entziehen, die Gerechtigkeit gemäß den eigenen Zuständigkeiten und Verantwortlichkeiten zu fördern. Besonders die jungen Menschen, in denen das Streben nach den Idealen immer lebendig ist, bitte ich, die Geduld und die Hartnäckigkeit zu haben, die Gerechtigkeit und den Frieden zu suchen, den Geschmack am Gerechten und Wahren zu pflegen, auch wenn das möglicherweise mit Opfern verbunden ist und verlangt, gegen den Strom zu schwimmen.

Die Augen zu Gott erheben

6. Angesichts der schwierigen Herausforderung, die Wege der Gerechtigkeit und des Friedens zu gehen, können wir versucht sein, uns wie der Psalmist zu fragen: „Ich erhebe meine Augen zu den Bergen: Woher kommt mir Hilfe?“ (Ps 121,1)

Zu allen, besonders zu den jungen Menschen möchte ich mit Nachdruck sagen: „Nicht die Ideologien retten die Welt, sondern allein die Hinwendung zum lebendigen Gott, der unser Schöpfer, der Garant unserer Freiheit, der Garant des wirklich Guten und Wahren ist [...], d[ie] radikale [...] Hinwendung zu Gott, der das Maß des Gerechten und zugleich die ewige Liebe ist. Und was könnte uns denn retten, wenn nicht die Liebe?“[5] Die Liebe freut sich an der Wahrheit, sie ist die Kraft, die befähigt, sich für die Wahrheit, die Gerechtigkeit und den Frieden einzusetzen, denn sie erträgt alles, glaubt alles, hofft alles, hält allem stand (vgl. 1 Kor 13,1–13).

Liebe junge Freunde, ihr seid ein kostbares Geschenk für die Gesellschaft. Lasst euch angesichts der Schwierigkeiten nicht von der Entmutigung überwältigen, und gebt euch nicht falschen Lösungen hin, die sich oft als der einfachste Weg zur Überwindung der Probleme präsentieren. Scheut euch nicht, euch einzusetzen, Mühen und Opfer auf euch zu nehmen, die Wege zu wählen, die Treue und Beständigkeit, Demut und Hingabe verlangen. Lebt eure Jugend und die tiefe Sehnsucht nach Glück, Wahrheit, Schönheit und echter Liebe, die ihr verspürt, mit Zuversicht! Lebt dieses Lebensalter, das so reich und voller Begeisterung ist, ganz intensiv.

Seid euch bewusst, dass ihr selbst den Erwachsenen Vorbild und Ansporn seid, und das umso mehr, je mehr ihr euch anstrengt, Ungerechtigkeiten und Korruption zu überwinden, je mehr ihr eine bessere Zukunft ersehnt und euch einsetzt, um sie aufzubauen. Seid euch eurer Möglichkeiten bewusst und verschließt euch nie in euch selbst, sondern versteht, für eine Zukunft zu arbeiten, die für alle heller ist. Ihr seid nie allein. Die Kirche vertraut euch, sie begleitet euch, ermutigt euch und möchte euch das wertvollste anbieten, was sie hat: Die Möglichkeit, die Augen zu Gott zu erheben, Jesus Christus zu begegnen, dem, der die Gerechtigkeit und der Friede selber ist.

An euch alle, Männer und Frauen, denen die Sache des Friedens am Herzen liegt: Der Friede ist nicht ein schon erreichtes Gut, sondern ein Ziel, das wir alle und jeder Einzelne anstreben müssen. Blicken wir mit größerer Hoffnung auf die Zukunft, ermutigen wir uns gegenseitig auf unserem Weg, arbeiten wir, um unserer Welt ein menschlicheres und brüderlicheres Gesicht

---

[5] Vgl. *Benedikt XVI.*, Ansprache bei der Vigil mit den Jugendlichen auf dem Marienfeld in Köln am 20. August 2005, entnommen aus: www.vatican.va.

zu geben, und fühlen wir uns vereint in der Verantwortung für die gegenwärtigen und die kommenden jungen Generationen, besonders indem wir sie dazu erziehen, friedliebend und Friedensstifter zu sein. In diesem Bewusstsein sende ich euch diese Überlegungen und richte meinen Appell an euch: Vereinen wir unsere geistigen, moralischen und materiellen Kräfte, um die jungen Menschen zur Gerechtigkeit und zum Frieden zu erziehen.

Aus dem Vatikan, am 8. Dezember 2011
Benedikt XVI.

Botschaft seiner Heiligkeit Papst Benedikt XVI.
zur Feier des 46. Weltfriedenstages
1. Januar 2013

Selig, die Frieden stiften

1. Jedes neue Jahr bringt die Erwartung einer besseren Welt mit sich. In dieser Perspektive bitte ich Gott, den Vater der Menschheit, uns Eintracht und Frieden zu gewähren, damit für alle das Streben nach einem glücklichen, gedeihlichen Leben Erfüllung finden könne.

Fünfzig Jahre nach dem Beginn des Zweiten Vatikanischen Konzils, das eine Stärkung der Sendung der Kirche in der Welt ermöglicht hat, ist es ermutigend, festzustellen, dass die Christen als Volk Gottes, das in Gemeinschaft mit Gott lebt und unter den Menschen unterwegs ist, sich in der Geschichte engagieren, indem sie Freude und Hoffnung, Trauer und Angst (vgl. GS 1) teilen, das Heil Christi verkünden und den Frieden für alle fördern.

Unsere Zeit, die durch die Globalisierung mit ihren positiven wie negativen Aspekten und durch weiter andauernde blutige Konflikte und drohende Kriege gekennzeichnet ist, erfordert in der Tat einen erneuten und einhelligen Einsatz in dem Bemühen um das Gemeinwohl wie um die Entwicklung aller Menschen und des ganzen Menschen.

Alarmierend sind die Spannungen und Konfliktherde, deren Ursache in der zunehmenden Ungleichheit zwischen Reichen und Armen und in der Dominanz einer egoistischen und individualistischen Mentalität liegen, die sich auch in einem ungeregelten Finanzkapitalismus ausdrückt. Außer den verschiedenen Formen von Terrorismus und internationaler Kriminalität sind für den Frieden jene Fundamentalismen und jener Fanatismus gefährlich, die das wahre Wesen der Religion verzerren, die ja berufen ist, die Gemeinschaft und die Versöhnung unter den Menschen zu fördern.

Und doch bezeugen die vielfältigen Werke des Friedens, an denen die Welt reich ist, die angeborene Berufung der Menschheit zum Frieden. Jedem Menschen ist der Wunsch nach Frieden wesenseigen und deckt sich in gewisser Weise mit dem Wunsch nach einem erfüllten, glücklichen und gut verwirklichten Leben. Mit anderen Worten, der Wunsch nach Frieden entspricht einem grundlegenden moralischen Prinzip, das heißt dem Recht auf eine ganzheitliche, soziale, gemeinschaftliche Entwicklung mit den dazu gehörenden Pflichten, und das ist Teil des Planes Gottes für den Menschen. Der Mensch ist geschaffen für den Frieden, der ein Geschenk Gottes ist.

All das hat mich angeregt, für diese Botschaft von den Worten Jesu Christi auszugehen: „Selig, die Frieden stiften; denn sie werden Kinder Gottes genannt werden“ (Mt 5,9).

Die Seligpreisungen

2. Die von Jesus verkündeten Seligpreisungen (vgl. Mt 5,3–12; Lk 6,20–23) sind Verheißungen. In der biblischen Überlieferung stellen die Seligpreisungen nämlich ein literarisches Genus dar, das immer eine gute Nachricht, das heißt ein Evangelium, enthält, das in einer Verheißung gipfelt. Die Seligpreisungen sind also nicht nur moralische Empfehlungen, deren Befolgung zu gegebener Zeit – die gewöhnlich im anderen Leben liegt – eine Belohnung beziehungsweise eine Situation zukünftigen Glücks vorsieht. Die Seligkeit besteht vielmehr in der Erfüllung einer Verheißung, die an alle gerichtet ist, die sich von den Erfordernissen der Wahrheit, der Gerechtigkeit und der Liebe leiten lassen. Die, die auf Gott und seine Verheißungen vertrauen, erscheinen in den Augen der Welt häufig einfältig und realitätsfern. Nun, Jesus verkündet ihnen, dass sie nicht erst im anderen, sondern bereits in diesem Leben entdecken werden, dass sie Kinder Gottes sind und dass Gott ihnen gegenüber von jeher und für immer solidarisch ist. Sie werden verstehen, dass sie nicht allein sind, weil er auf der Seite derer steht, die sich für die Wahrheit, die Gerechtigkeit und die Liebe einsetzen. Jesus offenbart die Liebe des Vaters; er zögert nicht, sich selbst hinzugeben und als Opfer darzubringen. Wenn man Jesus Christus, den Gottmenschen, aufnimmt, erfährt man die Freude an einem unermesslichen Geschenk: Die Teilhabe am Leben Gottes selbst, das heißt das Leben der Gnade, Unterpfand eines vollkommen glücklichen Lebens. Jesus Christus schenkt uns im Besonderen den wahren Frieden, der aus der vertrauensvollen Begegnung des Menschen mit Gott hervorgeht.

Die Seligpreisung Jesu besagt, dass der Friede messianisches Geschenk und zugleich Ergebnis menschlichen Bemühens ist. Tatsächlich setzt der Friede einen auf die Transzendenz hin offenen Humanismus voraus. Er ist Frucht der wechselseitigen Gabe, einer gegenseitigen Bereicherung, dank dem Geschenk, das von Gott ausgeht und ermöglicht, mit den anderen und für die anderen zu leben. Die Ethik des Friedens ist eine Ethik der Gemeinschaft und des Teilens. Es ist also unerlässlich, dass die verschiedenen heutigen Kulturen Anthropologien und Ethiken überwinden, die auf rein subjektivistischen und pragmatischen, theoretisch-praktischen Annahmen beruhen. Dadurch werden die Beziehungen des Zusammenlebens nach Kriterien der Macht oder des Profits ausgerichtet, die Mittel werden zum Zweck und umgekehrt, und die Kultur wie auch die Erziehung haben allein die Instrumente, die Technik und die Effizienz im Auge. Eine Voraussetzung für den Frieden ist die Entkräftung der Diktatur des Relativismus und der These einer völlig autonomen Moral, welche die Anerkennung eines von Gott in das Gewissen eines jeden Menschen eingeschriebenen, unabdingbaren natürlichen Sittengesetzes verhindert. Der Friede ist der Aufbau des Zusammenlebens unter rationalen und moralischen Gesichtspunkten auf einem Fundament, dessen Maßstab nicht vom Menschen, sondern von Gott geschaffen ist. „Der HERR gebe Macht seinem Volk. Der Herr segne sein Volk mit Frieden", sagt Psalm 29,11.

Der Friede: Gabe Gottes und Frucht menschlichen Bemühens

3. Der Friede betrifft die Person in ihrer Ganzheit und impliziert die Einbeziehung des ganzen Menschen. Er ist Friede mit Gott, wenn man gemäß seinem Willen lebt. Er ist innerer Friede mit sich selbst, er ist äußerer Friede mit dem Nächsten und mit der gesamten Schöpfung. Wie der selige Johannes XXIII. in seiner Enzyklika ‚Pacem in terris' schrieb, deren Veröffentlichung sich in einigen Monaten zum fünfzigsten Mal jährt, bedingt der Friede hauptsächlich den Aufbau eines auf Wahrheit, Freiheit, Liebe und Gerechtigkeit gegründeten Zusammenlebens (vgl. allgemein PT).

Die Leugnung dessen, was die wahre Natur des Menschen ausmacht – in seinen wesentlichen Dimensionen, in der ihm innewohnenden Fähigkeit, das Wahre und das Gute, letztlich Gott selbst zu erkennen –, gefährdet den Aufbau des Friedens. Ohne die Wahrheit über den Menschen, die vom Schöpfer in sein Herz eingeschrieben ist, werden die Freiheit und die Liebe herabgewürdigt, und die Gerechtigkeit verliert die Basis für ihre praktische Anwendung. Um authentische Friedensstifter zu werden, ist zweierlei grundlegend: Die Beachtung der transzendenten Dimension und das ständige Gespräch mit Gott, dem barmherzigen Vater, durch das man die Erlösung erfleht, die sein eingeborener Sohn uns erworben hat. So kann der Mensch jenen Keim der Trübung und der Verneinung des Friedens besiegen, der die Sünde in all ihren Formen ist: Egoismus und Gewalt, Habgier, Machtstreben und Herrschsucht, Intoleranz, Hass und ungerechte Strukturen.

Die Verwirklichung des Friedens hängt vor allem davon ab, anzuerkennen, dass in Gott alle eine einzige Menschheitsfamilie bilden. Wie die Enzyklika ‚Pacem in terris' lehrte, ist diese durch zwischenmenschliche Beziehungen und durch Institutionen gegliedert, die von einem gemeinschaftlichen Wir getragen und belebt werden, das eine innere und äußere Sittenordnung einschließt, in der ehrlich – gemäß der Wahrheit und der Gerechtigkeit – die wechselseitigen Rechte und Pflichten anerkannt werden. Der Friede ist eine Ordnung, die belebt und ergänzt wird von der Liebe, sodass man die Nöte und Erfordernisse der anderen wie eigene empfindet, die anderen teilhaben lässt an den eigenen Gütern und die Gemeinschaft der geistigen Werte in der Welt eine immer weitere Verbreitung findet. Der Friede ist eine in Freiheit verwirklichte Ordnung, und zwar in einer Weise, die der Würde der Menschen angemessen ist, die aufgrund ihrer rationalen Natur die Verantwortung für ihr Tun übernehmen (vgl. allgemein PT).

Der Friede ist kein Traum, keine Utopie: Er ist möglich. Unsere Augen müssen mehr in die Tiefe schauen, unter die Oberfläche des äußeren Anscheins, um eine positive Wirklichkeit zu erblicken, die in den Herzen existiert. Denn jeder Mensch ist nach dem Bild Gottes erschaffen und dazu berufen, zu wachsen, indem er zum Aufbau einer neuen Welt beiträgt. Gott selber ist ja durch die Inkarnation seines Sohnes und durch die durch ihn erwirkte Erlösung in die Geschichte eingetreten, indem er eine neue Schöpfung erstehen ließ und einen neuen Bund zwischen Gott und den Menschen schloss (vgl. Jer 31,31–34) und uns so die Möglichkeit gegeben hat, „ein neues Herz und einen neuen Geist" (Ez 36,26) zu haben.

Eben deshalb ist die Kirche überzeugt, dass die Dringlichkeit besteht, Jesus Christus, den ersten und hauptsächlichen Urheber der ganzheitlichen Entwicklung der Völker und auch des Friedens, neu zu verkünden. Jesus ist nämlich unser Friede, unsere Gerechtigkeit, unsere Versöhnung (vgl. Eph 2,14; 2 Kor 5,18). Friedensstifter im Sinne der Seligpreisung Jesu ist derjenige, der das Wohl des anderen sucht, das umfassende Wohl von Seele und Leib, heute und morgen.

Aus dieser Lehre kann man entnehmen, dass jeder Mensch und jede Gemeinschaft – religiösen wie zivilen Charakters, im Erziehungswesen wie in der Kultur – berufen ist, den Frieden zu bewirken. Der Friede ist hauptsächlich die Verwirklichung des Gemeinwohls der verschiedenen Gesellschaften, auf primärer, mittlerer, nationaler, internationaler Ebene und weltweit. Genau deshalb kann man annehmen, dass die Wege zur Verwirklichung des Gemeinwohls auch die Wege sind, die beschritten werden müssen, um zum Frieden zu gelangen.

Friedensstifter sind diejenigen, die das Leben in seiner Ganzheit lieben, verteidigen und fördern

4. Ein Weg zur Verwirklichung des Gemeinwohls und des Friedens ist vor allem die Achtung vor dem menschlichen Leben, unter seinen vielfältigen Aspekten gesehen, von seiner Empfängnis an, in seiner Entwicklung und bis zu seinem natürlichen Ende. Wahre Friedensstifter sind also diejenigen, die das menschliche Leben in all seinen Dimensionen – der persönlichen, gemeinschaftlichen und der transzendenten – lieben, verteidigen und fördern. Das Leben in Fülle ist der Gipfel des Friedens. Wer den Frieden will, kann keine Angriffe und Verbrechen gegen das Leben dulden.

Wer den Wert des menschlichen Lebens nicht ausreichend würdigt und folglich zum Beispiel die Liberalisierung der Abtreibung unterstützt, macht sich vielleicht nicht klar, dass auf diese Weise die Verfolgung eines illusorischen Friedens vorgeschlagen wird. Die Flucht vor der Verantwortung, die den Menschen entwürdigt, und noch mehr die Tötung eines wehrlosen, unschuldigen Wesens können niemals Glück oder Frieden schaffen. Wie kann man denn meinen, den Frieden, die ganzheitliche Entwicklung der Völker oder selbst den Umweltschutz zu verwirklichen, ohne dass das Recht der Schwächsten auf Leben – angefangen bei den Ungeborenen – geschützt wird? Jede dem Leben zugefügte Verletzung, besonders an dessen Beginn, verursacht unweigerlich irreparable Schäden für die Entwicklung, den Frieden und die Umwelt. Es ist auch nicht recht, auf raffinierte Weise Scheinrechte oder willkürliche Freiheiten zu kodifizieren, die auf einer beschränkten und relativistischen Sicht des Menschen sowie auf dem geschickten Gebrauch von doppeldeutigen, auf die Begünstigung eines angeblichen Rechts auf Abtreibung und Euthanasie abzielenden Begriffen beruhen, letztlich aber das Grundrecht auf Leben bedrohen.

Auch die natürliche Struktur der Ehe als Verbindung zwischen einem Mann und einer Frau muss anerkannt und gefördert werden gegenüber den Versuchen, sie rechtlich gleichzustellen mit radikal anderen Formen der Verbindung, die in Wirklichkeit die Ehe beschädigen und zu ihrer Destabilisierung beitragen, indem sie ihren besonderen Charakter und ihre unersetzliche gesellschaftliche Rolle verdunkeln. Diese Grundsätze sind keine Glaubenswahrheiten, noch sind sie nur eine Ableitung aus dem Recht auf Religionsfreiheit. Sie sind in die menschliche Natur selbst eingeschrieben, mit der Vernunft erkennbar und so der gesamten Menschheit gemeinsam. Der Einsatz der Kirche zu ihrer Förderung hat also keinen konfessionellen Charakter, sondern ist an alle Menschen gerichtet, unabhängig von ihrer religiösen Zugehörigkeit. Solch ein Einsatz ist umso nötiger, je mehr diese Grundsätze geleugnet oder falsch verstanden werden, denn das stellt eine Beleidigung der Wahrheit des Menschen dar, eine schwere Verletzung der Gerechtigkeit und des Friedens.

Darum ist es auch ein wichtiger Beitrag zum Frieden, wenn die Rechtsordnungen und die Rechtsprechung die Möglichkeit anerkennen, vom Recht auf Einwand aus Gewissensgründen gegenüber Gesetzen und Regierungsmaßnahmen Gebrauch zu machen, die – wie Abtreibung und Euthanasie – die Menschenwürde gefährden. Zu den auch für das friedliche Leben der Völker fundamentalen Menschenrechten gehört das Recht der Einzelnen und der Gemeinschaften auf Religionsfreiheit. In diesem geschichtlichen Moment wird es immer wichtiger, dass dieses Recht nicht nur in negativer Deutung als Freiheit von – zum Beispiel von Verpflichtungen und Zwängen in Bezug auf die Freiheit, die eigene Religion zu wählen – gefördert wird, sondern auch in positiver Deutung in ihren verschiedenen Ausdrucksformen als Freiheit zu: Zum Beispiel die eigene Religion zu bezeugen, ihre Lehre zu verkünden und mitzuteilen; Aktivitäten auf dem Gebiet der Erziehung, der

Wohltätigkeit und der Betreuung auszuüben, die es erlauben, die religiösen Vorschriften anzuwenden; als soziale Einrichtungen zu existieren und zu handeln, die entsprechend den ihnen eigenen lehrmäßigen Grundsätzen und institutionellen Zielen strukturiert sind. Leider nehmen auch in Ländern alter christlicher Tradition Zwischenfälle von religiöser Intoleranz zu, speziell gegen das Christentum und gegen die, welche einfach Identitätszeichen der eigenen Religion tragen.

Der Friedensstifter muss sich auch vor Augen halten, dass in wachsenden Teilen der öffentlichen Meinung die Ideologien des radikalen Wirtschaftsliberalismus und der Technokratie die Überzeugung erwecken, dass das Wirtschaftswachstum auch um den Preis eines Schwunds der sozialen Funktion des Staates und der Netze der Solidarität der Zivilgesellschaft sowie der sozialen Rechte und Pflichten zu verfolgen sei. Dabei muss man bedenken, dass diese Rechte und Pflichten grundlegend sind für die volle Verwirklichung weiterer Rechte und Pflichten, angefangen bei den zivilen und politischen.

Zu den heute am meisten bedrohten sozialen Rechten und Pflichten gehört das Recht auf Arbeit. Das ist dadurch bedingt, dass in zunehmendem Maß die Arbeit und die rechte Anerkennung des Rechtsstatus der Arbeiter nicht angemessen zur Geltung gebracht werden, weil die wirtschaftliche Entwicklung vor allem auf der völligen Freiheit der Märkte basiert. So wird die Arbeit als eine abhängige Variable der Wirtschafts- und Finanzmechanismen angesehen. In diesem Zusammenhang betone ich noch einmal, dass die Würde des Menschen sowie die wirtschaftlichen, sozialen und politischen Erfordernisse verlangen, „dass *als Priorität weiterhin das Ziel verfolgt wird, allen Zugang zur Arbeit zu verschaffen* und für den Erhalt ihrer Arbeitsmöglichkeit zu sorgen“ (CiV 32).

Voraussetzung im Hinblick auf die Verwirklichung dieses ehrgeizigen Ziels ist eine neue, auf ethischen Prinzipien und geistigen Werten beruhende Sicht der Arbeit, die ihr Verständnis als fundamentales Gut für die Person, die Familie und die Gesellschaft stärkt. Einem solchen Gut entsprechen eine Pflicht und ein Recht, die mutige und neue Formen der Arbeitspolitik für alle erfordern.

Das Gut des Friedens schaffen durch ein neues Entwicklungs- und Wirtschaftsmodell

5. Von mehreren Seiten wird erkannt, dass es heute eines neuen Entwicklungsmodells wie auch eines neuen Blicks auf die Wirtschaft bedarf. Sowohl eine ganzheitliche, solidarische und nachhaltige Entwicklung als auch das Gemeinwohl verlangen eine richtige Werteskala, die aufgestellt werden kann, wenn man Gott als letzten Bezugspunkt hat. Es genügt nicht, viele Mittel und viele – auch schätzenswerte – Wahlmöglichkeiten zu haben. Sowohl die viel-

fältigen, für die Entwicklung zweckmäßigen Güter als auch die Wahlmöglichkeiten müssen unter dem Aspekt eines guten Lebens, eines rechten Verhaltens genutzt werden, das den Primat der geistigen Dimension und den Aufruf zur Verwirklichung des Gemeinwohls anerkennt. Andernfalls verlieren sie ihre richtige Wertigkeit und werden letztlich zu neuen Götzen.

Um aus der augenblicklichen Finanz- und Wirtschaftskrise – die ein Anwachsen der Ungleichheiten zur Folge hat – herauszukommen, sind Personen, Gruppen und Institutionen notwendig, die das Leben fördern, indem sie die menschliche Kreativität begünstigen, um sogar aus der Krise eine Chance für Einsicht und ein neues Wirtschaftsmodell zu gewinnen. Das in den letzten Jahrzehnten vorherrschende Wirtschaftsmodell forderte die größtmögliche Steigerung des Profits und des Konsums in einer individualistischen und egoistischen Sicht, die darauf ausgerichtet war, die Menschen nur nach ihrer Eignung zu bewerten, den Anforderungen der Konkurrenzfähigkeit zu entsprechen. Aus einer anderen Perspektive erreicht man dagegen den wahren und dauerhaften Erfolg durch Selbsthingabe, durch den Einsatz seiner intellektuellen Fähigkeiten und seines Unternehmungsgeistes, denn die lebbare, das heißt authentisch menschliche, wirtschaftliche Entwicklung braucht das Prinzip der Unentgeltlichkeit als Ausdruck der Brüderlichkeit und der Logik der Gabe (vgl. CiV 34/36). Konkret zeigt sich in der wirtschaftlichen Aktivität der Friedensstifter als derjenige, der mit den Mitarbeitern und den Kollegen, mit den Auftraggebern und den Verbrauchern Beziehungen der Fairness und der Gegenseitigkeit knüpft. Er übt die wirtschaftliche Aktivität für das Gemeinwohl aus, lebt seinen Einsatz als etwas, das über die eigenen Interessen hinausgeht, zum Wohl der gegenwärtigen und der kommenden Generationen. So arbeitet er nicht nur für sich selbst, sondern auch, um den anderen eine Zukunft und eine würdige Arbeit zu geben.

Im wirtschaftlichen Bereich ist – besonders seitens der Staaten – eine Politik der industriellen und landwirtschaftlichen Entwicklung erforderlich, die den sozialen Fortschritt und die Ausbreitung eines demokratischen Rechtsstaates im Auge hat. Grundlegend und unumgänglich ist außerdem die ethische Strukturierung der Währungs-, Finanz- und Handelsmärkte; sie müssen stabilisiert und besser koordiniert und kontrolliert werden, damit sie nicht den Ärmsten Schaden zufügen. Die Sorge der zahlreichen Friedensstifter muss sich außerdem – mit größerer Entschiedenheit, als das bis heute geschehen ist – der Nahrungsmittelkrise zuwenden, die weit schwerwiegender ist als die Finanzkrise. Das Thema der Sicherheit der Nahrungsmittelversorgung ist aufgrund von Krisen, die unter anderem mit plötzlichen Preisschwankungen bei den landwirtschaftlichen Grundprodukten, mit verantwortungslosem Verhalten einiger Wirtschaftsunternehmer und mit unzureichender Kontrolle durch die Regierungen und die Internationale Gemeinschaft zusammenhängen, erneut ins Zentrum der Tagesordnung der internationalen Politik gerückt. Um dieser Versorgungskrise zu begegnen, sind die Friedensstifter aufgerufen, gemeinsam im Geist der Solidarität von der lokalen bis hin zur internationalen Ebene zu wirken, mit dem Ziel, die Bauern, besonders in den kleinen Landwirtschaftsbetrieben, in die Lage zu versetzen, ihre Tätigkeit würdig, sozial vertretbar, umweltfreundlich und wirtschaftlich nachhaltig zu entfalten.

Erziehung zu einer Kultur des Friedens: Die Rolle der Familie und der Institutionen

6. Mit Nachdruck möchte ich noch einmal betonen, dass die zahlreichen Friedensstifter aufgerufen sind, sich mit ganzer Hingabe für das allgemeine Wohl der Familie und für die soziale Gerechtigkeit sowie für eine wirksame soziale Erziehung einzusetzen. Niemand darf die entscheidende Rolle der Familie, die unter demographischem, ethischem, pädagogischem, wirtschaftlichem und politischem Gesichtspunkt die Grundzelle der Gesellschaft ist, übersehen oder unterbewerten. Sie hat eine natürliche Berufung, das Leben zu fördern: Sie begleitet die Menschen in ihrem Wachsen und fordert sie auf, durch gegenseitige Fürsorge einander zu stärken. Insbesondere die christliche Familie trägt in sich den Urplan der Erziehung der Menschen nach dem Maß der göttlichen Liebe. Die Familie ist einer der unverzichtbaren Gesellschaftsträger in der Verwirklichung einer Kultur des Friedens. Das Recht der Eltern und ihre vorrangige Rolle in der Erziehung der Kinder – an erster Stelle im moralischen und religiösen Bereich – müssen geschützt werden. In der Familie werden die Friedensstifter, die zukünftigen Förderer einer Kultur des Lebens und der Liebe, geboren und wachsen in ihr heran (vgl. Wfb 1994).

In diese ungeheure Aufgabe der Erziehung zum Frieden sind besonders die Religionsgemeinschaften einbezogen. Die Kirche fühlt sich an einer so großen Verantwortung beteiligt durch die neue Evangelisierung, deren Angelpunkte die Bekehrung zur Wahrheit und zur Liebe Christi und infolgedessen die geistige und moralische Wiedergeburt der Menschen und der Gesellschaften sind.

Die Begegnung mit Jesus Christus formt die Friedensstifter, indem sie sie zur Gemeinschaft und zur Überwindung des Unrechts anhält. Ein besonderer Auftrag gegenüber dem Frieden wird von den kulturellen Einrichtungen, den Schulen und den Universitäten wahrgenommen. Von diesen wird ein beachtlicher Beitrag nicht nur zur Ausbildung zukünftiger Generationen von Führungskräften, sondern auch zur Erneuerung der öffentlichen Institutionen auf nationaler und internationaler Ebene erwartet. Sie können auch zu einer wissenschaftlichen Überlegung beisteuern, welche die Wirtschafts- und Finanzaktivitäten in einem soliden anthropologischen und ethischen Fundament verankert. Die Welt von heute, besonders die der Politik, braucht den Halt eines neuen Denkens, einer neuen kulturellen Synthese, um Technizismen zu überwinden und die mannigfaltigen politischen Tendenzen im Hinblick auf das Gemeinwohl aufeinander abzustimmen. Als ein Ganzes aus positiven zwischenmenschlichen und institutionellen Beziehungen im Dienst des ganzheitlichen Wachstums der Einzelnen und der Gruppen gesehen, ist das Gemeinwohl die Basis für jede wahre Erziehung zum Frieden.

Eine Pädagogik des Friedensstifters

7. So ergibt sich schließlich die Notwendigkeit, eine Pädagogik des Friedens vorzuschlagen und zu fördern. Sie verlangt ein reiches inneres Leben, klare und gute moralische Bezüge, ein entsprechendes Verhalten und einen angemessenen Lebensstil.

Tatsächlich tragen die Werke des Friedens zur Verwirklichung des Gemeinwohls bei und wecken das Interesse für den Frieden, erziehen zu ihm. Gedanken, Worte und Gesten des Friedens schaffen eine Mentalität und eine Kultur des Friedens, eine Atmosphäre der Achtung, der Rechtschaffenheit und der Herzlichkeit. Man muss also die Menschen lehren, einander zu lieben und zum Frieden zu erziehen sowie über bloße Toleranz hinaus einander mit Wohlwollen zu begegnen. Der grundsätzliche Aufruf ist der, „nein zur Rache zu sagen, eigene Fehler einzugestehen, Entschuldigungen anzunehmen, ohne sie zu suchen, und schließlich zu vergeben“[1], so dass Fehler und Beleidigungen in Wahrheit eingestanden werden können, um gemeinsam der Versöhnung entgegenzugehen. Das verlangt die Verbreitung einer Pädagogik der Vergebung. Denn das Böse wird durch das Gute besiegt, und die Gerechtigkeit muss in der Nachahmung Gottvaters gesucht werden, der all seine Kinder liebt (vgl. Mt 5,21–48). Es ist eine langwierige Arbeit, denn sie setzt eine geistige Entwicklung, eine Erziehung zu den höheren Werten und eine neue Sicht der menschlichen Geschichte voraus. Man muss auf den falschen Frieden, den die Götzen dieser Welt versprechen, verzichten und so die Gefahren, die ihn begleiten, umgehen: Auf jenen falschen Frieden, der die Gewissen immer mehr abstumpft, der zum Rückzug in sich selbst und zu einem verkümmerten Leben in Gleichgültigkeit führt.

Im Gegensatz dazu bedeutet die Pädagogik des Friedens aktives Handeln, Mitleid, Solidarität, Mut und Ausdauer. Jesus verkörpert das Ganze dieser Verhaltensweisen in seinem Leben bis zur völligen Selbsthingabe, bis dahin,

---

[1] *Benedikt XVI.*, Ansprache anlässlich der Begegnung mit den Mitgliedern der Regierung, der Institutionen des Staates, mit dem Diplomatischen Corps, den Verantwortungsträgern der Religionen und den Vertretern der Welt der Kultur am 15. September 2012 in Baabda, entnommen aus: www.vatican.va.

das Leben zu verlieren (vgl. Mt 10,39; Lk 17,33; Joh 12,25). Er verspricht seinen Jüngern, dass sie früher oder später die außerordentliche Entdeckung machen werden, von der wir zu Anfang gesprochen haben, dass es nämlich in der Welt Gott gibt, den Gott Jesu Christi, der ganz und gar solidarisch mit den Menschen ist. In diesem Zusammenhang möchte ich an das Gebet erinnern, in dem wir Gott darum bitten, dass er uns zu einem Werkzeug seines Friedens mache, um seine Liebe zu bringen, wo Hass herrscht, seine Vergebung, wo Kränkung verletzt, den wahren Glauben, wo Zweifel droht. Gemeinsam mit dem seligen Johannes XXIII. wollen wir unsererseits Gott bitten, er möge die Verantwortlichen der Völker erleuchten, damit sie neben der Sorge für den rechten Wohlstand ihrer Bürger für das wertvolle Geschenk des Friedens bürgen und es verteidigen; er möge den Willen aller entzünden, die trennenden Barrieren zu überwinden, die Bande gegenseitiger Liebe zu festigen, die anderen zu verstehen und denen zu verzeihen, die Kränkung verursacht haben, so dass kraft seines Handelns alle Völker der Erde sich verbrüdern und unter ihnen immer der so sehr ersehnte Friede blühe und herrsche (vgl. allgemein PT).

Mit dieser Bitte verbinde ich den Wunsch, dass alle als wahre Friedensstifter an dessen Aufbau mitwirken, so dass das Gemeinwesen der Menschen in brüderlicher Eintracht, in Wohlstand und in Frieden wachse.

Aus dem Vatikan, am 8. Dezember 2012
Benedikt XVI.

Botschaft seiner Heiligkeit Papst Franziskus
zur Feier des 47. Weltfriedenstages
1. Januar 2014

Brüderlichkeit – Fundament und Weg des Friedens

1. In dieser meiner ersten Botschaft zum Weltfriedenstag möchte ich an alle – Einzelne wie Völker – meinen Glückwunsch für ein Leben voller Freude und Hoffnung richten. Jeder Mensch hegt ja in seinem Herzen den Wunsch nach einem erfüllten Leben. Und dazu gehört ein unstillbares Verlangen nach Brüderlichkeit, das zu einer Gemeinschaft mit den anderen drängt, in denen wir nicht Feinde oder Konkurrenten sehen, sondern Geschwister, die man aufnimmt und umarmt.

In der Tat ist die Brüderlichkeit eine wesentliche Dimension des Menschen, der ein relationales Wesen ist. Das lebendige Bewusstsein dieser Bezüglichkeit bringt uns dazu, jeden Menschen als wirkliche Schwester beziehungsweise wirklichen Bruder zu sehen und zu behandeln; ohne dieses Bewusstsein wird es unmöglich, eine gerechte Gesellschaft und einen gefestigten, dauerhaften Frieden aufzubauen. Und es ist sogleich daran zu erinnern, dass man die Brüderlichkeit gewöhnlich im Schoß der Familie zu lernen beginnt, vor allem dank der verantwortlichen und einander ergänzenden Rollen aller ihrer Mitglieder, besonders des Vaters und der Mutter. Die Familie ist die Quelle jeder Brüderlichkeit und daher auch das Fundament und der Hauptweg des Friedens, denn aufgrund ihrer Berufung müsste sie die Welt mit ihrer Liebe gleichsam anstecken.

Die ständig steigende Zahl der Verbindungen und Kontakte, die unseren Planeten überziehen, macht das Bewusstsein der Einheit und des Teilens eines gemeinsamen Geschicks unter den Nationen greifbarer. So sehen wir, dass in die Geschichtsabläufe trotz der Verschiedenheit der Ethnien, der Gesellschaften und der Kulturen die Berufung hineingelegt ist, eine Gemeinschaft zu bilden, die aus Geschwistern zusammengesetzt ist, die einander annehmen und füreinander sorgen. Diese Berufung steht jedoch bis heute oft im Widerspruch zu den Gegebenheiten und wird durch sie Lügen gestraft in einer Welt, die durch jene Globalisierung der Gleichgültigkeit gekennzeichnet ist, die uns dazu führt, uns langsam an das Leiden des anderen zu gewöhnen und uns in uns selbst zu verschließen.

In vielen Teilen der Welt scheint die schwere Verletzung der elementaren Menschenrechte – vor allem des Rechts auf Leben und des Rechts auf Religionsfreiheit – ununterbrochen weiterzugehen. Die tragische Erscheinung des Menschenhandels, bei dem skrupellose Personen mit dem Leben und der

Verzweiflung anderer spekulieren, ist ein beunruhigendes Beispiel dafür. Zu den Kriegen, die in bewaffneten Auseinandersetzungen bestehen, gesellen sich weniger sichtbare, aber nicht weniger grausame Kriege, die im wirtschaftlichen und finanziellen Bereich mit Mitteln ausgefochten werden, die ebenfalls Menschenleben, Familien und Unternehmen zerstören.

Wie Papst Benedikt XVI. sagte, mache die Globalisierung uns zu Nachbarn, aber nicht zu Geschwistern (vgl. CiV 19). Außerdem weisen die vielen Situationen von unverhältnismäßiger Ungleichheit, Armut und Ungerechtigkeit nicht nur auf einen tiefen Mangel an Brüderlichkeit hin, sondern auch auf das Fehlen einer Kultur der Solidarität. Die neuen Ideologien, die durch verbreiteten Individualismus, Egozentrismus und materialistischen Konsumismus gekennzeichnet sind, schwächen die sozialen Bindungen, indem sie jene Mentalität der Aussonderung fördern, die dazu verleitet, die Ärmsten, diejenigen, die als nutzlos betrachtet werden, zu verachten und zu verlassen. So wird das menschliche Zusammenleben einem bloßen pragmatischen und egoistischen *Do ut des* immer ähnlicher.

Zugleich wird deutlich, dass auch die gegenwärtigen Ethiken sich als unfähig erweisen, echte Bande der Brüderlichkeit herzustellen, denn eine Brüderlichkeit kann ohne den Bezug auf einen gemeinsamen Vater als ihr eigentliches Fundament nicht bestehen (vgl. LF 54). Eine echte Brüderlichkeit unter den Menschen setzt eine transzendente Vaterschaft voraus und verlangt sie. Von der Anerkennung dieser Vaterschaft her festigt sich die Brüderlichkeit unter den Menschen, beziehungsweise jene Haltung, dem anderen ein Nächster zu werden, der sich um ihn kümmert.

„Wo ist Abel, dein Bruder?“ (Gen 4,9)

2. Um diese Berufung des Menschen zur Brüderlichkeit besser zu verstehen, um die Hindernisse, die sich ihrer Verwirklichung in den Weg stellen, richtiger zu erkennen und die Wege zu deren Überwindung herauszufinden, ist es grundlegend, sich vom Wissen um den Plan Gottes leiten zu lassen, der in vortrefflicher Weise in der Heiligen Schrift dargestellt ist.

Nach dem Schöpfungsbericht stammen alle Menschen von gemeinsamen Eltern ab, von Adam und Eva, dem Paar, das Gott als sein Abbild, ihm ähnlich erschuf (vgl. Gen 1,26). Aus ihrer Verbindung gehen Kain und Abel hervor. In der Geschichte der Urfamilie lesen wir die Entstehung der Gesellschaft, die Entwicklung der Beziehungen zwischen den Menschen und den Völkern.

Abel ist Schafhirt, Kain Ackerbauer. Ihre tiefste Identität und damit ihre Berufung ist die, Brüder zu sein, trotz der Verschiedenheit ihrer Beschäftigung und ihrer Kultur sowie der Art ihrer Beziehung zu Gott und zur Schöpfung. Doch der Mord an Abel durch Kain bestätigt in tragischer Weise die radikale Ablehnung der Berufung, Brüder zu sein. Ihre Geschichte (vgl. Gen 4,1–16) verdeutlicht die schwierige Aufgabe, zu der alle Menschen gerufen sind, nämlich vereint zu leben und füreinander zu sorgen. Kain akzeptiert die Vorliebe Gottes für Abel, der Gott das Beste aus seiner Herde opfert, nicht – „Der HERR schaute auf Abel und seine Gabe, aber auf Kain und seine Gabe schaute er nicht“ (Gen 4,4–5) – und tötet Abel aus Neid. Auf diese Weise weigert er sich, seine Rolle als Bruder anzuerkennen, also eine positive Beziehung zu ihm aufzunehmen und vor Gott zu leben, indem er seine Verantwortung, für den anderen zu sorgen und ihn zu schützen, übernimmt. Auf die Frage „Wo ist Abel, dein Bruder?“ (Gen 4,9), mit der Gott von Kain Rechenschaft für sein Handeln fordert, antwortet dieser: „Ich weiß es nicht. Bin ich der Hüter meines Bruders?“ (Gen 4,9) Und dann, erzählt uns das Buch Genesis, „zog Kain fort, weg vom HERRN“ (Gen 4,16).

Man muss sich nach den tiefen Gründen fragen, die Kain bewegt haben, die brüderlichen Bande und damit die Beziehung der Wechselseitigkeit und der Gemeinschaft, die ihn mit seinem Bruder Abel verband, zu verkennen. Gott selbst warnt Kain und wirft ihm einen Hang zum Bösen vor: Es „lauert an der Tür die Sünde“ (Gen 4,7). Trotzdem weigert sich Kain, sich dem Bösen zu widersetzen, und beschließt, gleichwohl gegen seinen Bruder vorzugehen – er „erhob sich […] gegen Abel, seinen Bruder, und tötete ihn.“ (Gen 4,8) –, und missachtet so den Plan Gottes. Auf diese Weise macht er seine ursprüngliche Berufung, Sohn Gottes zu sein und die Brüderlichkeit zu leben, zunichte.

Die Erzählung von Kain und Abel lehrt, dass der Menschheit eine Berufung zur Brüderlichkeit gleichsam eingeschrieben ist, dass sie aber auch die dramatische Möglichkeit besitzt, diese zu verraten. Das bezeugt der tägliche Egoismus, der den vielen Kriegen und den vielen Ungerechtigkeiten zugrunde liegt: Viele Menschen sterben ja durch die Hand von Brüdern oder Schwestern, die sich nicht als solche – das heißt als für die Wechselseitigkeit, die Gemeinschaft und die Gabe geschaffene Wesen – erkennen können.

„[I]hr alle aber seid Brüder“ (Mt 23,8)

3. Es erhebt sich spontan die Frage: Werden die Menschen dieser Welt der Sehnsucht nach Brüderlichkeit, die ihnen von Gottvater eingeprägt ist, jemals völlig entsprechen können? Wird es ihnen allein aus eigener Kraft gelingen, die Gleichgültigkeit, den Egoismus und den Hass zu überwinden und das berechtigte Anderssein, das die Brüder und die Schwestern kennzeichnet, zu akzeptieren?

Die Antwort, die Jesus, der Herr, uns gibt, könnten wir mit einer Umschreibung seiner Worte so zusammenfassen: Da es einen einzigen Vater – Gott – gibt, seid ihr alle Brüder (vgl. Mt 23,8–9). Die Wurzel der Brüderlichkeit liegt in der Vaterschaft Gottes. Es handelt sich nicht um eine allgemeine, vage und historisch unwirksame Vaterschaft, sondern um die persönliche, gezielte und außerordentlich konkrete Liebe Gottes zu jedem Menschen (vgl. Mt 6,25–30). Eine Vaterschaft also, die auf wirksame Weise Brüderlichkeit hervorbringt, denn die Liebe Gottes wird, wenn sie angenommen wird, die großartigste Kraft zur Verwandlung des Lebens und der Beziehungen zum anderen, da sie die Menschen für die Solidarität und das tätige Miteinander öffnet.

Die menschliche Brüderlichkeit ist besonders in und von Jesus Christus mit seinem Tod und seiner Auferstehung zu neuem Leben erweckt. Das Kreuz ist der endgültige Ort der Grundlegung der Brüderlichkeit, die die Menschen alleine nicht herstellen können. Jesus Christus, der die menschliche Natur angenommen hat, um sie zu erlösen, macht uns dank seiner Liebe zum Vater, die bis zum Tod – und bis zum Tod am Kreuz – reicht (vgl. Phil 2,8), durch seine Auferstehung zu einer neuen Menschheit, die ganz mit dem Willen Gottes und mit seinem Plan verbunden ist, der die vollkommene Verwirklichung der Berufung zur Brüderlichkeit einschließt.

Jesus greift den Plan des Vaters von seinem Ursprung her auf, indem er dem Vater den Vorrang vor allem anderen zuerkennt. Aber mit seiner Hingabe bis zum Tod aus Liebe zum Vater wird Christus der neue und endgültige Ursprung von uns allen, die wir berufen sind, uns in ihm als Geschwister zu erkennen, weil wir Kinder ein und desselben Vaters sind. Er ist der Bund selber, der persönliche Raum der Versöhnung des Menschen mit Gott und der Geschwister untereinander. Im Kreuzestod Jesu liegt auch die Überwindung der Trennung zwischen Völkern, zwischen dem Volk des Bundes und dem Volk der Heiden, das ohne Hoffnung lebte, weil es bis zu jenem Zeitpunkt nicht in die mit der Verheißung verbundenen Abmachungen einbezogen war. Wie im Brief an die Epheser steht, ist Jesus Christus derjenige, der in sich alle Menschen miteinander versöhnt. Er ist der Friede, denn er hat die beiden Völker zu einem einzigen vereint, indem er die trennende Wand, die zwischen ihnen stand, nämlich die Feindschaft, niederriss. Er hat in sich selbst ein einziges Volk, den einen neuen Menschen, die eine neue Menschheit geschaffen (vgl. Eph 2,14–16).

Wer das Leben Christi akzeptiert und in ihm lebt, erkennt Gott als Vater an und schenkt sich ihm gänzlich hin, da er ihn über alles liebt. Der versöhnte Mensch sieht in Gott den Vater aller und fühlt sich folglich gedrängt, eine Brüderlichkeit zu leben, die gegenüber allen offen ist. In Christus kann er den anderen annehmen, ihn als Sohn oder Tochter Gottes, als Bruder oder Schwester lieben und ihn nicht als Fremden und weniger noch als Gegenspieler oder sogar als Feind betrachten. In der Familie Gottes, wo alle Kinder des einen Vaters und, in Christus eingefügt, Söhne im Sohn sind, gibt es keine ‚Wegwerf-Leben'. Alle erfreuen sich derselben unantastbaren Würde. Alle sind von Gott geliebt, alle sind durch das Blut Christi erlöst, der für einen jeden am Kreuz gestorben und auferstanden ist. Das ist der Grund, aus dem man gegenüber dem Geschick der Brüder und Schwestern nicht gleichgültig bleiben kann.

Brüderlichkeit – Fundament und Weg des Friedens

4. Das vorausgeschickt, ist es leicht zu verstehen, dass die Brüderlichkeit das Fundament und der Weg des Friedens ist. Die Sozialenzykliken meiner Vorgänger bieten in diesem Sinn eine wertvolle Hilfe. Es wäre ausreichend, auf die Definitionen des Friedens in der Enzyklika ‚Populorum progressio' von Papst Paul VI. oder in der Enzyklika ‚Sollicitudo rei socialis' von Papst Johannes Paul II. zurückzugreifen. Aus der ersten entnehmen wir, dass die ganzheitliche Entwicklung der Völker der neue Name für den Frieden ist (vgl. PP 87), und aus der zweiten, dass der Friede ein *opus solidaritatis* ist (vgl. SRS 39).

Papst Paul VI. bekräftigt, dass nicht nur die einzelnen Menschen, sondern auch die Nationen einander in einem Geist der Brüderlichkeit begegnen müssen. Und er erklärt: „In diesem gegenseitigen Verstehen und in dieser Freundschaft, in dieser heiligen Gemeinschaft müssen wir mit dem gemeinsamen Werk und der gemeinsamen Zukunft der Menschheit beginnen" (PP 43). Diese Aufgabe betrifft an erster Stelle die am meisten Bevorzugten. Ihre Pflicht ist in der menschlichen und übernatürlichen Brüderlichkeit verankert und erscheint unter dreifachem Aspekt: Die Aufgabe der Solidarität, die verlangt, dass die reichen Nationen den weniger fortgeschrittenen helfen; die Aufgabe der sozialen Gerechtigkeit, die eine Neuordnung der gestörten Beziehungen zwischen starken und schwachen Völkern unter korrekteren Bedingungen verlangt; die Aufgabe der allumfassenden Nächstenliebe, die die Förderung einer menschlicheren Welt für alle einschließt, einer Welt, in der alle etwas zu geben und etwas zu empfangen haben, ohne dass der Fortschritt der einen ein Hindernis für die Entwicklung der anderen darstellt (vgl. PP 44).

Wenn man den Frieden als *opus solidaritatis* betrachtet, ist es zugleich unmöglich, in der brüderlichen Gemeinschaft nicht sein wesentliches Fundament zu sehen. Der Friede, sagt Johannes Paul II., sei ein unteilbares Gut. Entweder ist er das Gut aller oder von niemandem. Er kann als bessere Lebensqualität und als menschlichere und nachhaltigere Entwicklung nur dann wirklich errungen und genossen werden, wenn in allen „die feste und beständige Entschlossenheit, sich für das ‚Gemeinwohl' einzusetzen," (SRS 38) erweckt wird. Das schließt ein, sich nicht von der „Gier nach Profit" (SRS 37) und vom „Durst nach Macht" (SRS 38) leiten zu lassen. Es bedarf der Bereitschaft, sich „für den anderen zu ‚verlieren', anstatt ihn auszubeuten, und ihm zu ‚dienen', anstatt ihn um eines Vorteils willen zu unterdrücken […], den ‚anderen' – Person, Volk oder Nation – nicht als irgendein Mittel zu sehen, dessen Arbeitsfähigkeit und Körperkraft man zu niedrigen Kosten ausbeutet und den man, wenn er nicht mehr dient, zurücklässt, sondern als ein uns ‚gleiches' Wesen, eine ‚Hilfe' für uns" (SRS 38–39).

Die christliche Solidarität setzt voraus, dass der Nächste geliebt wird nicht nur als „ein menschliches Wesen mit seinen Rechten und seiner grundlegenden Gleichheit mit allen, sondern […] [als] das lebendige Abbild Gottes, des Vaters, erlöst durch das Blut Jesu Christi und unter das ständige Wirken des Heiligen Geistes gestellt" (SRS 40), als ein anderer Bruder. Und Papst Johannes Paul II. fährt fort: „Das Bewusstsein von der gemeinsamen Vaterschaft Gottes, von der Brüderlichkeit aller Menschen in Christus, der ‚Söhne im Sohn', von der Gegenwart und dem lebenschaffenden Wirken des Heiligen Geistes wird dann unserem Blick auf die Welt gleichsam einen neuen Maßstab zu ihrer Interpretation verleihen" (SRS 40), um ihn zu verwandeln.

Brüderlichkeit – Voraussetzung, um die Armut zu besiegen

5. In der Enzyklika ‚Caritas in veritate' hat mein Vorgänger die Welt daran erinnert, dass das Fehlen eines brüderlichen Geistes unter den Völkern und unter den Menschen eine wichtige Ursache der Armut ist (vgl. CiV 19). In vielen Gesellschaften erleben wir eine tiefe Beziehungsarmut, die auf den Mangel an festen familiären und gemeinschaftlichen Verbindungen zurückzuführen ist. Mit Sorge beobachten wir die Zunahme unterschiedlicher Arten von Entbehrung, Ausgrenzung, Einsamkeit und verschiedener Formen von pathologischer Abhängigkeit. Eine solche Armut kann nur überwunden werden durch die Wiederentdeckung und die Auswertung von brüderlichen Beziehungen im Schoß der Familien und der Gemeinschaften, durch das Teilen der Freuden und der Leiden, der Schwierigkeiten und der Erfolge, die das Leben der Menschen begleiten.

Überdies können wir, wenn einerseits ein Rückgang der absoluten Armut zu verzeichnen ist, andererseits nicht umhin, eine besorgniserregende Zunahme der relativen Armut einzugestehen, das heißt der Ungleichheiten zwischen Menschen und Gruppen, die in einer bestimmten Gegend oder in einem bestimmten historisch-kulturellen Kontext zusammenleben. In diesem Sinn bedarf es auch wirksamer, politischer Maßnahmen, die das Prinzip der Brüderlichkeit fördern, indem sie den Menschen – die in ihrer Würde und ihren Grundrechten gleich sind – den Zugang zum Kapital, zu den Dienstleistungen, den Bildungsmöglichkeiten, dem Gesundheitswesen und den Technologien gewährleisten, damit jeder die Gelegenheit hat, seinen Lebensplan auszudrücken und zu verwirklichen, und sich als Person voll entfalten kann.

Es sei auch auf die Notwendigkeit von politischen Maßnahmen hingewiesen, die dazu dienen, eine übertriebene Unausgeglichenheit bei den Einkommen zu vermindern. Wir dürfen nicht die Lehre der Kirche über die sogenannte soziale Hypothek vergessen, nach der, wenn es – wie der heilige Thomas von Aquin sagt – erlaubt, ja sogar nötig ist, „dass der Mensch über Güter als sein Eigentum verfügt"[1], er sie in Bezug auf ihren Gebrauch aber „nicht nur als

---

1 *T. von Aquin*, Summa Theologiae II-II, q. 66, a. 2.

ihm persönlich zu eigen, sondern [...] zugleich auch als Gemeingut ansehen [muss] in dem Sinn, dass sie nicht ihm allein, sondern auch anderen von Nutzen sein können" (GS 69; vgl. RN 19; SRS 42).[2] Schließlich gibt es noch eine weitere Form, die Brüderlichkeit zu fördern und so die Armut zu besiegen – eine Form, die die Grundlage aller anderen sein muss. Es ist die innere Losgelöstheit dessen, der sich für einen nüchternen, wesentlichen Lebensstil entscheidet; der die eigenen Reichtümer mit den anderen teilt und so die brüderliche Gemeinschaft mit ihnen erfahren kann. Das ist grundlegend, um Jesus Christus zu folgen und wirklich Christ zu sein. Es betrifft nicht nur die geweihten Personen, die das Gelübde der Armut ablegen, sondern auch viele verantwortungsvolle Familien und Bürger, die fest daran glauben, dass die brüderliche Beziehung zum Nächsten das wertvollste Gut darstellt.

Die Wiederentdeckung der Brüderlichkeit in der Wirtschaft

6. Die gegenwärtigen schweren Finanz- und Wirtschaftskrisen – deren Ursprung in der fortschreitenden Entfernung von Gott und dem Nächsten liegt, im gierigen Streben nach materiellen Gütern einerseits und in der Verarmung der zwischenmenschlichen und gemeinschaftlichen Beziehungen andererseits – haben viele gedrängt, die Befriedigung, das Glück und die Sicherheit im Konsum und in einem Gewinn zu suchen, der jede Logik einer gesunden Wirtschaft sprengt. Bereits 1979 bemerkte Papst Johannes Paul II. „eine wirkliche, erkennbare Gefahr, dass der Mensch bei dem enormen Fortschritt in der Beherrschung der gegenständlichen Welt die entscheidenden Fäden, durch die er sie beherrscht, aus der Hand verliert und ihnen auf verschiedene Weise sein Menschsein unterordnet und selbst Objekt wird von vielfältigen, wenn auch oft nicht direkt wahrnehmbaren Manipulationen durch die Organisation des gesellschaftlichen Lebens, durch das Produktionssystem und durch den Druck der sozialen Kommunikationsmittel" (RH 16).

Das Aufeinanderfolgen der Wirtschaftskrisen muss zu einem angemessenen Überdenken der wirtschaftlichen Entwicklungsmodelle und zu einem Wandel der Lebensstile führen. Die heutige Krise kann trotz ihrer schwerwiegenden Auswirkungen auf das Leben der Menschen auch eine günstige Gelegenheit sein, die Tugenden der Klugheit, der Mäßigung, der Gerechtigkeit und der Tapferkeit wiederzugewinnen. Sie können uns helfen, die schwierigen Momente zu überwinden und die brüderlichen Bande neu zu entdecken, die uns miteinander verbinden, im tiefen Vertrauen, dass der Mensch mehr braucht und mehr vermag als die Maximierung des eigenen individuellen In-

---

[2] Vgl. *Päpstlicher Rat für Gerechtigkeit und Frieden*, Kompendium der Soziallehre der Kirche, Freiburg i. Br. [2]2006, 178.

teresses. Vor allem sind diese Tugenden notwendig, um eine der Würde des Menschen angemessene Gesellschaft aufzubauen und zu erhalten.

Die Brüderlichkeit löscht den Krieg aus

7. Im verstrichenen Jahr haben viele unserer Brüder und Schwestern weiter die qualvolle Erfahrung des Krieges gemacht, die eine schwere und tiefe Verwundung der Brüderlichkeit darstellt.

Zahlreich sind die Konflikte, die unter der allgemeinen Gleichgültigkeit ausgetragen werden. Allen, die in Ländern leben, in denen die Waffen Schrecken und Zerstörung verbreiten, versichere ich meine persönliche Nähe und die der ganzen Kirche. Letztere hat die Aufgabe, die Liebe Christi auch zu den wehrlosen Opfern der vergessenen Kriege zu tragen, durch das Gebet für den Frieden wie durch den Dienst an den Verwundeten, den Hungernden, den Flüchtlingen, den Evakuierten und allen, die in Angst leben. Die Kirche erhebt außerdem ihre Stimme, um den Aufschrei des Schmerzes dieser leidenden Menschheit zu den Verantwortlichen dringen zu lassen und um gemeinsam mit den Feindseligkeiten jeden Übergriff auf die elementaren Menschenrechte und deren Verletzung zu unterbinden.[3]

Aus diesem Grund möchte ich an alle, die mit Waffen Tod und Gewalt säen, einen nachdrücklichen Aufruf richten: Entdeckt in dem, den ihr heute nur als einen zu schlagenden Feind betrachtet, wieder euren Bruder und haltet ein! Verzichtet auf den Weg der Waffen und geht dem anderen entgegen auf dem Weg des Dialogs, der Vergebung und der Versöhnung, um in eurem Umfeld wieder Gerechtigkeit, Vertrauen und Hoffnung aufzubauen! „In dieser Hinsicht ist es klar, dass bewaffnete Konflikte für die Völker der Welt immer eine vorsätzliche Negierung des internationalen Einvernehmens sind sowie tiefe Spaltungen schaffen und schwere Wunden zufügen, die viele Jahre zur Heilung benötigen. Kriege sind eine konkrete Weigerung, die großen wirtschaftlichen und sozialen Ziele zu verfolgen, die die internationale Gemeinschaft sich selbst gesetzt hat“[4].

Solange jedoch eine so große Rüstungsmenge wie gegenwärtig im Umlauf ist, können immer neue Vorwände gefunden werden, um Feindseligkeiten anzuzetteln. Darum mache ich mir den Aufruf meiner Vorgänger zur Nichtverbreitung der Waffen und zur Abrüstung aller – angefangen bei den atomaren und den chemischen Waffen – zu eigen.

Wir dürfen jedoch nicht übersehen, dass die internationalen Abmachungen und die nationalen Gesetze, obwohl sie nötig und höchst wünschenswert

---

[3] Vgl. ebd., 159.

[4] *Franziskus*, Schreiben an Wladimir Putin, Präsident der Russischen Föderation, aus Anlass des G20-Gipfels in St. Petersburg vom 4. September 2013, entnommen aus: www.vatican.va.

sind, alleine nicht genügen, um die Menschheit vor der Gefahr bewaffneter Konflikte zu schützen. Es bedarf einer Umkehr der Herzen, die jedem ermöglicht, im anderen einen Bruder zu erkennen, um den er sich kümmern und mit dem er zusammenarbeiten muss, um für alle ein Leben in Fülle aufzubauen. Das ist der Geist, der viele der Initiativen der Zivilgesellschaft, einschließlich der religiösen Organisationen, für den Frieden beseelt. Ich wünsche mir, dass der tägliche Einsatz aller weiterhin Frucht bringt und dass er auch zur wirksamen völkerrechtlichen Anwendung des Rechts auf Frieden als ein elementares Menschenrecht gelangt, das die notwendige Voraussetzung für die Ausübung aller anderen Rechte ist.

Die Korruption und die organisierte Kriminalität wirken der Brüderlichkeit entgegen

8. Der Horizont der Brüderlichkeit verweist auf die volle Entfaltung eines jeden Menschen. Die rechten Bestrebungen eines Menschen, vor allem wenn er jung ist, dürfen nicht enttäuscht oder verletzt werden, man darf ihm nicht die Hoffnung nehmen, sie verwirklichen zu können. Zielstrebigkeit darf jedoch nicht mit Machtmissbrauch verwechselt werden. Im Gegenteil, man soll einander in gegenseitiger Achtung übertreffen (vgl. Röm 12,10). Auch in den Auseinandersetzungen, die ein unvermeidlicher Aspekt des Lebens sind, muss man sich immer daran erinnern, Geschwister zu sein, und darum einander und sich selber dazu erziehen, den Nächsten nicht als Feind zu betrachten oder als einen Gegner, der auszuschalten ist.

Die Brüderlichkeit erzeugt sozialen Frieden, weil sie ein Gleichgewicht zwischen Freiheit und Gerechtigkeit, zwischen persönlicher Verantwortung und Solidarität, zwischen dem Wohl der Einzelnen und dem Gemeinwohl schafft. Eine politische Gemeinschaft muss also transparent und verantwortlich handeln, um all das zu begünstigen. Die Bürger müssen sich von der öffentlichen Macht unter Respektierung ihrer Freiheit vertreten fühlen. Stattdessen schieben sich oft zwischen den Bürger und die Institutionen parteiische Interessen, die eine solche Beziehung entstellen und so ein ständiges Klima des Konflikts fördern.

Ein echter brüderlicher Geist besiegt den individuellen Egoismus, der den Menschen die Möglichkeit verstellt, in Freiheit und Harmonie miteinander zu leben. Dieser Egoismus entwickelt sich gesellschaftlich sowohl in den vielen Formen von Korruption, die heute so flächendeckend verbreitet sind, als auch in der Bildung krimineller Organisationen – von den kleinen Gruppen bis zu den auf globaler Ebene organisierten –, die dadurch, dass sie die Legalität und das Recht zutiefst zerrütten, die Würde der Person im Innersten treffen. Diese Organisationen sind eine schwerwiegende Beleidigung für Gott, schaden den Mitmenschen und verletzen die Schöpfung umso mehr, wenn sie sich einen religiösen Anstrich geben.

Ich denke an das erschütternde Drama der Droge, mit der zum Hohn der moralischen und zivilen Gesetze Gewinn gemacht wird; an die Zerstörung der natürlichen Ressourcen und die gegenwärtige Umweltverschmutzung, an die Tragödie der Ausbeutung der Arbeitskraft; ich denke an den illegalen Geldhandel wie an die Finanzspekulation, die oft räuberische Züge annimmt und schädlich ist für ganze Wirtschafts- und Gesellschaftssysteme, indem sie Millionen von Menschen der Armut aussetzt; ich denke an die Prostitution, die täglich unschuldige Opfer fordert, vor allem unter den Jüngsten, indem sie ihnen die Zukunft nimmt; ich denke an die Abscheulichkeit des Menschenhandels, an die Verbrechen gegen Minderjährige und die Missbräuche Minderjähriger, an die Sklaverei, die in vielen Teilen der Welt immer noch ihren Schrecken verbreitet, an die oft nicht gehörte Tragödie der Migranten, mit denen in der Illegalität in unwürdiger Weise spekuliert wird. In diesem Zusammenhang schrieb Papst Johannes XXIII.: „Wenn eine Gemeinschaft von Menschen allein auf Gewalt aufgebaut ist, so ist sie nicht menschlich; die Einzelnen haben dann keine Freiheit mehr, während sie doch im Gegenteil anzuspornen sind, ihr Leben selber zu entfalten und an ihrer Vervollkommnung zu arbeiten“ (PT 34). Doch der Mensch kann sich bekehren, und man darf niemals die Hoffnung auf die Möglichkeit aufgeben, das Leben zu ändern. Ich möchte, dass dies eine Botschaft der Zuversicht für alle ist, auch für diejenigen, die grausame Verbrechen begangen haben, denn Gott will nicht den Tod des Sünders, sondern dass er umkehrt und lebt (vgl. Ez 18,23).

Im weiten Kontext des menschlichen Zusammenlebens kommt beim Blick auf Delikt und Strafe der Gedanke auch auf die unmenschlichen Bedingungen in vielen Gefängnissen, wo der Gefangene oft auf einen inhumanen Zustand herabgesetzt, in seiner Menschenwürde verletzt und sogar in jedem Willen und Ausdruck einer Wiedergutmachung erstickt wird. Die Kirche tut in allen diesen Bereichen viel, meistens im Stillen. Ich ermahne und ermutige, immer noch mehr zu tun, in der Hoffnung, dass diese von so vielen mutigen Männern und Frauen unternommenen Aktionen zunehmend auch von den zivilen Autoritäten treu und aufrichtig unterstützt werden mögen.

Die Brüderlichkeit hilft, die Natur zu bewahren und zu pflegen

9. Die Menschheitsfamilie hat vom Schöpfer ein gemeinsames Geschenk erhalten: die Natur. Die christliche Sicht der Schöpfung beinhaltet ein positives Urteil über die Zulässigkeit der Eingriffe in die Natur, um einen Nutzen daraus zu ziehen, unter der Bedingung, dass man verantwortlich handelt, das heißt, die Grammatik anerkennt, die in sie eingeschrieben ist, und die Ressourcen klug zum Vorteil aller nutzt und dabei die Schönheit, die Zweckbestimmtheit und die Nützlichkeit der einzelnen Lebewesen und ihre Funktion im Ökosystem berücksichtigt. Um es kurz zu sagen: Die Natur steht uns

zur Verfügung, und wir sind berufen, sie verantwortlich zu verwalten. Stattdessen lassen wir uns oft von der Habgier, vom Hochmut des Herrschens, des Besitzens, des Manipulierens und des Ausbeutens leiten; wir bewahren die Natur nicht, respektieren sie nicht und betrachten sie nicht als eine unentgeltliche Gabe, für die man Sorge tragen und sie in den Dienst der Mitmenschen, einschließlich der kommenden Generationen, stellen soll.

Besonders der landwirtschaftliche Sektor ist der primäre Produktionsbereich mit der lebenswichtigen Berufung, die natürlichen Ressourcen zu pflegen und zu bewahren, um die Menschheit zu ernähren. Diesbezüglich treibt mich die andauernde Schande des Hungers in der Welt dazu, uns gemeinsam die Frage zu stellen: In welcher Weise nutzen wir die Ressourcen der Erde? Die heutigen Gesellschaften müssen über die Rangordnung der Prioritäten nachdenken, für die die Produktion bestimmt wird. Tatsächlich ist es eine unumgängliche Pflicht, die Ressourcen der Erde so zu nutzen, dass keiner Hunger leidet. Die Initiativen und die möglichen Lösungen sind zahlreich und beschränken sich nicht auf die Steigerung der Produktion. Die gegenwärtige Produktion ist bekanntlich ausreichend, und doch hungern und verhungern Millionen von Menschen, und das ist ein wirklicher Skandal. Es ist also notwendig, die Möglichkeiten zu finden, dass alle die Früchte der Erde genießen können, nicht nur um zu vermeiden, dass sich der Unterschied zwischen denen, die mehr besitzen, und denen, die sich mit den Überbleibseln begnügen müssen, vergrößert, sondern auch und vor allem, weil dies ein Erfordernis der Gerechtigkeit, der Ebenbürtigkeit und der Achtung gegenüber jedem Menschen ist. In diesem Sinn möchte ich alle an die notwendige universale Bestimmung der Güter erinnern, die eines der Grundprinzipien der Soziallehre der Kirche ist. Dieses Prinzip zu achten, ist die wesentliche Voraussetzung, um einen effektiven und gerechten Zugang zu den wesentlichen und vorrangigen Gütern zu gewähren, die jeder Mensch braucht und auf die er ein Anrecht hat.

Schluss

10. Die Brüderlichkeit muss entdeckt, geliebt, erfahren, verkündet und bezeugt werden. Doch allein die von Gott geschenkte Liebe ermöglicht uns, die Brüderlichkeit ganz und gar anzunehmen und zu leben.

Der notwendige Realismus der Politik und der Wirtschaft darf nicht auf einen Technizismus ohne Ideale reduziert werden, der die transzendente Dimension des Menschen außer Acht lässt. Wenn die Öffnung auf Gott hin fehlt, verarmt alles menschliche Tun, und die Personen werden zu Objekten herabgewürdigt, die man ausbeuten kann. Nur wenn die Politik und die Wirtschaft akzeptieren, sich in jenem weiten Raum zu bewegen, der durch diese Öffnung auf den hin gewährleistet ist, der jeden Menschen liebt, wird es ihnen gelingen, sich auf der Basis eines authentischen Geistes der Bruderliebe aufzubauen und wirksame Werkzeuge für eine ganzheitliche menschliche Entwicklung und für den Frieden zu sein.

Wir Christen glauben, dass wir in der Kirche als Glieder miteinander verbunden sind und alle einander nötig haben, denn jeder von uns empfing die Gnade in dem Maß, wie Christus sie ihm geschenkt hat, damit sie anderen nützt (vgl. Eph 4,7/25; 1 Kor 12,7). Christus ist in die Welt gekommen, um uns die göttliche Gnade zu bringen, das heißt die Möglichkeit, an seinem Leben teilzuhaben. Das verlangt, ein Netz brüderlicher Bezüglichkeit zu knüpfen, das von Wechselseitigkeit, Vergebung und völliger Selbsthingabe geprägt ist, entsprechend der Weite und Tiefe der Liebe Gottes, die der Menschheit durch den geschenkt ist, der – gekreuzigt und auferstanden – alle an sich zieht: „Ein neues Gebot gebe ich euch: Liebt einander! Wie ich euch geliebt habe, so sollt auch ihr einander lieben. Daran werden alle erkennen, dass ihr meine Jünger seid: wenn ihr einander liebt“ (Joh 13,34–35). Das ist die Frohe Botschaft, die von jedem einen Schritt mehr verlangt, eine ständige Übung der Empathie, des Hörens auf das Leiden und die Hoffnung des anderen – auch dessen, der mir am fernsten steht –, indem man sich auf den anspruchsvollen Weg jener Liebe begibt, die sich großzügig zu schenken und zu verausgaben weiß für das Wohl jedes Bruders und jeder Schwester.

Christus umarmt den ganzen Menschen und möchte, dass niemand verloren geht. „Denn Gott hat seinen Sohn nicht in die Welt gesandt, damit er die Welt richtet, sondern damit die Welt durch ihn gerettet wird“ (Joh 3,17). Er tut das ohne Druck und ohne den Zwang, ihm die Türen des Herzens und des Geistes zu öffnen. „[D]er Größte unter euch soll werden wie der Jüngste und der Führende soll werden wie der Dienende“ (Lk 22,26), sagt Jesus Christus, „[i]ch aber bin unter euch wie der, der bedient“ (Lk 22,27). Jedes Tun muss also durch eine Haltung des Dienstes an den Menschen gekennzeichnet sein, besonders an den fernsten und unbekanntesten. Der Dienst ist die Seele jener Brüderlichkeit, die den Frieden aufbaut.

Maria, die Mutter Jesu, helfe uns, die Brüderlichkeit, die aus dem Herzen ihres Sohnes entspringt, zu verstehen und täglich zu leben, um jedem Menschen auf dieser unserer geliebten Erde Frieden zu bringen.

Aus dem Vatikan, am 8. Dezember 2013
Franziskus

Botschaft seiner Heiligkeit Papst Franziskus
zur Feier des 48. Weltfriedenstages
1. Januar 2015

Nicht mehr Knechte, sondern Brüder

1. Zu Beginn eines neuen Jahres, das wir als Gnade und Geschenk Gottes an die Menschheit annehmen, möchte ich an jeden Mann und jede Frau sowie an alle Völker und Nationen der Welt, an die Staatsoberhäupter und die Regierungschefs und an die Verantwortlichen der verschiedenen Religionen meine herzlichen Friedenswünsche richten, begleitet von meinem Gebet, dass die Kriege, die Konflikte und die vielen Leiden enden mögen, welche sowohl von Menschenhand als auch durch alte und neue Epidemien und durch die verheerenden Auswirkungen der Naturkatastrophen verursacht werden. Besonders bete ich dafür, dass wir – entsprechend unserer gemeinsamen Berufung, mit Gott und mit allen Menschen guten Willens für die Förderung von Eintracht und Frieden in der Welt zusammenzuarbeiten – bewusst der Versuchung widerstehen, uns in einer Weise zu verhalten, die der Würde unseres Menschseins nicht gerecht wird.

In der Botschaft zum vergangenen 1. Januar hatte ich gesagt, dass zum „Wunsch nach einem erfüllten Leben [...] ein unstillbares Verlangen nach Brüderlichkeit [gehört], das zu einer Gemeinschaft mit den anderen drängt, in denen wir nicht Feinde oder Konkurrenten sehen, sondern Geschwister, die man aufnimmt und umarmt" (Wfb 2014). Da der Mensch ein relationales Wesen ist, dazu bestimmt, sich im Zusammenhang zwischenmenschlicher Beziehungen zu verwirklichen, die auf Gerechtigkeit und Liebe ausgerichtet sind, ist es für seine Entwicklung grundlegend, dass seine Würde, seine Freiheit und seine Autonomie anerkannt und geachtet werden. Leider verletzt das immer noch verbreitete Übel der Ausbeutung des Menschen durch den Menschen in schwerwiegender Weise das gemeinschaftliche Leben und die Berufung, von Achtung, Gerechtigkeit und Liebe geprägte zwischenmenschliche Beziehungen zu knüpfen. Dieses abscheuliche Phänomen, das dazu führt, die Grundrechte des anderen mit Füßen zu treten und seine Freiheit und seine Würde zu vernichten, nimmt vielfältige Formen an, über die ich einige kurze Überlegungen anstellen möchte, damit wir im Licht des Wortes Gottes in allen Menschen nicht mehr Knechte, sondern Brüder sehen.

Hinhören auf den Plan Gottes für die Menschheit
2. Das Thema, das ich für diese Botschaft gewählt habe, knüpft an den Philemonbrief des heiligen Paulus an. Darin bittet der Apostel seinen Mitarbei-

ter Philemon, Onesimus, dessen ehemaligen Sklaven, der nun Christ geworden und darum – nach Paulus – würdig ist, als Bruder betrachtet zu werden, wieder aufzunehmen. Der Völkerapostel schreibt: „Denn vielleicht wurde er deshalb eine Weile von dir getrennt, damit du ihn für ewig zurückerhältst, nicht mehr als Sklaven, sondern als weit mehr: als geliebten Bruder“ (Phlm 15–16). Onesimus ist dadurch, dass er Christ wurde, zum Bruder Philemons geworden. So stellt die Bekehrung zu Christus, der Beginn eines Lebens der Jüngerschaft in Christus, eine neue Geburt dar (vgl. 2 Kor 5,17; 1 Petr 1,3), welche die Brüderlichkeit als grundlegende Bindung des Familienlebens und als Basis des gesellschaftlichen Lebens zu neuem Leben erweckt.

Im Buch Genesis steht, dass Gott den Menschen als Mann und Frau schuf und sie segnete, damit sie wachsen und sich vermehren sollten (vgl. Gen 1,27–28): Er machte Adam und Eva zu Eltern, welche den Segen Gottes, fruchtbar zu sein und sich zu vermehren, Wirklichkeit werden ließen und das erste Bruderpaar, Kain und Abel, zeugten. Kain und Abel sind Brüder, weil sie aus dem gleichen Schoß hervorgegangen sind, und darum haben sie den gleichen Ursprung, die gleiche Natur und die gleiche Würde ihrer Eltern, die als Gottes Abbild und ihm ähnlich erschaffen sind.

Doch die Brüderlichkeit drückt auch die Vielfalt und den Unterschied aus, der unter den Geschwistern besteht, obwohl sie durch die Geburt verbunden sind und die gleiche Natur und die gleiche Würde besitzen. Als Brüder und Schwestern stehen also alle Menschen von Natur aus in Beziehung zu den anderen, von denen sie sich unterscheiden, denen sie aber in Bezug auf Ursprung, Natur und Würde gleich sind. Kraft dieser Tatsache bildet die Brüderlichkeit das Netz grundlegender Beziehungen für den Aufbau der von Gott erschaffenen Menschheitsfamilie.

Leider steht zwischen der ersten Schöpfung, die im Buch Genesis erzählt wird, und der neuen Geburt in Christus, welche die Gläubigen zu Brüdern und Schwestern des „Erstgeborene[n] unter vielen Brüdern“ (Röm 8,29) macht, die negative Wirklichkeit der Sünde, die immer wieder die kreatürliche Brüderlichkeit unterbricht und ständig die Schönheit und den Adel, Brüder und Schwestern der einen Menschheitsfamilie zu sein, entstellt. Kain erträgt nicht nur nicht seinen Bruder Abel, sondern aus Neid tötet er ihn und begeht damit den ersten Brudermord.

„Doch der Mord an Abel durch Kain bestätigt in tragischer Weise die radikale Ablehnung der Berufung, Brüder zu sein. Ihre Geschichte (vgl. Gen 4,1–16) verdeutlicht die schwierige Aufgabe, zu der alle Menschen gerufen sind, nämlich vereint zu leben und füreinander zu sorgen“ (Wfb 2014).

Auch in der Geschichte der Familie Noachs und seiner Söhne ist es der Frevel Hams gegenüber seinem Vater Noach, der diesen dazu treibt, seinen ehrfurchtslosen Sohn zu verfluchen und die anderen, die ihn geehrt hatten, zu segnen und damit eine Ungleichheit zwischen Brüdern zu schaffen, die demselben Mutterschoß entstammten (vgl. Gen 9,18–27).

In der Erzählung von den Ursprüngen der Menschheitsfamilie wird die Sünde der Entfernung von Gott, von der Figur des Vaters und vom Bruder zum Ausdruck der Verweigerung der Gemeinschaft und führt zur Kultur der Verknechtung (vgl. Gen 9,25–27), mit den dazugehörenden Folgen, die von Generation zu Generation fortdauern: Ablehnung des anderen, Misshandlung von Menschen, Verletzung der Würde und der Grundrechte, Institutionalisierung der Ungleichheiten. Von daher ergibt sich die Notwendigkeit einer ständigen Umkehr zum Bund, der durch das Kreuzesopfer Christi erfüllt wurde. Dabei haben wir die Zuversicht, dass „wo [...] die Sünde mächtig wurde, [...] die Gnade übergroß geworden [ist] [...] durch Jesus Christus" (Röm 5,20–21). Er als „geliebter Sohn" (Mt 3,17) ist gekommen, um die Liebe des Vaters zur Menschheit zu offenbaren. Jeder, der das Evangelium hört und dem Aufruf zur Umkehr Folge leistet, wird für Jesus „Bruder und Schwester und Mutter" (Mt 12,50) und daher Adoptivsohn beziehungsweise Adoptivtochter seines Vaters (vgl. Eph 1,5).

Man wird jedoch nicht Christ, Sohn oder Tochter des Vaters und Bruder beziehungsweise Schwester Christi durch eine autoritäre göttliche Anordnung, ohne den Gebrauch der persönlichen Freiheit, das heißt, ohne sich freiwillig zu Christus zu bekehren. Kind Gottes wird, wer der Aufforderung zur Umkehr Folge leistet: „Kehrt um und jeder von euch lasse sich auf den Namen Jesu Christi taufen zur Vergebung eurer Sünden; dann werdet ihr die Gabe des Heiligen Geistes empfangen" (Apg 2,38). Alle, die auf diese Predigt von Petrus mit dem Glauben und mit ihrem Leben geantwortet haben, sind in die Brüderlichkeit der ersten christlichen Gemeinschaft eingetreten (vgl. 1 Petr 2,17; Apg 1,15/1,16/6,3/15,23): Juden und Griechen, Sklaven und Freie (vgl. 1 Kor 12,13; Gal 3,28), deren Verschiedenheit in Bezug auf ihre Herkunft und ihren gesellschaftlichen Stand nicht die Würde jedes Einzelnen schmälert, noch irgendjemanden aus der Zugehörigkeit zum Volk Gottes ausschließt. Die christliche Gemeinde ist also der Ort der in der Liebe gelebten Gemeinschaft unter Geschwistern (vgl. Röm 12,10; 1 Thess 4,9; Hebr 13,1; 1 Petr 1,22; 2 Petr 1,7).

All das zeigt, wie die Frohe Botschaft Jesu Christi, durch den Gott „alles neu" (Offb 21,5) macht (vgl. EG 11), auch imstande ist, die Beziehungen zwischen den Menschen wieder in Ordnung zu bringen, einschließlich der zwischen einem Sklaven und seinem Herrn, indem sie das hervorhebt, was beiden gemeinsam ist: Die Adoptivkindschaft und die geschwisterliche Bindung in Christus. Jesus selbst sagte zu seinen Jüngern: „Ich nenne euch nicht mehr Knechte; denn der Knecht weiß nicht, was sein Herr tut. Vielmehr habe ich euch Freunde genannt; denn ich habe euch alles mitgeteilt, was ich von meinem Vater gehört habe" (Joh 15,15).

Die vielfältigen Gesichter der Sklaverei gestern und heute

3. Seit unerdenklichen Zeiten kennen die verschiedenen menschlichen Gesellschaften das Phänomen der Verknechtung des Menschen durch den Menschen. Es gab Epochen in der Geschichte der Menschheit, in denen die Einrichtung der Sklaverei allgemein akzeptiert und durch das Recht geregelt war. Dieses schrieb fest, wer frei und wer dagegen als Sklave geboren wurde und unter welchen Bedingungen ein als Freier geborener Mensch seine Freiheit verlieren beziehungsweise wiedererwerben konnte. Mit anderen Worten, das Recht selbst ließ zu, dass einige Menschen als Eigentum eines anderen betrachtet werden konnten oder mussten, der frei über sie verfügen konnte; der Sklave konnte verkauft und gekauft, an andere abgetreten und erworben werden, als wäre er eine Ware.

Heute ist infolge einer positiven Entwicklung des Bewusstseins der Menschheit die Sklaverei, ein Verbrechen gegen die Menschheit,[1] weltweit formell abgeschafft. Das Recht eines jeden Menschen, nicht in Sklaverei oder Knechtschaft gehalten zu werden, ist im Völkerrecht als unabdingbarer Grundsatz anerkannt.

Doch obwohl die internationale Gesellschaft zahlreiche Abkommen getroffen hat mit dem Ziel, der Sklaverei in all ihren Formen ein Ende zu setzen, und verschiedene Strategien eingeleitet hat, um dieses Phänomen zu bekämpfen, werden noch heute Millionen Menschen – Kinder, Männer und Frauen jeden Alters – ihrer Freiheit beraubt und gezwungen, unter Bedingungen zu leben, die denen der Sklaverei vergleichbar sind.

Ich denke an viele – auch minderjährige – Arbeiter und Arbeiterinnen, die in den verschiedenen Bereichen sowohl auf vertraglicher Ebene als auch inoffiziell geknechtet sind – von der häuslichen bis zur landwirtschaftlichen Arbeit, vom Einsatz in der verarbeitenden Industrie bis zu dem im Bergbau, sowohl in den Ländern, in denen das Arbeitsrecht nicht mit den internationalen Minimalstandards übereinstimmt, als auch – obschon illegal – in denen, deren Gesetzgebung den Arbeiter schützt.

Ich denke auch an die Lebensbedingungen vieler Migranten, die auf ihrem dramatischen Weg Hunger leiden, ihrer Freiheit beraubt werden, die um ihr Hab und Gut gebracht, oder physisch und sexuell missbraucht werden. Ich denke an diejenigen unter ihnen, die, nach schwerster, von Angst und Unsicherheit geprägter Reise ans Ziel gelangt, unter manchmal unmenschlichen Bedingungen gefangen gehalten werden. Ich denke an diejenigen unter ihnen, die durch die verschiedenen sozialen, politischen und

[1] Vgl. *Franziskus*, Ansprache an eine Delegation der Internationalen Strafrechtsgesellschaft (AIDP) am 23. Oktober 2014 im Saal der Päpste, entnommen aus: www.vatican.va.

wirtschaftlichen Umstände in die Illegalität gedrängt werden, und an diejenigen, die, um in der Legalität zu bleiben, akzeptieren, unter unwürdigen Bedingungen zu leben und zu arbeiten, besonders wenn die nationalen Gesetze eine strukturelle Abhängigkeit des Wanderarbeiters vom Arbeitgeber schaffen oder zulassen, indem sie zum Beispiel die Aufenthaltsgenehmigung vom Arbeitsvertrag abhängig machen … Ja, ich denke an Sklavenarbeit.

Ich denke an die Menschen, die zur Prostitution gezwungen werden, unter denen viele Minderjährige sind, und an die sexuellen Sklavinnen und Sklaven; an die Frauen, die zur Heirat genötigt werden, an diejenigen, die im Hinblick auf die Ehe verkauft werden, oder an die, welche beim Tod ihres Ehemannes als Erbe einem Familienangehörigen übergeben werden, ohne das Recht zu haben, ihr Einverständnis zu geben oder zu verweigern.

Unmöglich kann ich die Minderjährigen und Erwachsenen übergehen, die als Handelsware verschachert werden für die Explantation von Organen, um als Soldaten rekrutiert zu werden, um zu betteln, um illegale Aktivitäten wie die Herstellung oder den Verkauf von Drogen auszuüben, oder für verschleierte Formen internationaler Adoption.

Schließlich denke ich an alle, die von terroristischen Gruppen entführt, in Gefangenschaft gehalten und deren Zwecken unterworfen werden als Kämpfer oder – was vor allem die Mädchen und die Frauen betrifft – als sexuelle Sklavinnen. Viele von ihnen verschwinden, einige werden immer wieder verkauft, misshandelt, verstümmelt oder getötet.

Einige tiefe Ursachen der Sklaverei

4. Heute wie gestern liegt an der Wurzel der Sklaverei ein Verständnis vom Menschen, das die Möglichkeit zulässt, ihn wie einen Gegenstand zu behandeln. Wenn die Sünde das Herz des Menschen verdirbt und es von seinem Schöpfer und seinen Mitmenschen entfernt, werden letztere nicht mehr als Wesen gleicher Würde, als Brüder und Schwestern im Menschsein wahrgenommen, sondern als Objekte betrachtet. Der Mensch, der als Abbild Gottes und ihm ähnlich erschaffen ist, wird mit Gewalt, mit List oder durch physischen beziehungsweise psychologischen Zwang seiner Freiheit beraubt, kommerzialisiert und zum Eigentum eines anderen herabgemindert; er wird als Mittel und nicht als Zweck behandelt.

Neben dieser ontologischen Ursache – die Ablehnung des Menschseins des anderen – tragen noch weitere Ursachen zur Erklärung der heutigen Formen von Sklaverei bei. Unter diesen denke ich vor allem an die Armut, die Unterentwicklung und die Ausschließung, besonders, wenn sie sich mit einem fehlenden Zugang zur Ausbildung oder mit einer Situation, die durch spärliche, wenn nicht sogar fehlende Arbeitsmöglichkeiten gekennzeichnet ist, verbinden. Nicht selten sind die Opfer des Handels und der Verknechtung Menschen, die einen Weg gesucht haben, aus einer Lage extremer Armut auszubrechen. Dabei haben sie häufig falschen Verheißungen einer Arbeit Glauben geschenkt und sind stattdessen in die Hände der kriminellen Netze gefallen, die den Menschenhandel betreiben. Diese Netze bedienen sich geschickt der modernen Informationstechnologien, um junge und sehr junge Menschen aus aller Welt anzulocken.

Auch die Korruption derer, die zu allem bereit sind, um sich zu bereichern, ist zu den Ursachen der Sklaverei zu zählen. Tatsächlich verlangen die Verknechtung und der Handel von Menschen eine Komplizenschaft, die oft ihren Weg über die Korruption der Mittelsmänner nimmt – einige Mitglieder der Ordnungskräfte oder anderer staatlicher Akteure oder verschiedener ziviler und militärischer Einrichtungen. „[D]as passiert, wenn im Zentrum eines Wirtschaftssystems der Götze Geld steht und nicht der Mensch, die menschliche Person, Ebenbild Gottes, geschaffen, um Herr des Universums zu sein. Wenn die Person beiseitegeschoben wird und der Götze Geld ins Spiel kommt, dann werden die Werte über den Haufen geworfen."[2] Weitere Ursachen der Sklaverei sind die bewaffneten Konflikte, die Gewalt, die Kriminalität und der Terrorismus. Zahlreiche Menschen werden entführt, um verkauft oder als Kämpfer rekrutiert oder sexuell ausgebeutet zu werden, während andere sich gezwungen sehen, auszuwandern und ihren ganzen Besitz zu verlassen: Grund und Boden, Haus, Eigentum und auch die Angehörigen. Sie stehen unter dem Druck, eine Alternative zu diesen schrecklichen Bedingungen zu suchen, auch auf die Gefahr hin, ihre Würde und ihr Leben aufs Spiel zu setzen, und riskieren, auf diese Weise in jenen Teufelskreis zu geraten, der sie zu Opfern von Elend und Korruption und deren unheilvollen Folgen macht.

Ein gemeinsamer Einsatz, um die Sklaverei zu überwinden

5. Wenn man das Phänomen des Menschenhandels, des illegalen Transports von Migranten und anderer bekannter wie unbekannter Gesichter der Sklaverei betrachtet, hat man oft den Eindruck, dass es unter allgemeiner Gleichgültigkeit stattfindet.

Auch wenn das leider großenteils zutrifft, möchte ich doch an die enorme Arbeit erinnern, die viele – besonders weibliche – Ordensgemeinschaften seit vielen Jahren im Stillen für die Opfer vollbringen. Diese Institute wirken in schwierigen, manchmal von der Gewalt beherrschten Umfeldern und ver-

---

[2] *Franziskus*, Ansprache an die Teilnehmer der Internationalen Begegnung der Volksbewegungen am 28. Oktober 2014 in der Alten Synodenhalle, entnommen aus: www.vatican.va.

suchen, die unsichtbaren Ketten zu sprengen, mit denen die Opfer an ihre Händler und Ausbeuter gefesselt sind – Ketten, deren Maschen aus feinen psychologischen Mechanismen bestehen, welche die Opfer von ihren Peinigern abhängig machen durch Erpressung und Drohung ihnen und ihren Lieben gegenüber, aber auch durch materielle Mittel wie die Einziehung der Ausweise und die physische Gewalt. Die Tätigkeit der Ordensgemeinschaften gliedert sich hauptsächlich um drei Einsatzbereiche: die Hilfe für die Opfer, ihre Rehabilitation unter psychologischem und formativem Gesichtspunkt sowie ihre Wiedereingliederung in die Gesellschaft ihres Ziel- oder ihres Herkunftslandes.

Diese ungeheure Arbeit, die Mut, Geduld und Ausdauer erfordert, verdient die Würdigung der ganzen Kirche und der Gesellschaft. Doch sie allein kann natürlich nicht genügen, um dem Übel der Ausbeutung des Menschen ein Ende zu setzen. Es bedarf auch eines dreifachen Einsatzes auf institutioneller Ebene in der Vorbeugung, im Schutz der Opfer und in einem gerichtlichen Vorgehen gegen die Verantwortlichen. Und wie die kriminellen Organisationen sich globaler Netze bedienen, um ihre Ziele zu erreichen, so erfordert die Aktion zur Überwindung dieses Phänomens außerdem eine gemeinsame ebenso globale Anstrengung seitens der verschiedenen Akteure, welche die Gesellschaft bilden.

Die Staaten müssten darüber wachen, dass ihre nationale Gesetzgebung zur Migration, zur Arbeit, zu Adoptionen, zur Standortverlagerung der Unternehmen und zur Vermarktung von Produkten, die durch die Ausbeutung der Arbeit hergestellt werden, wirklich die Würde der Person achten. Es sind gerechte Gesetze notwendig, die den Menschen in den Mittelpunkt stellen, seine Grundrechte verteidigen und sie im Fall ihrer Verletzung wiederherstellen, indem sie die Opfer rehabilitieren und ihnen die Unversehrtheit gewährleisten. Außerdem bedarf es wirksamer Kontrollmechanismen für die korrekte Anwendung dieser Vorschriften, die keinen Raum lassen für Korruption und Straffreiheit. Zudem ist es notwendig, dass die Rolle der Frau in der Gesellschaft anerkannt wird; um diesbezüglich die erhofften Ergebnisse zu erzielen, muss auch auf kultureller Ebene sowie im Bereich der Kommunikation gearbeitet werden.

Die zwischenstaatlichen Organisationen sind gemäß dem Prinzip der Subsidiarität berufen, aufeinander abgestimmte Initiativen durchzuführen, um die nationenübergreifenden Netze der organisierten Kriminalität zu bekämpfen, welche den Menschenhandel und den illegalen Transport der Migranten betreiben. Es ist eine Zusammenarbeit auf verschiedenen Ebenen notwendig, und zwar so, dass sie die nationalen und internationalen Institutionen ebenso einschließt wie die Organisationen der Zivilgesellschaft und die Welt des Unternehmertums.

Die *Unternehmen*[3] haben nämlich die Pflicht, ihren Angestellten würdige Arbeitsbedingungen und angemessene Löhne zu garantieren, aber auch darüber zu wachen, dass in den Verteilerketten keine Formen von Verknechtung oder Menschenhandel vorkommen. Mit der sozialen Verantwortung des Unternehmens geht dann die soziale Verantwortung des Verbrauchers einher. In der Tat müsste jeder Mensch sich bewusst sein, „dass das Kaufen nicht nur ein wirtschaftlicher Akt, sondern immer auch eine moralische Handlung ist" (CiV 66).

Die Organisationen der Zivilgesellschaft haben ihrerseits die Aufgabe, die Gewissen zu sensibilisieren und sie zu den Schritten anzuregen, die notwendig sind, um der Kultur der Verknechtung entgegenzuwirken und sie auszurotten.

In den letzten Jahren hat der Heilige Stuhl den schmerzvollen Aufschrei der Opfer des Menschenhandels und die Stimme der Ordenskongregationen, die sie in die Freiheit begleiten, aufgegriffen und seine Appelle an die internationale Gemeinschaft vervielfacht, damit die verschiedenen Akteure ihre Bemühungen miteinander verknüpfen und zusammenarbeiten, um diesem Übel ein Ende zu setzen.[4] Außerdem wurden einige Treffen organisiert mit dem Ziel, das Phänomen des Menschenhandels ins Rampenlicht zu rücken und die Zusammenarbeit der verschiedenen Akteure – unter anderem Sachverständige aus dem Bereich der Wissenschaft und der internationalen Organisationen, Ordnungskräfte verschiedener Herkunfts-, Durchgangs- und Zielländer der Migranten und Vertreter der kirchlichen Gruppen, die sich für die Opfer einsetzen – zu erleichtern. Ich hoffe, dass dieser Einsatz in den kommenden Jahren fortgesetzt und verstärkt wird.

Die Brüderlichkeit globalisieren, nicht die Sklaverei noch die Gleichgültigkeit

6. In ihrem Werk der „Verkündigung der Wahrheit der Liebe Christi in der Gesellschaft" (CiV 5) engagiert sich die Kirche ständig in den Tätigkeiten karitativer Art auf der Basis der Wahrheit über den Menschen. Sie hat die Aufgabe, allen den Weg zur Umkehr zu zeigen, die dazu anregt, den Nächsten mit anderen Augen zu sehen, im anderen, wer immer er ist, einen Bruder und eine Schwester im Menschsein zu erkennen und ihm seine innere Würde in der Wahrheit und in der Freiheit zuzugestehen. Das zeigt uns die Geschichte der Giuseppina Bakhita, der Heiligen aus der Region Darfur im Su-

[3] Vgl. *Päpstlicher Rat für Gerechtigkeit und Frieden*, La vocazione del leader d'impresa. Una riflessione, Mailand/Rom 2013.

[4] Vgl. *Franziskus*, Botschaft aus Anlass der 103. Sitzung der Konferenz der Internationalen Arbeitsorganisation (ILO) im Jahr 2014 an Herrn Guy Ryder, Generaldirektor der Internationalen Arbeitsorganisation, entnommen aus: www.vatican.va.

dan. Sie wurde von Sklavenhändlern entführt und im Alter von neun Jahren an grausame Herren verkauft. Auf dem Weg über schmerzliche Erfahrungen wurde sie dann durch den Glauben, den sie als Ordensfrau und im Dienst an den anderen – besonders den Geringen und Schwachen – lebte, eine freie Tochter Gottes. Diese Heilige, die an der Schwelle vom 19. zum 20. Jahrhundert lebte, ist auch heute eine beispielhafte Zeugin der Hoffnung[5] für die zahlreichen Opfer der Sklaverei und kann die Bemühungen all derer unterstützen, die sich dem Kampf gegen diese „Wunde im Leib der heutigen Menschheit" widmen, „eine Wunde im Fleisch Christi"[6] (vgl. EG 270).

In dieser Perspektive möchte ich jeden einladen, in seiner Rolle und seinen besonderen Verantwortlichkeiten Gesten der Brüderlichkeit denen gegenüber zu vollbringen, die in einem Zustand der Verknechtung gehalten werden. Fragen wir uns, wie wir uns als Gemeinschaft oder als Einzelne angefragt fühlen, wenn wir im Alltag Menschen begegnen oder mit ihnen zu tun haben, die Opfer des Menschenhandels sein könnten, oder wenn wir entscheiden müssen, ob wir Produkte kaufen, die aus gutem Grund vermuten lassen, dass sie durch die Ausbeutung anderer Menschen hergestellt worden sind. Einige von uns schließen aus Gleichgültigkeit, oder weil sie durch die täglichen Sorgen abgelenkt sind, oder aus finanziellen Gründen die Augen. Andere entscheiden sich hingegen, etwas Positives zu tun, sich in den Vereinen der Zivilgesellschaft zu engagieren oder kleine alltägliche Gesten zu vollbringen, wie zum Beispiel ein gutes Wort, einen Gruß, ein *Guten Tag* oder ein Lächeln. Wie wertvoll sind diese Gesten! Sie kosten uns nichts, können aber Hoffnung geben, Wege öffnen, einem Menschen, der in der Unsichtbarkeit lebt, das Leben verändern und auch unser Leben in der Gegenüberstellung mit dieser Wirklichkeit verändern.

Wir müssen zugeben, dass wir vor einem weltweiten Phänomen stehen, das über die Zuständigkeiten einer einzelnen Gemeinschaft oder Nation hinausgeht. Um es zu überwinden, bedarf es einer Mobilisierung von vergleichbaren Ausmaßen wie denen des Phänomens selbst. Aus diesem Grund richte ich einen eindringlichen Appell an alle Männer und Frauen guten Willens und an alle, die aus der Nähe oder aus der Ferne – auch in den höchsten

---

[5] Vgl. dazu: „Durch diese Hoffnungserkenntnis war sie ‚erlöst', nun keine Sklavin mehr, sondern freies Kind Gottes. Sie verstand, was Paulus sagte, wenn er die Epheser daran erinnerte, dass sie vorher ohne Hoffnung und ohne Gott in der Welt gewesen waren – ohne Hoffnung, weil ohne Gott" (SS 3).

[6] *Franziskus*, Ansprache an die Teilnehmer der II. Internationalen Konferenz über Combating Human Trafficking am 10. April 2014 im Casino di Pio IV.; [Anm. der Herausgeber: Besagte Ansprache war im Volltext nur in englischer, französischer, italienischer, portugiesischer und spanischer Sprache erfasst.]

Ebenen der Institutionen – Zeugen der Plage der heutigen Sklaverei sind, nicht zu Komplizen dieses Übels zu werden, angesichts der Leiden ihrer Brüder und Schwestern im Menschsein, die ihrer Freiheit und ihrer Würde beraubt sind, nicht wegzuschauen, sondern den Mut zu haben, mit dem leidenden Leib Christi in Berührung zu kommen (vgl. EG 24/270), der sich in den zahllosen Gesichtern derer zeigt, die er selbst seine „geringsten Brüder" (Mt 25,40) nennt.

Wir wissen, dass Gott jeden von uns fragen wird: Was hast du mit deinem Bruder gemacht? (vgl. Gen 4,9–10) Die Globalisierung der Gleichgültigkeit, die heute auf dem Leben so vieler Schwestern und Brüder lastet, verlangt von uns allen, zu Urhebern einer Globalisierung der Solidarität und der Brüderlichkeit zu werden, die ihnen die Hoffnung zurückgeben und ihnen helfen kann, mutig den Weg durch die Probleme unserer Zeit wieder aufzunehmen und die neuen Perspektiven wiederzugewinnen, die er mit sich bringt und die Gott in unsere Hände legt.

Aus dem Vatikan, am 8. Dezember 2014
Franziskus

Botschaft seiner Heiligkeit Papst Franziskus
zur Feier des 49. Weltfriedenstages
1. Januar 2016

Überwinde die Gleichgültigkeit und erringe den Frieden

1. Gott ist nicht gleichgültig! Für Gott ist die Menschheit wichtig, Gott verlässt sie nicht! Mit dieser meiner tiefen Überzeugung möchte ich zu Beginn des neuen Jahres meine Glückwünsche verbinden: Im Zeichen der Hoffnung wünsche ich reichen Segen und Frieden für die Zukunft eines jeden Menschen, jeder Familie, jedes Volkes und jeder Nation der Erde sowie für die Zukunft der Staatsoberhäupter, der Regierungen und der Verantwortungsträger der Religionen. Wir verlieren nämlich nicht die Hoffnung, dass sich im Jahr 2016 alle entschieden und zuversichtlich dafür engagieren, auf verschiedenen Ebenen die Gerechtigkeit zu verwirklichen und für den Frieden zu arbeiten. Ja, dieser Friede ist Gabe Gottes und Werk der Menschen – Gabe Gottes, die aber allen Männern und Frauen anvertraut ist: Sie sind berufen, ihn zu verwirklichen.

Die Gründe zur Hoffnung bewahren
2. Kriege und terroristische Aktionen mit ihren tragischen Folgen, Entführungen, ethnisch und religiös motivierte Verfolgungen und Machtmissbrauch haben das vergangene Jahr von Anfang an bis zu seinem Ende charakterisiert und sich in zahlreichen Regionen der Welt so vervielfältigt, dass sie die Züge dessen angenommen haben, was man einen dritten Weltkrieg in Abschnitten nennen könnte. Doch einige Ereignisse der vergangenen Jahre und des gerade verbrachten Jahres regen mich an, im Hinblick auf das neue Jahr wieder dazu aufzufordern, die Hoffnung auf die Fähigkeit des Menschen, mit Gottes Gnade das Böse zu überwinden, nicht zu verlieren und sich nicht der Resignation und der Gleichgültigkeit hinzugeben. Die Ereignisse, auf die ich mich beziehe, zeigen die Fähigkeit der Menschheit zu solidarischem Handeln, jenseits von individualistischen Interessen, von Apathie und Gleichgültigkeit gegenüber schwierigen Situationen.

Unter diesen möchte ich die Anstrengung erwähnen, die unternommen wurden, um das Treffen der weltweiten Leader im Rahmen der COP21[1] zu erleichtern, mit dem Ziel, neue Wege zur Bewältigung des Klimawandels

[1] [Anm. der Herausgeber: COP21 = 21st Conference of the Parties der United Nations Framework Convention on Climate Change.]

und zur Sicherung des Wohls der Erde, unseres gemeinsamen Hauses, zu suchen. Und das verweist auf zwei vorangegangene Ereignisse auf globaler Ebene: auf das Gipfeltreffen von Addis Abeba, um Mittel für die nachhaltige Entwicklung der Welt zu sammeln, und auf die Annahme der Agenda 2030 für nachhaltige Entwicklung durch die Vereinten Nationen, die den Zweck verfolgt, bis zu jenem Jahr allen – und vor allem den armen Bevölkerungen des Planeten – ein würdigeres Dasein zu sichern.

Für die Kirche war 2015 ein besonderes Jahr, auch weil es den fünfzigsten Jahrestag der Veröffentlichung zweier Dokumente des Zweiten Vatikanischen Konzils markierte, die besonders aussagekräftig den Sinn der Kirche für die Solidarität mit der Welt wiedergeben. Papst Johannes XXIII. wollte zu Beginn des Konzils die Fenster der Kirche aufreißen, damit die Kommunikation zwischen ihr und der Welt offener sei. Die beiden Dokumente – ‚Nostra aetate' und ‚Gaudium et spes' – sind ein beispielhafter Ausdruck der neuen Beziehung des Dialogs, der Solidarität und der Begleitung, welche die Kirche innerhalb der Menschheit einführen wollte. In der Erklärung ‚Nostra aetate' wird die Kirche aufgefordert, sich dem Dialog mit den nichtchristlichen Religionen zu öffnen. In der Pastoralkonstitution ‚Gaudium et spes' wollte die Kirche, da „Freude und Hoffnung, Trauer und Angst der Menschen von heute, besonders der Armen und Bedrängten aller Art, [...] auch Freude und Hoffnung, Trauer und Angst der Jünger Christi" (GS 1) sind, einen Dialog mit der Menschheitsfamilie über die Probleme der Welt aufnehmen, als ein Zeichen der Solidarität und der respektvollen Zuneigung (vgl. GS 3).

Aus derselben Perspektive möchte ich mit dem Jubiläum der Barmherzigkeit die Kirche einladen, zu beten und zu arbeiten, damit alle Christen in sich ein demütiges und mitfühlendes Herz heranreifen lassen, das fähig ist, die Barmherzigkeit zu verkünden und zu bezeugen; das fähig ist, „zu *vergeben* und [sich] selbst *hinzugeben*"; das fähig ist, sich zu „öffnen für alle, die an den unterschiedlichsten existenziellen Peripherien leben, die die moderne Welt in oft dramatischer Weise hervorbringt", und nicht absinkt „in die Gleichgültigkeit, die erniedrigt, in die Gewohnheit, die das Gemüt betäubt und die verhindert etwas Neues zu entdecken, in den Zynismus, der zerstört."[2]

Es gibt vielerlei Gründe, an die Fähigkeit der Menschheit zu glauben, gemeinsam zu handeln, in Solidarität und unter Anerkennung der gegenseitigen Bindung und Abhängigkeit, und dabei die schwächsten Glieder sowie die Wahrung des Gemeinwohls besonders im Auge zu haben. Diese Haltung einer solidarischen Mitverantwortung ist die Basis für die grundlegende Berufung zu

---

[2] *Franziskus*, Verkündigungsbulle des Außerordentlichen Jubiläums der Barmherzigkeit ‚Misericordiae Vultus', Vatikanstadt 2015, entnommen aus: www.vatican.va.

Geschwisterlichkeit und Gemeinschaftsleben. Die Würde und die zwischenmenschlichen Beziehungen gehören wesentlich zum Menschen, den Gott ja als sein Abbild und ihm ähnlich erschaffen wollte. Als Geschöpfe, die mit einer unveräußerlichen Würde begabt sind, existieren wir in Beziehung zu unseren Brüdern und Schwestern, denen gegenüber wir eine Verantwortung tragen und uns solidarisch verhalten. Ohne diese Beziehung würde man weniger menschlich sein. Gerade deshalb stellt die Gleichgültigkeit eine Bedrohung für die Menschheitsfamilie dar. Während wir uns auf den Weg in ein neues Jahr begeben, möchte ich alle einladen, diesen Sachverhalt zu erkennen, um die Gleichgültigkeit zu überwinden und den Frieden zu erringen.

Einige Formen der Gleichgültigkeit

3. Gewiss, die Haltung des Gleichgültigen – dessen, der sein Herz verschließt, um die anderen nicht in Betracht zu ziehen, der die Augen schließt, um nicht zu sehen, was ihn umgibt, oder ausweicht, um nicht von den Problemen anderer berührt zu werden – kennzeichnet einen Menschentyp, der ziemlich verbreitet und in jeder geschichtlichen Epoche anzutreffen ist. Doch in unseren Tagen hat sie entschieden den individuellen Bereich überschritten, um eine globale Dimension anzunehmen und das Phänomen der Globalisierung der Gleichgültigkeit zu erzeugen.

Die erste Form der Gleichgültigkeit in der menschlichen Gesellschaft ist die gegenüber Gott, aus der auch die Gleichgültigkeit gegenüber dem Nächsten und gegenüber der Schöpfung entspringt. Dies ist eine der schwerwiegenden Nachwirkungen eines falschen Humanismus und des praktischen Materialismus in Kombination mit einem relativistischen und nihilistischen Denken. Der Mensch meint, der Urheber seiner selbst, seines Lebens und der Gesellschaft zu sein. Er fühlt sich unabhängig und trachtet nicht nur danach, den Platz Gottes einzunehmen, sondern völlig ohne Gott auszukommen. Folglich meint er, niemandem etwas schuldig zu sein außer sich selbst, und beansprucht, nur Rechte zu besitzen (vgl. CiV 43). Entgegen diesem irrigen Selbstverständnis des Menschen erinnerte Benedikt XVI. daran, dass weder der Mensch noch seine Entwicklung in der Lage seien, sich selbst ihren letzten Sinn zu geben (vgl. CiV 16). Und vor ihm hatte Paul VI. bekräftigt: „Nur jener Humanismus also ist der wahre, der sich zum Absoluten hin öffnet, in Dank für eine Berufung, die die richtige Auffassung vom menschlichen Leben schenkt“ (PP 42).

Die Gleichgültigkeit gegenüber dem Nächsten nimmt verschiedene Gesichter an. Es gibt Menschen, die gut informiert sind, Radio hören, Zeitungen lesen oder Fernsehprogramme verfolgen, das aber mit innerer Lauheit tun, gleichsam in einem Zustand der Gewöhnung. Diese Leute haben eine vage Vorstellung von den Tragödien, welche die Menschheit quälen, fühlen sich aber nicht betroffen, spüren kein Mitleid. Das ist die Haltung dessen, der Bescheid weiß, aber den Blick, das Denken und das Handeln auf sich selbst gerichtet hält. Leider müssen wir feststellen, dass die Zunahme der Informationen gerade in unserer Zeit von sich aus keine Zunahme an Aufmerksamkeit für die Probleme bedeutet, wenn sie nicht mit einer Öffnung des Bewusstseins im Sinn der Solidarität einhergeht.[3] Ja, sie kann eine gewisse Sättigung nach sich ziehen, die betäubt und den Ernst der Probleme einigermaßen relativiert. „Einige finden schlicht Gefallen daran, die Armen und die armen Länder mit ungebührlichen Verallgemeinerungen der eigenen Übel zu beschuldigen und sich einzubilden, die Lösung in einer ‚Erziehung' zu finden, die sie beruhigt und in gezähmte, harmlose Wesen verwandelt. Das wird noch anstößiger, wenn die Ausgeschlossenen jenen gesellschaftlichen Krebs wachsen sehen, der die in vielen Ländern – in den Regierungen, im Unternehmertum und in den Institutionen – tief verwurzelte Korruption ist, unabhängig von der politischen Ideologie der Regierenden" (EG 60).

In anderen Fällen zeigt sich die Gleichgültigkeit in Form eines Mangels an Aufmerksamkeit gegenüber der umliegenden Wirklichkeit, besonders der weiter entfernten. Einige Menschen ziehen es vor, nicht zu suchen, sich nicht zu informieren, und leben ihren Wohlstand und ihre Bequemlichkeit in Taubheit gegenüber dem schmerzvollen Aufschrei der leidenden Menschheit. Fast ohne es zu bemerken, sind wir unfähig geworden, Mitleid mit den anderen, mit ihrem Unglück zu empfinden. Wir haben kein Interesse daran, uns um sie zu kümmern, als sei das, was ihnen geschieht, eine uns fernliegende Verantwortung, die uns nichts angeht (vgl. EG 54). So kommt es, dass wir, „wenn es uns gut geht und wir uns wohlfühlen, die anderen gewiss vergessen (was Gott Vater niemals tut); dass wir uns nicht für ihre Probleme, für ihre Leiden und für die Ungerechtigkeiten interessieren, die sie erdulden … Dann verfällt unser Herz der Gleichgültigkeit: Während es mir relativ gut geht und ich mich wohlfühle, vergesse ich jene, denen es nicht gut geht."[4]

Da wir in einem gemeinsamen Haus leben, dürfen wir nicht unterlassen, uns zu fragen, wie es um seine Gesundheit steht – in der Enzyklika ‚Laudato si'' habe ich das zu tun versucht. Die Verschmutzung von Wasser und Luft, die wahllose Ausbeutung der Wälder, die Zerstörung der Umwelt sind oft Frucht der Gleichgültigkeit des Menschen gegenüber anderen, denn alles steht miteinander in Beziehung. Wie auch das Verhalten des Menschen ge-

---

[3] Vgl. dazu: „Die zunehmend globalisierte Gesellschaft macht uns zu Nachbarn, aber nicht zu Geschwistern. Die Vernunft für sich allein ist imstande, die Gleichheit unter den Menschen zu begreifen und ein bürgerliches Zusammenleben herzustellen, aber es gelingt ihr nicht, Brüderlichkeit zu schaffen" (CiV 19).

[4] *Franziskus*, Botschaft zur österlichen Bußzeit 2015, entnommen aus: www.vatican.va.

genüber den Tieren seine Beziehungen zu den anderen beeinflusst (vgl. LS 92) – ganz zu schweigen von denen, die sich erlauben, woanders das zu tun, was sie im eigenen Hause nicht zu tun wagen (vgl. LS 51). In diesen und anderen Fällen verursacht die Gleichgültigkeit vor allem Verschlossenheit und Teilnahmslosigkeit und trägt so schließlich zum Fehlen von Frieden mit Gott, mit dem Nächsten und mit der Schöpfung bei.

Die Bedrohung des Friedens durch die globalisierte Gleichgültigkeit

4. Die Gleichgültigkeit gegenüber Gott überschreitet den persönlichen und geistigen Bereich des Einzelnen und greift auf den öffentlichen und gesellschaftlichen Bereich über. So bemerkte Benedikt XVI.: Es gibt „eine enge Verbindung zwischen der Verherrlichung Gottes und dem Frieden der Menschen auf Erden". Denn „[o]hne eine Offenheit auf das Transzendente hin wird der Mensch tatsächlich leicht zur Beute des Relativismus, und dann fällt es ihm schwer, gerecht zu handeln und sich für den Frieden einzusetzen"[5]. Das Vergessen und die Leugnung Gottes, die den Menschen dazu verleiten, keinen Maßstab mehr über sich anzuerkennen und nur sich selbst zum Maßstab zu nehmen, haben maßlose Grausamkeit und Gewalt hervorgebracht.[6]

Auf individueller und gemeinschaftlicher Ebene nimmt die Gleichgültigkeit gegenüber dem Nächsten – eine Tochter der Gleichgültigkeit gegenüber Gott – die Züge der Trägheit und der Teilnahmslosigkeit an. Diese bilden einen Nährboden, auf dem Situationen von Ungerechtigkeit und schwerwiegendem sozialen Ungleichgewicht fortdauern, die dann ihrerseits zu Konflikten führen können oder in jedem Fall ein Klima der Unzufriedenheit erzeugen, das Gefahr läuft, früher oder später in Gewalt und Unsicherheit zu eskalieren.

In diesem Sinn stellen die Gleichgültigkeit und die daraus folgende Teilnahmslosigkeit eine schwere Verfehlung in Bezug auf die Pflicht eines jeden Menschen dar, entsprechend seinen Fähigkeiten und der Rolle, die er in der Gesellschaft spielt, zum Gemeinwohl beizutragen, im Besonderen zum Frieden, der eines der wertvollsten Güter der Menschheit ist (vgl. EG 217–237).

Wenn die Gleichgültigkeit dann die institutionelle Ebene betrifft – Gleichgültigkeit gegenüber dem anderen, gegenüber seiner Würde, seinen Grundrechten und seiner Freiheit – und mit einer von Profitdenken und Genusssucht geprägten Kultur gepaart ist, begünstigt und manchmal auch

---

[5] *Benedikt XVI.*, Ansprache beim Neujahrsempfang für die Mitglieder des beim Heiligen Stuhl akkreditierten Diplomatischen Corps am 7. Januar 2013 im Apostolischen Palast, entnommen aus: www.vatican.va.

[6] Vgl. *Benedikt XVI.*, Ansprache am Tag der Reflexion, des Dialogs und des Gebets für Frieden und Gerechtigkeit auf der Welt am 27. Oktober 2011 in Assisi, entnommen aus: www.vatican.va.

rechtfertigt sie Handlungen und politische Programme, die schließlich den Frieden bedrohen. Eine solche Haltung der Gleichgültigkeit kann auch so weit gehen, im Hinblick auf die Verfolgung des eigenen Wohlstands oder jenes der Nation einige tadelnswerte Formen der Wirtschaftspolitik zu rechtfertigen, die zu Ungerechtigkeiten, Spaltungen und Gewalt führen. Nicht selten zielen nämlich die wirtschaftlichen und politischen Pläne der Menschen auf die Erlangung oder die Erhaltung von Macht und Reichtum ab, sogar um den Preis, die Rechte und die fundamentalen Bedürfnisse der anderen mit Füßen zu treten. Wenn die Bevölkerungen sehen, dass ihnen ihre Grundrechte wie Nahrung, Wasser, medizinische Versorgung oder Arbeit verweigert werden, sind sie versucht, sich diese mit Gewalt zu verschaffen.[7]

Darüber hinaus schafft die Gleichgültigkeit gegenüber der natürlichen Umwelt durch die Begünstigung von Entwaldung, Luftverschmutzung und Naturkatastrophen, die ganze Gemeinschaften aus ihrem Lebensbereich entwurzeln und ihnen Unstabilität und Unsicherheit aufzwingen, neue Formen der Armut und neue Situationen der Ungerechtigkeit mit häufig unheilvollen Konsequenzen hinsichtlich der Sicherheit und des sozialen Friedens. Wie viele Kriege sind geführt worden und werden noch geführt werden aufgrund des Mangels an Ressourcen, oder um der unersättlichen Nachfrage nach natürlichen Ressourcen zu entsprechen (vgl. LS 31/48)?

Von der Gleichgültigkeit zur Barmherzigkeit: die Umkehr des Herzens

5. Als ich vor einem Jahr in der Botschaft zum Weltfriedenstag ‚Nicht mehr Knechte, sondern Brüder' an das erste biblische Bild der menschlichen Geschwisterbeziehung – das von Kain und Abel (vgl. Gen 4,1–16) – erinnerte, sollte das die Aufmerksamkeit darauf lenken, wie diese erste Geschwisterbeziehung verraten worden ist. Kain und Abel sind Brüder. Beide entstammen

[7] Vgl. dazu: „Doch solange die Ausschließung und die soziale Ungleichheit in der Gesellschaft und unter den verschiedenen Völkern nicht beseitigt werden, wird es unmöglich sein, die Gewalt auszumerzen. Die Armen und die ärmsten Bevölkerungen werden der Gewalt beschuldigt, aber ohne Chancengleichheit finden die verschiedenen Formen von Aggression und Krieg einen fruchtbaren Boden, der früher oder später die Explosion verursacht. Wenn die lokale, nationale oder weltweite Gesellschaft einen Teil ihrer selbst in den Randgebieten seinem Schicksal überlässt, wird es keine politischen Programme, noch Ordnungskräfte oder *Intelligence* geben, die unbeschränkt die Ruhe gewährleisten können. Das geschieht nicht nur, weil die soziale Ungleichheit gewaltsame Reaktionen derer provoziert, die vom System ausgeschlossen sind, sondern weil das gesellschaftliche und wirtschaftliche System an der Wurzel ungerecht ist. Wie das Gute dazu neigt, sich auszubreiten, so neigt das Böse, dem man einwilligt, das heißt die Ungerechtigkeit, dazu, ihre schädigende Kraft auszudehnen und im Stillen die Grundlagen jeden politischen und sozialen Systems aus den Angeln zu heben, so gefestigt es auch erscheinen mag" (EG 59).

sie demselben Schoß, besitzen die gleiche Würde und sind als Abbild Gottes und ihm ähnlich erschaffen; aber ihre kreatürliche Brüderlichkeit zerbricht. „Kain erträgt nicht nur nicht seinen Bruder Abel, sondern aus Neid tötet er ihn" (Wfb 2015). So wird der Brudermord die Form des Verrats, und die Ablehnung der Brüderlichkeit Abels durch Kain ist der erste Bruch in den familiären Beziehungen der Geschwisterlichkeit, der Solidarität und der gegenseitigen Achtung.

Gott greift dann ein, um den Menschen für seinen Mitmenschen zur Verantwortung zu ziehen, und er tut es genauso, wie er es tat, als Adam und Eva, die ersten Eltern, die Gemeinschaft mit dem Schöpfer gebrochen hatten. „Da sprach der Herr zu Kain: ‚Wo ist dein Bruder Abel?' Er entgegnete: ‚Ich weiß es nicht. Bin ich der Hüter meines Bruders?' Der Herr sprach: ‚Was hast du getan? Das Blut deines Bruders schreit zu mir vom Ackerboden!'" (Gen 4,9–10)

Kain gibt vor, nicht zu wissen, was mit seinem Bruder geschehen ist, und sagt, er sei nicht dessen Hüter. Er fühlt sich nicht verantwortlich für sein Leben, für sein Geschick. Er fühlt sich nicht betroffen. Er ist seinem Bruder gegenüber gleichgültig, obwohl sie durch ihre gemeinsame Herkunft miteinander verbunden sind. Wie traurig! Was für ein geschwisterliches, familiäres und menschliches Drama! Dies ist die erste Erscheinung der Gleichgültigkeit unter Brüdern. Gott hingegen ist nicht gleichgültig: Das Blut Abels ist in seinen Augen sehr wertvoll, er verlangt von Kain, Rechenschaft darüber abzulegen. Gott offenbart sich also vom Anbeginn der Menschheit an als derjenige, der sich für das Geschick der Menschen interessiert. Als sich später die Söhne Israels in Ägypten in der Sklaverei befinden, greift Gott von Neuem ein. Er sagt zu Mose: „Ich habe das Elend meines Volkes in Ägypten gesehen und ihre laute Klage über ihre Antreiber habe ich gehört. Ich kenne sein Leid. Ich bin herabgestiegen, um es der Hand der Ägypter zu entreißen und aus jenem Land hinaufzuführen in ein schönes, weites Land, in ein Land, in dem Milch und Honig fließen" (Ex 3,7–8). Es ist wichtig, auf die Verben zu achten, die das Eingreifen Gottes beschreiben: Er sieht, hört, kennt, steigt herab und entreißt, das heißt befreit. Gott ist nicht gleichgültig. Er ist aufmerksam und handelt.

Auf die gleiche Weise ist Gott in seinem Sohn Jesus herabgestiegen unter die Menschen, hat Fleisch angenommen und hat sich in allem, außer der Sünde, solidarisch mit der Menschheit gezeigt. Jesus hat sich mit der Menschheit identifiziert als „der Erstgeborene unter vielen Brüdern" (Röm 8,29). Er begnügte sich nicht damit, die Menschenmenge zu unterweisen, sondern er kümmerte sich um sie, besonders wenn er sah, dass sie hungrig (vgl. Mk 6,34–44) oder arbeitslos (vgl. Mt 20,3) war. Sein Blick war nicht nur auf die Menschen gerichtet, sondern auch auf die Fische im Meer, die Vögel des

Himmels, die kleinen und großen Pflanzen und Bäume; er umfasste die gesamte Schöpfung. Jesus sieht, gewiss, aber er beschränkt sich nicht darauf, denn er berührt die Menschen, spricht mit ihnen, handelt zu ihren Gunsten und tut denen Gutes, die bedürftig sind. Und nicht nur das, sondern er lässt sich innerlich erschüttern und weint (vgl. Joh 11,33–44). Und er handelt, um dem Leiden, der Traurigkeit, dem Elend und dem Tod ein Ende zu bereiten.

Jesus lehrt uns, barmherzig zu sein wie der himmlische Vater (vgl. Lk 6,36). In dem Gleichnis vom barmherzigen Samariter (vgl. Lk 10,29–37) prangert er die unterlassene Hilfeleistung angesichts der dringenden Not der Mitmenschen an: „[E]r sah ihn und ging vorüber" (Lk 10,31/32). Zugleich fordert er durch dieses Beispiel seine Hörer – und besonders seine Jünger – auf, zu lernen, anzuhalten vor den Leiden dieser Welt, um sie zu lindern; vor den Wunden der anderen, um sie zu pflegen mit den Mitteln, über die man verfügt, angefangen bei der eigenen Zeit, trotz der vielen Beschäftigungen. Die Gleichgültigkeit sucht nämlich immer nach Ausreden: In der Beachtung ritueller Vorschriften, in der Menge der zu erledigenden Dinge, in den Gegensätzen, die uns auf Distanz voneinander halten, in den Vorurteilen aller Art, die uns daran hindern, dem anderen ein Nächster zu werden.

Die Barmherzigkeit ist das Herz Gottes. Darum muss sie auch das Herz all derer sein, die sich als Glieder der einen großen Familie seiner Kinder erkennen; ein Herz, das überall dort heftig schlägt, wo die Menschenwürde – ein Widerschein von Gottes Angesicht in seinen Geschöpfen – auf dem Spiel steht. Jesus warnt uns: Die Liebe zu den anderen – den Fremden, den Kranken, den Gefangenen, den Obdachlosen und sogar den Feinden – ist der Maßstab Gottes zur Beurteilung unserer Taten. Davon hängt unser ewiges Geschick ab. So ist es nicht verwunderlich, dass der Apostel Paulus die Christen von Rom auffordert, sich zu freuen mit den Fröhlichen und zu weinen mit den Weinenden (vgl. Röm 12,15), oder dass er den Korinthern ans Herz legt, Sammlungen zu organisieren als Zeichen der Solidarität mit den leidenden Gliedern der Kirche (vgl. 1 Kor 16,2–3). Und der heilige Johannes schreibt: „Wenn jemand die Güter dieser Welt hat und sein Herz vor dem Bruder verschließt, den er in Not sieht, wie kann die Liebe Gottes in ihm bleiben?" (1 Joh 3,17; vgl. Jak 2,15–16)

Darum ist es „entscheidend für die Kirche und für die Glaubwürdigkeit ihrer Verkündigung, dass sie in erster Person die Barmherzigkeit lebt und bezeugt! Ihre Sprache und ihre Gesten müssen die Barmherzigkeit vermitteln und so in die Herzen der Menschen eindringen und sie herausfordern, den Weg zurück zum Vater einzuschlagen. Die erste Wahrheit der Kirche ist die Liebe Christi. Die Kirche macht sich zur Dienerin und Mittlerin dieser Liebe, die bis zur Vergebung und zur Selbsthingabe führt. Wo also die Kirche gegenwärtig ist, dort muss auch die Barmherzigkeit des Vaters sichtbar werden. In unseren Pfarreien,

Gemeinschaften, Vereinigungen und Bewegungen, d. h. überall wo Christen sind, muss ein jeder Oasen der Barmherzigkeit vorfinden können.“[8]

So sind auch wir aufgerufen, aus der Liebe, dem Mitgefühl, der Barmherzigkeit und der Solidarität ein wirkliches Lebensprogramm zu machen, einen Verhaltensstil in unseren Beziehungen untereinander.[9] Das verlangt die Umkehr des Herzens: Dass die Gnade Gottes unser Herz aus Stein in ein Herz aus Fleisch verwandelt (vgl. Ez 36,26), das fähig ist, sich den anderen mit echter Solidarität zu öffnen. Diese ist nämlich viel mehr als „ein Gefühl vagen Mitleids oder oberflächlicher Rührung wegen der Leiden so vieler Menschen nah oder fern“ (SRS 38). Die Solidarität „ist die feste und beständige Entschlossenheit, sich für das ‚Gemeinwohl‘ einzusetzen, das heißt, für das Wohl aller und eines jeden, weil wir alle für alle verantwortlich sind“ (SRS 38), denn das Mitgefühl geht aus der Brüderlichkeit hervor.

So verstanden ist die Solidarität das moralische und soziale Verhalten, das am besten der Bewusstwerdung der Plagen unserer Zeit und der unleugbaren Interdependenz entspricht – einer besonders in einer globalisierten Welt ständig zunehmenden Interdependenz zwischen dem Leben des Einzelnen und seiner Gemeinschaft an einem bestimmten Ort und dem Leben anderer Menschen in der übrigen Welt (vgl. SRS 38).

Eine Kultur der Solidarität und der Barmherzigkeit fördern, um die Gleichgültigkeit zu überwinden

6. Die Solidarität als moralische Tugend und soziales Verhalten, eine Frucht der persönlichen Umkehr, erfordert ein Engagement vieler Einzelner, die im Erziehungs- und Bildungswesen Verantwortung tragen.

Ich denke zunächst an die Familien, die zu einer vorrangigen und unabdingbaren Erziehungsaufgabe berufen sind. Sie bilden den ersten Ort, an dem die Werte der Liebe und der Geschwisterlichkeit, des Zusammenlebens und des Miteinander-Teilens, der Aufmerksamkeit und der Sorge für den anderen gelebt und vermittelt werden. Sie sind auch der bevorzugte Bereich für die Weitergabe des Glaubens, angefangen von jenen ersten einfachen Gesten der Frömmigkeit, die die Mütter ihren Kindern beibringen.[10]

Die Erzieher und die Lehrer, die in der Schule oder in den verschiedenen Kinder- und Jugendzentren die anspruchsvolle Aufgabe haben, die jungen Menschen zu erziehen, sind berufen, sich bewusst zu machen, dass ihre Ver-

---

[8] *Franziskus*, Verkündigungsbulle des Außerordentlichen Jubiläums der Barmherzigkeit ‚Misericordiae Vultus‘ im Jahr 2015, entnommen aus: www.vatican.va.

[9] Vgl. ebd.

[10] Vgl. *Franziskus*, Ansprache bei der Generalaudienz am 7. Januar 2015 in der Aula Paolo VI., entnommen aus: www.vatican.va.

antwortung die moralische, spirituelle und soziale Dimension des Menschen betrifft. Die Werte der Freiheit, der gegenseitigen Achtung und der Solidarität können vom frühesten Alter an vermittelt werden. In einem Wort an die Verantwortlichen der Einrichtungen, die Erziehungsaufgaben haben, sagte Benedikt XVI.: „Möge jeder Bereich pädagogischer Arbeit ein Ort der Offenheit gegenüber dem Transzendenten und gegenüber den anderen sein; ein Ort des Dialogs, des Zusammenhalts und des Hörens, in dem der Jugendliche spürt, dass seine persönlichen Möglichkeiten und inneren Werte zur Geltung gebracht werden, und lernt, seine Mitmenschen zu schätzen. Mögen sie dazu anleiten, die Freude zu empfinden, die daraus entspringt, dass man Tag für Tag Liebe und Mitgefühl gegenüber dem Nächsten praktiziert und sich aktiv am Aufbau einer menschlicheren und brüderlicheren Gesellschaft beteiligt" (Wfb 2012).

Auch die Kulturanbieter und die Betreiber der sozialen Kommunikationsmittel tragen eine Verantwortung auf dem Gebiet der Erziehung und der Bildung, besonders in den zeitgenössischen Gesellschaften, in denen der Zugriff auf Informations- und Kommunikationsmittel immer stärker verbreitet ist. Ihre Aufgabe ist vor allem, sich in den Dienst der Wahrheit und nicht der Partikularinteressen zu stellen. Denn die Kommunikationsmittel „informieren nicht nur den Geist ihrer Adressaten, sondern sie formen ihn auch und können folglich beträchtlich zur Erziehung der Jugendlichen beitragen. Es ist wichtig, sich vor Augen zu halten, dass die Verbindung zwischen Erziehung und Kommunikation äußerst eng ist: Die Erziehung ereignet sich ja durch Kommunikation, welche die Bildung des Menschen positiv oder negativ beeinflusst" (Wfb 2012). Die Kulturanbieter und die Betreiber der Medien müssten auch darüber wachen, dass die Weise, wie die Informationen erhalten und verbreitet werden, immer rechtlich und moralisch zulässig ist.

Der Friede – Frucht einer Kultur der Solidarität, der Barmherzigkeit und des Mitgefühls

7. Im Bewusstsein der Bedrohung durch eine Globalisierung der Gleichgültigkeit dürfen wir aber nicht unterlassen, anzuerkennen, dass sich in die oben beschriebene Gesamtsituation auch zahlreiche positive Initiativen und Aktionen einfügen, die das Mitgefühl, die Barmherzigkeit und die Solidarität bezeugen, zu denen der Mensch fähig ist.

Ich möchte einige Beispiele lobenswerten Engagements erwähnen, die zeigen, wie jeder die Gleichgültigkeit überwinden kann, wenn er sich entscheidet, seinen Blick nicht von seinem Nächsten abzuwenden – Beispiele für gute Formen konkreten Handelns auf dem Weg zu einer menschlicheren Gesellschaft.

Es gibt viele Nichtregierungsorganisationen und karitative Gruppen in und außerhalb der Kirche, deren Mitglieder im Fall von Epidemien, Unglücken oder bewaffneten Konflikten Mühen und Gefahren auf sich nehmen, um die Verletzten und die Kranken zu pflegen und die Toten zu begraben. Neben ihnen möchte ich die Personen und Vereinigungen erwähnen, die den Migranten helfen, die auf der Suche nach besseren Lebensbedingungen Wüsten durchziehen und Meere überqueren. Diese Taten sind Werke der leiblichen und geistigen Barmherzigkeit, nach denen wir am Ende unseres Lebens gerichtet werden.

Ich denke auch an die Journalisten und Fotografen, die die Öffentlichkeit über schwierige Situationen informieren, die an die Gewissen appellieren, sowie an diejenigen, die sich für die Verteidigung der Menschenrechte einsetzen, besonders für die der ethnischen und religiösen Minderheiten, der indigenen Völker, der Frauen und Kinder und aller, die in Situationen größerer Verwundbarkeit leben. Unter ihnen gibt es auch viele Priester und Missionare, die als gute Hirten trotz der Gefahren und Entbehrungen – besonders während bewaffneter Konflikte – an der Seite ihrer Gläubigen bleiben und sie unterstützen.

Und außerdem: Wie viele Familien bemühen sich inmitten zahlreicher sozialer und arbeitsbezogener Schwierigkeiten konkret und um den Preis vieler Opfer, ihre Kinder gegen den Strom zu den Werten der Solidarität, des Mitgefühls und der Geschwisterlichkeit zu erziehen! Wie viele Familien öffnen Notleidenden wie den Flüchtlingen und Migranten ihre Herzen und ihre Häuser! Ich möchte in besonderer Weise allen Einzelpersonen, Familien, Pfarreien, Ordensgemeinschaften, Klöstern und Heiligtümern danken, die umgehend auf meinen Aufruf reagiert haben, eine Flüchtlingsfamilie aufzunehmen.[11]

Schließlich möchte ich die Jugendlichen erwähnen, die sich zusammentun, um Projekte der Solidarität zu verwirklichen, sowie alle, die ihre Hände öffnen, um dem notleidenden Nächsten in ihren Städten, in ihrem Land oder in anderen Regionen der Welt zu helfen. Allen, die sich in Aktionen dieser Art engagieren, auch wenn diese nicht öffentlich bekannt werden, möchte ich danken und sie ermutigen: Ihr Hunger und Durst nach Gerechtigkeit werden gesättigt werden, ihre Barmherzigkeit wird sie selbst Barmherzigkeit finden lassen, und insofern sie Friedenstifter sind, werden sie Kinder Gottes genannt werden (vgl. Mt 5,6–9).

Der Friede im Zeichen des Jubiläums der Barmherzigkeit

8. Im Geist des Jubiläums der Barmherzigkeit ist jeder aufgerufen, zu erkennen, wie sich die Gleichgültigkeit in seinem eigenen Leben zeigt, und ein

---

[11] Vgl. *Franziskus*, Angelus am 6. September 2015, entnommen aus: www.vatican.va.

konkretes Engagement zu übernehmen, um dazu beizutragen, die Wirklichkeit, in der er lebt, zu verbessern, ausgehend von der eigenen Familie, der Nachbarschaft oder dem Arbeitsbereich.

Auch die Staaten sind zu konkreten Taten aufgerufen, zu mutigen Gesten gegenüber den Schwächsten ihrer Gesellschaft wie den Gefangenen, den Migranten, den Arbeitslosen und den Kranken.

Was die Häftlinge betrifft, erscheint es in vielen Fällen dringend, konkrete Maßnahmen zu ergreifen, um ihre Lebensbedingungen in den Gefängnissen zu verbessern. Dabei sollte man denen, die ihrer Freiheit beraubt sind und noch auf ihr Urteil warten, eine besondere Aufmerksamkeit schenken,[12] bei der Verbüßung der Strafe die Zielsetzung der Rehabilitation im Sinn haben und die Möglichkeit erwägen, in die nationalen Gesetzgebungen alternative Strafen zur Gefängnishaft einzufügen. In diesem Zusammenhang möchte ich meinen Appell an die staatlichen Autoritäten erneuern, die Todesstrafe dort, wo sie noch in Kraft ist, abzuschaffen und die Möglichkeit einer Begnadigung in Betracht zu ziehen.

In Bezug auf die Migranten möchte ich dazu einladen, die Gesetzgebungen über die Migration zu überdenken, damit sie – in der Achtung der wechselseitigen Pflichten und Verantwortungen – von Aufnahmebereitschaft geprägt sind und die Integration der Migranten vereinfachen können. Aus dieser Sicht müsste den Aufenthaltsbedingungen der Migranten eine besondere Aufmerksamkeit gelten, wenn man bedenkt, dass das Leben im Untergrund die Gefahr birgt, sie in die Kriminalität zu ziehen.

Außerdem möchte ich in diesem Jubiläumsjahr einen dringenden Appell an die Verantwortlichen der Staaten richten, konkrete Taten zugunsten unserer Brüder und Schwestern zu vollziehen, die unter dem Mangel an Arbeit, Land und Wohnung leiden. Ich denke an die Schaffung von Arbeitsplätzen mit würdiger Arbeit, um der sozialen Plage der Arbeitslosigkeit entgegenzuwirken, die eine große Anzahl von Familien und von Jugendlichen betrifft und sehr ernste Folgen für den Zusammenhalt der gesamten Gesellschaft hat. Keine Arbeit zu haben schwächt in hohem Maße das Empfinden für die eigene Würde, lässt die Hoffnung schwinden und kann nur zum Teil durch die – wenn auch notwendigen – Hilfen aufgewogen werden, die für die Arbeitslosen und ihre Familien bestimmt sind. Eine spezielle Aufmerksamkeit müsste den – im Arbeitsbereich leider noch diskriminierten – Frauen gewidmet werden sowie einigen Kategorien von Beschäftigten, deren Arbeitsbedin-

---

[12] Vgl. *Franziskus*, Ansprache an eine Delegation der Internationalen Strafrechtsgesellschaft (AIDP) am 23. Oktober 2014 im Saal der Päpste, entnommen aus: www.vatican.va.

gungen unsicher oder gefährlich sind und deren Besoldung der Bedeutung ihrer sozialen Aufgabe nicht angemessen ist.

Zum Schluss möchte ich dazu auffordern, wirksame Schritte zu unternehmen, um die Lebensbedingungen der Kranken zu verbessern, indem allen der Zugang zu medizinischer Behandlung und lebensnotwendigen Medikamenten einschließlich der Möglichkeit zu häuslicher Pflege gewährleistet wird.

Die Verantwortungsträger der Staaten sind auch aufgerufen, mit einem Blick über die eigenen Grenzen hinaus ihre Beziehungen zu den anderen Völkern zu erneuern und allen eine wirkliche Einschließung und Beteiligung am Leben der internationalen Gemeinschaft zu erlauben, damit die Brüderlichkeit auch innerhalb der Familie der Nationen verwirklicht wird.

Aus dieser Sicht möchte ich an alle einen dreifachen Appell richten: Abstand davon zu nehmen, andere Völker in Konflikte oder Kriege zu verwickeln, die nicht nur ihre materiellen und kulturellen Güter sowie ihre sozialen Errungenschaften zerstören, sondern auch – und auf lange Sicht – die moralische und geistige Integrität; die internationalen Schulden der ärmsten Länder zu streichen oder annehmbar zu verwalten; Formen einer Politik der Zusammenarbeit anzuwenden, die sich nicht der Diktatur einiger Ideologien beugen, sondern stattdessen die Werte der örtlichen Bevölkerungen respektieren und keinesfalls das fundamentale und unveräußerliche Recht der Ungeborenen auf Leben verletzen.

Ich vertraue diese Überlegungen – zusammen mit meinen besten Wünschen für das neue Jahr – der Fürsprache Marias an, der für die Nöte der Menschheit aufmerksamen Mutter, damit sie für uns von ihrem Sohn Jesus, dem Friedensfürsten, die Erhörung unserer Gebete und den Segen für unseren täglichen Einsatz zugunsten einer brüderlichen und solidarischen Welt erbitte.

Aus dem Vatikan, am 8. Dezember 2015
Franziskus

Botschaft seiner Heiligkeit Papst Franziskus
zur Feier des 50. Weltfriedenstages
1. Januar 2017

Gewaltfreiheit: Stil einer Politik für den Frieden

1. Am Anfang dieses neuen Jahres übermittle ich allen Völkern und Nationen der Welt, den Staats- und Regierungschefs sowie den Verantwortungsträgern der Religionsgemeinschaften und der verschiedenen Gruppierungen der Zivilgesellschaft meine tief empfundenen Wünsche für den Frieden. Jedem Mann, jeder Frau und jedem Kind wünsche ich Frieden und bete, dass das Abbild und die Ähnlichkeit Gottes in jedem Menschen uns gestatten, einander als heilige Gaben zu erkennen, die mit einer unermesslichen Würde ausgestattet sind. Respektieren wir vor allem in Konfliktsituationen diese „tiefgründigste [...] Würde" (EG 228) und machen wir die aktive Gewaltfreiheit zu unserem Lebensstil.

Dies ist die Botschaft zum fünfzigsten Weltfriedenstag. In der ersten dieser Botschaften wandte sich der selige Papst Paul VI. an alle Völker – nicht nur an die Katholiken – mit unmissverständlichen Worten: „[E]s [hat] sich in den letzten Jahren der Geschichte unseres Jahrhunderts endlich ganz klar gezeigt [...], dass der Friede den einzigen und wahren Weg des menschlichen Fortschrittes darstellt; nicht die Spannungen ehrgeiziger nationaler Bestrebungen, nicht gewalttätige Eroberungen; nicht Unterdrückungen, die eine verfehlte bürgerliche Ordnung zeitigen" (Wfb 1968). Er warnte vor der „Gefahr anzunehmen, dass die internationalen Konflikte nicht auf dem Weg der Vernunft, d. h. durch Verhandlungen auf der Grundlage des Rechtes, der Gerechtigkeit und der Gleichheit, sondern nur durch gewaltsame Abschreckungsmaßnahmen und mörderische Waffen bereinigt werden können" (Wfb 1968). Mit einem Zitat aus der Enzyklika ‚Pacem in terris' seines Vorgängers Johannes XXIII. pries er dagegen „den Sinn und die Liebe für einen Frieden [...], der in der Wahrheit begründet ist, in der Gerechtigkeit, in der Freiheit und in der Liebe" (Wfb 1968). Die Aktualität dieser Worte, die heute nicht weniger wichtig und dringlich sind als vor fünfzig Jahren, ist beeindruckend.

Aus diesem Anlass möchte ich näher auf die Gewaltfreiheit als Stil einer Politik für den Frieden eingehen und bitte Gott, uns allen zu helfen, auf die Gewaltfreiheit in der Tiefe unserer Gefühle und persönlichen Werte zurückzugreifen. Mögen unsere Art, in zwischenmenschlichen, gesellschaftlichen und internationalen Beziehungen miteinander umzugehen, von Liebe und Gewaltfreiheit geleitet sein. Wenn die Opfer von Gewalt der Versuchung der Rache zu widerstehen wissen, können sie die glaubhaftesten Leitfiguren in gewaltfreien Aufbauprozessen des Friedens sein. Möge die Gewaltfreiheit von der Ebene des lokalen Alltags bis zur Ebene der Weltordnung der kennzeichnende Stil unserer Entscheidungen, unserer Beziehungen, unseres Handelns und der Politik in allen ihren Formen sein.

Eine zerbröckelte Welt

2. Das vergangene Jahrhundert ist von zwei mörderischen Weltkriegen verwüstet worden und hat die Bedrohung eines Atomkriegs sowie eine große Anzahl weiterer Konflikte erlebt, während wir es heute leider mit einem schrecklichen *stückweisen* Weltkrieg zu tun haben. Es ist nicht leicht zu erkennen, ob die Welt heute mehr oder weniger gewaltsam ist als gestern und ob die modernen Kommunikationsmittel und die unsere Zeit kennzeichnende Mobilität uns die Gewalt bewusster machen, oder ob sie uns mehr an sie gewöhnen.

In jedem Fall verursacht diese Gewalt, die stückweise auf unterschiedliche Arten und verschiedenen Ebenen ausgeübt wird, unermessliche Leiden, um die wir sehr wohl wissen: Kriege in verschiedenen Ländern und Kontinenten; Terrorismus, Kriminalität und unvorhersehbare bewaffnete Übergriffe; Formen von Missbrauch, denen die Migranten und die Opfer des Menschenhandels ausgesetzt sind; Zerstörung der Umwelt. Und wozu das alles? Erlaubt die Gewalt, Ziele von dauerhaftem Wert zu erreichen? Löst nicht alles, was sie erlangt, letztlich nur Vergeltungsmaßnahmen und Spiralen tödlicher Konflikte aus, die allein für einige wenige Herren des Krieges von Vorteil sind?

Die Gewalt ist nicht die heilende Behandlung für unsere zerbröckelte Welt. Auf Gewalt mit Gewalt zu reagieren führt bestenfalls zu Zwangsmigrationen und ungeheuren Leiden, denn große Mengen an Ressourcen werden für militärische Zwecke bestimmt und den täglichen Bedürfnissen der Jugendlichen, der Familien in Not, der alten Menschen, der Kranken, der großen Mehrheit der Erdenbewohner entzogen. Schlimmstenfalls kann sie zum physischen und psychischen Tod vieler, wenn nicht sogar aller führen.

Die Frohe Botschaft

3. Auch Jesus lebte in Zeiten der Gewalt. Er lehrte, dass das eigentliche Schlachtfeld, auf dem Gewalt und Frieden einander begegnen, das menschliche Herz ist: „Denn von innen, aus dem Herzen der Menschen, kommen die bösen Gedanken“ (Mk 7,21). Doch die Botschaft Christi bietet angesichts dieser Realität die von Grund auf positive Antwort: Er verkündete unermüdlich die bedingungslose Liebe Gottes, der aufnimmt und verzeiht, und lehrte seine Jünger, die Feinde zu lieben (vgl. Mt 5,44) und „die andere“ (Mt 5,39) Wange hinzuhalten. Als er die Ankläger der Ehebrecherin daran hinderte, sie zu steinigen (vgl. Joh 8,1–11), und als er in der Nacht vor seinem Tod Petrus

gebot, sein Schwert wieder in die Scheide zu stecken (vgl. Mt 26,52), zeichnete Jesus den Weg der Gewaltfreiheit vor, den er bis zum Schluss gegangen ist – bis zum Kreuz, durch das er den Frieden verwirklicht und die Feindschaft getötet hat (vgl. Eph 2,14–16). Wer die Frohe Botschaft Jesu annimmt, weiß daher die Gewalt, die er in sich trägt, zu erkennen und lässt sich von der Barmherzigkeit Gottes heilen. So wird er selbst ein Werkzeug der Versöhnung, entsprechend dem Aufruf des heiligen Franz von Assisi: „Wenn ihr mit dem Mund den Frieden verkündet, so versichert euch, ob ihr ihn auch, ja noch mehr, in eurem Herzen habt!“[1]

Wahre Jünger Jesu zu sein bedeutet heute, auch seinem Vorschlag der Gewaltfreiheit nachzukommen. Er ist, wie mein Vorgänger Benedikt XVI. sagte, „realistisch, denn er trägt der Tatsache Rechnung, dass es in der Welt *zu viel* Gewalt, *zu viel* Ungerechtigkeit gibt; eine solche Situation kann man nur dann überwinden, wenn ihr ein *Mehr* an Liebe, ein *Mehr* an Güte entgegengesetzt wird. Dieses ‚Mehr‘ kommt von Gott“[2]. Und mit großem Nachdruck fügte er hinzu, „dass Gewaltlosigkeit für die Christen nicht ein rein taktisches Verhalten darstellt, sondern eine Wesensart der Person und die Haltung dessen, der *so sehr von der Liebe Gottes und deren Macht überzeugt* ist, dass er keine Angst davor hat, dem Bösen nur mit den Waffen der Liebe und der Wahrheit entgegenzutreten. Die Feindesliebe bildet den Kern der ‚christlichen Revolution‘“[3]. Zu Recht wird das Evangelium von der Feindesliebe (vgl. Lk 6,27) „als die *Magna Charta* der christlichen Gewaltlosigkeit betrachtet; sie besteht nicht darin, sich dem Bösen zu ergeben [...], sondern darin, auf das Böse mit dem Guten zu antworten (vgl. Röm 12,17–21), um so die Kette der Ungerechtigkeit zu sprengen.“[4]

Mächtiger als die Gewalt

4. Die Gewaltfreiheit wird manchmal im Sinn von Kapitulation, Mangel an Engagement und Passivität verstanden, aber in Wirklichkeit ist es nicht so. Als Mutter Teresa 1979 den Friedensnobelpreis empfing, erklärte sie ihre Botschaft einer aktiven Gewaltfreiheit ganz deutlich: „In unserer Familie haben wir keine Bomben und Waffen nötig und brauchen nicht zu zerstören, um Frieden zu bringen, sondern wir müssen nur zusammen sein und einander lieben [...]. Und so werden wir alles Böse, das es in der Welt gibt, überwin-

---

[1] *F. von Assisi*, Dreigefährtenlegende, in: Berg, Dieter/Lehmann, Leonhard, Franziskus-Quellen. Die Schriften des heiligen Franziskus, Lebensbeschreibungen, Chroniken und Zeugnisse über ihn und seinen Orden, Kevelaer 2009, 644.

[2] *Benedikt XVI.*, Angelus am 18. Februar 2007, entnommen aus: www.vatican.va.

[3] Ebd.

[4] Ebd.

den können."[5] Denn die Macht der Waffen ist trügerisch. „Während die Waffenhändler ihre Arbeit tun, gibt es die armen Friedenstifter, die ihr Leben hingeben, nur um einem Menschen und noch einem, noch einem, noch einem zu helfen."[6] Für diese Friedenstifter ist Mutter Teresa „‚ein Symbol, eine Ikone unserer Zeit'"[7]. Im vergangenen September hatte ich die große Freude, sie heiligzusprechen. Ich habe ihre Verfügbarkeit gelobt, denn „durch die Aufnahme und den Schutz des menschlichen Lebens – des ungeborenen wie des verlassenen und ausgesonderten –" war sie „für alle da"[8]. „Sie beugte sich über die Erschöpften, die man am Straßenrand sterben ließ, weil sie die Würde erkannte, die Gott ihnen verliehen hatte. Sie erhob ihre Stimme vor den Mächtigen der Welt, damit sie angesichts der Verbrechen – angesichts der Verbrechen! – der Armut, die sie selbst geschaffen hatten, ihre Schuld erkennen sollten."[9] Ihre Reaktion – und damit steht sie für Tausende, ja Millionen von Menschen – war der Einsatz gewesen, großherzig und hingebungsvoll auf die Opfer zuzugehen, jeden verletzten Leib zu berühren und zu verbinden und jedes zerbrochene Leben zu heilen.

Die entschieden und konsequent praktizierte Gewaltfreiheit hat eindrucksvolle Ergebnisse hervorgebracht. Unvergesslich bleiben die von Mahatma Gandhi und Khan Abdul Ghaffar Khan erreichten Erfolge bei der Befreiung Indiens sowie die Erfolge Martin Luther Kings jr. gegen die Rassendiskriminierung. Besonders die Frauen sind oft Vorreiterinnen der Gewaltfreiheit, wie zum Beispiel Leymah Gbowee und Tausende liberianische Frauen, die Gebetstreffen und gewaltlosen Protest (pray-ins) organisiert und so Verhandlungen auf hoher Ebene erreicht haben im Hinblick auf die Beendigung des zweiten Bürgerkriegs in Liberia.

Wir dürfen auch das epochale Jahrzehnt nicht vergessen, das mit dem Sturz der kommunistischen Regime in Europa endete. Die christlichen Gemeinschaften leisteten dazu ihren Beitrag durch inständiges Beten und mutiges Handeln. Einen speziellen Einfluss übten der Dienst und das Lehramt des heiligen Johannes Paul II. aus. In seinen Gedanken über die Ereignisse von 1989 in der Enzyklika ‚Centesimus annus' von 1991 hat mein Vorgänger her-

---

[5] *Mutter Teresa*, Rede anlässlich der Verleihung des Friedensnobelpreises am 11. Dezember 1979 in Oslo; [Anm. der Herausgeber: Besagte Rede war im Volltext nur in englischer Sprache unter www.nobelprize.org auffindbar.]

[6] Ebd.

[7] *Franziskus*, Tagesmeditation ‚Der Weg des Friedens' im Rahmen der Frühmesse in der Kapelle des Vatikanischen Gästehauses Domus Sanctae Marthae am 19. November 2015, entnommen aus: www.vatican.va.

[8] *Franziskus*, Homilie zur Heiligen Messe und Heiligsprechung der seligen Mutter Teresa von Kalkutta auf dem Petersplatz am 4. September 2016, entnommen aus: www.vatican.va.

[9] Ebd.

vorgehoben, dass ein epochaler Umbruch im Leben der Völker, der Nationen und der Staaten „durch einen gewaltlosen Kampf erreicht wurde, der nur von den Waffen der Wahrheit und der Gerechtigkeit Gebrauch machte“ (CA 23). Dieser Weg eines politischen Übergangs zum Frieden wurde auch ermöglicht dank „dem gewaltlosen Engagement von Menschen [...], die sich stets geweigert hatten, der Macht der Gewalt zu weichen, und Schritt für Schritt wirksame Mittel zu finden wussten, um von der Wahrheit Zeugnis abzulegen“ (CA 23). Und so kommt Johannes Paul II. zu dem Schluss: „Mögen die Menschen lernen, gewaltlos für die Gerechtigkeit zu kämpfen, in den internen Auseinandersetzungen auf den Klassenkampf zu verzichten und in internationalen Konflikten auf den Krieg“ (CA 23).

Die Kirche hat sich für die Verwirklichung gewaltfreier Strategien zur Förderung des Friedens in vielen Ländern eingesetzt und sogar die gewaltsamsten Akteure zu Anstrengungen für den Aufbau eines gerechten und dauerhaften Friedens gedrängt.

Dieses Engagement für die Opfer von Ungerechtigkeit und Gewalt ist nicht etwa ein ausschließliches Gut der katholischen Kirche, sondern es gehört zu vielen religiösen Traditionen, für die „Mitleid und Gewaltlosigkeit wesentlich sind und den Weg des Lebens weisen“[10]. Das betone ich mit Nachdruck: „[K]eine Religion ist terroristisch.“[11] Die Gewalt ist eine Schändung des Namens Gottes.[12] „Werden wir nicht müde zu wiederholen, dass der Name Gottes die Gewalt nie rechtfertigen kann. Allein der Friede ist heilig. Nur der Friede ist heilig, nicht der Krieg!“[13]

Die häusliche Atmosphäre als Wurzel für eine gewaltfreie Politik

5. Wenn die Wurzel, der die Gewalt entspringt, das Herz der Menschen ist, dann ist es ganz wesentlich, den Weg der Gewaltfreiheit an erster Stelle innerhalb der Familie zu gehen. Es ist eine Komponente jener Freude der Liebe, die ich im vergangenen März zum Abschluss einer zweijährigen Reflexion der Kirche über Ehe und Familie in dem Apostolischen Schreiben ‚Amoris laetitia‘ dargelegt habe. Die Familie ist der unerlässliche Schmelztiegel, durch den Eheleute, Eltern und Kinder, Brüder und Schwestern lernen, sich zu ver-

---

[10] *Franziskus*, Ansprache bei der interreligiösen Begegnung in der Sala Clementina am 3. November 2016, entnommen aus: www.vatican.va.

[11] *Franziskus*, Ansprache an die Teilnehmer der 3. Internationalen Begegnung der Volksbewegungen in der Aula Paolo VI. am 5. November 2016, entnommen aus: www.vatican.va.

[12] Vgl. *Franziskus*, Ansprache bei der interreligiösen Begegnung mit dem Ratspräsidenten der kaukasischen Muslime und den Repräsentanten der anderen Religionsgemeinschaften des Landes in Baku am 2. Oktober 2016, entnommen aus: www.vatican.va.

[13] *Franziskus*, Ansprache beim Weltgebetstag für den Frieden ‚Durst nach Frieden. Religionen und Kulturen im Dialog‘ in Assisi am 20. September 2016, entnommen aus: www.vatican.va.

ständigen und uneigennützig füreinander zu sorgen; hier müssen Spannungen oder sogar Konflikte kraftvoll, aber durch Dialog, Achtung, Suche nach dem Wohl des anderen, Barmherzigkeit und Vergebung überwunden werden (vgl. AL 90–130). Aus dem Inneren der Familie springt die Freude der Liebe auf die Welt über und strahlt in die ganze Gesellschaft aus (vgl. AL 133/194/234). Im Übrigen kann sich eine Ethik der Brüderlichkeit und der friedlichen Koexistenz von Menschen und von Völkern nicht auf die Logik der Angst, der Gewalt und der Verschlossenheit gründen, sondern muss auf Verantwortung, Achtung und aufrichtigem Dialog beruhen. In diesem Sinn appelliere ich für die Abrüstung sowie für das Verbot und die Abschaffung der Atomwaffen: Die atomare Abschreckung und die Drohung der gesicherten gegenseitigen Zerstörung können kein Fundament für diese Art der Ethik sein.[14] Mit gleicher Dringlichkeit bitte ich, dass die häusliche Gewalt und der Missbrauch von Frauen und Kindern aufhören.

Das Jubiläum der Barmherzigkeit, das im vergangenen November abgeschlossen wurde, war eine Einladung, in die Tiefen unseres Herzens zu schauen und dort das Erbarmen Gottes eindringen zu lassen. Das Jubiläumsjahr hat uns ins Bewusstsein gerufen, wie zahlreich und verschieden die Menschen und die gesellschaftlichen Gruppen sind, die mit Gleichgültigkeit behandelt werden, Opfer von Ungerechtigkeit sind und Gewalt erleiden. Sie gehören zu unserer Familie, sind unsere Brüder und Schwestern. Darum müssen die Formen einer Politik der Gewaltfreiheit innerhalb der häuslichen Wände ihren Anfang nehmen, um sich dann auf die ganze Menschheitsfamilie auszubreiten. „Das Beispiel der heiligen Therese von Lisieux lädt uns ein, den ‚kleinen Weg' der Liebe zu beschreiten, keine Gelegenheit für ein freundliches Wort, für ein Lächeln, für irgendeine kleine Geste zu verpassen, die Frieden und Freundschaft verbreitet. Eine ganzheitliche Ökologie ist auch aus einfachen alltäglichen Gesten gemacht, die die Logik der Gewalt, der Ausnutzung, des Egoismus durchbrechen" (LS 230).

Meine Einladung

6. Der Aufbau des Friedens durch die aktive Gewaltfreiheit ist ein notwendiges Element und entspricht den ständigen Bemühungen der Kirche, die Anwendung von Gewalt zu begrenzen durch moralische Normen, durch ihre Teilnahme an den Arbeiten der internationalen Einrichtungen und durch den kompetenten Beitrag vieler Christen zur Ausarbeitung der Gesetzgebung

---

[14] Vgl. *Franziskus*, Botschaft anlässlich der Wiener Konferenz zu den humanitären Auswirkungen von Kernwaffen am 7. Dezember 2014, entnommen aus: www.vatican.va; [Anm. der Herausgeber: Besagte Botschaft war im Volltext nur in englischer, französischer, italienischer, portugiesischer und spanischer Sprache erfasst.]

auf allen Ebenen. Jesus selbst bietet uns ein Handbuch dieser Strategie zum Aufbau des Friedens in der sogenannten Bergpredigt an. Die acht Seligpreisungen (vgl. Mt 5,3–10) skizzieren das Profil des Menschen, den wir als glücklich, gut und authentisch bezeichnen können. Selig, die keine Gewalt anwenden – sagt Jesus –, selig die Barmherzigen, die Friedenstifter, selig, die ein reines Herz haben, die hungern und dürsten nach der Gerechtigkeit.

Das ist auch ein Programm und eine Herausforderung für die politischen und religiösen Leader, für die Verantwortungsträger der internationalen Einrichtungen und für die Leiter der Unternehmen und der Medien der ganzen Welt: die Seligpreisungen in der Art der Ausübung ihrer Verantwortung anzuwenden. Eine Herausforderung, die Gesellschaft, die Gemeinschaft oder das Unternehmen, für das sie verantwortlich sind, im Stil der Friedenstifter aufzubauen; Barmherzigkeit zu beweisen, indem sie es ablehnen, Menschen auszusondern, die Umwelt zu schädigen, oder um jeden Preis gewinnen zu wollen. Das erfordert „die Bereitschaft, den Konflikt zu erleiden, ihn zu lösen und ihn zum Ausgangspunkt eines neuen Prozesses zu machen“ (EG 227). In dieser Weise zu wirken bedeutet, die Solidarität als den Stil zu wählen, Geschichte zu machen und soziale Freundschaft aufzubauen. Die aktive Gewaltfreiheit ist ein Weg, um zu zeigen, dass wirklich die Einheit mächtiger und fruchtbarer ist als der Konflikt. Alles in der Welt ist eng miteinander verbunden (vgl. LS 16/117/138). Gewiss, es kann geschehen, dass die Verschiedenheiten Reibereien erzeugen: Gehen wir sie konstruktiv und gewaltlos an, so dass „die Spannungen und die Gegensätze zu einer vielgestaltigen Einheit führen können, die neues Leben hervorbringt“ (EG 228) und „die wertvollen innewohnenden Möglichkeiten und die Polaritäten im Streit beibehält“ (EG 228).

Ich versichere, dass die katholische Kirche jeden Versuch, den Frieden auch durch die aktive und kreative Gewaltfreiheit aufzubauen, begleiten wird. Am 1. Januar 2017 tritt das neue Dikasterium für den Dienst zugunsten der ganzheitlichen Entwicklung des Menschen in Funktion. Es wird der Kirche bei der Förderung „der unermesslichen Güter der Gerechtigkeit, des Friedens und der Bewahrung der Schöpfung“[15] immer wirkungsvoller helfen und sie in ihrer Fürsorge für die Migranten, „die Bedürftigen, die Kranken und die Ausgeschlossenen, die Ausgegrenzten und die Opfer bewaffneter Konflikte und von Naturkatastrophen, die Gefangenen, die Arbeitslosen und die Opfer jeder Form von Sklaverei und Folter“[16] immer durchgreifender unterstützen. Jede Handlung in dieser Richtung, so bescheiden sie auch sei, trägt

---

[15] *Franziskus*, Apostolisches Schreiben in Form eines *Motu proprio* vom 17. August 2016, mit dem das Dikasterium für den Dienst zugunsten der ganzheitlichen Entwicklung der Menschen eingerichtet wird, entnommen aus: www.vatican.va.

[16] Ebd.

zum Aufbau einer gewaltfreien Welt bei, und das ist der erste Schritt zur Gerechtigkeit und zum Frieden.

Zum Schluss

7. Wie es der Tradition entspricht, unterzeichne ich diese Botschaft am 8. Dezember, dem Fest der Unbefleckten Empfängnis der seligen Jungfrau Maria. Sie ist die Königin des Friedens. Bei der Geburt ihres Sohnes verherrlichten die Engel Gott und wünschten den Menschen guten Willens Frieden auf Erden (vgl. Lk 2,14). Bitten wir Maria, uns leitend voranzugehen.

„Alle ersehnen wir den Frieden; viele Menschen bauen ihn täglich mit kleinen Gesten auf; viele leiden und nehmen geduldig die Mühe auf sich, immer wieder zu versuchen, Frieden zu schaffen.“[17] Bemühen wir uns im Jahr 2017 mit Gebet und Tat darum, Menschen zu werden, die aus ihrem Herzen, aus ihren Worten und aus ihren Gesten die Gewalt verbannt haben, und gewaltfreie Gemeinschaften aufzubauen, die sich um das gemeinsame Haus kümmern. „Nichts ist unmöglich, wenn wir uns im Gebet an Gott wenden. Alle können ‚Handwerker‘ des Friedens sein.“[18]

Aus dem Vatikan, am 8. Dezember 2016
Franziskus

---

[17] *Franziskus*, Ansprache zum Regina Caeli in Bethlehem am 25. Mai 2014, entnommen aus: www.vatican.va.

[18] *Franziskus*, Friedensappell beim Weltgebetstag für den Frieden ‚Durst nach Frieden. Religionen und Kulturen im Dialog‘ in Assisi am 20. September 2016, entnommen aus: www.vatican.va.

Botschaft seiner Heiligkeit Papst Franziskus
zur Feier des 51. Weltfriedenstages
1. Januar 2018

Migranten und Flüchtlinge: Menschen auf der Suche nach Frieden

1. Friedenswunsch

Friede allen Menschen und allen Ländern der Erde! Der Friede, den die Engel den Hirten in der Heiligen Nacht verkünden (vgl. Lk 2,14), ist eine tiefe Sehnsucht aller Menschen und Völker, vor allem derer, die am stärksten darunter leiden, wenn er fehlt. Unter ihnen, die ich in meinen Gedanken trage und in mein Gebet einschließe, möchte ich einmal mehr an die über 250 Millionen Migranten in der Welt erinnern, von denen 22,5 Millionen Flüchtlinge sind. Bei diesen handelt es sich, wie schon mein geschätzter Vorgänger Benedikt XVI. sagte, um „Männer und Frauen, Kinder, junge und alte Menschen, die einen Ort suchen, an dem sie in Frieden leben können."[1] Um ihn zu finden, sind viele von ihnen bereit, auf einer meist langen und gefährlichen Reise ihr Leben zu riskieren, Mühe und Leid zu ertragen, Zäune und Mauern zu überwinden, die errichtet wurden, um sie von ihrem Ziel fernzuhalten.

Im Geist der Barmherzigkeit umarmen wir all diejenigen, die vor Krieg und Hunger fliehen oder die aufgrund von Diskriminierung, Verfolgung, Armut und Umweltzerstörung gezwungen sind, ihr Land zu verlassen.

Wir sind uns bewusst, dass es nicht genügt, unsere Herzen dem Leid anderer zu öffnen. Es muss noch viel getan werden, bevor unsere Brüder und Schwestern wieder in Frieden in einem sicheren Zuhause leben können. Die Aufnahme des anderen erfordert konkretes Engagement, eine Kette von Unterstützung und Wohlwollen, eine wache und verständnisvolle Aufmerksamkeit. Ebenso verlangt sie einen verantwortlichen Umgang mit neuen komplexen Situationen, die manchmal zu den zahlreichen bereits bestehenden Problemen hinzukommen, und mit den Ressourcen, die stets begrenzt sind. Wenn die Regierenden mit Besonnenheit vorgehen, sind sie imstande, praktische Maßnahmen zu ergreifen, um aufzunehmen, zu fördern, zu schützen und zu integrieren, und auf diese Weise, „soweit es das wahre Wohl ihrer Gemeinschaft zulässt, dem Vorhaben derer entgegenzukommen, die sich einer neuen Gemeinschaft anschließen wollen" (PT 106). Sie haben eine klare Ver-

---

[1] *Benedikt XVI.*, Angelus am 15. Januar 2012, entnommen aus: www.vatican.va.

antwortung gegenüber der Bevölkerung in ihren Ländern, deren ordentliche Rechte und harmonische Entwicklung sie gewährleisten müssen, damit sie nicht wie der törichte Bauherr erscheinen, der falsche Berechnungen angestellt hat und nicht in der Lage war, den Turm fertigzustellen, dessen Bau er begonnen hatte (vgl. Lk 14,28–30).

2. Warum so viele Flüchtlinge und Migranten?
Im Hinblick auf die Feier des Großen Jubiläums der 2000 Jahre, seit die Engel in Bethlehem den Frieden verkündeten, erinnerte der heilige Johannes Paul II. an die wachsende Zahl von Flüchtlingen als Konsequenz „einer endlosen und schrecklichen Folge von Kriegen, Konflikten, Völkermorden und ‚ethnischer Säuberungen'" (Wfb 2000), die das 20. Jahrhundert gekennzeichnet haben. Das neue Jahrhundert hat bisher noch keine wirkliche Wende gebracht: Die bewaffneten Konflikte und die anderen Formen organisierter Gewalt verursachen weiterhin Bevölkerungswanderungen innerhalb der nationalen Grenzen und über sie hinaus.

Aber die Menschen wandern auch aus anderen Gründen aus. Dazu gehört zunächst einmal der „Wunsch nach einem besseren Leben, oft auch vereint mit dem Versuch, die ‚Verzweiflung' darüber hinter sich zu lassen, dass es ihnen verwehrt ist, sich eine Zukunft aufzubauen"[2]. Man bricht auf, um sich wieder mit seiner Familie zu vereinen, um Arbeits- und Ausbildungsmöglichkeiten zu finden. Wer diese Rechte nicht besitzt, lebt nicht in Frieden. „Tragisch ist" darüber hinaus, wie ich bereits in der Enzyklika ‚Laudato si'' betont habe, „die Zunahme der Migranten, die vor dem Elend flüchten, das durch die Umweltzerstörung immer schlimmer wird" (LS 25). Die Mehrheit wandert auf regulärem Weg aus, während manche andere Wege verfolgen, vor allem aus Verzweiflung, wenn das Heimatland ihnen weder Sicherheit noch Zukunftsaussichten bietet und jeder legale Weg unbegehbar, versperrt oder zu langsam erscheint.

In vielen Zielländern hat sich eine Rhetorik weit verbreitet, die mit Nachdruck die Risiken für die nationale Sicherheit oder die Belastung durch die Aufnahme der neu Ankommenden betont. Dabei wird jedoch die menschliche Würde missachtet, die jedem zuerkannt werden muss, weil alle Menschen Kinder Gottes sind. Alle, die – vielleicht zu politischen Zwecken – Angst gegenüber Migranten schüren, säen Gewalt, Rassismus und Fremdenfeindlichkeit, anstatt den Frieden aufzubauen. Dies gibt allen, denen der Schutz eines jeden Menschen am Herzen liegt, Anlass zu großer Sorge.[3]

---

[2] *Benedikt XVI.*, Botschaft zum Welttag des Migranten und Flüchtlings 2013, entnommen aus: www.vatican.va.

[3] Vgl. *Franziskus*, Ansprache an die nationalen Direktoren für Migrantenpastoral, die an der

Alle Erkenntnisse, über die die internationale Gemeinschaft verfügt, weisen darauf hin, dass die globalen Migrationsbewegungen weiterhin unsere Zukunft bestimmen werden. Einige sehen sie als Bedrohung an. Ich jedoch bitte Sie, auf sie mit einem Blick des Vertrauens zu schauen, als eine Gelegenheit, eine friedvolle Zukunft aufzubauen.

3. Mit einem betrachtenden Blick

Die Weisheit des Glaubens schärft diesen Blick, der in der Lage ist, wahrzunehmen, dass wir alle „zu einer einzigen Familie [gehören], Migranten und die sie aufnehmenden Gastvölker, und alle [...] dasselbe Recht [haben], die Güter der Erde zu nutzen, deren Bestimmung allgemein ist, wie die Soziallehre der Kirche lehrt. Solidarität und Teilen haben hier ihre Grundlage."[4] Diese Worte rufen uns das Bild des neuen Jerusalems wieder ins Gedächtnis. Das Buch des Propheten Jesaja (vgl. Jes 60) und dann das der Offenbarung des Johannes (vgl. Joh 21) beschreiben es als eine Stadt, deren Tore stets geöffnet sind, um Menschen aller Völker eintreten zu lassen; sie bewundern die Stadt und füllen sie mit ihren Reichtümern. Der Friede ist der Herrscher, der sie leitet, und die Gerechtigkeit der Grundsatz, der das Zusammenleben in ihrem Inneren bestimmt.

Auch auf die Stadt, in der wir leben, müssen wir mit einem solchen betrachtenden Blick schauen, „das heißt mit einem Blick des Glaubens [...], der jenen Gott entdeckt, der in ihren Häusern, auf ihren Straßen und auf ihren Plätzen wohnt [...] und [...] die Solidarität, die Brüderlichkeit und das Verlangen nach dem Guten, nach Wahrheit und Gerechtigkeit [fördert]" (EG 71), mit anderen Worten: der die Verheißung des Friedens verwirklicht.

Wenn wir auf die Migranten und Flüchtlinge schauen, vermag ein solcher Blick zu entdecken, dass sie nicht mit leeren Händen kommen: Neben der wertvollen Prägung durch ihre Heimatkulturen bringen sie ein hohes Maß an Mut und Tatkraft, an Fähigkeiten und Erwartungen mit. Auf diese Weise bereichern sie das Leben der Nationen, die sie aufnehmen. Ein solcher Blick kann auch die Kreativität, die Ausdauer und die Opferbereitschaft unzähliger Menschen, Familien und Gemeinschaften wahrnehmen, die in allen Teilen der Welt den Migranten und Flüchtlingen ihre Türen und Herzen öffnen, auch dort, wo die Ressourcen knapp sind.

Dieser betrachtende Blick kann schließlich auch die Verantwortungsträger des öffentlichen Lebens in ihrem Urteil leiten, sodass die Aufnahmepoli-

---

Konferenz des Rats der Europäischen Bischofskonferenzen (CCEE) teilgenommen haben, am 22. September 2017, entnommen aus: www.vatican.va.

[4] *Benedikt XVI.*, Botschaft zum Welttag des Migranten und Flüchtlings 2011, entnommen aus: www.vatican.va.

tik auf ein Höchstmaß ausgeweitet wird, „soweit es das wahre Wohl ihrer Gemeinschaft zulässt“ (PT 106), das heißt, die Bedürfnisse aller Mitglieder der einen Menschheitsfamilie und das Wohl jedes Einzelnen von ihnen berücksichtigt werden.

Wer von diesem Blick beseelt ist, wird die ersten Ansätze des Friedens erkennen, die bereits aufkeimen, und wird für ihr Wachstum Sorge tragen. So wird er unsere Städte, die oft wegen Konflikten um die Präsenz von Migranten und Flüchtlingen gespalten und polarisiert sind, in Orte des Aufbaus des Friedens verwandeln.

4. Vier Eckpfeiler für unser Handeln

Um Asylsuchenden, Flüchtlingen, Migranten und Opfern von Menschenhandel eine Möglichkeit geben zu können, den Frieden, den sie suchen, zu finden, braucht es eine Strategie, die vier Handlungen miteinander verbindet: aufnehmen, schützen, fördern und integrieren.[5]

Aufnehmen ruft die Notwendigkeit ins Gedächtnis, die Möglichkeiten zur legalen Einreise auszuweiten, Flüchtlinge und Migranten nicht an Orte zurückzuweisen, wo ihnen Verfolgung und Gewalt drohen, und die Sorge um die nationale Sicherheit mit der Wahrung der grundlegenden Menschenrechte ins Gleichgewicht zu bringen. Die Heilige Schrift erinnert uns: „Vergesst die Gastfreundschaft nicht; denn durch sie haben einige, ohne es zu ahnen, Engel beherbergt!“ (Hebr 13,2)

Schützen erinnert an die Pflicht, die unantastbare Würde all jener, die vor einer realen Gefahr fliehen und Asyl und Sicherheit suchen, anzuerkennen und zu wahren und ihre Ausbeutung zu verhindern. Ich denke dabei besonders an die Frauen und Kinder, die sich in Situationen befinden, in denen sie Gefahren und Missbrauch bis hin zur Sklaverei ausgesetzt sind. Gott diskriminiert nicht: „Der Herr beschützt die Fremden, er hilft auf den Waisen und Witwen“ (Ps 146,9).

Fördern verweist auf die Unterstützung bei der ganzheitlichen menschlichen Entwicklung von Migranten und Flüchtlingen. Unter den vielen Mitteln, die dabei helfen können, möchte ich hervorheben, wie wichtig es ist, Kindern und Jugendlichen den Zugang zu allen Stufen der Bildung zu garantieren. Auf diese Weise können sie nicht nur ihre eigenen Fähigkeiten weiterentwickeln und entfalten, sondern sind auch eher in der Lage, auf die anderen im Geist des Dialogs – nicht der Abschottung und Konfrontation – zuzugehen. Die Heilige Schrift lehrt: Gott „liebt die Fremden und gibt ihnen

[5] Vgl. *Franziskus*, Botschaft zum Welttag des Migranten und Flüchtlings 2018, entnommen aus: www.vatican.va.

Nahrung und Kleidung" (Dtn 10,18). Deshalb mahnt sie: „[A]uch ihr sollt die Fremden lieben, denn ihr seid Fremde in Ägypten gewesen" (Lk 10,19).

Integrieren bedeutet schließlich, es den Flüchtlingen und Migranten zu ermöglichen, voll und ganz am Leben der Gesellschaft, die sie aufnimmt, teilzunehmen – in einer Dynamik gegenseitiger Bereicherung und fruchtbarer Zusammenarbeit bei der Förderung der ganzheitlichen Entwicklung des Menschen in den lokalen Gemeinschaften. So schreibt der heilige Paulus: „Ihr seid also jetzt nicht mehr Fremde und ohne Bürgerrecht, sondern Mitbürger der Heiligen und Hausgenossen Gottes" (Eph 2,19).

5. Ein Vorschlag im Hinblick auf zwei internationale Pakte

Ich wünsche mir von Herzen, dass dieser Geist den Prozess bestimmt, der im Laufe des Jahres 2018 dazu führen wird, dass die Vereinten Nationen zwei globale Pakte definieren und verabschieden – einen für sichere, geordnete und reguläre Migration, den anderen für Flüchtlinge. Als Vereinbarungen auf globaler Ebene stellen diese Pakte einen wichtigen Bezugsrahmen für politische Vorschläge und praktische Maßnahmen dar. Deshalb ist es wichtig, dass sie von Mitgefühl, Weitsicht und Mut inspiriert sind, so dass jede Gelegenheit genutzt wird, den Aufbau des Friedens voranzubringen. Nur so ist es möglich, dass der notwendige Realismus der internationalen Politik nicht dem Zynismus und der Globalisierung der Gleichgültigkeit zum Opfer fällt.

Dialog und Koordinierung stellen tatsächlich eine Notwendigkeit und ureigene Pflicht der internationalen Gemeinschaft dar. Jenseits nationaler Grenzen ist es möglich, dass auch weniger reiche Länder eine größere Anzahl von Flüchtlingen aufnehmen oder besser aufnehmen können, wenn durch internationale Zusammenarbeit die Bereitstellung der notwendigen Mittel gewährleistet ist.

Die Abteilung für Migranten und Flüchtlinge des Dikasteriums für den Dienst zugunsten der ganzheitlichen Entwicklung des Menschen hat 20 Handlungsschwerpunkte vorgeschlagen,[6] die dazu dienen, dass die vier genannten Verben auf politischer Ebene umgesetzt werden, ebenso wie in der Einstellung und im Handeln der christlichen Gemeinschaften. Diese und andere Beiträge möchten das Interesse der katholischen Kirche an dem Prozess, der zur Anwendung der beiden globalen Pakte der Vereinten Nationen führt, zum Ausdruck bringen. Dieses Interesse spiegelt eine allgemeinere pastorale Fürsorge

[6] Vgl. *Vatikanische Abteilung für Migranten und Flüchtlinge*, Antworten auf die Bedürfnisse von Flüchtlingen und Migranten. 20 pastorale Handlungsschwerpunkte, Vatikanstadt 2017. Vgl. dazu: *B. Auza*, Letter dated 6 October 2017 from the Permanent Observer of the Holy See to the United Nations adressed to the Secretary General (UNO-Dokument A/72/528).

wider, die mit der Kirche entstanden ist und die sich durch zahlreiche Werke bis in unsere Tage fortsetzt.

6. Für unser gemeinsames Haus

Die Worte des heiligen Johannes Paul II. inspirieren uns: „Wenn viele den ‚Traum‘ von einer Welt des Friedens teilen und der wertvolle Beitrag von Migranten und Flüchtlingen geschätzt wird, dann kann die Menschheit mehr und mehr zur Familie aller und unsere Welt zum wahren ‚gemeinsamen Haus‘ werden.“[7] Viele in der Geschichte haben an diesen Traum geglaubt und wie viele haben Zeugnis dafür abgelegt, dass es sich dabei nicht um eine unrealisierbare Utopie handelt.

Zu ihnen muss die heilige Franziska Xaviera Cabrini gezählt werden, die 2017 ihren hundertsten Todestag hat. Heute, am 13. November, wird von vielen kirchlichen Gemeinschaften ihr Gedenktag gefeiert. Diese kleine großartige Frau, die ihr Leben dem Dienst der Migranten widmete und dann ihre Patronin im Himmel wurde, hat uns gelehrt, wie wir diese unsere Brüder und Schwestern aufnehmen, beschützen, fördern und integrieren können. Auf ihre Fürsprache möge der Herr uns allen gewähren, diese Erfahrung zu machen: „Die Frucht der Gerechtigkeit wird in Frieden für die gesät, die Frieden schaffen“ (Jak 3,18).

Aus dem Vatikan, am 13. November 2017
Franziskus

---

[7] *Johannes Paul II.*, Botschaft zum Welttag des Migranten und Flüchtlings 2004, entnommen aus: www.vatican.va.

Botschaft seiner Heiligkeit Papst Franziskus
zur Feier des 52. Weltfriedenstages
1. Januar 2019

Gute Politik steht im Dienste des Friedens

1. „Friede diesem Haus!" (Lk 10,5)

Als Jesus seine Jünger aussandte, sagte er zu ihnen: „Wenn ihr in ein Haus kommt, so sagt als Erstes: Friede diesem Haus! Und wenn dort ein Sohn des Friedens wohnt, wird euer Friede auf ihm ruhen; andernfalls wird er zu euch zurückkehren" (Lk 10,5–6).

Frieden zu bringen steht im Mittelpunkt der Sendung der Jünger Christi. Und dieses Angebot richtet sich an alle, Männer und Frauen, die inmitten der Dramen und Gewalttaten der Menschheitsgeschichte auf Frieden hoffen.[1] Das Haus, von dem Jesus spricht, ist jede Familie, jede Gemeinschaft, jedes Land, jeder Kontinent, mit der jeweiligen Einzigartigkeit und Geschichte; gemeint ist insbesondere jeder Mensch, ohne Unterschiede und Diskriminierungen. Es geht dabei auch um unser gemeinsames Haus, um den Planeten, den Gott uns als Lebensraum zugewiesen hat und für den wir achtsam Sorge tragen sollen.

So soll dies auch mein Wunsch zu Beginn des neuen Jahres sein: „Friede diesem Haus!" (Lk 10,5)

2. Die Herausforderung guter Politik

Der Friede ist der Hoffnung ähnlich, über die der Dichter Charles Péguy sagt, sie sei wie eine zarte Blume, die versucht, mitten unter den Steinen der Gewalt aufzugehen.[2] Wir wissen, dass ein Machtstreben um jeden Preis zu Missbrauch und Ungerechtigkeit führt. Die Politik ist ein grundlegendes Mittel, um ein Gemeinwesen aufzubauen und das Tun des Menschen zu fördern, aber wenn sie von den Verantwortlichen nicht als Dienst an der menschlichen Gemeinschaft verstanden wird, kann sie zu einem Instrument der Unterdrückung und Ausgrenzung, ja sogar der Zerstörung werden.

---

[1] Vgl. dazu: „Ehre sei Gott in der Höhe und Friede auf Erden den Menschen seines Wohlgefallens" (Lk 2,14).

[2] Vgl. *C. Péguy*, Le Porche du mystère de la deuxième vertu, Paris 1986 (= Poésie 204); [Anm. der Herausgeber: Ein konkreter Seitenverweis fehlte an dieser Stelle und konnte auch bei eingehender Durchsicht des Bandes nicht zweifelsfrei ermittelt werden.]

„Wer der Erste sein will", sagt Jesus, „soll der Letzte von allen und der Diener aller sein" (Mk 9,35). So hob auch Papst Paul VI. hervor: „Wenn das Politische mit der angebrachten Bemühung betrieben wird, die ihre verschiedenen Gebiete ins Auge fasst, welche lokale, regionale, nationale Gesichtspunkte und die Welt selbst umgreifen, dann heißt dies nichts anderes als die Pflicht des Menschen, und zwar eines jeden Menschen, bejahen, zu erkennen, was es mit der freien Entscheidung auf sich hat und was sie bedeutet, ist ihm doch diese angeboten, damit er für die Verwirklichung des gemeinschaftlichen Wohls seiner Stadt, seines Volkes und der Menschheit Einsatz leistet" (OA 46).

In der Tat stellen die politische Funktion und Verantwortung eine ständige Herausforderung für alle dar, die das Mandat erhalten, ihrem Land zu dienen, die dort lebenden Menschen zu schützen und Voraussetzungen für eine würdige und gerechte Zukunft zu schaffen. Wenn sie sich in grundlegender Achtung des Lebens, der Freiheit und der Würde des Menschen vollzieht, kann die Politik wirklich zu einer hervorragenden Form der Nächstenliebe werden.

3. Nächstenliebe und menschliche Tugenden für eine Politik im Dienste der Menschenrechte und des Friedens

Papst Benedikt XVI. erinnerte daran, dass „[j]eder Christ [...] zu dieser Nächstenliebe aufgerufen [ist], in der Weise seiner Berufung und entsprechend seinen Einflussmöglichkeiten in der *Polis*. [...] Wenn der Einsatz für das Gemeinwohl von der Liebe beseelt ist, hat er eine höhere Wertigkeit als der nur weltliche, politische. [...] Wenn das Handeln des Menschen auf Erden von der Liebe inspiriert und unterstützt wird, trägt es zum Aufbau jener universellen *Stadt Gottes* bei, auf die sich die Geschichte der Menschheitsfamilie zubewegt" (CiV 7). Dies ist ein Programm, in dem sich alle Politiker unabhängig von ihrer kulturellen oder religiösen Zugehörigkeit wiederfinden können, die gemeinsam für das Wohl der Menschheitsfamilie arbeiten wollen, indem sie die menschlichen Tugenden praktizieren, die einem guten politischen Handeln zugrunde liegen: Gerechtigkeit, Gleichheit, gegenseitiger Respekt, Aufrichtigkeit, Ehrlichkeit und Treue.

In diesem Zusammenhang verdienen es die Seligpreisungen des Politikers, in Erinnerung gerufen zu werden, die vom 2002 verstorbenen vietnamesischen Kardinal François-Xavier Nguyễn Văn Thuận stammen, der ein treuer Zeuge des Evangeliums war:

Selig der Politiker, der ein seiner Rolle entsprechendes Bewusstsein und Gewissen hat.
Selig der Politiker, der als Person glaubwürdig ist.
Selig der Politiker, der für das Gemeinwohl arbeitet und nicht für seine eigenen Interessen.

Selig der Politiker, der kohärent bleibt.
Selig der Politiker, der Einheit schafft.
Selig der Politiker, der sich für die Verwirklichung radikalen Wandels einsetzt.
Selig der Politiker, der zuhören kann.
Selig der Politiker, der keine Angst hat.[3]

Jede Wahl von Amtsträgern, jede Amtsperiode, jede Phase des öffentlichen Lebens ist eine Gelegenheit, zur Quelle und zu den Bezugspunkten zurückzukehren, die die Gerechtigkeit und das Recht inspirieren. Wir sind davon überzeugt: Gute Politik steht im Dienste des Friedens; sie achtet und fördert die grundlegenden Menschenrechte, die ebenso gegenseitige Pflichten sind, damit ein Band des Vertrauens und der Dankbarkeit zwischen gegenwärtigen und kommenden Generationen geknüpft werden kann.

4. Die Laster der Politik

Neben den Tugenden gibt es leider auch in der Politik Laster, die sowohl auf mangelnde persönliche Eignung als auch auf Missstände im Umfeld und in den Institutionen zurückzuführen sind. Es ist allen klar, dass die Laster der Politik die Glaubwürdigkeit der Systeme, in denen sie stattfindet, sowie die Autorität, die Entscheidungen und das Handeln der Menschen, die sich dort einsetzen, untergraben. Diese Laster schwächen das Ideal einer echten Demokratie, sie sind die Schande des öffentlichen Lebens und gefährden den sozialen Frieden: Korruption – in ihren vielen Formen der Veruntreuung von öffentlichem Eigentum oder der Instrumentalisierung von Menschen –, Rechtsverweigerung, Missachtung von Gemeinschaftsregeln, illegale Bereicherung, Rechtfertigung der Macht durch Gewalt oder unter dem willkürlichen Vorwand der Staatsräson, der Hang zum Machterhalt, Fremdenfeindlichkeit und Rassismus, die Weigerung, achtsam mit der Erde umzugehen, eine unbegrenzte Ausbeutung der natürlichen Ressourcen für den unmittelbaren Profit und die Verachtung für die, die zu einem Leben in der Fremde gezwungen sind.

5. Gute Politik fördert die Beteiligung junger Menschen und das Vertrauen in andere

Wenn die Ausübung der politischen Macht einzig auf die Wahrung der Interessen bestimmter privilegierter Personen abzielt, wird die Zukunft beeinträchtigt; junge Menschen stehen in Gefahr, ihr Vertrauen zu verlieren, weil sie dazu verurteilt sind, am Rande der Gesellschaft zu bleiben, und keine Möglichkeit haben, die Zukunft mitzugestalten. Wenn die Politik hingegen

[3] Vgl. *F. X. Nguyên Van Thuân*, Il contagio della carità, in: 30Giorni 5 (2002), 35–36.

in der Förderung junger Talente und Berufungen, die nach Verwirklichung streben, einen konkreten Ausdruck findet, wird der Frieden in den Gewissen wachsen und auch auf den Gesichtern sichtbar sein. Es kommt zu einem dynamischen Vertrauen im Sinne von: Ich vertraue dir und glaube mit dir an die Möglichkeit, gemeinsam für das Gemeinwohl zu arbeiten. Politik dient dem Frieden, wenn sie sich in der Anerkennung der Charismen und Fähigkeiten eines jeden Menschen ausdrückt. „Was gibt es [S]chöneres als eine hingereichte Hand? Sie ist von Gott gewollt, um zu geben und zu empfangen. Gott hat nicht gewollt, dass sie tötet (vgl. Gen 4,1ff.) oder dass sie leiden lässt, sondern dass sie sorgt und zu leben hilft. Neben dem Herzen und dem Verstand kann auch die Hand zu einem Werkzeug des Dialogs werden."[4]

Jeder kann mit seinem eigenen Stein einen Beitrag zum Bau des gemeinsamen Hauses erbringen. Echte Politik, die sich auf Recht und ehrlichen Dialog zwischen den Personen gründet, entsteht immer neu aus der Überzeugung heraus, dass mit jeder Frau, jedem Mann und jeder Generation die Hoffnung auf neue relationale, intellektuelle, kulturelle und spirituelle Möglichkeiten verbunden ist. Ein solches Vertrauen ist nie einfach, denn menschliche Beziehungen sind komplex. So leben wir momentan in einem Klima des Misstrauens, das in der Angst vor dem anderen oder Fremden, in der Angst vor dem Verlust der eigenen Vorteile wurzelt und sich leider auch auf politischer Ebene durch eine Haltung der Abschottung oder des Nationalismus manifestiert, die jene Brüderlichkeit infrage stellen, die unsere globalisierte Welt so dringend braucht. Unsere Gesellschaften brauchen heute mehr denn je Gestalter des Friedens, die authentische Botschafter und Zeugen Gottes des Vaters sein können, der das Wohl und das Glück der Menschheitsfamilie will.

6. Nein zum Krieg und zur Strategie der Angst

Wenn wir hundert Jahre nach dem Ende des Ersten Weltkriegs an die jungen Menschen, die bei diesen Kämpfen starben, und an die gequälte Zivilbevölkerung denken, verstehen wir heute besser als gestern die schreckliche Lehre aus den Bruderkriegen, dass nämlich Frieden sich niemals auf das bloße Gleichgewicht der Kräfte und der Angst beschränken kann. Den anderen zu bedrohen bedeutet, ihn zum bloßen Objekt zu machen und ihm seine Würde abzusprechen. Aus diesem Grund bekräftigen wir, dass die Eskalation von Einschüchterung wie auch die unkontrollierte Verbreitung von Waffen gegen die Moral und das Bemühen um wirkliche Eintracht verstoßen. Der Terror gegen die Schwächsten trägt dazu bei, dass ganze Bevölkerungsgruppen auf

---

[4] *Benedikt XVI.*, Ansprache bei der Begegnung mit den Mitgliedern der Regierung, Vertretern der staatlichen Institutionen, mit dem Diplomatischen Korps und mit den Vertretern der wichtigsten Religionen in Benin am 19. November 2011, entnommen aus: www.vatican.va.

der Suche nach Orten des Friedens ins Exil gehen. Nicht tragbar sind politische Diskurse, welche die Migranten aller Übel beschuldigen und den Armen die Hoffnung nehmen. Stattdessen muss betont werden, dass der Frieden auf der Achtung jedes Menschen unabhängig von seiner Geschichte, auf der Achtung des Gesetzes und des Gemeinwohls sowie der uns anvertrauten Schöpfung und des reichen sittlichen Erbes früherer Generationen beruht.

Wir denken insbesondere auch an die Kinder, die in den derzeitigen Konfliktgebieten leben, und an all diejenigen, die sich für den Schutz ihres Lebens und ihrer Rechte einsetzen. In der Welt ist jedes sechste Kind von der Gewalt des Krieges oder ihren Folgen betroffen, wenn es nicht sogar selbst Soldat oder Geisel bewaffneter Gruppen wird. Das Zeugnis derer, die sich für die Achtung der Kinder und die Verteidigung ihrer Würde einsetzen, ist äußerst wertvoll für die Zukunft der Menschheit.

7. Ein großes Friedensprojekt

In diesen Tagen feiern wir den siebzigsten Jahrestag der Allgemeinen Erklärung der Menschenrechte, die nach dem Zweiten Weltkrieg verabschiedet wurde. Erinnern wir uns in diesem Zusammenhang an eine Feststellung von Papst Johannes XXIII.: „Sofern in einem Menschen das Bewusstsein seiner Rechte erwacht, muss in ihm auch notwendig das Bewusstsein seiner Pflichten entstehen, so dass, wer bestimmte Rechte hat, zugleich auch die Pflicht hat, sie als Zeichen seiner Würde zu beanspruchen, während die übrigen Menschen die Pflicht haben, diese Rechte anzuerkennen und hochzuschätzen“ (PT 44).

Der Frieden ist in der Tat das Ergebnis eines großen politischen Projekts, das auf der gegenseitigen Verantwortung und der wechselseitigen Abhängigkeit der Menschen beruht. Aber er ist auch eine Herausforderung, der man sich Tag für Tag stellen muss. Frieden ist eine Bekehrung von Herz und Seele, und es ist leicht, drei untrennbare Dimensionen dieses inneren und gemeinschaftlichen Friedens auszumachen:

– Frieden mit sich selbst: Unnachgiebigkeit, Wut und Ungeduld zurückweisen und – wie der heilige Franz von Sales riet – ein wenig Sanftmut an sich selbst üben, um anderen ein wenig Sanftmut zu erweisen;
– Frieden mit dem anderen: mit dem Familienangehörigen, dem Freund, dem Fremden, dem Armen, dem Leidenden …; den Mut haben, ihnen zu begegnen, und ihrer Botschaft zuhören.
– Frieden mit der Schöpfung: die Größe des Geschenks Gottes und seinen Teil der Verantwortung wiederentdecken, der jedem von uns als Bewohner der Welt, als Bürger und Gestalter der Zukunft aufgegeben ist.

Eine Friedenspolitik, die um die menschlichen Schwächen weiß und sich ihrer annimmt, kann immer aus dem Geist des Magnifikats schöpfen, das Maria, die Mutter Christi, des Erlösers, und die Königin des Friedens, im Namen aller Menschen singt: „Er erbarmt sich von Geschlecht zu Geschlecht über alle, die ihn fürchten. Er vollbringt mit seinem Arm machtvolle Taten: Er zerstreut, die im Herzen voll Hochmut sind; er stürzt die Mächtigen vom Thron und erhöht die Niedrigen […] und denkt an sein Erbarmen, das er unsern Vätern verheißen hat, Abraham und seinen Nachkommen auf ewig" (Lk 1,50–55).

Aus dem Vatikan, am 8. Dezember 2018
Franziskus

Botschaft seiner Heiligkeit Papst Franziskus
zur Feier des 53. Weltfriedenstages
1. Januar 2020

Der Frieden als Weg der Hoffnung: Dialog, Versöhnung und ökologische Umkehr

1. Der Frieden als Weg der Hoffnung angesichts der Hindernisse und der Prüfungen

Der Frieden ist ein kostbares Gut, er ist Gegenstand unserer Hoffnung, nach dem die ganze Menschheit strebt. Auf den Frieden zu hoffen, ist eine menschliche Haltung, die eine existentielle Spannung beinhaltet, weshalb auch eine zuweilen „mühsame Gegenwart […] gelebt und angenommen werden [kann], wenn sie auf ein Ziel zuführt und wenn wir dieses Ziels gewiss sein können; wenn dies Ziel so groß ist, dass es die Anstrengung des Weges rechtfertigt" (SS 1). Auf diese Weise ist die Hoffnung die Tugend, die uns aufbrechen lässt, die uns die Flügel verleiht, um weiterzugehen, selbst dann, wenn die Hindernisse unüberwindlich scheinen.

Unsere menschliche Gemeinschaft trägt im Gedächtnis und am eigenen Fleisch die Zeichen der Kriege und Konflikte, die mit wachsender Zerstörungskraft aufeinander gefolgt sind und die nicht aufhören, vor allem die Ärmsten und die Schwächsten zu treffen. Selbst ganze Nationen haben Mühe, sich von den Fesseln der Ausbeutung und der Korruption zu befreien, welche Hass und Gewalt schüren. Auch heute noch bleiben vielen Männern und Frauen, Kindern und alten Menschen die Würde, die physische Unversehrtheit, die Freiheit einschließlich der Religionsfreiheit, die gemeinschaftliche Solidarität und die Hoffnung auf Zukunft versagt. Viele unschuldige Opfer müssen die Qual der Demütigung und des Ausgeschlossenseins, der Trauer und der Ungerechtigkeit ertragen, wenn nicht sogar Traumata, die von der systematischen Feindseligkeit gegen ihr Volk und ihre Angehörigen herrühren.

Die schrecklichen Prüfungen nationaler und internationaler Konflikte, die oftmals durch erbarmungslose Gewalt verschlimmert werden, zeichnen Leib und Seele der Menschheit auf lange Zeit. Denn jeder Krieg entpuppt sich in Wirklichkeit als Brudermord, der das Projekt der Brüderlichkeit selbst zerstört, das der Berufung der Menschheitsfamilie eingeschrieben ist.

Der Krieg beginnt, wie wir wissen, häufig mit einer Unduldsamkeit gegen die Verschiedenartigkeit des anderen, die das Verlangen nach Besitz und den Willen zur Vorherrschaft schürt. Sie entsteht im Herzen des Menschen aus Egoismus und Stolz sowie aus dem Hass, der dazu verleitet, zu zerstören, den anderen allein negativ zu sehen, ihn auszuschließen oder auszulöschen. Der Krieg speist sich aus einer Verkehrung der Beziehungen, aus hegemonialen Ambitionen, aus Machtmissbrauch, aus der Angst vor dem anderen und vor der Verschiedenartigkeit, die für ein Hindernis gehalten wird; und zugleich nährt der Krieg dies alles.

Während meiner jüngsten Reise nach Japan hatte ich Gelegenheit, auf den offenbaren Widerspruch hinzuweisen, dass „[u]nsere Welt [...] in der abartigen Dichotomie [lebt], Stabilität und Frieden auf der Basis einer falschen, von einer Logik der Angst und des Misstrauens gestützten Sicherheit verteidigen und sichern zu wollen. Am Ende vergiftet sie die Beziehungen zwischen den Völkern und verhindert jeden möglichen Dialog. Der Frieden und die internationale Stabilität sind unvereinbar mit jedwedem Versuch, sie auf der Angst gegenseitiger Zerstörung oder auf der Bedrohung einer gänzlichen Auslöschung aufzubauen; sie sind nur möglich im Anschluss an eine globale Ethik der Solidarität und Zusammenarbeit im Dienst an einer Zukunft, die von der Interdependenz und Mitverantwortlichkeit innerhalb der ganzen Menschheitsfamilie von heute und morgen gestaltet wird."[1]

Jede Bedrohung nährt das Misstrauen und fördert den Rückzug auf die eigene Position. Misstrauen und Angst erhöhen die Brüchigkeit der Beziehungen und das Risiko der Gewalt; es handelt sich um einen Teufelskreis, der niemals zu einem Verhältnis des Friedens wird führen können. In diesem Sinne kann auch die nukleare Abschreckung nur eine trügerische Sicherheit schaffen.

Daher dürfen wir uns nicht einbilden, dass wir die Stabilität in der Welt durch die Angst vor der Vernichtung aufrechterhalten können; ein solches höchst instabiles Gleichgewicht steht am Rande des nuklearen Abgrunds und ist in den Mauern der Gleichgültigkeit eingeschlossen, wo man sozioökonomische Entscheidungen trifft, die dazu führen, dass Mensch und Schöpfung dramatisch herabgewürdigt werden, anstatt dass man einander behütet.[2] Wie also kann man einen Weg des Friedens und der gegenseitigen Anerkennung aufbauen? Wie die krankhafte Logik von Drohung und Angst durchbrechen? Wie die derzeit vorherrschende Dynamik des Misstrauens unterbinden?

Wir müssen eine echte Brüderlichkeit anstreben, die auf unserem gemeinsamen Ursprung in Gott gründet und im Dialog und im gegenseitigen Vertrauen gelebt wird. Der Wunsch nach Frieden ist tief in das Herz des Menschen eingeschrieben, und wir dürfen uns mit nichts Geringerem als diesem abfinden.

---

[1] *Franziskus*, Ansprache über Atomwaffen in Nagasaki im Atomic Bomb Hypocenter Park am 24. November 2019, entnommen aus: www.vatican.va.

[2] Vgl. *Franziskus*, Predigt auf Lampedusa am 8. Juli 2013, entnommen aus: www.vatican.va.

2. Der Frieden als Weg des Zuhörens auf der Grundlage der Erinnerung, der Solidarität und der Brüderlichkeit

Die Hibakusha, die Überlebenden der Atombombenangriffe von Hiroshima und Nagasaki, zählen zu denen, die das kollektive Bewusstsein lebendig erhalten. Sie bezeugen nämlich den nachfolgenden Generationen das schreckliche Geschehen vom August 1945 und die unsäglichen Leiden, die bis heute daraus erwachsen sind. Auf diese Weise ruft ihr Zeugnis das Gedächtnis an die Opfer wach und bewahrt es, damit das menschliche Gewissen immer stärker werde gegenüber jedem Willen zur Vorherrschaft und zur Zerstörung: „Deshalb dürfen wir nicht zulassen, dass die gegenwärtigen und künftigen Generationen die Erinnerung an das Geschehene verlieren; jene Erinnerung, die Garantie und Ansporn ist, um eine gerechtere und brüderlichere Welt zu erbauen“[3].

Wie sie erbringen viele Menschen in allen Teilen der Welt den künftigen Generationen den unabdingbaren Dienst des Gedächtnisses. Dieses muss nicht nur deswegen bewahrt werden, damit die gleichen Fehler nicht wieder begangen werden, oder die trügerischen Denkweisen der Vergangenheit erneut salonfähig werden, sondern auch deshalb, damit es als Frucht der Erfahrung für die gegenwärtigen und zukünftigen Friedensentscheidungen den Grund bilden und die Richtung vorgeben möge.

Darüber hinaus ist das Gedächtnis der Horizont der Hoffnung: Oftmals kann im Dunkel der Kriege und der Konflikte die Erinnerung auch an eine kleine Geste der Solidarität, die man empfangen hat, zu mutigen und sogar heroischen Entscheidungen anregen, sie kann neue Energien in Bewegung setzen und neue Hoffnung in den Einzelnen und den Gemeinschaften entzünden.

Einen Weg des Friedens zu eröffnen und festzulegen, ist eine Herausforderung, die umso komplexer ist, je zahlreicher und widersprüchlicher die Interessen sind, die bei Beziehungen zwischen Personen, Gemeinschaften und Nationen im Spiel sind. Es tut vor allem not, an das moralische Gewissen und an den persönlichen und politischen Willen zu appellieren. Den Frieden erlangt man nämlich in der Tiefe des menschlichen Herzens, und der politische Wille muss immer wieder gestärkt werden, um neue Prozesse zu eröffnen, die Personen und Gemeinschaften versöhnen und vereinen.

Die Welt braucht keine leeren Worte, sondern glaubwürdige Zeugen, ‚Handwerker‘ des Friedens, die offen für den Dialog sind, ohne dabei jemanden auszuschließen oder zu manipulieren. In der Tat kann man nicht wirklich zum Frieden gelangen, wenn es keinen überzeugten Dialog von Männern und Frauen gibt, die über die verschiedenen Ideologien und Meinungen hi-

---

[3] *Franziskus*, Ansprache im Rahmen des Friedenstreffens vor dem Friedensdenkmal in Hiroshima am 24. November 2019, entnommen aus: www.vatican.va.

naus nach der Wahrheit suchen. Der Frieden ist eine „immer wieder neu zu erfüllende Aufgabe“ (GS 78), ein Weg, den wir gemeinsam gehen, indem wir auf das Gemeinwohl bedacht sind und uns dafür einsetzen, das gegebene Wort zu halten und das Recht zu achten. Im gegenseitigen Zuhören können auch die Kenntnis und die Wertschätzung des anderen so sehr wachsen, dass man im Feind das Antlitz eines Bruders erkennt.

Der Friedensprozess ist also eine Aufgabe, die Zeit braucht. Er ist eine geduldige Arbeit der Suche nach Wahrheit und Gerechtigkeit, die das Gedächtnis an die Opfer ehrt und schrittweise eine gemeinsame Hoffnung eröffnet, die stärker ist als die Rache. In einem Rechtsstaat kann die Demokratie ein bedeutendes Paradigma dieses Prozesses sein, wenn sie auf Gerechtigkeit und auf dem Einsatz für den Schutz der Rechte aller in der beständigen Suche nach Wahrheit gründet, insbesondere wenn sie schwach oder ausgegrenzt sind.[4] Es geht um den sozialen Aufbau und um eine wachsende Ausgestaltung, in der jeder verantwortlich seinen Beitrag auf allen Ebenen der lokalen, nationalen und weltweiten Gemeinschaft beisteuert.

So hob der heilige Paul VI. hervor: „Das von uns genannte zweifache Bestreben nach Erlangung der Gleichheit und Mitverantwortung hängt aber mit der Förderung eines demokratischen Gesellschaftsstils zusammen. [...] Damit ist die Bedeutung jener Institution für das gesellschaftliche Leben genannt, durch die nicht nur die Kenntnis der persönlichen Rechte weitergegeben, sondern auch das ins Gedächtnis zurückgerufen wird, was mit ihnen notwendig zusammenhängt: die Anerkennung der Pflichten, zu denen der eine dem anderen gegenüber gehalten ist. Bewusstsein und Wahrnehmung der damit verbundenen Aufgabe aber hängen vor allem wieder von der persönlichen Einstellung, von der geistigen Selbstzucht, von der Übernahme von Verantwortung und von der Einwilligung in Reglements ab, durch die sowohl für den Einzelnen als auch für einzelne Gruppen bestimmte Freiheitsgrenzen festgelegt werden“ (OA 24).

Im Gegenteil, der Bruch zwischen den Mitgliedern einer Gesellschaft, die Zunahme sozialer Ungleichheit und die Ablehnung, die Mittel für eine ganzheitliche menschliche Entwicklung zu gebrauchen, gefährden die Verwirklichung des Gemeinwohls. Die geduldige Arbeit hingegen, die auf der Kraft des Wortes und der Wahrheit gründet, kann in den Personen die Fähigkeit zu Mitleid und kreativer Solidarität wiedererwecken.

In unserer christlichen Erfahrung haben wir stets Christus vor Augen, der sein Leben zu unserer Versöhnung hingegeben hat (vgl. Röm 5,6–11). Die

---

[4] Vgl. *Benedikt XVI.*, Ansprache an die Mitglieder der italienischen christlichen Arbeiterverbände am 27. Januar 2006, entnommen aus: www.vatican.va.

Kirche nimmt an der Suche nach einer gerechten Ordnung auf umfassende Weise teil, indem sie dem Gemeinwohl dient und durch die Weitergabe der christlichen Werte, durch moralische Unterweisung und durch ihr soziales und erzieherisches Wirken die Hoffnung auf Frieden nährt.

3. Der Frieden als Weg der Versöhnung in geschwisterlicher Gemeinschaft

Die Bibel ruft – besonders durch das Wort der Propheten – die Gewissen und die Völker zum Bund Gottes mit den Menschen. Es geht darum, den Wunsch aufzugeben, über die anderen zu herrschen, und zu lernen, einander als Menschen, als Kinder Gottes, als Brüder und Schwestern anzusehen. Der andere darf niemals auf das reduziert werden, was er sagen oder machen konnte, sondern muss im Hinblick auf die Verheißung, die er in sich trägt, geachtet werden. Nur wenn der Weg der Achtung gewählt wird, kann man die Spirale der Rache aufbrechen und den Weg der Hoffnung beschreiten.

Hier leitet uns der Abschnitt aus dem Evangelium, der das folgende Gespräch zwischen Petrus und Jesus wiedergibt: „‚Herr, wie oft muss ich meinem Bruder vergeben, wenn er gegen mich sündigt? Bis zu siebenmal?‘ Jesus sagte zu ihm: ‚Ich sage dir nicht: Bis zu siebenmal, sondern bis zu siebzigmal siebenmal‘“ (Mt 18,21–22). Dieser Weg der Versöhnung ruft uns auf, tief in unserem Herzen die Kraft zur Vergebung zu finden sowie die Fähigkeit, uns als Brüder und Schwestern zu erkennen. Wenn wir in der Vergebung zu leben lernen, dann wächst unsere Fähigkeit, Frauen und Männer des Friedens zu werden.

Was für den Frieden im sozialen Bereich zutrifft, das stimmt auch im politischen und wirtschaftlichen Bereich, weil die Frage des Friedens alle Dimensionen des gemeinschaftlichen Lebens durchdringt: Es wird nie einen wahren Frieden geben, wenn wir nicht in der Lage sind, ein gerechteres Wirtschaftssystem aufzubauen. So schrieb vor zehn Jahren Benedikt XVI. in der Enzyklika ‚Caritas in veritate‘: „Die Überwindung der Unterentwicklung erfordert ein Eingreifen nicht nur zur Verbesserung der auf Gütertausch beruhenden Transaktionen, nicht nur im Bereich der Leistungen der öffentlichen Hilfseinrichtungen, sondern vor allem eine *fortschreitende Offenheit auf weltweiter Ebene für wirtschaftliche Tätigkeiten, die sich durch einen Anteil von Unentgeltlichkeit und Gemeinschaft auszeichnen*“ (CiV 39).

4. Der Frieden als Weg der ökologischen Umkehr

„Wenn ein falsches Verständnis unserer eigenen Grundsätze uns auch manchmal dazu geführt hat, die schlechte Behandlung der Natur oder die despotische Herrschaft des Menschen über die Schöpfung oder die Kriege, die Ungerechtigkeit und die Gewalt zu rechtfertigen, können wir Glaubenden erkennen, dass wir auf diese Weise dem Schatz an Weisheit, den wir hätten hüten müssen, untreu gewesen sind“ (LS 200).

Angesichts der Folgen unserer Feindseligkeit den anderen gegenüber und der Auswirkungen der fehlenden Achtung für das gemeinsame Haus und der missbräuchlichen Ausbeutung der natürlichen Ressourcen – einzig als Mittel für schnellen Profit heute gesehen, ohne auf die Gemeinschaften vor Ort, das Gemeinwohl und die Natur zu achten – brauchen wir eine ökologische Umkehr.

Die kürzlich stattgefundene Amazonien-Synode drängt uns, wieder neu zu einer friedlichen Beziehung zwischen den Gemeinschaften und der Erde, zwischen der Gegenwart und dem Gedächtnis, zwischen Erfahrungen und Hoffnungen aufzurufen.

Dieser Weg der Versöhnung bedeutet auch, die Welt zu hören und zu betrachten, die uns von Gott geschenkt wurde, damit wir sie zu unserem gemeinsamen Haus machen. Die natürlichen Ressourcen, die vielen Formen des Lebens und die Erde selbst wurden uns nämlich anvertraut, damit sie unter verantwortlicher und tätiger Mitwirkung eines jeden auch für die künftigen Generationen bearbeitet und gehütet würden (vgl. Gen 2,15). Ferner brauchen wir einen Wandel der Überzeugungen und des Blicks, der uns offener macht für die Begegnung mit dem anderen und für die Annahme des Geschenks der Schöpfung, die die Schönheit und Weisheit ihres Schöpfers widerspiegelt.

Daraus entspringen insbesondere solide Beweggründe und eine neue Art und Weise, wie wir das gemeinsame Haus bewohnen und in unserer Verschiedenheit füreinander da sein sollen, wie wir das empfangene und gemeinsame Leben führen und achten sollen, wie wir uns um die Voraussetzungen und Modelle einer Gesellschaft, welche die Blüte und den Verbleib des Lebens in der Zukunft sichern, kümmern sollen und wie wir das Gemeinwohl der ganzen Menschheitsfamilie fördern sollen.

Die ökologische Umkehr, zu der wir aufrufen, führt uns also zu einem neuen Blick auf das Leben. Dabei betrachten wir die Freigebigkeit des Schöpfers, der uns die Erde geschenkt hat und zur frohen Genügsamkeit des Teilens mahnt. Eine solche Umkehr ist ganzheitlich zu verstehen als eine Veränderung unserer Beziehungen zu unseren Schwestern und Brüdern, zu den anderen Lebewesen, zur Schöpfung in ihrer so reichen Vielfalt und zum Schöpfer, dem Urgrund allen Lebens. Für Christen heißt dies, dass sie verlangt, „alles, was ihnen aus ihrer Begegnung mit Jesus Christus erwachsen ist, in ihren Beziehungen zu der Welt, die sie umgibt, zur Blüte zu bringen“ (LS 217).

5. Man erlangt so viel, wie man erhofft[5]

Der Weg der Versöhnung erfordert Geduld und Vertrauen. Man erhält keinen Frieden, wenn man ihn nicht erhofft. Es geht vor allem darum, an die

---

[5] Vgl. *hl. J. vom Kreuz*, Die dunkle Nacht, II, 21, 8.

Möglichkeit des Friedens zu glauben, zu glauben, dass der andere ebenso wie wir Frieden braucht. Darin kann uns die Liebe Gottes zu einem jeden von uns inspirieren, die eine befreiende, uneingeschränkte, unentgeltliche und unermüdliche Liebe ist.

Die Angst ist oft Quelle von Konflikten. Es ist daher wichtig, dass wir unsere menschliche Furcht überwinden und uns zugleich vor dem als bedürftige Kinder erkennen, der uns wie der Vater des verlorenen Sohns liebt und erwartet (vgl. Lk 15,11–24). Die Kultur der Begegnung zwischen Brüdern und Schwestern bricht mit der Kultur der Bedrohung. Sie macht aus jeder Begegnung eine Möglichkeit und eine Gabe der freigebigen Liebe Gottes. Sie leitet uns, die Grenzen unserer engen Horizonte zu überschreiten, um immer bestrebt zu sein, die Brüderlichkeit aller Menschen als Söhne und Töchter des einen himmlischen Vaters zu leben.

Für die Jünger Christi wird dieser Weg auch vom Sakrament der Versöhnung getragen, das der Herr zur Vergebung der Sünden den Getauften geschenkt hat. Dieses Sakrament der Kirche, das die Menschen und Gemeinschaften erneuert, ruft dazu auf, den Blick auf Jesus gerichtet zu halten, der „[a]lles im Himmel und auf Erden" versöhnt hat und „der Frieden gestiftet hat am Kreuz durch sein Blut" (Kol 1,20). Dieses Sakrament verlangt zudem, jede Gewalt in Gedanken, Worten und Werken sowohl gegen den Nächsten als auch gegen die Schöpfung abzulegen.

Die Gnade Gottes des Vaters wird als bedingungslose Liebe geschenkt. Wenn wir in Christus seine Vergebung empfangen haben, können wir uns auf den Weg machen, um diese Vergebung den Männern und Frauen unserer Zeit anzubieten. Tag für Tag gibt uns der Heilige Geist Haltungen und Worte ein, damit wir zu Handwerkern der Gerechtigkeit und des Friedens werden.

Möge der Gott des Friedens uns segnen und uns zu Hilfe kommen.

Möge Maria, die Mutter des Friedensfürsten und die Mutter aller Völker der Erde, uns Schritt für Schritt auf dem Weg der Versöhnung begleiten und unterstützen.

Möge jeder Mensch in dieser Welt ein friedliches Dasein finden und die Verheißung von Liebe und Leben, die er in sich trägt, vollkommen entfalten.

Aus dem Vatikan, am 8. Dezember 2019
Franziskus

Botschaft seiner Heiligkeit Papst Franziskus
zur Feier des 54. Weltfriedenstages
1. Januar 2021

Die Kultur der Achtsamkeit als Weg zum Frieden

1. An der Schwelle zum neuen Jahr möchte ich den Staatsoberhäuptern und Regierungschefs, den Verantwortlichen der internationalen Organisationen, den geistlichen Führern und den Gläubigen der verschiedenen Religionen sowie allen Männern und Frauen guten Willens meine ehrerbietigen Grüße übermitteln. Ihnen allen entbiete ich meine besten Wünsche, damit das kommende Jahr die Menschheit auf dem Weg der Geschwisterlichkeit, der Gerechtigkeit und des Friedens zwischen Menschen, Gemeinschaften, Völkern und Staaten voranbringen kann. Das Jahr 2020 war geprägt von der großen Covid-19-Gesundheitskrise, die sich zu einem globalen Phänomen in vielen Bereichen entwickelt hat. So hat sie Krisen verschärft, die eng mit einander zusammenhängen, wie die Klima-, Ernährungs-, Wirtschafts- und Migrationskrisen, und schweres Leid und Not verursacht. Ich denke in erster Linie an diejenigen, die ein Familienmitglied oder einen geliebten Menschen verloren haben, aber auch an alle, die ohne Arbeit geblieben sind. Meine Gedanken gehen insbesondere an die Ärzte, Krankenschwestern und Pfleger, Apotheker, Forscher, Freiwilligen, Seelsorger und Fachkräfte in den Krankenhäusern und Gesundheitszentren, die unter großen Anstrengungen und Opfern – manche sogar bis hin zu ihrem eigenen Tod – hingebungsvoll ihren Einsatz geleistet haben im Bemühen, den Kranken nahe zu sein und ihre Leiden zu lindern beziehungsweise ihr Leben zu retten. Während ich diesen Menschen meine Anerkennung zolle, erneuere ich zugleich meinen Appell an die politischen Verantwortungsträger und an die Privatwirtschaft, angemessene Maßnahmen zu ergreifen, um den Zugang zu Covid-19-Impfstoffen und den wesentlichen Technologien zu gewährleisten, die zur Betreuung der Kranken und all derer, die zu den Ärmsten und Schwächsten gehören, benötigt werden.[1]

Es ist bedauerlich, feststellen zu müssen, dass neben zahlreichen Zeugnissen der Nächstenliebe und Solidarität verschiedene Formen des Nationalismus, des Rassismus und der Fremdenfeindlichkeit wie auch Tod und Zerstörung bringende Kriege und Konflikte leider neuen Schwung gewinnen. Diese

---

[1] Vgl. *Franziskus*, Botschaft zur 75. Sitzung der Generalversammlung der Vereinten Nationen 2020, entnommen aus: www.vatican.va.

und andere Ereignisse, die den Weg der Menschheit im vergangenen Jahr geprägt haben, lehren uns, wie wichtig es ist, füreinander und für die Schöpfung Sorge zu tragen, um eine Gesellschaft aufzubauen, die auf Beziehungen der Geschwisterlichkeit beruht. Deshalb habe ich als Thema dieser Botschaft ‚Die Kultur der Achtsamkeit als Weg zum Frieden' gewählt. Es geht um eine Kultur der Achtsamkeit, um die heute oft vorherrschende Kultur der Gleichgültigkeit, des Wegwerfens und der Konfrontation auszumerzen.

2. Gott der Schöpfer, Ursprung der Berufung des Menschen zur Achtsamkeit
In vielen Religionen gibt es Erzählungen über den Ursprung des Menschen und seine Beziehung zum Schöpfer, zur Natur und zu seinen Mitmenschen. Das Buch Genesis in der Bibel zeigt von Anfang an auf, wie wichtig die Sorge und das Hüten im Plan Gottes für die Menschheit sind, indem es die Beziehung zwischen Mensch ('adam) und Erde ('adamah) wie auch zwischen Geschwistern hervorhebt. Im biblischen Schöpfungsbericht vertraut Gott den „in Eden […] [gepflanzten] Garten" (Gen 2,8) Adam an mit dem Auftrag, „ihn [zu] bearbeite[n] und [zu] hüte[n]" (Gen 2,15). Das bedeutet einerseits, die Erde fruchtbar zu machen, und andererseits, sie zu schützen und ihre Fähigkeit zu bewahren, das Leben zu ernähren (vgl. LS 67). Die Verben *bearbeiten* und *hüten* beschreiben Adams Beziehung zu seinem Haus/Garten und weisen auch auf das Vertrauen hin, das Gott in ihn als Herrn und Hüter der ganzen Schöpfung setzt.

Die Geburt von Kain und Abel führt zu einer Geschichte von Brüdern, deren Beziehung untereinander von Kain im Sinne von Schutz oder Obhut – negativ – ausgelegt wird. Nachdem Kain seinen Bruder Abel getötet hat, antwortet er so auf die Frage Gottes: „Bin ich der Hüter meines Bruders?" (Gen 4,9; vgl. Wfb 2014) Ja, gewiss! Kain ist der Hüter seines Bruders. „In diesen so alten, an tiefem Symbolismus überreichen Erzählungen war schon eine heutige Überzeugung enthalten: dass alles aufeinander bezogen ist und dass die echte Sorge für unser eigenes Leben und unsere Beziehungen zur Natur nicht zu trennen ist von der Brüderlichkeit, der Gerechtigkeit und der Treue gegenüber den anderen" (LS 70).

3. Gott der Schöpfer, Vorbild der Achtsamkeit
Die Heilige Schrift stellt Gott nicht nur als Schöpfer dar, sondern auch als denjenigen, der für seine Geschöpfe sorgt, insbesondere für Adam und Eva und ihre Kinder. Selbst Kain erhält, obwohl er wegen des von ihm begangenen Verbrechens verflucht ist, vom Schöpfer ein Zeichen des Schutzes, damit sein Leben bewahrt wird (vgl. Gen 4,15). Diese Tatsache bestätigt die unantastbare Würde der Person, die nach dem Bild und Gleichnis Gottes geschaffen wurde, zugleich macht sie auch den göttlichen Plan zur Bewahrung der

Harmonie der Schöpfung deutlich, denn „Frieden und Gewalt können nicht zusammenwohnen“[2].

Eben die Sorge für die Schöpfung bildet die Grundlage der Einrichtung des Sabbats, die neben der Regelung des Gottesdienstes auch die Wiederherstellung der sozialen Ordnung und die Aufmerksamkeit gegenüber den Armen zum Ziel hatte (vgl. Gen 1,1–3; Lev 25,4). Die Feier des Jubeljahres anlässlich des siebten Sabbatjahres gestattete der Erde, den Sklaven und den Verschuldeten eine Ruhepause. In diesem Gnadenjahr wurde für die Schwächsten gesorgt und ihnen eine neue Lebensperspektive geboten, denn so sollte es im Volk keine Bedürftigen mehr geben (vgl. Dtn 15,4).

Bemerkenswert ist auch die prophetische Tradition, wo sich der Gipfel des biblischen Verständnisses von Gerechtigkeit in der Art und Weise zeigt, wie eine Gemeinschaft die Schwächsten in ihrer Mitte behandelt. Deshalb erheben vor allem Amos (vgl. Am 2,6–8/8) und Jesaja (vgl. Jes 58) immer wieder ihre Stimme zugunsten der Gerechtigkeit für die Armen, die wegen ihrer Verletzlichkeit und Machtlosigkeit nur von Gott erhört werden, der sich ihrer annimmt (vgl. Ps 4,7/113,7–8).

4. Die Achtsamkeit im Wirken Jesu

Das Leben und Wirken Jesu bilden den Höhepunkt der Offenbarung der Liebe des Vaters zur Menschheit (vgl. Joh 3,16). In der Synagoge von Nazareth tritt Jesus mit diesen Worten auf: Der Herr *„hat mich gesalbt. Er hat mich gesandt, damit ich den Armen eine frohe Botschaft bringe; damit ich den Gefangenen die Entlassung verkünde und den Blinden das Augenlicht; damit ich die Zerschlagenen in Freiheit setze“* (Lk 4,18). Diese messianischen Handlungen, die für die Jubeljahre typisch sind, stellen das beredtste Zeugnis für die ihm vom Vater anvertraute Sendung dar. In seiner Barmherzigkeit nähert sich Christus den Kranken an Leib und Geist und heilt sie; er vergibt den Sündern und schenkt ihnen ein neues Leben. Jesus ist der Gute Hirt, der sich um die Schafe kümmert (vgl. Joh 10,11–18; Ez 34,1–31); er ist der barmherzige Samariter, der sich über den Verletzten beugt, seine Wunden verarztet und sich um ihn kümmert (vgl. Lk 10,30–37).

Auf dem Höhepunkt seiner Sendung besiegelt Jesus seine Sorge für uns durch seine Hingabe am Kreuz und befreit uns so von der Sklaverei der Sünde und des Todes. Auf diese Weise, durch die Hingabe seines Lebens und durch sein Opfer, hat er uns den Weg der Liebe erschlossen und sagt zu einem jeden: „Folge mir nach!“ (Mt 9,9) und „Handle du genauso!“ (Lk 10,37).

---

[2] *Päpstlicher Rat für Gerechtigkeit und Frieden*, Kompendium der Soziallehre der Kirche, Freiburg i. Br. ²2006, 488.

5. Die Kultur der Achtsamkeit im Leben der Nachfolger Jesu

Die Werke der geistlichen und leiblichen Barmherzigkeit bilden den Kern des karitativen Dienstes der frühen Kirche. Die ersten Christen teilten alles, damit niemand unter ihnen Not litt (vgl. Apg 4,34–35), und bemühten sich, ihre Gemeinschaft zu einem einladenden Ort zu machen, der offen ist für jede menschliche Situation und bereit, sich um die Schwächsten zu kümmern. So wurde es üblich, freiwillige Opfergaben zu machen, um die Armen zu ernähren, die Toten zu begraben und um Waisen, alte Menschen und Opfer von Katastrophen, wie zum Beispiel Schiffbrüchige, zu versorgen. Und als in späteren Zeiten die Großzügigkeit der Christen etwas an Schwung verlor, betonten einige Kirchenväter nachdrücklich, dass gemäß Gott das Eigentum zum Nutzen des Gemeinwohls zu verstehen ist. Ambrosius sagte: „Die Natur bringt alle Erzeugnisse zum gemeinsamen Gebrauch für alle hervor. [...] So schuf also die Natur ein gemeinsames Besitzrecht für alle; Anmaßung machte daraus ein Privatrecht“[3]. Nachdem die Kirche die Verfolgungen der ersten Jahrhunderte überwunden hatte, nutzte sie die Freiheit, um die Gesellschaft und ihre Kultur zu beseelen. „Die Not der Zeit weckte vielmehr neue Kräfte im Dienst der christlichen Caritas. Die Geschichte berichtet von zahlreichen Werken der Wohltätigkeit. [...] Es entstanden zahlreiche Anstalten zum Besten der leidenden Menschheit: Kranken-, Armen-, Waisen- und Findelhäuser, Fremdenherbergen usw.“[4]

6. Die Prinzipien der Soziallehre der Kirche als Grundlage der Kultur der Achtsamkeit

Die ursprüngliche *diakonia*, die durch die Reflexion der Väter bereichert und im Laufe der Jahrhunderte durch die tätige Nächstenliebe so vieler leuchtender Glaubenszeugen belebt wurde, ist zum pulsierenden Herz der Soziallehre der Kirche geworden. So bietet sie sich allen Menschen guten Willens als ein wertvolles Erbe an Prinzipien, Kriterien und Weisungen an, aus dem die Grammatik der Achtsamkeit zu beziehen ist: die Förderung der Würde jeder menschlichen Person, die Solidarität mit den Armen und Schutzlosen, die Sorge um das Gemeinwohl, die Bewahrung der Schöpfung.

Achtsamkeit als Förderung der Würde und Rechte der Person

„[D]er im Christentum entstandene und herangereifte Begriff ‚Person‘ [ist] eine Hilfe, die ganzheitliche menschliche Entwicklung zu erreichen. Denn ‚Person‘ bedeutet immer Beziehung, nicht Individualismus, bejaht Inklusion

---

[3] *M. Cicero*, De officiis, 1, 28,132.

[4] *K. Bihlmeyer/H. Tüchle*, Kirchengeschichte. Band 1, Paderborn ^{18}1951, 387–388.

und nicht Ausschluss, bejaht die einzigartige, unverletzliche Würde und nicht die Ausbeutung"[5]. Jede menschliche Person ist Selbstzweck, niemals einfach Mittel, das nur seines Nutzens wegen geschätzt wird; sie ist dazu geschaffen, um in der Familie, in der Gemeinschaft, in der Gesellschaft zusammenzuleben, wo alle Mitglieder an Würde gleich sind. Aus dieser Würde leiten sich die Menschenrechte ab, aber auch die Pflichten, die zum Beispiel an die Verantwortung erinnern, die Armen, die Kranken, die Ausgegrenzten, alle unsere „Mitmenschen, seien sie nah oder fern in Zeit und Raum"[6], aufzunehmen und ihnen zu helfen.

Achtsamkeit gegenüber dem Gemeinwohl
Jeder Aspekt des sozialen, politischen und wirtschaftlichen Lebens findet seine Erfüllung, wenn er im Dienste des Gemeinwohls steht, das heißt, der „Gesamtheit jener Bedingungen des gesellschaftlichen Lebens, die sowohl den Gruppen als auch deren einzelnen Gliedern ein volleres und leichteres Erreichen der eigenen Vollendung ermöglichen" (GS 26). Deshalb müssen unsere Pläne und Bemühungen stets die Auswirkungen auf die gesamte Menschheitsfamilie berücksichtigen und die Folgen für den gegenwärtigen Augenblick und für die künftigen Generationen abwägen. Die Covid-19-Pandemie zeigt uns, wie wahr und aktuell dies ist. Aufgrund der Pandemie „wurde [uns] klar, dass wir alle im selben Boot sitzen, alle schwach und orientierungslos sind, aber zugleich wichtig und notwendig, denn alle sind wir dazu aufgerufen, gemeinsam zu rudern"[7], weil „niemand sich allein rettet"[8] und kein isolierter Nationalstaat in der Lage ist, das Gemeinwohl seiner Bevölkerung zu gewährleisten (vgl. FT 8/153).

Aufmerksamkeit durch Solidarität
Solidarität bringt die Liebe zum anderen konkret zum Ausdruck, und zwar nicht als vages Gefühl, sondern als „feste und beständige Entschlossenheit, sich für das ‚Gemeinwohl' einzusetzen, das heißt, für das Wohl aller und ei-

---

[5] *Franziskus*, Ansprache an die Teilnehmer der Konferenz des Dikasteriums für die ganzheitliche Entwicklung des Menschen zum 50. Jahrestag der Enzyklika ‚Populorum progressio' am 4. April 2017, entnommen aus: www.vatican.va.

[6] *Franziskus*, Botschaft an die Teilnehmer der 22. UN-Klimakonferenz von 2016 in Marrakesch, entnommen aus: www.vatican.va; [Anm. der Herausgeber: Besagte Botschaft war im Volltext nur in englischer, französischer, italienischer und portugisiescher Sprache erfasst.] Vgl. *Tavolo interdicasteriale della Santa Sede sull'ecologia integrale*, In cammino per la cura della casa comune. A cinque anni dalla ‚Laudato si'', Rom 2020.

[7] *Franziskus*, Besondere Andacht zur Zeit der Epidemie am 27. März 2020, entnommen aus: www.vatican.va.

[8] Ebd.

nes jeden, weil wir alle für alle verantwortlich sind" (SRS 38). Die Solidarität hilft uns, den anderen – sowohl als Person als auch im weiteren Sinne als Volk oder Nation – nicht als einen statistischen Posten zu sehen oder als ein Mittel, das man ausnutzt und dann wegwirft, wenn es nicht mehr nützlich ist, sondern als unseren Nächsten, als einen Weggefährten, der aufgerufen ist, gleichberechtigt mit uns am Festmahl des Lebens teilzunehmen, zu dem alle gleichermaßen von Gott eingeladen sind.

Sorge für die Schöpfung und ihre Bewahrung

Die Enzyklika ‚Laudato si'' berücksichtigt vollauf die Verbindung zwischen allem Geschaffenen und betont die Notwendigkeit, auf den Schrei der Bedürftigen und auf den Schrei der Schöpfung zugleich zu hören. Aus diesem aufmerksamen und beständigen Hinhören kann eine effektive Achtsamkeit für die Erde, unser gemeinsames Haus, und für die Armen erwachsen. In diesem Zusammenhang möchte ich bekräftigen, dass „[e]in Empfinden inniger Verbundenheit mit den anderen Wesen in der Natur […] nicht echt sein [kann], wenn nicht zugleich im Herzen eine Zärtlichkeit, ein Mitleid und eine Sorge um die Menschen vorhanden ist" (LS 91). „Friede, Gerechtigkeit und Bewahrung der Schöpfung sind drei absolut miteinander verbundene Themen, die nicht getrennt und einzeln behandelt werden können, ohne erneut in Reduktionismus zu fallen"[9].

7. Der Kompass für einen gemeinsamen Kurs

In einer Zeit, die von einer verschwenderischen Wegwerfkultur bestimmt wird, möchte ich angesichts der immer stärker werdenden Ungleichheiten innerhalb der einzelnen Nationen und zwischen den Nationen (vgl. FT 125) die Verantwortlichen der internationalen Organisationen und der Regierungen, der Wirtschaft und der Wissenschaft, der sozialen Kommunikation und der Bildungseinrichtungen einladen, diesen Kompass der oben genannten Prinzipien zur Hand zu nehmen, um im Globalisierungsprozess einen gemeinsamen Kurs zu verfolgen, einen „wirklich menschlichen Kurs" (FT 29). Dies würde es in der Tat erlauben, den Wert und die Würde eines jeden Menschen zu achten, gemeinsam und solidarisch für das Gemeinwohl zu handeln und alle aufzurichten, die unter Armut, Krankheit, Sklaverei, Diskriminierung und Konflikten leiden. Mithilfe dieses Kompasses ermutige ich alle,

[9] *Teilnehmer der Konferenz des Dominikanischen Episkopats*, Carta pastoral sobre la relación del hombre con la naturaleza, Santo Domingo 1987; [Anm. der Herausgeber: Besagtes Dokument war im Volltext nur in der spanischen Version bekannt.] Vgl. dazu: *Franziskus*, Enzyklika ‚Laudato si'' über die Sorge für das gemeinsame Haus (VAS 202), hrsg. vom Sekretariat der Deutschen Bischofskonferenz, Bonn 2015, 92.

Propheten und Zeugen einer Kultur der Achtsamkeit zu werden, um die vielfältige soziale Ungleichheit zu überwinden. Und dies wird nur dann möglich sein, wenn dabei Frauen im großen Ausmaß eine Hauptrolle spielen – in der Familie und in allen sozialen, politischen und institutionellen Bereichen.

Der Kompass der sozialen Prinzipien, der zur Förderung der Kultur der Achtsamkeit notwendig ist, zeigt auch die Richtung für die Beziehungen zwischen den Nationen an, die von Geschwisterlichkeit, gegenseitigem Respekt, Solidarität und der Einhaltung des Völkerrechts inspiriert sein sollten. In diesem Zusammenhang müssen der Schutz und die Förderung der grundlegenden Menschenrechte, die unveräußerlich, allgemeingültig und unteilbar sind, bekräftigt werden.[10]

Ebenso muss an die Achtung des humanitären Rechts erinnert werden, besonders in dieser Zeit unaufhörlich aufeinanderfolgender Konflikte und Kriege. Leider haben viele Regionen und Gemeinschaften keine Erinnerung mehr an eine Zeit, in der sie in Frieden und Sicherheit lebten. Viele Städte sind zu Epizentren der Unsicherheit geworden: Ihre Bewohner haben damit zu kämpfen, ihre normalen Tagesabläufe beibehalten zu können, weil sie wahllos mit Sprengstoff, Artillerie oder leichten Waffen angegriffen und bombardiert werden. Kinder können nicht zur Schule gehen. Männer und Frauen können nicht arbeiten, um ihre Familien zu ernähren. Es herrscht Not an Orten, an denen sie einst unbekannt war. Die Menschen sind gezwungen zu fliehen und lassen damit nicht nur ihre Heimat zurück, sondern auch ihre Familiengeschichte und ihre kulturellen Wurzeln.

Es gibt viele Ursachen für Konflikte, aber das Ergebnis ist immer dasselbe: Zerstörung und humanitäre Krisen. Wir müssen innehalten und uns fragen: Was hat dazu geführt, dass Konflikte in unserer Welt zur Normalität geworden sind? Und vor allem: Wie können wir unsere Herzen bekehren und unsere Mentalität ändern, um in Solidarität und Geschwisterlichkeit wirklich Frieden zu suchen?

Wie viele Ressourcen werden für Waffen, insbesondere Atomwaffen, vergeudet,[11] Ressourcen, die für wichtigere Prioritäten zur Gewährleistung der Sicherheit der Menschen eingesetzt werden könnten, wie zum Beispiel die Förderung des Friedens und der ganzheitlichen Entwicklung des Menschen, die Bekämpfung der Armut, die Sicherstellung der Gesundheitsversorgung.

---

[10] Vgl. *Franziskus*, Botschaft an die Teilnehmer der Internationalen Konferenz zum Thema ‚Die Menschenrechte in der heutigen Welt: Errungenschaften, Versäumnisse, Verwehrungen' vom 10. Dezember 2018, entnommen aus: www.vatican.va.

[11] Vgl. *Franziskus*, Botschaft an die UNO-Konferenz zur Aushandlung eines rechtlich bindenden Instruments zum Verbot von Nuklearwaffen mit dem Ziel der vollständigen Abschaffung derselben vom 23. März 2017, entnommen aus: www.vatican.va.

Auch dies wird andererseits durch globale Probleme wie die aktuelle Covid-19-Pandemie und den Klimawandel deutlich. „Eine mutige Entscheidung wäre es, mit dem Geld, das für Waffen und andere Militärausgaben verwendet wird, ‚einen Weltfonds' einzurichten, um dem Hunger ein für alle Mal ein Ende zu setzen und die Entwicklung der ärmsten Länder zu fördern"[12]!

8. Erziehung zu einer Kultur der Achtsamkeit

Die Förderung einer Kultur der Achtsamkeit erfordert einen Erziehungsprozess, und der Kompass der sozialen Prinzipien stellt diesbezüglich ein zuverlässiges Instrument im Hinblick auf verschiedene Bereiche dar, die miteinander in Beziehung stehen. Hierfür möchte ich einige Beispiele nennen.

- Die Erziehung zur Achtsamkeit beginnt in der Familie, dem natürlichen und grundlegenden Kern der Gesellschaft, wo man lernt, in Beziehung und in gegenseitiger Achtung zu leben. Die Familie muss jedoch in die Lage versetzt werden, diese lebenswichtige und unverzichtbare Aufgabe zu erfüllen.
- Auch die Schule und die Universität tragen – immer in Zusammenarbeit mit der Familie – Verantwortung für die Erziehung und in ähnlicher Weise in gewisser Hinsicht auch die Betreiber der sozialen Kommunikation (vgl. Wfb 2012; Wfb 2016). Sie sind aufgerufen, ein Wertesystem zu vermitteln, das auf der Anerkennung der Würde jeder Person, jeder sprachlichen, ethnischen und religiösen Gemeinschaft, jedes Volkes und der sich daraus ergebenden Grundrechte beruht. Bildung ist eine der gerechtesten und solidarischsten Säulen der Gesellschaft.
- Die Religionen im Allgemeinen und die Religionsführer im Besonderen können eine unersetzliche Rolle spielen, wenn es darum geht, den Gläubigen und der Gesellschaft die Werte der Solidarität, der Achtung der Unterschiede, der Akzeptanz und der Sorge für die schwächsten Brüder und Schwestern zu vermitteln. Ich erinnere in diesem Zusammenhang an die Worte Papst Pauls VI. im Jahr 1969 vor dem ugandischen Parlament: „Fürchtet die Kirche nicht; sie ehrt euch, sie erzieht für euch ehrliche und loyale Bürger, sie schürt keine Rivalitäten und Spaltungen, sie strebt nach gesunder Freiheit, sozialer Gerechtigkeit und Frieden; wenn sie irgendeine Vorliebe hat, dann die für die Armen, für die Erziehung der Kleinen und des Volkes sowie für die Sorge für die Leidenden und Verlassenen"[13].

---

[12] *Franziskus*, Videobotschaft zum Welternährungstag 2020 vom 16. Oktober 2020, entnommen aus: www.vatican.va.

[13] *Paul VI.*, Ansprache an die Abgeordneten und Senatoren Ugandas im Parlamentsgebäude am 1. August 1969, entnommen aus: www.vatican.va; [Anm. der Herausgeber: Besagte Ansprache war im Volltext nur in englischer, italienischer, französischer und spanischer Sprache erfasst.]

– Erneut ermutige ich jene, die mit einem Bildungsauftrag im Dienst ihrer Bevölkerungen und in den – staatlichen und nicht staatlichen – internationalen Organisationen arbeiten, sowie alle, die auf verschiedene Weise im Bildungs- und Forschungsbereich tätig sind, sich „eine offenere und integrativere Bildung“[14] zum Ziel zu setzen, „die fähig ist, geduldig zuzuhören, einen konstruktiven Dialog und gegenseitiges Verständnis zu fördern“[15]. Ich hoffe, dass diese im Rahmen des globalen Bildungspakts ergangene Einladung breite und vielfältige Unterstützung findet.

9. Es gibt keinen Frieden ohne eine Kultur der Achtsamkeit
Eine Kultur der Achtsamkeit im Sinne eines gemeinsamen, solidarischen und partizipatorischen Einsatzes zum Schutz und zur Förderung der Würde und des Wohls aller, im Sinne einer Bereitschaft zur Aufgeschlossenheit, zur Aufmerksamkeit, zum Mitgefühl, zur Versöhnung und zur Heilung, zu gegenseitiger Achtung und gegenseitiger Annahme ist ein vorzüglicher Weg zur Schaffung von Frieden. „In vielen Erdteilen sind Friedenswege erforderlich, die zur Heilung führen; es sind Friedensstifter vonnöten, die bereit sind, einfallsreich und mutig Prozesse zur Heilung und zu neuer Begegnung einzuleiten“ (FT 225).

In dieser Zeit, in der das Boot der Menschheit, vom Sturm der Krise gebeutelt, auf der Suche nach einem ruhigeren und friedlicheren Horizont mühsam vorankommt, ermöglichen uns das Ruder der Menschenwürde und der Kompass der sozialen Grundprinzipien einen sicheren und gemeinsamen Kurs. Blicken wir als Christen auf die Jungfrau Maria, Stern des Meeres und Mutter der Hoffnung. Gemeinsam arbeiten wir daran, auf dem Weg zu einem neuen Horizont der Liebe und des Friedens, der Geschwisterlichkeit und Solidarität, der gegenseitigen Unterstützung und Annahme voranzuschreiten. Geben wir nicht der Versuchung nach, den anderen, insbesondere den Schwächsten gegenüber, gleichgültig zu sein; gewöhnen wir uns nicht daran, den Blick abzuwenden (vgl. FT 64), sondern setzen wir uns jeden Tag konkret dafür ein, „eine Gemeinschaft zu bilden, die aus Geschwistern zusammengesetzt ist, die einander annehmen und füreinander sorgen“ (FT 96; vgl. Wfb 2014).

Aus dem Vatikan, am 8. Dezember 2020
Franziskus

---

[14] *Franziskus*, Botschaft zum Start des Bildungspakts vom 12. September 2019, entnommen aus: www.vatican.va.
[15] Ebd.

Botschaft seiner Heiligkeit Papst Franziskus
zur Feier des 55. Weltfriedenstages
1. Januar 2022

Dialog zwischen den Generationen, Erziehung und Arbeit: Werkzeuge, um einen dauerhaften Frieden aufzubauen

1. „Wie willkommen sind auf den Bergen die Schritte des Freudenboten, der Frieden ankündigt“ (Jes 52,7)

Die Worte des Propheten Jesaja bringen den Trost zum Ausdruck, das Aufatmen eines verbannten Volkes, das durch Gewalt und Übergriffe am Ende seiner Kräfte und der Würdelosigkeit und dem Tod ausgeliefert war. Über dieses Volk fragte sich der Prophet Baruch: „Warum, Israel, warum lebst du im Gebiet der Feinde, wirst alt in einem fremden Land, bist unrein geworden, den Toten gleich, wurdest gezählt zu denen, die in die Unterwelt hinabsteigen?“ (Bar 3,10–11) Für dieses Volk bedeutete die Ankunft des *Friedensboten* die Hoffnung auf eine Neugeburt aus den Trümmern der Geschichte, der Beginn einer strahlenden Zukunft.

Auch heute noch bleibt der ‚Weg des Friedens‘, den der heilige Paul VI. mit dem neuen Namen einer „umfassenden Entwicklung“ (PP 42; vgl. PP 76ff.) bezeichnet hat, leider weit entfernt vom wirklichen Leben vieler Männer und Frauen und folglich von der Menschheitsfamilie, die mittlerweile weltweit vernetzt ist. Trotz der vielfachen Anstrengungen, die auf einen konstruktiven Dialog zwischen den Nationen hinzielen, verstärkt sich der ohrenbetäubende Lärm der Kriege und Konflikte, während sich Krankheiten im Ausmaß von Pandemien verbreiten, sich die Auswirkungen des Klimawandels und der Umweltschäden verschlimmern, sich das Drama des Hungers und des Durstes verschärft. Zugleich herrscht weiterhin ein Wirtschaftssystem vor, das mehr auf dem Individualismus als auf einer solidarischen Teilhabe beruht. Wie zu den Zeiten der antiken Propheten hört auch heute „*die Klage der Armen* […] *wie die* […] *der Erde*“ (LS 49) nicht auf, sich zu erheben, um Gerechtigkeit und Frieden zu erflehen.

In jedem Zeitalter war der Frieden zugleich Gabe aus der Höhe und Ergebnis einer gemeinsamen Anstrengung. Es gibt in der Tat „eine ‚Architektur‘ des Friedens“, in der verschiedene gesellschaftliche Einrichtungen einen Beitrag leisten, und es gibt „ein ‚Handwerk‘ des Friedens“ (FT 231), das jeden von uns in erster Person miteinbezieht. Alle können zusammenarbeiten, um eine friedvollere Welt aufzubauen: Angefangen vom eigenen Herzen und von den Beziehungen in der Familie, in der Gesellschaft und mit der Umwelt, bis zu den Beziehungen unter den Völkern und zwischen den Staaten.

Ich möchte hier *drei Wege* für den Aufbau eines dauerhaften Friedens vorschlagen. Zunächst einmal *den Dialog zwischen den Generationen* als Grundlage für die Verwirklichung gemeinsamer Pläne. In zweiter Linie *die Bildung*, als Basis für Freiheit, Verantwortung und Entwicklung. Schließlich *die Arbeit* für eine vollständige Verwirklichung der Menschenwürde. Es handelt sich um drei unabdingbare Elemente, um „ein[en] Sozialpakt entstehen" (FT 218) zu lassen, ohne den sich jedes Friedensprojekt als ungenügend erweist.

2. Dialog führen unter den Generationen, um den Frieden aufzubauen

In einer Welt, die immer noch von der allzu problemreichen Pandemie in die Zange genommen wird, „versuchen [einige], der Realität zu entfliehen, indem sie sich in die Privatsphäre zurückziehen, andere begegnen ihr mit zerstörerischer Gewalt. Aber ‚zwischen der egoistischen Gleichgültigkeit und dem gewaltsamen Protest gibt es eine Option, die immer möglich ist: den Dialog. Der Dialog zwischen den Generationen'" (FT 199).

Jeder ehrliche Dialog erfordert, auch wenn er von einer angemessenen und positiven Dialektik nicht frei ist, immer ein Grundvertrauen zwischen den Gesprächspartnern. Zu diesem gegenseitigen Vertrauen müssen wir zurückfinden, um es uns wieder anzueignen! Die gegenwärtige Gesundheitskrise hat bei allen das Bewusstsein für die Einsamkeit und für das In-sich-Kehren verstärkt. Zur Einsamkeit der älteren Menschen gesellt sich bei den Jugendlichen das Bewusstsein der Ohnmacht und des Fehlens einer gemeinsamen Zukunftsperspektive. Eine solche Krise ist gewiss schmerzlich. In ihr kann sich aber auch das Beste im Menschen zeigen. In der Tat haben wir während der Pandemie überall auf der Welt großartige Zeugnisse des Mitgefühls, des Teilens und der Solidarität festgestellt.

Dialog führen bedeutet anhören, sich auseinandersetzen, übereinkommen und miteinander vorangehen. Dies alles unter den Generationen zu fördern heißt, das harte und unfruchtbare Erdreich des Konflikts aufzulockern, um die Samen eines dauerhaften und gemeinsam vertretenen Friedens zu kultivieren.

Während der technische und wirtschaftliche Fortschritt die Generationen oft einander entfremdet hat, zeigen die gegenwärtigen Krisen die Notwendigkeit ihres Zusammenspiels. Einerseits brauchen die jungen Menschen die Lebens-, die Weisheits- und die geistliche Erfahrung der Älteren; andererseits haben die Älteren die Unterstützung, die Zuneigung, die Kreativität und die Dynamik der Jungen nötig.

Die großen gesellschaftlichen Herausforderungen und die Prozesse der Befriedung kommen nicht ohne den Dialog zwischen den Hütern des Gedächtnisses – den älteren Menschen – und denjenigen, die die Geschichte voranbringen, – der Jugend – aus. Ebenso braucht es die Bereitschaft eines jeden, dem anderen Raum zu geben. Keiner darf sich anmaßen, die gesamte

Szenerie abzudecken, indem man die eigenen unmittelbaren Interessen verfolgt, als ob es weder Vergangenheit noch Zukunft gäbe. Die globale Krise, die wir erleben, zeigt uns in der Begegnung und im Dialog zwischen den Generationen die treibende Kraft einer gesunden Politik, die sich nicht damit zufriedengibt, das Vorhandene „durch Zusammenflicken oder bloße schnelle Gelegenheitslösungen" (FT 179) zu meistern, sondern sich bei der Erarbeitung von gemeinsamen und nachhaltigen Projekten als eine wertvolle Form der Nächstenliebe (vgl. FT 180) äußert.

Wenn wir es schaffen, bei den anstehenden Problemen diesen generationsübergreifenden Dialog auszuführen, „werden wir gut in der Gegenwart verwurzelt sein können. Aus dieser Position heraus werden wir in der Lage sein, mit der Vergangenheit und der Zukunft im Austausch zu stehen: mit der Vergangenheit, um von der Geschichte zu lernen und die Wunden zu heilen, die uns zuweilen beeinträchtigen; mit der Zukunft, um den Enthusiasmus zu nähren, die Träume aufsprießen zu lassen, prophetische Visionen zu erwecken, Hoffnungen blühen zu lassen. Auf diese Weise werden wir vereint voneinander lernen" (CV 199). Wie könnten sonst die Bäume ohne die Wurzeln wachsen und Früchte tragen?

Es genügt, an das Thema der Sorge um unser gemeinsames Haus zu denken. In der Tat ist die Umwelt selbst „eine Leihgabe, die jede Generation empfängt und an die nächste Generation weitergeben muss" (LS 159). Deshalb müssen die vielen jungen Menschen gewürdigt und ermutigt werden, die sich für eine gerechtere Welt einsetzen; eine Welt, die auf die Bewahrung der Schöpfung, die unserer Obhut anvertraut ist, achtet. Sie tun dies mit Unruhe und Begeisterung sowie vor allem mit einem Sinn für Verantwortung im Hinblick auf einen dringenden Kurswechsel (vgl. LS 163/202), den die Schwierigkeiten verlangen, die aus der heutigen ethischen und sozio-ökologischen Krise (vgl. LS 139) entstanden sind.

Im Übrigen kann die Möglichkeit, gemeinsam Wege des Friedens aufzubauen, nicht von der Erziehung und der Arbeit absehen. Diese sind bevorzugte Orte und Begegnungsstätten des generationenübergreifenden Dialogs. Die Erziehung liefert die Grammatik des Dialogs zwischen den Generationen, und die Arbeitswelt führt Männer und Frauen verschiedener Generationen zusammen, wo sie zusammenarbeiten und ihr Wissen, ihre Erfahrungen wie auch ihre Befähigungen für das Gemeinwohl weitergeben.

3. Bildung und Erziehung als Motor des Friedens

In den letzten Jahren sind die Haushaltsmittel für Bildung und Erziehung, die eher als Ausgaben denn als Investitionen betrachtet werden, weltweit erheblich zurückgegangen. Sie sind jedoch die Hauptträger der ganzheitlichen menschlichen Entwicklung: Sie machen den Menschen freier und verantwortungsbewusster und sind für die Verteidigung und Förderung des Friedens unverzichtbar. Mit anderen Worten: Bildung und Erziehung sind die Grundlagen einer eng zusammenstehenden, zivilisierten Gesellschaft, die in der Lage ist, Hoffnung, Wohlstand und Fortschritt zu schaffen.

Die Militärausgaben hingegen sind über das Niveau zum Ende des Kalten Krieges gestiegen und werden voraussichtlich weiter exorbitant zunehmen.[1]

Es ist daher dringend notwendig, dass die Verantwortlichen in der Regierung eine Wirtschaftspolitik entwickeln, die das Verhältnis zwischen öffentlichen Investitionen in die Bildung und den für die Rüstung bereitgestellten Mitteln umkehrt. Darüber hinaus kann die Fortsetzung eines echten internationalen Abrüstungsprozesses für die Entwicklung der Völker und Nationen nur von großem Nutzen sein, da dadurch finanzielle Ressourcen frei werden, die in geeigneterer Weise für das Gesundheitswesen, die Schulen, die Infrastruktur, den Umweltschutz und so weiter eingesetzt werden können.

Ich hoffe, dass die Investitionen in die Bildung mit einem stärkeren Engagement für die Förderung der Kultur der Achtsamkeit einhergehen werden (vgl. LS 231; Wfb 2020). Sie kann angesichts der Brüche in der Gesellschaft und der Untätigkeit der Institutionen zu einer gemeinsamen Sprache werden, die Barrieren niederreißt und Brücken baut. „Ein Land wächst, wenn seine verschiedenen kulturellen Reichtümer konstruktiv in Dialog miteinander stehen: die Volkskultur, die Universitätskultur, die Jugendkultur, die Kultur der Kunst und die Kultur der Technik, die Wirtschaftskultur und die Familienkultur sowie die Medienkultur“ (FT 199). Es ist daher notwendig, ein neues kulturelles Paradigma zu schmieden, und zwar durch „einen globalen Bildungspakt für und mit den jüngeren Generationen [...], der Familien, Gemeinschaften, Schulen und Universitäten, Institutionen, Religionen, Regierende, ja, die gesamte Menschheit dazu verpflichtet, reife Menschen heranzubilden“[2]. Ein Pakt, der die Erziehung zur ganzheitlichen Ökologie nach einem kulturellen Modell des Friedens, der Entwicklung und der Nachhaltigkeit fördern soll, in dessen Mittelpunkt die Geschwisterlichkeit und das Miteinander zwischen Mensch und Umwelt stehen.[3]

---

[1] Vgl. *Franziskus*, Botschaft an die Teilnehmer der 4. Pariser Friedensforums vom 11.–13. November 2021; [Anm. der Herausgeber: Besagte Botschaft war nicht auf www.vatican.va einsehbar.]

[2] *Franziskus*, Videobotschaft an die Teilnehmer der Veranstaltung ‚Global Compact on Education: Together to look beyond‘ in der Päpstlichen Lateranuniversität am 15. Oktober 2020, entnommen aus: www.vatican.va.

[3] Vgl. *Franziskus*, Videobotschaft an die Teilnehmer des ‚High Level Virtual Climate Ambition Summit‘ am 12. Dezember 2020, entnommen aus: www.vatican.va; [Anm. der Herausgeber: Das Transkript der besagten Videobotschaft war im Volltext nur in englischer, spanischer, französischer, italienischer und portugiesischer Sprache erfasst.]

Die Investition in die Bildung und Erziehung der jüngeren Generationen ist der Hauptweg, um sie durch eine gezielte Ausbildung dazu zu befähigen, einen angemessenen Platz in der Arbeitswelt einzunehmen (vgl. LE 18).

4. Schaffung und Sicherung von Arbeit ist friedensstiftend

Arbeit ist ein unverzichtbarer Faktor für den Aufbau und die Erhaltung des Friedens. Sie ist Ausdruck der eigenen Person und der eigenen Fähigkeiten, aber auch Einsatz, Mühe, Zusammenarbeit mit anderen, denn man arbeitet immer mit oder für jemand anderen. In dieser eindeutig sozialen Perspektive ist die Arbeit der Ort, an dem wir lernen, unseren Beitrag zu einer lebenswerteren und schöneren Welt zu leisten.

Die Covid-19-Pandemie hat die Situation in der Arbeitswelt noch erschwert, die bereits mit zahlreichen Herausforderungen konfrontiert war. Millionen von wirtschaftlichen und produktiven Unternehmen sind in Konkurs gegangen; die Zeitarbeiter sind zunehmend gefährdet; viele derjenigen, die wesentliche Dienstleistungen erbringen, sind noch mehr aus dem öffentlichen und politischen Bewusstsein verschwunden; Fernunterricht hat in vielen Fällen zu einem Rückschritt beim Lernen und in der Schullaufbahn geführt. Darüber hinaus sind heute die Aussichten für junge Menschen, die in den Arbeitsmarkt eintreten, und für Erwachsene, die in die Arbeitslosigkeit geraten sind, dramatisch.

Die Auswirkungen der Krise auf die informelle Wirtschaft, die oftmals Migranten als Arbeiter beschäftigt, waren besonders verheerend. Viele von ihnen werden von den nationalen Gesetzen nicht anerkannt, so, als ob es sie nicht gäbe; sie leben unter sehr prekären Bedingungen für sich und ihre Familien, sind verschiedenen Formen der Sklaverei ausgesetzt und haben kein Sozialsystem, das sie schützt. Hinzu kommt, dass derzeit nur ein Drittel der Weltbevölkerung im erwerbsfähigen Alter über ein Sozialschutzsystem verfügt oder nur in begrenztem Umfang davon Gebrauch machen kann. In vielen Ländern sind Gewalt und organisierte Kriminalität auf dem Vormarsch und schränken die Freiheit und Würde der Menschen ein, vergiften die Wirtschaft und verhindern die Entwicklung des Gemeinwohls. Die Antwort auf diese Situation kann nur in einer Ausweitung der Möglichkeiten für menschenwürdige Arbeit liegen.

Arbeit ist in der Tat die Grundlage, auf der Gerechtigkeit und Solidarität in jeder Gemeinschaft aufgebaut werden können. Aus diesem Grund darf man „nicht danach trachten, dass der technologische Fortschritt immer mehr die menschliche Arbeit verdränge, womit die Menschheit sich selbst schädigen würde. Die Arbeit ist eine Notwendigkeit, sie ist Teil des Sinns des Lebens auf dieser Erde, Weg der Reifung, der menschlichen Entwicklung und der persönlichen Verwirklichung“ (LS 128). Wir müssen unsere Ideen und Bemühungen bündeln, um die Bedingungen zu schaffen und Lösungen zu finden, damit jeder Mensch im erwerbsfähigen Alter die Möglichkeit hat, durch seine Arbeit zum Leben der Familie und der Gesellschaft beizutragen.

Es ist dringender denn je, weltweit annehmbare und menschenwürdige Arbeitsbedingungen zu fördern, die sich am Gemeinwohl und an der Bewahrung der Schöpfung orientieren. Es ist notwendig, die Freiheit der unternehmerischen Initiativen zu gewährleisten und zu unterstützen und gleichzeitig einen erneuerten sozialen Verantwortungssinn zu fördern, damit der Gewinn nicht das einzige Leitkriterium sei.

In dieser Hinsicht sollten Initiativen angeregt, begrüßt und unterstützt werden, die auf allen Ebenen die Unternehmen zur Achtung der grundlegenden Menschenrechte der Arbeitnehmerinnen und Arbeitnehmer drängen und dafür nicht nur die Institutionen, sondern auch die Verbraucher, die Zivilgesellschaft und die Betriebswelt sensibilisieren. Je bewusster diese Unternehmen sich ihrer sozialen Rolle sind, desto mehr werden sie zu Orten, an denen die Menschenwürde gelebt wird, und tragen so ihrerseits zum Aufbau des Friedens bei. Diesbezüglich ist die Politik gefordert, eine aktive Rolle zu spielen und ein ausgewogenes Verhältnis zwischen wirtschaftlicher Freiheit und sozialer Gerechtigkeit zu fördern. Und alle, die sich in diesem Bereich engagieren, angefangen bei den katholischen Arbeitnehmern und Unternehmern, können in der ‚Soziallehre der Kirche' sichere Orientierungspunkte finden.

Liebe Brüder und Schwestern! Während wir bestrebt sind, unsere Anstrengungen zur Überwindung der Pandemie zu bündeln, möchte ich meinen Dank an all diejenigen erneuern, die sich mit Großzügigkeit und Verantwortungsbewusstsein für Bildung, Sicherheit und den Schutz der Rechte eingesetzt haben und weiterhin einsetzen, um die medizinische Versorgung zu gewährleisten, die Zusammenführung von Familienmitgliedern und Kranken zu erleichtern und die wirtschaftliche Unterstützung der Bedürftigen oder derjenigen, die ihren Arbeitsplatz verloren haben, sicherzustellen. Und ich versichere mein Gebetsgedenken für alle Opfer und ihre Familien.

Ich appelliere an die Regierenden und die Verantwortungsträger in Politik und Gesellschaft, an die Hirten und die Mitarbeiter der kirchlichen Gemeinschaften sowie an alle Männer und Frauen guten Willens, gemeinsam diese drei Wege zu beschreiten: Dialog zwischen den Generationen, Bildung und Arbeit. Mit Mut und Kreativität. Und möge es immer mehr Menschen geben, die in aller Stille, Demut und Beharrlichkeit Tag für Tag zu Handwerkern des Friedens werden. Und möge der Segen des Gottes des Friedens ihnen stets vorangehen und sie begleiten!

Aus dem Vatikan, am 8. Dezember 2021
Franziskus

C)
Anhang

Literaturverzeichnis

Quellen

COMECE, Europas Berufung zur Förderung des Friedens in der Welt, Brüssel 2016.

Die Deutschen Bischöfe, Gerechtigkeit schafft Frieden. Neuauflage erweitert um die Erklärungen zum Golfkonflikt (Die deutschen Bischöfe 48), hrsg. vom Sekretariat der DBK, Bonn 1991.

Die Deutschen Bischöfe, Gerechter Friede (Die deutschen Bischöfe 66), hrsg. vom Sekretariat der DBK, Bonn ^{4}2013, Erstauflage 2000.

Die Deutschen Bischöfe, Terrorismus als ethische Herausforderung. Menschenwürde und Menschenrechte (Die deutschen Bischöfe 94), hrsg. vom Sekretariat der DBK, Bonn 2011.

Evangelische Kirche in Deutschland, Aus Gottes Frieden leben – für gerechten Frieden sorgen. Eine Denkschrift des Rates der Evangelischen Kirche in Deutschland, Gütersloh ^{2}2007.

Franziskus, Apostolisches Schreiben ‚Evangelii gaudium' an die Bischöfe, an die Priester und Diakone, an die Personen geweihten Lebens und an die christgläubigen Laien über die Verkündigung des Evangeliums in der Welt von heute (VAS 194), hrsg. vom Sekretariat der Deutschen Bischofskonferenz, Bonn 2013.

Franziskus, Enzyklika ‚Fratelli tutti' über die Geschwisterlichkeit und die soziale Freundschaft (VAS 227), hrsg. vom Sekretariat der DBK, Bonn 2020.

Johannes XXIII., Enzyklika ‚Pacem in terris' über den Frieden unter allen Völkern in Wahrheit, Gerechtigkeit, Liebe und Freiheit, Vatikan 1963.

Päpstlicher Rat für Gerechtigkeit und Frieden, Kompendium der Soziallehre der Kirche, Freiburg i. Br. ^{2}2006.

K. Rahner/H. Vorgrimler, Kleines Konzilskompendium. Sämtliche Texte des Zweiten Vatikanischen Konzils, Freiburg i. Br. ^{35}2008.

United States Conference of Catholic Bishops, The Harvest of Justice Is Sown in Peace, Washington D.C. ^{3}2002.

Sekundärliteratur

A. Angenendt, Toleranz und Gewalt. Das Christentum zwischen Bibel und Schwert, Münster ^{3}2007.

B. Aschmann/H.-G. Justenhoven (Hrsg.), Dès le début. Die Friedensnote Papst Benedikts XV. von 1917 (Veröffentlichungen der Kommission für Zeitgeschichte. Reihe C: Themen der kirchlichen Zeitgeschichte 2), Paderborn 2019.

M. Barbato/S. Heid (Hrsg.), Macht und Mobilisierung. Der politische Aufstieg des Papsttums seit dem Ausgang des 19. Jahrhunderts, Freiburg i. Br. 2020.

D. Baumann, Militärethik. Theologische, menschenrechtliche und militärwissenschaftliche Perspektiven, Stuttgart 2007.

G. Beestermöller, Thomas von Aquin und der gerechte Krieg. Friedensethik im theologischen Kontext der Summa Theologiae (ThFr 4), Stuttgart 1990.

V. Bock u. a. (Hrsg.), Christliche Friedensethik vor den Herausforderungen des 21. Jahrhunderts (Studien zur Friedensethik 51), Münster 2015.

T. Bohrmann/K.-H. Lather/F. Lohmann (Hrsg.), Handbuch Militärische Berufsethik. Band 1: Grundlagen, Wiesbaden 2013.

T. Bohrmann/K.-H. Lather/F. Lohmann (Hrsg.), Handbuch Militärische Berufsethik. Band 2: Anwendungsfelder, Wiesbaden 2014.

J. Butler, Laster des Krieges. Warum wir nicht jedes Leid beklagen, Frankfurt a. M. 2010.

C. A. J. Coady, Messy Morality. The Challenge of Politics, Oxford 2008.

J. Dear, Ein Mensch des Friedens und der Gewaltfreiheit werden, Norderstedt 2018.

M. Delgado/A. Holderegger/G. Vergauwen (Hrsg.), Friedensfähigkeit und Friedensvisionen in Religionen und Kulturen (Religionsforum 9), Stuttgart 2012.

F. Enns/W. Weiße (Hrsg.), Gewaltfreiheit und Gewalt in den Religionen. Politische und theologische Herausforderungen, Münster/New York 2016.

J. Ernesti, Friedensmacht. Die vatikanische Außenpolitik seit 1870, Freiburg i. Br. 2022.

M. F. Feldkamp, Geheim und effektiv. Über 1000 Jahre Diplomatie der Päpste, Augsburg 2010.

D. Fisher, Morality and War. Can War Be Just in the Twenty-first Century?, Oxford 2012.

M. Gehler/A. Merkl/K. Schinke (Hrsg.), Die EU als Verantwortungsgemeinschaft. Anspruch und Wirklichkeit (Arbeitskreis Europäische Integration, Historische Forschungen, Veröffentlichungen 12), Wien 2020.

H. J. Gießmann/B. Rinke (Hrsg.), Handbuch Frieden, Wiesbaden ^{2}2019.

B. Häring, Frei in Christus. Moraltheologie für die Praxis des christlichen Lebens in 3 Bänden, Freiburg i. Br. 1989.

S. Hauerwas, The Peaceable Kingdom. A Primer in Christian Ethics. Notre Dame 1984.

M. Heimbach-Steins (Hrsg.), Christliche Sozialethik. Ein Lehrbuch in 2 Bänden, Regensburg 2004/2005.

S. Hofmann, Friedensethik. Zum militärpolitischen Engagement der Bundeswehr, in: StZ 143 (2018) 301–310.

T. Hoppe, Menschenrechte im Spannungsfeld von Freiheit, Gleichheit und Solidarität. Grundlagen eines internationalen Ethos zwischen universalem Geltungsanspruch und Partikularitätsverdacht (ThFr 17), Stuttgart 2002.

T. Hoppe, Vom „gerechten Krieg“ zum „gerechten Frieden“. Stationen der Entwicklung katholischer Friedensethik, in: IKaZ Communio 32 (2003) 299–308.

W. Huber/H.-R. Reuter, Friedensethik, Stuttgart 1990.

W. Huber, Streit um den gerechten Frieden. Aktuelle Herausforderungen der Friedensethik, in: Ethik und Gesellschaft. Ökumenische Zeitschrift für Sozialethik 2/2021.

D. Janssen/M. Quante (Hrsg.), Gerechter Krieg. Ideengeschichtliche, rechtsphilosophische und ethische Beiträge, Münster ^{2}2017.

H. Joas, Friedensprojekt Europa?, München 2020.

H.-G. Justenhoven, Francisco de Vitoria zu Krieg und Frieden (ThFr 5), Stuttgart 1991.

H.-G. Justenhoven/R. Schumacher (Hrsg.), „Gerechter Friede“ – Weltgemeinschaft in der Verantwortung. Zur Debatte um die Friedensschrift der deutschen Bischöfe (ThFr 25), Stuttgart 2003.

H.-G. Justenhoven/W. Barbieri (Hrsg.), From Just War to Modern Peace Ethics (AKG 20), Berlin/Boston 2012.
M. Kaldor, Neue und alte Kriege. Organisierte Gewalt im Zeitalter der Globalisierung, Frankfurt a. M. 2007.
A. Keller, Cicero und der gerechte Krieg. Eine ethisch-staatsphilosophische Untersuchung (ThFr 43), Stuttgart 2012.
K. Klöcker, Freiheit im Fadenkreuz. Terrorbekämpfung als christlich-ethische Herausforderung, Freiburg i. Br. 2017.
B. Koch, (Hrsg.), Den Gegner schützen? Zu einer aktuellen Kontroverse in der Ethik des bewaffneten Konflikts (ThFr 47), Baden-Baden 2014.
B. Koch, Friedensethik, in: H.-J. Gießmann/B. Rinke (Hrsg.), Handbuch Frieden, Wiesbaden [2]2019, 147–162.
B. Koch, Die kirchliche Friedensdebatte. Beobachtungen aus philosophischer Sicht, in: Ethik und Gesellschaft. Ökumenische Zeitschrift für Sozialethik 2/2021.
M. Kopp, Franziskus im Heiligen Land. Päpste als Botschafter des Friedens: Paul VI. – Johannes Paul II. – Benedikt XVI. – Franziskus, Kevelaer 2014.
P. Körbs, Die Sorge der Päpste um den Frieden. Eine ethische Analyse der Botschaften zum Weltfriedenstag (Schriften des Instituts für Theologie und Ethik der Universität der Bundeswehr München 8), Berlin 2021.
M. Kremer, Den Frieden verantworten. Politische Ethik bei Francisco Suárez (1548–1617) (ThFr 35), Stuttgart 2008.
U. Kronenberg, Gerechter Frieden – Gerechter Krieg? Chancen und Grenzen zweier friedensethischer Denkmodelle, Leipzig 2019.
A. F. Lang/C. O'Driscoll/J. Williams (Hrsg.), Just War: Authority, Tradition, and Practice, Washington 2013.
G. Lucas, Military Ethics. What Everyone Needs to Know, Oxford 2016.
J. Ludwig, Zwischen Anspruch und Wirklichkeit. Die politische Praxis des Heiligen Stuhls bei den Vereinten Nationen im Spiegel der katholischen Begründung der Menschenrechte (Freiburger theologische Studien 197), Freiburg i. Br. 2021.
C. Mandry, Europa als Wertegemeinschaft. Eine theologisch-ethische Studie zum politischen Selbstverständnis der Europäischen Union, Baden-Baden 2009.
T. Meireis (Hrsg.), Gewalt und Gewalten. Zur Ausübung, Legitimität und Ambivalenz rechtserhaltender Gewalt, Tübingen 2012.
A. Merkl, „Si vis pacem, para virtutes". Ein tugendethischer Beitrag zu einem Ethos der Friedfertigkeit (Studien zur Friedensethik 54), Münster 2015.
A. Merkl, Catholic peacebuilding – Annäherungen an ein friedensethisches Konzept, in: ThG 59 (2016) 127–138.
A. Merkl, „Der Friede ist möglich". Die Päpste und die Weltfriedenstage, in: IKaZ Communio 46 (2017) 535–545.
A. Merkl, Schlüsselbegriff Resilienz. Die europäische Sicherheitsagenda in ethischer Lesart, in: Amosinternational 11 (2017) 30–36.
A. Merkl/B. Koch (Hrsg.), Die EU als ethisches Projekt im Spiegel ihrer Außen- und Sicherheitspolitik (Studien zur Friedensethik 63), Baden-Baden/Münster 2018.
H. Münkler, Die neuen Kriege, Hamburg [6]2015.
T. Nauerth, Gerechtigkeit und Frieden bei Papst Franziskus im Horizont von Zärtlichkeit und Gewaltfreiheit, in: JCSW 59 (2018) 201–223.

M. E. O'Connell, The Presumption of Peace, Illegal War, Human Rights, and Humanitarian Law, in: L. Nadya Sada u. a. (Hrsg.), Seeking accountability for the unlawful use of force, Cambridge 2018, 526–547.

B. J. O'Connor, Papal Diplomacy. John Paul II and the Culture of Peace, Indiana 2005.

G. Orth, Mitten im Krieg vom Frieden singen. Traditionen der Gewaltfreiheit, Berlin 2017.

F.-J. Overbeck, Konstruktive Konfliktkultur. Friedensethisches Positionspapier des katholischen Militärbischofs für die Deutsche Bundeswehr, Freiburg i. Br. 2019.

F.-J. Overbeck/A. Merkl, Konstruktive Konfliktkultur, in: IKaZ Communio 49 (2020) 450–459.

D. Philpott/G. F. Powers (Hrsg.), Strategies of Peace. Transforming Conflict in a Violent World, New York 2010.

P. Ramsey, The Just War. Force and Political Responsibility, New York 1968.

G. M. Reichberg/H. Syse/E. Begby (Hrsg.), The Ethics of War. Classic and Contemporary Readings, Malden 2006.

G. M. Reichberg, Thomas Aquinas on War and Peace, Cambridge 2019.

S. Sailer-Pfister, ‚Schwerter zu Pflugscharen' – Auf dem Weg zu einem gerechten Frieden. Grundlagen der Friedensethik ausgehend von ‚Pacem in terris', ‚Gaudium et spes' und dem Wort der Deutschen Bischöfe ‚Gerechter Friede', in: IKaZ Communio 43 (2014) 51–61.

M. Scheler, Die Idee des Friedens und der Pazifismus, Bern 1974.

E. Schockenhoff, Mutiges Lehramt. Die Enzyklika Pacem in terris, in: StZ (2013) 219–231.

E. Schockenhoff, Vom gerechten Krieg zum gerechten Frieden? Zum Paradigmenwechsel in der jüngeren kirchlichen Friedensethik, in: G. M. Hoff (Hrsg.), Konflikte um Ressourcen – Kriege um Wahrheit (Grenzfragen 37), Freiburg i. Br. 2013, 289–345.

E. Schockenhoff, Kein Ende der Gewalt? Friedensethik für eine globalisierte Welt, Freiburg i. Br. 2018.

M. Schrage, Intervention in Libyen. Eine Bewertung der multilateralen militärischen Intervention zu humanitären Zwecken aus Sicht katholischer Friedensethik (Studien zur Friedensethik 55), Baden-Baden/Münster 2016.

R. J. Schreiter u. a. (Hrsg.), Peacebuilding. Catholic Theology, Ethics, and Praxis, New York 2010.

H. v. Schubert, Nieder mit dem Krieg. Eine Ethik politischer Gewalt, Leipzig 2021.

C. Sedmak (Hrsg.), Frieden. Vom Wert der Koexistenz (Grundwerte Europas 6), Darmstadt 2016.

D. Senghaas (Hrsg.), Den Frieden denken. Si vis pacem, para pacem, Frankfurt a. M. 1995.

T. Söding, Frieden stiften. Die Seligpreisung Jesu (Mt 5,9), in: IKaZ Communio 47 (2018) 108–118.

D. Squicciarini (Hrsg.), Die Weltfriedensbotschaften Papst Pauls VI., Berlin 1979.

D. Squicciarini (Hrsg.), Die Weltfriedensbotschaften Papst Johannes Pauls II., Berlin 1992.

D. Squicciarini (Hrsg.), Die Weltfriedensbotschaften Papst Johannes Pauls II. 1993–2000. Beiträge zur katholischen Soziallehre, Berlin 2001.

R. Spaemann/E.-W. Böckenförde (Hrsg.), Menschenrechte und Menschenwürde. Historische Voraussetzungen – säkuläre Gestalt – christliches Verständnis, Stuttgart 1987.

J.-D. Strub/S. Grotefeld (Hrsg.), Der gerechte Friede zwischen Pazifismus und gerechtem Krieg. Paradigmen der Friedensethik im Diskurs, Stuttgart 2007.

J.-D. Strub, Der gerechte Friede. Spannungsfelder eines friedensethischen Leitbegriffs (Forum Systematik 36), Stuttgart 2010.

V. Stümke/M. Gillner (Hrsg.), Friedensethik im 20. Jahrhundert (ThFr 42), Stuttgart 2011.

V. Stümke, The Concept of Peace in Christianity, in: G. Tamer (Hrsg.), The Concept of Peace in Judaism, Christianity and Islam, Berlin/Boston 2020, 44–97.

B. Sutor, Vom gerechten Krieg zum gerechten Frieden. Stationen und Chancen eines geschichtlichen Lernprozesses, Schwalbach am Ts. ^{2}2004.

J. Waldron, Torture, Terror, and Trade-Offs. Philosophy for the White House, Oxford 2010.

M. Weingardt/V. Brenner, Verpasste Chancen. Hindernisse für religiöse Friedensinitiativen (Religion – Konflikt – Frieden 3), Baden-Baden 2010.

T. J. Weissenberg, Die Friedenslehre des Augustinus. Theologische Grundlagen und ethische Entfaltung (ThFr 28), Stuttgart 2005.

I.-J. Werkner/K. Ebeling, Handbuch Friedensethik, Wiesbaden 2017.

I.-J. Werkner/P. Rudolf (Hrsg.), Rechtserhaltende Gewalt – zur Kriteriologie. Fragen zur Gewalt. Band 3, Wiesbaden 2019.

N. J. Young (Hrsg.), The Oxford International Encyclopedia of Peace. Band 4, Oxford 2010.

Insgesamt sei auf die Einzelbände der Reihen „Theologie und Frieden“ (ThFr), „Beiträge zur Friedensethik“ sowie „Studien zur Friedensethik“ des Instituts für Theologie und Frieden, auf das E-Journal „Ethik und Militär“ des zebis (Zentrum für ethische Bildung in den Streitkräften), auf die Reihen „Ethica“ und „Ethica Themen“ des Instituts für Religion und Frieden in Wien sowie auf die Vielzahl an Publikationen im Zuge des Konsultationsprozesses an der FEST in Heidelberg hingewiesen.

Abkürzungsverzeichnis

AA	Dekret Apostolicam actuositatem (1965)
AG	Dekret Ad gentes (1965)
AL	Nachsynodales Apostolisches Schreiben Amoris laetitia (2016)
CA	Enzyklika Centesimus annus (1991)
CiV	Enzyklika Caritas in veritate (2009)
CL	Nachsynodales Apostolisches Schreiben Christifideles laici (1988)
CV	Nachsynodales Apostolisches Schreiben Christus vivit (2019)
DeV	Enzyklika Dominum et vivificantem (1986)
DH	Erklärung Dignitatis humanae (1965)
DiM	Enzyklika Dives in misericordia (1980)
EG	Apostolisches Schreiben Evangelii gaudium (2013)
ES	Enzyklika Ecclesiam suam (1964)
EV	Enzyklika Evangelium vitae (1995)
FC	Nachsynodales Apostolisches Schreiben Familiaris consortio (1981)
FT	Enzyklika Fratelli tutti (2020)
GF	Hirtenwort Gerechter Friede (2000)
GS	Pastoralkonstitution Gaudium et spes (1965)
IS	Apostolisches Schreiben Inter sanctos (1979)
KKK	Katechismus der Katholischen Kirche
LE	Enzyklika Laborem exercens (1981)
LF	Enzyklika Lumen fidei (2013)
LG	Dogmatische Konstitution Lumen gentium (1964)
LS	Enzyklika Laudato si' (2015)
MD	Apostolisches Schreiben Mulieris dignitatem (1988)
MM	Enzyklika Mater et magistra (1961)
NA	Erklärung Nostra aetate (1965)
NMI	Apostolisches Schreiben Novo millennio ineunte (2001)
OA	Apostolisches Schreiben Octogesima adveniens (1971)
PDM	Enzyklika Pacem, Dei munus pulcherrimum (1920)
PP	Enzyklika Populorum progressio (1967)
PT	Enzyklika Pacem in terris (1963)
RH	Enzyklika Redemptor hominis (1979)
RN	Enzyklika Rerum novarum (1891)
SRS	Enzyklika Sollicitudo rei socialis (1987)
SS	Enzyklika Spe salvi (2007)
TMA	Apostolisches Schreiben Tertio millennio adveniente (1994)
UR	Dekret Unitatis redintegratio (1964)
VAS	Verlautbarungen des Apostolischen Stuhls
Wfb	Weltfriedensbotschaft

Nachwort

Für die Zukunft eines gelingenden Zusammenlebens in der Welt ist Frieden unabdingbar. Trotz der vielfältigen Erfahrungen von Gewalt, Ungerechtigkeit und sozialer Instabilität und der Kenntnis über deren Folgen, ist es bislang nicht gelungen, eine Weltfriedensordnung zu etablieren, die kriegerische Auseinandersetzungen zu verhindern und auch zu überwinden hilft. Die Terroranschläge vom 11. September 2001, der folgende militärische Einsatz in Afghanistan und dessen Beendigung 2021 seien als ein erschreckendes Beispiel angeführt. Ohne dies weiter zu vertiefen, ist erneut deutlich geworden, dass die Aufgabe zur Sicherung und Förderung des Friedens nicht vom Gelingen oder Misslingen militärischer Einsätze abhängt, „sondern ebenso auf das friedenssichernde Potential gesellschaftlicher Gruppierungen, die staatsübergreifend für Versöhnung und Verständigung zwischen den Völkern eintreten“[1], zurückgegriffen werden muss. In diesem Sinne haben sich auch die Päpste mit ihrer Stimme eingebracht und auf der Grundlage der Botschaft des Evangeliums und der Katholischen Soziallehre mitgeholfen, Perspektiven für die Verwirklichung des Weltfriedens zu entwickeln, geleitet von der Seligpreisung: „Selig, die Frieden stiften, denn sie werden Kinder Gottes genannt werden“ (Mt 5,9).

Die weltpolitische Rolle der Päpste hat im 20. und 21. Jahrhundert an Bedeutung gewonnen. Hierfür sei an die Friedensinitiative Papst Benedikt XV. zur Beendigung des Ersten Weltkriegs, an die Vermittlung von Papst Johannes XXIII. zur Befriedung der Kubakrise 1962, an das friedenspolitische Engagement Papst Johannes Paul II. im Verlauf des Kalten Krieges und an die Dialogbemühungen von Papst Franziskus etwa im Nahen Osten erinnert. Die Appelle der Päpste in den Weltfriedensbotschaften seit 1968 zeigen auf beeindruckende Weise, dass die Kirche stetig für den Frieden in der Welt die Stimme erhebt. Papst Paul VI. wies bei der Einführung des Weltfriedenstages für die katholische Kirche vorausschauend darauf hin, dass eine kontinuierliche Mahnung zur Friedensförderung nötig sei. Es sind nämlich nicht nur die kriegerischen Auseinandersetzungen, die die Menschheit bedrohen. Schon lange und zunehmend wird bewusst, dass die natürlichen Lebensgrundlagen der einen Menschheitsfamilie durch die Industrialisierung, die mit einem scheinbar grenzenlosen wirtschaftlichen Wachstum und einer feh-

---

[1] *R. Marx/H. Wulsdorf*, Christliche Sozialethik. Konturen – Prinzipien – Handlungsfelder, Paderborn 2002, 225.

lenden Sensibilität für irreversible Verluste natürlicher Ressourcen einhergeht, bedroht sind. Die Hoffnung auf ein Konzept einer Globalisierung, das die Welt nicht in „Gewinner“ und „Verlierer“ aufteilt, sondern allen Menschen die gleichwertigen Möglichkeiten zu einem menschenwürdigen Leben eröffnet, ist bislang leider unerfüllt geblieben. Diese multikausale und vielschichtige Bedrohungslage macht bereits weitergehende Folgen sichtbar, wie etwa die Migrationsbewegungen, den Klimawandel und wachsende soziale Ungleichheit. Das alles gefährdet letztlich das friedliche Miteinander der Völker. Die Initiativen zum Umweltschutz, die Suche und Entwicklung von Maßnahmen gegen den Klimawandel sind Herausforderungen, die keine Nation für sich allein nur zur eigenen Existenzsicherung wirksam umsetzen kann. Auf diese globalen Handlungsfelder hat Papst Franziskus bereits eindrücklich mit seinen Enzykliken ‚Laudato si“ (2015) und ‚Fratelli tutti‘ (2020) hingewiesen – vor allem in ‚Fratelli tutti‘ wird die Menschheitsfamilie als Ausgangspunkt für wirksame Initiativen in den globalen Krisen hervorgehoben. In diesen Texten sind zahlreiche Verweise auf die Weltfriedensbotschaften enthalten, die deutlich machen, dass die Förderung und Sicherung des Friedens eine Querschnittsaufgabe ist, die alle Bereiche menschlichen Lebens berührt. Es sind dabei nicht nur die globalen Herausforderungen, die miteinander verbunden sind, sondern vor allem die Menschen sind miteinander verbunden und aufeinander verwiesen. Alle haben Anteil daran, sich für den Frieden in der Welt zu engagieren und ihren Beitrag zu leisten, damit der Weltfrieden nicht nur eine Idee und Wunschvorstellung bleibt, sondern mehr und mehr erfahrbare Realität wird.

Gerne wird von der Kirche als ‚ältestem Global Player‘ gesprochen, wobei man dies als eine würdigende Titulatur auffassen darf. Als Oberhaupt einer weltumspannenden Glaubensgemeinschaft ruft der jeweils amtierende Papst zur Solidarität unter den Menschen auf, die sich auch aufgrund der biblischen Offenbarung als Teil von ein und derselben großen Menschheitsfamilie verstehen, die in Gott als ihrem Schöpfer und dem Spender allen Lebens ihren Ursprung hat. Daraus entspringt auch der Anspruch des Papstamtes, Appelle an „alle Menschen guten Willens“ zu richten. Vor dem Hintergrund der globalen Herausforderungen unserer Zeit sind die Weltfriedensbotschaften und die Reden der Päpste vor den Vereinten Nationen beeindruckende Zeugnisse, wie die Stimme des Evangeliums in die Welt getragen wird und wie die Kirche einen Beitrag für Dialog und Verständigung in einer von Krisen und Konflikten durchzogenen Welt leisten kann. Es geht in den päpstlichen Friedensappellen vor allem um die Hoffnung, dass herrschende Ungerechtigkeit und Gewalt nicht das letzte Wort haben, sondern in der zeichenhaften Verwirklichung des Reiches Gottes je neu Schritte für eine friedliche Welt unternommen werden müssen. Für Christinnen und Christen ist dies eine Einladung, der Friedensbotschaft des Evangeliums zu folgen und dieser einen konkreten Ausdruck zu geben. Und auch für alle Menschen, die sich für den Frieden einsetzen, kann dies eine Einladung sein, die gemeinsame Sehnsucht zu reflektieren und nach Wegen zu suchen, wie friedliches Zusammenleben mehr und mehr gelingen kann.

Zu diesem Anliegen möge die vorliegende Textedition einen wertvollen Beitrag leisten, in welcher nun erstmals im deutschsprachigen Raum die Weltfriedensbotschaften in einer Publikation zusammengetragen sind und kommentiert vorliegen. Ich wünsche der Leserschaft wertvolle Impulse, die die Hoffnung auf einen umfassenden Frieden in der Welt trotz aller Rückschläge aufrechterhält und zum Einsatz für den Frieden einlädt.

Reinhard Kardinal Marx
Erzbischof von München und Freising